PAÍSES DE HABLA HISPANA

CUBA
- **Gentilicio:** cubano/a
- **Tamaño:** 44.218 millas cuadradas
- **Número de habitantes:** 11.061.886
- **Etnia(s):** blancos 37%, mulatos 51%, negros 11%
- **Lenguas habladas:** el español
- **Moneda:** el peso cubano, el peso convertible
- **Economía:** azúcar, tabaco, turismo
- **Alfabetización:** 99.8%

REPÚBLICA DOMINICANA
- **Gentilicio:** dominicano/a
- **Tamaño:** 18.816 millas cuadradas
- **Número de habitantes:** 10.219.630
- **Etnia(s):** mulatos 73%, blancos 16%, negros 11%
- **Lenguas habladas:** el español
- **Moneda:** el peso dominicano
- **Economía:** azúcar, café, cacao, tabaco, cemento
- **Alfabetización:** 90.2%

ESPAÑA
Madrid
ISLAS BALEARES
Ceuta

ESPAÑA
- **Gentilicio:** español/a
- **Tamaño:** 194.896 millas cuadradas
- **Número de habitantes:** 47.370.542
- **Etnia(s):** blancos
- **Lenguas habladas:** el castellano (español), el catalán, el gallego, el euskera
- **Moneda:** el euro
- **Economía:** maquinaria, textiles, metales, farmacéutica, aceituna, vino, turismo, textiles, metales
- **Alfabetización:** 97.7%

PUERTO RICO
- **Gentilicio:** puertorriqueño/a
- **Tamaño:** 3.435 millas cuadradas
- **Número de habitantes:** 3.674.209
- **Etnia(s):** blancos 76%, negros 7%, otros 17%
- **Lenguas habladas:** el español y el inglés
- **Moneda:** el dólar americano
- **Economía:** manufactura (farmacéuticos), turismo
- **Alfabetización:** 90.3%

ISLAS CANARIAS

HONDURAS
- **Gentilicio:** hondureño/a
- **Tamaño:** 43.277 millas cuadradas
- **Número de habitantes:** 8.448.465
- **Etnia(s):** mestizos 90%, indígenas 7%, negros 2%, blancos 1%
- **Lenguas habladas:** el español y lenguas indígenas amerindias
- **Moneda:** el lempira
- **Economía:** bananas, café, azúcar, madera, textiles
- **Alfabetización:** 85.1%

NICARAGUA
- **Gentilicio:** nicaragüense
- **Tamaño:** 50.193 millas cuadradas
- **Número de habitantes:** 5.788.531
- **Etnia(s):** mestizos 69%, blancos 17%, negros 9%, indígenas 5%
- **Lenguas habladas:** el español y lengua indígena (miskito)
- **Moneda:** el córdoba
- **Economía:** procesamiento de alimentos, químicos, metales, petróleo, calzado, tabaco
- **Alfabetización:** 78%

VENEZUELA
- **Gentilicio:** venezolano/a
- **Tamaño:** 362.143 millas cuadradas
- **Número de habitantes:** 28.459.085
- **Etnia(s):** mestizos 69%, blancos 20%, negros 9%, indígenas 2%
- **Lenguas habladas:** el español y lenguas indígenas
- **Moneda:** el bolívar fuerte
- **Economía:** petróleo, metales, materiales de construcción
- **Alfabetización:** 95.5%

Malabo
GUINEA ECUATORIAL

COLOMBIA
- **Gentilicio:** colombiano/a
- **Tamaño:** 439.735 millas cuadradas
- **Número de habitantes:** 47.745.783
- **Etnia(s):** mestizos 58%, blancos 20%, mulatos 14%, negros 4%, indígenas 4%
- **Lenguas habladas:** el español
- **Moneda:** el peso colombiano
- **Economía:** procesamiento de alimentos, petróleo, calzado, oro, esmeraldas, café, cacao, flores, textiles
- **Alfabetización:** 93.6%

GUINEA ECUATORIAL
- **Gentilicio:** guineano/a, ecuatoguineano/a
- **Tamaño:** 10.830 millas cuadradas
- **Número de habitantes:** 701.001
- **Etnia(s):** fang 86%, otras etnias africanas 14%
- **Lenguas habladas:** el español, el francés y lenguas indígenas (fang, bubi)
- **Moneda:** el franco CFA
- **Economía:** petróleo, madera, cacao, café
- **Alfabetización:** 94.2%

BOLIVIA
- **Gentilicio:** boliviano/a
- **Tamaño:** 424.165 millas cuadradas
- **Número de habitantes:** 10.461.053
- **Etnia(s):** mestizos 30%, indígenas 55%, blancos 15%
- **Lenguas habladas:** el español y lenguas indígenas (quechua, aymara)
- **Moneda:** el boliviano
- **Economía:** gas, petróleo, minerales, tabaco, textiles
- **Alfabetización:** 91.2%

PARAGUAY
- **Gentilicio:** paraguayo/a
- **Tamaño:** 157.047 millas cuadradas
- **Número de habitantes:** 6.623.252
- **Etnia(s):** mestizos 95%
- **Lenguas habladas:** el español y lengua indígena (guaraní)
- **Moneda:** el guaraní
- **Economía:** azúcar, carne, textiles, cemento, madera, minerales
- **Alfabetización:** 93.9%

CHILE
- **Gentilicio:** chileno/a
- **Tamaño:** 292.257 millas cuadradas
- **Número de habitantes:** 17.216.945
- **Etnia(s):** mestizos 65%, blancos 25%, indígenas 5%
- **Lenguas habladas:** el español y lengua indígena (mapudungun)
- **Moneda:** el peso chileno
- **Economía:** minerales (cobre, agricultura, pesca, vino
- **Alfabetización:** 98.6%

URUGUAY
- **Gentilicio:** uruguayo/a
- **Tamaño:** 68.037 millas cuadradas
- **Número de habitantes:** 3.324.460
- **Etnia(s):** blancos 88%, mestizos 8%, negros 4%
- **Lenguas habladas:** el español
- **Moneda:** el peso uruguayo
- **Economía:** carne, metales, textiles, productos agrícolas
- **Alfabetización:** 98.7%

ARGENTINA
- **Gentilicio:** argentino/a
- **Tamaño:** 1.065.000 millas cuadradas
- **Número de habitantes:** 42.610.981
- **Etnia(s):** blanco 97%
- **Lenguas habladas:** el español y lenguas indígenas (mapudungun, quechua)
- **Moneda:** argentino
- **Economía:** carne, trigo, lana, petróleo
- **Alfabetización:** 97.9%

- **Gentilicio:** Nationality
- **Tamaño:** Size
- **Número de habitantes:** Population
- **Etnia(s):** Ethnic group(s)
- **Lenguas habladas:** Spoken Languages
- **Moneda oficial:** Currency
- **Economía:** Economy
- **Alfabetización:** Literacy

WileyPLUS Learning Space

An easy way to help your students learn, collaborate, and grow.

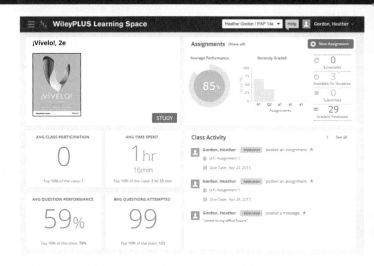

Diagnose Early

Educators assess the real-time proficiency of each student to inform teaching decisions. Students always know what they need to work on.

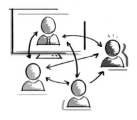

Facilitate Engagement

Educators can quickly organize learning activities, manage student collaboration, and customize their course. Students can collaborate and have meaningful discussions on concepts they are learning.

Measure Outcomes

With visual reports, it's easy for both educators and students to gauge problem areas and act on what's most important.

Instructor Benefits

- Assign activities and add your own materials
- Guide students through what's important in the interactive e-textbook by easily assigning specific content
- Set up and monitor collaborative learning groups
- Assess learner engagement
- Gain immediate insights to help inform teaching

Student Benefits

- Instantly know what you need to work on
- Create a personal study plan
- Assess progress along the way
- Participate in class discussions
- Remember what you have learned because you have made deeper connections to the content

www.wileypluslearningspace.com

WILEY

¡Vívelo!

Edition 2

Beginning Spanish

Dolly J. Young
The University of Tennessee

Jane E. Berne
The University of North Dakota

Pablo Muirhead
Milwaukee Area Technical College

Claudia Montoya
Midwestern State University

WILEY

John Wiley & Sons, Inc.

VICE PRESIDENT AND DIRECTOR	Laurie Rosatone
ACQUISITIONS EDITOR	Elena Herrero
SPONSORING EDITOR	Jennifer Brady
DEVELOPMENT EDITOR	Maruja Malavé
MARKETING MANAGER	Kimberly Kanakes
SENIOR MARKET SPECIALIST	Glenn Wilson
PRODUCT DESIGN MANAGER	Thomas Kulesa
SENIOR CONTENT MANAGER	Valerie Zaborski
SENIOR PRODUCTION EDITOR	Sandra Rigby
MARKET SOLUTIONS ASSISTANT	Anna Pham
SENIOR PHOTO EDITOR	Billy Ray
SENIOR DESIGNER	Thomas Nery

This book was set in Berthold Baskerville by Curriculum Concepts International and printed and bound by QuadGraphics/Versailles.

Library of Congress Cataloging-in-Publication Data

Young, Dolly J., 1956- author.
  Vívelo! : beginning Spanish / Dolly J. Young, The University of Tennessee ; Jane E. Berne, The University of North Dakota ; Pablo Muirhead, Milwaukee Area Technical College ; Claudia Montoya, Midwestern State University. — Second Edition.
      pages cm
  Text in English and Spanish.
  Includes index.
  ISBN 978-1-119-04735-3 (loose-leaf)
1. Spanish language—Textbooks for foreign speakers—English.
2. Spanish language—Problems, exercises, etc. I. Berne, Jane E., author.
II. Muirhead, Pablo, author. III. Montoya, Claudia, author. IV. Title.
  PC4129.E5Y66 2015
  468.2'421—dc23

                                                         2015035778

BRV (Binder Ready Version) ISBN: 978-1-119-04735-3

AIE (Annotated Instructor's Edition) ISBN: 978-1-118-43948-7

Dolly Jesusita Young

I was born in Austin, Texas and embrace the deep cultural roots that bind me to my bilingual and bicultural upbringing. I completed a B.A. in Spanish and then an M.A. in Latin American studies at the University of Texas. My first teaching position was at a junior high school where I taught Texas History, ESL and Reading in a Bilingual Education program, where the only official textbook consisted of the ESL text. This began my journey into materials development and sparked my interest in how languages are learned and how adult learners experience culture within formal instructional contexts. Having also tasted French and Portuguese, my love of learning took me back to the University of Texas to obtain a Ph.D. in FLE with a concentration in Spanish Applied Linguistics, and later to study-abroad experiences in Portugal, France, Spain and Mexico. I aspire to create bridges between and among cultures, and between instructional research and its application to adult language learning. The second edition of Vívelo continues to privilege cultural aspects of language development informed by SLA research and theory, and represents my commitment to beginning language learners. After all, that is where we create life-long learners and lovers of Spanish.

I dedicate this book to my mother Gloria and my son Philip.

I was raised in Eden Prairie, MN and fell in love with Spanish from the moment that I began studying it in high school. My love for the Spanish language and Hispanic cultures has followed me throughout my life and career. I earned a B.A. in Spanish from Carleton College in Northfield, MN and went on to the University of Illinois at Urbana-Champaign, where I earned both an M.A. and a Ph.D. in Spanish Applied Linguistics. I have taught Spanish since 1983, first at a private secondary school in Austin, TX, then at University of Illinois and finally at the University of North Dakota, where I have taught since 1992. In addition to having the opportunity to study and teach Spanish, I have also been fortunate to live in Mexico as a Rotary Youth Exchange student and study in Spain. Both were life-enriching and life-changing experiences for me. Likewise, working on **¡Vívelo!** has been tremendously fulfilling and exciting, and I hope that it inspires you to embrace and "live" the richness of the Spanish language and of Hispanic cultures around the world.

I dedicate this book to my late parents, Donald and Harriet Berne, who were always a great source of support and encouragement.

Jane E. Berne

Pablo Muirhead

Building bridges between cultures inspires me to grow daily. I was born in Arequipa, Peru to parents who instilled a sense of pride in my cultural roots. They did so by maintaining Spanish at home in the U.S. and ensuring we spent extensive time at home in Peru, just like my wife and I do with our two children. This passion for languages and cultures has led me to spend extensive time in various parts of the Spanish-speaking world as well as to live in Germany and Indonesia where I gained proficiency in both the language and culture of my hosts. I have taught Spanish from the college to the middle school levels, experiences that led me to earn a Ph.D. in Urban Education with a specialization in Curriculum & Instruction at the University of Wisconsin – Milwaukee.

Professionally, I am passionate about bridging the often-elusive gap between theory and practice. I teach Spanish at Milwaukee Area Technical College where I thoroughly enjoy creating a connected community of learners on the path toward linguistic and cultural proficiency, both in a face-to-face format and online. I also serve as the Coordinator of the Teacher Education track where I help future teachers along their path toward licensure. The second edition of **¡Vívelo!** reflects my commitment to the inextricable link between language and culture and is further enhanced by the input from the many users of the first edition.

Dedico este libro a Jackie y a nuestros hijos Santiago y Gabriela y a mis padres, Richard e Isabel. Los quiero muchísimo.

"I studied my bachelor's degree in Linguistics and Hispanic Literature in Mexico, and years later completed my graduate studies in the United States. Although the main focus of my studies was Latin American Literature, I have always considered the first years of the learning process to be vital in acquiring a good command of a foreign language. The texts and materials students are presented with during the early stages of the learning process play a major role in people's ability to improve their level of proficiency. It is for these reasons that I enthusiastically agreed to be part of this journey named **¡Vívelo!**"

I want to dedicate my efforts to my teacher Gloria and my friends Angélica and Tesha.

Claudia Montoya

ACKNOWLEDGEMENTS

The **¡Vívelo!** authors gratefully acknowledge the contributions of the many individuals who were instrumental in making this second edition possible.

First, we gratefully acknowledge the indispensable contributions of members of the Wiley team: Elena Herrero for her on-going devotion and hands-on contributions to all aspects of the project; Jennifer Brady, for her extensive work in lining up reviewers and managing the manuscript; Maruja Malavé for her work managing the different stages of the pages revision, and for her continuous work on the technology and supplemental resources; and Laurie Rosatone for her constant encouragement and support.

We also want to thank Kimberly Kanakes, Marketing Manager for Modern Languages, and Glenn A. Wilson, Senior Market Specialist, for their enthusiasm, creativity, and brilliant work in developing an advertising program that will convey **¡Vívelo!** message to colleagues and universities across the nation.

We are grateful to Billy Ray, Senior Photo Editor, for their excellent work in selecting magnificent photographs for **¡Vívelo!**; to Tom Kulesa, Product Design Manager, who is responsible for the text's highly innovative and technologically relevant online teaching and learning environment *WileyPLUS Learning Space.*; and to Sandra Rigby, Senior Production Editor, and Valerie Zaborski, Senior Content Manager, for coordinating all of the technical aspects of production.

We express our sincere gratitude to Assunta Petrone and Gandhimathi Ganesan, Project Managers at CodeMantra, who worked with us so diligently through the various and challenging stages of production.

For their candid commentary and creative ideas, we wish to thank the following reviewers and contributors: Tomás Ruiz-Fabrega, *Albuquerque TVI Community College;* Ingetraut Rut Baird, *Anderson University;* Stacey Powell, *Auburn University;* Phillip Johnson, *Baylor University;* Elena González Ros, *Brandeis University;* Ryan LaBrozzi, *Bridgewater State* University; María Dolores Costa, *California State University, Los Angeles;* Eduardo Barros-Grela, *California State University, Northridge;* Judy Getty, *California State University, Sacramento;* Carlos Andrés, *California State University, Stanislaus;* Carlos Valdez, *Carleton University;* Pascal Rollet, *Carthage College;* Cindy Espinosa, *Central Michigan University;* Alejandra Rengifo; *Central Michigan University;* Jorge Koochoi, *Central Piedmont Community College;* Juana Sylvia Nikopoulos, *Central Piedmont Community College;* Irena Stefanova, *City College of San Francisco;* Roger Simpson, *Clemson University;* Ana Girón Collin, *County Community College;* Patricia Harrigan, *Community College of Baltimore County;* Chris DiCapua, *Community College of Philadelphia;* Yolanda Hernández, *Community College of Southern Nevada, Cheyenne;* Tony Rector-Cavagnaro, *Cuesta College;* José López-Marrón, *CUNY Bronx Community College;* Patricia Davis, *Darton College;* Richard McCallister, *Delaware State University;* Eduardo Jaramillo, *Denison University;* Aurea Diab, *Dillard University;* Joanne Philip Lozano, *Dillard University;* Michael Schinasi, *Eastern Carolina University;* Carlos Amaya, *Eastern Illinois* University; Monica Millan, *Eastern Michigan University;* Jerome Mwinyelle, *East Tennessee State University;* José Varela Eastern, *Kentucky University;* Chary-Sy Copeland, *Florida A&M University;* Sandra Kregar, *Florida State University;* Adela Borrallo-Solís, *Georgetown College;* Ronald Leow, *Georgetown University;* Ana Cruz; *Georgia Institute of Technology;* Dyana Ellis, *Georgia Southern University;* Dolores Rangel, *Georgia Southern University;* Rafael Falcón, *Goshen College;* Jeff Samuels, *Goucher College;* Héctor F. Espitia, *Grand Valley State University;* Miryam Criado, *Hanover College;* Angela Cresswell, *Holy Family University;* Josephine Books, *Inver Hills Community College;* Julie Wilhelm, *Iowa State University;* Samuel Sommerville, *Johnson County Community College;* Mary Copple, *Kansas State University;* Adriana Natali-Sommerville, *Kansas University;* Timothy Benson, *Lake Superior College;* Nancy Barclay, *Lake Tahoe Community College;* Laurie Huffman, *Los Medanos College;* Kate Grovergrys, *Madison Area Technical College;* Todd Hernández, *Marquette University;* Vilma Concha-Chiaraviglio, *Meredith College;* Deborah

Mistron, *Middle Tennessee State University;* Deborah Hoem-Esparza, *Milwaukee Area Technical College;* Tere Gilles, *Montana State University, Billings;* Gail Ament, *Morningside College;* Mary Ellen Kohn-Buday, *Mount Mary University*; Ronna Feit, *Nassau Community College;* Jeff Longwell, *New Mexico State University;* Yuly Asención Delaney, *Northern Arizona University*; Nicholas Concepción, *Northern Illinois University;* Hilary Landwehr, *Northern Kentucky University;* María López Morgan, *Northwest Florida State College;* Sue Pechter, *Northwestern University;* Mary Jane Kelley, *Ohio University;* Virginia Hojas, *Ohio University;* John Deveny, *Oklahoma State University, Main Campus;* Inma Álvarez, *Open University;* Victor Slesinger, *Palm Beach Community College;* Judith Richards, *Park University;* Jennifer Garson, *Pasadena City College;* Robin Bower, *Pennsylvania State University;* Kit Decker, *Piedmont Virginia Community College;* Enrica Ademagni, *Purdue University;* Peggy Patterson, *Rice University*; Daria Cohen, *Rider University*; U. Theresa Zmurkewycz, *Saint Joseph's University;* Laura Ruiz-Scott, *Scottsdale Community College;* David Quintero, *Seattle Central College*; Robert Lesman, *Shippensburg University of Pennsylvania;* Charlene Grant, *Skidmore College;* Carol Snell-Feikema, *South Dakota State University;* Covadonga Arango-Martín, *Southern Connecticut State University;* Heidy Carruthers, *Southern Illinois University, Edwardsville;* Alice A. Miano, *Stanford University*; Elizabeth Lansing, *State University of New York, Albany;* Silvia Álvarez-Olarra, *Temple University;* Norma Corrales-Martin, *Temple University;* Cheryl Bevill, *Tennessee State University;* Carmen García, *Texas Southern University;* Leticia Romo, *Towson University;* Thomas Capuano, *Truman State University;* Danion Doman, *Truman State University;* Ari Zighelboim, *Tulane University;* Amy George-Hirons, *Tulane University*; Juliet Falce-Robinson, *University of California, Los Angeles;* Dina Fabery, *University of Central Florida;* María Montalvo, *University of Central Florida;* Noel Fallows, *University of Georgia;* Teresa Pérez-Gamboa, *University of Georgia;* Luisa Kou, *University of Hawaii, Manoa;* R. Joseph Rodríguez, *University of Houston;* Aymará Boggiano, *University of Houston;* Melanie Waters, *University of Illinois, Urbana-Champaign;* Michael Tallon, *University of the Incarnate Word*; Rosalinda Silva-Alemany, *University of Louisiana at Lafayette;* Regina Roebuck, *University of Louisville*; Carla Martínez, *University of Memphis;* Eugenio Ángulo, *University of Miami;* Michelle Orecchio, *University of Michigan;* Luis Beláustegui, *University of Missouri, Kansas City;* María Beláustegui, *University of Missouri, Kansas City;* Bethany Sanio, *University of Nebraska, Lincoln;* Patricia Baker, *University of North Carolina, Asheville;* Michelle Bettencourt, *University of North Carolina, Asheville;* María Moratto, *University of North Carolina, Greensboro;* Marcia Payne Wooten, *University of North Carolina, Greensboro;* Mariche Bayonas, *University of North Carolina, Greensboro;* Jiyoung Yoon, *University of North Texas;* Claudia Routon, *University of North Dakota;* María Arenillas, *University of Notre Dame;* Linda Grabner Travis, *University of Pennsylvania;* Claudia Ferman, *University of Richmond;* Robert R. Rodriguez, *University of St. Thomas, Houston*; Kathi Wong, *University of Tennessee, Knoxville;* Natalie Wagener, *University of Texas, Arlington;* Delia Montesinos, *University of Texas, Austin;* Karen Rubio, *University of Tulsa;* Joan Fox, *University of Washington*; Bridgette Gunnels, *University of West Georgia;* Isabel Álvarez, *University of Wisconsin, Oshkosh;* Samira Chater, *Valencia Community College;* Aida Díaz, *Valencia Community College;* Yolanda González, *Valencia Community College;* Rachel Chiguluri, *Vanderbilt University;* Arthur Sandford, *Ventura College;* Elizabeth Calvera, *Virginia Polytechnic Institute and State University;* Marilyn Kiss, *Wagner College*; Rebekah Morris, *Wake Forest University;* Marisa Barragan-Peugnet, *Washington University, St. Louis;* Candy Henry, *Westmoreland Community College;* Maripaz García, *Yale University;* M. Lourdes Sabe-Colom, *Yale University;* Serge Ainsa, *Yavapai College.*

PREFACE

¡Vívelo! offers a fresh approach to beginning Spanish based on a solid foundation of what second language acquisition research tells us about how students develop language and cultural competence. It is a holistic, culturally-rich, content-oriented, task-driven program with engaging input and realistic expectations of what beginning learners can achieve in a first college Spanish course.

¡Vívelo! pays close attention to the role of affect in the foreign language learning process by emphasizing what students know and can readily do with language, and by going beyond exposing them to the products and practices of other cultures to explore, compare, and embrace the perspectives they come from. It is designed strategically to ensure that beginning students of Spanish, even with a limited amount of language, can understand and make themselves understood well enough to function at levels parallel to their cognitive abilities and in a culturally appropriate manner.

Vívelo's Main Pedagogical Features

Taken collectively the following are the key features of the *¡Vívelo!* program that set the book apart from most first-year Spanish textbooks.

- Focuses on "using" the language over "practicing" the language.

- Uses a backward design by asking, "What do we want our students to be able to do in Spanish?" and "What content do we want our students to learn?" to establish learning objectives. From these we arrive at the language (grammar and vocabulary/expressions) students need to successfully complete the tasks and the content to complete the culminating tasks at the end of each chapter. This scaffolding process, in return, increases the probability that students' will achieve each learning objective.

- Removes obstacles to increase adult language learner's successful development of Spanish by focusing as much on cultural content as vocabulary and grammar, setting realistic speaking goals, and providing linguistic support to complete tasks.

- Addresses the intellectual and cognitive capabilities and needs of the adult language learner.

- Explores engaging topics across a variety of disciplines in problem-solving ways at a higher cognitive level, but with realistic linguistic expectations.

- Encourages intercultural perspectives in order to breakdown ethnocentric interpretations and suspend ethnocentrism.

- Gives priority to reading to learn via content-oriented instruction, and developing reading strategies via pre-reading strategies and post-reading comprehension tasks.

- Uses culture as the underpinning medium for content (including grammar explanations) and language use (vocabulary and grammar) and engages students in the construction and deconstruction of cultural perspectives in both the native language and the target language.

- Promotes meaning/comprehension before production by sequencing activities in class to move from input and comprehension-based language use to meaningful and then communicative language use.

- Endorses self-expression at basic levels via content-rich interpersonal and interactive tasks, develops communicative uses of Spanish for specific purposes, such as gathering and sharing information from each other in class and then doing something with the information in task-based activities.

- Develops students' writing know-how in linguistically supportive ways through the *Retrato de la clase* activities by having students collect and record information about their class community.

- Advocates a low-anxiety classroom atmosphere by providing the linguistic support students need to successfully complete tasks and situating the student in the learning process in positive ways, such as designing realistic classroom tasks, encouraging group/pair work, providing an array of activity types, emphasizing culture, showcasing the wealth of linguistic, culture, experiential knowledge/expertise students bring to the classroom, i.e., making use of cognates and context to introduce students to the topics that they will be exploring, and offering instructor annotations to reduce language anxiety.

- Exploits the fact that students can comprehend more than they can produce in spontaneous speech and tailors activities that take this into account, such as ending each chapter with an oral activity that sets clear expectations for students' oral competencies.

- Encourages the formation of a diverse micro community of classroom learners by promoting familiarity at the individual and social levels.

- Empowers students by holding them accountable in various ways, such as activities that oblige students to focus on what is said in class and not just on how it is said.

- Encourages student self-editing to enhance their language accuracy.

- Links content to real world knowledge and experiences via online connections and tasks.

- Provides all students opportunities to learn in ways that will be most successful for them by incorporating an array of in-class and out-of-class activities.

- Encourages strategic language learning by giving priority to structures without which communication is impeded, and that offer the greatest flexibility of self-expression with the least cognitive effort.

- Recognizes different learning styles by varying the types of textbook and activities manual tasks and providing suggestions on how a given activity might be modified or followed up on to appeal to specific learning styles.

What's New in the second edition of *¡Vívelo!*?

Drawing on the insightful feedback of reviewers and users of the first edition of **¡Vívelo!**, adjustments were made to further strengthen the **¡Vívelo!** program.

¡Vívelo! has received positive feedback for making the inextricable link between language and culture come alive. It has done so by bringing lessons learned in second language acquisition and intercultural communication to the practice of building up learners' confidence, competencies and language skills in introductory-level Spanish. The second edition has built upon the successes of the first edition but with the changes that follow.

Better connections between Investigaciones *A and B in each chapter*

In the second edition, we have endeavored to make the connections between *Investigación* A and B in each chapter stronger and more evident, especially through linking the topics and content of the *En directo, Contextos* y *perspectivas* and *En vivo* sections.

Reduction in Material

In the second edition of **¡Vívelo!** we pruned the amount of material by reducing the number of vocabulary words in the *Adelante* and *Palabras clave* sections. We reduced the number and length of the *Bien dicho, Contextos y perspectivas* and, *Vívelo: Cultura* readings. We have moved the most high frequency words and expressions from the *Expresiones útiles* section, the *Enlace* section on discourse markers, and the *Atención* sections on false cognates to the *Adelante* and *Palabras clave* vocabulary sections. We integrated content from some boxed features of the previous edition into the primary sections, thus creating a smoother chapter progression. We also reduced the number of items in activities to no more than 8. Finally, we have reduced the number of *Contextos y Perspectivas* sections. In the second edition, *Contextos y perspectivas* appear only after *Investigación* B of each chapter.

Grammar Sequence

The second edition of **¡Vívelo!** contains changes in the sequencing of grammar topics. The most salient of these changes are the presentation of the preterit earlier, in chapter 6A instead of chapter 9B, and the present perfect is now later, in chapter 7B instead of chapter 3B. Commands, previously in 6B have been moved to 10A in the second edition and object pronouns have been spread out to avoid clusters of complex structures. In the *Estructuras clave* sections we recycled new vocabulary from the *Palabras clave* and also recycled previous grammar structures throughout the book to make for smooth and cohesive links among sections.

Chapter Topics

In terms of chapter topics, in the second edition of **¡Vívelo!,** we present the topic of sports in chapter 4B, as opposed to 9B, and in 8A we introduce an exciting new topic related to cultural fusion, *¿Qué nos dice la fusión de las culturas?* Lastly, for returning users, the previous topics in the textbook were retained, just rearranged and collapsed to make room for a new chapter 10. Chapter 10 in the second edition presents two new topics, one related to health/medicine, *¿Cómo se manifiesta la cultura en asuntos de la salud?* and the other on the environment, *¿Cómo influye el medio ambiente en nuestra salud?*

From Comprehension to Production

The second edition maintains an emphasis on input/comprehension activities by moving some into the question banks in the online teaching and learning environment *WileyPLUS Learning Space.*

Focus on Interpersonal Communication

The second edition improves on the first edition by placing a greater emphasis on varied output activities. This will allow learners to move more naturally from comprehension to production.

Focus on High-Frequency Vocabulary

The second edition provides a more manageable list of cognates and vocabulary from which the learner can draw confidence. When vocabulary is introduced throughout the book, **¡Vívelo!** emphasizes high-frequency vocabulary while addressing the communicative tasks at hand.

Review Chapters

Also new to the second edition of **¡Vívelo!** is the addition of three review chapters, one after chapter 3, the second after chapter 6 and the last one after chapter 9. Each of these review chapters contains a series of activities that are designed to provide students with additional opportunities to practice selected grammar topics. The activities in *Capítulo de repaso I* focus on the following topics from chapters 1-3: present indicative forms (including *ser*); noun/adjective agreement; uses of infinitives, *ir + a +* infinitive, *estar* and demonstrative adjectives. The activities in *Capítulo de repaso 2* focus on the following topics from chapters 4-6: irregular present indicative, direct, indirect and reflexive pronouns; regular preterit forms; and preterit forms of *ir/ser/hacer*. This last review chapter can be presented either at the end of the first semester or at the beginning of the second semester. The activities in *Capítulo de repaso 3* focus on the following topics from chapters 8-10: *ser* and *estar*; irregular preterit and imperfect; comparatives; present perfect, relative pronouns. All activities are self-correcting, which allows students to review on their own and check their work. Additional review activities can be found in the online teaching and learning environment *WileyPLUS Learning Space*.

Improved video component

The second edition has limited itself to one video per chapter. The videos, and their related activities, appear at the end of *Investigación A* of each chapter. In addition, the activities that correspond to the videos have been revised in order to make them more compatible with the content of the *Investigación*.

The new attributes of the second edition serve to further strengthen the link between culture and language. In **¡Vívelo!,** learners engage with the knowledge that they bring to the table and then build upon that knowledge in order to develop both their intercultural communicative competence and their knowledge of Spanish.

VISUAL WALKTHROUGH

SECTION BY SECTION GUIDE

You will learn This section introduces the learning objectives for each *Investigación*, showcases the type of language students will learn and activates student's background knowledge with a set of thematic questions.

Adelante This section begins with simple lists of topically relevant cognates. Cognates include words of recognizable origin even if not spelled like their English counterparts, and words that are related in meaning to English words but may not correspond one-to-one. Following this list, students work with the cognates in a few heavily recognition-oriented activities. ▶

Dichos This box presents Spanish sayings and proverbs along with their English counterparts and occurs only in *Investigación B* in the second edition. ▼

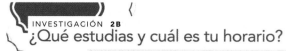

INVESTIGACIÓN 2B
¿Qué estudias y cuál es tu horario?

In this **Investigación** you will learn:
- ▶ How to talk about professions and careers
- ▶ How to talk about the classroom and the campus
- ▶ How to express time
- ▶ How to talk about your weekly schedule

¿Qué estudias y para qué?

You can investigate what someone studies. You can answer questions about what you study.	¿Qué estudias? ¿Qué carrera estudias? ¿enfermería? ¿periodismo? ¿arte? Estudio biología.
You can talk about the university campus.	La biblioteca está al lado del teatro. La Facultad de Medicina está al lado del estadio.
You can find out what time it is. You can tell what time it is.	¿Qué hora es? Es la una. Son las dos. Es mediodía.
You can ask when a class begins. You can say when your classes meet.	¿A qué hora es la clase? Mi clase de biología es los lunes, miércoles y viernes a las 10:00 de la mañana.
You can ask about someone else's schedule. You can explain your schedule to someone else.	¿Cómo es tu horario? Mis clases son los lunes, miércoles y viernes por la mañana.
You can talk about your personality in order to explain what classes you like best or your choice of major/future career.	En general, no me gusta la química. Me gusta el arte porque estimula la imaginación.

DICHOS

Vivir para ver y ver para saber.	*Live and learn.*
Quien poco sabe poco teme.	*Ignorance is the mother of imprudence.*
Para aprender, nunca es tarde.	*You are never too old to learn.*

Adelante
¡Ya lo sabes! Las carreras y las materias

la administración	las ciencias	la física	la música
la agricultura	la ciencia política	la geografía	la programación
la antropología	la comunicación visual	la historia	la psicología
la arquitectura	la economía	la literatura	la religión
la astronomía	la filosofía	las matemáticas	el teatro
la biología		la medicina	

DICHOS

Entre padres y hermanos no metas tus manos.	*Don't come between family members.*
De tal palo, tal astilla.	*Like father, like son.*

Jorge Ramos: Locutor, corresponsal y escritor

Jorge Ramos

Javier Peraza/Getty Images, Inc.

Jorge Gilberto Ramos Ávalos es la cara (*face*) de los hispanos en Estados Unidos. Es de México pero en 1983 va a Los Angeles a estudiar comunicaciones en UCLA y más tarde estudia para una maestría en relaciones internacionales en la Universidad de Miami. Desde 1991 vive en Miami. Como locutor (*newscaster*) del programa de noticias (*news*) del canal Univisión, ha cubierto (*has covered*) cinco guerras (*wars*), numerosos eventos históricos, elecciones en la mayoría del continente y desastres naturales. También escribe una columna semanal en más de 40 diarios (*newspapers*) del hemisferio (los que distribuye *The New York Times Syndicate*). Además (*In addition*), participa en el sitio de la Internet en español más grande en Estados Unidos (univision.com). Ha escrito (*has written*) nueve libros y ha ganado (*has won*) más de 15 premios (*awards*). Según (*according to*) las revistas *Time, People en Español* y *Latino Leaders* es uno de los latinos más influyentes y admirados en los Estados Unidos.

◀ **A brief reading selection terminates the Adelante portion of each Investigación.** The aim of the reading and its activities is to further introduce and contextualize cognates and begin introducing new, topical/thematic vocabulary in context.

Bien dicho This section presents information on Spanish pronunciation and spelling with at least one follow up activity and additional practice in the Activities Manual. In the second edition, the *Bien dicho* section is offered only in *Investigación A.* ▶

Bien dicho

Las vocales a, e, i, o, u

Every syllable in Spanish will contain a vowel. Unlike in English, the five vowels in Spanish are pronounced without much variation from word to word, are pronounced without an elongation or glide at the end, are shorter in duration and are more staccato-like in Spanish. To correctly pronounce the Spanish vowels, you will need to drop your lower jaw a bit more than you are used to for the **a**, close your jaw some and pull your lips as if to smile for the **e** and the **i**, round your lips to correctly pronounce the **o**, and pucker them for the **u**. The vowels are divided into strong vowels (**a, e, o**) and weak vowles (**i, u**). A strong and a weak vowel, or two weak vowels may work together in a syllable to form a single sound called a diphthong. A written accent mark over the weak vowel in a pair signals that no diphthong is formed, and the vowels belong to different syllables. A written accent mark over the strong vowel in a dipthong simply indicates that stress falls on that syllable of the word.

Diphthong (same syllable, single sound)
agua–a-**gua**

No diphthong (different syllable, separate sounds)
día–dí-a

Palabras clave This section introduces new, thematic vocabulary in a visual context and by way of synonym associations, brief definitions, example sentences or exchanges, etc., entirely in Spanish and without translations. There are often two *Palabras clave* presentations in an *Investigación,* each with an activity set that follows. In the second edition, we pruned the *Palabras clave* vocabulary to focus mainly on higher frequency words. ▶

Palabras clave 1 El entretenimiento *(entertainment)* y los pasatiempos (pastimes)

| Atracciones (121) | Actividades (176) | Vida nocturna (100) | Compras (29) |

Qué hacer en Miami

| Todos | Diversión | Al aire libre | Deportes | Cultural | Museos | Sitios de interés | Actuaciones | Zoológicos y acuarios |

Zoológico de Miami

N. 8 de 122 atracción en Miami
4.5 1.364 opiniones

"compra de excursiones" 05/07/2014
"super entretenido, gran variedad" 29/06/2014

Categoría: Zoológicos

Reservar   Mapa | Fotos de los visitantes (698)

Otras formas de entretenimiento y las emociones que provocan

El conjunto
Es un conjunto de músicos.

La juventud
Ella piensa en su juventud y él piensa en el futuro.

La película
Producen muchas películas en Hollywood.

Encontrar
El estudiante tiene que encontrar su tarea para la clase.

Feliz/Alegre/Contento/a
Están contentos y alegres porque celebran el cumpleaños de muchos amigos.

Triste
La niña está triste porque no puede ir a bailar con su hermana mayor.

Estructuras clave *Estructuras clave* focuses on form and function, and often asks students to make observations about how a particular structure works. There are usually one or two *Estructuras clave* sections in an *Investigación,* each with an activity set that follows. The number of items in activity sets have been reduced in the second edition. ▶

Vívelo: Lengua This box focuses on simple forms and constructions used for a specific function or purpose and is presented as such with titles like Expressing possession, Telling someone what to do, Extend, accept or reject invitations or Connecting ideas within a sentence, etc. ▼

Estructuras clave 1 — Present tense of verbs with **yo** form changes

WileyPLUS Learning Space
Go to *WileyPLUS Learning Space* and review the tutorial for this grammar point.

In previous chapters and in *Investigación A,* you have studied regular verbs and verbs that have certain stem-changes in all forms except **nosotros** and **vosotros.** Have you noticed other verb forms that seem to have a change particular to a grammatical person?

Here, we will examine verbs whose **yo** form ends in **–go.** Look at the conjugations of some common verbs below:

	hacer - to do/make	poner - to put	salir - to leave
yo	ha**go**	pon**go**	sal**go**
tú	haces	pones	sales
él/ella/usted	hace	pone	sale
nosotros/nosotras	hacemos	ponemos	salimos
vosotros/vosotras	hacéis	ponéis	salís
ellos/ellas/ustedes	hacen	ponen	salen

Note that some verbs with **yo** forms ending in **–go** also have the **e ⟶ ie** stem-change you studied in *Investigación A* in the forms for other persons.

	venir - to come	tener - to have
yo	ven**go**	ten**go**
tú	vienes	tienes
él/ella/usted	viene	tiene
nosotros/nosotras	venimos	tenemos
vosotros/vosotras	venís	tenéis
ellos/ellas/ustedes	vienen	tienen

You are familiar with several verbs related to **tener** which also follow this pattern: **mantener, sostener, obtener.**

The verbs **oír** and **traer** follow the basic pattern of verbs whose **yo** form ends in **–go,** but have other irregularities as well.

	oír - to hear	traer - to bring
yo	oi**go**	trai**go**
tú	oyes	traes
él/ella/usted	oye	trae
nosotros/nosotras	oímos	traemos
vosotros/vosotras	oís	traéis
ellos/ellas/ustedes	oyen	traen

3A.16 ¿A qué profesión se refiere? With a partner, take turns reading each other the statements below and providing the name of the appropriate professional.

> Modelo: E1: Tengo un diploma del Instituto Culinario.
> E2: *un cocinero*

1. Traigo los últimos modelos en cuero (*leather*) de Italia.
2. Mantengo que su caso va a ser difícil porque no es legal manejar cuando Ud. está borracho.
3. Pongo las cartas en los buzones (*mailboxes*) de la gente.
4. Siempre llego a la iglesia a tiempo para dar mi sermón.
5. Traigo el termómetro a los pacientes cuando tienen fiebre (*fever*).
6. Siempre pongo las maletas en la habitación de las personas en el hotel.

VÍVELO: LENGUA
Connecting ideas

One way to avoid short, choppy sentences and improve the flow and cohesion of your writing is by connecting ideas into longer sentences using words called conjunctions. The list below presents some common conjunctions that you can use to express when one action happens in relation to another action.

cuando	when	hasta que	until
mientras (que)	while	después de (que)	after
tan pronto como	as soon as	antes de (que)	before
en cuanto	as soon as		

Mientras mi hermano limpia la cocina, mi hermana barre el patio.
Cuando subes la escalera, el baño está a la derecha.
Siempre me levanto tan pronto como suena (goes off) el despertador.
Después de comer, ponemos los platos en el lavaplatos.

Contextos y perspectivas *Contextos* explores an aspect of the *Investigación* theme in a reading selection that highlights a Hispanic perspective on that theme, followed by activities that confirm students' comprehension and have them process the information contained in the selection. *Perspectivas* continues the thematic thread established by the *Contextos* reading and is comprised of activities designed to foster personal expression and exploration/comparison of cultural perspectives on that theme. In the second edition, *Contextos y perspectivas* occurs in *Investigación B.* ▼ ▶

Hablando de fútbol

Puedes vivir en Indianápolis, Lima, Kuala Lumpur o París y el tema de conversación entre los aficionados de fútbol es similar. Gracias a la tecnología podemos ver partidos en vivo que se juegan en las grandes ligas de Europa, podemos leer noticias en la Internet y mantenernos al día por medios sociales como Twitter y Facebook. Aficionados del fútbol pueden seguir varias ligas a la vez.

Los aficionados del fútbol siguen sus clubes favoritos y sus equipos nacionales con mucha pasión. Identificarte con un equipo en vez de *(instead of)* otro puede indicar tus perspectivas sociales y/o políticas. Por ejemplo, hay grandes rivalidades sudamericanas como la de River y Boca en Buenos Aires o Universitario y Alianza en Lima. Estas rivalidades pueden basarse en diferencias de clase social o diferentes perspectivas políticas. A nivel internacional, la política y las relaciones entre los países impactan la relación que existe en la cancha.

Así como es importante saber un poco del fútbol americano profesional y/o universitario, es importante tener una idea general del fútbol a nivel internacional. Además, ayuda poder hablar un poco del fútbol con tus amigos y colegas que son aficionados del deporte más popular del mundo.

Naturisports/Shutterstock

4B.24 **¿Cierto o falso?** Read the following statements and indicate if they are **cierto** or **falso** based on the previous reading. Share your answers with a partner.

1. Si te gusta el fútbol es importante seguir todas las ligas de fútbol.
2. Las rivalidades entre equipos pueden estar influenciadas por cuestiones socioeconómicas.
3. La tecnología ayuda a aficionados en todo el mundo a mantenerse informados sobre el fútbol.
4. No es importante poder hablar de fútbol.

4B.25 **Tus deportes.** Consider popular sports that you follow, or that are popular in your community, and react to the following statements. If you agree, place a check in the box. If you disagree, make a change to the statement so that you agree. Share your personal answers with a classmate.

☐ Los deportes son un tema de conversación muy popular en mi comunidad.
☐ En mi comunidad ayuda poder hablar de los equipos de la región.
☐ Las rivalidades entre equipos en los EE. UU. se basan en diferencias de clases sociales.
☐ Hay mucho interés internacional en los deportes que son populares aquí.
☐ Los atletas profesionales famosos aquí participan en más de un equipo o liga.

4B.26 **Compara y contrasta.** What are the similarities and differences in professional sports between the NBA or NFL in the United States and soccer in Europe and in Latin America? Share your ideas with a classmate.

Semejanzas	Diferencias

Contextos

4B.22 **Antes de leer.** Read the title of the following article and briefly scan it to predict the nature of its content. Indicate what you think this article will be about.

☐ The various positions that are played in soccer.
☐ An overview of soccer on a global scale.
☐ Why soccer is so popular.

El deporte más popular del mundo

¿Cuánto sabes de las grandes ligas de fútbol en Europa? Estas ligas son para el fútbol como la NBA es para el baloncesto, las Ligas Mayores son para el béisbol y la NFL es para el fútbol americano. En comparación con los deportes populares en Estados Unidos, la temporada *(the season)* de fútbol para los clubes va de agosto a mayo con pausas muy breves. Los mejores jugadores en las ligas europeas además de jugar para sus clubes también representan a sus países en la selección nacional. Eso significa que durante el año tienen que regresar *(return)* a sus países de origen para una competición u otra. Cuando termina la temporada de clubes que va de mayo existen otros torneos entre las selecciones nacionales como la Eurocopa que se juega entre los mejores equipos europeos, la Copa América que se juega entre los equipos en Sudamérica y recientemente incluye a México y la famosa Copa Mundial. Una gran parte de la cultura española y latinoamericana está involucrada *(involved)* en el fútbol. Es importante tener un conocimiento básico del fútbol en este mundo cosmopolita.

Las mejores ligas de fútbol se encuentran en Inglaterra con equipos como Manchester United y Liverpool, en España con equipos como FC Barcelona y Real Madrid, en Alemania con equipos como FC Bayern y Dortmund y en Italia con equipos como AC Milán y Juventus. A diferencia de los equipos en las ligas de fútbol americano, béisbol y básquetbol, los equipos de fútbol compiten en La Liga Española a varios niveles. Por ejemplo, equipos como FC Barcelona compiten en La Liga Española (con todos los equipos de primera división de España), La Liga de Campeones (con todos los equipos élites de toda Europa) y la Copa del Rey (un torneo entre todos los equipos profesionales de España).

Vocabulario This is a summary listing of all of the thematic vocabulary introduced in the chapter. Words and expressions appear in list form with their English equivalents. In the second edition, the vocabulary has been reduced to higher frequency words. ▶

Vocabulario: Investigación B

Vocabulario esencial

Sustantivos

la administración de empresas	business administration
la contabilidad	accounting
el derecho	law
el desarrollo infantil	child development
los días de la semana	days of the week
lunes	Monday
martes	Tuesday
miércoles	Wednesday
jueves	Thursday
viernes	Friday
sábado	Saturday
domingo	Sunday
la enfermería	nursing
el español	Spanish
las fuerzas armadas	armed forces
la hora	time
¿A qué hora es?	At what time is?
¿Qué hora es?	What time is it?
cuarto	quarter
media	half
en punto	on the dot
la mañana	morning
el mediodía	noon

la tarde	afternoon
la noche	night
el horario	schedule
el idioma	language
la informática	computer science
la ingeniería	engineering
el mercadeo	marketing
el periodismo	journalism
el trabajo social	social work

Verbos

comenzar comienza	to start it starts
terminar	to end; finish

Otras palabras y expresiones

a continuación	following
además	in addition
esencialmente	essentially
nada	nothing
nadie	nobody
nunca	never
para mí	for me
para ti	for you
para ser	to be
¿Te interesa?	Does it interest you?
último/a	last

WileyPLUS Learning Space

Cognados

Review the cognates in *Adelante* and the false cognates in *¡Atención!* For a complete list of cognates, see Appendix 4.

VOCABULARIO

Vívelo: Cultura Substantive content is provided in the *Vívelo: Cultura*, which explores a cultural phenomenon. The information in these readings provide the cohesive links that, taken collectively, facilitate the tasks in the *Contextos y perspectivas* sections. In the second edition, there are two *Vívelo: Cultura* in each *Investigación*, usually preceded by a pre-reading activity and followed by a post reading activity. In the second edition, these have be shorted without losing the significant elements of the text. ▶

VÍVELO: CULTURA

Algo para picar (*Something to munch on*)

En los países hispanos, es común comer algo ligero (*light*) varias veces durante el día para facilitar la socialización con amigos y también porque los intervalos entre comidas pueden ser largos. Las costumbres relacionadas con estas comidas ligeras pueden variar bastante (*quite a lot*), pero estos tres ejemplos son representativos.

La merienda: Es una comida ligera que se come antes del almuerzo o de la cena.

Las tapas: Este fenómeno gastronómico y cultural de España ahora es popular en muchas ciudades norteamericanas. Las tapas son aperitivos (*appetizers*) que se sirven en bares y restaurantes. Se sirven en platos péqueños, generalmente acompañadas de una cerveza o una copa de vino. Tradicionalmente se comen por la tarde, entre la hora cuando la gente sale del trabajo y la cena.

Las botanas: Son el equivalente mexicano de las tapas españolas. Las personas van a un «botanero» para tomar algo y disfrutar de una variedad de aperitivos mientras ven un partido de fútbol u otro evento deportivo.

TAPAS	
Patatas bravas	3.00 €
Alitas de pollo	6.00 €
Calamares a la romana	10.00 €
Sepia	7.50 €
Champiñones	6.00 €
Patatas dos salsas	6.50 €
Tortilla de patata	10.00 €
Montadito de jamón	6.00 €
Ración de chorizo	7.50 €
Morcilla	7.50 €
Ración de aceitunas	3.70 €
Empanada de atún	5.70 €
Croquetas de ibérico	6.95 €
Huevos rotos con jamón	6.90 €
Salpicón	3.00 €
Gazpacho	3.00 €
Tosta de angulas	4.50 €
Tosta de salmorejo	3.30 €

www

¡Conéctate!

Would you like to see the world in just a few clicks? Download the free program Google Earth. Start out by typing in your address and see a satellite picture of where you live. Now venture out and explore some Spanish-speaking countries. Zoom in and look at the topography, vegetation, architecture. What countries did you explore? How do their features compare to where you live?

Conéctate This box prompts students to explore the internet to access authentic content relevant to adjacent information and activities. ▶

¡Vívelo! This section appears at the end of the chapter and includes conversational, writing, and video activities. *En vivo,* with one speaking activity and one writing activity engages students in meaningful, purposeful tasks. Writing activities, included from *Capítulo 3* on, guide students step-by-step through the process of organizing their thoughts, writing a draft, and revising and polishing their work. *En directo* exposes students to various people and places in the Spanish-speaking world. Activities check students' comprehension of the video segment and invite them to share their own thoughts on the themes explored. In the second edition, the *En vivo* section appears at the end of *Investigación B* and the *En directo* video appears in *Investigación A.* ▼

¡VÍVELO!

EN DIRECTO

Video: Un paseo por la UNAM

> Antes de ver el video. ¿Cómo es tu universidad? Select the best words from the list to describe your college or university.

grande	pública	motivados	malos	muchos
pequeña (small)	privada	buenos	pocos	extranjeros (foreign)

Mi universidad es _____. Hay _____ estudiantes _____ y los profesores son _____.

> El video. Indicate whether the following statements are **ciertos** or **falsos** based on the video.

	Cierto	Falso
1. La UNAM está en la capital de México.	☐	☐
2. Hay más de 369,000 estudiantes.	☐	☐
3. Es la universidad pública más grande del mundo.	☐	☐
4. Mazaki es coreana.	☐	☐
5. Robert es de Australia.	☐	☐
6. Muchos estudiantes sólo estudian español.	☐	☐
7. Las clases de español son grandes y trabajan mucho en grupos pequeños.	☐	☐
8. Elliot dice que las personas que saben dos lenguas ganan más dinero en Estados Unidos.	☐	☐

> Después de ver el video. Think about your own answer to the following question, then discuss and compare your answers with the rest of the class: ¿Dónde está tu universidad? ¿Cuántos estudiantes hay en tu universidad? ¿Hay estudiantes de otros países? ¿De qué nacionalidad son? ¿Cómo es tu clase? ¿Y los profesores?

Vocabulario útil
de todas partes *from everywhere*
solamente *only*
después *after, later on*
ahorita *now*
mejorar *to improve*

INVESTIGACIÓN 2A • SESENTA Y NUEVE **69**

¡VÍVELO!

EN VIVO

Mi propio horario

Paso 1: Complete the chart below with your typical weekly schedule for this semester.

horas	lunes	martes	miércoles	jueves	viernes	sábado	domingo

Paso 2: Without showing your schedule in Paso 1 to your partner, describe it so that your partner can fully fill the chart below with your information. When both schedules are completed, compare your Paso 1 schedule to your partner's version. Are all the times the same? Are the classes the same? Are the extracurricular activities and work hours the same?

horas	lunes	martes	miércoles	jueves	viernes	sábado	domingo

Paso 3: Based on your and your partner's weekly schedule, find a time when you can both meet to study Spanish (or do some other activity). Share with the class the task or activity you will do together and the times you found in which to do it. Were there any other students in class with similar available times?

90 NOVENTA • CAPÍTULO 2

THE COMPLETE PROGRAM

For a desk copy or electronic access to any of these program components, please contact your local Wiley sales representative, call our Sales Office at 1-800-CALL-WILEY (1-800-225-5945), or contact us online at www.wiley.com/ college/young/

► **Student Textbook**

978-1-118-43949-4

The textbook is organized into twelve *Capítulos,* each of which is divided into two identically structured and thematically complementary *Investigaciones,* and culminates in the *¡Vívelo!* section which incorporates lively speaking activities, writing tasks, and video activities designed to give students a forum to put to use the language they have learned to creatively use.

► **Annotated Instructor's Edition**

978-1-118-43948-7

The Annotated Instructor's Edition contains side notes with suggestions for teaching, meaningful structural exercises, suggestions for varying or expanding communicative activities, and audio scripts for aural input recorded and available digitally in *WileyPLUS Learning Space.* These annotations are especially helpful for first-time instructors.

► **Activities Manual**

978-1-118-51481-8

The Activities Manual links reading and writing, builds vocabulary, practices grammar, and helps students develop personal expression and composition skills through a variety of written and aural activities. Some activities are self correcting and the answer key appears at the end of the Activities Manual. Listening strands for the aural activities are available on the Lab Audio Program, or digitally in *WileyPLUS Learning Space.*

The Lab Audio Program is coordinated with the Activities Manual. The audio program is available digitally in *WileyPLUS Learning Space* for students and instructors. The audio transcript is included on the book Companion Site and in *WileyPLUS Learning Space.*

► **¡Vívelo! Video**

The *¡Vívelo!* video consists of text-specific and culturally-oriented segments correlated to activities in the chapter ending *¡Vívelo!* section. Throughout the segments, students will watch real-life interactions between native speakers of Spanish in the U.S. and abroad, in professional or social settings, in order to explore cultural topics presented in the textbook. The video is available digitally in *WileyPLUS Learning Space.*

► **Book Companion Web Site for Students**

www.wiley.com/college/young/

The Book Companion Site for students contains audio flashcards, student edition audio files, and audio files for the activities manual.

► **Book Companion Web Site for Instructors**

www.wiley.com/college/young/

The Web site for instructors features online instructor resources including a Word version of the testing program and digital test audio files. It also includes the digital Lab Audio files, answer keys for the Activities Manual and audio transcripts of the Lab Audio, sample syllabi, and guidelines for using the video.

WileyPLUS Learning Space

WileyPLUS is an innovative, online teaching and learning environment, built on a foundation of cognitive research that integrates relevant resources, including the entire digital textbook, in an easy-to-navigate framework that helps students study effectively. Throughout each study session, students can assess their progress against study objectives, and gain immediate feedback on their strengths and weaknesses so they can be confident they are spending their time effectively. Instructors can use our study objective filtering and pre-built assignments to efficiently design their course and their syllabus. They can also use the robust reporting tools available in *WileyPLUS* to track and manage their students' performance.

CONTENTS

Capítulo de repaso 1 A 3 page spread review chapter consisting of practice opportunities of the "more challenging" grammar topics for students, i.e. **adjective/noun agreement, present tense (including uses of ser), infinitives, regular and stem-changing present tense, ir+a+infinitive, estar (location), demonstrative adjectives**

CONTENTS

CONTENTS

Capítulo de repaso 3 A 3 page spread review chapter consisting of practice opportunities of the "more challenging" grammar topics for students, i.e., **irregular preterite, preterite w/ spelling changes, comparison of equality and inequality, present perfect, relative pronouns, imperfect and preterite/imperfect use**

CAPÍTULO 12   Perspectivas globales

Investigación

Laurence Mouton/PhotoAlto/Corbis

In this preliminary **Investigación** you will learn:

- ▶ How to greet people in culturally appropriate ways
- ▶ How to ask questions to learn more about people
- ▶ How to spell in Spanish

- ▶ How to get to know your classmates by sharing information
- ▶ How to refer to people and objects that have already been mentioned

What kind of information do you sometimes share with people when you first meet them?

You can ask people their names in culturally appropriate ways. You can offer your name in return and spell it if hard to understand.	¿Cómo se llama usted? ¿Cómo te llamas? Yo me llamo Dave Se escribe de-a-uve-e
You can ask classmates how old they are. You can tell someone your age too.	¿Cuántos años tienes tú? ¿Cuántos años tiene ella? ¿Cuántos años tiene él? Tengo dieciocho años.
You can ask people where they are from. In return you can offer the same information about yourself.	¿De dónde es usted? ¿De California? ¿De dónde eres tú? Soy de Indiana. Soy de Venezuela. Soy de Nashville.
You can ask someone their telephone number and give your own.	¿Cuál es tu/su número de teléfono? Mi número de teléfono es el (555) 539-9110.

ADDITIONAL ACTIVITY: Say or write these sentences on the board and have students complete them with the appropriate words from the video: 1. *El español es el idioma oficial en ___ países. 2. En Perú los amigos se saludan con un ___ en la mejilla. 3. Los viejos amigos se saludan con un ___.*

ANSWERS: 1. 21, 2. beso, 3. abrazo

TEACHING TIP: Encourage student conversation with simple questions such as *¿Hay gestos físicos que acompañan los saludos con tus amigos? ¿con tu familia? Cuando les preguntas a tus amigos cómo están, ¿siempre dicen "Bien" o te cuentan lo que pasa en sus vidas?*

EN DIRECTO

Watch the video titled ¡Bienvenido al mundo hispano! The video illustrates culturally appropriate ways to greet in Spanish-speaking cultures.

What observations can you make regarding physical ways people greet each other in this video? Can you guess what the phrase "Soy de..." means?

Paso 1: Saludos y despedidas
(Greeting and Farewells)

WileyPLUS Learning Space

You will find PowerPoint presentations for use with *Saludos y despedidas* in *WileyPLUS Learning Space*.

TEACHING TIP: Ask students what they think the difference is between *¿Cómo se llama usted?* and *¿Cómo te llamas?* based on the illustrations. Likewise, ask what they think the difference is between *Encantado* and *Encantada*. You can use these questions to introduce briefly the concepts of register (formality/informality) and gender, which students will explore more in depth later in the *Investigación preliminar* and in *Capítulo 1*.

LP.1 **¿Eres observador/a?** Look at the photos below with a classmate and reflect on the following questions.

1. Which of these photos represent typical greeting behaviors in your native culture?
2. What factors determine how you greet someone in your culture?
3. Which of the photos do you think represent typical greeting behaviors in Spanish-speaking cultures?
4. What are some factors that you think likely determine greeting behaviors among Spanish speakers?

Ways to greet others

How do you greet your family and friends? What about first-time acquaintances? Greeting in other cultures may involve physical gestures among individual persons. For example, greeting with a kiss (*beso*) on the cheek is common among many cultures, such as in Spanish-speaking cultures. The number of cheek kisses (*besos*) may vary from one country to another, i.e., Spaniards usually kiss both cheeks (*mejillas*) when greeting but one cheek kisses are the most common. Another common physical gesture in Spanish-speaking countries is hugging (*abrazos*).

a

b

c

d

LP.2 **A conocernos.** Greet two of the classmates seated near you and ask them their names. Then, introduce one of them to the other. Be sure to say goodbye to each other, in Spanish, at the end of class.

LP.3 **Hola y adiós.** Work with two classmates you don't know to create a brief skit in which you find out each other's names and how each other is doing, then take leave of each other. Use a variety of greetings and goodbyes in your skit, and be prepared to perform it in front of the class.

TEACHING TIP: Ask students if their greetings were culturally appropriate. Why? Why not?

Paso 2: El alfabeto

❧ Bien dicho

El alfabeto

Even though the alphabet in Spanish looks like the English alphabet, the names of the letters are pronounced differently. The letters in parenthesis *(ch, ll)* are treated as separate letters in dictionaries published before approximately 1998. If you have an older dictionary, be aware, for example, that there might be a section for words starting with *ch* after the words that begin with *cu.*

a	*a*	j	*jota*	r	*ere*
b	*be*	k	*ka*	rr	*erre*
c	*ce*	l	*ele*	s	*ese*
(ch	*che*)	(ll	*elle*)	t	*te*
d	*de*	m	*eme*	u	*u*
e	*e*	n	*ene*	v	*ve, uve**
f	*efe*	ñ	*eñe*	w	*doble ve, uve doble*
g	*ge*	o	*o*	x	*equis*
h	*hache*	p	*pe*	y	*i griega*
i	*i*	q	*cu*	z	*zeta*

*Also used are *ve baja, ve corta.* When spelling out loud, speakers often use *"v de vaca/b de burro"* or *"b grande"* and *"v chica"* to distinguish between the letters b/v.

LP.4 **¿Cuál es su apellido?** Write your last name backwards on a piece of paper. Then, in pairs, take turns spelling your name backwards to each other in Spanish but in the chart below write the true last name of your partner under the first letter that begins his/her last name. Repeat this process with two other classmates. Then, as a class, confirm all last names under each letter.

Modelo: E1 says: *Mi apellido es "ese e ene o jota".*
E2 writes: *"s e n o j"*, then says *Jones* and writes *Jones* in the box with the letter "j".

A	B	C	D	E
F	G	H	I	J
K	L	M	N	O
P	Q	R	S	T
U	V	W	X	Y
Z				

TEACHING TIP: As you review the pronunciation of the Spanish alphabet, take a moment at the appropriate letter to mention key pronunciation items, such as *h* not being pronounced in Spanish, the letter *v* being pronounced in Spanish as [b] and the letter *z* in Spanish being pronounced as [s], except in Spain. Additional practice will appear in later *Investigación* sections. You also might want to point out that the Spanish sounds for the letters *p, t* and *k* contain no puff of air, or aspiration, as they do in English. In addition, point out that the pronunciation of some letters may change depending on the region.

TEACHING TIP: A recording of the alphabet is available online, but you may want to model pronunciation of the alphabet in class.

LP.4 TEACHING TIP: Spelling names backwards prevents students from simply guessing the last letters of someone's name without hearing the letters pronounced.

WileyPLUS Learning Space
LP.4 INSTRUCTOR'S RESOURCES: You will find a reproducible chart for use with this activity in your Instructor's Resources.

Paso 3: Los números de 0 a 100

cero	0	diecisiete	17	treinta y cuatro	34
uno	1	dieciocho	18	treinta y cinco	35
dos	2	diecinueve	19	treinta y seis	36
tres	3	veinte	20	treinta y siete	37
cuatro	4	veintiuno	21	treinta y ocho	38
cinco	5	veintidós	22	treinta y nueve	39
seis	6	veintitrés	23	cuarenta	40
siete	7	veinticuatro	24	cuarenta y uno	41
ocho	8	veinticinco	25	(etcétera)	…
nueve	9	veintiséis	26	cincuenta	50
diez	10	veintisiete	27	sesenta	60
once	11	veintiocho	28	setenta	70
doce	12	veintinueve	29	ochenta	80
trece	13	treinta	30	noventa	90
catorce	14	treinta y uno	31	cien	100
quince	15	treinta y dos	32		
dieciséis	16	treinta y tres	33		

LP.5 **Números de teléfono.** Listen as your instructor reads you telephone numbers that may come in handy in the future. Write the office or place on the left and the phone number on the right.

Oficina o lugar	Número de teléfono
1.	

VÍVELO: LENGUA

Expressing possession I: *Mi/mis, tu/tus, su/sus*

Use the following to express possesion as in **Mi número de teléfono es...** *(My phone number is…).*

mi	*my*
tu	*your* (informal)
su	*his/her, your* (formal)

Use **mis, tus** and **sus** to express possession of more than one thing.

Mis amigos son inteligentes.	*My friends are intelligent.*
Tus clases son interesantes.	*Your classes are interesting.*
Sus estudiantes son de Bolivia.	*His, Her, Your students are from Bolivia.*

TEACHING TIP: Present the possessive adjectives in a way that requires student participation and provides them with a lot of comprehensible input. Take things off of your desk, or out of your bag, and say things like, *Es mi libro., Son mis lápices.*, etc. Then ask students if the items you mentioned belong to them (e.g. *¿Es tu libro? ¿Son tus lápices?*). Take this a step further by taking an item from several students in your class, and then asking them randomly, *¿Es tu calculadora?* The idea is to make this interactive, and to get students to begin answering using *mi/mis/tu/tus/su/sus* correctly. Students may find it easier to express possession with *nuestro/a/os/as* later on by first using these more transparent forms. This exercise will also start to familiarize students with some of the classroom vocabulary they will study in *Capítulo 1* and the present tense of *ser*. INVESTIGACIÓN PRELIMINAR • CINCO **5**

WileyPLUS Learning Space

You will find PowerPoint presentations for use with *Los números de 0 a 100* in WileyPLUS Learning Space.

TEACHING TIP: Ask students if anyone knows how other cultures deliver phone numbers. In the U.S., we deliver them as 978-6223. Explain that the way phone numbers are presented will change from culture to culture and Spanish-speaking cultures tend to group the numbers in the following way: 2-34-51-78. Consequently, the speaker will say **dos, treinta y cuatro, cincuenta y uno, setenta y ocho.**

TEACHING TIP: Give students five minutes to get as many of their classmates' phone numbers as possible by asking *¿Cuál es tu número de teléfono?* They should give them in the grouping most common in Latin America, as described in *Vívelo: Lengua.* Ask students to keep these phone numbers for a task later in this chapter. If students are not comfortable sharing their phone numbers, tell them they can make one up.

LP.5 TEACHING TIP: You will need to provide phone numbers for Activity LP.5. We suggest you identify frequently used numbers, such as the main office of the language department, the financial aid office, the main office of campus police, the advising center, or whatever numbers you deem important for students.

WileyPLUS Learning Space

Go to *WileyPLUS Learning Space* and review the tutorial for this grammar point.

SUGGESTION: The next time pair or group work is required, have students pair up or form groups with the classmates with the most similar responses.

LP.6   **Para conocernos mejor.**   Complete the statements below using the correct form of the possessive pronouns. Then, agree (Sí) or disagree (No) with each statement. Share your responses with classmates to find someone whose responses were similar to yours.

Sí   No

1. (Mi/Mis) _____ <u>amigos</u> son generosos.   ☐   ☐

2. ¿Es (tu/tus) _____ <u>papá</u> de Europa?   ☐   ☐

3. ¿Son (su/sus) _____ <u>compañeros</u> de clase inteligentes?   ☐   ☐

4. ¿Son optimistas _____ (tu/tus) <u>amigos</u>/as?   ☐   ☐

5. (Mi/Mis) _____ <u>profesor</u> de español es bueno.   ☐   ☐

6. ¿Son (su/sus) _____ <u>padres</u> (*parents*) de Estados Unidos?   ☐   ☐

7. (Mi/Mis) _____ <u>nombre</u> es común.   ☐   ☐

8. ¿Es grande (*big*) (tu/tus) _____ <u>familia?</u>   ☐   ☐

Paso 4: Los datos personales
(Personal information)

TEACHING TIP: Students have learned to use "soy" for "I am". It is not necessary to delve into *es* and *son* at this point. Students can start out simply learning via use how to say "is" and "are" as "es" and "son." The conjugation of *ser* will be introduced in *Capítulo 1*.

WileyPLUS Learning Space

You will find PowerPoint presentations for use with *Los datos personales* in *WileyPLUS Learning Space*.

COGNATES: Underscore the importance of using cognates as a means toward comprehension. The two *Investigación* sections that comprise each *Capítulo* following this *Investigación preliminar* begin with a section called *Adelante* that presents a list of cognates. In *¡Vívelo!*, "cognates" are not strictly words that are spelled alike and have the same meaning in Spanish and English, but also words that share the same root as their English equivalent and related words whose meanings may vary somewhat in the two languages. Clear context in the activities and facile recognition of most items provides a comfortable environment for students as they begin exploring the *Investigación* topic in general terms.

Sustantivos (*Nouns:* Concepts, people, and things.)

el código postal
el compañero/la compañera de clase
la nacionalidad
el número del celular/móvil
el nombre

la dirección electrónica
la dirección residencial
el origen
la profesión
la relación

soltero/a   casado/a

divorciado/a   viudo/a

LP.7   **Los datos.**

Paso 1: The form that follows has already been completed in Spanish. Based on the responses given, what do the Spanish words on the form mean?

Paso 2: Cross out the responses provided related to Juan Valdez García and insert your personal responses.

Paso 3: Interview a classmate for the information required on the form. There is no need to ask full questions at this point, simply say "Nombre" and the classmate will respond "Mary", etc. Then compare your responses to the responses your classmate wrote in Paso 2. Is the information the same?

ORIENTATION: DISCOVERY LEARNING. Research indicates that discovery learning may increase retention of information/vocabulary. On the basis of the completed form, ask students if they can guess what the following vocabulary words mean: *el apellido, la edad, la ciudad, el correo, el país, el estado, el*

LP.7 **Los datos.** *estado civil.* Underscore the importance of context in discovering the meaning of the new words.

Nombre: _Juan_   Apellido paterno: _Valdez_   Apellido materno: _García_

Edad: _19_

País de origen: _Estados Unidos_

Estado: _Texas_

Código postal: _78704_

Ciudad de residencia: _Austin_

Sexo: ☑ masculino   ☐ femenino

Profesión: ☑ estudiante   ☐ profesor/a

Estado civil: ☑ soltero/a   ☐ casado/a   ☐ divorciado/a   ☐ viudo/a

Correo electrónico: _jvaldez@correo.com_

Teléfono residencial: _(213) 447 3219_

Teléfono celular/móvil: _(221) 358 6790_

WileyPLUS Learning Space
LP.8 INSTRUCTOR'S RESOURCES You will find reproducible magazine subscription forms in your Instructor's Resources.

SUGGESTION: Students are free to cross out personal data from information provided and replace with their own and then a classmate's in the textbook, but feel free to copy blank forms for your class from the WP Instructor's Resource site.

LP.8 TEACHING TIP: Point out that when filling out a form it is not necessary to use full questions like *How old are you?* One might simply ask, *Age?* But during a normal conversation questions and answers should be clear. Ask students to face each other so that they have to request the information orally as opposed to showing each other the forms and providing the answers without any type of solicitation.

ANSWERS: Paso 1: zip code, address, signature, name, state, and city of residence

LP.8 **Suscríbete.**

Paso 1: Indicate with a check the information that is being requested on the subscription form below.

❏ e-mail   ❏ zip code   ❏ signature   ❏ name
❏ marital status   ❏ state   ❏ city of residence   ❏ address

Paso 2: Interview a classmate to obtain the specific information on the subscription form. Write down each others' information on the form.

Modelo: Student 1 reads and says: "Ciudad" Student 2 says: San Diego. Student 1 writes "San Diego" next to the word "Ciudad" on subscription form.

www

¡Conéctate!
What magazines do you like? Search for some of the magazines you like online. Is there a Spanish version of the magazine? Is the website available in Spanish as well? Can you subscribe online in Spanish?

MOSAICO

* Para ordenar un libro que cuenta por dos selecciones, escriba el código de 4 números en una casilla y 9999 en la siguiente.

*Por favor escriba los números de los libros aquí:

Para hacer su pedido más rápido, suscríbase por nuestra página web www.clubmosaico.com

☐ ¡Sí! Por favor, suscríbanme a Mosaico sin riesgo ni compromiso de acuerdo a las normas descritas en esta oferta. Envíenme los 4 libros indicados al lado por tan sólo $1 cada uno, más gastos de manejo y envío. También, envíenme mi regalo ¡GRATIS! al suscribirme. Me comprometo a comprar 4 libros más a los precios regulares del Club durante los próximos 2 años.

¿Tiene número de teléfono?
☐Sí   ☐No
¿Ha comprado por correo anteriormente?
☐Sí   ☐No
¿Cómo ha pagado sus compras por correo? (marque todas las que correspondan)
☐Efectivo
☐Tarjeta de crédito   604
☐Cheque   © 2007 Mosaico
☐Giro   Impreso en U.S.A.

Firme aquí: _____
Se requiere la firma de los padres para menores de 18

Sr./Sra./Srta _____

Dirección _____

Ciudad _____ Estado _____ Cód. Postal _____

▼ ¡Entérese de nuestras promociones especiales en línea! Por favor provéanos su dirección electrónica.▼

¡NO ENVÍE DINERO AHORA!

AHORRE AÚN MÁS:
Llévese un quinto libro ahora y ahorre 50% sobre el precio del club, más manejo y envío. Libros que cuentan como dos selecciones no están incluidos. No es tenido en cuenta para cumplir su compromiso como socio.
Escriba el número del libro aquí.▼

5·01·7·3P·1·2BC·10·A(-)·604
MOS0709PT-06   9/27/07

Nos reservamos el derecho de rechazar su solicitud. El impuesto de venta será adicionado,donde corresponda. Esta oferta es válida por 2 años.

Paso 5: Hacer preguntas (*Asking questions*)

WileyPLUS Learning Space

Go to *WileyPLUS Learning Space* and review the tutorial for this grammar point.

SUGGESTION: You may wish to point out that *cuántos* is used with masculine nouns and *cuántas* with feminine nouns. Students will study nouns and gender in *Capítulo 1*.

In LP.6 and LP.7, students had not yet learned to ask full questions using interrogative words and relied on one-word solicitation techniques, i.e., *nombre, edad, estado civil*, etc. In Paso 5, students will learn how to ask for the same information using interrogative words. As an introduction, ask students some of these questions to assess that they understood the interrogative word and can respond appropriately to each question.

Preguntas (*Questions*)	Respuestas (*Answers*)
¿Cuántos?/¿Cuántas? (*How many?*) ¿Cuántos años tiene usted? (*How old are you?*) ¿Cuántos años tienes tú? ¿Cuántas personas hay en la clase? ¿Cuántos objetos hay en la clase?	Tengo ___ años. (*I am ___ years old.*) Hay veinte personas. Hay veinte objetos.
¿De dónde? (*From where?*) ¿De dónde es usted? ¿De dónde eres tú?	Soy de Argentina.
¿Dónde? (*Where?*) ¿Dónde vive usted? (*Where do you live?*) ¿Dónde vives tú?	Vivo en Puerto Rico.
¿Cuál? (*Which, What?*) ¿Cuál es su número de teléfono? ¿Cuál es tu número de teléfono?	Mi número de teléfono es…

Notice two primary features when writing or reading sentences that ask questions. First, questions in Spanish require an inverted question mark (¿) at the beginning and a regular question mark at the end. Second, every interrogative word requires a written accent over the first or second vowel. As you learn interrogative words, learn where the written accent falls.

LP.9 **Si la respuesta es… la pregunta es…** Write the question (formal) for each of the answers given below. Compare your questions with those of two other classmates.

> Modelo: You read: *Estoy bien, gracias.*
> You write: *¿Cómo está?*

¿De dónde es usted? _____ **1.** Soy de Costa Rica.

_____ ¿Cuál es su teléfono móvil? **2.** Mi teléfono móvil es 45-987-45-78.

_____ ¿Cuántos años tiene? **3.** Tengo 21 años.

_____ ¿Cuántos estudiantes hay en la clase? **4.** Hay 25 estudiantes en la clase.

_____ ¿Cómo se llama usted? **5.** Soy María Salas.

LP.10 AUDIO SCRIPT AND ANSWERS: 1. ¿Cómo se llama la estudiante? Cristina Sosa Nava, 2. ¿Cuántos años tiene? (will vary depending on current year), 3. ¿Cuál es su número de teléfono? (3-85-23-76), 4. ¿Cuál es su estado civil? (soltera) 5. ¿Cuál es su nacionalidad? (española), 6. ¿De dónde es? (De Madrid), 7. ¿Cuál es su número estudiantil? (054-67-82-31)

LP.10 **Identificación.** Listen as your instructor asks you questions. Respond on the basis of the information in the student's ID below.

> Modelo: You hear:
> ¿Dónde vive?
> Respuesta: En Madrid

TARJETA UNIVERSITARIA
de Identificación

© Mark Bowden/iStockphoto

Nombre: Cristina Sosa Nava
Dirección: Calle Gran Vía 22, Madrid
Teléfono: 3-85-23-76
Fecha de nacimiento: 4-4-1998
Sexo: F   **Edo. civil:** Soltera
Nacionalidad: Española
Nº de Estudiante: 054-67-82-31

LP.11 Para conocer a Elizabeth Vargas. Read the description of the ABC reporter, anchor, and host of the news program *20/20*. Then, listen to several questions about her and write down your answers. Confirm your answers with several classmates.

Elizabeth Vargas es reportera del programa de investigación *20/20*. Nació (*she was born*) en Paterson, Nueva Jersey, el 6 de septiembre de 1962. Es expresiva, independiente, interesante y muy inteligente. Su padre es puertorriqueño y su madre es irlandesa-americana.

AP/Wide World Photos

1. _____   4. _____

2. _____   5. _____

3. _____

LP.12 Retrato de la clase. Survey your fellow classmates to obtain the information below. First, what questions will you ask to get the necessary information from your classmates? For example, you will need to ask the question *¿Cuántos años tienes?* to obtain the responses that answer the first item. Make sure you ask students for their names and then keep notes of their answers in order to write the **Retrato** in Paso 2.

Paso 1: Find out who is/are…   *Preguntas en español.*

1. the youngest and oldest student in class   *¿Cuántos años tienes?*

2. the classmate with the longest last name   *¿Cómo te llamas?*

3. the city that most students call home

4. the classmate with the farthest birth place

5. the number of out of state classmates

Paso 2: *Retrato.* Compare your notes with three other classmates and provide a snapshot of the class by summarizing your findings in a **Retrato de la clase** (*A snapshot of the class*). Use the following model to summarize your findings.

Retrato de la clase:
El estudiante menor de la clase es _____, el estudiante mayor de la clase es _____. El estudiante con el apellido más largo de la clase es _____. La ciudad residencial más común de la clase es _____. El estudiante con el lugar de nacimiento más lejano (*farthest*) es _____. El número de estudiantes que no son del estado de esta universidad es _____.

VÍVELO: CULTURA

Tú y usted

Just as there are formal and less formal gestures and customs related to greeting, Spanish has a linguistically appropriate formal and an informal way of addressing people. Depending on the country, it is customary to use **usted** with a new acquaintance or to show respect, as in **¿Cómo se llama usted?** Sometimes **usted** is used with almost everyone in order not to be interpreted as disrespectful. Only after asking permission, particularly in a formal context, should you use the **tú** form. In some Spanish-speaking countries, such as Spain, the use of **usted** among peers is not as common as it used to be. In most Latin American countries however, one should assume this is the convention because it is best to err on the side of being overly respectful than vice versa.

LP.11 AUDIO SCRIPT AND ANSWERS:
1. ¿Cómo se llama? (Elizabeth Vargas), 2. ¿De dónde es? (de Nueva Jersey), 3. ¿De dónde es su papá? (de Puerto Rico), 4. ¿Cuál es su profesión? (reportera), 5. ¿Cómo es ella? (Accept any of the following: expresiva, independiente, interesante, inteligente.)

LP.11 SUGGESTION: Draw students' attention to how Elizabeth Vargas' date of birth is expressed in Spanish— *el (día) de (mes) de (año)*.

RETRATO DE LA CLASE. Explain to students that now and then they will need to record information about students or about the entire class in a notebook they should title *Retrato de la clase*. In addition to helping create a learner-centered environment, another goal of this class profile is for students to have information they can use for various purposes. Placing a value on information that classmates share sends the message that Spanish is being used not only for "practice," but to actually convey information for a purpose.

WileyPLUS Learning Space

Go to *WileyPLUS Learning Space* and review the tutorial for this grammar point.

LP.12 TEACHING TIP: Tell students that they do not need to provide their true ages. As a follow-up to the question, ask *¿Quién es el estudiante más joven de la clase?* Ask for specific ages to narrow down the possibilities, such as *¿Quién tiene diecisiete años?*
It is important for students to keep all information they have gathered from classmates. The more information they have available, the less class time will be needed to complete the task.

WileyPLUS Learning Space

You will find PowerPoint presentations for use with *Subject pronouns* in *WileyPLUS Learning Space*.

Paso 6: Subject pronouns

Pronouns are words we use to replace a noun in order to avoid naming that noun over and over again. For example, once the conversation establishes that we are talking about Alex Rodríguez and Oscar De la Hoya, instead of saying Alex and Oscar we say *they*. Instead of saying *You, Shanna, Robert and I*, we use the subject pronoun *we*. Once the subject of a sentence has been established, we replace it with a subject pronoun. Examine the subject pronouns for English and Spanish in the chart below.

Yo	*I*
Tú (Informal/familiar) **Usted (Ud.)*** (formal)	*You*
Él, Ella	*He, She*
Nosotros, Nosotras	*We*
Vosotros, Vosotras (informal in Spain) **Ustedes (Uds.)*** (formal in Spain/both formal and informal in Latin America)	*You, Y'all*
Ellos, Ellas	*They*

*Since the verb forms for **usted** (*you* singular, formal) and **ustedes** (*you* plural, formal) are the same as the third person singular (**él/ella**) and the third person plural (**ellos/ellas**), respectively, verb charts in *¡Vívelo!* will group them together. Note that the abbreviations **Ud.** and **Uds.** are always capitalized in Spanish.

ORIENTATION: The section entitled *Vívelo: Cultura* appearing throughout each *Investigación* offers cultural information and poses questions that stimulates students' thinking and reflection and develops their intercultural awareness. Beyond discussing these sections in class, consider having students journal on the topics. You should also seek out students' responses to how their individual cultures perceive some of these topics, as "US culture" is not monolithic.

SUGGESTION: Ask the class if anyone has traveled to Chile, Guatemala or Honduras, or any other place where they may have heard the form *vos* used. Ask them if they have been to Spain and heard the vosotros/as used. Ask if they were able to understand in spite of their use.

LP.13 AUDIO SCRIPT: 1. Rosario Dawson, 2. Eduardo Yáñez y Pablo Montero, 3. Los estudiantes de la clase, tú y yo, 4. Jessica Alba and Cristina Aguilera, 5. Juan Carlos

Which language has more subject pronouns? Based on the chart, what subject pronouns in Spanish refer to females only? What subject pronouns refer to males only? What subject pronouns indicate formality?

When referring to a group of females, use **ellas.** When referring to a group composed of males, or males and females, use **ellos.** Follow the same guidelines for using **vosotros/vosotras** and **nosotros/nosotras.**

VÍVELO: CULTURA
Vos y Vosotros/as

In Argentina and Uruguay, the pronoun **vos** is generally used instead of **tú**. In some other places, such as parts of Chile, Guatemala, and Honduras, to name a few, **tú** is used in some informal contexts while **vos** signifies an even greater level of intimacy or informality. In Latin America, **ustedes** is the plural form used in both formal and informal contexts, while in Spain, the informal **vosotros/vosotras** is used as the plural of **tú**. A good strategy is to pay attention to how native speakers deal with the use of **usted, tú, vos,** and **vosotros/vosotras**. As you will see in *Capítulo 1*, each of these ways of addressing people uses its own particular verb forms.

LP.13 **Correspondencias.** Listen to several references to specific people. Then, match the subject pronouns that could be used instead of the names. The first one is done for you as a model. Verify your answers with a classmate.

<u>5</u> **a.** él   <u>4</u> **d.** ellas

<u>2</u> **b.** ellos   <u>3</u> **e.** nosotros

<u>1</u> **c.** ella

LP.14 **Repita, por favor.** Listen to several statements and write the number of each statement next to its corresponding question. One of the questions will not correspond to any of the statements you will hear; leave it blank. The first one is done for you as a model. Verify your answers with a classmate.

Repita, por favor.

<u>3</u> **a.** ¿Cuántos años tiene ella?

<u>6</u> **b.** ¿Cuántos años tenemos nosotros?

<u>2</u> **c.** ¿Qué son ellos?

<u>   </u> **d.** ¿Qué somos nosotros?

<u>4</u> **e.** ¿De dónde eres tú?

<u>5</u> **f.** ¿Qué es usted?

<u>1</u> **g.** ¿Cuántos años tiene él?

LP.15 **Actuaciones.** In groups of 3-4 write a script where you introduce to your mother or father a classmate from Latin America or Spain. Include culturally appropriate physical gestures. Your skit must include the following personal information.

a. Greetings

b. Names of each person

c. Variation in formal and informal forms of addressing individuals (tú vs. usted)

d. Introductions to mother/father

e. Spelling of one person's last name

f. Origin (country or birthplace)

g. Age

h. Additional contact information

ALTERNATIVE TASK: Ask students to pretend to be a well-know celebrity. The skit will leave clues in the questions and answers that should provide hints of celebrity name. The class will guess who it is after the skit has been presented in class.

LP.14 AUDIO SCRIPT: 1. Antonio tiene 51 años. 2. Sofía y Ricardo son estudiantes. 3. María Luisa tiene 50 años. 4. Amigo, soy de Perú. 5. Soy profesora. 6. María, tú y yo tenemos 17 años.

TEACHING TIP: Clarify for students that they have to include in this skit at least one example of the information listed in items a-g, but that they do not have to provide all of this information for every person in the skit. After giving students enough time to write the skit, have students perform it in class. The class should attempt to glean the relationships among the participants and whether the greetings were culturally appropriate.

1.

Push Pictures/Age Fotostock America, Inc.

¿Es saludo formal o informal?

2.

Photodisc/Getty Images, Inc.

¿Es saludo formal o informal?

3.

Yellow Dog Productions/The Image Bank/Getty Images, Inc.

¿Es saludo formal o informal?

Vocabulario: Investigación preliminar

Vocabulario esencial

Greetings, Introductions and Saying Goodbye

Hola	*Hi*
Buenos días	*Good morning, Good day*
Buenas tardes	*Good afternoon*
Buenas noches	*Good night*
¿Cómo se llama usted?	*What is your name? (formal)*
¿Cómo te llamas?	*What is your name? (familiar/informal)*
Me llamo…	*My name is…*
Soy…	*I am…*
¿Cómo está usted?	*How are you? (formal)*
¿Cómo estás?	*How are you? (informal)*
Bien. ¿Y usted?	*Fine, and you?*
Bien. ¿Y tú?	*Fine, and you? (informal)*
Regular	*So-so, Okay*
Mal	*Bad, not well*
Le presento a Javier.	*This is Javier. (formal)*
Te presento a Javier.	*This is Javier. (informal)*
Mucho gusto	*Nice to meet you*
Encantado/a	*Delighted to meet you*
Igualmente	*Likewise*
Hasta pronto	*See you soon*
Hasta mañana	*See you tomorrow*
Hasta luego	*See you later*
Nos vemos	*See you later*
Adiós	*Goodbye*
Chau/chao	*Goodbye*

Requesting and Giving Personal Information

¿Cuántos años tiene usted?	*How old are you? (formal)*
¿Cuántos años tienes tú?	*How old are you? (informal)*
Tengo… años.	*I am… years old.*
¿De dónde es usted?	*Where are you from? (formal)*
¿De dónde eres tú?	*Where are you from? (informal)*
Soy de…	*I am from…*
¿Dónde vive usted?	*Where do you live? (formal)*
¿Dónde vives tú?	*Where do you live? (informal)*
Vivo en…	*I live in…*
¿Cuál es su número de teléfono?	*What is your phone number? (formal)*
¿Cuál es tu número de teléfono?	*What is your phone number? (informal)*
Mi número de teléfono es…	*My phone number is…*

Otras palabras y expresiones

apellido	*last name*
ciudad natal	*city in which you were born/raised*
¿Cuántos/as … hay?	*How many … are there?*
grande	*big, large*
Hay	*There is/are…*
el abrazo	*hug/embrace*
el beso	*kiss*
el compañero/ la compañera de clase	*classmate*
la fecha de nacimiento	*date of birth*
el lugar de nacimiento	*place of birth*
el mayor de edad	*oldest*
el menor de edad	*youngest*
el nombre	*name*
el país	*nation/country*
los padres	*parents*

Cognados

For a complete list of cognates, see Appendix 4.

Kablonkl/Age Fotostock America, Inc.

CAPÍTULO 1

Hablar de mí y mi famila

INVESTIGACIÓN 1A
¿Cómo eres y qué te gusta hacer?

ADELANTE
- ▶ ¡Ya lo sabes! Palabras descriptivas y acciones
- ▶ ¡Cuidado con los gestos!

Bien dicho: Linking sounds in words

PALABRAS CLAVE
- ▶ Las actividades

ESTRUCTURAS CLAVE
- ▶ The verb *ser*
- ▶ Uses of infinitives -ar/-er/-ir

VÍVELO: LENGUA
- ▶ Expressing preferences about activities: *Me/te/le gusta*

VÍVELO: CULTURA
- ▶ El espacio personal y los malentendidos
- ▶ Orígenes diversos

¡VÍVELO!
En directo:
Crónica de una boda

INVESTIGACIÓN 1B
¿Me presentas a tu familia?

ADELANTE
- ▶ ¡Ya lo sabes! La familia, la personalidad y el carácter

PALABRAS CLAVE
- ▶ La familia

ESTRUCTURAS CLAVE
- ▶ Articles and Nouns
- ▶ Adjectives

VÍVELO: LENGUA
- ▶ Expressing possession II

VÍVELO: CULTURA
- ▶ La familia
- ▶ El tamaño de la familia (*Family size*)
- ▶ Los apellidos

CONTEXTOS Y PERSPECTIVAS
El compadrazgo
En tu familia

¡VÍVELO!
En vivo:
La familia de mi compañero/a

¿Cómo eres y qué te gusta hacer?

In this **Investigación** you will learn:

▶ How to talk about personality traits

▶ More about greeting behaviors among Spanish speakers

▶ How to talk about various activities and preferences regarding those activities

▶ How to express where you or someone else is from

How can you get to know your classmates better?

You can inquire about someone's personality and express your own.	¿Cómo es usted?, ¿responsable?, ¿independiente? ¿Cómo es ella?, ¿optimista?, ¿inteligente? ¿Cómo es él?, ¿cómico?, ¿sociable? Soy perfeccionista y tímida *(shy)*.
You can express intentions.	Tengo que estudiar. Hay que llamar a mi amigo.
You can ask someone if he/she likes to do various activities, and tell him/her what you like to do.	¿Te gusta jugar al fútbol? Me gusta tocar la guitarra.

EN DIRECTO

Crónica de una boda

A few years after getting married Rosi y Rogelio watch a video recording of their wedding. What do Rosi and Rogelio talk about? Are they noticing what the wedding party is doing, commenting on the family members clothes, voicing wedding customs?

Adelante

¡Ya lo sabes! Palabras descriptivas y acciones

The words below are called cognates because the Spanish and English equivalents resemble each other. For example, *important* in English is **importante** in Spanish. Your comprehension in Spanish will grow exponentially by learning how to be a strategic language learner: recognizing cognates is also the first step in facilitating Spanish literacy.

arrogante - humilde
atlético/a
cómico/a - serio/a
conservador/a - liberal
emocional
estable/inestable
extrovertido/a - introvertido/a
generoso/a
independiente - dependiente

inteligente
introvertido/a
optimista - pesimista
organizado/a - desorganizado/a
perfeccionista
respetuoso/a - irrespetuoso/a
responsable/ - irresponsable
sociable - tímido/a

¡Atención!

"nota" (not write down) score, grade, musical note or footnote (to express "to take notes" or "to write something down" use tomar apuntes or anotar.)

simpático/a (not sympathetic) likeable, agreeable

1A.1 ¿Cómo eres?

Paso 1: Take the following personality test by checking words that characterize your personality.

1. ☐ adaptable
2. ☐ agresivo(a)
3. ☐ ambicioso(a)
4. ☐ arrogante
5. ☐ atlético(a)
6. ☐ aventurero(a)
7. ☐ calmado(a)
8. ☐ conservador (a)
9. ☐ conservador
10. ☐ considerado(a)
11. ☐ creativo(a)
12. ☐ curioso(a)
13. ☐ determinado(a)
14. ☐ diplomático(a)
15. ☐ emocional
16. ☐ entusiasta
17. ☐ equilibrado(a)
18. ☐ estudioso(a)
19. ☐ excéntrico(a)
20. ☐ explosivo(a)

21. ☐ extrovertido(a)
22. ☐ frívolo(a)
23. ☐ generoso(a)
24. ☐ gregario(a)
25. ☐ honesto(a)
26. ☐ humilde
27. ☐ idealista
28. ☐ imaginativo(a)
29. ☐ impulsivo(a)
30. ☐ indeciso(a)
31. ☐ independiente
32. ☐ individualista
33. ☐ inteligente
34. ☐ jovial
35. ☐ malévolo(a)
36. ☐ materialista
37. ☐ obediente
38. ☐ organizado(a)
39. ☐ original
40. ☐ paciente

41. ☐ perfeccionista
42. ☐ persistente
43. ☐ persuasivo(a)
44. ☐ pesimista
45. ☐ posesivo(a)
46. ☐ práctico(a)
47. ☐ reservado(a)
48. ☐ respetuoso(a)
49. ☐ serio(a)
50. ☐ simpático(a)
51. ☐ sincero(a)
52. ☐ sociable
53. ☐ sumiso(a)
54. ☐ superficial
55. ☐ talentoso(a)
56. ☐ temperamental
57. ☐ tímido(a)
58. ☐ tolerante
59. ☐ valiente
60. ☐ visionario(a)

Note that most adjectives that end in "o" will represent the masculine form. For the feminine form, replace the "o" with an "a" as in "explosiva". Adjectives that end in "e" or "ista", are invariable, meaning they can be masculine or feminine without any change in the adjetive, as in "Él es el receptionista" or "La estudiante es inteligente."

Paso 2: Circle the top four words in the list that characterize your personality best. Then ask individual classmates *¿Cómo eres?* (What are you like?) until you find someone with responses most similar to yours (at least two out of the four). The next time you need a partner, work with this person.

Modelo: S1: ¿Cómo eres?
S2: Soy adaptable, práctica, idealista y humilde.

1A.2 ¿Cómo es...?

Provide a famous person's name that embodies the descriptive word provided. For the last two, add your own descriptive words and famous individuals. Then share your responses with another classmate to see if he/she agrees. As a class, investigate the most popular names for each descriptive word.

Quién es...

1. atlético/a: _____
2. fotogénico/a: _____
3. imaginativo/a: _____
4. talentoso/a: _____

5. inestable: _____
6. excéntrico/a: _____
7. _____
8. _____

1A.1 TEACHING TIP: Point out to students that they probably understand more than expected due to the high frequency of cognates between English and Spanish.

1A.1 SUGGESTION: Students tend to have problems deciphering what cognates are pronounced because the stress often does not fall on the same syllable as in English. Provide the correct pronunciation of a word in the list and have students call out which word it is by providing the number next to the word.

1A.1 TEACHING TIP: Contrast *¿Cómo eres?* with *¿Cómo estás hoy?* meaning "How do you feel today?"

SUGGESTION: Remind students that they can print this list of adjectives from *WileyPLUS Learning Space*. It will be a useful list throughout the semester.

1A.1 TEACHING TIP: After students have completed this activity, process it with the class. Consider asking individual students *¿Cómo eres?* After several students have answered, ask the class *¿Cómo es él/ella?* This activity also serves to introduce the expressions for "What are you like?" and "I am..." and allows you to make the contrast between *¿Cómo estás?* (LP) with *¿Cómo eres?*

1A.3 **¿Cómo son?**   We all have exaggerated impressions of professions within our own cultures. Can you recognize them? For each profession, list two adjectives that best describe them. Return to the list of adjectives in 1A.1 for help. Use adjectives only once (no duplications). Then, interview a classmate to obtain the two adjectives that he/she used to characterize each profession. What stereotypes, if any, surface about these professions?

¿Cómo son…

los profesores universitarios: _____

los doctores: _____

los fotógrafos paparazzi: _____

los ministros: _____

los reporteros: _____

los psicólogos: _____

los dentistas: _____

1A.4 **Atención.**   Match the photo to the appropriate description.

_____ **1.** Ellos toman apuntes.

_____ **2.** Ella imagina las notas de la música.

_____ **3.** La nota significa que (*that*) es buen (*good*) estudiante.

1A.4 ANSWERS: 1. B, 2. C, 3. A

SUGGESTION: Have students share common gestures practiced in the U.S. and/or for those who have visited abroad, have them share gestures they learned.

Are there cultures well known for using their hands a lot when they speak? Have students explore their surroundings for data to refute or sustain these generalizations.

1A.5 **Maneras de comunicar.**   What are some ways you communicate non-verbally? Do you believe these practices are appropriate for all cultures?

¡Cuidado con los gestos!

Non-verbal language communicates feelings, intentions and reactions, witness the misinterpretations that surface in non-face-to-face communication, such as via text messaging, Facebook entries, email or even the telephone. All cultures have their own practices that communicate non-verbally via eye contact, smiles, or physical distance, for example. Gestures are another non-verbal form of communication with meanings that vary from culture to culture. See the following example.

VÍVELO: CULTURA

¡Cuidado con los gestos! (Be careful with gestures!)

SUGGESTION: Developing intercultural communicative competence is an important goal for language learners. This is a good opportunity to share some of your own personal experiences with *malentendidos culturales*.

Cultural misunderstandings: Asking for two beers can lead to dangerous entanglings depending on where you are asking. In the bar of an English pub, it is better not to raise two fingers in the form of a V to indicate that you want two beers. In British culture, this sign equates to telling the waiter "Go to H…"

1A.6 **Gestos colombianos.** Conduct a search on the Internet for information on gestures that are part of your native culture but would be taboo in a Spanish-speaking culture, or vice versa. Share the essential elements of your research with the class.

Paso 1: Within your native culture, how would you express the following messages non-verbally?

Message

1. A signal that means "The situation is not good."

2. A signal that means "look" or points to something.

3. A gesture to signal that "There is a thief in the midst."

4. A gesture to indicate "Trouble is coming" or something is serious.

5. A gesture to say "It's packed" or "It's crowed."

Paso 2: Match the Colombian gestures in A-E below to the messages in 1-5 above. Then check your answers with another classmate.

1A.6 TEACHING TIP: Remind students that the Colombian gestures described here may not represent all of Colombia but maybe a region in Colombia. Explore with students whether there are regions of their native country where certain gestures are used over others.

ANSWERS: 1. C, 2. B, 3. A, 4. D, 5. E

Gesture

A

Soft scatch on cheek

B

Lips pointing

C

Hand cuts neck

D

Floppy fingers while hands in motion

E

Fingers clasped together

🎧 Bien dicho

Linking sounds in Spanish

In this section, we want you to learn how to adjust your listening strategies so that you can increase your listening comprehension. When you listen to a native Spanish-speaker, you may find it difficult to identify and understand even words that you may know. Why is this? In English, we insert a brief pause between the words in a phrase and this allows us to sense where each word begins and ends. For example, consider the difference between *nitrate* and *night rate*. Both sequences are pronounced exactly the same, with the exception of the brief pause between *night* and *rate*, and it is this pause that allows us to distinguish between them. Spanish speakers do not insert a pause between words in a phrase and this can make it difficult for non-native speakers to distinguish the individual words that make up the phrase. What they may perceive instead is an unbroken string of sounds. For example, the phrase *Me llamo Anita* may be perceived as "mellamoanita". With practice and increasing exposure to Spanish, your ear will eventually adjust to this phenomenon, but until then, we will practice omitting pauses between the words in the useful phrases for the classroom given in 1A.7.

1A.7 **Práctica de pronunciación.** In groups of three, take turns saying these phrases and questions without pauses. Use what is between brackets as a pronunciation guide, emphasizing the syllables in bold. Provide feedback to each other.

1. ¿Hay tarea? [ai-ta-**re**-a]

2. ¿Para cuándo es? [pa-ra-**kwan**-do-es]

3. ¿Qué página? [ke-**pa**-hi-na]

4. Necesito más tiempo, por favor. [ne-se-**si**-to-más-**tiem**-po-por-fa-**bor**]

5. Lo siento. [lo-**sien**-to]

6. Repita, por favor. [re-**pi**-ta-por-fa-**bor**]

7. ¿Cómo se dice en español? [**ko**-mo-se-**di**-se-nes-pa-**ñol**]

8. ¿Qué significa "tengo"? [ke-sig-ni-**fi**-ka-**ten**-go]

VÍVELO: LENGUA

Expressing preferences about activities: Me/te/le gusta

¿Qué le gusta hacer?	*(What do you like to do?) (formal)*
¿Qué te gusta hacer?	*(What do you like to do?) (informal)*
¿Le gusta bailar?	*(Do you like to dance?) (formal)*
¿Te gusta bailar?	*(Do you like to dance?) (informal)*
Sí, me gusta bailar.	*(Yes, I like to dance.)*
No, no me gusta bailar.	*(No, I do not like to dance.)*

WileyPLUS Learning Space Go to *WileyPLUS Learning Space* and review the tutorial for this grammar point.

1A.8 **¡A conocer a Sandra Cisneros!** Read the short passage about a popular Mexican-American writer in the United States. Then, infer from the passage her likes and dislikes. Share your inferences with the rest of the class.

Sandra Cisneros, novelista y poeta estadounidense, nació *(was born)* en Chicago, Illinois el 20 de diciembre de 1954. Su padre era *(was)* mexicano y su madre era méxico-americana. Es famosa por escribir sobre la experiencia latina en Estados Unidos. Su colección de cuentos más famosa, **La casa en Mango Street** *(The House on Mango Street)* vendió *(sold)* más de dos millones de copias. Vive en San Antonio, Texas. Le gusta preparar platos deliciosos para su familia y sus amigos. También le gusta la música de los Texas Tornadoes, Los Lonely Boys y Tish Hinojosa. Le gusta observar a la gente *(people)* y una cosa que le gusta mucho es caminar en el parque.

A Sandra Cisneros...

- ☐ **1.** Le gusta cantar.
- ☑ **2.** Le gusta observar a las personas.
- ☐ **3.** Le gusta correr.
- ☑ **4.** Le gusta cocinar.
- ☐ **5.** Le gusta dibujar.
- ☑ **6.** Le gusta escribir.
- ☐ **7.** Le gusta bailar.
- ☑ **8.** Le gusta escuchar música.
- ☐ **9.** Le gusta visitar a amigos.
- ☑ **10.** Le gusta caminar.

1A.9 **¿Qué le gusta hacer?** For each of the activities you hear, write the name of someone commonly associated with the activity. Then, share your responses with the class. Were there any activities for which no one thought of a name?

> Modelo: You hear: *Le gusta cantar.*
> You write: *David Archuleta* (or whatever singer comes to mind)

1A.9 TEACHING TIP: Do you have avid readers among your students? Invite them to check out *The House on Mango Street,* read one of the stories in it, and then share it with the class. Are any of your students already familiar with the book? Have them share with the class what they remember about it. Connecting Spanish to other disciplines, such as literary studies, is part of the Standards for Foreign Language Learning because it makes the language experience more real.

AUDIO SCRIPT: Students will not have had these verbs yet, consequently act out the audio as you say it. All are easy to do

1A.9 AUDIO SCRIPT: Answers will vary. 1. Le gusta cantar. 2. Le gusta andar en bicicleta. 3. Le gusta bailar. 4. Le gusta escribir. 5. Le gusta correr. 6. Le gusta tocar un instrumento musical. 7. Le gusta nadar. 8. Le gusta levantar pesas. 9. Le gusta cocinar. 10. Le gusta dibujar.

Palabras clave 1 Las actividades

caminar

bailar salsa

nadar en el mar

correr en el parque

mandar un mensaje de texto

dibujar

cocinar hamburguesas

escribir un blog

visitar a los amigos

hablar por teléfono

tocar un instrumento

escuchar música

ANSWERS: a. tocar un instrumento o escuchar música, b. bailar, c. cantar, d. mirar la tele, e. comer, f. hablar por teléfono o mandar un mensaje de texto

1A.10 Asociaciones. With a partner, select the words or expressions in *Palabras clave (PC)* that best correspond to the following items.

a. guitarra, piano, flauta

b. salsa, merengue, cumbia, reguetón

c. Christina Aguilera

d. Dancing w/the Stars, CSI, Modern Family

e. frutas, hamburguesas, tomates

f. email en la computadora, en un iPad, en un teléfono celular

andar en bicicleta

levantar pesas

jugar al tenis

jugar al fútbol

comer pizza

jugar al béisbol

beber agua

mirar la tele (la televisión)

cantar

manejar

jugar videojuegos

1A.11 Charades. In groups of three, use non-verbal communication to express as many of the words in the PC list as you can in the time allotted. Tally the number of correct guesses in your group and report to the instructor. Then, play charades as a class. The class will guess which word/expression is being conveyed.

1A.11 TEACHING TIP: MULTIPLE INTELLIGENCES. Before beginning activity 1A.11, tap into students' kinesthetic intelligence by having them take turns acting out the vocabulary in column A with a partner, eliciting responses (e.g., student A acts out eating, and student B says *comer*.)

1A.12 Nuestras actividades favoritas.

Paso 1: Complete the following statement about what you like to do. Write the complete statement in your **Retrato de la clase** and on a slip of paper to turn in to the instructor.

Retrato de la clase: Mis actividades favoritas son _____, _____ y _____. *(List as many as you want.)*

Paso 2: Firma aquí. Now find out what your classmates like to do in their free time. Create a chart like the one below. For each of the activities listed, ask **¿Te gusta _____?** plugging the name of the activity into the blank. Respond to your classmates' questions with **Sí, me gusta _____.** / **No, no me gusta _____.** If your classmate answers in the affirmative, say, **Firma aquí, por favor** pointing to the blank. If he or she says no, move on to the next person. See who can collect the most signatures in the time allotted.

¿Te gusta...	Firma aquí
1. ... comer pizza?	_____
2. ... escuchar música?	_____
3. ... correr en el parque?	_____
4. ... cocinar?	_____
5. ... nadar?	_____
6. ... jugar deportes?	_____
7. ... escribir poemas?	_____
8. ... mirar la televisión?	_____
9. ... bailar?	_____
10. ... andar en bicicleta?	_____

Paso 3: Resultado de la encuesta. Your instructor will ask **¿A quiénes les gusta comer pizza? ¿escuchar música?** etc. Based on the number of signatures reported by students for each item, summarize the general preferences of your classmates in your *Retrato de la clase* as in the model below and then compare your own preferences from Paso 1 with the class trend.

Retrato de la clase: En general, las actividades preferidas de mis compañeros de clase son _____, _____, _____, _____.

1A.13 **Pre-reading.** How would you describe your personal communicative style? Check the statements that correspond to you (most words in these sentences are cognates.)

☐ Mi espacio personal es importante.   ☐ No necesito mi espacio personal.
☐ Prefiero contacto físico.   ☐ No prefiero contacto físico.
☐ Mi reacción depende de las personas.   ☐ Mi reacción depende de la cultura.

Courtesy of Claudia Montoya

What is a comfortable distance for you when talking with a stranger or someone you have only recently met?

VÍVELO: CULTURA

El espacio personal y los malentendidos

The amount of space established by people as they interact with each other can vary from culture to culture and can be influenced by an individual's personality, the nature of a relationship, and established cultural norms. Researchers have argued that Latin Americans establish less spatial distance and are more contact-oriented than North Americans or Europeans. Even within specific cultures, however, significant differences in behavior can exist.

WileyPLUS Learning Space

Go to *WileyPLUS Learning Space* and review the tutorial for this grammar point.

1A.14 Interpretación. With a partner, interpret the following passage based on the *Vívelo Cultura* (VC) reading. What cultures might the first statement describe from the perspective of Hispanic cultures?

Spacial distance can be misinterpreted as being cold or aloof or pushy and aggressive, depending on the individual's native culture.

A study conducted in Costa Rica, Panamá and Colombia on the question of spatial distance and contact orientations indicated that there were significant differences in behavior between Central and South Americans.

1A.14 SUGGESTION: As a class, ask students to share their responses. For the second statement ask students whether they are familiar w/ the differences between Central and South Americans with regard to spatial distance.

1A.14 NOTE: This should spark a discussion of the heterogeneity of Spanish-speaking populations, which forewarns students about accepting generalizations made about cultures on the one hand and being informed about differences in cultural behaviors on the other.

Estructuras clave 1 The verb *ser*

The verb *ser*

As we have seen, the verb **ser** is used with **de** to express origin, as in **Shakira es de Colombia** and **Javier Bardem es de España**, to identify or characterize, as in **Soy estudiante y soy tímido**. In addition, **ser** is used to tell time, as in **Son las dos de la mañana**, and when used before **"de"** to express what something is made of, as in **El libro es de papel**. Lastly, **ser** is used with **de** to show possession, as in **La canción es de Juanes, Son mis apuntes.**

In Spanish, as well as in English, the subject of a sentence needs to combine with a certain form of the verb. For example, in English we ensure that the subject pronoun *I* is used with *am* rather than *is* or *are*. Spanish also must ensure that the verb is in the appropriate form, or conjugation, to agree with the subject. As you can see, there are a few more conjugations in Spanish than in English. Examine the chart below. Which subject pronouns in Spanish share the same forms of **ser**?

WileyPLUS Learning Space

You will find PowerPoint presentations for use with *Estructuras clave* in *WileyPLUS Learning Space*.

ANSWER: Hopefully a few students will point out that *él/ella* and *usted* have the same verb forms and that *ellos/ellas* and *ustedes* also share the same verb form.

Yo	**soy**	*I am*
Tú	**eres**	*You (informal) are*
Él/ella Usted	**es**	*He/she is, You (formal) are*
Nosotros/as	**somos**	*We are*
Vosotros/as (used only in Spain)	**sois**	*You (plural) are*
Ellos/Ellas Ustedes	**son**	*They are, You (plural) are*

1A.15 Cierto/falso. Read the sentences below and indicate whether each statement is **cierto** or **falso** on the line next to it. If you do not know the subjects, replace them with ones you do know as long as they are clearly true or false.

Modelo: You see: *Selena Gómez es una persona talentosa.*
You write: *Cierto*

_Falso_____ **1.** Bart Simpson es inteligente.

_Falso_____ **2.** Michelle Rodriguez y Vin Diesel son cómicos.

_Cierto_____ **3.** En la clase, nosotros somos respetuosos.

_Cierto_____ **4.** *(To a classmate)* Tú eres estudiante de español.

_Falso_____ **5.** En realidad, soy estudiante de francés.

Cierto/Falso **6.** Brad Pitt, Tom Cruise y Owen Wilson son hombres extrovertidos. Lady Gaga y Ellen Degeneris son celebridades introvertidas.
(Have students defend their answers.)

1A.15 Students will not be tested on how much pop culture from their native language they know, nor should they feel uniformed because of any lack of familiarity with pop culture. We use US pop culture references to make tasks more interesting. We also introduce Hispanic celebrities (intellectual as well as popular) in the same way.

1A.16 ¿Quién habla? In groups of three, match each of the following statements to the person who is most likely to have said it, but first provide the appropriate conjugation of the verb **ser** in the blanks. **¡Ojo!** Not all characters will be used.

a. Shrek
b. Dumbo
c. SpongeBob SquarePants
d. Lois Lane
e. Fat Albert
f. Doc, Gruñón *(Grumpy)* y Dormilón *(Sleepy)*
g. Charlie Brown (Carlitos)
h. Bart Simpson
i. Tigger
j. El Pingüino

_i_ **1.** "Yo ____soy____ Tigre y mi amigo es Pooh".

_f_ **2.** "Nosotros ___somos___ los enanos *(dwarfs)* en Blanca Nieves *(Snow White)*".

_d_ **3.** "Usted ___es___ el reportero del Metrópolis y también ____es____ mi héroe".

_b_ **4.** "Yo ____soy____ un elefante".

_a_ **5.** "Fiona, tú ___eres___ mi amor eterno".

_h_ **6.** "Homer ___es___ mi padre pero no ___es___ inteligente".

_j_ **7.** "Batman y Robin ___son___ mis enemigos mortales".

_g_ **8.** "Snoopy ___es___ mi mascota *(pet)*".

1A.16 TEACHING TIP: The more students in a group, the more likelihood that one will have the background to facilitate the answer.

1A.17 ¿De dónde es? Take turns with a partner describing where each of the people in the map are from based on the country indicated on the map.

Modelo: Rico Rodriguez es de Texas.

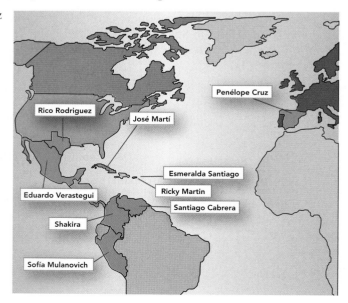

1A.18 ¿De dónde son?   You have learned where your classmates are from. Yet in a mobile and global society, their parents could be from elsewhere. Ask the question **¿De dónde son tus padres?** to as many classmates as you can in the time specified by your instructor and keep track of the various states or countries. To answer this question, respond **Son de…** Create a chart like the one below to keep track of your classmates' responses and summarize your findings in your **Retrato de la clase.**

Nombre del compañero   País de origen de sus padres

_____   _____

_____   _____

_____   _____

Retrato de la clase: La mayor parte de los padres de mis compañeros de clase son de_____. Algunos son de _____ y _____. En general, hay/no hay mucha diversidad entre el origen de los padres y sus hijos.

1A.18 TEACHING TIP: Students may not be able to write these conclusions in Spanish without some guidance. This guided writing task will help them recognize how to form general statements about their class.

1A.18 TEACHING TIP: If your classroom has a computer with an LCD projector download the free program Google Earth. When going over where students' parents are from, go to those places on Google Earth. For your visual learners, this will drive home how global their communities are.

VÍVELE: CULTURA

Orígenes diversos

Courtesy of Pablo Muirhead

You've just been practicing asking where people are from which is incredibly important. In a way, it validates who people are personally and culturally. Depending on what experiences you may have had, there is a tendency to assume that everyone is from Mexico, or perhaps even Puerto Rico. While many people certainly are from there, many are also from other countries. For instance, while tacos are common in Mexico, that's not the case in the rest of the Spanish-speaking countries.

Every country and region has its own history, foods and idiosyncrasies. Although it's impossible to be an expert in all of them, recognizing where people are from is a simple way to start building connections.

Logically, Spanish-speakers in the U.S. might have their root in one or more places including the U.S. This, too, is also important to recognize.

Take a moment when meeting someone to find out where they are from. If you know something about where they are from, find a way to share your knowledge. More importantly, take time to learn about each person's cultural roots and stories.

1A.19 TEACHING TIP Knowing another language is knowing how, when, and why to say what to whom. It's important for students to recognize the cultural diversity that exists in Spanish-speaking countries so that they can consciously make connections with people they meet. A first step is to begin seeing this value play out from their perspective.

1A.19 Conexiones.   In groups discuss questions 1-4 as they relate to you individually. Then, among all of you see what information you have about question 5 to share with the class.

1. What things are identified with your state?
2. Are there regional varieties of expressing things where you live (i.e. saying bubbler instead of water fountain)?
3. What sports teams are affiliated with your state?
4. What would you like people to associate from other areas to associate with where you are from?
5. Discuss someone you know from the Spanish-speaking world. What do you know about where they are from that has helped you connect with them?

Estructuras clave 2 Uses of -ar/-er/-ir verb infinitives

In English, the base form of a verb is its infinitive, as in *to go, to run, to sleep*. The infinitive of a verb in Spanish falls into three classes: verbs ending in -ar, -er, and -ir. Before learning how to conjugate verb class in Spanish, it is important to know the meaning of the verb in its infinitive form. For example, the verbs you learned in the *Palabras clave* are in their infinitive forms.

A. To express that you like *to do something*, an infinitive will follow the verb *gustar* i.e., **Me gusta manejar. Le gusta hablar por teléfono. ¿Te gusta jugar al tenis?**

B. Some expressions require the use of the infinitive, as in **Hay que** respetar a tu padres. (One must respect their parents.) **Tengo que** practicar tenis. (I have to practice tenis.) **Puedo** levantar muchas pesas. (I can lift many weights.)

C. Much like English, an infinitive may be used as the subject of a sentence, as in **Deletrear** un nombre en español es fácil (easy). (To spell (Spelling) a name in Spanish is easy.) **Comer** en un parque es divino. (To eat (Eating) in the park is divine.)

D. Commands can be delivered with infinitives, as in **Primero, tomar medicina, Segundo, beber agua y luego, jugar videojuegos, y en este orden**. (First take your medicine, second, drink water and then play videogames, and in that order.)

E. Numerous verbs in Spanish are preceded by or followed by an infinitive, as in **Miramos bailar a personas famosas en "Dancing with the Stars"** (We watch dance famous people in "Dancing with the Stars".)

F. Infinitives are required with using *voy* + *a* + infinitive to express what you are going to do. This structure will be picked up in 2B.

Note: Most of the time, if two verbs are used together in a phrase or sentence, one will have to be in the infinitive form.

1A.20 ¿Estás de acuerdo? (*Do you agree?*)   With a partner, indicate whether you are in agreement with the statement by responding "Estoy de acuerdo" or not in agreement, "No estoy de acuerdo." Your instructor may poll the class to learn with which statements students most agreed.

1. Caminar mucho es saludable.

2. Deletrear palabras en español es fácil.

3. Ser temperamental es ser romántico.

4. Andar en bicicleta, levantar pesas y jugar deportes son actividades para atletas.

5. Jugar videojuegos es para niños y no adultos.

6. Dibujar bien es ser talentoso.

7. Mirar muchos programas en la televisión es buena actividad física.

Estoy de acuerdo	No estoy de acuerdo

1A.21 En mi opinión. Fill in the blanks with the names of famous people that make the statement true in your opinion. The first one is done for you.

1. _Christina Aguilera_ puede cantar muy bien.

2. _____ no puede actuar bien.

3. _____ puede jugar al tenis muy bien.

4. _____ no es talentoso/a.

5. _____ puede jugar al fútbol americano súper bien.

6. _____ puede tocar la guitarra con emoción y sinceridad.

7. _____ no puede andar en bicicleta tan (*too*) bien.

8. _____ puede hablar con elocuencia.

1A.22 Entrevista.

Paso 1: With a partner, ask each other the questions below and write your partner's answers on paper and vice versa.

1. ¿Qué tienes que hacer diariamente (*daily*)?

2. ¿Qué puedes hacer fácilmente (*easily*)?

3. ¿Qué no puedes hacer fácilmente?

4. ¿Qué hay que hacer en la clase de español?

5. ¿Qué deportes te gusta jugar en tu tiempo libre (*free time*)?

Paso 2: Report your findings about your partner to the class. The class can ask your partner any follow-up questions.

1A.23 ¿Quién eres? Create a blog for your class to read. Write about yourself and include photos. Feel free to introduce yourself and the names of your pets, maybe include their photos too. Read your classmates' blogs to get to know them better. Your instructor will ask you what you learned about your classmate via the blog.

Your blog should contain your age, where you are from and currently live, what you are like, your favorite activities, the size of your family, where your family is from, what you can do well, what you have trouble doing and what you like to do outside of class.

Answers will vary.

1A.21 SUGGESTION: You can learn a lot about students from these type of activities, such as who popular figures are for students, what students know about pop culture, etc. These type of activities allow you to personalize material later. You may consider offering your opinion on these statements as a way for students to get to know you too.

1A.22 SUGGESTION: Encourage students to recycle what they learn about their classmates in future activities. This will empower students to see that they are communicating information about each other for the purpose of learning about their classmates and not merely "practicing" the language.

1A.23 TEACHING TIP: Have students share orally what they learned via the blogs in the following class. To this end you may want to assign students to groups and require them to read their group's blogs so they will come to class prepared to share what they learned about individual members of their group.

1A.23 This activity may also be modified for a group chat or for *En Vivo* face to face discussions with native Spanish-speakers.

Vocabulario: Investigación A

Vocabulario esencial

Sustantivos

el/la amigo/a	*friend*
los deportes	*sports*
la manera	*way*
el mar	*sea*
el mensaje	*message*
el nombre	*name*
el parque	*park*
el videojuego	*video game*

Verbos

andar en bicicleta	*to go bike riding*
bailar	*to dance*
beber	*to drink (a beverage), to take*
caminar	*to walk*
cantar	*to sing*
cocinar	*to cook*
comer	*to eat*
correr	*to run, to go running*
dibujar	*to draw*
escribir	*to write*
escuchar	*to listen to, to hear*
hablar	*to speak, to talk*
jugar	*to play (sports, games)*
levantar pesas	*to lift weights*
llamar	*to call*
mirar	*to watch, to look at*
nadar	*to swim*
ser	*to be*
tocar	*to play (an instrument), to touch*
vivir	*to live*

Otras palabras y expresiones

el amor	*love*
anotar	*take down, write a note*
buen (m.)	*good*
la cosa	*a thing*
(el) cuidado	*care, be careful*
encuesta	*survey/questionnaire*
el espacio	*space*
el/la estadounidense	*U.S. citizen*
la gente	*people*
el hombre	*man*
más allá	*beyond*
me/te/le gusta ___	*I/you/he, she, you (formal) like to ___ (Lit. ___ is pleasing to me/you/him/her.)*
nacer	*to be born*
el resumen	*summary*
el sentido	*sense*
también	*also*
tomar apuntes	*take notes*

Cognados

Review the cognates in *Adelante* and the false cognates in *¡Atención!* For a complete list of cognates, see Appendix 4.

¡VÍVELO!

EN DIRECTO

VIDEO: Crónica de una boda

> **Antes de ver el video.** Choose the appropriate word to complete each sentence.

a. boda   **b.** bautizo   **c.** quinceañera   **d.** graduación

___d___ **1.** En mayo termino mis estudios y es mi _____.

___a___ **2.** La _____ de mi hermano con su prometida (*fiancée*) es el domingo.

___b___ **3.** El _____ del bebé se celebra en la iglesia.

___c___ **4.** La _____ es la fiesta de los quince años.

> **El video.** Complete the following sentences with the appropriate words from the video.

veintisiete	prima	suegros	dos
bisnietos	hijos	casada	

1. Mis _____ se ven un poco nerviosos.

2. Roci está _____ con César.

3. Ana Paula tiene _____ años.

4. La abuelita tiene _____ nietos y diez _____.

5. Mi tía Graciela es _____ de mi mamá.

6. Graciela tiene dos _____.

© John Wiley and Sons, Inc.

> **Después de ver el video.** Answer the following questions and share your answers with the rest of the class: Apart from weddings, do you know other important events or celebrations in Hispanic cultures? Are they also important in your culture? What celebrations are important in your culture?

¿Me presentas a tu familia?

In this **Investigación** you will learn:

▶ How to refer to family relationships

▶ How to describe people

▶ How to express ownership

▶ How to further express likes and dislikes

¿Cómo puedes hablar de tu familia?

You can talk about your family members.	Tengo tres hermanas y un hermano. Tengo una hermana menor y un hermano mayor.
You can describe your family members.	Mi mamá es simpática y mi papá es estricto. Mi abuela es viuda y es muy paciente.
You can identify what belongs or is related to whom.	Nuestra familia es magnífica. El padre de mi padre no es viudo.
You can express the likes and dislikes of your family members.	A mi hermano no le gusta leer los libros de John Grisham. A mi hermana le gusta ver la tele. A mí me gusta jugar deportes.

DICHOS

Entre padres y hermanos no metas tus manos.	*Don't come between family members.*
De tal palo, tal astilla.	*Like father, like son.*

Adelante

¡Ya lo sabes! La familia, la personalidad y el carácter

la adolescencia	la familia nuclear	carismático/a	jovial
el bautismo	la graduación	convencional	obediente
la ceremonia religiosa	la infancia	cooperativo/a	original
la comunión	el matrimonio	cordial	persistente
la familia extendida	el papá/la mamá	diplomático/a	tradicional
	aventurero/a	espiritual	

¡Atención!

familiar	means "having to do with family" and not "familiar" in the sense of knowing something/someone. Use **conocido/a** to express familiarity.
grande	means "big," "elderly," or "large". To express "grand" use the word **magnífico/a**.
pariente	means relative and not parents. To express parents, use **los padres**.

1B.1 ¿Cómo es tu familia?

Paso 1: In the entries 5-8, write four additional *¡Ya lo sabes!* words that you believe relevant to your family. Then indicate whether you associate the words with your own personality, with your mother, your father, or neither.

	Yo soy	Mi mamá/papá es	Mi papá/mamá es	Nadie es
1. flexible	☐	☐	☐	☐
2. sociable	☐	☐	☐	☐
3. determinado/a	☐	☐	☐	☐
4. impulsivo/a	☐	☐	☐	☐
5.	☐	☐	☐	☐
6.	☐	☐	☐	☐
7.	☐	☐	☐	☐
8.	☐	☐	☐	☐

Paso 2: Examine your answers in *Paso 1*, then write a brief description (*Retrato*) that answers the question, "Who are you most like?"

> **Retrato:** Mi mamá es _____ y yo también (*also*). Mi papá es _____ y yo también. En conclusión, soy más como mi mamá/papá.

1B.2 La palabra correcta.
Listen to several definitions and indicate the word being described following the model. Verify your responses with a classmate's. The first one is done for you.

1. __*e*__   **a.** carismática
2. __f__   **b.** la familia extendida
3. __c__   **c.** la familia nuclear
4. __a__   **d.** aventurero
5. __b__   **e.** cordial
6. __d__   **f.** convencional

1B.3 Definiciones.
With a partner, read the following definitions to each other and guess the word being defined from the following list. Write the word in the blank provided and verify your answers with another pair of classmates. The first one is done for you.

el amor   la adolescencia   la ceremonia religiosa   el bautismo
la comunión   el matrimonio   la infancia   la graduación

1. Es una emoción muy positiva hacia otra persona, muchas veces romántica. *el amor*

2. Es el período que se asocia con los bebés y los niños. _____

3. Es el período que asociamos con personas de 13-18 años. _____

4. Es un evento que ocurre en un centro religioso. _____

5. Es el ritual cristiano que simboliza el sacrificio de Jesucristo.
   _____

6. Es el ritual cristiano para admitir a una persona en la comunidad cristiana.
   _____

7. Es la ceremonia que indica que una persona termina los estudios.
   _____

8. Es la unión legal de dos personas, generalmente un hombre y una mujer.
   _____

1B.3 ANSWERS: 1. el amor, 2. la infancia, 3. la adolescencia, 4. la ceremonia religiosa, 5. la comunión, 6. el bautismo, 7. la graduación, 8. el matrimonio

---

1B.1 TEACHING TIP: Tell students to feel free to substitute significant figures in their lives in lieu of parents, such as guardians. Ask them, however, to cross out *mamá* and *papá* and write the names of their figures instead.

1B.1 SUGGESTIONS: Students will be learning about agreement between adjectives and nouns explicitly later in this chapter. Until then, feel free to model correct agreement to allow them the opportunity to learn the rule implicitly.

1B.2 AUDIO SCRIPT
1. Describe a una persona cortés y sociable. 2. Es un sinónimo de tradicional. 3. Se refiere a la familia inmediata. 4. Describe a una persona dinámica y atractiva. 5. Se refiere a la familia cuando se incluye a todos los parientes. 6. Describe a una persona que le gusta explorar e investigar.

www

¡Conéctate!
Go to *Youtube* and search for both **bautizo infanta sofia** and **bautizo**. Watch videos you find under those searches. What similarities do you see in how the **bautizo** is performed? What types of people are present at this religious ceremony?

SUGGESTION: Research indicates that reading comprehension is a good way to develop the foreign language but if you want to make this a listening comprehension activity, ask students to close their books, write the words on your laptop or class board and ask students to select the word that you define.

1B.4 STANDARDS: PRESENTATIONAL MODE.
The presentational mode of communication is one of the three modes addressed by the standards. What distinguishes this mode from the others (interpersonal and interpretive) is the fact that it is polished and edited. Use this activity to focus students' attention on this standard.

1B.4 **Los compañeros de cuarto.**

Paso 1: You and a partner are roommates and are looking for a third person to move in and form your new family of friends. Prepare a short advertisement describing the type of person you would like to have as the third roommate. Once you have agreed on your ad, make sure that it is polished. Then, write your ad on the white/black board.

Modelo: *¿Eres jovial, paciente, responsable y organizado? ¿Te gusta la música latina? ¿Puedes tocar un instrumento? ¿Te gustan los programas de realidad? ¿Tienes acceso a tecnología innovadora? ¿Te gustan los deportes? ¿Puedes manejar? Si tu respuesta es sí a algunas* (some) *preguntas, manda un mensaje de texto o llama al 333-4444.*

Paso 2: Now, imagine you are looking for an apartment to share and take a few minutes to walk around and read all of the groups' ads on the board to see which ad most interests you. Write a short description explaining which ad is the best fit for you, and why.

TEACHING TIP: Survey students' responses to determine the least and most common practices checked by students. You can return to them after reading the next *Vívelo: cultura.*

1B.5 **Me pertenece.** (*It's true for me.*) Select the statements that are true for you and/or your family traditions and prioritize them according to importance. Briefly share your responses with other classmates to obtain trends in behaviors. Keep them in mind as you read the the short text about La familia below.

_____ **a.** Family members provide financial help to other family members.

_____ **b.** Most family members live in the same city or the same state.

_____ **c.** Siblings can live or return to live at home with their parents at any time.

_____ **d.** Children attend most social activities, such as parties, dinners, religious ceremonies, the theatre, the symphony, sport events.

_____ **e.** Parents often welcome extended family members to live with them when necessary.

_____ **f.** Elderly family members, such as grandparents, live at home with one of their children.

La familia

Hispanic cultural values put the family at the center of society. It seems that everyone loves children and children are included in all social activities. Parties and dinners always include the children. They accompany their parents to church services, weddings, funerals, movies, the theater, and the symphony. More well-to-do adults are likely to have a live-in housekeeper/babysitter and thus are able to leave children at home while doing the shopping and running errands.

Members of the extended family often share living quarters. Aging parents often live with their married children and grandchildren. Students might live for a while at a relative's home while attending college when the campus is closer to the relative's house than to their own. Hispanic families typically stay in close contact with each other in spite of geographical distance. Many immigrants to the US feel a responsibility to financially assist other family members who remain in the country of origin. Family loyalty is evident everywhere from the emphasis put on **El Día de las Madres** to the effort made to attend all weddings, graduations, **quinceañeras** and other birthday celebrations, and funerals of family members.

Courtesy of Pablo Muirhead

1B.6 **Generalizaciones.** Briefly summarize (in English) common traditions between Hispanic and North American cultures.

SUGGESTION: Emphasize the multitude of cultures in the U.S. making it difficult to generalize traditions among all cultures. Then, ask students if there are a multitude of cultures in the Spanish-speaking world. If they believe there is not as much diversity, assign them to research the diversity that exists in the Spanish-speaking world for the next class.

VÍVELO: LENGUA
Expressing possession II

Recall that previously learned possessives, mi/mis, tu/tus and su/sus do not change according to gender but to express "our" the possesive form *nuestro/a, nuestros/ as*, is used and does change according to number and gender. To talk about a single thing being possessed use *nuestro/nuestra* and to talk about more than one thing possessed, use *nuestros/nuestras*. The gender will be determined by the object being possessed, as in *Nuestro padre es de Argentina, Nuestra madre es de Perú, Todos nuestros amigos son de América Latina*. In Spain, where *vosotros/as* is used as the informal you plural, *vuestro/a* and *vuestros/as* follows the same pattern.

Because *su* and *sus* may be ambiguous in terms of the possessor, a different format may be used to disambiguate the statement.

(el/la/los/las) + thing possessed + de + possessor

El celular de Juan Carlos.

Los mensajes de Doña Sofía.

WileyPLUS Learning Space Go to *WileyPlus Learning Space* and review the tutorial for this grammar point.

No change in gender but change in number	
Mi madre	*My mother*
Mis hermanas	*My sisters*
Tu padre	*Your father (inf/sing)*
Tus tíos	*Your uncles (inf/pl)*
Su abuelo	*Your grandfather (form/sing)*
Sus abuelos	*Your grandfathers (form/pl)*
Su sobrina	*His/Her/Their niece*
Sus sobrinas	*His/Her/Their nieces*

Change in gender and number	
Nuestro/a hermano/a	*Our brother/sister*
Nuestros/as hermanos/as	*Our brothers/sisters*
Vuestro/a primo/a	*Your cousin*
Vuestros/as primos/as	*Your cousins*

1B.7 TEACHING TIP: Have students go over their answers with another group. Remind them that often their classmates are the best "teachers" in the classroom as they often come up with new and unique ways of explaining things.

1B.7 AUDIO SCRIPT AND ANSWERS: 1. El padre de Fico se llama… (d. Federico), 2. El hermano de Federico es… (e. Donoso), 3. La esposa de Luis es… (c. Aurora), 4. La madre de Andrés es… (b. Mercedes), 5. La abuela de Andrés es… (f. Cecilia), 6. El sobrino menor de Donoso es… (a. Ricardo).

VÍVELO: LENGUA: Ask students to write true/false statements using *nuestro/a/os/as* for the class to respond to, such as *Habla español muy bien nuestro/a profesor/a* (cierto).

1B.7 ANSWERS: 1. sus, 2. él, 3. sus, 4. nuestras, 5. él, 6. su, 7. él, 8. su

1B.7

La familia Fellove.   Using the Fellove family tree below, complete the statements in 1-8 with *su, sus, nuestros/as, de él, de ella, de ellos, de ellas,* o *de ustedes* based on the Fellove family tree. The possessors in each sentence are bolded for you. The first one is done for you.

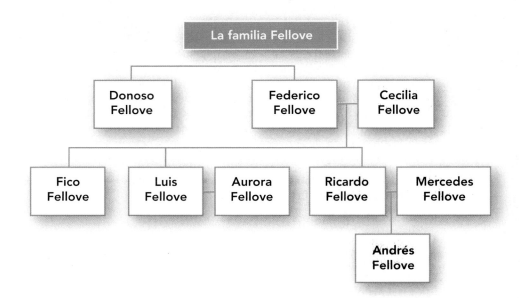

1. El padre de **Fico** se llama Don Federico y ____*sus*____ hermanos se llaman Luis y Ricardo.

2. El sobrino de **Aurora** toca la guitarra pero no es de _____. Es de su madre.

3. **Cecilia** es la esposa de Federico y _____ hijos se llaman Fico, Luis y Ricardo.

4. _____ familias en los Estados Unidos generalmente son menos (less) grandes que la familia Fellove.

5. La esposa de **Federico** es Cecilia y el hermano de _____ se llama Donoso.

6. Fico y Luis son los tíos de **Andrés** y _____ tía se llama Aurora.

7. **Fico** Fellove es soltero pero los hermanos de _____ son casados.

8. Fico ama a **Aurora** pero ella es la esposa de _____ hermano Luis.

1B.8 SUGGESTION
Tell students that they are free to create an imaginary nuclear family if they prefer. The point is that they are able to draw and describe whatever family they choose.

1B.8

Te toca a ti.   Draw your nuclear family tree on paper. Then, with a partner, describe your family tree to each other in Spanish. Your goal is to come up with the same family tree that your partner drew. Did it work?

Palabras clave 1 La familia

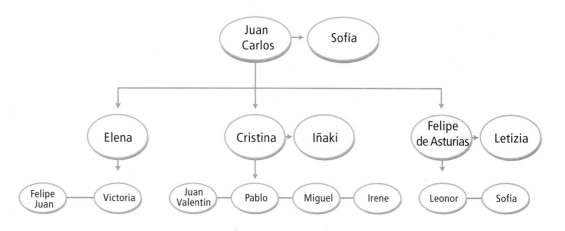

WileyPLUS Learning Space

You will find PowerPoint presentations for use with *Palabras clave* in *WileyPLUS Learning Space*.

ORIENTATION: PROCESSING INSTRUCTION. An underlying methodology of this text is processing instruction, which focuses on providing students with comprehensible input they need to manipulate. When presenting the Spanish royal family use input like the descriptions above, but push it further by moving into questions (e.g., *¿Cómo se llama el hijo de Juan Carlos y Sofía? ¿Cuántos hijos tiene Cristina?, ¿Cuántos hijos tiene Felipe?* You can take this opportunity to explain that "hijos" can refer to male children but it is also commonly used to refer to children in general.

Like Great Britain, Spain maintains the historical tradition of having a royal family.

Juan Carlos was the King of Spain from 1975-2014. In 2014 he abdicated his crown to his son Príncipe Felipe, now Rey Felipe VI. Juan Carlos and Sofía, however, retain their title as rey and reina.

La familia nuclear

el padre	El **padre** de Elena, Cristina y Felipe se llama Juan Carlos.
la madre	La **madre** de Elena, Cristina y Felipe es la Reina Sofía.
el/la esposo/a	La **esposa** de Felipe es Letizia.
el marido	El **marido** de Cristina es Iñaki.
el/la hijo/a	El **hijo** de Elena y Jaime es Felipe Juan.
el/la hermano/a	La **hermana** de Felipe Juan se llama Victoria.

La familia extendida

el/la abuelo/a	El **abuelo** de Felipe Juan, Juan Valentín, Pablo y Miguel es Juan Carlos.
el/la primo/a	Los **primos** de Leonor y Sofía son los hijos de sus tías Elena y Cristina.
el/la tío/a	Felipe es el **tío** de los hijos de sus hermanas.
el/la nieto/a	Sofía tiene ocho **nietos**: cuatro nietos y cuatro nietas.
el/la sobrino/a	Los **sobrinos** de Felipe son los hijos de sus dos hermanas.

Descripciones útiles de la familia

la pareja	dos personas unidas
el/la niño/a	una persona muy joven; lo contrario de adulto
el/la hijo/a único/a	una persona que no tiene hermanos ni hermanas
menor	el/la hijo/a más joven de la familia
mayor	el/la hijo/a más grande (en edad) de la familia
el/la soltero/a	una persona que no está casada ni tiene pareja
el/la difunto/a	una persona muerta (*dead*)
el/la viudo/a	una persona que no tiene esposo/a porque él/ella está muerto/a
casado/a	unido/a con otra persona en el matrimonio

1B.9 **¿Qué recuerdas tú de la familia real española?** After reading the preceding Palabras clave about the Spanish royal family, listen to several statements about the family and indicate whether each is **cierto** or **falso.** Listen again and correct any false statements.

	Cierto	Falso
1.	✓	☐
2.	✓	☐
3.	✓	☐
4.	✓	☐
5.	☐	✓
6.	☐	✓

1B.10 **¿Quién falta?** (*Who is missing?*) Based on the Spanish royal family tree, with a partner insert the names of each person in the photo below to determine which family members are missing. Then, compare your findings with other classmates.

© BALLESTEROS/epa/Corbis

1B.11 **Familias famosas.** In groups of three, complete each statement below with well-known celebrities and then share your responses with the class. What celebrity names were the most commonly identified? The first one is done for you.

1. ¿Quién es una pareja famosa?   *Una pareja famosa es Angelina y Brad*
2. ¿Quién es un/a hijo/a único/a?   _____
3. ¿Quién tiene un marido famoso?   _____
4. ¿Quién es un/a viudo/a famoso/a?   _____
5. ¿Quién es un/a soltero/a famoso/a?   _____
6. ¿Quién es un difunto/fallecido (*dead*) famoso?   _____
7. ¿Quién es una pareja casada?   _____
8. ¿Quién es una pareja divorciada?   _____

1B.12 **Las relaciones familiares.** Indicate whether each statement you hear about family relationships is **cierto** or **falso** following the model.

	Cierto	Falso			Cierto	Falso
1.	☐	✓		5.	✓	☐
2.	✓	☐		6.	☐	✓
3.	☐	✓		7.	☐	✓
4.	✓	☐		8.	✓	☐

Palabras clave 2 La familia

amar

Mi padre **ama** a mi madre.

ayudar

Marisa **ayuda** a su padre.

cuidar

Los padres **cuidan** a su hija.

proveer

Los padres **proveen** una casa a sus hijos.

reunir

Es importante **reunir** a toda la familia para celebrar un matrimonio.

unir

El ministro **une** a los esposos en una boda (ceremonia del matrimonio).

Otros miembros de la familia

el padrastro	*stepfather*
la madrastra	*stepmother*
el/la hermanastro/a	*stepbrother/stepsister*
el/la hijastro/a	*stepson/stepdaughter*
el/la medio hermano/a	*half-brother/half-sister*
el/la suegro/a	*father-/mother-in-law*
el/la cuñado/a	*brother-/sister-in-law*
el yerno	*son-in-law*
la nuera	*daughter-in-law*
el padrino/la madrina	*godfather/godmother*

1B.13 ¿Cómo se llama? Match the words in column A to their corresponding definitions in column B. Then, verify your responses with a classmate.

A	B
_i_ **1.** el suegro y la suegra	**a.** la persona casada con tu hermano/hermana
_d_ **2.** el/la medio hermano/a	**b.** el esposo de tu hija
_c_ **3.** la madrastra	**c.** la esposa de tu padre, pero no es tu madre
_b_ **4.** el yerno	**d.** tu hermano/a de parte de tu padre o de tu madre, pero no hijo/a de los dos
_g_ **5.** la nuera	**e.** el esposo de madre, pero no es tu padre
_f_ **6.** el/la hermanastro/a	**f.** el/la hijo/a de tu padrastro o tu madrastra
_e_ **7.** el padrastro	**g.** la esposa de tu hijo
_h_ **8.** el/la hijastro/a	**h.** el/la hijo/a de tu esposo/a, pero no tu hijo/a biológico/a
_a_ **9.** el/la cuñado/a	**i.** los padres de tu pareja

1B.14 ¿Lógico o ilógico? Working with a partner, determine whether the following statements are logical or illogical following the model, and correct the illogical statements. Then, check your statements with another pair of classmates.

	Lógico	Ilógico
1. Los padres reúnen a la familia en la casa.	☑	☐
2. Los niños cuidan a los adultos.	☐	☑
3. Los doctores ayudan a sus pacientes.	☑	☐
4. El esposo ama a su esposa.	☑	☐
5. El alumno ayuda a la maestra con la tarea.	☐	☑
6. Los profesores proveen información inútil a sus estudiantes.	☐	☑
7. La hermana menor siempre cuida a su hermana mayor.	☐	☑
8. El difunto es una persona que está muerta.	☑	☐

1B.15 ¿Quién de la clase...? Interview your classmates to see to whom in the class each of the statements might apply. If a classmate responds **Sí** to a question, ask him/her to sign on the appropriate line. Try to talk to as many people as possible. In your questions, be sure to use the **tú** form of the verbs **tener (tienes)** and **ser (eres).** And because these are yes/no questions, also make sure to use a rising pitch at the end of each question. Write your findings in your **Retrato de la clase.**

¿Quién de la clase...	**Firma aquí, por favor.**
1. es hijo/hija único/a?	_____
2. es casado/a?	_____
3. tiene más de dos cuñados?	_____
4. tiene madrastra en otra ciudad?	_____
5. tiene sobrinos?	_____
6. es el/la menor de la familia?	_____
7. tiene parientes en varios estados (*states*)?	_____
8. tiene un abuelo viudo?	_____

Retrato de la clase: Mi compañero de clase, _____ , es hijo único. Mi compañera de clase, _____ , tiene madrastra en otra ciudad. Mis compañeros de clase, _____ y _____ , tienen sobrinos.

VÍVELO: CULTURA

El tamaño de la familia *(Family size)*

El tamaño típico de familias de países hispanos

Argentina	3.5
Bolivia	4.7
Chile	4
Colombia	4.3
Costa Rica	5
Cuba	4
El Salvador	5.1
España	2.9
Estados Unidos	3.14
Guatemala	4.4
Honduras	5.2
México	4.5
Nicaragua	6.7
Panamá	5.4
Paraguay	4.8
Perú	5.1
Puerto Rico	3.5
República Dominicana	3.9
Uruguay	4.4
Venezuela	6

VÍVELO: CULTURA: Have students research the most current statistics about family size they can find on the Internet.

SUGGESTION: As a pre-reading activity, ask students what they believe the average family size is for the United States (3.2). Then ask them if they believe the average size of the family in Spain is more or less than 3.2. The average size of the family in Spain is 2.9. Ask students what factors would influence family size (socio-economic levels, location, i.e., rural vs. urban, education, etc.)

1B.16 Comprensión. Complete the following statements based on the information in *Vívelo: Cultura*. Then, confirm your answers with the class.

1. Los países con las familias más grandes son ___Nicaragua___ y ___Venezuela___.

2. Los países con las familias más pequeñas son ___España___ y ___Estados Unidos___.

3. Las variables que influyen en el tamaño de la familia son…

☑ la situación económica de la familia.

☑ si la familia vive en un área rural o urbana.

☐ el grupo étnico.

☐ el nivel (*level*) de educación.

Estructuras clave 1 Articles and Nouns

Definite and Indefinite Articles

Without necessarily knowing it, you have already been using articles in Spanish. In English, to refer to someone or something in particular you would use **the** before the word. The means that you are referring to a person, place or thing that is "known" as in **You know the backpack I bought yesterday**? If, however, you want to refer to someone or something in general, you would use **a** or **an**, such as in **What I need is a new backpack**. These are called the definite article (referring to something known) and indefinite article (referring to something in general).

	Definite Articles		Indefinite Articles	
	Masculine	Feminine	Masculine	Feminine
Singular	el profesor	la profesora	un piano	una hamburguesa
Plural	los profesores	las profesoras	unos pianos	unas hamburguesas

Indefinite articles are not used for professions as in English, i.e., *He is a doctor*. When a definite article refers to a person's profession, the definite article is not used, as in **Ella es** and **Él es**, if a title is used, such as señor (Sr.-Mr.), señorita (Srta.-Miss), señora (Sra.-Mrs.), to refer to a person, then the article will be used, as in **La profesora Sosa es inteligente, El Sr. Benavides es impulsivo.**

Indefinite articles are used when referring to a person, place or thing (a noun) in its general sense. All articles, definite and indefinite, must agree in gender (masculine or feminine) and number (singular or plural) with the noun.

	Definite Articles		Indefinite Articles	
	Masculine	Feminine	Masculine	Feminine
Singular	el	la	un	una
Plural	los	las	unos	unas

Nouns

Gender: Similar to articles, nouns have a masculine and feminine form as well as a singular and plural form. In general, nouns that end with an **–o** refer to masculine words and when they end in an **–a**, to a feminine noun, but there are a number of patterns that also will cue the gender of the noun.

a) Nouns ending in **–o**, or **–ma** are typically masculine
b) Nouns ending in **–a**, **-dad**, **-tad**, **ión**, **sis**, or **–umbre** are feminine nouns, with some exceptions.
c) For nouns referring to people and ending in **–e**, **–ista**, **-ante** or **–a**, the context and corresponding article will cue the gender of the noun, as in **el/la estudiante, el/la recepcionista**
d) Most nouns ending in **–l**, **–n**, **–r**, **–s** are masculine
e) It is important to learn the article that corresponds to the noun to learn its gender. The definite articles are provided in vocabulary lists in this book.

Feminine endings	-a	-dad	-tad	ción	sión	-sis	-umbre	exceptions
	la chica	la nacionalidad	la facultad	la reservación	la televisión	la crisis	la costumbre	la mano el/la cantante
Masculine endings	-o	-ma	-l, -n, -r, -s					
	El chico El hijo	El clima El problema El diagrama El sistema El programa	El alcohol El tren El amor El anís					el día el mapa el agua el avión el camión el/la dependiente (*store clerk*)

Number (singular/plural)

You have learned to name common classroom objects and have even expressed the number of various objects in a classroom. Did you figure out exactly what to do to make a distinction between one item (a singular noun) or more than one item (a plural noun)? The following are the patterns for making nouns plural.

Words that end in **–e**, **–a**, or **–o** need only to have an **–s** added to make them plural.

1 estudiant**e** ⟶	2 estudiant**es**
1 puert**a** ⟶	3 puert**as**
1 libr**o** ⟶	4 libr**os**

Words that end in a consonant require the addition of **–es**.

1 hote**l** ⟶	2 hote**les**
1 relo**j** ⟶	2 relo**jes**

Words that end in **–z**, change the **z** to **c** along with the addition of **–es**.

1 lápi**z** ⟶	6 lápi**ces**
1 lu**z** ⟶	5 lu**ces**

WileyPLUS Learning Space

You will find PowerPoint presentations for use with *Estructuras clave* in *WileyPlus Learning Space.*

TEACHING TIP: Write the words *ventana, biblioteca, clase,* and *reloj* on the board. Then signal with your fingers *dos* and add an *–s* or *–es* to these words to illustrate how plural nouns are formed. Write the word *lápiz* on the board and write the plural form *lápices* and say *Hay palabras con formas irregulares en el plural.* You may practice a few more nouns that they have learned.

ANSWERS: 1. la, 2. una, 3. el, 4. la, 5. los, 6. unas, 7. un 8. las

SUGGESTION: Remind students that illogical statements can be humorous, i.e., Siempre tengo que cocinar en la universidad.

1B.17 Tú decides.

Paso 1: Write the correct definite or indefinite article to complete each statement.

1. _____ tecnología del iPhone es impresionante.

2. _____ tecnología innovadora es necesaria.

3. _____ profesor de música toca el piano.

4. _____ profesora Allende es de Chile.

5. Todos (*all*) _____ chicos de mi clase son estudiosos.

6. Me gustan _____ clases y no otras (*others*).

7. Muchas parejas desean tener _____ hijo eventualmente.

8. _____ tres instructoras de español de mi colegio son muy profesionales.

Paso 2: Complete the following interchanges using an indefinite article, a definite article or neither for the brief conversation to make sense.

1. ¿De quién es el <u>cuaderno</u> en la mesa?

Es _____ cuaderno de Marta. (el)

2. ¿Aproximadamente cuántos estudiantes vienen a nuestra fiesta?

_____ cincuenta. (Unos)

3. ¿Qué trabajo tiene J. Lo?

Ella es _____ artista, cantante, productora y estrella de cine. (no article)

4. ¿Por qué es tu instructora tan estricta?

_____ profesora Young no es estricta (demanding). Es simpática. (La)

5. Tengo tres plumas.

¿Son _____ plumas de Mario o las de María? (las)

El valor de la familia

Ariel Skelley/Blend Images/Getty Images, Inc.

Paso 3: Check your answers in Paso 1 and 2 with classmates to assess whether you have a good understanding of when to use (or not use) the definite and indefinite articles.

1B.18 Entrevista.   Using a definite or indefinite article, how would you answer the following questions? With a partner, ask or answer an equal number of questions from the list below.

> Modelo: ¿Qué es necesario para hablar por SKYPE?
> Respuesta: una computadora o un iPad

1. ¿Qué necesitas para tocar música?

2. ¿Qué puedes mirar en la televisión?

3. ¿Qué necesitas para mandar un mensaje de texto?

4. ¿Qué puedes cocinar al aire libre?

5. ¿Quién cocina frecuentemente en una familia?

6. ¿Quién no puede caminar en una familia?

7. ¿Quién puede tener bebés en una familia?

8. ¿Qué hay que tener para nadar?

1B.19 Una competición fácil. Divide the class into two groups. You will read a definition to the class and the groups will take turns providing the correct family relation. For every correct answer, the group who guessed the word gets to cross it off of their group Bingo card. The group that is the first to call Bingo wins.

Columna A

1. Una persona joven. Es antónimo de adulto.

2. Un grupo de dos personas.

3. Una persona que no tiene hermanos ni hermanas.

4. La hija de tu tía.

5. Una persona separada legalmente del esposo/de la esposa.

6. El esposo de tu hija.

7. El hijo de tu hijo.

8. El hijo de tu padrasto/madrastra.

Columna B

16. Es sinónimo de "esposo".

15. La esposa de tu hijo.

14. Una persona que no está casada.

13. La persona más grande (de edad) de la familia.

12. La madre de tu esposo.

11. El esposo de tu hermana.

10. El esposo de tu madre que no es tu padre.

9. La persona más joven de la familia.

BINGO-LA FAMILIA				
El padrastro	La madrastra	La pareja	El/la soltero/a	El/la viudo/a
El marido	La abuela	El/la divorciado/a	La nuera	El hermanastro
El/la niño/a	La sobrina	El/la menor	La madre	El tío
El primo	La prima	GRATIS	La suegra	La media hermana
La tía	El yerno	El sobrino	El cuñado	El medio hermano
El/la mayor	El sobrino	El nieto	El/la difunto/a	La cuñada
El nieto	El/la casado/a	El abuelo	La nieta	El/la hijo/a único/a

VÍVELO: CULTURA
Los apellidos

TEACHING TIP: Consequently, variations in last names exist, i.e., Talía Rojas Muñoz de Espinoza, Talía Rojas de Espinoza, or Talía Espinoza. Remind students of the number of Spanish-speaking countries in the world to illustrate the potential variations in practices across and even within countries. At the same time emphasize the benefit of understanding the significance behind Hispanic last names.

ANSWER: Dalila Contreras

Many Spanish-speakers use two last names—their father's last name, followed by their mother's maiden name. Both **el apellido paterno** and **el apellido materno** are commonly used in official or important documents, but many people use only their father's last name in everyday situations. When a woman gets married, she may keep her father's paternal surname, followed by **de**, and add her husband's last name for social purposes, but generally does not legally change her name.

Look at the souvenir from María Gracia's and Eduardo's first communion celebration. Their father's (paternal) last name is Cervantes, and their mother's maiden name (paternal last name) is Escamilla. What was their godmother's maiden name before she married Héctor Cruz?

Courtesy of Claudia Montoya

Recuerdo de la Primera Comunión de los niños

María Gracia y Eduardo Cervantes Escamilla

efectuada el día 18 de Diciembre de 1977, a las 8.00 horas, en la Iglesia de la Soledad (Unidad Vicente Budib) oficiada por el R. P. Salvador Carrera.

Sus Padrinos:

Héctor Cruz Santillana

Dalila Contreras de Cruz

El compadrazgo has its roots in religious tradition, with godparents playing a significant role in events marking a child's spiritual development. Nowadays the relationship is both spiritual and secular.

VÍVELO: CULTURA: RECYCLING: Recycle previously learned material, such as surnames, time, etc. For example, in Spanish ask students the names of the two children based on the communion souvenir (first names and last names). Ask at what time the ceremony took place. Ask students if they can figure out who the godparents (*los padrinos*) are.

Remember to check back with students in the next class session about what they learned.

ANSWERS: 1. Her father's last name. 2. Her mother's paternal last name. 3. His father's last name. 4. His mother's paternal last name. 5. María González Salas de Pérez 6. María González de Pérez, María Salas de Pérez, María González Salas (no change) 7. Luis Pérez González 8. Clara Pérez González (must be same as sibling's).

1B.20 ¿Cuán importante es el apellido?

Paso 1: How would you explain to a Spaniard the naming system used in English (first, middle, last, married vs. maiden name, etc.)?

Paso 2: Out of class, interview a non-native English-speaker to understand their culture's naming system and the relations represented by the names.

1B.21 Los apellidos. *María González Salas* marries *Mario Pérez Sánchez*. Based on the information in the previous *Vívelo: Cultura*, answer the following questions.

1. Who does *González* represent in María's maiden name?
2. Who does *Salas* represent in María's maiden name?
3. Who does *Pérez* represent in Mario's name?
4. Who does *Sánchez* represent in Mario's name?
5. What would be María's married name should she follow convention?
6. What other name options are possible in Spanish-speaking countries?
7. María and Mario's first-born is named Luis. What is his last name?
8. Their second-born is named Clara. What is her last name?

Julie Phipps/Shutterstock

Estructuras clave 2 Adjectives

WileyPLUS Learning Space

You will find PowerPoint presentations for use with *Estructuras clave* in *WileyPlus Learning Space.*

In *Capítulo 1* you learned about the need for articles to agree in number and gender with the nouns they modify and you learned how to make singular nouns plural. What other words that you have been using seem to change depending on the noun they are associated with?

Adjectives in Spanish also have to agree in number and gender with the nouns they modify. Descriptive adjectives in Spanish generally follow the noun they modify, unlike in English where adjectives typically precede the noun.

	Masculine	Feminine
Singular	el niño **respetuoso** el padre **moderno**	la niña **respetuosa** la madre **moderna**
Plural	los niños **respetuosos** los padres **modernos**	las niñas **respetuosas** las madres **modernas**

El libro negro está en la mesa.	*The black book is on the table.*
Los libros negros están en la mesa.	*The black books are on the table.*
La mochila negra es de Juan.	*The black backback belongs to Juan.*
Las mochilas negras son de Juan.	*The black backpacks belong to Juan.*

You will generally find the masculine singular form of the adjective in lists such as a dictionary or glossary, and these typically end in **–o, –e,** or a consonant. Adjectives that end in **–o** in their masculine form, drop the **–o** and use **–a** in the feminine. The masculine plural form ends in **–os** and the feminine plural in **–as.**

El libro negr**o**	La mochila negr**a**
Los libros negr**os**	Las mochilas negr**as**

Adjectives that end in **–e** in their masculine singular form also end in **–e** in their feminine singular form. These adjectives end in **–es** in the plural for both genders.

el chico inteligent**e**	la chica inteligent**e**
los chicos inteligent**es**	las chicas inteligent**es**

Like adjectives that end in **–e,** most adjectives that end in a consonant typically share the same form when they describe both masculine and feminine nouns. To make these adjectives plural, simply add **–es** after the consonant.

el libro popula**r**	la clase popula**r**
los libros popula**res**	las clases popula**res**

However, adjectives that end in **–dor / –ol / –ón** in their masculine form add an **–a** for the feminine form. Plural forms add **–es** for masculine or **–as** for feminine.

el escritor conserva**dor** la escritora conserva**dora**	los escritores conserva**dores** las escritoras conserva**doras**
el profesor españ**ol** la profesora españ**ola**	los profesores españ**oles** las profesoras españ**olas**
el amigo barrig**ón** *(big bellied)* la amiga barrig**ona**	los amigos barrig**ones** las amigas barrig**onas**

1B.22 ¿A quién describe? Decide whether each word you hear describes Michael Treviño or Selena Gómez following the model. Then decide whether each description is true or not.

	Michael	Selena
1.	☐	☑
2.	☑	☐
3.	☑	☐
4.	☐	☑
5.	☑	☐
6.	☑	☐
7.	☐	☑
8.	☐	☑

s_bukley/Shutterstock

s_bukley/Shutterstock

1B.22 AUDIO SCRIPT:
1. tranquila, 2. serio, 3. centrado, 4. extrovertida, 5. cómico, 6. vegetariano, 7. sincera, 8. impulsiva.

1B.22 EXTENSION ACTIVITY: Elicit other adjectives from your students describing Selena Gómez and Michael Treviño. When they say them, the class should respond with one of their names. If these names are not known to your students, have them provide the names of a famous man and woman they do know. You can generate new adjectives or add to those in the script.

AIE: Remind students that a long list of adjectives can be found on in C1A.1.

1B.23 Singular, plural, femenino o masculino. Select three categories from below and in a sentence describe a famous person by providing the name and at least two adjectives that will define their character.

Modelo: Tyler Posey (Teen Wolf) es actor. *Es valiente y aventurero.*

Posibilidades: actor, guitarrista, cantante, beisbolista, autor o escritor, pianista, reportero, artista, personaje de televisión, familia famosa, heroe/heroína de Walt Disney, Warner Brothers, etc.

www ¡Conéctate!

Heard of Second Life? How about BuddyPoke? Find a program to create your own avatar and create one that would allow viewers to easily guess what you (or the avatar) is like. Will you create one that shouts "*malévolo/a, reservado/a, pesimista, temperamental, excéntrico/a, explosivo/a, frívolo/a, atlético/a, inteligente, creativo/a,* etc.? Show your avatar to the class and they can attempt to guess the word (adjective) you had in mind.

TEACHING TIP: Alert students to the words on the list. They stem from Palabras clave. Encourage them to "figure out" what they mean based on having seen some part of them before, i.e., *toca la guitarra*, so *guitarrista* must refer to a guitar player. By doing this we empower students to use strategies as they learn Spanish.

1B.24 ¿Cómo son los famosos? In small groups, think of a celebrity (actor, singer, musician, politician, author, comedian, athlete, etc.) and write a short description of him/her. You may include physical characteristics, personality traits and activities associated with your celebrity as well as information about any family members you are aware of. Be sure to keep in mind subject/verb agreement and noun/adjective agreement as you prepare your description. A spokesperson for your group will read your description aloud and the class will guess whom you are describing.

Modelo: Group reports: *Es de Nueva York. Su familia es de Puerto Rico. Es extrovertida, talentosa y sociable. Canta y baila. También es actriz. Es Selena en la película* Selena.

Class responds: *Jennifer López (J-Lo)*

1B.24 TEACHING TIP: There may be adjectives that students want to use that have not been formally introduced, such as *alto/a, bonito/a, delgado/a, guapo/a.* Feel free to write these words on the board for the whole class as they come up in smaller groups.

1B.24 SUGGESTION: Ask students to share some of their observations with the class.

1B.25 El compadrazgo. You have read about the important role that family relationships play in Hispanic cultures. Another type of social support system common in many Latin American countries is called **el compadrazgo,** which refers to the relationship between godparents and parents. Essential to **el compadrazgo** are **los padrinos** (*godparents*) (**el padrino** and **la madrina**). What comes to mind when you think of godparents? With what context(s) are godparents associated in US culture? Do you have godparents or sponsors? What is their role? What is your relationship with them? Read the following article that explains what "el compadrazgo" is in numerous Hispanic cultures.

El compadrazgo

Today, **el compadrazgo** is an important system for social support in many parts of Latin America. **El compadrazgo** is found in large cities, in rural areas and at all socio-economic levels. Traditionally, **el compadrazgo** begins when the parents of a newborn choose the **padrinos** of the baby for the baptism. Now, the parents of the baby and the godparents are **compadres. El compadrazgo** also is part of other Catholic rites that require godparents such as the first communion, confirmation and marriage. However, **el compadrazgo** is not limited to religious celebrations because there are various secular occasions for which honorary godparents are named such as **quinceañeras** and graduations.

The choice of **padrinos** and **compadres** is very important because traditionally **el compadrazgo** does not simply refer to the relationship between godparents and godchildren (**los ahijados**) but it also implies a series of social, financial and even professional obligations between the **compadres.** In some cases, a relative is chosen to be the godfather or godmother. This serves to reinforce family ties. In other cases, friends or neighbors are chosen as godparents and this serves to reinforce community ties and also to resolve or eliminate potential conflicts because, traditionally, the relationship between **compadres** should be very formal and respectful. Another possibility is to choose one's boss at work or a person from a higher socio-economic group. This allows relationships between different professional and socio-economic levels to be established. In these cases, more well off **compadres** help the less well off **compadres.** For example, they often protect or guarantee the job of the less well off **compadre** or they pay the expenses of the family, including those related to the children's education. In return, less well off **compadres** owe their benefactors a great deal of loyalty. Without the **compadrazgo** system, many children would not receive an education and more families would suffer from poverty.

Courtesy of Dolly Young

Not all, but most Hispanics are culturally or actively practicing Catholics. In addition to the marriage ceremony and the act of communion, the celebration of baptism is an important ritual in the church.

Perspectivas

1B.26 **En tu familia.** In groups of three, share answers to the following questions. Then, compare the family and social networks of various cultures represented in your group with that of **el compadrazgo.**

1. ¿Quién paga los gastos *(pays the expenses)* de la familia cuando tus padres no pueden?

2. ¿Quién paga los gastos de la educación de tu familia?

3. ¿Qué obligaciones sociales tiene tu familia con otra gente (no de tu familia)?

4. ¿Qué celebra tu familia y con quién?

5. ¿Quién ayuda a tu familia a obtener trabajos?

6. ¿Quién participa en las celebraciones de tu familia?

7. ¿A quién llaman cuando tienen problemas o conflictos en la familia?

8. ¿Quién ayuda a tu familia a mudarse *(to move)* de una casa o ciudad a otra?

PERSPECTIVAS: Following students' exploration of Hispanic perspectives on a particular topic in *Contextos, Perspectivas* provides a framework for examining one's own cultural perspectives on that topic with activities that foster self-expression and cultural comparison.

1B.26 SUGGESTION: Ask students to share some of their observations with the class.

Vocabulario: Investigación B

Vocabulario esencial

Sustantivos

el/la abuelo/a	grandfather/grandmother
la boda	wedding
el cumpleaños	birthday
el/la cuñado/a	brother/sister-in-law
el/la difunto/a	dead person
el/la esposo/a	husband/wife
el/la hermanastro/a	stepbrother/stepsister
el/la hermano/a	brother/sister
el/la hijastro/a	stepchild
el/la hijo/a	son/daughter
el/la hijo/a único/a	only child
la iglesia	church
la madrastra	stepmother
la madre	mother
el marido	husband
el matrimonio	marriage
el/la medio hermano/a	half brother/half sister
el/la nieto/a	grandson/granddaughter
el/la niño/a	boy/girl
la nuera	daughter-in-law
el padrastro	stepfather
el padrino	godfather
el padre	father
la pareja	couple
el/la primo/a	cousin
el/la sobrino/a	nephew/niece
el/la suegro/a	father/mother-in-law
el/la tío/a	uncle/aunt
el yerno	son-in-law

Verbos

ayudar	to help
cuidar	to take care of

Adjetivos

casado/a	married
mayor	older
menor	younger
muerto/a	dead
soltero/a	not married
viudo/a	widowed

Otras palabras y expresiones

el/la bisnieto/a	great grandchild
los buenos modales	good manners
cercano	close
el/la chico/a	guy/gal
comprometido/a	engaged, commited
la fiesta	party
el/la hijo/a del medio	middle child
inculcar	to instill
mediante	through
mudarse	to move
pobre	poor
porque	because
reunir	to gather
la salud	health

Cognados

Review the cognates in *Adelante* and the false cognates in *¡Atención!* For a complete list of cognates, see Appendix 4.

EN VIVO

La familia de mi compañero/a. **Paso 1:** You will interview a classmate in order to create a cognitive map of his/her family. Before beginning, you will need to brainstorm the questions necessary for the interview.

SUGGESTION: Point out to students that these cognitive maps are examples of what their maps might look like.

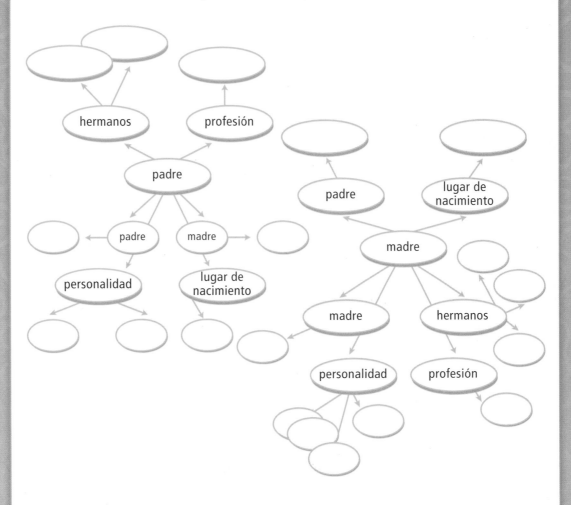

FOLLOW-UP: Have students interview a Spanish speaker or someone in another Spanish class to obtain this information.

Paso 2: Once you have all information, write a paragraph about your classmate's parents. The pattern below will illustrate some potential content for your paragraph.

Mi compañero/a se llama _____. La madre de _____ se llama _____. Es de _____ y su apellido es _____. Su madre es una persona _____, _____ y _____. Su padre es _____. Él es una persona _____. La abuela materna se llama _____ y su abuelo paterno se llama _____. Son _____ en su familia. Su _____ es soltero y _____ es el/la menor, etc.

RubberBall/Alamy

CAPÍTULO 2

La clase, las materias y los sistemas educativos

¿Y qué de la clase de español y la universidad?

In this **Investigación** you will learn:

▶ How to talk about activities and objects in the classroom

▶ How to refer to some places around the university

▶ How to express to whom something belongs

▶ How to refer to people and things the listener is already focused on

How can you talk about your classroom and your school?

You can describe the objects in the classroom.	En la clase hay libros, mesas, escritorios, ventanas, asientos, pizarras, tiza, plumas, lápices, marcadores, cuadernos, mochilas, diccionarios…
You can describe activities in the classroom and on campus.	Leer, escribir, escuchar, hablar, conversar, contestar, responder, repetir, preguntar, explicar, mirar, señalar, abrir, cerrar, levantar la mano…
You can identify buildings and places on campus.	La biblioteca, el gimnasio, la parada de autobús, el laboratorio, la cafetería, la librería, el edificio de la administración…
You can point out specific objects or refer to them in more general terms.	¿La mesa o una mesa? ¿La pluma o una pluma? ¿Las alumnas o unas alumnas? ¿Los libros o unos libros?

GOALS: Read through the functions as a class ensuring students' comprehension. As you read through, use cognates (*e.g. describir, identificar, objeto, indicar, etc.*) to restate in Spanish what students can do.

Adelante

TEACHING TIP: TOTAL PHYSICAL RESPONSE (TPR). Attaching a gesture to a word is an excellent way of ensuring long-term retention of vocabulary. Most of the above verbs can be acted out in class. The meaning expressed with gestures alongside the cognates associated with the verbs should provide clues to the meaning of the verbs without having to use English.

¡Atención! This section goes well with the *¡Ya lo sabes!* as it presents false cognates that are high frequency. Draw students' attention to the fact that not all cognates mean what they might suspect.

¡Ya lo sabes! Actividades en clase

conversar	repetir	académico/a
copiar	resolver	el área común
descubrir	terminar	avanzado/a
estudiar	usar	el calendario
explorar		diferente
necesitar		el examen
observar		innovador/a
preparar		el mapa
		la novela
		el océano
		el parque
		el poema
		el/la profesor/a

¡Atención!

la facultad	(not faculty) school of … (such as Facultad de Educación-School of Education)
el colegio	(not college) *high school*
el dormitorio	(not dorm) *bedroom*

2A.1 **Las clases de hoy.** With a classmate, read the following sentences and select the best option from the list to complete each sentence. Share your responses with the class.

innovadoras   académicos   diferente   área común   avanzada

1. La clase es muy difícil porque es una clase _____.   avanzada

2. Los profesores son _____.   académicos

3. Las invenciones populares son _____.   innovadoras

4. No es repetitivo. Es _____.   diferente

5. La cafetería es un _____.   área común

2A.2 **Se asocia más con...** Listen to several statements about activities that take place in class and indicate whether each would most frequently be associated with the instructor, the student or both, following the model. Verify your responses as a class.

	Profesor	Estudiante	Ambos (both)
1.	☐	☑	☐
2.	☐	☑	☐
3.	☐	☐	☑
4.	☐	☐	☑
5.	☐	☑	☐
6.	☐	☐	☑
7.	☑	☐	☐
8.	☑	☐	☐

2A.2 AUDIO SCRIPT:
1. estudiar para un examen, 2. copiar el vocabulario, 3. preparar una presentación, 4. resolver un conflicto en la clase, 5. conversar con compañeros de clase, 6. explorar la Internet, 7. repetir las instrucciones, 8. observar a los estudiantes

2A.3 Encourage students to write brief sentences w/ other cognates on the YLS list.

2A.3 **La palabra correcta.** Insert the most appropriate word from the ¡Ya lo sabes! cognates to make a logical and true statement.

1. La universidad es una institución _____.

2. Hay estudios básicos y estudios. La trigonometría es una clase muy _____.

3. Necesito un _____ para organizar mis planes.

4. Uso un _____ de Google para estudiar diferentes países.

5. El _____ Central en Nueva York es muy grande.

6. Mis _____ favoritos son haikus.

7. La _____ de español habla español bien.

8. El _____ final es al final del semestre.

2A.3 ANSWERS:
1. académica; 2. avanzada; 3. calendario; 4. mapa; 5. Parque; 6. poemas; 7. profesora; 8. examen

Courtesy of Pablo Muirhead

2A.4 **La educación.** Before reading the passage in Spanish below, indicate your responses to the following questions based on your native country.

Sí	No	
☐	☐	**1.** Are students required to attend school?
☐	☐	**2.** Does the government give high priority to education?
☐	☐	**3.** Does your family give high priority to education?
☐	☐	**4.** Does your community work on the assumption that no matter how economically deprived one is, a good education can be a way out of poverty and socioeconomic problems?

En la mayor parte de los países hispanos los estudiantes en escuelas (schools) públicas y privadas usan uniformes escolares para reducir el impacto de las diferencias socioeconómicas y otras distracciones. ¿Es esto común en la cultura de tu país?

No todas las culturas permiten el acceso a una buena vida socioeconómica con base en (*based on*) una buena educación. Aunque (*Even though*) muchas culturas hispanas promueven (*promote*) la educación como una forma de combatir la pobreza (*poverty*), la división entre las clases sociales persiste en muchos países hispanos. Un ejemplo son las telenovelas (*soap operas*) de Univisión, Galavisión, Telemundo, etcétera, en las que los personajes de diferentes clases sociales se enamoran (*fall in love*) pero comparten un destino fatal por pertenecer a diferentes grupos sociales. Esta forma de inflexibilidad social está cambiando (*changing*) pero todavía existe implícitamente en la cultura popular. ¿Cuál es la relación entre las barreras socioeconómicas y la educación formal en tu cultura nativa?

2A.5 TEACHING TIP: This reading might lead to a discussion about how open U.S. society (or the native culture of students) really is. *¿Qué disminuye (decreases) las divisiones de clase en tu país nativo? ¿Persisten las divisiones sociales en tu país a pesar de una buena educación formal?* Problematize this further by asking students whether or not society in the U.S. truly values education as a way to provide upward mobility for all students. There are often vast disparities in the quality of education that students in economically weak neighborhoods and more affluent areas receive.

2A.5 **Un paso más.** With a classmate, indicate which of the statements below are supported in the reading passage. Then, verify your responses as a class.

- ☑ **1.** Hay divisiones de clase en la sociedad de muchos países hispanos.
- ☐ **2.** Las divisiones de clase están basadas en la educación.
- ☑ **3.** Las divisiones de clase están basadas en el nivel socioeconómico.
- ☑ **4.** Persisten las divisiones sociales a pesar de (*in spite of*) una buena educación formal.

Bien dicho

Pitch patterns in questions

Pitch patterns in English and Spanish are similar and at the same time different. For example, pitch patterns at the end of yes/no questions rise in both Spanish and English signaling that what's spoken is a yes/no question. While pitch rises in both languages, it rises slightly higher in English.

English	Spanish
Do you feel okay?	¿Estás bien?

Spanish and English have different pitch patterns in questions that require more than a yes or no answer. Pitch falls in Spanish questions while it rises in English questions.

Where is your mother?   ¿Dónde está tu mamá?

Tag questions

A quick and easy way to ask a yes/no question is by making a statement followed by "¿verdad?" or "¿no?". This is equivalent to saying "right?" at the end of a statement to elicit a yes/no response. These would follow the same pitch pattern as other yes/no questions.

You study Spanish, right?   Estudias español, ¿verdad?

2A.6 **Entrevista breve.** With a partner, determine whether or not the tone should rise or fall at the end of each question. After confirming your responses as a class, interview your partner, taking note of his/her responses.

1. ¿Cómo se llaman tus padres?
2. ¿Cuántas clases tienes este semestre?
3. ¿Tocas un instrumento musical?
4. Escuchas la radio, ¿verdad?
5. ¿Cuál es tu programa de televisión favorito?
6. Practicas un deporte, ¿no?
7. ¿Dónde estudias normalmente?
8. ¿Te gusta bailar?

2A.6 FOLLOW-UP Ask students to share information about their partner w/ class based on his/her responses to the interview questions. Note all statements should have a falling pitch.

2A.6 ANSWERS: Pitch rises: 3, 4, 6, 8. Pitch falls: 1, 2, 5, 7.

VÍVELO: LENGUA

Tener que, hay que y voy a + inf.

Expressing obligations with **tener que** (to have to) and **hay que** (It is necessary/ One must)

The phrases *tengo que* and *hay que* are used to express obligation, as in...

Yo tengo que hablar en español.   *I have to speak in Spanish.*
Hay que practicar español frecuentemente.   *One must speak Spanish frequently.*

The combination of *ir + a + infinitive* is a quick way to express future actions. Voy is the *Yo* form of **ir (to go).**

Yo voy a estudiar en la biblioteca.   *I am going to study in the library.*
Yo voy a mirar el programa mañana.   *I am going to watch the program tomorrow.*

2A.7 **¿Es cierto?** Read the following statements and indicate if they are true (*cierto*) or false (*falso*).

1. _____ No hay que estudiar para el examen.
2. _____ Voy a resolver muchos problemas en la universidad.
3. _____ Me gusta descubrir nuevos restaurantes.
4. _____ Tengo que usar la computadora para estudiar.
5. _____ Hay que terminar bien el semestre.
6. _____ Voy a observar los planetas.

Now write two statements, one true and the other false, using *hay que…, voy a…, me gusta…* and *tengo que…* Share them with your partner and have them guess which is true and which is false.

2A.7 Extend this activity by having partners pick a sentence to read to the class so they can guess whether it is true or false.

Palabras clave 1 En la clase

TEACHING TIP: You may want to introduce many of these words by touching the objects available in your classroom and pronouncing the words in Spanish. For example, go to the door and say *Es una puerta*. Go to a chair and say *Es una silla*. Do 5–6 examples at a time and then ask students to confirm statements such as *Es una silla* as you touch the door. Students should respond *No* (or *Sí* if you touch a chair). Then, repeat the procedure with another 5–6 words.

el salón de clase

la ventana

el estudiante

la estudiante

la silla /el asiento

VOCABULARY: Encourage students to establish a method that helps them keep track of the vocabulary they learn. They may want to write down the words they learn in their notebook/folder, and write a description of the word, or include an image that represents it. Many may feel the propensity to write the translation. You may consider encouraging them to use one of the other strategies to avoid students overly relying on translation.

lugares en la universidad

la residencia estudiantil

la biblioteca

el edificio

el proyector

la puerta

la pizarra

la profesora

la mochila

el cuaderno

el escritorio

la mesa

el lápiz

el papel

la pluma

el libro

2A.8 **Asociaciones.** Circle the word that least associates with the action or place indicated. Then, verify your responses with a classmate.

2A.8 RECYCLING:
This activity recycles vocabulary from *Capítulo 1.*

1. escribir: en el cuaderno (en la ventana) en la pizarra en el papel

2. leer *(to read):* el libro (el escritorio) el examen la página

3. mover: la mochila la silla la mesa (la pregunta)

4. mirar: el mapa la pantalla la pizarra (el concepto)

5. caminar en: el edificio el salón de clase la residencia (la pizarra)
estudiantil

6. en la biblioteca: los asientos (las pruebas) los libros las mesas

7. escribir con: la pluma la tiza (la profesora) el marcador

2A.9 **¡A escribir!** Write as many sentences as you can using any of the new vocabulary words under **El salón de clase** or **Lugares en la universidad.** Some must be obviously false and some must be true. Use **hay** to write sentences about what is or is not in your classroom, for example. Read at least one of your sentences to the class. The class will guess whether the sentence is true or false.

> Modelo: Hay tres puertas en el salón de clase.
>
> Respuesta: Falso, hay una puerta.

2A.9 TEACHING TIP:
Make sure students understand that they must write a sentence that can be verified as true or false. *Hay una biblioteca en la clase de español,* the class can respond to this statement as being *falso.* Repeat students' statements to the class to model correct agreement since students have not been formally introduced to concept of gender and number agreement.

www **¡Conéctate!**

Go to the *office depot* website in Mexico. Make a list of school supplies that you would like to buy. What kinds of things would you purchase? What new vocabulary did you learn that may not have been presented in the text? Can you find other websites where you can see school supply catalogs in Spanish?

2A.10 Entrevista. With a partner, answer the following questions and compare your answers with another pair of students.

1. En el salón, ¿hay una compañera de clase alta (tall)?
2. ¿Cuántos libros hay visibles en el salón de clase?
3. ¿Cuántos pisos (floors) hay en el edificio donde está la clase de español?
4. ¿Cuántas sillas hay en el salón?
5. ¿Cuántos compañeros de clase hay en tu clase de español?
6. ¿Cuántas mochilas visibles hay en la clase?
7. ¿Cuántos proyectores hay en la clase?
8. ¿Escribe la profesora en una pizarra blanca en tu clase de español? ¿Escribe con tiza o con marcador?

Music can be a fun way to reach students. Check out the song by Manu Chao titled "Me gustas tú" and play it for students. Each time they hear "Me gustas" have them react in some way, maybe a clap.

VÍVELO: LENGUA

Expressing preferences with nouns: *Me/te/le gusta(n)*

You have learned to talk about what people like or do not like to do using *me, te,* or *le* with the verb form *gusta. Me gusta, te gusta,* and *le gusta* correspond to what *I , you* (informal), or *he/she* or *you* (formal) like, respectively.

When referring to *things* one likes, as opposed to what one likes to do, the verb form will either be singular (**gusta**) or plural (**gustan**) depending on the noun(s) referred to.

—¿Te **gustan** los libros de Danielle Steel?
—Sí. Me **gusta** mucho su última novela.

Since *le gusta* expresses what *he* or *she* likes and what *you* (formal) *like*, you may add *a él, a ella,* or *a usted,* for clarification. Likewise add **a** with a person's name when mentioning what a specific person likes.

¿A usted le gustan las clases de ciencia?	*Do you like science classes?*
A Juan le gusta el actor Tom Cruise, pero a Laura no le gusta.	*Juan likes the actor Tom Cruise, but Laura doesn't.*

2A.11 ¿Te gusta/n…?   Complete the following questions with the correct form of *gusta/gustan*. Then take turns asking a classmate those questions. When each of you has interviewed the other, note which of the questions you responded to similarly.

A				B		
¿Te gusta/n…?	Sí. Me gusta/n.	Me da/n igual. *(I'm indifferent to it).*	No. No me gusta/n para nada *(at all).*	Sí. Le gusta/n.	Le da/n igual. *(He/she is indifferent to it).*	No. No le gusta/n para nada *(at all).*
1. ¿Te ____*gusta*____ el Facebook?						
2. ¿Te ____*gusta*____ la política?						
3. ¿Te ____*gustan*____ las actividades en clase?						
4. ¿Te ____*gustan*____ los libros de ciencia ficción?						
5. ¿Te ____*gusta*____ la música?						
6. ¿Te ____*gustan*____ las pruebas de español?						
7. ¿Te ____*gustan*____ los deportes (*sports*)?						
8. ¿Te ____*gustan*____ tus clases este semestre?						

2A.12 Mi compañero/a y yo.   Based on the results from the activity above, write a summary comparing and contrasting your results with those of your partner.

Modelo:
A mí me gusta el Facebook pero a _nombre de tu compañero/a_ no le gusta para nada.
A _nombre de tu compañero/a_ no le gustan los libros de ciencia ficción y a mí tampoco me gustan. Me gusta la música y a _nombre de tu compañero/a_ también le gusta.

antoniodiaz / Shutterstock

Palabras clave 2 Acciones de la clase

WileyPLUS Learning Space

You will find PowerPoint presentations for use with *Palabras clave* in *WileyPLUS Learning Space*. Along with the regular Power-Point slide corresponding to this *Palabras clave* illustration, your Instructor's Resources include an additional slide in which the labels have been replaced with names. This allows you to ask questions or make true/false statements about these activities as a way of working with the vocabulary. For example, you might ask *¿Quién lee un libro?* or *¿Arturo toma apuntes?*

TEACHING TIP: TOTAL PHYSICAL RESPONSE (TPR). Most of the above verbs can be acted out in class. The following are examples of the type of comprehensible input and gestures that you can offer your students: *Abre tu libro. Abre tu libro rápidamente. Abre tu libro en la página cinco.* (Gesture: start with your palms together, and then have them open while the sides of your hands continue touching... like a book.)

También y tampoco

También is the Spanish equivalent to expressions like *also, too, as well*, and **tampoco** is the opposite, as in *not ... either, neither.*

—Yo escucho música pop.	*I listen to pop music.*
—Yo también.	*Me too.*
—Yo no hablo francés.	*I do not speak French.*
—Yo tampoco.	*Me either. (Neither do I.)*

2A.13 TEACHING TIP: In order to encourage students to produce language, expand on this activity by asking them to brainstorm additional activities done by professors, students or both.

2A.13 ¿El profesor o el estudiante? With a classmate, indicate whether each action below is more typical of a student, an instructor or both. Then, confirm your answers with the rest of the class.

	Estudiante	Profesor
1. aprender el vocabulario	☑	☐
2. escribir en la pizarra	☐	☑
3. contestar preguntas	☑	☑
4. levantar la mano	☑	☐
5. hacer preguntas	☑	☑
6. mirar la pantalla	☑	☐
7. tomar apuntes	☑	☐

2A.14 Sinónimos o antónimos. Read the phrases below. For each of these phrases, you will hear a corresponding phrase. Indicate whether the phrase you hear expresses a similar or an opposite meaning to the one you read, following the model. Verify your responses as a class.

2A.14 AUDIO SCRIPT:
1. observar al estudiante,
2. abrir la puerta, 3. contestar una pregunta,
4. escuchar la pregunta,
5. hacer la tarea, 6. estudiar español

Sinónimo	Antónimo	
☑	☐	**1.** mirar al estudiante
☐	☑	**2.** cerrar la puerta
☐	☑	**3.** hacer una pregunta
☐	☑	**4.** leer la pregunta
☑	☐	**5.** trabajar en la tarea
☑	☐	**6.** aprender español

2A.15 Recomendaciones. Consider what different responsibilities instructors and students have. Write a list of things that **el/la profesor/a** or **el/la estudiante** does using the following phrases:

va a (will…)   *tiene que* (has to…)   *le gusta* (he/she likes…)

Modelo: El estudiante tiene que aprender el vocabulario.
          El profesor debe hacer preguntas.

Then share your responses with a classmate. Do you agree with the statements they wrote? Can you think of something you might add?

2A.16 ¡A dibujar! Draw your ideal classroom. Then, describe your drawing to one or two students so they can draw it. Compare drawings. Are they exact? Where there any items overlooked?

2A.17 Entrevistas. An interview is the best way to get to know someone.

2A.17 TIME MANAGEMENT: This activity will take considerable time—15 minutes for the interviews and 5 minutes to do the follow-up — so plan accordingly. Make sure you help the students stay on task by giving them a definite time limit (*Tienen 15 minutos*) and informing them as they go (*Faltan 10 minutos*). As a follow up to this activity, tally which of the activities most students had in common and list them on the board.

Paso 1: Work with a classmate you have not worked with previously and take turns asking each other the questions below. Your goal is to determine how many of the activities below you and your partner have in common. Record your findings in your Retrato de la clase.

Modelo: E1: *¿Nadas, corres o levantas pesas?*
             E2: *Nado y corro, pero no levanto pesas.*
             E1: *Yo también corro, pero no levanto pesas y tampoco nado.*
             Actividades en común: *correr*

1. ¿Nadas, corres o levantas pesas?

2. ¿Bailas los viernes por la noche?

3. ¿Escuchas música hip-hop? ¿country? ¿clásica?

4. ¿Estudias en la casa o en la biblioteca?

5. ¿Escribes poemas?

6. ¿Lees el periódico todos los días?

7. ¿Vives en una residencia estudiantil, un apartamento o en casa de tus padres?

8. ¿Comes en restaurantes más que en casa?

Retrato de la clase: _____ y yo tenemos las siguientes actividades en común: _____, _____ y _____.

Estructuras clave 1 Conjugating verbs: Singular forms

What have you noticed about the verbs you have learned to express various activities? What are the different forms of those verbs you have used to express *who* does a particular activity?

In Spanish there are three verb categories, sometimes called "conjugations", identified by their infinitive endings: **–ar, –er,** and **–ir.** Much like in English where you must use the form *call* with *I* and *calls* with *she,* the subject or subject pronoun dictates which personal ending a verb uses. Using the appropriate personal ending according to the subject is called conjugating the verb. While English usually has only two verb endings, e.g., call/calls, eat/eats, sleep/sleeps, Spanish has several verb endings in each of the three verb categories. We will focus here on the **yo, tú, él/ella/usted** verb endings for **–ar, –er,** and **–ir** verbs.

In the present tense, the **yo** form of all **–ar, –er,** and **–ir** verbs ends in **–o.** For **–ar** verbs, the **tú** form ends in **–as,** while for **–er** and **–ir** verbs it ends in **–es. Él/ella/usted** end in **-a** for **-ar** verbs, while for **-er** and **-ir** verbs it ends in **-e.** See the chart that follows.

-ar		-er		-ir	
hablar		**aprender**		**vivir**	
(yo)	habl**o**	(yo)	aprend**o**	(yo)	viv**o**
(tú)	habl**as**	(tú)	aprend**es**	(tú)	viv**es**
(él/ella/usted)	habl**a**	(él/ella/usted)	aprend**e**	(él/ella/usted)	viv**e**
estudiar		**comer**		**escribir**	
(yo)	estudi**o**	(yo)	com**o**	(yo)	escrib**o**
(tú)	estudi**as**	(tú)	com**es**	(tú)	escrib**es**
(él/ella/usted)	estudi**a**	(él/ella/usted)	com**e**	(él/ella/usted)	escrib**e**
trabajar		**leer**		**describir**	
(yo)	trabaj**o**	(yo)	le**o**	(yo)	describ**o**
(tú)	trabaj**as**	(tú)	le**es**	(tú)	describ**es**
(él/ella/usted)	trabaj**a**	(él/ella/usted)	le**e**	(él/ella/usted)	describ**e**

2A.18 FOLLOW-UP: Recast some students' answers to ensure their understanding. For example, ask *¿A quién le gusta escuchar música jazz en un bar?* Students respond, "Juan" or "A Juan" (They are likely to omit the preposition.) You say *"Sí, a Juan le gusta escuchar música jazz..."* You don't need to explain the use of the preposition *a,* just expose students to its use so that later they will connect the explanation of indirect object pronouns and *gustar* type verbs to what they have heard you model in class.

2A.18 ¿Quién hace la acción? Read the verbs and indicate whether **yo, tú** or **usted** is the subject.

	yo	tú	usted
1. dibujo	☑	☐	☐
2. cantas	☐	☑	☐
3. aprendes	☐	☑	☐
4. abro	☑	☐	☐
5. nada	☐	☐	☑
6. como	☑	☐	☐
7. escribes	☐	☑	☐
8. lee	☐	☐	☑

2A.19 ¿Quién en la clase...? Read the statements in the boxes below. Talk to as many classmates as possible and ask them if these statements are true about them or not. If they are, ask them to initial the box. Try to get initials in each box. Pay attention to the forms that are needed to ask and answer these correctly. As a class, find out which students do certain things and write the findings in your **Retrato de la clase.**

Example: Escucha música clásica.

question ¿Escuch**as** música clásica?

response Sí, escuch**o** música clásica. *or* No, no escuch**o** música clásica.

Escucha música clásica.	Lee libros de *Harry Potter*.	Escribe poemas.
Vive en una residencia estudiantil.	Toca un instrumento.	Nada mucho.
Conversa por teléfono con su familia.	Come en la cafetería.	Trabaja en un restaurante.

Retrato de la clase: Kevin nada mucho y Sheila vive en una residencia estudiantil.

2A.20 ¿Y tú? Finish the following sentences about yourself. Then share your responses with a classmate. Here are some phrases to help.

en la cafetería	e-mail	rock	en una discoteca
hip hop	en un bar	en el parque	en una piscina (*swimming pool*)
novelas	en casa (*home*)	country	nunca (*never*)
frecuentemente	poemas	en el océano	todos los días (*every day*)

1. Escribo…

2. Bailo…

3. Como…

4. Nado…

5. Escucho…

2A.20 POSSIBLE ANSWERS: 1. Escribo poemas, novelas, e-mail; 2. Bailo en un bar, en una discoteca; 3. Como en la cafetería, en casa, en el parque; 4. Nado en el océano, en la piscina; 5. Escucho hip hop/rock/country frecuentemente/todos los días/nunca.

VÍVELO: CULTURA

Estudiar en el extranjero

As an adult, the best way to learn a second language and learn about the cultures of people who speak the language is to begin with formal instruction and then spend time in countries where the language is spoken. There is a great variety of programs for study abroad. Some last four to six weeks in the summer. Some are for an entire summer, a semester, or a full academic year. Seek out information about your institution's study abroad programs.

To maximixe your time abroad, immerse yourself in the culture as much as possible. Live with a family if possible. Take risks in using the language and have fun.

Richard Muirhead

2A.21 De oración a pregunta. Did you know that you can transform a statement into a question by simply writing an upside down question mark before the sentence? Transform the following statements into questions and use them to interview a classmate.

> Modelo: Vas a estudiar en el extranjero este semestre.

> Cambio a pregunta: ¿Vas a estudiar en el extranjero este semestre?

1. Deseas estudiar en ciertos países de habla hispana.

2. Es necesario ser estudiante para estudiar en el extranjero.

3. Siempre viven los estudiantes con una familia en un programa extranjero.

4. Hay muchas excursiones en programas de estudio en el extranjero.

5. Prefiere ser director/a o estudiante en un programa extranjero.

6. Le gusta observar culturas distintas en el extranjero.

7. Prefiere viajar por tren, por bicicleta, por avión o por carro (*car*).

8. Hay países que no deseas visitar.

2A.21 SUGGESTION Ask students what new and interesting information they learned about their partner and have them share it with the class.

2A.21 TEACHING TIP: Have students translate a couple of sentences from statements to questions so that they can see how they change.

2A.22 READING STRATEGY. Sensitize students to some reading strategies they could use to read the ads. Have them skim the text to figure out what the topics are (they should draw their attention to the many cognates). Have them share what they found out about study abroad. Have them reread the ad, this time looking for more details. They should read it twice, making note of how much more they understood the second time. Review the general meaning of the text sections in the ad. Take advantage of this opportunity to promote study abroad programs that your department might offer.

2A.22 ¡Antes de leer!

Paso 1: The following is an advertisement about various opportunities for studying abroad or studying a foreign language. Read it over to get a general idea of what each section emphasizes.

¡Viajestudios te da la bienvenida!

En Viajestudios tienes un recurso único si te interesa estudiar en el extranjero. Tenemos centros de enseñanza en varios países del mundo y ofrecemos gran variedad de programas de estudio y opciones de alojamiento. Los estudiantes que participan en nuestros programas vienen de todas partes del mundo. Así que, además de aprender sobre la cultura del país que visitas, compartes la experiencia con una comunidad internacional.

Base de datos para estudiar en el extranjero

Tenemos centros de enseñanza en todas partes del mundo. Ofrecemos programas de estudio de idiomas y una variedad de mini-cursos sobre temas culturales. Consulta nuestra base de datos para informarte sobre los programas y los eventos importantes en nuestros centros.

Comunidad internacional

Participa en la comunidad internacional donde vives. Nuestros centros organizan eventos para juntar a personas de diferentes culturas en programas de intercambio cultural.

Viajestudios

Perspectivas del mundo

Aquí los participantes en nuestros programas ponen fotos y escriben breves comentarios sobre su experiencia y sobre los eventos importantes en los países que visitan.

Intercambio de idiomas

Puedes participar en nuestros programas sin salir de tu país o ni siquiera salir de tu casa. En Internet ofrecemos visitas virtuales de muchos lugares y tenemos un programa de intercambio de idiomas. Puedes conectarte con personas en otros países o en tu propia ciudad.

Intercambio de familias

Tienes la opción de vivir en un apartamento o una residencia estudiantil con otros participantes en el programa, o puedes optar por vivir con una familia anfitriona para experimentar una auténtica vida cotidiana. Si quieres ser estudiante de intercambio o si quieres invitar a tu familia a ser familia anfitriona, ¡contáctanos!

2A.22 PASO 2: ANSWERS. mundo *world,* familia anfitriona *host family,* intercambio *exchange*

Paso 2: Read the ad again. Can you guess the meaning of the following words based on the context in the passage and in the sentences? Check your guesses with a classmate.

mundo
familia anfitriona
intercambio

---

www **¡Conéctate!**

Visit your school's website to find out what study abroad options are available. If you would like to broaden your search options, check out *studyabroad.com* and search for programs by country or school. What did you find? Does your school offer a program that might interest you? Are there other programs that piqued your interest?

Paso 3: Indicate which section of the ad in a–e below is likely to have specific information about what you hope to get out of the study abroad experience based on the statements numbered 1–5. Read the descriptions in the ad that correspond to each section.

2A.22 PASO 3: Answers. 1. c; 2. b; 3. e; 4. a; 5. d

a. Base de datos para estudiar en el extranjero

b. Comunidad internacional

c. Perspectivas del mundo

d. Intercambio de idiomas

e. Intercambio de familias

___ **1.** Deseo investigar los eventos y las culturas de todo el mundo.

___ **2.** Deseo hablar con personas de otras culturas en mi ciudad o país.

___ **3.** Deseo participar como estudiante o familia anfitriona en un programa de intercambio.

___ **4.** Deseo investigar programas para estudiar en el extranjero según *(according to)* varios criterios.

___ **5.** Deseo practicar el español en la Internet con personas en otras partes del mundo.

2A.23 ¡Ay, caramba! In groups of four, play the game **¡Ay, caramba!** according to the instructions below. The objective is to arrive at the end before others.

Cómo jugar a ¡Ay, caramba!:

1: Roll a die (**un dado**) or draw a number from 1–6.

2: Move the number of spaces indicated on the die (from 1–6 only) and answer the corresponding question on the board.

3: If you answer correctly, the next person gets a turn.

4: If you answer incorrectly, you say **¡Ay, caramba!** and move back two spaces, and the next person gets a turn.

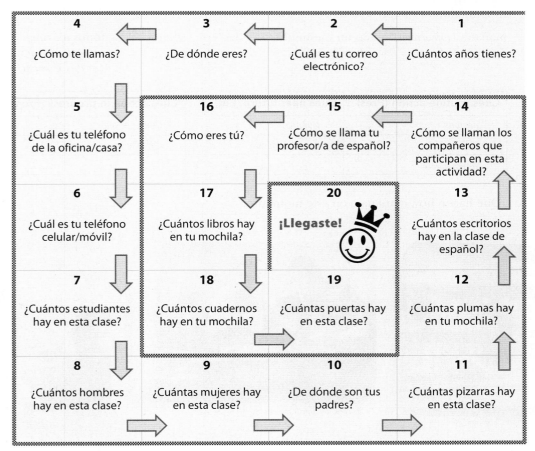

TEACHING TIP: Students need a die to play this game. Alternatively, to indicate how many movements forward are allowed, students could draw from a stack of numbered cards or draw slips of paper with the numbers 1–6 on them from a bag. Remind students that they can provide fake telephone numbers if they choose not to give that information.

WileyPLUS Learning Space INSTRUCTOR'S RESOURCES: You will find a reproducible copy of the game board in the Instructor's Resources.

Estructuras clave 2 Usage of the present tense

Look at the English equivalents of the present tense Spanish sentence that follows. What observations do you have about how the present tense is used in Spanish?

Camino a la universidad. }
I walk to the university.
I am walking to the university.
I will walk to the university.

The present tense may function to express an action in the simple present, to indicate an action in progress at the time the speaker makes the statement, or to express future action. The context in which a statement is made will usually indicate the appropriate interpretation. Moreover, words such as **mañana** *(tomorrow)*, **todos los días** *(every day)*, and **ahora mismo** *(right now)* are also indicators of how the speaker is using the present tense.

Leo un libro.   *I am reading a book right now.* (action in progress)
En dos días tengo un examen.   *I have a test in two days.* (action in near future)
Todos los días hablo español.   *I speak Spanish every day.* (routine action)

In summary, the present tense is used

a) to express actions, events or situations in progress
b) to express habitual or routine actions
c) to express actions that will occur in the near future, and
d) in questions or to give general instructions

2A.24 Estrategias. Read the list of words/phrases below and organize them according to the function of the present tense they would most likely cue.

mañana *(tomorrow)*   en un momento   a las 9 de esta noche   todos los días
siempre *(always)*   ahora mismo   normalmente   en este momento
                                                                           (at this moment)

Cues routine action (Pres)	Cues near future (Fut)	Cues action in progress (Prog)
Siempre	*Mañana*	*Ahora mismo*
Todos los días	*En un momento*	*En este momento*
Normalmente	*A las 9 de esta noche*	

¿Qué hacen hoy, mañana o en este momento?

© Chris Schmidt/iStockphoto

© Aldo Murillo/iStockphoto

© Chris Schmidt/iStockphoto

2A.25 ¿Cuál es la interpretación más lógica? Select a classmate with whom you have not worked in the past and read the sentences below together. Then, identify how the present tense verb is functioning in that particular sentence, following the model. Use *Pres* to indicate that the present tense verb is functioning as the simple present tense (for routine or generalized actions), *Prog* to indicate the verb is functioning to communicate an action in progress, or *Fut* to indicate the verb is functioning to indicate a future action. Verify your answers as a class.

Prog **1.** En este momento, completamos la actividad 2A.25.

Fut **2.** Shakira tiene un concierto en Houston en cinco días.

Pres **3.** Normalmente, Juanes no canta en inglés.

Pres **4.** Isabel Allende escribe todos los días.

Prog **5.** Ahora mismo Charlie Sheen está en un programa en VH1.

Fut **6.** Mañana Lionel Messi visita a unos niños en el hospital.

2A.26 Ahora tú. Complete these sentences with the correct form of the verb. Then indicate whether the sentence you completed uses the present tense to express a simple generalized action *Pres*, an action in progress *Prog*, or a future action *Fut*. Then write two sentences of your own related to activities you do in school and make sure to indicate your usage of the present tense.

2A.26 Answers: 2. Pres 3. Prog 4. Pres 5. Fut 6. Pres

Pres, Prog, Fut?

Pres **1.** Mi profesora _____ (preparar) clases interesantes todos los días. (prepara)

_____ **2.** ¿Tú siempre _____ (estudiar) en la biblioteca? (estudias)

_____ **3.** En este momento, yo _____ (abrir) la ventana en mi salón de clase. (abro)

_____ **4.** Yo _____ (aprender) mucho español en clase. (aprendo)

_____ **5.** Mañana tú _____ (recibir) información para estudiar en el extranjero. (recibes)

_____ **6.** Mi profesor normalmente _____ (hablar) en español en clase. (habla)

_____ **7.**

_____ **8.**

2A.27 ¿Cierto o falso? Using the words below, write five to eight sentences about you or somebody else. Make sure that a couple of the sentences are not true. Then share your sentences with a classmate and have them figure out which sentences were true and which were false.

Modelo: *Converso con la pizza* (falso)

vivir	conversar	comer	tocar	escribir	nadar	trabajar
dibujar	abrir	leer	cantar	aprender	ofrecer	consultar
participar	experimentar	invitar	hablar	investigar	practicar	

Vocabulario: Investigación A

Vocabulario esencial

Sustantivos

la biblioteca	*library*
el calendario	*the calendar*
la compañera de clase	*classmate*
el edificio	*building*
el escritorio	*desk*
el estudiante	*student*
el examen	*the exam; test*
el lápiz	*pencil*
el libro	*book*
el lugar	*place*
el mapa	*the map*
la mochila	*backpack*
la página	*page*
la pizarra	*green/black board*
la pluma	*pen*
la silla/el asiento	*seat*
la ventana	*window*

Verbos

conversar	*to chat; converse*
copiar	*to copy*
descubrir	*to discover*
estudiar	*to study*
explorar	*to explore*
necesitar	*to need*
observar	*to observe*
preparar	*to prepare*
repetir	*to repeat*
terminar	*to finish*
usar	*to use*

Adjetivos

académico/a	*academic*
avanzado/a	*advanced*
innovador/a	*innovative*
diferente	*different*

Otras palabras y expresiones

ahora mismo	*right now*
en este momento	*at this moment*
frecuentemente	*frequently*
hay	*there is/there are*
mañana	*tomorrow*
normalmente	*normally*
siempre	*always*
también	*also; too; as well*
tampoco	*neither; not…either*
todos los días	*every day*
la verdad	*right; truth*

Cognados

Review the cognates in *Adelante* and the false cognates in *¡Atención!* For a complete list of cognates, see Appendix 4.

Cognados falsos

el colegio	*high school/secondary*
el dormitorio	*bedroom*
la facultad	*school of…*
el profesorado	*faculty*
la residencia estudiantil	*dorm*

EN DIRECTO

Video: Un paseo por la UNAM

> **Antes de ver el video.** **¿Cómo es tu universidad?** Select the best words from the list to describe your college or university.

grande	pública	motivados	malos	muchos
pequeña *(small)*	privada	buenos	pocos	extranjeros *(foreign)*

Mi universidad es _____. Hay _____ estudiantes _____ y los profesores son _____.

> **El video.** Indicate whether the following statements are **ciertos** or **falsos** based on the video.

	Cierto	Falso
1. La UNAM está en la capital de México.	☑	☐
2. Hay más de 369,000 estudiantes.	☐	☑
3. Es la universidad pública más grande del mundo.	☐	☑
4. Mazaki es coreana.	☐	☑
5. Robert es de Australia.	☑	☐
6. Muchos estudiantes sólo estudian español.	☑	☐
7. Las clases de español son grandes y trabajan mucho en grupos pequeños.	☑	☐
8. Elliot dice que las personas que saben dos lenguas ganan más dinero en Estados Unidos.	☐	☑

Vocabulario útil
de todas partes
  from everywhere
solamente *only*
después *after, later on*
ahorita *now*
mejorar *to improve*

> **Después de ver el video.** Think about your own answer to the following question, then discuss and compare your answers with the rest of the class: ¿Dónde está tu universidad? ¿Cuántos estudiantes hay en tu universidad? ¿Hay estudiantes de otros países? ¿De qué nacionalidad son? ¿Cómo es tu clase? ¿Y los profesores?

¿Qué estudias y cuál es tu horario?

In this **Investigación** you will learn:

► How to talk about professions and careers

► How to talk about the classroom and the campus

► How to express time

► How to talk about your weekly schedule

¿Qué estudias y para qué?

You can investigate what someone studies. You can answer questions about what you study.	¿Qué estudias? ¿Qué carrera estudias? ¿enfermería? ¿periodismo? ¿arte? Estudio biología.
You can talk about the university campus.	La biblioteca está al lado del teatro. La Facultad de Medicina está al lado del estadio.
You can find out what time it is. You can tell what time it is.	¿Qué hora es? Es la una. Son las dos. Es mediodía.
You can ask when a class begins. You can say when your classes meet.	¿A qué hora es la clase? Mi clase de biología es los lunes, miércoles y viernes a las 10:00 de la mañana.
You can ask about someone else's schedule. You can explain your schedule to someone else.	¿Cómo es tu horario? Mis clases son los lunes, miércoles y viernes por la mañana.
You can talk about your personality in order to explain what classes you like best or your choice of major/future career.	En general, no me gusta la química. Me gusta el arte porque estimula la imaginación.

DICHOS

Vivir para ver y ver para saber.
Quien poco sabe poco teme.
Para aprender, nunca es tarde.

Live and learn.
Ignorance is the mother of imprudence.
You are never too old to learn.

TEACHING TIP: Ask students to place a check mark by the courses that are required for their major. Since most of the cognates have more than three syllables you may want to practice recognition of the cognates by using them in a sentence and having students place an X next to the ones they hear, i.e, *Se asocian las plantas con la agricultura; Se asocia Don Quijote con la literatura española; Se asocian Dell y Apple con la tecnología; Se asocia el PowerPoint con la comunicación visual.*

Adelante

¡Ya lo sabes! Las carreras y las materias

la administración	las ciencias	la física	la música
la agricultura	la ciencia política	la geografía	la programación
la antropología	la comunicación visual	la historia	la psicología
la arquitectura		la literatura	la religión
la astronomía	la economía	las matemáticas	el teatro
la biología	la filosofía	la medicina	

¡Atención!

la publicidad	(not publicity) advertising
la asignatura	(not signature) class
la firma	(not firm) signature

¡Atención! Draw students' attention to these high-frequency false cognates.

2B.1 **Las carreras y las materias.** Read the list of names below. Match each statement you hear about these famous people's fields of study with the appropriate name. Verify your answers as a class. The first one is done for you.

_8_ **a.** Galileo Galilei
_3_ **b.** Leonardo daVinci
_4_ **c.** Margaret Mead
_2_ **d.** Ludwig van Beethoven

_6_ **e.** Sigmund Freud
_5_ **f.** Karl Marx
_7_ **g.** Frank Lloyd Wright
_1_ **h.** Bill Gates

2B.1 AUDIO SCRIPT: 1. Se asocia con las computadoras y la tecnología. 2. Se asocia con la música y la composición. 3. Se asocia con la física, la anatomía, la ingeniería mecánica, pero principalmente con el arte. 4. Se asocia con la antropología. 5. Se asocia con la literatura filosófica, espiritual y religiosa. 6. Se asocia con la medicina. 7. Se asocia con la arquitectura. 8. Se asocia con la astronomía.

2B.2 **¿Te interesa?**

Paso 1: In groups of three, find out each other's interest level in the general fields below. On a scale of 1–5, 1 being the least interesting and 5 being the most, rank your interest in each field of study.

> Modelo: E1: *¿Te interesa la historia?*
> E2: *Sí, me gusta mucho.*

Campos generales	Yo	Compañero/a 1	Compañero/a 2
La tecnología			
La comunicación			
La cultura			
La economía			
La educación			
El teatro			
El arte			
Las ciencias básicas			
La medicina			

Paso 2: As a class, determine the least and most popular interest areas and write your results in your **Retrato de la clase.**

Retrato de la clase: Los cursos más populares de la clase son ___, ___ y ___.

2B.2 TEACHING TIP: You may wish to call attention to the *modelo* and explain simply that *¿Te interesa...?* works similarly to *¿Te gusta...?* Avoid any lengthy grammatical explanation at this level.

2B.2 ORIENTATION: BUILDING COMMUNITY. Throughout the text, there are many activities developed to not only build students' communicative skills but to also foster a sense of interdependency among students. Remind students that their voices matter. As the instructor, you should make note of where students' interests fall, and do not fall, in order to better connect with them.

Understanding how culture frames collective behavior can provide insights that quickly breakdown stereotypes. Traditionally, showing respect to adults or authority figures has been highly valued in Hispanic cultures. For example, children in Hispanic cultures are socialized to not interrupt conversations between adults; they must wait until the end of the conversation to speak up. As a result, when children are asked to interact with teachers and other adults in a US school setting their lack of experience comes across to some as an inability to demonstrate knowledge effectively. Teachers who are not aware of the socialization process of Hispanic children might conclude erroneously that the child is shy or language delayed. Consider the negative impact that not understanding these cultural differences can have on Latino children.

Courtesy of Pablo Muirhead.

Estos chicos están en la primaria en Perú. ¿Crees que el sistema peruano es similar al de México? Investígalo en la Internet.

2B.3 Malentendidos dentro del contexto escolar.

Paso 1: Based on the information in *¡Vívelo: Cultura!* and throughout this *Investigación,* work in groups of three to discuss the cultural misunderstanding at play in the following scenario. How might Diego's teacher handle the situation?

Situación: Diego's parents came to the United States on a work visa. Diego's father is in management and will reside in the US for five years. Diego is in the third grade and is an above average student. However, after his first full week of school in the US, students are making fun of him because he responds to adults with "Yes sir," and "Yes Mrs. Parker." They think he is awkward because he never speaks while the teacher is talking, speaks only when spoken to, always raises his hand, and addresses adults formally.

Paso 2: Based on what you have learned about education in Latin America in general, identify other potential cross-cultural miscommunications (between your native culture and Hispanic cultures) within an education context.

VÍVELO: LENGUA
Telling Time

Expressing the time in Spanish is different from English. Look below at how time is conveyed in Spanish. Can you figure out the rules for telling time on your own? For example, Spanish uses **¿Qué hora es?** when

Preguntas	Respuestas
¿Qué hora es? *What time is it?*	Es la una/Son las dos en punto. *It's one o'clock/It's two o'clock exactly (on the dot).*
¿A qué hora empieza la clase? *(At) What time does class begin?*	Empieza a las 8:00 de la mañana. *It begins at 8:00 in the morning.*

Use **y media** to express half past the hour, and **y cuarto** or **menos cuarto** for a quarter past or a quarter until the hour, respectively:

Llego a la universidad a las ocho y media. Tenemos clase a las nueve y cuarto.	*I get to the university at eight thirty (half past eight).* *We have class at nine fifteen (quarter past nine).*

When giving exact times in the morning, afternoon or at night, use the preposition **de:**

Son las dos de la mañana. Es la una de la tarde.	*It is two in the morning.* *It is one in the afternoon.*

To express more generally "in the morning, afternoon, evening" or "at night," use **en** and to express a part of the day as the time period "during" which you do something, use **por:**

En la mañana tengo una clase. Estudio por las mañanas.	*In the morning I have one class.* *I study in the morning.*

you want to ask for the time but the response will change depending on the time. The response related to 1:00 is "**Es la una.**" If the time is a plural number, i.e., 2:00, the response will begin with "**Son las …**" because we are no longer referring to a singular number, 1:00, but to plural numbers, 2:15, 4:20, 5:30, etc.

To ask what time an event occurs, Spanish uses "**¿A qué hora es el concierto?**". Do not confuse telling time, "*Son las 5:00 de la tarde*" with asking for the time of an event, "**¿A qué hora** comienza el examen?"

What else do you notice about telling time in the following examples?

La hora del día

Es la 1:16 p. m.
Es la una y dieciséis de la tarde.

Es la 1:25 a. m.
Es la una y veinticinco de la mañana.

Son las 4:05 p. m.
Son las cuatro y cinco de la tarde.

Son las 9:06 p. m.
Son las nueve y seis de la noche.

Es la 1:50 p. m.
Son las dos menos diez de la tarde.

Son las 5:53 a. m.
Son las seis menos siete de la mañana.

Son las 12:00 de la noche.
Es (la) medianoche.

Son las 12:00 del día.
Es (el) mediodía.

2B.4 **¿Qué hora es?** Indicate which clock below represents each time you hear by writing that statement's number next to the corresponding clock.

2. ____

3. ____

5. ____

6. ____

7. ____

4. ____

1. ____

2B.5 **¿Cuál es?** You will hear statements about several classes and the times they begin. As you hear each statement, write the class mentioned and the time it begins following the model.

	Clase	Comienza a las
1.	*Introducción a la programación*	11:20
2.	Economía	10:25
3.	Contabilidad	5:15
4.	Administración	6:45
5.	Francés	9:10
6.	Literatura	8:30

www **¡Conéctate!**

As you think of studying abroad, visit the website for Expedia.es and search for a round-trip flight from where you live to a country you would like to visit. Are there certain *días* and *horas* that are cheaper to fly than others? Compare flights with the same connections that differ only in *días* and *horas*. Share this comparison with your classmates.

PALABRAS CLAVE

2B.5 TEACHING TIP: If you feel this task is too difficult for your students, write the names of the courses on the board and ask students to identify the time of the class as they hear each sentence.

2B.5 AUDIO SCRIPT:
1. La clase de introducción a la programación comienza a las once y veinte. 2. La clase de economía comienza a las diez y veinticinco. 3. La clase de contabilidad comienza a las cinco y cuarto. 4. La clase de administración de empresas comienza a las siete menos cuarto. 5. La clase de francés comienza a las nueve y diez. 6. La clase de literatura comienza a las ocho y media.

Los días de la semana

lunes	martes	miércoles	jueves	viernes	sábado	domingo
	1	2	3	4	5	6
7	8	9	10	11	12	13

Serie de sucesos en el día o la semana

primera/o	Mi primera clase del día es a las 8:00 de la mañana.
última/o	Mi última clase del día es a las 4:30 de la tarde.
comienza	Mi primera clase del día comienza a las 8:00 de la mañana.
termina	Mi última clase del día termina a las 5:30 de la tarde.

Ask students questions such as *¿Cuál es tu primera clase? ¿Cuál es tu última clase? ¿A qué hora comienza tu primera clase? ¿A qué hora termina tu última clase?*

Las fuerzas armadas

El mercadeo

La ingeniería

BANCO CENTRAL

La administración de empresas

El periodismo

El derecho

El desarrollo infantil

La contabilidad

Note that the days of the week are not capitalized, and the names of the days don't change in the plural, except for **los sábados** and **los domingos.** To express the idea of something happening *routinely* on a given day of the week, use **los.** To express the idea of a single event happening on a given day of a particular week, use **el.**

Tengo clase de biología los lunes y los miércoles.	*I have biology on Mondays and Wednesdays.*
Los sábados trabajo en la biblioteca.	*On Saturdays, I work in the library.*
Tengo un examen de biología el miércoles.	*I have a biology exam on (this coming) Wednesday.*

2B.6 TEACHING TIP: As you proceed, make sure to recycle this vocabulary. It is easy to begin the class by asking students ¿Qué día es?, ¿Qué día es mañana? or ¿Qué hora es?, ¿A qué hora termina la clase?

2B.6 AUDIO SCRIPT: 1. El Señor López tiene que estar en San Francisco el primero y el dos de septiembre. 2. Tiene que estar en San José, Costa Rica, del 6 al 8. 3. Tiene que estar en Caracas el 14 y el 15. 4. Tiene que estar en Bogotá, Colombia, del 21 al 25. 5. Tiene que estar en Ecuador del 26 al 28 de septiembre.

2B.7 TEACHING TIP: Familiarize your students with Claudia's schedule by asking them any of the following questions: *¿Qué clase tiene Claudia los lunes, miércoles y viernes a las diez y diez de la mañana? ¿Tiene Claudia clases de francés? ¿Come Claudia en la cafetería a las once de la mañana?* Remember the importance of offering them as much input as possible.

2B.7 ANSWERS: 1. biología, 2. Música, a las 10:10. 3. Trabaja cada día y 14 horas cada semana, 4. tres horas, 5. los lunes, miércoles y viernes de 2:30-3:30, 6. los lunes, miércoles y viernes de 11:15 a 12:15 y los martes y jueves de 10:10 a 12:15, 7. Sí, de 12:20-1:10 cada día. 8. A la 1:20 de la tarde.

2B.6 **¿Qué día de la semana?** As you hear the details of where Señor López has to be on certain dates in September, indicate which days of the week. Follow the model and check your work with a partner.

SEPTIEMBRE

lunes	martes	miércoles	jueves	viernes	sábado	domingo
		1	2	3	4	5
6	7	8	9	10	11	12
13	14	15	16	17	18	19
20	21	22	23	24	25	26
27	28	29	30			

1. *el miércoles y el jueves*

2. el lunes, el martes y el miércoles

3. el martes y el miércoles

4. el martes, el miércoles, el jueves, el viernes y el sábado

5. el domingo, el lunes y el martes

2B.7 **El horario de Claudia.** **Paso 1:** With a classmate, read Claudia's university schedule to answer the following questions. Then, verify your responses as a class.

1. ¿Cuál es la primera clase de Claudia el lunes?
2. ¿Cuál es la tercera clase de Claudia el lunes y a qué hora comienza?
3. ¿Qué días de la semana y cuántas horas trabaja Claudia?
4. ¿Cuántas horas de laboratorio a la semana tiene Claudia?
5. ¿Cuándo tiene Claudia tiempo completamente libre durante la semana?
6. ¿Cuándo estudia Claudia en la biblioteca durante la semana?
7. ¿Tiene Claudia un régimen sistemático para almorzar?
8. ¿A qué hora comienza su cuarta clase los lunes, miércoles y viernes?

El horario de Claudia

	lunes	martes	miércoles	jueves	viernes
8:00-8:50	Biología – Facultad de Ciencias	8:30-10:00 Laboratorio de Biología	Biología – Facultad de Ciencias	8:30-10:00 Laboratorio de Biología	Biología – Facultad de Ciencias
9:05-9:55	Historia – Facultad de Humanidades		Historia – Facultad de Humanidades		Historia – Facultad de Humanidades
10:10-11:00	Música – Departamento de Música	Estudiar en la biblioteca	Música – Departamento de Música	Estudiar en la biblioteca	Música – Departamento de Música
11:15-12:15	Estudiar en la biblioteca		Estudiar en la biblioteca		Estudiar en la biblioteca
12:20-1:10	Comer en la cafetería	Comer en la cafetería	Comer en la cafetería	Comer en la cafetería	Comer en la cafetería
1:20-2:20	Inglés – Facultad de Humanidades	Trabajo 1:30–5:30	Inglés – Facultad de Humanidades	Trabajo 1:30–5:30	Inglés – Facultad de Humanidades
2:30-3:30					
3:35-5:35	Trabajo		Trabajo		Trabajo

Paso 2: Write four sentences about Claudia's schedule, two that are true and two that are false. In groups of four, read one sentence to the group. They will determine whether it is true or false based on Claudia's schedule in Paso 1. Once all members have read one sentence each, move on to the second sentence and repeat the process

Modelo: Claudia tiene su primera clase los lunes a las 9:05. (falso)
Su primera clase es a las 9:00 los lunes.

2B.8 **¿Dónde está Claudia?** **Paso 1:** Check out the illustration of Claudia's whereabouts at various points in a week. Write several statements indicating where she is at what time. Follow the example below. Then, compare your sentences with the class.

Modelo: El lunes a las ocho de la mañana Claudia está en la cafetería.

Paso 2: Based on the university scene above, describe Claudia's university. Then share your descriptions with classmates. What observations did some students make that most did not?
Modelo:

Modelo: En la universidad de Claudia, hay un gimnasio para hacer ejercicio

2B.8 ANSWERS (Paso 1): El lunes a las 2:05 está en la biblioteca; El martes a las 9:15 está en el laboratorio; El miércoles a las 9:10 está en la Facultad de Humanidades; El jueves a las 11:25 está en el parque. El viernes a las 10:10 está en la Facultad de Teatro. (Order may vary).

PASO 2: Ask students, *¿Qué facultades hay? Generalmente, ¿qué clases se ofrecen en las facultades? ¿Qué hacen los estudiantes? ¿Dónde van los estudiantes para estudiar, conversar, comer, tomar el transporte público,* etc.?

2B.9 **El horario más exigente.** You want to find out who in class has the most demanding schedule. Ask five students the following questions and write their answers down. Then, compare your answers as a class to determine which students' schedules are the most demanding.

	Nombre	Nombre	Nombre	Nombre	Nombre
1. ¿Cuántas clases tienes este semestre?					
2. ¿Cuáles son los días de la semana que tienes clases?					
3. ¿Qué día y a qué hora comienza tu primera (first) clase?					
4. ¿Qué día y a qué hora termina tu última (last) clase?					
5. ¿Trabajas? ¿Cuántas horas a la semana trabajas?					
6. ¿Qué días de la semana trabajas?					
7. ¿A qué hora empiezas a trabajar?					
8. ¿A qué hora terminas de trabajar?					

Retrato de la clase: ____ y ____ son los estudiantes con los horarios más complicados de la clase.

2B.10 **¿Qué preguntas son necesarias?** What questions would you need to know how to ask to find out your classmate's exact schedule? Check the most appropriate questions.

- ☑ ¿Qué clases tienes este semestre?
- ☑ ¿Qué días tienes clases?
- ☑ ¿A qué hora es tu clase de _____?
- ☐ ¿Cómo se llama tu profesor/profesora de _____?
- ☑ ¿Qué días tienes que trabajar?
- ☑ ¿A qué hora tienes que estar en el trabajo?
- ☐ ¿Cuál es tu teléfono?
- ☑ ¿Qué compromisos (commitments) tienes este semestre?

2B.11 **Mi horario ideal.** Design a table like the one in 2B.7 that conveys your ideal semester schedule. Then, take turns describing the schedule to your partner who has to recreate it based on your description. Do they come out the same? Share ideal schedules with the class to vote on who designed the most unique schedule.

VÍVELO: LENGUA

Negatives: no, nunca, nadie, nada

You have learned how to make affirmative statements such as **"Estudio matemáticas en la biblioteca."** Now you are going to learn how to express negative statements with these key words:

no *(no)*   **nunca** *(never)*   **nadie** *(nobody)*   **nada** *(nothing)*

By simply putting **no, nunca, nadie** before the verb, you can make a negative statement.

No vivo en una residencia estudiantil.	*I don't live in a dorm.*
Mi profesor **nunca** habla inglés.	*My professor never speaks English.*
Nadie come en la cafetería.	*Nobody eats in the cafeteria.*

Although in English it is incorrect to use double negatives (e.g., I don't write *nothing* in my notebook.), in Spanish it is the correct way to do so "**No** escribo **nada** en mi cuaderno." See the following similar examples:

Tú estudias medicina, ¿no?	*You study medicine, right?*
No, no estudio medicina.	*No, I don't study medicine.*
No vivo con **nadie**.	*I don't live with anyone.*
En general, **nunca** estudio.	*In general, I never study.*

2B.12 Tu experiencia.   Imagine that you are studying abroad through your university. Complete these sentences to describe what types of things you do not do so as to maximize your experience. Use words like *no, nunca, nadie, nada, no… nunca, no… nada, no… nadie*. Follow the example below.

Modelo: *No* como en McDonalds *nunca*.

1. ___No_____ hablo inglés con (*with*) __nadie_____.

2. __No/Nunca____ escribo mensajes de texto a mis amigos en Estados Unidos.

3. __No/Nunca____ miro televisión en inglés. Miro televisión en español.

4. __Nada_____ negativo pasa.

2B.13 No, nunca, nadie, nada.   Write true statements about yourself using *no, nunca, nadie* and *nada* and read them to a classmate and vice versa. Write your classmate's true sentences on the board to practice the order in which words appear with negatives. What are the most interesting statements from your class?

Modelo: Nadie levanta pesas en la clase de español.

2B.12: Push your students to come up with their own statements to use as a guide if and when they study abroad.

TEACHING TIP: Take this opportunity to review verb conjugations, vocabulary and correct spelling.

Estructuras clave 1 Conjugating verbs: Plural forms

WileyPLUS Learning Space

Go to *WileyPLUS Learning Space* and review the tutorial for this grammar point.

WileyPLUS Learning Space

You will find PowerPoint presentations for use with *Estructuras clave* in *WileyPLUS Learning Space.*

You have already learned to conjugate verbs in the **yo** and **tú** forms, and in the form for **él, ella,** and **Ud.** Have you discerned the pattern for talking about what more than one person does? To conjugate verbs for **ellos/ellas** (*they*), or **Uds.** (*you, plural*), use **–an** as the ending for **–ar** verbs, and **–en** as the ending for **–er** and **–ir** verbs.

hablar	ellos/ellas/Uds. habl**an**	comer	ellos/ellas/Uds. com**en**
cantar	ellos/ellas/Uds. cant**an**	escribir	ellos/ellas/Uds. escrib**en**
bailar	ellos/ellas/Uds. bail**an**	vivir	ellos/ellas/Uds. viv**en**

You have likely figured out that to talk about what you and other people (**nosotros/nosotras**) do, you use **–amos** for **–ar** verbs, **–emos** for **–er** verbs, and **–imos** for **–ir** verbs.

hablar	nosotros/nosotras habl**amos**
comer	nosotros/nosotras com**emos**
escribir	nosotros/nosotras escrib**imos**

In Spain, and only in Spain, the subject pronoun **vosotros/vosotra**s functions as the plural form of **tú.** Its endings are **–áis** for **–ar** verbs, **–éis** for **–er** verbs, and **–ís** for **–ir** verbs.

hablar	vosotros/vosotras habl**áis**
comer	vosotros/vosotras com**éis**
escribir	vosotros/vosotras escrib**ís**

Exercises and activities throughout *¡Vívelo!* use **ustedes** as the plural *you*, both in formal and informal contexts, as is typical of Spanish speakers outside of Spain. You do not need to use the **vosotros** forms, but you should be able to recognize them.

Summary of verb conjugations: Present tense

	–ar verbs	hablar	–er verbs	comer	–ir verbs	escribir
yo	–o	hablo	–o	como	–o	escribo
tú	–as	hablas	–es	comes	–es	escribes
él/ella/Ud.	–a	habla	–e	come	–e	escribe
nosotros/as	–amos	hablamos	–emos	comemos	–imos	escribimos
vosotros/as	–áis	habláis	–éis	coméis	–ís	escribís
ellos/ellas/Uds.	–an	hablan	–en	comen	–en	escriben

2B.14 ¿Estás o no estás de acuerdo? Read through these statements with a classmate and indicate whether you agree (**Estoy de acuerdo**) or disagree (**No estoy de acuerdo**) with them.

	Estoy de acuerdo	No estoy de acuerdo
1. Estudiamos español porque es importante para nosotros y el futuro.	☐	☐
2. Mis amigos aprenden mucho en clase porque son dedicados.	☐	☐
3. Muchos estudiantes en la clase viven en una residencia estudiantil.	☐	☐
4. Participamos mucho en las actividades en clase.	☐	☐
5. Mis profesores y yo escuchamos música similar.	☐	☐
6. Tenemos clase los lunes y miércoles.	☐	☐
7. Bailamos durante la clase.	☐	☐
8. Miramos videos en español durante la clase.	☐	☐

2B.14: Feel free to adjust this activity by having students answer individually before sharing their responses with a classmate. They can then share their thoughts with the class.

2B.15 Estudiar en Cartagena. Read the following blog entry from Sheila who is spending a year living in Cartagena, Colombia. Fill in the blanks with the appropriate verb and its correct form.

Jackie Muirhead

La decisión de estudiar en Colombia fue (*was*) fabulosa. Vivo con una familia muy especial. Son muy generosos y positivos. En su tiempo libre, ellos ___nadan___ (nadar/caminar) en el mar, ___leen___ (descubrir/leer) novelas de Gabriel García Márquez y ___visitan___ (visitar/contestar) a los abuelos.

A mi hermana le gusta cantar y a mí también. Cuando ___escuchamos___ (hablar/escuchar) la música de Carlos Vives, un artista muy popular, nosotros ___cantamos___ (jugar/cantar).

Mis padres ___preparan___ (preparar/dibujar) arepas, una comida típica de Colombia, frecuentemente. Mañana yo ___cocino___ (levantar/cocinar) hamburguesas para toda la familia. Estoy un poco nerviosa pero ellos son muy pacientes. Me gusta mucho vivir en Colombia. Yo ___aprendo___ (recibir/aprender) mucho español todos los días.

2B.15: Language and culture are inextricably linked. As a result, you will notice that this activity has cultural information regarding Colombia that might be of interest to students. Consider asking students to look up information on some of the names mentioned on their devices.

2B.16 Con otra persona. The goal of this activity is for you to get to know one of your classmates a bit better and then to talk about what you learned.

Paso 1: With a partner, take turns asking each other these questions. Take notes of each others' responses.

1. ¿Practicas el español todos los días?

2. ¿Escribes emails a tu profesor/a?

3. ¿Comes en la cafetería de la universidad?

4. ¿Lees mensajes de texto (*text messages*) durante la clase de español?

5. ¿Tomas más de tres asignaturas?

Paso 2: Then write a brief summary comparing and contrasting both of your responses to share with the class.

Retrato de la clase: Mi compañero y yo practicamos el español todos los días pero no leemos mensajes de texto durante la clase. Él toma más de tres asignaturas pero yo solamente (*only*) tomo dos.

2B.16: EXTENSION ACTIVITY Ask false beginners to stretch this activity by asking their own questions. Consider having students write short paragraphs comparing and contrasting their findings.

aerialarchives.com/Alamy

Universities in Spain and Latin America share common basic characteristics because Latin American institutions inherited many of their qualities from Spain. During the colonial era, the purpose of the university was either to train students to be civil servants, products of the public universities, or to serve ecclesiastically in the Catholic Church, products of the private universities. It was not until after WWII that the concept of international cooperation among institutions became the new model for institutions of higher education. University exchanges between Latin American and North American or European universities were intended to foment the economic growth and development of Latin America. Scholarship and exchange programs, technical assistance, research and development grants increased. Today, study abroad exchanges are significant experiences for students of most universities around the world. Find out what study abroad opportunities exist at your school.

Campus de la Universidad Nacional Autónoma de México (UNAM)

2B.17 Guía de la universidad. Scanning for information is an excellent reading strategy. Scan the Table of Contents to determine on what page you would find the following:

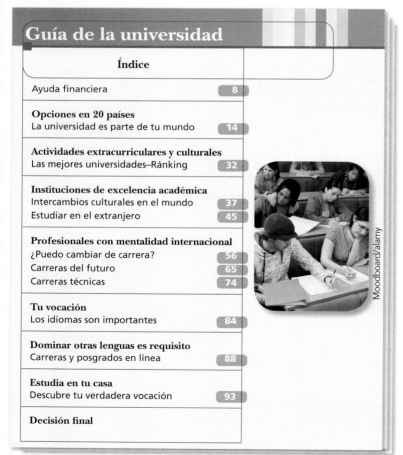

Guía de la universidad

Moodboard/alamy

1. rankings of the best institutions of higher learning

2. information on alternative careers of the future

3. information on scholarships, financial aid and grants

4. an article on the benefits of knowing a second language

5. information on exchange or study abroad programs

6. information on carreers and graduate programs online

7. information on international technical careers

8. information on universities that can be part of your world

ANSWERS: 1. p. 32, 2. p. 65, 3. p. 8, 4. p. 84, 5. p. 45, 6. p. 88, 7. p. 74, 8. p. 14

Estructuras clave 2 Expressing future actions with *ir + a + infinitive*

One of the most important verbs you will learn is the verb **ir** (*to go*). Unlike the regular forms of the verb that you just learned in **Estructuras Clave 1**, **ir** is an irregular verb so you must learn its different forms through this chart.

yo	**voy**
tú	**vas**
él/ella/usted	**va**
nosotros/nosotras	**vamos**
vosotros/vosotras	**vais**
ellos/ellas/ustedes	**van**

Like in English, it can be used to express where you are going, such as **Voy a la biblioteca** (*I'm going to the library*) or **Vamos a la cafetería** (*We're going to the cafeteria*).

You have seen that the present tense can express what's going to happen in the future, often with an adverbial phrase that indicates the future time frame. Another common way Spanish speakers express future actions is with **ir + a + infinitive** which is equivalent to the English *to be going to* + **verb**.

Mi profesora va a bailar.	*My professor is going to dance.*
¿Tú vas a estudiar en Paraguay?	*Are you going to study in Paraguay?*
Mis amigos van a ir a Venezuela.	*My friends are going to go to Venezuela.*
Nosotros vamos a leer un libro de Sandra Cisneros.	*We are going to read a book by Sandra Cisneros.*
¿Qué vas a hacer este fin de semana?	*What are you going to do this weekend?*

WileyPLUS Learning Space

You will find PowerPoint presentations for use with *Estructuras clave* in *WileyPLUS Learning Space*.

2B.18 ¿Adónde van a ir estas personas? Based on these people's situations, say what they are going to do.

_c_ **1.** Tienes un examen.

_a_ **2.** Tengo un nuevo libro.

_e_ **3.** Tenemos clase de piano.

_b_ **4.** Mis amigos necesitan dinero.

_d_ **5.** Mi profesor empieza un nuevo semestre.

a. Voy a leer.

b. Van a trabajar.

c. Vas a estudiar.

d. Va a trabajar.

e. Vamos a practicar.

2B.18: Draw students' attention to the form of the verb in the first column.

2B.19 La agenda de mañana. Think about what the following people are going to do tomorrow and complete each sentence with an appropriate infinitive or phrase introduced by an infinitive. Consult with three or four classmates and note any similarities or differences.

1. El presidente de EE. UU. va a…

2. El/La profesor/a de español va a…

3. Los profesores de esta universidad van a…

4. Mis padres van a…

5. Mis compañeros de clase y yo vamos a…

6. Yo voy a…

2B.19 TEACHING TIP: Providing students with a lot of input leads to them gaining confidence and demonstrating better accuracy when they provide their output (their speaking). As a follow-up, ask several students to report on their own responses and on the results of their discussions with classmates.

2B.20. TEACHING TIP: As students are interviewing each other, walk around the room and listen to their questions and answers. When you hear students responding with only the infinitive, model the appropriate response using **ir + a**.

2B.20 ¿Qué vas a hacer?   Poll three classmates and your instructor to find out what they are going to do at various points in the future, as indicated by the questions below. What is the most unique response you received? What is the most common future plan? Share your findings with the class.

	Nombre 1	Nombre 2	Nombre 3	Instructor
¿Qué va(s) a hacer este fin de semana?				
¿Qué va(s) a hacer en el verano (*summer*)?				
¿Qué va(s) a hacer en cinco años (*years*)?				

VÍVELO: LENGUA

Fui a...

You have learned how to talk about your future plans by expressing "**Voy a...**"

Just like expressing what someone is going to do uses **ir + a + infinitive**, expressing where someone went also uses the verb ir, but in the past tense. No need to worry about all the forms now. Just learn these two expressions and you will be able to ask a friend and talk about where you went:

¿Fuiste a…	Did you go to…?
Fui a…	I went to…

You can follow these with a verb, as in the following examples:

¿Fuiste a bailar el sábado?	Did you go dancing on Saturday?
Fui a comer en la cafetería.	I went to eat in the cafetería.

You can also follow these with a place, as in the following examples:

¿Fuiste a la residencia estudiantil?	Did you go to the dorm?
Fui a la universidad.	I went to the university.

It's simply that easy.

2B.21 Fui a...   Which of these things have you done over the past two weeks?

Paso 1: Check off the activities that you have done.

☐ Fui a clase de matemáticas.

☐ Fui al bar con mis amigos.

☐ Fui a comer a un restaurante.

☐ Fui a la cafetería esta mañana.

☐ Fui a estudiar a la biblioteca.

Paso 2: Now find out what your partner did by turning the previous statements into questions.

Modelo: ¿Fuiste a clase de matemáticas?

2B.22: The following activity is a great start-of-the-week activity to get students building community and using the language on topics of high interest. Consider spending a few minutes at the beginning of each week having students share with others what they did over the weekend.

2B.22 ¿Adónde fuiste este fin de semana?   Talk to as many of your classmates as possible in five minutes to find out what they did over the weekend. Share what you did.

Contextos

2B.23 Un sistema educativo.

Paso 1: With a classmate, study the flowchart titled *El sistema educativo de México* to determine how the Mexican educational system works.

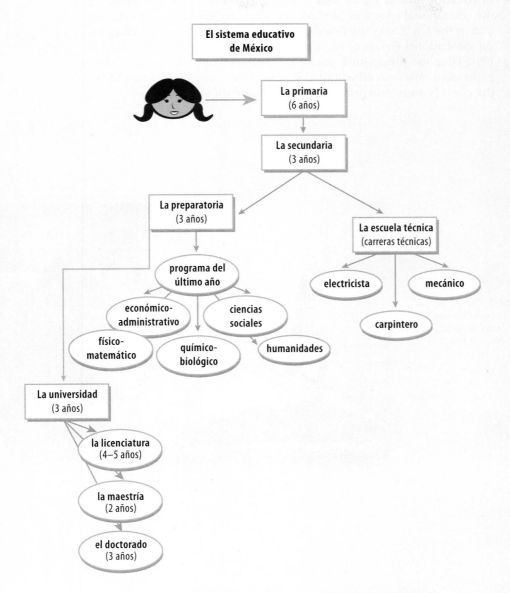

Paso 2: Ahora en palabras. On the basis of the information in the diagram, work with a partner to fill in the blanks with the appropriate information. Then, check your responses with the class.

En México, un niño asiste a seis años de ¹_____primaria_____. Los jóvenes asisten a tres años de ²_____secundaria_____. Después de terminar la secundaria, hay que elegir *(choose)* entre la ³_____preparatoria_____ y la escuela ⁴_____técnica_____. Optar por la escuela técnica implica prepararse para electricista, ⁵__mecánico/carpintero__, o ⁶__carpintero/mecánico__. En cambio, optar por la preparatoria implica prepararse para la ⁷_____universidad_____. En el último año de "la prepa", los estudiantes eligen entre varios programas académicos para especializarse antes de llegar a la universidad. La educación universitaria consiste en tres etapas: la ⁸_____licenciatura_____ que dura de cuatro a cinco años, la maestría que dura dos años y finalmente, el doctorado que dura tres años y es el grado más alto *(highest)*.

FUNCTIONAL OUTCOMES: The central question that frames this *Investigación* is "How can you talk about your classroom and your school?" Explore whether students can now address this question and how they would go about it. Have them review the chart at the beginning of this *Investigación*.

2B.23 TEACHING TIP: Process the diagram of the Mexican educational system with students by asking them what similarities/differences exist with the US educational system. You may want to use a Venn diagram of overlapping circles with the outer part of the left circle labeled *México*, the overlapping part of the two circles labeled *Los dos*, and the outer part of the right circle labeled *Estados Unidos*.

WileyPLUS Learning Space

2B.23 INSTRUCTOR'S RESOURCES: For comparison with other Spanish-speaking countries, you will find additional information on Educational Systems in Spain and Latin America in your Instructor's Resources.

STANDARDS: COMMUNITIES. Have students talk with a friend, neighbor, classmate, etc. who was brought up in a different country to find out how their educational systems compare and contrast to the US system. Perhaps students in your class were brought up in another country and can share their experiences at this time, even if it is not in a Spanish-speaking country.

Perspectivas

2B.24 El sistema escolar de tu país. Now that you have learned about the educational system in Mexico, you will consider how it differs from that of the US. Using the flowchart from *Contextos* as a model, diagram the educational system of the US (or your native country if it is not the US). Then use the Spanish paragraph in Paso 2 of 2B.23 as a model for expressing how your educational system works. Share your ideas with the class. Is there one primary model or were there variations?

En el último año de "la prepa", los estudiantes mexicanos deciden su carrera universitaria.

iStockphoto

Vocabulario esencial

Sustantivos

la administración de empresas	business administration
la contabilidad	accounting
el derecho	law
el desarrollo infantil	child development
los días de la semana	days of the week
lunes	Monday
martes	Tuesday
miércoles	Wednesday
jueves	Thursday
viernes	Friday
sábado	Saturday
domingo	Sunday
la enfermería	nursing
el español	Spanish
las fuerzas armadas	armed forces
la hora	time
¿A qué hora es?	At what time is?
¿Qué hora es?	What time is it?
cuarto	quarter
media	half
en punto	on the dot
la mañana	morning
el mediodía	noon
la tarde	afternoon
la noche	night
el horario	schedule
el idioma	language
la informática	computer science
la ingeniería	engineering
el mercadeo	marketing
el periodismo	journalism
el trabajo social	social work

Verbos

comenzar comienza	to start it starts
terminar	to end; finish

Otras palabras y expresiones

a continuación	following
además	in addition
esencialmente	essentially
nada	nothing
nadie	nobody
nunca	never
para mí	for me
para ti	for you
para ser	to be
¿Te interesa?	Does it interest you?
último/a	last

Cognados

Review the cognates in *Adelante* and the false cognates in *¡Atención!* For a complete list of cognates, see Appendix 4.

EN VIVO

Mi propio horario

Paso 1: Complete the chart below with your typical weekly schedule for this semester.

horas	lunes	martes	miércoles	jueves	viernes	sábado	domingo

Paso 2: Without showing your schedule in Paso 1 to your partner, describe it so that your partner can fully fill the chart below with your information. When both schedules are completed, compare your Paso 1 schedule to your partner's version. Are all the times the same? Are the classes the same? Are the extracurricular activities and work hours the same?

horas	lunes	martes	miércoles	jueves	viernes	sábado	domingo

Paso 3: Based on your and your partner's weekly schedule, find a time when you can both meet to study Spanish (or do some other activity). Share with the class the task or activity you will do together and the times you found in which to do it. Were there any other students in class with similar available times?

CAPÍTULO 3

El mundo hispano

INVESTIGACIÓN 3A
¿En qué profesiones ayuda hablar español?

ADELANTE
- ▶ ¡Ya lo sabes! Profesiones, oficios y lugares
- ▶ Jorge Ramos: Locutor, corresponsal y escritor

Bien dicho: La acentuación, los acentos escritos y el significado de las palabras

PALABRAS CLAVE
- ▶ Profesiones, vocaciones y lugares
- ▶ Las frases preposicionales

ESTRUCTURAS CLAVE
- ▶ Present tense of verbs with **yo** form changes
- ▶ The verb *estar*

VÍVELO: LENGUA
- ▶ Expressing destination and origin: "*a*" y "*de*"
- ▶ Prepositional phrases of location

VÍVELO: CULTURA
- ▶ Hispanos en Estados Unidos
- ▶ Las profesiones y los trabajos del futuro

¡VÍVELO!
En directo:
Bilingüismo en el trabajo

INVESTIGACIÓN 3B
¿Qué es lo que todas las profesiones deben saber del mundo hispano?

ADELANTE
- ▶ ¡Ya lo sabes! Geografía, naturaleza y meses del año
- ▶ La diversidad de España

PALABRAS CLAVE
- ▶ Diversidad de geografía, clima y naturaleza
- ▶ Los números mayores de 100 y los años

ESTRUCTURAS CLAVE
- ▶ Stem-changing verbs
- ▶ Demonstrative adjectives and pronouns

VÍVELO: LENGUA
- ▶ Nacionalidades

VÍVELO: CULTURA
- ▶ Los países del Caribe
- ▶ Aspectos importantes de la geografía de América del Sur

CONTEXTOS Y PERSPECTIVAS
Un panorama de la geografía humana de la región: Comprensión y observaciones generales

¡VÍVELO!
En vivo:
Empleo en el extranjero (*abroad*)
Completar una solicitud

¿En qué profesiones ayuda hablar español?

In this **Investigación** you will learn:

► How to talk about jobs, professions and places of employment

► How to talk about what people do at work

► How to talk about where someone or something is in relation to something else

► About the population of Hispanics in the US

► About the professional benefits of learning Spanish

¿Cómo se puede hablar de los beneficios vocacionales y profesionales de hablar español?

You can identify various professions, trades and vocations where Spanish is highly beneficial.	la medicina, la arquitectura, la ingeniería el policía, el carpintero, el cocinero
You can find out where people or things are located.	¿Dónde está el banco? ¿Dónde trabajan los doctores, los cocineros, los abogados? Hay una farmacia cerca del hotel.
You can find out how someone feels in a particular moment or context.	¿Cómo estás hoy? ¿Cómo se siente o está la familia después de ingresar a un pariente en el hospital?

TEACHING TIP: Have students call out names of well-known people in various professions to verify the meaning of the vocabulary word, i.e., Sigmund Freud *(psiquiatra)*, Anderson Cooper *(reportero, comentarista, corresponsal)*, Noam Chomsky es *lingüista*. Students will likely be able to recognize the words in these categories with ease, while struggling with the pronunciation.

TEACHING TIP: Ask students questions, such as *¿Hay profesores en la universidad o en la plaza? ¿Hay médicos en una clínica o en un banco? ¿Hay atletas en un gimnasio o en un hotel? ¿Hay secretarias en una oficina o en una farmacia?*, etc. as a way to have them hear the pronunciation of the vocabulary words in meaningful contexts before working with them.

EN DIRECTO

> As you view the video *Bilingüismo en el trabajo* listen for the answers to the next two questions.

1. What profession is being showcased?

2. At what age did Jaima Tushaus begin learning Spanish?

Adelante

¡Ya lo sabes! Profesiones, oficios y lugares

La medicina

el/la dentista
el/la doctor/a
el/la psicólogo/a
el/la psiquiatra

La educación

el/la directora/a
el/la maestro/a

Las letras y las humanidades

el/la lingüista

Las ciencias sociales

el/la sociólogo/a

Las ciencias naturales

el/la agricultor/a
el/la biólogo/a
el/la químico/a

Las comunicaciones

el/la columnista
el/la corresponsal

Vocaciones y oficios

el/la empleado/a
el/la ministro/a
el/la policía
el/la recepcionista

Lugares de trabajo

el banco
el centro comercial

la corte
el hospital
el laboratorio
la plaza

Acciones

administrar
arrestar
documentar
inventar
observar
plantar

¡Atención!

noticia	(not notice) news item, report or information
periódico	(not periodically) newspaper

3A.1 **¡A categorizar las palabras!** As a class, indicate with which category each of the following words is associated.

la bióloga
el carpintero
el centro comercial
la clínica
el conductor de autobús

la dentista
la doctora
la electricista
el hospital
el banco

el piloto
el químico
el recepcionista
la secretaria
el taxista

El transporte	La oficina	Los servicios de salud (health)
El comercio	La construcción	El laboratorio

3A.1 ANSWERS: El transporte: el conductor de autobús, el piloto, el taxista; La oficina: el recepcionista, la secretaria; Los servicios de salud: la clínica, la dentista, la doctora, el hospital; El comercio: el centro comercial, el banco; La construcción: el carpintero, la electricista; El laboratorio: la bióloga, el químico

WileyPLUS Learning Space
3A.1 INSTRUCTOR'S RESOURCES: You will find a reproducible chart for Activity 3A.1 in your Instructor's Resources.

3A.2 **¿Lógico o ilógico?** You will hear several statements. As you listen to each statement, indicate whether it is **lógico** or **ilógico.** Then, compare your responses with those of a classmate.

	Lógico	Ilógico		Lógico	Ilógico
1.	☐	☑	**4.**	☑	☐
2.	☐	☑	**5.**	☐	☑
3.	☐	☑	**6.**	☑	☐

3A.2 AUDIO SCRIPT AND ANSWERS: 1. Los doctores trabajan en restaurantes. 2. Los profesores trabajan en la plaza. 3. Los biólogos trabajan en la clase. 4. Los recepcionistas trabajan en hoteles. 5. Los policías trabajan en las farmacias. 6. Los veterinarios trabajan en las clínicas para animales.

3A.2 FOLLOW-UP: As you go over the answers, refer to the illogical statements and ask students follow-up questions like *Entonces, ¿dónde trabajan los doctores?*

3A.3 **¿Ya sabes qué hacen?** With a classmate, select the most appropriate verb to complete each statement below. **¡Ojo!** Remember to conjugate the verb according to the subject of the sentence. Compare your responses with those of two other students.

contestar
observar

documentar
plantar

investigar
aprender

arrestar

1. El policía _____arresta_____ a individuos acusados de delitos (*crime*).

2. La reportera _____investiga_____ los sucesos históricos y los incidentes notables.

3. La lingüista _____aprende_____ varios idiomas.

4. El agricultor _____planta_____ verduras para vender (*to sell*).

5. El recepcionista _____contesta_____ el teléfono.

6. La psiquiatra _____observa_____ a sus pacientes.

Jorge Ramos: Locutor, corresponsal y escritor

Javier Peraza/Getty Images, Inc.

Jorge Ramos

Jorge Gilberto Ramos Ávalos es la cara (*face*) de los hispanos en Estados Unidos. Es de México pero en 1983 va a Los Angeles a estudiar comunicaciones en UCLA y más tarde estudia para una maestría en relaciones internacionales en la Universidad de Miami. Desde 1991 vive en Miami. Como locutor (*newscaster*) del programa de noticias (*news*) del canal Univisión, ha cubierto (*has covered*) cinco guerras (*wars*), numerosos eventos históricos, elecciones en la mayoría del continente y desastres naturales. También escribe una columna semanal en más de 40 diarios (*newspapers*) del hemisferio (los que distribuye *The New York Times Syndicate*). Además (*In addition*), participa en el sitio de la Internet en español más grande en Estados Unidos (univision.com). Ha escrito (*has written*) nueve libros y ha ganado (*has won*) más de 15 premios (*awards*). Según (*according to*) las revistas *Time, People en Español* y *Latino Leaders* es uno de los latinos más influyentes y admirados en los Estados Unidos.

TEACHING TIP: Antes de leer. Activate students' background knowledge by asking them what the following people have in common, i.e., Katie Couric, Robin Meade, Diane Sawyer, Brian Williams, Matt Lauer, Al Roker (if needed, substitute for names you know). They are famous newscasters/anchors/reporters/correspondents/columnists and authors. The passage they are about to read is about one of the most respected and admired newscasters in the U.S. and even beyond U.S. borders.

3A.4 Jorge Ramos. You will hear several statements about Jorge Ramos. Based on what you hear about him, indicate whether each statement is **Cierto** or **Falso**. See if you can correct any false statements.

	Cierto	Falso
1.	☐	☑
2.	☑	☐
3.	☑	☐
4.	☐	☑
5.	☑	☐

READING STRATEGY: Remind students that they do not need to understand everything in order to get the gist of the reading. They should look for words they know, cognates and how unfamiliar vocabulary is used in context. Encourage them to make an outline of the main points of the reading.

3A.4 AUDIO SCRIPT AND ANSWERS: 1. Jorge Ramos es originalmente de EE. UU. (Falso. Es de México.), 2. Jorge Ramos es un periodista, locutor y autor famoso. 3. Jorge Ramos documenta los eventos importantes del mundo. 4. Jorge Ramos escribe para periódicos como el *National Enquirer.* (Falso. Escribe una columna semanal en más de 40 diarios del hemisferio.), 5. Jorge Ramos es un líder hispano en EE. UU.

NOTE: One of the goals throughout this text is to introduce students to issues of pronunciation of cognates. Students comprehend cognate in written form but have trouble understanding them when spoken because the stress may fall on a different syllable than the English word.

3A.5 Eres periodista. You are a journalist that works for the electronic versions of the newspapers below. Select one and write 5 questions that you will ask Jorge Ramos in a joint interview with other newspaper reporters. Your instructor will play the role of Jorge Ramos. Remember to introduce yourself and the newspaper you work for.

Periódicos: Clarín, Argentina, La Prensa, Panamá, El Tiempo, Colombia, El Universal, México, El País, España.

Bien dicho

La acentuación, los acentos escritos y el significado de las palabras

The stress we place on words can make a difference in meaning. For example, if you say **hablo,** with the stress on the next to the last syllable (it ends in a vowel), you are saying *I speak.* If you say, however, **habló,** and place the stress on the last syllable, you are saying (someone) *spoke.* Placing the stress on the right syllable in a word can also make the difference in how "foreign" you sound, especially with respect to cognates.

In general, natural stress in Spanish tends to fall on either the last syllable or the next-to-last syllable. If the word ends in a vowel or the consonants **n** or **s**, natural stress falls on the next-to-last syllable: **es-cu-chan, per-so-nas.** If the word ends in any other consonant, stress falls on the last syllable: **ar-ti-fi-cial, ex-pre-sar.**

A written accent mark is used to signal that a word doesn't follow this pattern: **es-tás, Mar-tí-nez.** Any word you hear that places stress on a syllable other than the last or next-to-last will require a written accent on the vowel in the stressed syllable, e.g., **jóvenes, plásticos, pájaro** (*bird*).

3A.6 **¿Qué palabra oyes?** You will hear a series of statements. As you listen to the sentences, indicate which of the two words you heard in each case. Then, verify your answers as a class.

1. ☐ hable *(Speak!)*   ☑ hablé *(I spoke)*
2. ☑ límite *(boundary)*   ☐ limité *(I limited)*
3. ☐ término *(term)*   ☑ termino *(I finish)*
4. ☐ saco *(I get)*   ☑ sacó *(He got)*
5. ☑ río *(river)*   ☐ rió *(She laughed)*
6. ☑ busque *(Look for!)*   ☐ busqué *(I looked for)*

3A.6 AUDIO SCRIPT:
1. Hablé con mi mamá el sábado pasado. 2. La frontera es el límite entre dos países. 3. Siempre termino la tarea antes de clase. 4. Sacó una A en el examen de español. 5. El río Amazonas pasa por Perú y Brasil. 6. Busque la definición en el diccionario.

3A.6 TEACHING TIP: To draw attention to the way in which words are divided into syllables, have students punch/tap out the syllables as you state them. This will help them recognize where the second-to-last and last syllables are.

VÍVELO: LENGUA

Expressing destination and origin: "*a*" y "*de*"

The meaning of some verbs can change depending on the preposition that follows them. For example, when verbs that convey motion precede **a**, the motion is directed *to* or *toward* a destination. When these verbs precede **de**, the motion is directed away *from* a point of departure or place of origin. Examine the following examples to see how the verbs salir (to go out, leave, exit) and venir (to come) change meaning depending on which preposition follows it.

A: Destination *(to, toward)*

salir a	**Salimos** a un (We go out to a) restaurante para comer los viernes por la noche.
venir a	Mis amigos **vienen** (come to) mi casa para ver una película.

De: Point of departure/place of origin *(from)*

salir de	Ellos **salen de** (leave) clase cuando el profesor termina de hablar.
venir de	Mi mamá **viene de** (comes from) Bolivia. Es boliviana.

Pay close attention to the prepositions following verbs as they can really impact the meaning of a sentence.

3A.7 **Adivina.** Can you guess the meaning of the following phrases just based on the preposition used? Verify your answers with a classmate.

1. Mis amigos *vienen de* Ecuador.
☑ come from
☐ come to

2. Mis amigos *vienen a* Los Ángeles este verano.
☐ are coming from
☑ are coming to

3. Jenny *sale a* las discotecas los fines de semana.
☑ goes out to
☐ leaves from

4. Mi perro *sale de* mi casa todos los días.
☐ goes out to
☑ leaves from

3A.8 **Salir a o de, venir a o de...** Fill in each blank with the correct preposition based on the context of the sentence. Verify your answers as a class.

1. Tenemos que salir __*de*__ la clase para ir al baño.

2. Las estudiantes que vienen _____ clase son muy dedicados. (a)

3. Tengo que salir _____ la casa para llegar a tiempo a mi clase. (de)

4. No tengo chips ni salsa y mis amigos vienen _____ mi casa a ver una película en mi televisor HD. (a)

5. Estoy cansada porque vengo _____ correr 5 millas esta mañana. (de)

6. Vamos a ir _____ la zapatería para comprar zapatos elegantes. (a)

Palabras clave 1 Profesiones, vocaciones y lugares

TEACHING TIP: Have students guess the meaning of the word on the basis of the drawings.

TEACHING TIP: Ask students to give real-life examples of the words you say. 1. un abogado famoso o una abogada famosa (e.g., Johnny Cochran, Michelle Obama), 2. una joyería (e.g., Zales, Shaw's), 3. un periódico (e.g., *The Washington Post, The Chicago Tribune, The Miami Herald*), 4. una iglesia (e.g., St. Paul's Cathedral, Westminster Abbey), 5. una zapatería (e.g., D.S.W., Payless), 6. un almacén (e.g., Sears, Macy's, Loehman's), 7. un banco (e.g., Chase, Bank of America), 8. una pastelería (e.g., Dunkin Donuts),

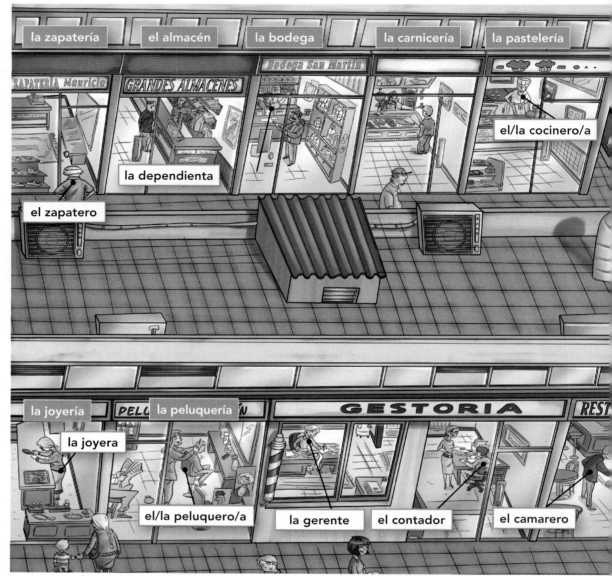

la zapatería · el almacén · la bodega · la carnicería · la pastelería

el/la cocinero/a

la dependienta

el zapatero

la joyería · la peluquería · GESTORIA · REST

la joyera

el/la peluquero/a · la gerente · el contador · el camarero

3A.9 Profesiones, vocaciones y lugares. In groups of two, fill in the vocabulary words that fit under each of the categories below. Some words will be used more than once. Then, compare your lists with another pair of classmates.

Ofrecer productos y servicios	Empleo peligroso (dangerous)	Trabajar al aire libre	Trabajar en una oficina	Ofrecer servicio físico	Sin categoría

el enfermero

El enfermero ayuda a la paciente.

La iglesia es fundamental para los cristianos.

El cura escucha los problemas de mucha gente.

la cartera

el cartero

estacionamiento

La abogada sale del juicio con su cliente. La abogada habla con su cliente.

La iglesia

El Tribunal de Justicia

la abogada

El cura

Los carteros caminan mucho.

La abogada dice que es importante decir la verdad y no mentir

El hombre lee las noticias en el periódico.

LE BISTRO

El hombre le da una propina al botones por traer las maletas.

No hay mucho estacionamiento en la ciudad

HOTEL

el botones

las maletas

3A.10 ¡Adivina! Go to the ¡Ya lo sabes! words at the beginning of this *Investigación* or the vocabulary list at the end of this *Investigación* and in small groups, guess the words each of you takes turns defining for the group. Define as many words as possible in the time allotted by your instructor and tally the number of successful guesses. Which groups guessed the most number of words?

The phrases below will be useful in defining words.

- Es un lugar/Es una persona/Es una profesión/Es una cosa (thing).

- Es sinónimo de (palabra)

- Es antónimo de (palabra)

- Se asocia con (palabra)

TEACHING TIP: Provide students with examples of few definitions for them to guess as a way of clarifying their task, i.e., *Es una persona que trabaja con enfermos* (el/la enfermera o el doctor).

3A.11 PREPARATION: Allow students an appropriate amount of time to complete this activity. Depending on your location, students may not have the access to native speakers that they might in other areas. If they can only interview one native speaker, encourage them to do so. Have them prepare their questions in advance and encourage them to think of how they want to represent their findings.

3A.11 ¿Cómo se perciben estas profesiones? With a classmate interview four native Spanish-speakers about how certain professions and occupations are perceived in their native countries. You may ask, **"¿Cómo se percibe la profesión de ___ en su país?"** Create a chart like the one below for each native speaker you interview. You may notice significant differences in the perspectives of people from different countries, for example, a waiter in Spain is considered a good long-term profession while in other cultures (i.e., US) it is seen as a temporary position, ideal for college students, for example. Compare your findings and then share them with the class. Are there any generalizations possible from the class results?

Nombre: _____ País de origen: _____

¿Cómo se percibe la profesión de…?	Es respetado.	Se percibe como perezoso (lazy).	Se percibe como muy trabajador.	No es respetado.
abogado/a				
piloto				
cartero/a				
camarero/a				
dependiente/a				
enfermero/a				
botones				
contador/a				
joyero/a				
policía				

3A.11 STANDARDS: COMMUNITIES. This activity leads students into the community where the language is spoken. In the community, students use the new vocabulary to find out native speakers' perceptions about the professions. Not only will they be communicating in Spanish, but they will be learning perspectives that different cultures hold, an important aspect of the standards.

PREPOSITION PRACTICE: Describe someone or something in the classroom and have students guess. Make statements such as the following: *Está cerca de Sarah pero lejos de Mike. Está a la izquierda de Ashley y delante de Jamal.* After you have modeled this several times, encourage students to play this game with a partner.

Note. When **a** or **de** follows a preposition of location and the person, place or thing is masculine, the **a + el** contracts to **al** and **de + el** contracts to **del**, as in *al lado de la puerta, detrás del hombre.*

VÍVELO: LENGUA

Prepositional phrases of location

Prepositions of location are used to describe were someone, something or some place is located in relation to other objects. The verb "estar" (to be) is used to express the location.

Estar +

arriba de	*above*	detrás de	*behind*
a la derecha	*to the right*	en	*in/on/at*
a la izquierda	*to the left*	encima de	*on top of*
al lado de	*next to/beside*	enfrente de	*facing/across from*
cerca de	*close to*	entre	*between*
debajo de	*below/underneath*	fuera de	*outside of*
delante de	*in front of*	lejos de	*far from*
dentro de	*inside of*	sobre	*over, on top of*

Las frases preposicionales

El pájaro está sobre la piedra.

El pájaro está encima de la piedra.

El pájaro está arriba del árbol.

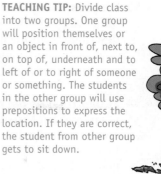

La serpiente está debajo de la tierra.

El pájaro está al lado del árbol.

El pájaro está a la derecha de la piedra.

El pájaro está a la izquierda de la piedra.

3A.12 El centro. Working with a classmate, one of you using map A and the other map B, take turns asking each other questions in Spanish to identify the unlabeled places. Then, compare your versions of the completed downtown map.

Modelo: E1: *¿Dónde está la iglesia en la Calle 4?*
E2: *Está enfrente del hospital.*

¿Dónde está…?
el hotel
la plaza
la carnicería
el banco
la pastelería
el hospital
el almacén

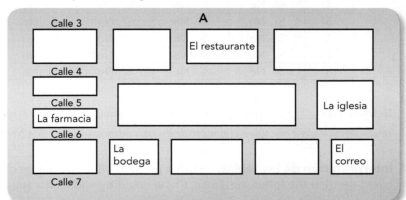

A

Calle 3 | | El restaurante |
Calle 4 |
Calle 5 — La farmacia | | La iglesia
Calle 6 — | La bodega | | El correo
Calle 7

B

Calle 7 — La pastelería | El almacén | El banco
Calle 6
Calle 5 — La plaza | La carnicería
Calle 4
Calle 3 — El hospital | La peluquería | El hotel

¿Dónde está…?
el restaurante
la farmacia
el correo
la bodega (grocery store)
la iglesia

3A.13 SUGGESTION:
Encourage students to
include mainly the places
and objects they know
in Spanish. Ask them to
reflect in their groups
about the type of city
they would prefer, i.e.,
one that emphasizes
sports and exercise,
one that favors culture
with museums, galler-
ies, libraries, a city that
emphasizes commerce
and small businesses, etc.

3A.13 Diseños. Together with a partner, collaborate on designing an ideal city using the different places that you've just learned (e.g., la plaza, el hospital). Then, take turns describing your ideal city to another pair of classmates so that they can both draw it. Afterward, share your drawings to see how close they were.

3A.14 SUGGESTION: You
can turn this activity into
a game. Divide students
into groups. The goal is
to determine which group
knows more about the
Hispanic world in the U.S.

3A.14 ¿Cuánto sabes del mundo hispano? To know some Spanish is advantageous but to know about Hispanic cultures and the Hispanic world can be as valuable to some employers. Interview your classmates to see how familiar they are with things Hispanic. First, form the questions you need to ask your classmates to obtain the information below, then interview three to five classmates for responses. Ask one student all eight questions before moving on to another student. Circle **Sí** o **No** for each item but verify that if the answer is **Sí** that the classmate can provide appropriate examples.

Modelo: *nombre de chefs famosos hispanos en Estados Unidos*
E1: *¿Sabes **el** nombre de chefs famosos hispanos en Estados Unidos?*
E2: *Sí, **una** es Ingrid Hoffman. Sus padres son de Colombia.*

¿Sabes?

1. los nombres de los países hispanohablantes en el mundo

2. el nombre de **un** país latinoamericano NO hispanohablante

3. el número de países hispanohablantes que existen en el mundo

4. el nombre de estados en Estados Unidos con alta (*high*) población hispana

5. el nombre de hispanos famosos en Estados Unidos

6. las nacionalidades originales de la mayoría de hispanos en Estados Unidos

7. el nombre de las profesiones más necesitadas de empleados que tienen conocimiento de español, de culturas hispanas, o sobre el mundo hispano

8. el nombre de los 3 países en el mundo con las más altas poblaciones hispanas

Item	E1	E2	E3	E4	E5
1	Sí No	Sí No	Sí No	Sí No	Sí No
2	Sí No	Sí No	Sí No	Sí No	Sí No
3	Sí No	Sí No	Sí No	Sí No	Sí No
4	Sí No	Sí No	Sí No	Sí No	Sí No
5	Sí No	Sí No	Sí No	Sí No	Sí No
6	Sí No	Sí No	Sí No	Sí No	Sí No
7	Sí No	Sí No	Sí No	Sí No	Sí No
8	Sí No	Sí No	Sí No	Sí No	Sí No

3A.14 FOLLOW-UP this
activity by tallying the
number of **yes** and **no**
answers for a profile of the
class as a whole. Are there
any items with unanimous
responses (all yes or all
no)? As a writing task, ask
students to write up their
observations. Students
can follow **Retrato** modelo
to express information in
other ways. Point out the
uses of the definite and
indefinite articles needed
in writing up their findings
as a way to review definite
and indefinite articles.
This activity establishes a
connection between C3A
and C3B.

Retrato: *Hay _____ estudiantes que saben los nombres de los países hispanos. Hay _____ compañeros de clase que saben el nombre de un país latinoamericano que NO es hispanohablante, etc.*

3A.15 Interpretación de las tablas. With a partner, fill in the names of the nacionalities based on what the following *Vívelo: Cultura* reading and charts suggest.

1. Los __mexicanos__, __salvadoreños__ y __guatemaltecos__ se encuentran en estados del oeste.

2. Los __cubanos__, __hondureños__ y __peruanos__ se encuentran generalmente en el sur.

3. La mayoría de __puertorriqueños__, __dominicanos__ y __ecuatorianos__ se encuentran en el norte.

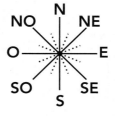

Hispanos en Estados Unidos

Desde el momento en que el noroeste de México pasó a ser (*became*) el suroeste de Estados Unidos (1848), Estados Unidos empezó a ser (*became*), en parte, una nación o país de habla hispana. Antes considerados como un grupo regional, los hispanos hoy en día se encuentran (*are found*) por todo Estados Unidos. Los hispanos o latinos son una combinación de muchas nacionalidades en el mundo y en Estados Unidos también. Los Estados Unidos es el quinto (*5th*) país en el mundo con el mayor número de hispanohablantes. En 2012, la población hispana alcanzó (*reached*) los 50.7 millones y el 34.8% de la población hispana de Estados Unidos es menor de 18 años. **¿Quiénes son los hispanos en Estados Unidos y en dónde se encuentran?**

Basado en el censo de 2010, la fundación PEW reporta los siguientes porcentajes de hispanos según su país (nación) de origen. ¿Puedes interpretar estas tablas y sacar inferencias de ellas?

Los estados con los mayores números de hispanos

El estado con el mayor número es California, luego Texas y tercero Florida.

1. California
2. Texas
3. Florida
4. Nueva York
5. Arizona
6. Illinois
7. Nueva Jersey
8. Colorado
9. Nuevo México
10. Carolina del Norte

U.S. Hispanic Population, by Origin, 2010 *(in thousands)*

	Population	% of Hispanics
All Hispanics	50,730	
Mexicans	32,916	64.9
Puerto Ricans	4,683	9.2
Cubans	1,884	3.7
Salvadorans	1,827	3.6
Dominicans	1,509	3.0
Guatemalans	1,108	2.2
Colombians	972	1.9
Hondurans	731	1.4
Ecuadorans	665	1.3
Peruvians	609	1.2

Note: Total U.S. population is 309,350,000 (rounded to the nearest thousand).
Source: Pew Hispanic Center tabulations of the 2010 ACS (1% IPUMS)
PEW RESEARCH CENTER

Used by permission from "The 10 Largest Hispanic Origin Groups: Characteristics, Rankings, Top Counties." Pew Research Center, Washington, D. C. (July 12, 2012). http://www.pewhispanic.org/2012/06/27/the-10-largest-hispanic-origin-groups-characteristics-rankings-top-counties/

Top U.S. Counties, by Hispanic Origin Group
Number and share of largest population of Hispanic origin groups in US counties

Origin group	County	Population	Share of national Hispanic origin group population (%)
Mexicans	Los Angeles County, CA	3,510,677	11
Puerto Ricans	Bronx County, NY	298,921	6
Cubans	Miami-Dade County, FL	856,007	48
Salvadorans	Los Angeles County, CA	358,825	22
Dominicans	Bronx County, NY	240,987	17
Guatemalans	Los Angeles County, CA	214,939	21
Colombians	Miami-Dade County, FL	114,701	13
Hondurans	Miami-Dade County, FL	54,192	9
Ecuadorans	Queens County, NY	98,512	17
Peruvians	Miami-Dade County, FL	40,701	8

Note: "Share of national Hispanic origin group population" shows the share of a Hispanic origin group's national population residing in a single county. For example, 11% of the nation's Mexican-origin population lives in Los Angeles County and nearly half (48%) of the nation's Cuban-origin population lives in Miami-Dade County.

Source: 2010 U.S. Census Summary File 2

PEW RESEARCH CENTER

Estructuras clave 1 Present tense of verbs with **yo** form changes

WileyPLUS Learning Space

Go to *WileyPLUS Learning Space* and review the tutorial for this grammar point.

WileyPLUS Learning Space

You will find PowerPoint presentations for use with *Estructuras clave* in *WileyPLUS Learning Space.*

TEACHING TIP: Before reading this explanation, have students explain to their partner what the stem of a verb is. To make sure that they all understand this concept ask them to raise one hand if they have a grasp of what it is, and two hands if they also want to share their explanations. This will serve as a visible clue as to how many of your students understand this concept. As you go through the explanations shared, check back to see if students are all on the same page. To drive home the point of what a stem is, you may want to vertically write a verb on the board and draw some petals at the top to represent a flower. This visual may help any student struggling with the idea of the stem being at the beginning of the verb.

You may want to encourage students to think of these verbs as the "yo-go verbs" to help them remember the *yo* form.

MULTIPLE INTELLIGENCES: MUSICAL. Give students a few minutes to come up with a rhyme, song or poem using at least five of the –*go* verbs in the *yo* form. Consider offering them extra credit if they volunteer to perform their creation for the class. Prepare to be impressed with their creativity.

In previous chapters and in *Investigación A,* you have studied regular verbs and verbs that have certain stem-changes in all forms except **nosotros** and **vosotros.** Have you noticed other verb forms that seem to have a change particular to a grammatical person?

Here, we will examine verbs whose **yo** form ends in **–go.** Look at the conjugations of some common verbs below:

	hacer - to do/make	**poner - to put**	**salir - to leave**
yo	ha**go**	pon**go**	sal**go**
tú	haces	pones	sales
él/ella/usted	hace	pone	sale
nosotros/nosotras	hacemos	ponemos	salimos
vosotros/vosotras	hacéis	ponéis	salís
ellos/ellas/ustedes	hacen	ponen	salen

Note that some verbs with **yo** forms ending in **–go** also have the **e ⟶ ie** stem-change you studied in *Investigación A* in the forms for other persons.

	venir - to come	**tener - to have**
yo	ven**go**	ten**go**
tú	vienes	tienes
él/ella/usted	viene	tiene
nosotros/nosotras	venimos	tenemos
vosotros/vosotras	venís	tenéis
ellos/ellas/ustedes	vienen	tienen

You are familiar with several verbs related to **tener** which also follow this pattern: **mantener, sostener, obtener.**

The verbs **oír** and **traer** follow the basic pattern of verbs whose **yo** form ends in **–go,** but have other irregularities as well.

	oír - to hear	**traer - to bring**
yo	oi**go**	tra**igo**
tú	oyes	traes
él/ella/usted	oye	trae
nosotros/nosotras	oímos	traemos
vosotros/vosotras	oís	traéis
ellos/ellas/ustedes	oyen	traen

3A.16 ¿A qué profesión se refiere? With a partner, take turns reading each other the statements below and providing the name of the appropriate professional.

> Modelo: E1: Tengo un diploma del Instituto Culinario.
> E2: *un cocinero*

1. Traigo los últimos modelos en cuero *(leather)* de Italia. el/la zapatero/a o el/la dependiente de una zapatería

2. Mantengo que su caso va a ser difícil porque no es legal manejar cuando Ud. está borracho. el/la abogada/o

3. Pongo las cartas en los buzones *(mailboxes)* de la gente. el/la cartero/a

4. Siempre llego a la iglesia a tiempo para dar mi sermón. el cura

5. Traigo el termómetro a los pacientes cuando tienen fiebre *(fever)*. el/la enfermero/a o el/la doct[o]

6. Siempre pongo las maletas en la habitación de las personas en el hotel. el botones

3A.17 A hacer oraciones lógicas. First, complete each sentence fragment with the appropriate **yo** form of the verb. Then, combine each fragment in column A with a fragment from column B to create a logical statement. Finally, indicate which of the completed statements is true for you and share your responses with the rest of the class.

A	**B**
1. Cuando yo (hacer) _____ la tarea	no (oír) _____ la construcción
2. Si (poner) _____ la música	para (salir) _____ con mis amigos.
3. Ya no (tener) _____ tiempo con mi familia.	cuando (salir) _____ a comer
4. Si (mantener) _____ buenas notas universitario.	(obtener) _____ un título
5. Siempre (salir) _____ a comer	(recibir) _____ buenas notas.
6. Nunca (traer) _____ dinero	con mi familia los viernes.

3A.18 ¿Cierto o falso? Using the verbs below in the "yo" form, write two sentences, one should be true and one very obviously false. Read one of your sentence to the class and the class will indicate if the statement is cierto or falso.

oír   venir   poner   traer   salir   obtener   decir   mantener   tener

Modelo: Vengo de Marte (falso)

3A.19 ¿Quién es quién? On a sheet of paper, answer the following questions about yourself using **siempre** (always), **nunca** (never), **a veces** (sometimes), **con frecuencia** (frequently) or **raramente** (rarely). Then, ask a classmate the same question and make a note of his/her answers in your **Retrato de la clase.** Your instructor may ask you to read your **Retrato** to the class.

Modelo: ¿Haces tu tarea en la Internet?
Raramente hago la tarea en la Internet.

1. ¿Sales con tus padres los fines de semana?

2. ¿Dices cosas sin *(without)* pensar?

3. ¿Traes café a clase?

4. ¿Vienes tarde a clase?

5. ¿Tienes amigos en otra universidad?

6. ¿Mantienes contacto con los amigos de la secundaria?

7. ¿Haces muchas cosas con tu familia?

8. ¿Sales a bailar salsa?

Retrato de la clase: Mi compañero/a de clase _____ a veces hace su tarea en la Internet. No sale nunca con sus padres los fines de semana. Etcétera…

VÍVELO: CULTURA
Las profesiones y los trabajos del futuro

Así como el francés es la segunda lengua de Canadá, la segunda lengua de Estados Unidos es el español. En Estados Unidos los hispanos, como consumidores, impactan a todas las áreas del mundo laboral. Los mejores preparados para los trabajos del futuro van a ser los individuos con una educación universitaria porque tienen conocimientos de lenguas habladas, perspectivas amplias y comprensiones globales en cuanto a culturas distintas. ¿Cuáles van a ser las profesiones y vocaciones donde va a ser ventajoso *(advantageous)* saber el español?

Primero, hay muchas profesiones y vocaciones que interactúan con hispanohablantes: consumidores, clientes, pacientes, gerentes, dueños de empresas y de negocios grandes y pequeños, como bodegas, almacenes, supermercados y servicios públicos. También se van a necesitar más empleados con conocimiento del español y de culturas hispanas en posiciones
de industria, de gobierno, de instituciones financieras, de agencias de publicidad, de servicios médicos, de instituciones religiosas y de caridad *(charity)*, de medios de comunicación y nuevas tecnologías, de partidos políticos, de empresas manufactureras, de servicios de transporte, de productos agrícolas o de construcción y de trabajos de servicios para la producción de productos o servicios. No hay duda *(doubt)* de que saber dos idiomas ayuda en la carrera de una persona, tanto hoy como en el futuro. El mercado de Estados Unidos va a necesitar personal multilingüe. Ahora bien, la preguntas es: ¿Dónde **NO** va a ayudar hablar español y conocer las culturas hispanas?

3A.17 ANSWERS:
1. Cuando yo hago la tarea, recibo buenas notas. 2. Si pongo la música no oigo la construcción por la ventana. 3. Ya no tengo tiempo para salir con mis amigos. 4. Si mantengo buenas notas obtengo un título universitario. 5. Siempre salgo a comer con mi familia los viernes. 6. Nunca traigo dinero cuando salgo a comer con mi familia.

3A.19 TEACHING TIP FOLLOW-UP When students have completed the activity, process it as a class. For example, you can ask them, *¿Quién tiene amigos en otra universidad?* After several answers have been shared, flip the question around by asking them, for example, *¿Qué sabemos de Jim?* This will encourage them to pay closer attention to what their classmates have to say.

VÍVELO CULTURA: As a prereading activity, ask students if they have interacted with a Hispanic person. Did they speak in English or Spanish? Note that by the third generation, Hispanics in the U.S. may be culturally Hispanic but not linguistically so. Because the educational system in the U.S. is almost exclusively in English, many Hispanics lose their Spanish. Now ask them if they have witnessed or experienced an interaction with a Spanish-speaking Hispanic. Was it in a work context or was it another context? Ask students to keep their class responses in mind as they read the next *Vívelo: Cultura.*

3A.20 Objetivos profesionales. In groups, ask each other the following questions and take notes on each others' responses. Share your notes with the class. What can you conclude based on class responses as a whole?

1. ¿Qué carrera haces?

2. ¿Qué puesto o trabajo deseas después de graduarte?

3. ¿Dónde vas a vivir?

4. ¿Hay una población hispana allí?

5. ¿Vas a viajar a un país hispano?

6. ¿En tu profesión vas a tener la oportunidad de hablar español con clientes, pacientes, compañeros de trabajo, gerentes, empleados o trabajadores, etc.?

Trabajos en América Central

GOOGLE
MEDIOS DE COMUNICACIÓN
625 EMPLEADOS
LISTADO: MÉXICO
SEDE: ESTADOS UNIDOS

En Busca de Trabajos

JUAN RULFO
ABOGADO
TÍTULO DE UCLA
LUGAR PREFERIDO: CARIBE
EDAD: 24
EXPERIENCIA: 2 AÑOS
CORREO: RULFOJ@TRABAJO.COM

Estructuras clave 2 The verb *estar*

Estar, like **ser,** means *to be* but each of these verbs is used in unique ways. For example, you have used the verb **estar** to respond to the question **¿Cómo estás?** with **Estoy bien, No estoy bien,** or **Estoy mal.** In this context, **estar** is used to express how you are feeling. **¿Cómo?** is the question word most used with **estar** when referring to mental or physical state. You will learn more about this use of **estar** in an upcoming chapter.

The verb **estar** is also used for expressing the location of things.

La medicina está en la farmacia.	*The medicine is in the pharmacy.*
La instructora está en la clase.	*The instructor is in class.*
El criminal está en la cárcel.	*The criminal is in jail.*

¿Dónde? is the question word most used with **estar** to refer to location.

¿Dónde está el libro?	*Where is the book?*
¿Dónde están los estudiantes?	*Where are the students?*

Estar		
yo	**estoy**	Estoy en una clase de español.
tú	**estás**	¿No estás en el aeropuerto?
él/ella/usted	**está**	Él no está en su apartamento.
nosotros/as	**estamos**	Estamos en la biblioteca.
vosotros/as	**estáis**	¿Estáis en el parque?
ellos/ellas/ustedes	**están**	Los ingenieros están en San Francisco.

3A.21 ¿Cómo estás?   Interview a classmate to obtain his/her physical or emotional state in the following contexts. Feel free to select from the list below or supply your own state or emotion. The first one is done for you.

Palabras desconocidas	Palabras conocidas
contento/a (*happy*)	inspirado/a
cansado/a (*tired*)	ansioso/a
relajado/a (*relaxed*)	nervioso/a
aburrido/a (*bored*)	frustrado/a
borracho/a (*drunk*)	tranquilo/a
avergonzado/a (*embarrassed*)	refrescado/a
agotado/a (*exhausted, spent*)	preocupado/a
desilusionado/a (*disappointed*)	aterrorizado/a
hambriento/a (*hungry*)	emocional
enamorado/a (*in love*)	agitado/a
triste (*sad*)	motivado/a
deprimido/a (*depressed*)	satisfecho/a
con dudas (*doubtful*)	determinado/a
con miedo (*afraid*)	controlado/a

E1:

1. Estás en el consultorio de un dentista.

2. Estás en una pastelería.

3. Estás con tu peor (*worst*) enemigo.

4. Estás en un partido de fútbol.

5. Estás en una estación de policía.

6. Estás en una iglesia.

E2:

Estoy nerviosa

_____

_____

_____

_____

_____

3A.22 ¿Dónde están?   With a partner, determine the place that is being described in each statement below. There can be more than one answer.

Están en…

1. Hay muchos estudiantes que gritan (*shout*) "gol" y hay mucho ruido (*noise*).

2. Hay muchos estudiantes que estudian, leen, murmuran (*whisper*) o duermen (*sleep*).

3. Para comprar, hay muchas comidas, frutas, vegetales, pasteles, bebidas, etc.

4. Hay muchas y variadas tiendas, bodegas y almacenes.

5. Hay mucha gente sentada que escucha y mira a actores en vivo.

6. Hay muchos estudiantes que escuchan al profesor hablar de la relación entre México y los Estados Unidos.

3A.23 Encuentra el objeto.   With a classmate take turns describing the location of a person or thing, either in your classroom or in the drawing to the right. Guess whom or what your partner describes. Share an example or two with the rest of the class.

> Modelo: El objeto está detrás, al lado de la instructora y enfrente de los estudiantes.
>
> Respuesta: el mapa

3A.24 ¿Dónde estamos?   As a group write a skit in Spanish. The script and physical gestures in your role play should provide hints as to the relationship among speakers and the context (place/location) in which the conversation takes place. Share your skits with the class. The class must guess who is playing what role and indicate the place in which the conversation occurs.

3A.24 FOLLOW-UP As groups are presenting, ask students to share their guesses with the class. What were the hints, clues, words or gestures that led to these guesses? What were the most common places used by the class?

Vocabulario: Investigación A

Vocabulario esencial

Sustantivos

el/la abogado/a	*lawyer*
el/la agricultor/a	*farmer*
el almacén	*store*
la bodega	*grocery store*
el botones	*bellhop*
el/la camarero/a	*waiter/waitress*
el/la cartero/a	*letter carrier*
el/la cocinero/a	*cook*
el/la contador/a	*accountant*
el correo	*mail*
el/la dependiente/a	*clerk*
el/la dueño/a	*owner*
el/la enfermero/a	*nurse*
el/la gerente	*manager*
el/la joyero/a	*jewelry seller or repairer*
la maleta	*suitcase*
la pastelería	*bakery*
el/la zapatero/a	*shoe seller or repairer*
la zapatería	*shoe shop/store*

Verbos

conocer	*to know*
hacer	*to do*
leer	*to read*
oír	*to hear*
poner	*to put*
salir	*to leave; to go out*
tener	*to have*
traer	*to bring*
venir	*to come*

Adjetivos

abierto/a	*open*
enfermo/a	*sick*
perezoso/a	*lazy*

Preposiciones

al lado de	*next to*
a la izquierda	*to the left*
a la derecha	*to the right*
cerca de	*near*
delante de	*in front of*
dentro de	*inside of*
detrás de	*behind*
en	*in, on, at*
enfrente de	*across from, facing*
entre	*between*
fuera de	*outside of*
lejos de	*far from*

Otras palabras y expresiones

adquirir	*to acquire*
avanzar	*to advance*
el autobús	*bus*
la calle	*street*
el centro comercial	*shopping mall*
el consultorio	*office*
la corte	*court*
el diario	*daily newspaper*
diseñar	*design*
la enfermedad	*illness*
enseñar	*to teach*
la iglesia	*church*
la joya	*jewel*
el juicio	*trial*
el noticiero	*newscast*
los obreros manuales	*manual workers*
el oficio	*trade*
la propina	*tip, gratuity*
la revista	*magazine*
rezar	*to pray*
el sabor	*taste*
la salud	*health*
la temporada	*season*
el título universitario	*college degree*
a continuación	*following*
estudiar para	*to study to be*
para ser	*in order to be*
sin embargo	*however*

Cognados

Review the cognates in *Adelante* and the false cognates in *¡Atención!* For a complete list of cognates, see Appendix 4.

¡VÍVELO!

EN DIRECTO

VIDEO: Bilingüismo en el trabajo

Vocabulario útil
licencia de manejar
driver's license
reglas *rules*

> **Antes de ver el video.** Answer the following questions:

   1. ¿Qué es el bilingüismo? El bilingüismo es el uso de dos _____ por (*by*) una misma persona o comunidad.

   2. ¿Estudias otros idiomas? Sí, estudio _____.

> **El video.** Indicate whether the following statements are **Cierto** or **Falso** based on the video.

	Cierto	Falso
1. El programa de radio está en Minnesota.	☑	☐
2. El abogado se llama Arturo Fernández.	☐	☑
3. Jaima Tushaus empezó a estudiar español a los 24 años.	☑	☐
4. El programa de radio se llama "Soy la ley".	☐	☑
5. El programa comienza en 2003.	☑	☐
6. Las personas hacen preguntas sobre los problemas de trabajo, inmigración y cómo mejorar (*improve*) sus vidas.	☑	☐
7. Jaima Tushaus habla en español con los clientes.	☑	☐
8. Para Jaima Tushaus no es importante estudiar la cultura hispana.	☐	☑

ANSWERS: 1. lenguas / idiomas, 2. answers will vary

FOLLOW-UP: Have students interview a Spanish speaker or someone in another Spanish class to obtain this information.

> **Después de ver el video.** Rate the following statements as they relate to you on a scale of 1–4 (1 = **nada**, 2 = **poco**, 3 = **bastante**, 4 = **mucho**). Then, share your answers with the rest of the class.

   1. Estudio español porque quiero viajar a otros países.   ( )

   2. No me gusta estudiar español.   ( )

   3. Estudio español porque me gusta la cultura hispana.   ( )

   4. El español es importante en mi comunidad.   ( )

   5. Estudio español para ganar más dinero.   ( )

   6. Estudiar español es importante para trabajar.   ( )

¿Qué es lo que todas las profesiones deben saber del mundo hispano?

In this **Investigación** you will learn:

▶ The location of Spanish-speaking countries and capitals and how to indicate nationality

▶ How to express weather conditions and describe geography/topography

▶ How to express numbers above 100 and years

▶ How to refer to something as near or far from the speaker

¿Cómo puedes hablar de los países en donde se habla español?

You can identify the Spanish-speaking countries of the world.	¿Hablan español los brasileños? ¿Hablan español los argentinos? ¿Hablan español los estadounidenses?
You can locate things in relation to the speaker.	Este lago está en un valle en las montañas y ese lago está en la selva Amazonas.
You can describe some of the prominent geographical features of Spanish-speaking countries.	Hay desiertos, selvas y montañas en Perú. Hay mucha costa en Chile. Hay lagos grandes en Bolivia y Argentina.
You can describe the climate of various places.	Cuando es verano en el hemisferio norte, es invierno en el hemisferio sur. Hace mucho frío en el sur de Chile.
You can express the year of independence of countries.	La independencia de Estados Unidos fue el 4 de julio de 1776.

SUGGESTION: These sayings foretell the knowledge they will accumulate by the end of this chapter.

DICHOS

Nada induce al hombre a sospechar mucho como el saber poco.
El conocimiento es poder.

The less a man knows, the more he will suspect.
Knowledge is power.

Adelante

¡Ya lo sabes! Geografía, naturaleza y meses del año

el continente	el huracán	las nacionalidades	la península
la costa	la inundación	la naturaleza	el pronóstico
el desierto	la laguna	el norte, sur, este y	la región
el golfo	la lengua	oeste	el tornado
el hemisferio	la nación	el océano	el valle

Los meses:

enero (Jan)	mayo	septiembre
febrero	junio	octubre
marzo	julio	noviembre
abril	agosto	diciembre

Notice that, like days of the week, months are not capitalized in Spanish.

¡Atención!

actual	(not actually) *currently*
frontera	(not frontier) *country border, limits*
tormenta	(not torment) *storm*

TEACHING TIP: Ask students to provide you with names of *continentes, desiertos, golfos, océanos, valles, lagunas, naciones, lenguas,* and *costas* as a way to confirm they comprehend the meaning of the words, i.e., *El nombre de un desierto es... El nombre de una montaña es...*

Note: *Enero* is not a cognate but is better learned w/other months.

3B.1 **¿En qué mes ocurre?** For each weather description you hear, say what month or months of the year that weather would be likely where you live, following the model.

1. *en julio y en agosto*
2. _____
3. _____
4. _____
5. _____
6. _____
7. _____
8. _____

3B.1 AUDIO SCRIPT:
1. Hace sol. 2. Está húmedo. 3. Hace fresco. 4. Llueve mucho. 5. Hay tormentas terribles. 6. Es seco. 7. Hace mucho, mucho viento. 8. Hace calor.

3B1 ANSWERS:
Answers may vary according to the region of the U.S.

3B.2 **Terminología geográfica.** Using the vocabulary in *Adelante,* fill in the blank with the appropriate word in Spanish, following the model. Verify your responses with a classmate.

1. Estados Unidos tiene seis **penínsulas** pequeñas, la más grande es la de Florida.
2. El ___desierto___ más famoso del mundo se llama Sahara y está en África.
3. Estados Unidos tiene ___frontera___ con dos países, Canadá y México.
4. Israel, Iraq, Irán y Afganistán son países que están en una ___región___ muy conflictiva.
5. En California el ___valle___ de Napa es muy famoso por su producción de vino.
6. En el continente americano existen tres ___golfos___, dos son de México y uno es de Estados Unidos y está en Alaska.
7. Los ___huracanes___ son tormentas violentas que ocurren en las costas este y sur de Estados Unidos.
8. Chile, Bolivia, Argentina y Uruguay son países del ___hemisferio___ sur.

3B.3 **Ubicación (location) de países.** Look at the map below and write true and false statements that can be verified by the map. Write at least five statements in the time allotted. Your instructor will call on several students to read their statements for the class to determine if the statement is correct or not.

Modelo: *Cancún está al norte de Panamá.* (cierto)
La isla de Jamaica está al norte de Cuba. (falso)

3B.4 **Definiciones.** With a partner, take turns reading the definitions below so the other person can guess which of the following words correspond to the definition. One person sees only the words below while the other reads the definitions. Not all words will be used.

Modelo: Es el sistema oral y generalmente también escrito *(written)* que une a una cultura y permite la comunicación entre la gente.

Respuesta: la lengua

los meses junio, julio y agosto	la lengua	el huracán
los continentes	el tornado	la inundación	la costa
los meses diciembre, enero y febrero		

1. Es el tipo de tormenta que asociamos con «El mago (wizard) de Oz».

2. Es cuando hay mucha agua en las calles *(streets)*.

3. Es el tipo de tormenta que se asocia con el Golfo de México y el Caribe.

4. Es el terreno al lado de los océanos, golfos y mares.

5. Son las 5 – 6 masas grandes de tierra en nuestro planeta.

6. En el hemisferio norte, son los tres meses cuando tradicionalmente no hay clases.

3B.5 **Antes de leer.** What do you know about Spain? As a class, answer the questions below, if possible. Then, as you read the following excerpt, keep these questions in mind because the answers are in the following text.

1. ¿Cuántas lenguas existen en España?

2. ¿Cuántas lenguas hay en la Península Ibérica?

3. ¿Es Barcelona una ciudad bilingüe?

4. ¿Qué lengua se habla en Portugal?

5. ¿Tiene letra el himno nacional de España?

La diversidad de España

España, un país europeo, está en la Península Ibérica. España comparte (shares) esta península con otro país, Portugal, cuya lengua principal es el portugués.

España es un país con mucha diversidad. El mapa distingue las diferentes regiones de España. La identidad regional es muy importante y aunque (even though) todos en España hablan español, varias regiones tienen también su propia (own) lengua como por ejemplo el vasco (Basque), el gallego (Galician), o el catalán (Catalan). Por eso, "La marcha real", el himno nacional (national anthem) de España no tiene letra sino sólo música.

TEACHING TIP: To verify comprehension of this passage, ask students to indicate the location of the various provinces in Spain: ¿Dónde está Andalucía? ¿En el norte? ¿El este? ¿El sur? ¿El oeste? ¿Dónde está Galicia? ¿Dónde está Cataluña? ¿Dónde está Madrid? ¿Dónde está el País Vasco? ¿Dónde está Asturias?

SUGGESTIONS: Point out that el idioma and la lengua are synonyms and will surface often.

TEACHING TIP: Find a version of "La marcha real" online to share with students.

3B.6 **Cierto o falso.** Indicate whether each statement you hear about Spain is **cierto** or **falso** based on what you read. Verify your responses as a class.

	Cierto	Falso
1.	☐	☑
2.	☑	☐
3.	☐	☑
4.	☐	☑
5.	☑	☐
6.	☐	☑

3B.6 AUDIO SCRIPT: Have students correct false statements. 1. España está en la península de Yucatán en el Caribe. 2. En España, la mayoría de la población habla castellano. 3. España está en una península y no hay otros países en la península. 4. España está en América Latina. 5. El himno nacional de España no tiene letra. 6. No se hablan otras lenguas en España.

TEACHING TIP:
Ask students questions
that elicit nationalities.
For example, ¿Conocen
a un pintor, arquitecto,
celebridad que es de
España? ¿Cómo se llaman
algunos famosos can-
tantes puertorriqueños?
(Marc Anthony, Ricky
Martin, Daddy Yankee,
Don Omar, etc) ¿Cuál
es la nacionalidad de
Frida Kahlo? ¿De dónde es
Lionel Messi? ¿Cuál es su
nacionalidad? etc.

VÍVELO: LENGUA

Nacionalidades

Similar to days of the week and months of the year, nationalities are not capitalized in Spanish. Many adjectives of nationality end in –o or –és when they describe men, and end in an –a or –esa when they describe women.

argentino/a	cubano/a	mexicano/a	puertorriqueño/a
boliviano/a	dominicano/a	nicaragüense	(o boricua)***
brasileño/a	ecuatoriano/a	panameño/a	salvadoreño/a
chileno/a	español/a	paraguayo/a	uruguayo/a
colombiano/a	estadounidense	peruano/a	venezolano/a
costarricense	guatemalteco/a	portugués/a**	
(o tico/a)*	hondureño/a		

*__Tico/a__ is a more common way of referring to a __costarricense__. Much like someone from Australia is called an Aussie instead of an Australian.

**These nationalities carry a written accent when they end in __–s__. When they end in __–a,__ the written accent is omitted.

***Often, __boricua__ is used instead of __puertorriqueño/a.__ It comes from __taíno,__ the indigenous language of Puerto Rico, and derives from __Borinquén,__ the name the natives gave the island before the Spanish renamed it Puerto Rico.

3B.7 **Adivina las nacionalidades.**

Paso 1: Do you recognize the celebrities below? Do you know their nationalities?

John W. McDonough / Sports Illustrated/Getty Images, Inc.

Pau Gasol

Photo by Glenn James/NBAE / Getty Images, Inc.

Manu Ginóbili

Helga Esteb/Shutterstock

Javier Bardem

REUTERS/Courtesy Food Network/Landov

Ingrid Hoffman

TIMOTHY A. CLARY/AFP/ Getty Images, Inc.

Michelle Bachelet

Daniele Venturelli/WireImage/Getty Images, Inc.

Penélope Cruz

Paso 2: In small groups, take turns reading aloud each statement below to determine the nationalities of each celebrity based on the cues given, usually their home city. Then, compare your responses with classmates not in your group.

1. Pau Gasol juega básquetbol para la NBA pero su familia vive en Barcelona. ¿Cuál es su nacionalidad original?

2. Salma Hayek es actriz, productora y directora de filmes/películas en español e inglés. Es de Coatzacoalcos, una ciudad portuaria *(port)* en el estado de Veracruz. ¿Cuál es su nacionalidad original?

3. Fidel Castro ya no *(no longer)* es el líder de su país, pero todavía *(still)* vive en La Habana. ¿Cuál es su nacionalidad?

4. Michelle Bachelet tiene larga historia política y desde 2014 es la presidente de su país. Vive en Santiago. ¿Cuál es su nacionalidad?

5. Penélope Cruz, actriz, es de Alcobendas, una ciudad al norte de Madrid y su esposo Javier Bardem, actor, es de Las Palmas de Gran Canarias pero los dos viven hoy en día en Madrid. ¿Cuál es la nacionalidad de ellos?

6. Ricky Martin y Daddy Yankee, ambos *(both)* cantantes pero de música distinta, son de San Juan. ¿Cuál es la nacionalidad de ellos?

7. Pitbull es celebridad de música rap. Él es de Miami. ¿Cuál es su nacionalidad?

8. Manu Ginóbili juega al básquetbol para el equipo de San Antonio en la NBA. Viene de una familia de jugadores de básquetbol. Su familia vive en Bahía Blanca, Buenos Aires. ¿Cuál es su nacionalidad original?

3B.8 **De preguntas generales a perfiles personales.**

Paso 1: Answer the following questions as they relate to you. Then, interview a classmate using these same questions and write down his/her responses. Be prepared to present your classmate's responses to the class.

1. ¿Cuántas personas conoces que no son estadounidenses? ¿De dónde son?

2. ¿Cuántas lenguas hablas?

3. ¿En qué hemisferio vive tu familia?

4. ¿Cuál es tu nacionalidad?

5. ¿Cuál es la nacionalidad de algunos de tus parientes?

6. ¿Vive tu familia cerca *(near)* del océano, en una península o en un valle?

7. ¿Cuál es tu persona favorita de la lista de personas que hay en la *Actividad 3B.7*?

8. ¿Cuáles son las nacionalidades de tus amigos más cercanos *(closest)*?

Paso 2: Use the information you gathered from your classmate to tell the rest of the class about him/her, and listen as everyone describes his/her partner. Write a summary of the class results of *Paso 1* in your **Retrato de la clase.**

Retrato de la clase: Hay _____ personas en la clase que conocen a otras personas que no son estadounidenses. Hay _____ estudiantes que hablan otra lengua. Hay _____ estudiantes con familias que viven en el hemisferio sur.

Note: See map on inside book cover for the capitals of Spanish-speaking countries.

Palabras clave 1 Diversidad de geografía, clima y naturaleza

TEACHING TIP: Have students tell you which months comprise each season as a way of getting them comfortable with this vocabulary.

SUGGESTION: Survey the months students were born to ascertain which month students celebrate their birthday, i.e., *¿En qué mes celebras tu cumpleaños?*

TEACHING TIP: Show pictures featuring a variety of weather scenarios as you review vocabulary to bind the meaning of the word to the concept. Do comprehension checks by asking *¿Qué tiempo hace?* and forcing a choice (e.g., *¿Hace calor o hace frío?*) The answers would depend on the pictures.

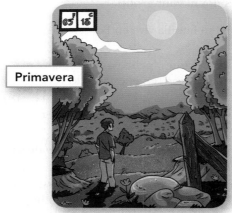

Primavera

Hace buen tiempo. Hay pocas nubes y está seco. La temperatura es de 60 grados. Está templado.

Verano

Está despejado. Hace sol. Hace calor pero está húmedo.

Otoño

Hace fresco. Hace viento. Llueve.

Invierno

Está nublado. Hace mal tiempo. Nieva.

el trueno	Cuando dos nubes chocan entre sí (*hit each other*), el ruido (*sound*) que resulta es un trueno.
la tormenta	Hay tormenta cuando hay muchas nubes, hace mucho viento y llueve o nieva con mucha fuerza (*force*).
el terremoto	Hay muchos terremotos en California por la falla de San Andrés.
los chubascos	Son lluvias fuertes (*strong*) que pueden causar inundaciones.

TEACHING TIP: Ask students to supply the meaning of the words based on the sentences next to each word.

3B.9 **Categoriza las palabras.** With a classmate, write the number next to the words into the chart based on their appropriate category. Then, to verify that you know the meaning of the words, share your chart with two other classmates.

El terreno/ la geografía	¿Qué tiempo hace?	Las estaciones	Desastres naturales
el lago	llueve	el invierno	el terremoto

1. está húmedo
2. el trueno
3. el verano
4. hace sol
5. la selva
6. la nieve (nevar)
7. hace buen/mal tiempo

8. tormenta fuerte
9. el lago
10. la tierra
11. el río
12. hace fresco
13. está nublado

14. el otoño
15. la primavera
16. está seco
17. el bosque
18. llueve
19. la playa

20. las montañas
21. el terremoto
23. las nubes
24. hace calor
25. el invierno
26. está templado

ANSWERS: El terreno: 5, 9, 10, 11, 17,19, 20; ¿Qué tiempo hace? 1, 2, 4, 6, 7, 12, 13, 16, 18, 23, 24, 26; Las estaciones 3, 14, 15, 25; Desastres naturales: 8, 21

Note: Una gran parte de América del Sur está en el hemisferio sur. Los Estados Unidos, Canadá y España están en el hemisferio norte. Recuerda (*remember*) que las estaciones y el clima son opuestos (*opposites*) según los hemisferios. Por ejemplo, cuando es verano en Estados Unidos y México, es invierno en Argentina y Uruguay.

3B.10 **El clima y lugar ideal.** In groups, write a description of the group's ideal place and ideal climate. If possible, write them on a black or white board for all classmates to read. Invite classmates to edit your sentences. Then have the class vote on the most attractive place and climate.

El clima y lugar ideal

Nombre del grupo: *El frío*
El clima ideal es un clima frío, con mucha nieve y hielo y muchas nubes.
No hay muchos terremotos o huracanes. Llueve poco. No hace calor exagerado.
El lugar ideal es un lugar en Alaska donde hay muchos lagos, montañas, animales y no hay muchas personas.

3B.10 TEACHING TIP
You may want to consider using an online tool to have groups share their descriptions. Google Docs, Padlet, Quizlet, etc. could be used to facilitate this sharing.

3B.11 **¿Qué estación es?** For each date and capital city listed below, indicate the season. Then in groups of three, each member should provide 2 additional dates and capital cities.

1. el 3 de julio en Madrid, España _____ verano
2. el 24 de enero en Santiago, Chile _____ verano
3. el 15 de octubre en Asunción, Paraguay _____ primavera
4. el 10 de febrero en Tegucigalpa, Honduras _____ invierno
5. el 7 de noviembre en San José, Costa Rica _____ otoño
6. el 30 de abril en Lima, Perú _____ otoño

3B.11 SUGGESTION
For this activity, have students get in order according to their birthdays (not years). Ask them what season they were born in and then have them answer what season they would have been born in had they been born in the opposite hemisphere (If born in north, then south, and vice versa). Once you have students lined up, take advantage of this new formation to have them work in groups with the people nearest to them.

3B.12 Condiciones actuales. With a partner, examine the weather conditions for Bogotá, Colombia, posted on the website below and answer the questions. Then, check your work with the rest of the class.

El tiempo **Español** weather.com/espanol

Viajes | Salud | Clima

LOCAL | AMERICA DEL NORTE | AMERICA DEL SUR | MUNDO | MAPAS   Búsqueda   ○ El tiempo ● La Web

Inicio > Información local > **Hoy**

Hoy en Bogotá, Colombia

Hoy | Mañana | A 10 días | Estacional | Almanaque

Condiciones actuales

14°C

Nuboso
Llovizna débil

Última actualización: 15:00 05 jun
(hora local), 20:00 GMT
Observatorio: Bogotá

Viento
Del oeste-noroeste a
10 km/h

Humedad
94%

Presión
1,025.06 mb

Punto de rocío
13°

Visibilidad
10 km

Ver: Pronóstico para el fin de semana

1. In which direction are the winds blowing?
2. How humid is it?
3. What is the weather like?
4. What is the temperature?
5. What is the visibility range?

3B.13 ¿Cuál es la palabra? With a classmate, read the sentences below and write the correct word based on the context. The first one is done for you. Compare your responses with another pair of students before offering responses to the instructor.

1. El ___*bosque*___ de Yosemite y el de Redwood tienen árboles *(trees)* impresionantes y gigantescos.

2. Superior, Michigan, Erie, Ontario y Huron son los grandes _____ entre Estados Unidos y Canadá en el noreste.

3. El _____ Brazos es el más largo de Texas y está a 50 millas de la frontera entre Estados Unidos y México.

4. Las _____ Rocky en el oeste son majestuosas y las Smoky en el sureste son grandiosas.

5. A muchos estudiantes les gusta ir a la _____ durante las vacaciones de primavera.

6. La _____ del Amazonas tiene mucha vegetación, animales peligrosos *(dangerous)* y plantas medicinales.

7. Los agricultures plantan sus vegetales en la _____.

¡Conéctate!

What is the weather like where you live? What is it like in Spain or Peru? Visit espanol.weather.com to compare and contrast the weather where you live with the weather in various cities around the Spanish-speaking world. Prepare a brief weather report about three places in Latin America or Spain, in addition to where you live. Share this with your class.

3B.14 **Preferencias personales.** Get to know your classmates even more. Select a classmate that you know the least about and inverview him/her using the questions below. Take notes on his/her responses. Then, share with the class what you learned about him/her from your notes (see **Retrato** example below). As a whole, what seasons are the most popular with your classmates? What month is the most liked? Do most students like going to the beach or to the mountains? etc.

1. ¿Cuál es tu estación favorita y por qué?

2. ¿Cuál es tu mes favorito y por qué?

3. ¿Te gusta la naturaleza? ¿Por qué?

4. ¿Prefieres ir a la playa o a las montañas?

5. ¿Hay ríos en tu región? ¿Cómo se llaman?

6. ¿Prefieres visitar una selva o un bosque? ¿Por qué?

7. ¿Qué haces cuando vas a un lago?

8. ¿Prefieres el calor de julio y agosto o el frío de diciembre y enero?

Retrato: La estación favorita de mi compañero/a es _____. Su mes favorito es _____. Le gusta la naturaleza para visitar pero no para vivir, etc.

VÍVELO: CULTURA

Los países del Caribe

When Europeans first came to the islands of the Caribbean in the 15th century, three distinct indigenous groups inhabited the islands: the Ciboney, the Taíno, and the Carib peoples. All had migrated into the Caribbean region from northern South America at different times. After them, the Spanish were the first Europeans to explore and colonize the islands.

Several Caribbean countries are comprised of a number of small islands, grouped by geography and separated by a colonial past. Politically the Caribbean is home to 13 independent nations and a number of dependencies, territories, and possessions of several European countries. The Republic of Cuba, consisting of the island of Cuba and several nearby islands, is the largest island nation. Haiti and the Dominican Republic, two other independent nations, occupy Hispaniola, the second largest island in the archipelago. Jamaica is the third and Puerto Rico, a US commonwealth, is the fourth largest island of the archipelago. Did you know that Venezuela controls about 70 Lesser Antilles Islands in the Caribbean, including Margarita Island?

VÍVELO: CULTURA: As a pre-reading activity, ask students if they can name the three Caribbean countries where Spanish is spoken (Cuba, Dominican Republic and Puerto Rico).

3B.15 Comprensión. Indicate whether each statement about the Caribbean is **cierto** or **falso** based on what you read. Verify your responses as a class.

Cierto	Falso	
☑	☐	1. Los españoles son los primeros europeos que colonizan las islas del mar Caribe.
☐	☑	2. Los aztecas son la tribu indígena principal en el Caribe antes de los europeos.
☐	☑	3. Venezuela es una isla en la región del Caribe.
☑	☐	4. En la región del mar Caribe existen muchos países independientes.
☑	☐	5. Las islas del mar Caribe se caracterizan por la fragmentación política.
☐	☑	6. Haití es el país más grande de la región del Caribe.

Palabras clave 2 Los números mayores de 100 y los años

WileyPLUS Learning Space

You will find PowerPoint presentations for use with *Palabras clave* in *WileyPLUS Learning Space*.

100	cien/ciento	700	setecientos/as
200	doscientos/as	800	ochocientos/as
300	trescientos/as	900	novecientos/as
400	cuatrocientos/as	1,000	mil
500	quinientos/as	14,582	catorce mil quinientos ochenta y dos
600	seiscientos/as	150,000	ciento cincuenta mil

SUGGESTION:
You may want to introduce 105 (ciento cinco) and 900,000 (novecientos mil), to students as you review this section.

Use *cien* when simply counting and before a noun when you are describing an even hundred, ie., *Hay cien sillas.* Use *ciento* when describing more than a hundred of a given noun, i.e., *Enseñar una clase de francés, español etc., con ciento veinte personas es imposible.*

Use the feminine of multiples of 100 when describing a female noun, i.e., *Jorge tiene doscientas páginas que escribir.*

Expressing years in Spanish

Up through the twentieth century, years are expressed differently in English and Spanish. While English speakers express 1898 as *eighteen ninety-eight,* Spanish speakers say **mil ocho cientos noventa y ocho.** With the twenty-first century underway, many English speakers say *two thousand ten* just as Spanish speakers say **dos mil diez.** Look at the Spanish examples of how these significant years are expressed.

1492	Cristóbal Colón viaja a las Américas en mil cuatrocientos noventa y dos.
1776	Se firma la Declaración de Independencia de Estados Unidos en mil setecientos setenta y seis.
1939	Comienza la Segunda Guerra Mundial en mil novecientos treinta y nueve.
2016	Los Juegos Olímpicos se celebran en Río de Janeiro en dos mil dieciséis.

To express dates, use the following formula: **el** + día + **de** + mes + **de** + año.

Mi fecha de nacimiento es el 3 de agosto de 1998.

3B.16. ¡Lotería!

3B.16 SUGGESTION: Select any row and mix the numbers w/other row numbers so that it is not obvious too soon which row will make ¡Lotería!.

Paso 1: *Con la clase.* Listen to your instructor call out numbers. Draw a line through the box with each number. When you have a line of five (vertically, horizontally or diagonally) call out ¡Lotería!

344	629	715	881	201
100	457	117	452	531
777	905	820	126	518
276	319	267	196	621
232	311	825	443	998

Paso 2: *En grupos de dos.* With a partner, create your own numerical ¡Lotería! card, as in Paso 1, with any numbers above 100. Practice the numbers out loud before saying them to your classmate. When you both have a completed card, go to Paso 3.

Paso 3: *Expresa los números.* From your newly created ¡Lotería! card, dictate the numbers to your partner. Follow the numbers horizontally from left to right so that your two card match. Conversely, listen to the numbers your partner will dictate to you and write them horizontally from left to right.

Paso 4: *Comparar tarjetas* (cards). Compare your ¡Lotería! card from Paso 2 with that of your partner's in Paso 3. Are they identical? Which numbers will you need more time to learn and say?

3B.17 La independencia de una nación. With a partner, select chart A or B and take turns providing orally to each other the day and year of independence for the countries you have. The point is to fully complete each chart. Once the chart is complete, answer the questions below.

WileyPLUS Learning Space

3A.21 INSTRUCTOR'S RESOURCES: Blank cards and a copy of a completed chart are available in your Instructor's Resources.

1. Which country was the first to gain its independence?
2. Which country was the last to gain its independence?
3. What countries share the same independence years?
4. What additional question does the information provoke?

A

País	Fecha de independencia
Argentina	9 de julio de 1816
Bolivia	
Chile	
Costa Rica	15 de septiembre de 1821
Cuba	
República Dominicana	27 de febrero de 1844
El Salvador	
Estados Unidos	4 de julio de 1776
Guatemala	
Honduras	15 de septiembre de 1821
México	16 de septiembre de 1810
Nicaragua	
Paraguay	14 de mayo de 1811
Perú	
Uruguay	
Venezuela	5 de julio de 1811

B

País	Fecha de independencia
Argentina	
Bolivia	6 de agosto de 1825
Chile	18 de septiembre de 1810
Costa Rica	
Cuba	20 de mayo de 1902
República Dominicana	
El Salvador	15 de septiembre de 1821
Estados Unidos	
Guatemala	15 de septiembre de 1821
Honduras	
México	
Nicaragua	15 de septiembre de 1821
Paraguay	
Perú	28 de julio de 1821
Uruguay	25 de agosto de 1825
Venezuela	

www ¡Conéctate!

Explore a Spanish-speaking city in the northern hemisphere, i.e., Monterrey or Saltillo in Mexico, San Juan, Puerto Rico, Tegucigalpa, Honduras and another one in the southern hemisphere, i.e., Santiago, Chile, Montevideo, Uruguay, Asunción, Paraguay, using Google Earth, a free program that you can download or Google Maps. How different are the climates between the two cities? Are there particularly spectacular landmarks that you can capture via a screen shot in either of the two countries, i.e., an active volcano, a forest or mountains, a popular lake, etc.? Buenos Aires has the widest street in the world. Take some screen shots to share with your classmates.

3B.18 Datos personales. Interview a classmate asking him/her the questions below. Take notes on your partner's responses. Then, summarize the additional information you learned about this classmate in your **Retrato** (see below).

1. ¿Cuándo cumples años (birthday)? (Incluir el día, el mes y el año)
2. ¿Cuál es la población de la ciudad en la que está tu universidad?
3. ¿Qué salario deseas después de graduarte de la universidad?
4. ¿En qué año te vas a graduar?
5. ¿Cuánto pagas por tu matrícula en la universidad en un año escolar?
6. ¿Qué año, antes de ahora, es el año más memorable en tu vida y por qué?

Retrato: Mi compañero de clase se llama _____. El cumpleaños de _____ es _____ y mi cumpleaños es _____. La población de la ciudad universitaria es _____. Mi compañero desea recibir un salario de _____. Yo prefiero recibir salario de _____, etc.

3B.19 Tus tierras. Your instructor will give you 4 minutes to describe the geography of North America, *En el oeste están las montañas Rocky*. Share your descriptions with the class in preparation to read the following descriptions of South America.

VÍVELO: CULTURA

Aspectos importantes de la geografía de América del Sur

1. La geografía física de América del Sur está dominada por las montañas de los Andes en el este y el área del Amazonas en el norte central. El resto del territorio es una meseta.

2. La mitad del territorio y de la población está concentrada en un país: Brasil.

3. La población de América del Sur está concentrada en la periferia del continente. En el interior del continente la población está separada por distancias muy grandes, pero recientemente en algunas áreas hay una gran expansión de la población.

4. La interconexión entre los estados del área aumenta constantemente. La integración económica es una motivación importante, particularmente en la parte sur de Sudamérica.

5. En la región, las diferencias y contrastes económicos son muy grandes, en el territorio en general y dentro de cada país en particular.

6. La diversidad cultural existe en todos los países del área y generalmente es expresada regionalmente.

7. La expansión urbana desproporcionada continúa siendo una característica de la región, y el nivel de urbanización es hoy en día similar al nivel de desarrollo en Estados Unidos y Europa.

Remind students that they may not understand all the words but they will be able to understand most. Give students a few minutes to read the description in 1-7 and then ask them what they were able to understand (in English).

3B.20 ¡A emparejar! Match the following English renderings of the content in *Vívelo: Cultura* using the numbers of the corresponding statements there. The first one is done for you as a model. Then, verify your responses with a classmate.

Major Geographical Qualities of South America

___4___ *Interconnections among the countries of South America are improving rapidly. Economic integration has become a major force, particularly in southern South America.*

___3___ *South America's population remains concentrated along the continent's periphery. Most of the interior is sparsely peopled (sparsely populated), but sections of it are now undergoing significant development.*

___6___ *Cultural pluralism exists in almost all South American countries, and is often expressed regionally.*

___2___ *One half of the continent's area and one-half of the population are concentrated in one country—Brazil.*

___7___ *Rapid urban growth continues to mark much of the South American continent, and the urbanization level overall is today on a par with the levels in the United States and Europe.*

___5___ *Regional economic contrasts and disparities, both across the continent as a whole and within individual countries, are strong.*

___1___ *South America's physiography is dominated by the Andes Mountains in the west and the Amazon Basin in the central north. Much of the remainder is plateau country (an expansive plateau).*

3B.19 EXTENSION ACTIVITY: Ask students to write some *cierto/falso* statements in Spanish based on the content of the reading. Then, call on volunteers to read their statements and the class will respond to them as *cierto* or *falso*.

3B.21 ¡Ay, caramba! In groups of four, play *¡Ay, caramba!* according to the instructions below.

1. Roll the die or draw a number from 1–6.
2. Move the number of spaces on the die (up to six moves allowed) and answer the question on the board.
3. If you answer correctly, the next person gets a turn.
4. If you answer incorrectly, move back three spaces, and the next person gets a turn.

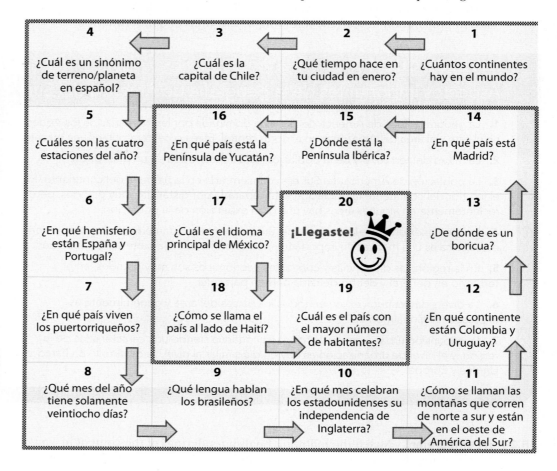

4 ¿Cuál es un sinónimo de terreno/planeta en español?

3 ¿Cuál es la capital de Chile?

2 ¿Qué tiempo hace en tu ciudad en enero?

1 ¿Cuántos continentes hay en el mundo?

5 ¿Cuáles son las cuatro estaciones del año?

16 ¿En qué país está la Península de Yucatán?

15 ¿Dónde está la Península Ibérica?

14 ¿En qué país está Madrid?

6 ¿En qué hemisferio están España y Portugal?

17 ¿Cuál es el idioma principal de México?

20 ¡Llegaste!

13 ¿De dónde es un boricua?

7 ¿En qué país viven los puertorriqueños?

18 ¿Cómo se llama el país al lado de Haití?

19 ¿Cuál es el país con el mayor número de habitantes?

12 ¿En qué continente están Colombia y Uruguay?

8 ¿Qué mes del año tiene solamente veintiocho días?

9 ¿Qué lengua hablan los brasileños?

10 ¿En qué mes celebran los estadounidenses su independencia de Inglaterra?

11 ¿Cómo se llaman las montañas que corren de norte a sur y están en el oeste de América del Sur?

Estructuras clave 1 Stem-changing verbs

WileyPLUS Learning Space

Go to *WileyPlus Learning Space* and review the tutorial for this grammar point.

WileyPLUS Learning Space

You will find PowerPoint presentations for use with *Estructuras clave* in *WileyPLUS Learning Space*.

Since you have already practiced the meaning of most of these verbs, you will find it easier to focus on the stem changes that you are about to learn. As you look at the sample sentences below, note for which subjects the verb forms *do not* have a stem change.

The verb stem is the part of the verb that is left after dropping –ar, -er, and -ir. Take the –ar verb *cantar*, the –er verb *correr*, and the –ir verb *escribir*. If you drop the –ar/-er/-ir endings, you have the verb stem, i.e., cant-, corr-, and escrib- . Some verbs undergo changes in their stems which happens in the second-to-last syllable of the verb (e.g. pre**fer**ir→yo pre**fie**ro). Here we present three types of verb stem changes. For potentially new verbs, see English meaning to the right.

e → ie	**Querer** *(to want)* Yo **qu*i*ero** ir a mi clase de español. ¿Tú también **qu*i*eres** ir? Mi amigo **qu*i*ere** ir. ¡Todos **queremos** ir! ¿Vosotros **queréis** ir al cine? Mis amigos **qu*i*eren** ir también.	Additional e → ie verbs cerrar pensar divertir perder empezar preferir
o → ue	**Dormir** Yo **d*u*ermo** bien. Y tú, ¿**d*u*ermes** bien? Y Ud. ¿**d*u*erme** bien? No todos **dormimos** bien. ¿Vosotras **dormís** bien? Mis padres **d*u*ermen** bien.	Additional o → ue verbs almorzar mover volver contar *(to count)* poder jugar* *Note that with *jugar* the change is *u → ue*.
e → i	**Repetir** Yo **rep*i*to** el vocabulario. Y tú, ¿**rep*i*tes** el vocabulario? Y ella, ¿**rep*i*te** el vocabulario? No todos **repetimos** el vocabulario. Vosotros **repetís** después de la profesora. Ellos no **rep*i*ten** el vocabulario.	Additional e → i verbs pedir seguir servir conseguir *(to obtain)*

TEACHING TIP: Make sure to review the meaning of the infinitive verbs in the chart using gestures to evoke specific infinitives. The less cognitive space students use focusing on the meaning of the infinitives, the more cognitive space they can dedicate to learning/remembering their stem-changing forms.

perder – to lose
pensar – think

almorzar – to have lunch
volver – to return
mover – to move
poder – to have the ability
contar – to count

pedir – to request
servir – to serve
seguir – to follow
conseguir – to obtain

TEACHING TIP: As you present and practice the stem changes, you may want to provide students with the traditional visual cue of a shoe or boot to help them recall which forms have stem changes, and which do not.

3B.22 Infinitivo con sentido. With a partner, select the infinitive from the following verb list that best completes the sentences below. Verify your answers with another classmate.

perder   almorzar   poder   seguir
querer   pedir   contar   dormir

1. Tienes que _____ diariamente en la cafetería a las 12:00 en punto.

2. Hay que _____ las reglas *(rules)* de la universidad.

3. ¿Tienes que _____ dinero a tus padres cada mes?

4. ¿Puedes _____ de 1,000 a 100,000.00 en español?

5. ¿Tienes que _____ 8 horas por la noche para pensar bien?

6. ¿Puedes _____ a una persona y no amar románticamente a esa persona?

7. ¿Tienes que _____ un objeto para valorar el objeto?

8. ¿Vas a _____ correr las 26 millas en el maratón?

ANSWERS: 1. almorzar, 2. seguir, 3. pedir, 4. contar, 5. dormir, 6. querer, 7. perder, 8. poder

SUGGESTION: This activity focuses on the meaning of the verbs before moving into the stem changes. Ask students how they would act out the meaning of the following 4 verbs not used above: *volver, servir, mover, conseguir, pensar.* Alternatively, you could act out the meaning of the verbs and ask students to guess the verb.

3B.23 Completar la narración.

Paso 1: With a classmate, fill in the blanks with the correct conjugation of the verb provided.

Cuando necesito dinero, yo (encontrar) __encuentro__ a mi mamá. Yo le (pedir) __pido__ unos 500 dólares y (querer) __quiero__ el dinero en dólares y no euros. Cuando llegan mis amigos, (nosotros) (pensar) __pensamos__ que somos ricos y vamos a un restaurante muy chévere *("cool")*. Nosotros (pedir) __pedimos__ los platos más caros *(expensive)*. No importa cuándo (cerrar) __cierra__ el bar porque (nosotros) (seguir) __seguimos__ pidiendo cervezas. Cuando (yo) (empezar) __empiezo__ a repetir las palabras de mi amigo, sé que es hora de volver a casa. Todos (tomar)__tomamos__ un taxi y (regresar) __regresamos__ a mi casa después de las dos de la mañana. Yo siempre me (divertir) __divierto__ mucho cuando estoy con mis amigos. ¿Y tú?

Paso 2: Select the most logical conclusions to the above passage.

☐ El párrafo describe a un joven típico.

☐ El párrafo describe el comportamiento de un estudiante irresponsable.

☐ El párrafo describe el comportamiento de un adulto responsable.

☐ El párrafo describe a un joven religioso.

3B.24 ¿Quién de la clase? Survey your classmates to find out to whom in the class each statement applies. If your classmate responds **Sí**, ask him or her to sign on the appropriate line. Be sure to ask the questions in the **tú** form, and you should respond using the **yo** form when you are asked a question. Tally the number of positive responses for each item and record the results in your **Retrato de la clase.**

> **Modelo:** E1: *¿Almuerzas en el Centro Estudiantil de la universidad?*
> E2: *Sí, almuerzo allí.* or *No, no almuerzo allí.*

¿Quién de la clase…

1. almuerza en el Centro Estudiantil? _____

2. duerme menos de siete horas normalmente? _____

3. puede tocar el piano? _____

4. juega al tenis? _____

5. prefiere bailar más que escuchar música? _____

6. quiere viajar a la Argentina? _____

7. sirve comida en un restaurante? _____

8. vuelve a casa antes de la medianoche los sábados? _____

Retrato de la clase: La mayoría de los estudiantes de la clase de español almuerza en _____. Duerme más de/menos de _____ horas. Toca/No toca el piano. Etcétera.

3B.25 ¿Cuánto sabes de la geografía física y humana de tu país nativo?

Paso 1: Hopefully, you know as much about your own country as you have learned about Latin America in this chapter. In groups of two, list in Spanish as many geographical features as possible in your native country. Include the names of rivers, mountain ranges, forests, lakes, peninsulas, flatlands, deserts, etc.

Modelo: *Las montañas Smoky están al este del país. En el oeste están las montañas Rocky…*

Paso 2: Is the tendency of the general population in your country to migrate to big cities? Do the poorest people live on the outskirts of the big cities? What groups of people tend to be the poorest in your country? (For answers to these questions, use the linguistic models in the Vívelo: Cultura reading.)

Modelo: *Soy de Dakota del Norte. La población no es muy grande, sobre todo en las regiones rurales.*

¡Conéctate!

Using Glogster, create a poster about one Latin American country where you provide pictures of your personal visits, events you attended, people you met, places you saw, etc. If you have never traveled to Spain or a Latin American country, research one country you would like to visit. Include maps, photos of popular lakes, mountains, deserts, and tourist sites, insert general information about the country, i.e., demographics, weather, terrain. You can include photos and even post a short video. Provide an electronic version or print your final product and bring it to class. Your instructor can post your work on your course manager, portfolio, or find creative ways to showcase your work so that your classmates can learn from the posters. Visit the Globster website.

By permission from http://edu.glogster.com/glogpedia?order=updated&discipline=212&subject=214&=jws

Estructuras clave 2 Demonstrative adjectives and pronouns

ANSWER: The distance from the speaker, the gender (masculine/feminine) and the number (singular or plural) of the noun.

TEACHING TIP: You may want to point out that students are likely to see demonstrative pronouns with a written accent on them because a written accent mark used to be required.

3B.26 POSSIBLE ANSWERS: #1, 2 & 7 are statements that diligent students would likely not want used to describe their efforts.

3B.26 EXTENSION ACTIVITY: You can role play this activity by positioning students in different parts of the classroom to illustrate the distance from the speaker. Assign one student the role of the instructor and another, the role of the visitor, both of whom stand at the front of the room. Assign other students a number 1–6 representing each of the comments made and have them stand toward the front, the middle, or the back of the room according to the comment that describes them.

In English, we use the **demonstrative adjectives** *this, that (singular)*, and *these, those* (plural). These words convey the relative distance from the speaker (close/far) and take into account only number (sing./pl.). In Spanish, the **demonstrative adjectives** do not only relay the distance from the speaker(s), they must also account for the number AND gender of the noun they modify. Spanish also includes a third measure of distance in relation to the speaker that conveys the farthest degree of distance. Examine the chart to learn the meanings that correspond to the forms of these adjectives. What must be taken into account when using demonstrative adjective in Spanish?

Demonstrative adjectives							
Noun		**Close**		**Far**		**Farther**	
árbol (masc. sing.)	este	árbol	ese	árbol	aquel	árbol
silla (fem. sing.)	esta	silla	esa	silla	aquella	silla
árboles (masc. pl.)	estos	árboles	esos	árboles	aquellos	árboles
sillas (fem. pl.)	estas	sillas	esas	sillas	aquellas	sillas

- esta – demonstrative adjective
- silla-noun
- the pronoun that expresses the farthest chair from the speaker –

Me gusta **esta** <u>silla</u> pero no **aquella**.   *I like this chair and not the one way, way, way over there.*

Recall that **pronouns** substitute for nouns when the noun is understood. In this same way, a demonstrative pronoun replaces the noun when the noun has been established. To refer to a whole concept, idea, situation, i.e., "*That really bothers me*" or to refer to a noun whose gender is unknown, Spanish uses the **neuter** demonstrative pronouns: **esto, eso, aquello.**

3B.26 ¿De quién habla?   An instructor makes the following comments to a visitor who will be teaching the class next semester. Match each comment to the best explanation of who the instructor is talking about. Indicate which statements diligent students would not use to describe their efforts. Then, check your answers as a class.

__d__ **1.** Aquel estudiante es muy inteligente pero no estudia mucho.

__g__ **2.** Este estudiante no asiste a clase y nunca hace su tarea.

__c__ **3.** Esas estudiantes no escuchan bien y luego tienen muchas preguntas.

__b__ **4.** Aquellas estudiantes no hablan mucho pero comprenden bien la lección.

__f__ **5.** Estos estudiantes desean aprender español y estudian el vocabulario.

__e__ **6.** Aquella estudiante habla español muy bien.

__a__ **7.** Esos estudiantes casi nunca vienen preparados.

a. refers to several male students near the speaker, but not too close

b. refers to several female students farthest away from the speaker

c. refers to several female students not too far from the speaker but not too close

d. refers to a male student farthest from the speaker

e. refers to a female student farthest from the speaker

f. refers to several male students very near the speaker

g. refers to a male student very near the speaker

3B.27 ¡Fíjate bien!   In pairs, read the comments below that were made by the student in the art gallery and identify which painting she is referring to in each statement. Then, confirm your responses with another pair of classmates.

3B.27 & 3B.28
TEACHING TIP: Make sure to reiterate to students that when they work with a partner or in groups they should help each other understand why there is one appropriate answer. Sometimes, students are able to offer explanations that are easier to understand because they come from similar perspectives.

	A	B	C
1. Me gustan esas montañas porque son muy altas.	☐	☑	☐
2. Me gusta aquel río porque es rápido.	☐	☐	☑
3. Me gustan estos árboles porque están en un bosque.	☑	☐	☐
4. Me gusta esta escena porque hace buen tiempo.	☑	☐	☐
5. Me gusta aquella escena también porque tiene muchos colores.	☐	☐	☑

3B.28 Los pronombres demostrativos.   Complete each sentence with the appropriate demonstrative pronoun according to the cue. In pairs, alternate giving and explaining answers (e.g., one partner takes even-numbered items and the other takes the odd-numbered items). Then, compare your responses with another pair of classmates.

1. Este coche es muy bonito, pero _____aquel_____ (farther away) es más rápido.

2. La profesora pregunta, "¿Qué es _____esto_____ (near speaker)?"

3. Carlos no va a comprar aquellos libros. Va a comprar _____esos_____ (not so near speaker).

4. ¿Qué mochila prefieres, _____esta_____ (near speaker) o _____esa_____ (not so near speaker)?

5. ¿Cuáles son las fotos de María, _____estas_____ (near speaker) o _____aquellas_____ (farther away)?

6. No estoy de acuerdo contigo. _____eso_____ (something you said to me) no me gusta.

7. Tomás: Esa guitarra es de Manuel.
Rebeca: Y _____aquella_____ (farther away), ¿de quién es?

8. Este reloj es de la marca Citizen y _____ese_____ (not so near speaker) es de Rolex.

FUNCTIONAL OUTCOMES: The central question that frames this *Investigación* is "*¿Cómo puedes hablar de los países en donde se habla español?*" Explore whether students can now address this question and how they would go about it. Have them review the chart at the beginning of this *Investigación*.

SUGGESTION: Compare what students did not know in 3B.29 to what they learned after the reading. This is referred to as Content-Based Instruction because the emphasis is on reading to learn, as opposed to learning to read, so to speak. Students should be impressed with how much they understood from the passage.

You have learned some things about the climate and physical geography of Latin America in this chapter. Little has been said, however, about the human geography of Latin America. In the following article, you will learn about the role of both physical and human geography in social and potentially historical change.

3B.29 Antes de leer. As you read the article below, look for the answers to the following questions.

1. What are some of the geographical characteristics of the poorer populations of Latin America and the Caribbean?
2. Which are the most populated countries in Latin America?
3. Do the majority of the people of Latin America and the Caribbean live in rural regions or urban regions?
4. What tendencies increase as a result of the high density of people that live on the periphery of big cities or mega cities?
5. Which are the countries that are most at risk to suffer an earthquake?
6. Are the populated areas of Latin America and the Caribbean prepared to handle natural disasters?

Un panorama de la geografía humana de la región

En relación a la geografía humana, los diez países más poblados del continente americano, incluyendo, el norte son Argentina, Brasil, Canadá, Colombia, Chile, Ecuador, Estados Unidos, México, Perú y Venezuela—constituyen el 89% de la población total de hemisferio occidental (*Western*). Con la excepción de Argentina, Brasil y Canadá, esta población se encuentra en las regiones más vulnerables a desastres naturales de origen tectónico. El 75% de la población de América Latina y el Caribe se concentra en

Courtesy of Richard Muirhead

las ciudades, a veces formando megaciudades (ciudades con más de 5 millones de habitantes). La infraestructura de servicios de estas ciudades resulta inadecuada y los recursos básicos son limitados. Es importante saber que más de la mitad (*half*) de los residentes urbanos de las grandes ciudades de América Latina viven en condiciones de pobreza (*poverty*). Además, la mayoría vive en la periferia de las grandes ciudades. La población indígena, 30 millones en América Central y del Sur, representa una parte importante de las poblaciones rurales y urbanas pobres y esa población continúa migrando a las ciudades por escasez de trabajo. La estructura social de las zonas rurales puede perderse (*be lost*) en el proceso de migración. A la vez, la densidad poblacional y la inestabilidad de las zonas pobres de las ciudades son factores relevantes en el impacto de un desastre y pone en alto riesgo a la gente.

En las afueras (*outskirts*) de las grandes ciudades, la infraestructura llega mucho más tarde que la población.

3B.30 Comprensión. In groups of three, discuss whether each of the following statements is **Cierto** or **Falso** based on *Un panorama de la geografía humana de la región.* Challenge any false statements with a direct quote from the reading. At times, you may need to make inferences from the reading. Then, compare your responses with another group.

Cierto	Falso	
☐	☑	**1.** La mayoría de los países latinoamericanos vulnerables a terremotos están en la región andina.
☐	☑	**2.** La población de los países latinoamericanos se concentra en áreas rurales porque trabaja en la agricultura.
☐	☑	**3.** Las poblaciones indígenas de América Latina son respetadas y protegidas por sus contribuciones a la cultura y su importancia en la historia del continente.
☑	☐	**4.** La migración de pobres a los centros urbanos es principalmente económica; no hay suficientes trabajos en las regiones rurales.
☑	☐	**5.** No hay suficientes servicios (agua, electricidad) para la población que vive en la periferia de las ciudades grandes.
☐	☑	**6.** A causa de su alta densidad, las megaciudades están preparadas para confrontar un desastre natural.

Perspectivas

3B.31 Observaciones generales. Discuss each of these statements with a partner and indicate which statements you find accurate based on what you have learned. Share your responses with the rest of the class.

- ☑ Hay más personas indígenas en Estados Unidos (en proporción a la población general) que en Latinoamérica.
- ☐ La diversidad del pueblo (people) latinoamericano es similar a la diversidad del pueblo estadounidense.
- ☑ En Latinoamérica más personas viven en zonas urbanas que en zonas rurales.
- ☐ No hay mucha diversidad geográfica en Latinoamérica.
- ☑ En Estados Unidos y en Latinoamérica hay grupos étnicos que sufren injusticias y que son víctimas de prejuicios.
- ☑ Hay más personas en el hemisferio occidental (western) que hablan español que inglés.
- ☐ No existen diferencias socioeconómicas en Latinoamérica.

3B.31 SUGGESTION: Although comparisons and contrasts are not formally introduced until Chapter 7, students should be able to understand these sentences. You may want to check students' comprehension of the first two sentences before having them work through all of them.

Vocabulario: Investigación B

Vocabulario esencial

Sustantivos

el agua *(f.)*	*water*
el bosque	*forest*
el invierno	*winter*
el lago	*lake*
la lluvia	*rain*
el mar	*sea*
la montaña	*mountain*
los meses del año	*months of the year*
la nube	*cloud*
el otoño	*autumn*
la playa	*beach*
la primavera	*spring*
el relámpago	*lightning*
el río	*river*
el terremoto	*earthquake*
el tiempo	*weather*
la tierra	*land; ground*
el trueno	*thunder*
la selva	*jungle*
el verano	*summer*
el viento	*wind*

Los meses del año

enero	*January*
febrero	*February*
marzo	*March*
abril	*April*
mayo	*May*
junio	*June*
julio	*July*
agosto	*August*
septiembre	*September*
octubre	*October*
noviembre	*November*
diciembre	*December*

Verbos

almorzar (o→ue)	*to have lunch*
comprar	*to buy*
conseguir (e→i)	*to achieve, to obtain*
contar (o→ue)	*to count*
crecer	*to grow*
dormir (o→ue)	*to sleep*
llover (o→ue)	*to rain*
mover (o→ue)	*to move*
pedir (e→i)	*to request*
pensar (e→ie)	*to think*
perder (e→ie)	*to lose*
poder (o→ue)	*to have the ability to*
querer (e→ie)	*to want*
servir (e→i)	*to serve*
viajar	*to travel*
volver (e→ue)	*to return*

Adjetivos

actual	*current*
cada	*each*
distinto/a	*different*
fuerte	*strong*
otro/a	*another*

Otras palabras y expresiones

aumentar	*to grow*
la falla	*fault*
la fuerza	*strength, power*
el/la habitante	*inhabitant*
los llanos	*plains*
la masa de agua	*body of water*
la meseta	*plateau*
el pasto	*pasture*
reflexionar	*to reflect*

saber	*to know*
salir	*go out*
suficiente	*enough*
el trabajo	*job*
la verdad	*truth*
a veces	*sometimes*
¡Claro que no!	*Of course not!*
es decir	*that is to say*
más de	*more than*
menos de	*less than*
¿Qué tiempo hace?	*What's the weather like?*
la geografía	*geography*
la estación	*season*
el número	*number*
la población	*population*

Cognados

Review the cognates in *Adelante*. For a complete list of cognates, see Appendix 4.

EN VIVO

TEACHING SUGGSTION:
Stress the edge that students can have in gaining employment and having broader options by virtue of being bilingual. Ask them if the know anyone who has benefitted from being bilingual in gaining employment. Share any local examples you may have.

Empleo en el extranjero (*abroad*). Your instructor will provide half of the class with a number from 1 to 15 and the other half will be assigned the name of a company. If you received a number, your challenge is to express your company preferences. Interview students with company characteristics in order to find a company that fits with your preferences. In your interviews, be sure to use complete sentences (See examples below).

E1: *Necesito trabajar para una empresa con más de 40,000 empleados en Venezuela. ¿Cómo se llama su empresa? ¿Cuántos empleados trabajan en su empresa? ¿En qué ciudad está su empresa? ¿Cuál es el número de habitantes en la ciudad?*

E2: *La empresa se llama Kimberly Clark y tiene 8,515 empleados. Estamos en la ciudad de Guatemala. El número de habitantes es 1.3 millones.*

If there is no match, ask the same questions to another student until there is a match. When a match is successful, you are entitled to move up to the next step, an interview. Use the application form below but the company representative will ask you the information to complete the form.

A. Perfil de las empresas:	**B. Características preferidas**
Compañía: **Kimberly-Clark;** Empleados: 8, 515; Ciudad: <u>Guatemala</u>; Población: 1.3 millones	1. Necesitar/trabajar/empresa/menos de 3,000/empleados/**Paraguay**
Compañía: **McDonalds**; Empleados: 82, 598; Ciudad: <u>Managua</u>: 1.6 millones	2. Desear/trabajar/empresa/más de 7,000/empleados/**Chile**
Compañía: **Dell**; Empleados: 6,872; Ciudad: <u>Ciudad de Panamá</u>; Población: 1.8 millones	3. Preferir/trabajar/empresa/más de 1,000/empleados/**Colombia**
Compañía: **ORACLE**; Empleados: 2,762; Ciudad: <u>Asunción</u>; Población: 1.4 millones	4. Querer/trabajar/empresa/menos de 90,000/empleados/**Nicaragua**
Compañía: **Belcorp**; Empleados: 7,500; Ciudad: <u>Santiago</u>; Población: 5.8 millones	5. Necesitar/trabajar/empresa/más de/80,000/empleados/**Ecuador**
Compañía: **Coca-Cola**; Empleados: 681; Ciudad: <u>Lima</u>; Población: 7.9 millones	6. Querer/trabajar/ empresa/ empleados/más de 7,000/**Guatemala**
Compañía: **SC Johnson**; Empleados: 1,387; Ciudad: <u>Caracas</u>; Población: 3.2 millones	7. Tener que/trabajar/empresa/menos de 1,500/empleados/**Honduras**
Compañía: **IBM**; Empleados: 17,226 Ciudad: <u>Montevideo</u>: Población: 1.2 millones	8. Preferir/trabajar/empresa/más de 500/empleados/**Perú**
Compañía: **Direct TV**; Empleados: 1,247 Ciudad: <u>Bogotá</u>; Población: 4.4 millones	9. Desear/trabajar/empresa/más de 30,000/empleados/**Argentina**
Compañía: **Telefónica**; Empleados; 51,775; Ciudad: <u>Madrid</u>; Población 6.5 millones	10. Querer/trabajar/empresa internacional/más de 1,500/empleados/**Bolivia**

Compañía: **Marriot**; Empleados:1,841; Ciudad: <u>La Paz</u>; Población: 1.6 millones	11. Preferir/trabajar/empresa/más de/6,000/empleados/**Panamá**
Compañía: **Grupo Santander**; Empleados: 31,765; Ciudad: <u>Buenos Aires</u>; Población: 6.6 millones	12. Desear/trabajar/empresa/más de/ 15,000/empleados/**Uruguay**
Compañía: **Cisco Systems**: Empleados: 1,178; Ciudad: <u>Tegucigalpa</u>; Población: 894,000	13. Tener que/trabajar/más de/1000/ empleados/**Venezuela**
Compañía: **Arcos Dorados**; Empleados: 91,331; Ciudad: <u>Quito</u>; Población: 1.9 millones	14. Desear/trabajar/empresa/más de 50,000/empleados/**España**
Compañía: **Fedex**; Empleados: 6,058 Ciudad: <u>San José</u>; Población: 346, 799	15. Querer/trabajar/empresa/más de/6,000/ empleados/**Costa Rica**

Completar una solicitud. Complete the aplication below and then exchange it with a classmate to insure that the appropriate information has been given.

Solicitud de Empleo	Fecha / /
	Puesto que solicita y turno de su interés
Nota: La información aquí proporcionada será tratada confidencialmente	Sueldo mensual

DATOS PERSONALES

Apellido Paterno	Apellido Materno	Nombre(s)	Edad	Estatura	Peso	Estado Civil
Dirección			Código Postal	Teléfono Casa: Cel:		Sexo
Fecha de Nacimiento	Lugar de Nacimiento	Nacionalidad	Vive con:	Sus Padres ○	Su Familia ○	Solo ○
Clave ISSEMYM	Correo electrónico (e-mail)	¿Tiene licencia de manejo?	Registro Federal de Contribuyentes			

¿Cómo considera su estado de salud actual?	¿Padece de alguna enfermedad crónica?
Bueno ○ Regular ○ Malo ○	Sí ○ No ○ ¿Cuál?
¿Qué deporte practica? ¿Pertenece a algun club social o deportivo? ¿Cuál es su pasatiempo favorito?	
¿Cuál es su meta en la vida?	

DATOS FAMILIARES

Nombre	Vive	Finado	Domicilio	Ocupación
Padre				
Madre				
Esposa(o)				
Nombre Hija(o)				

In this short review chapter, you will be revisiting some of the main concepts that you studied in Capítulo Preliminar → Capítulo 3. There are six activities altogether, the answers for which can be found in WileyPLUS. Activities R1.1–R1.3 review the uses and forms of the present tense. Activity R1.4 reviews the notion of agreement between nouns, articles, adjectives, demonstratives, and possessives. Activity R1.5 reviews interrogative expressions and present tense verbs. R1.6 reviews a variety of concepts.

Uses and forms of the present tense

R1.1 **¿Habitual, futuro o en progreso?** Listen to the sentences and indicate whether the present tense verb expresses an habitual action, a future action or an action in progress.

	Habitual	Futuro	En progreso
1.	☐	☑	☐
2.	☑	☐	☐
3.	☐	☐	☑
4.	☐	☑	☐
5.	☐	☑	☐
6.	☑	☐	☐
7.	☐	☐	☑
8.	☑	☐	☐

R1.1 SCRIPT: 1. Salgo para La Paz mañana. 2. Lavamos la ropa los lunes. 3. En este momento, los estudiantes leen Vívelo: Cultura. 4. El concierto comienza en cinco minutos. 5. ¿Vienes a visitarme este fin de semana? 6. Ellos siempre vuelven del trabajo a las seis. 7. Ahora mismo, mi hermana escucha la radio. 8. Yo normalmente conduzco con mucho cuidado.

R1.2 **Descripciones breves.** Complete each sentence with the present tense form of the most logical verb from the list. Use each verb once and there will be four verbs left over.

asistir	dormir	hacer	presentar
cocinar	empezar	ir	ser
conocer	escribir	jugar	traer

1. Junot Díaz y Julia Álvarez _____escriben_____ novelas que representan aspectos de la cultura dominicana.

2. Yo siempre _____hago_____ la tarea de español.

3. –¿En qué canal _____cocina_____ platos mexicanos Marcela Valladolid?
–Ella trabaja en Food Network.

4. Tú normalmente _____duermes_____ siete u ocho horas cada noche.

5. –¿Quiénes _____son_____ los gobernadores de Nevada y Nuevo México?
–Se llaman Brian Sandoval y Susana Martínez.

6. Mis amigos y yo _____vamos_____ al cine frecuentemente porque nos gusta ver películas.

7. –¿Quién _____presenta_____ las noticias en Univisión? –Jorge Ramos.

8. Sergio Santos, Pedro Baez, Juan Uribe y Alex Guerrero _____juegan_____ al béisbol para los Dodgers de Los Ángeles.

R1.3 **Formar oraciones lógicas.** Rewrite the scrambled clause in bold in each sentence so that the elements are in the correct order, and then conjugate the verb. The first one is done for you.

1. Cuando llueve **los/no/poder/niños/afuera/jugar**

   Cuando llueve *los niños no pueden jugar afuera.*

2. Los domingos por la tarde **ver/partidos/fútbol/preferir** (*nosotros*)**/de/americano**

   Los domingos por la tarde _____

3. Para un evento formal **llevar/traje/deber** (*tú*)**/elegante/un**

   Para un evento formal _____

4. No vamos a perdernos (*get lost*) **porque un/preciso/tener** (*nosotros*) **/muy/GPS**

   No vamos a perdernos porque _____

5. Beatriz quiere trabajar con computadoras y por eso **necesitar** (*ella*)**/informática/ estudiar/la**

   Beatriz quiere trabajar con computadoras; por eso _____

6. Me gusta hacer ejercicios y por eso **al /todos/gimnasio/días/ir** (*yo*)**/los**

   Me gusta hacer ejercicios, por eso _____

7. Para practicar la pronunciación, **clase/palabras/la/repetir/específicas**

   Para practicar la pronunciación, _____

8. Los Sánchez son generosos y por eso **dinero/contribuir** (*ellos*) **varias/a/organizaciones**

   Los Sánchez son generosos; _____

Agreement between nouns, articles, adjectives, demonstratives, and possessives

R1.4 **¿Cuál es la forma correcta?** In order to complete each sentence, choose the correct adjective, demonstrative or possessive. Write the letter that corresponds to the correct answer in the space provided to the left of each sentence. The first one is done for you.

a. altas	**e.** negros	**i.** cómicos
b. cómicas	**f.** tus	**j.** nuestras
c. eso	**g.** alto	**k.** aquella
d. la	**h.** nerviosa	**l.** ese

___*a*___ 1. Las jugadoras de básquetbol generalmente son _____.

___h___ 2. Hoy María está _____ porque tiene un examen de física.

___l___ 3. A mí me gusta mucho _____ suéter.

___f___ 4. ¿Dónde viven _____ abuelos?

___k___ 5. _____ montaña distante se llama Monserrate.

___d___ 6. Se estudia anatomía en _____ facultad de Medicina.

___b___ 7. Mis hermanas son muy _____. Les gusta reír mucho.

___e___ 8. Mucha gente cree que los gatos _____ traen mala suerte.

Questions in the present tense

R1.5 **Una entrevista al revés.** Read these responses to a series of questions and then write the question that corresponds to each response. The first one is done for you.

1. *¿Cómo te llamas?*
Me llamo Ramón García Murillo.

2. ¿De dónde eres?
Soy de Granada, Nicaragua.

3. ¿Dónde está Granada?
Granada está cerca del Lago Nicaragua.

4. ¿Cuántos años tienes?
Tengo 20 años.

5. ¿Qué estudias?
Estudio ingeniería civil.

6. ¿Cómo es tu familia?
Mi familia es bastante pequeña y unida (*close*).

7. ¿Cuántos hermanos tienes?
No tengo ningún hermano. Soy hijo único.

8. ¿Qué prefieres/te gusta hacer los fines de semana? ¿Qué haces los fines de semana?
Los fines de semana prefiero salir con mis amigos.

Miscellaneous review

R1.6 In each sentence there is one (and only one!) error. Find and correct each error.

1. Es un parque grande en el centro de la ciudad.

2. ¿Te gusta los iPhones de Apple?

3. Los libros son en la mochila.

4. Este cuaderno es mío. (el cuaderno que otra persona tiene)

5. Las clases de español son interesante.

6. Shakira está colombiana.

7. ¿De dónde son su tíos?

8. Esta noche tengo que estudio para el examen de español.

R1.6 ANSWERS:
1. es → hay;
2. gusta → gustan;
3. son → están;
4. Este → Ese;
5. interesante → interesantes;
6. está → es;
7. su → sus/tus;
8. estudio → estudiar

CAPÍTULO 4

La cultura popular hispana en tu vida

AP/Wide World Photos

¿Cómo se expresa la cultura popular diariamente?

In this **Investigación** you will learn:

▶ How to talk about various forms of entertainment

▶ How to talk about pop culture

▶ How to talk about leisure and night life

¿Cómo puedes hablar de la cultura popular diariamente?

You can describe what you like to do for entertainment.	Me gusta bailar, ir al cine y cantar karaoke. Me encanta mirar los programas de la vida real, como Survivor, Project Runway, etc. Prefiero leer libros de ciencia ficción que de ficción.
You can express where and with whom you like to do these activities.	Me gusta salir con mis amigos. Muchas veces comemos en restaurantes y luego bailamos en una discoteca.
You can describe what you like and dislike doing.	No nos gusta para nada escuchar la radio. Preferimos escuchar música en Spotify. Me interesan las telenovelas de Telemundo y Univisión pero no me gustan programas como "Mira quién baila" o "Pequeños Gigantes".

SUGGESTION: To activate background knowledge and introduce students to the chapter theme, play the video from this chapter, with or without the audio. Ask students what they think the chapter will be about and what kind of words they will learn. Use the general questions to the right to motivate making cultural comparisons.

EN DIRECTO

> **¡Feliz fin de semana!** Watch the video about weekend pastimes. What forms of entertainment or pastimes are mentioned? Are they similar to your pastimes?

Answers will vary.

Adelante

¡Ya lo sabes! *El ocio[1] y los ratos libres[2]*

TEACHING TIP: Consider asking students questions that use some of the words in the **Adelante** list, *i.e., ¿Cómo se llaman unos clubs o discotecas en esta ciudad? ¿Cómo se llaman algunas series de televisión cómicas, de ciencia ficción, etc.?* Or, ask students to respond to statements you provide, such as *"Modern Family es una serie de ciencia ficción, ¿sí o no (cierto o falso)?"*

el bar/la discoteca/	conversar	la novela	la siesta
el club nocturno	el documental	el programa	la telenovela
la ciencia ficción	furioso/a	el público/la	la televisión/ el
la comedia	las influencias	publicidad	televisor[4]
contento/a	la Internet	la radio/el radio[3]	la tragedia

[1] *El ocio* means leisure   [2] *Ratos libres* means free moments   3 La radio **is the industry or media,** el radio **is the device.**   4 La television **is the medium,** el televisor **is the device.**

¡Atención!

campo	(not campus) country-side, rural area
lectura	(not lecture) a reading of text
partido	(not party) game, competition
ratos	(not rats) moments, small duration of time

4A.1   **¡Expande tu vocabulario!**   With a partner select the appropriate word derivation (i.e., verb, adjective, noun or adverb) that appropriately completes the sentence.

1. La _____ de la cultura hispana en los Estados Unidos es más obvia en algunas regiones que en otras.

   a. influyente   **b.** influencia   **c.** influir

2. Vamos a _____ el televisor para grabar (record) nuestras series favoritas.

   a. programación   **b.** programático   **c.** programar

3. La _____ es importante para atraer al _____ a un evento social.

   a. público   **b.** publicidad   **c.** publicitario

4. A mucha gente no le gustan los _____ porque son muy serios.

   a. documentales   **b.** documentos   **c.** documentar

ANSWERS: 1. b, 2. c, 3. b, a, 4. a

Encourage students to make associations within word families. This goes a long way in increasing student's interpretations of oral and written texts.

SUGGESTION: Ask students what leisure times these small photos convey

Batshevs/Shutterstock

4A.2 **Cognados falsos.** Use the false cognates below to complete the following statements. You will need to conjugate the verbs accordingly. Not all words will be used.

anotar	lecturas	partidos	ratos
asignaturas	firma	dormitorio	actual

a. Los viernes por la noche 1) _____ las 2) _____ de todas mis clases para ver si hay 3) _____ que hacer durante el fin de semana. Si no tengo que leer mucho salgo para la casa de mis padres, que viven en otra ciudad.

b. En los 4) _____ libres, voy al lago a nadar. Luego, me gusta ver qué 5) _____ van a ofrecer en la cadena ESPN. Si no hay nada interesante, voy a poder dormir en mi 6) _____ hasta muy tarde.

4A.3 **¡No me gusta para nada!** *(In no way do I like…)* Indicate the top four activities you dislike doing the most and share them with three classmates. As a class, compare your results to arrive at the top three most disliked activities in the class.

Modelo: *(individualmente) A mí no me gusta para nada dibujar, nadar, ni ir al cine.*
(grupo) A nuestro grupo no nos gusta para nada…
(clase) A la clase, no le gusta para nada…

☐ escuchar música en la radio
☐ conversar con amigos
☐ tomar una siesta
☐ jugar deportes
☐ estar contento/a
☐ dibujar
☐ manejar largas distancias
☐ beber cervezas

☐ mirar un documental
☐ ir al cine
☐ ir a un club nocturno/ bar/cantina
☐ estar furioso/a con mis amigos
☐ ir a partidos de fútbol
☐ comprar en la Internet
☐ leer en la Internet
☐ mandar mensajes de texto

4A.4 **Mi vida nocturna.** What is the typical weekend night life for university students in your region? Select the top three from the list below and share your answers with the class.

_____ Salir con amigos los fines de semana.

_____ Ir en auto a un lugar, i.e., al cine, a un club, a un restaurante, a una fiesta.

_____ Salir a comer con amigos.

_____ Invitar a amigos a la casa para preparar una comida.

_____ Regresar de una noche de fiesta antes de las 12 A.M.

_____ Llegar a una discoteca después de las 10 de la noche.

_____ Comer después de una noche de diversiones.

_____ Leer las lecturas de la clase de español.

_____ Otro: _____

La vida nocturna

En general, las costumbres en muchos países hispanohablantes son similares. Los jóvenes se reúnen (*meet*) con sus amigos en un lugar céntrico, por ejemplo en la plaza. Después de conversar y tomar algo, salen a bailar a discotecas o bares. Típicamente salen a bailar a las once o las doce de la noche. Después de bailar por varias horas, la gente sale a comer. En España comen tapas (pequeñas porciones de comida como jamón, queso (*cheese*), aceitunas (*olives*) y pan (*bread*)). En México comen tacos, menudo o pozole. La fiesta puede continuar hasta las cinco o seis de la mañana. En España, una noche de caminar con amigos de bar en bar es una "marcha." En México, es una "noche de pachanga" (*slang for fiesta*).

Courtesy of Dolly Young

Un aspecto muy importante en todos los países hispanohablantes es que una fiesta sin baile no es fiesta.

VÍVELO: CULTURA: Before students read this text, ask them questions about what they do on Friday or Saturday nights, their nightlife practices. For example, *¿A qué hora sales con tus amigos los fines de semana? ¿Adónde van? ¿Qué hacen? (bailan, comen, escuchan música, juegan videojuegos, navegan en la Internet, etcétera.) ¿A qué hora les gusta volver a sus casas? etcétera*. After reading the passage on *La vida nocturna*, ask students what practices are shared amongs cultures and how things differ.

4A.5   ¿Cierto o falso?

Paso 1: Indicate if the following statements are **cierto** or **falso** based on the above reading. If the statement is false, correct it to make it true.

1. Después de una noche de festejar, es común regresar a casa antes de la 1:00 de la mañana.
2. Típicamente la gente come antes y después de bailar con los amigos.
3. Es común reunirse (*meet*) con los amigos en un lugar céntrico antes de salir a festejar.
4. La "marcha" en España y una "noche de pachanga" en México son similares.
5. En la vida nocturna típica del mundo hispano hay música, baile, conversación y comida.

Paso 2: **¿Qué hay en común entre las dos culturas?** As a class, discuss what Hispanic and U.S. nightlife have in common.

4A.5 ANSWERS: 1. Falso (hasta las cinco o seis de la mañana), 2. Cierto 3. Cierto, 4. Cierto, 5. Cierto.

4A.6   ¡Adivina! (*Guess!*)   Write two sentences in Spanish using two words in the **Adelante** section (*cognates*). One sentence should be obviously false and one obviously true. Be prepared to read one of your sentences to the class for classmates to guess whether it is **cierto** o **falso**.

Modelo: *La música es un deporte.* (falso)
No es necesario estar en Internet para jugar videojuegos. (cierto)

4A.6 TEACHING TIP: You may want to model what is meant by the reference to false sentences. For example, if a student writes, *Tiro el papel en el basurero*, the sentence is logical. It cannot, however, be judged as true or false. On the other hand, *En Netflix no hay películas* could be judged false since it is clearly illogical.

Bien dicho

Las vocales a, e, i, o, u

Every syllable in Spanish will contain a vowel. Unlike in English, the five vowels in Spanish are pronounced without much variation from word to word, are pronounced without an elongation or glide at the end, are shorter in duration and are more staccato-like in Spanish. To correctly pronounce the Spanish vowels, you will need to drop your lower jaw a bit more than you are used to for the **a**, close your jaw some and pull your lips as if to smile for the **e** and the **i**, round your lips to correctly pronounce the **o**, and pucker them for the **u**. The vowels are divided into strong vowels (**a, e, o**) and weak vowles (**i, u**). A strong and a weak vowel, or two weak vowels may work together in a syllable to form a single sound called a diphthong. A written accent mark over the weak vowel in a pair signals that no diphthong is formed, and the vowels belong to different syllables. A written accent mark over the strong vowel in a dipthong simply indicates that stress falls on that syllable of the word.

Diphthong (same syllable, single sound)   No diphthong (different syllable, separate sounds)
agua–a-**gua**   día–dí-a

4A.7   ¡A pronunciar!   With a classmate, take turns reading the following statements aloud, concentrating on the appropriate pronunciation of the vowels. Provide feedback to your partner when a vowel is elongated or the physical mouth movements are not visible. When you have finished, switch sentences and repeat the activity.

1. El género de música que más me gusta es la salsa.

2. El fútbol es un deporte popular en América del Sur.

3. Las películas de horror son muy violentas.

4. Es fácil comprar películas en iTunes.

5. Héctor Galán produce documentales sobre los latinos.

6. Gerardo Rosales toca varios instrumentos de percusión.

VÍVELO: LENGUA

Les/Nos gusta(n)....

We have learned how to express what is liked and by whom formulaically, as in *Me gustan las nuevas tabletas de Apple*, thus avoiding a grammar-based approach to the verb gustar. Grammatically speaking, however, this sentence, translates literally as "The new Apple tablets are pleasing to me." The "to me" represents the indirect object (to whom something is pleasing) and "the tablets" are the subject (what is being liked). When by whom something is liked is plural, Spanish uses *les* and *nos*, i.e., *A los adultos, nos gusta usar la Internet, Les gustan los videojuegos a los adolescentes*. Notice the flexibility of where the prepositional pronouns occur (at the beginning or at the end). This is because Spanish has more options when it comes to word order than English.

The **prepositional pronouns** are always introduced with "a" and, with the exception of *a mí* and *a ti*, take the same form of subject pronouns, i.e., *a él, a ella, a usted, a ellos, a ellas, a ustedes, a nosotros/as*. The indirect object pronouns **les** and **le,** however, are different from the prepositional pronouns and subject pronouns, i.e., *A ellos les gusta acampar en las montañas*.

Subject pronouns	Prepositional pronouns (included for clarification or to provide emphasis)	Indirect object pronouns (expresses to whom someone/something is pleasing)
Yo	a mí	me
Tú (informal "you")	a ti	te
Él/ella	a él/a ella	le
Usted (formal "you")	a usted	le
Nosotros/as	a nosotros/as	nos
Vosotros/as	a vosotros/as	os
Ellos/ellas	a a ellos/as	les
Ustedes (you all)	a ustedes	les

Avoid confusing *nos*, an object pronoun with *nosotros/as*, a subject pronoun or a nosotros, the prepositional pronoun. *Nos gusta hacer tarea* conveys the idea that "We like to do homework", but the use of *nos* (object pronoun) is really "us", i.e., "Doing homework is pleasing to us."

4A.8 **El ocio y la tecnología.** In small groups, express your likes and dislikes regarding the following leisure activities online and report your collective findings to the class.

> Modelo: *A dos compañeros de nuestro grupo les gusta escribir blogs y a dos no les gusta. En general, a nosotros no nos gusta la publicidad en redes sociales (social networks).*

Me gusta(n)/no me gusta(n)…

1. La publicidad en redes sociales
2. Escribir blogs en la computadora
3. Chatear con personas en otros lugares
4. Los videos en YouTube
5. Las clases en línea
6. Comunicar con amigos/familia en Facebook
7. Los juegos interactivos en la computadora
8. Contestar emails

4A.8 TEACHING TIP: Ask students to express individually at least two things they like and dislike from 1–8. Remind students to take notes because they will need to provide a group summary for the rest of the class, as in the *Modelo*.

Melpomene/Shutterstock

Palabras clave 1 El entretenimiento (*entertainment*) y los pasatiempos (*pastimes*)

| Atracciones (121) | Actividades (176) | Vida nocturna (100) | Compras (29) |

Qué hacer en Miami

| Todos | Diversión | Al aire libre | Deportes | Cultural | Museos | Sitios de interés | Actuaciones | Zoológicos y acuarios |

Zoológico de Miami

N. 8 de 122 atracción en Miami

4.5 1.364 opiniones

"compra de excursiones" 05/07/2014
"super entretenido, gran variedad" 29/06/2014

Categoría: Zoológicos

Reservar

Mapa | Fotos de los visitantes (698)

SUGGESTION: Ask students whether the comments made about the Miami Zoo are positive or negative (positivo/negativo).

TEACHING TIP: Students should be able to figure out the meaning of each of the categories, with the exception of *actuaciones* for "shows". Ask them what examples they can provide under each category for their home town or the city in which their college/university is located.

WileyPLUS Learning Space

You will find PowerPoint presentations for use with *Palabras clave* in *WileyPLUS Learning Space*.

Otras formas de entretenimiento y las emociones que provocan

El conjunto
Es un conjunto de músicos.

La juventud
Ella piensa en su juventud y él piensa en el futuro.

La película
Producen muchas películas en Hollywood.

Encontrar
El estudiante tiene que encontrar su tarea para la clase.

Feliz/Alegre/Contento/a
Están contentos y alegres porque celebran el cumpleaños de muchos amigos.

Triste
La niña está triste porque no puede ir a bailar con su hermana mayor.

Divertido/a
Es divertido mirar un
partido de fútbol juntos.

Tienda
La tienda vende de todo.

Enojado/a
El muchacho está enojado.

Tener ganas de
Después de un viaje largo,
tienen ganas de dormir un rato.

Llevarse bien
Van a llevarse bien.

El ruido
El esposo hace mucho ruido
cuando ronca (*snores*).

Aburrido/a
Están aburridos.

Ir de compras
Les encanta ir de compras.

Disfrutar
Ella disfruta del café.

Can you guess the meaning of **por eso** based on the following
sentence?

Por eso: *Los jóvenes tienen mucha presión en sus estudios y por eso
necesitan tener pasatiempos saludables.*

TEACHING TIP: Ask
students to use contextu-
al cues in the images to
figure out what the new
vocabulary words mean.
Go over their findings to
check comprehension.

4A.9 **Escucha e identifica.** Listen to the definitions and select the word being described from the list below. One word will not be used.

el entretenimiento	la película	triste	la juventud
aburrido/a	ganar	enojado/a	

4A.10 **Una conversación breve.** Read the following exchange between two friends and select the words from the list below that best complete the blanks. Then, compare your answers with two classmates.

partido	ir de compras	conjunto	divertirnos
tienes ganas	entretenimiento	dinero	

E1: ¿_____ (1) de asistir a un _____ (2) de fútbol, manejar por el campo o escuchar un _____ (3) de jazz en el parque esta tarde?

E2: Pues (*well*) no tengo _____ (4) y tenemos que pagar por la gasolina. Además, tenemos que comprar la entrada (*ticket*) al partido. Al contrario, escuchar el conjunto de jazz es gratis (*cost free*).

E1: Excelente porque me gustan las formas de _____ (5) que son gratis. ¡Vamos al parque!

E2: Vamos, pero tenemos que _____ (6) porque necesito zapatos tenis.

4A.11 **¿Qué opinas?** In groups of three, complete the phrases below and then share your opinions with the class. Your instructor will poll responses so that you can summarize them in a **Retrato de la clase**.

1. A la juventud estadounidense no le gusta…

2. Las tiendas más caras de tu ciudad son…

3. El equipo más conocido del estado es…

4. El ruido que más irrita es…

5. Los actores más entretenidos son…

6. Los partidos de deportes más famosos son…

Retrato de la clase: La mayoría de la clase dice que a la juventud estadounidense no le gusta… Las tiendas más costosas son… El equipo más conocido es… etc.

4A.12 **Preferencias personales.** Interview a classmate using the statements below. Then summarize in your **Retrato de la clase** your classmate's preference and likes related to forms of entertainment.

1. Hoy en día, en tu fase de estudiante universitario, ¿prefieres tener más dinero o más tiempo libre?

2. ¿Qué formas de entretenimiento te gustan más?

3. ¿Qué haces cuando quieres descansar?

4. ¿Con quién no te llevas bien?

5. ¿Cuándo tienes ganas de divertirte y cuándo tienes ganas de estudiar?

6. ¿Qué formas de entretenimiento te molesta (*to bother*) ver?

Retrato de la clase: Mi compañero de clase, (nombre), prefiere tener más dinero que tiempo libre. Le atraen muchas formas de entretenimiento, Por ejemplo…

VÍVELO: LENGUA

Verbs like gustar

There are a number of verbs that behave similarly to **gustar**. Like **gustar**, they take an indirect object pronoun to indicate to whom something is pleasing, interesting, important, lacking, bothersome, etc. For *le* and *les*, the prepositional phrases are used to clarify the indirect object pronoun, i.e., ***A Enrique le*** *encantan los museos, las galerías de arte y los conciertos*. The prepositional phrases, *a mí, a ti, a nosotros*, usually will not be used unless to provide emphasis, such as *A mí me falta dinero para comprar la entrada pero a él no*.

LOS ANIMALES ME IMPORTAN

Courtesy of Pablo Muirhead

encantar (to enjoy)	*A los profesores de la universidad les encantan los estudiantes motivados.*
interesar	*Siempre nos interesan las noticias.*
molestar (to bother)	*¿Te molestan los ruidos fuertes (loud)?*
faltar (to miss, lack)	*En familias grandes, no les falta el amor.*
importar	*No me importa el dinero. Me importa más la calidad de vida.*

4A.13 ¿A mí me...? Complete the following phrases with true information and then ask your partner the questions to the right. Summarize what you learned about your classmate with the class in a **Retrato** and share it with the class. Look for commonalities in students' responses.

Modelo: A mí me interesan los pasatiempos al aire libre.

1. A mí me encanta(n)…   A ti, ¿qué te encanta?

2. A mí me molesta(n)…   A ti, ¿qué te molesta?

3. A mí me falta(n)…   A ti, ¿qué te falta?

4. A mí me importa(n)…   A ti, ¿qué te importa?

5. A mí me interesa(n)…   A ti, ¿qué te interesa?

Retrato: A mí me encantan los deportes pero a mi compañero no le encantan los deportes. A él/ella le encanta la música. A nosotros/as nos molestan los profesores aburridos, etc.

Maratón en Asunción

VIERNES, 4 DE JULIO DE 2015   07:29

Anunciaron la Maratón Internacional de Asunción

La competencia pedestre más importante del año será el domingo, 9 de agosto, desde las 7h, con largada desde la plaza ubicada frente al histórico edificio del cabildo.

4A.13 SUGGESTION: Remind students that the verbs listed in 1–5 can be in the singular, plural or infinitive, depending on the subject (what is enjoyed, lacking, important, interesting or bothersome).

SUGGESTION: Ask students to read the advertisement for a marathon in Asunción, Paraguay and have them notice how the date and time is expressed. Also ask them where such type of advertisements can be found in the U.S.

4A.14 ¿Quién es "Betty la fea"? Do you recall a U.S. program called Ugly Betty? If so, what do you recall from it? Did it air daily or weekly? Did it air during the day or at night? Describe what you know about typical U.S. soap operas.

© Photos 12 / Alamy Inc

Yo soy Betty, la Fea was originally a Colombian soap opera that was picked up all over the world. It re-aired on a Spanish-language U.S. network, TeleFutura, and then on ABC as an English version. America Ferrera was cast as Ugly Betty. The soap garnered exceptional ratings for the network and had over one million viewers. Interestingly, more than half a million of the viewers were adults aged 18–49.

VÍVELO: CULTURA

Las telenovelas en Latinoamérica

El género de la telenovela tiene su origen en las radionovelas de la década de 1940, patrocinados (*sponsored*) por las compañías de jabón (*soap*) como Palmolive y Lever Brothers. Hoy en día, los latinoamericanos son grandes maestros de la telenovela. El tremendo interés del público y de los patrocinadores resulta en producciones costosas de alta calidad que se ven (*are seen*) en todas partes del mundo. Como la industria cinematográfica en Latinoamérica es relativamente pequeña, es en las telenovelas que los actores y las actrices tienen la oportunidad de ser verdaderas "estrellas".

Como las *soap operas* de Estados Unidos, las telenovelas normalmente se presentan los cinco días de la semana. Pero a diferencia de las *soap operas* estadounidenses que se dan durante el día, las telenovelas se presentan típicamente en la noche cuando hay más televidentes (*viewers*). Otra diferencia es que las *soap operas* parecen seguir sin fin (*go on forever*) mientras que las telenovelas en Latinoamérica tienen normalmente unos 75 o 100 episodios en total. Es decir, se presentan por un período de entre tres y seis meses con un final emocionante que nadie quiere perderse (*to miss*).

Alexander Tamargo/Getty Images, Inc.

4A.15 ¿Latinoamérica o Estados Unidos? With a classmate, determine whether each statement below describes Latin America or the US with respect to soap operas.

	Latinoamérica	Estados Unidos
1. Las telenovelas no son tan populares como otros tipos de programas.	☐	☑
2. Las telenovelas tienen una distribución mundial.	☑	☐
3. No es tan prestigioso salir en una telenovela como salir en el cine.	☐	☑
4. Las telenovelas se presentan por un tiempo limitado, por ejemplo seis meses.	☑	☐
5. Las telenovelas más populares se presentan por la noche.	☑	☐

Palabras clave 2 El ocio y las diversiones

WileyPLUS Learning Space

You will find PowerPoint presentations for use with *Palabras clave* in *WileyPLUS Learning Space*.

MULTIPLE INTELLIGENCES: Reach your visual learners by projecting a large image of the new vocabulary. Use the visual to add support to comprehensible input you offer your students.

TEACHING TIP: List on the board or project the English equivalents of several items from *Palabras clave*. Act out their meanings in random order and have students call out the Spanish word. As students call out the Spanish word, place a check mark next to or cross out its English equivalent on the board.

Parque de diversiones

Llorar
La mujer **llora** porque ocurre una tragedia en la historia.

Ganar
Cuando hay competiciones, todos quieren **ganar**.

La entrada
Compra la entrada **al teatro**.

Descansar
Es importante **descansar** después de un día largo de trabajo.

Los aficionados
Son **aficionados** a las películas de ciencia ficción.

Las carreras
Las carreras son muy competitivas.

Sonreír
El perro sonríe porque está contento.

Gritar
Los aficionados gritan "gol".

TEACHING TIP: Write the verbs and sentences on index cards and pass them out, one per student. Then, have students match themselves up (one word–one description/definition). For large classes, divide the class into two groups each with the same verbs and sentences.

TEACHING TIP: The meaning of these words can be conveyed via TPR, i.e., *gritar, llorar, sonreír, descansar, ruido.* Alternatively you can ask students to provide associations for words, i.e., *llevarse bien* (Snow White y los 7 enanitos, etc.).

Caro/a o Costoso/a
Es **caro** andar en taxi con mucha frecuencia.

Barato/a
Es **barato** ir al parque porque no hay que comprar entrada.

Festejar
Los amigos festejan el fin del semestre.

4A.16 Personajes *(characters).* Listen to the statement and select the best response from the options below. Not all responses are used.

a. ___5___ La tía Madea de Tyler Perry

b. ___2___ Un bebé

c. ___4___ Lionel Messi de Argentina

d. _____ Donald Trump, Bill Gates y Mark Zuckerberg

e. ___1___ El Museo Guggenheim, el Museo del Prado, galerías de arte

f. _____ Demócratas y republicanos

g. ___3___ Una ambulancia, un disparo *(gunshot)* y una discoteca

4A.17 ¡Adivina la palabra! Working with a classmate, choose to read the descriptions from 1–5 or 6–10 to each other. The answers to 1–6 are limited to the words in Card A and answers to 6-10 are limited to the words in Card B.

Card A				
caro/a	disfrutar	los aficionados	sonreír	barato/a
Descripciones				
1. Suspender todo trabajo y toda acción física por un tiempo limitado para conservar energía.				*descansar*
2. Cuando el respeto y la admiración son mútuos entre personas y la relación entre ellas es positiva.				*llevarse bien*
3. Es sinónimo de celebrar.				*festejar*
4. Es antónimo de alegre, contento, feliz.				*triste*
5. Cuando dos personas o equipos compiten por ser el más rápido.				*la carrera*

Card B				
la carrera	festejar	llevarse bien	descansar	triste
Descripciones				
6. Es cuando te encanta hacer una actividad o te encanta una cosa.				*disfrutar*
7. Cuando una cosa o servicio no requiere mucho dinero				*barato/a*
8. Reacción física que se manifiesta en la boca para indicar satisfacción o alegría.				*sonreír*
9. Es un grupo de personas que disfruta de un evento, deporte, pasatiempo, etcétera				*los aficionados*
10. Cuando una cosa o un servicio requiere mucho dinero.				*caro/a*

4A.18 ¡Firma aquí! Select 5 items from the 6 below to create your own survey on a separate sheet of paper. Then, walk around the class and ask your classmates if the six statements you read are relevant to them. If they are, ask your classmate to write his/her initials *(firma aquí)*. Try to find at least two signatures for each item. Report your findings to the class. Add your findings to the **Retrato de la clase**.

1. No me gusta comer en restaurantes elegantes.

2. Muchas veces tengo ganas de sonreír.

3. Siempre lloro con las películas tristes.

4. Frecuentemente duermo ocho horas o más por la noche.

5. Siempre encuentro algo que hacer para divertirme en casa.

6. Nunca voy al cine sin un compañero.

Estructuras clave 1 Other irregular verbs in the present tense

Some irregular verbs are less easily categorized. The verbs below have been grouped based on the pattern they have in common. Can you figure out each group's pattern?

Construir, destruir, and **contribuir** add a **y** to the stem before the personal endings (except in the **nosotros/as** and **vosotros/as** forms).

	construir	**destruir**	**contribuir**
yo	construyo	destruyo	contribuyo
tú	construyes	destruyes	contribuyes
él/ella/Ud.	construye	destruye	contribuye
nosotros/as	construimos	destruimos	contribuimos
vosotros/as	contruís	destruís	contribuís
ellos/as/Uds.	construyen	destruyen	contribuyen

Conocer, producir, and **traducir** have a **c ⟶ zc** change in the **yo** form.

	conocer	**producir**	**traducir**
yo	conozco	produzco	traduzco
tú	conoces	produces	traduces
él/ella/Ud.	conoce	produce	traduce
nosotros/as	conocemos	producimos	traducimos
vosotros/as	conocéis	producís	traducís
ellos/as/Uds.	conocen	producen	traducen

Ver, leer, and **dar** are also conjugated like **ir.**

	ver	**leer**	**dar**
yo	veo	leo	doy
tú	ves	lees	das
él/ella/Ud.	ve	lee	da
nosotros/as	vemos	leemos	damos
vosotros/as	veis	leéis	dais
ellos/as/Uds.	ven	leen	dan

4A.19 ¿Quién lo dice? With a partner, read the following statements and identify who from the list of options below is likely to have made these statements.

Declaraciones

___d___ **1.** "Leo la radiografía y veo que el paciente necesita una tercera operación para reconstruir la mano".

___a___ **2.** "Voy a ver al paciente para darle una inyección de antibióticos".

___e___ **3.** "Construyo objetos con mis manos".

___c___ **4.** "No conozco a este asesino (*murderer*) pero vamos a detener (*detain*) a su esposa para ver si ella habla".

___b___ **5.** "Yo no produzco la evidencia porque la evidencia ya está allí. Voy a convencer a todos en esta corte de la culpabilidad (*guilt*) del acusado".

Personajes

a. La enfermera

b. El abogado

c. El agente del FBI

d. La doctora

e. El carpintero

WileyPLUS Learning Space
Go to *WileyPLUS Learning Space* and review the tutorial for this grammar point.

WileyPLUS Learning Space
You will find PowerPoint presentations for use with *Estructuras clave* in *WileyPLUS Learning Space.*

TEACHING TIP: Encourage students to keep track of these grammatical points in their notebooks for easy reference. Often, when we write something down, we are more likely to remember it.

4A.20 ¿Qué hago?   Complete five of the eight phrases below with a follow-up that is logical or illogical. Read a few of your statements to the class to determine if it is logical or illogical. The first one is done for you.

1. Destruyo…   *Destruyo la entrada al concierto porque tengo ganas de escuchar música.* (Ilógico)

2. Conozco…

3. Construyo…

4. Veo…

5. Produzco…

6. Traduzco…

7. Contribuyo…

8. Doy…

4A.21 Una oración completa.   With another classmate, use the elements given to write a complete and logical sentence. Make sure to insert any articles or prepositions.

1. Pedro Almodóvar/producir/películas/excelente.

2. Jorge Ramos/dar/noticias/Univisión.

3. Conjunto/más/popular/mundo/llamarse/Aventura.

4. Entradas/teatro/ser/caro.

5. Aficionados/llorar/cuando/no/ganar.

4A.22 ¡Toma la prueba!   Interview a classmate to determine how much Hispanic pop culture is actually present in his/her life. Your partner receives 1 point every time he/she responds with "sí" and 0 points with "no." Add up the points and then read your classmate his/her results.

	Sí	No
1. ¿Ves películas hispanas?	☐	☐
2. ¿Sabes quiénes son Enrique Iglesias o Christina Aguilera?	☐	☐
3. ¿Conoces a un político hispano?	☐	☐
4. ¿Bailas salsa o cumbia?	☐	☐
5. ¿Escuchas música latina?	☐	☐
6. ¿Miras el programa "Modern Family" donde aparece Sofía Vergara?	☐	☐
7. ¿Lees libros de autores hispanos?	☐	☐
8. ¿Asistes a celebraciones hispanas, i.e., cumpleaños con piñata, el Día de los Muertos, el 16 de septiembre o el 5 de mayo, etc.?	☐	☐

Resultados:
7–8 puntos   La cultura hispana te rodea *(surrounds you).*
4–6 puntos   La cultura hispana es parte de tu vida.
1–3 puntos   Necesitas más cultura hispana en tu vida.

4A.23 ¡A entrevistar! Interview a classmate using the following questions. Create a chart like the one below and jot down his/her answers. Then, write a brief summary of what you learned about that classmate, share it with the rest of the class, and include it in your **Retrato de la clase.**

Entrevista de _____	
¿Qué lees?	
¿Adónde vas de vacaciones con tu familia este verano?	
¿Conoces a una persona famosa del mundo del entretenimiento?	
Cuando miras películas hispanas, ¿traduces de tu idioma nativo al idioma que aprendes?	
En los videojuegos, ¿destruyes a un amigo cuando se transforma en enemigo?	
¿Cómo contribuyes a las redes sociales? (*social networks*)	

Retrato de la clase: Mi compañero/a de clase ____ lee ____. Su familia va a ____ este verano. No conoce a nadie famoso…

WileyPLUS Learning Space
4A.23 INSTRUCTOR'S RESOURCES: A reproducible chart for use with Activity 4A.23 is included in your Instructor's Resources. Students do not need to ask the questions in this order, and can certainly adapt them if they feel it necessary.

4A.23 RETRATO DE LA CLASE: Have students collect and record information about their class community in this speaking and writing activity.

VÍVELO: CULTURA

La siesta

La siesta tiene sus orígenes en tiempos medievales en España y la tradición continúa hoy en día. En regiones de clima cálido (*warm*), es importante cerrar las tiendas y las oficinas por dos o tres horas cuando hace más calor, típicamente al mediodía, porque hay muchos edificios antiguos en España sin aire acondicionado. Después de un descanso o una siesta en casa todos regresan a trabajar a sus oficinas o tiendas. En el presente la siesta está desapareciendo (*disappearing*), particularmente en las grandes ciudades. Tres factores responsables de su desaparición son: 1) las largas distancias que los trabajadores viajan para volver a casa; 2) la globalización y el enfoque multinacional de las compañías que están forzando a las oficinas de gobierno y a los negocios internacionales a sincronizar sus horas de trabajo; y 3) los padres que prefieren trabajar horario corrido (*continuous*) y pasar la tarde con su familia. La siesta, vista por algunos como una forma de mantener la buena salud y una vida más sana, es ahora vista por otros como un obstáculo para el progreso económico y la vida familiar.

4A.24 La siesta. Listen to some statements about *la siesta*, then decide if they are **cierto** or **falso** based on the reading. Compare your answers with those of your class.

	Cierto	Falso
1.	☑	☐
2.	☐	☑
3.	☐	☑
4.	☐	☑
5.	☑	☐

VÍVELO: CULTURA As a pre-reading for the next VC, ask students what they know about the custom of "*la siesta.*" Then, ask them to read the excerpt to learn the reasons for this custom and how it might relate to "*la vida nocturna.*" In addition, suggest they note whether this cultural practice continues today and if not, why?

4A.24 AUDIO SCRIPT
1. La tradición de la siesta tiene sus orígenes en la Edad Media. 2. La tradición de la siesta se asocia con climas fríos. 3. En las grandes ciudades es fácil regresar a casa para la siesta. 4. A causa de la globalización, la costumbre de la siesta se ha extendido por todo el mundo. 5. Algunos padres creen que la costumbre de la siesta afecta negativamente a sus familias.

Estructuras clave 2 *Ser/estar* contrasted

WileyPLUS Learning Space
Go to *WileyPlus Learning Space* and review the tutorial for this grammar point.

WileyPLUS Learning Space

You will find PowerPoint presentations for use with *Estructuras clave* in *WileyPLUS Learning Space*.

Recall that **ser**, "to be," is used in **Spanish** when referring to an integral part of someone, i.e., someone's identity, nationality, physical characteristics, origin, and profession.

Identity	Leticia Van de Putte **es una** mujer hispana.
Character or personality	Jennifer López **es** talentosa.
Nationality	Sofía Vergara **es** colombiana y también estadounidense.
Physical characteristics	LeBron James y Pau Gasol **son** muy altos.
Origin	Lionel Messi **es** de Argentina.
Profession	Mi tío es abogado.
Quantity	**Somos** tres en mi familia.

We also learned that **ser** can be used when telling time, expressing possession, saying what something is made of, and expressing where something takes place.

Telling time	**Son** las cinco de la tarde.
Possession	**Es** la bicicleta de Lance Armstrong.
Material	Algunos teléfonos **son** de plástico o policarbonato.
Place where something occurs, a house, building, room, etc.	La fiesta **es** en la casa del profesor.

Estar, also "to be" is used to express location and mental, physical o emotional condition/state.

Location	Colorado **está** entre Arizona y Nuevo México.
	La guitarra **está** encima del piano.
Mental state	**Estoy** confundida (*confused*). **Estoy** muy bien.
Physical state	**Estoy** cansada, quiero descansar.
Emotional mood	**Estoy** desilusionada.
	Estoy feliz.

To determine when to use **ser** or **estar** with adjectives that refer to people, places or things, use **ser** to describe an inherent condition and **estar** to describe a transitional condition, a feeling at a particular moment or as a result of something.

Ser	Estar
LeBron James **es** alto y simpático.	Hoy día LeBron James no **está** de buen humor.

Some adjectives have one meaning when used with **ser** and another when used with **estar**.

Ser	Estar
El chico va a asistir a Harvard porque **es** muy listo (*smart*).	Todos **están** listos (*to be ready*) para ir a la iglesia.
La casa **es** de color verde (*green*).	La banana **está** verde (*not ripe*).
Mi clase de inglés es aburrida (*boring*).	Mis amigos están aburridos (*bored*).

4A.25 ¿Dónde estás, quién eres y cómo eres? After reading the descriptions, determine who the person is, what the person is like and where he/she is. The first one is done for you. *Answers will vary.*

1. Me interesa la vida religiosa. Trabajo principalmente los domingos. Tengo una congregación grande. *Eres ministro o cura. Eres paciente y sincero. Estás en una iglesia o catedral.*

2. Me encanta la naturaleza y me gusta observar a los animales en sus hábitats naturales. Me gusta acampar en las montañas cuando no hay clases.

3. Me molesta el crimen en la ciudad. Mi trabajo es establecer orden en las calles. Me gusta asistir a eventos cuando no hay violencia o conflictos sociales.

4. Nunca me falta dinero. Siempre tengo suficiente para comprar las entradas caras del teatro en Broadway, o de la ópera en mi ciudad. Tengo varias empresas en Nueva York.

5. Nunca tengo tiempo para el ocio. Típicamente trabajo entre 10 a 12 horas al día. Me interesa leer investigaciones actuales sobre la medicina.

6. Me encantan los parques de diversiones pero mis padres siempre quieren ir a museos, galerías de arte o comer en restaurantes elegantes. No les gusta divertirse. No tengo control de dónde vamos en nuestras vacaciones porque soy muy joven.

4A.26 ¿Ser o estar? Complete one of the two email messages below with the correct forms of **ser** or **estar** and then find a classmate who completed the same passage. Did you both agree on the responses?

Mensaje A.
Querida amiga, 1)_____ en Disneylandia en Los Ángeles y 2)_____ las 10:00 de la mañana. 3)_____ ansiosa por comprar la entrada porque tengo muchas ganas de conocer el parque famoso. 4) _____ cinco amigos que planeamos este viaje a los Estados Unidos. Todos 5) _____ de Chile y 6) _____ muy emocionados porque nos encantan las caricaturas de Walt Disney. Desafortunadamente (unfortunately) 7) _____ una persona poco paciente y por eso quiero entrar pronto. Mis amigos no 8) _____ fiables (dependable) y no quiero esperar (wait) en este calor.

Mensaje B.
Querido amigo, mi padre 1) _____ en la universidad para asistir a un partido de fútbol universitario donde mi universidad juega contra (against) su universidad. Los dos 2) _____ alegres porque 3) _____ aficionados al deporte. Mi padre se lleva bien con todos porque 4) _____ una persona divertida y cómica. Es raro porque él 5) _____ policía y su trabajo 6) _____ peligroso (dangerous). Después del partido hay una fiesta. La fiesta 7) _____ en mi residencia estudiantil que 8) _____ al lado del estadio.

4A.27 Ver y describir. Describe situations and people in the photo below using **ser/estar**. Write a minimum of 6 sentences using **ser** and **estar**.

4A.28 Cita ciega *(blind date).* With a partner write a script that role-plays the scenario below. One of you is Peruvian and the other from the United States. Role-play your script for the class to determine if you should pursue the relationship.

Your matchmaker best friend from Perú has set you up on a blind date via Skype. Find out as much as you can from your date, i.e., what type of things bother him/her what is lacking in his/her life, what he/she likes to do for fun, what he/she does not like, where he/she is from, what he/she is like, what his/her parent's professions are, where the parents are today and how he/she feels about the blind date.

VÍVELO: CULTURA

Dos culturas en contacto

En Estados Unidos hablamos de un "melting pot" en el que se preservan y respetan todas las culturas. Cuando dos culturas tienen contacto, sin embargo *(nevertheless)* siempre hay influencias mutuas. La influencia de la cultura popular latina en Estados Unidos se puede ver en los artistas, el cine, los bailes y la música. Por ejemplo, si quieres bailar salsa, es fácil encontrar un club donde puedes salir a bailar con tus amigos. ABC ofrece un canal para todas las personas que hablan español e inglés en los Estados Unidos. También, hay más artistas latinos que empiezan a cantar en inglés y artistas estadounidenses que empiezan a cantar en español. Este fenómeno se llama música "crossover". El fenómeno existe en el reguetón, la salsa y la música pop. En el mundo del cine, Will Ferrell hizo *(made)* una comedia mexicana con Gael García Bernal y Diego Luna. Penélope Cruz y Javier Bardem han ganado *(have won)* Oscares, y un actor de considerable éxito en el mundo latino, William Levy, se presentó al público estadounidense en *Dancing with the Stars*. Para los artistas, el público es más numeroso cuando se hablan dos lenguas. En el mundo del ocio es evidente que la influencia de la cultura latina es considerable en Estados Unidos.

FREDERIC J. BROWN/AFP / Getty Images, Inc.

4A.29 Después de leer. Indicate whether the following statements are **Cierto (C)** or **Falso (F)** based on the reading above. Then, check your responses as a class.

	Cierto	Falso
1. La cultura hispana no es muy notable en la cultura popular estadounidense.	☐	☐
2. Los canales estadounidenses nunca van a expandir a las audiencias hispanas.	☐	☐
3. Es tan importante para celebridades hispanohablantes hablar en inglés como para celebridades anglohablantes hablar en español.	☐	☐
4. La cultura hispana y la cultura estadounidense experimentan una influencia mutua.	☐	☐

Vocabulario esencial

Sustantivos

el aficionado/a	*fan*
la carrera	*races*
el conjunto	*group/band*
el dinero	*money*
las diversiones	*amusements, diversions*
la entrada	*ticket, admission*
el entretenimiento	*entertainment*
la juventud	*youth*
el partido	*game*
el pasatiempo	*pastime*
la película	*movie*
el ruido	*noise*
la tienda	*store*

Verbos

atraer	*to attract*
decir	*to say, to tell*
descansar	*to rest*
disfrutar	*to enjoy*
divertirse	*to enjoy, have fun*
encontrar	*to find*
festejar	*to celebrate*
gritar	*to scream, to shout*
ir de compras	*to go shopping*
ganar	*to win*
llevarse bien	*to get along with*
llorar	*to cry*
sonreír	*to smile*
tener ganas de	*to feel like*

Adjetivos

aburrido/a	*boring*
alegre/feliz	*happy*
barato/a	*inexpensive*
caro/a costoso/a	*expensive*
divertido/a	*fun, enjoyable*
enojado/a	*angry, mad*
triste	*sad*

Adverbios

además	*moreover, besides, also*

Cognados

Review the cognates in *Adelante*. For a complete list of cognates, see Appendix 4.

Cognados falsos

el campo	*country-side, rural area*
la lectura	*reading*
ratos	*moments, small duration of time*
partido	*game, competition*

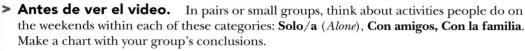

EN DIRECTO

> **VIDEO: ¡Feliz fin de semana!**

> **Antes de ver el video.** In pairs or small groups, think about activities people do on the weekends within each of these categories: **Solo/a** (*Alone*), **Con amigos, Con la familia**. Make a chart with your group's conclusions.

Nordroden / Shutterstock

Vocabulario útil

saludable	*healthy/ healthful*
parqués	*Parcheesi*
ajedrez	*chess*
marido	*husband*
alberca	*swimming pool*

Solo/a	Con amigos	Con la familia

> **Mira el video.** Watch the video segment once and complete the following sentences to summarize what you have heard.

1. En los fines de semana los hispanos *bailan, juegan, se divierte, la pasan bien, etc.* .

2. Casi siempre hacen estas actividades con *la familia y/o con los amigos.*

3. A los hispanos les gusta el fútbol porque *se divierten con los amigos.* .

4. Los domingos por la mañana, muchos hispanos *van a misa* '

5. Para bailar y pasar tiempo con los amigos, los hispanos *van a fiestas con amigos o a la discoteca.*

Before you watch the video again, complete the table with the activities mentioned. Then, watch the video again to check your answers.

Deportes	Juegos (games)	Entretenimiento (Entertainment)	Otras

> **Después de ver el video.** In pairs or groups, answer the following questions. Then compare your answers with the rest of the class.

- ¿Qué actividades mencionadas (mentioned) en el video haces los fines de semana? ¿Con quién?
- ¿Qué actividades haces con tu familia en tu tiempo libre?
- ¿Qué actividades haces con tus amigos en tu tiempo libre?
- ¿Qué actividades haces los fines de semana que no se mencionan en el video? ¿Con quién?
- En tu país, ¿los jóvenes prefieren pasar su tiempo libre con los amigos o con la familia? ¿Por qué?
- Para los estudiantes en tu universidad, ¿cuáles son las actividades más populares?

TEACHING TIP: Play the video twice. Ask students to confirm whether the answers they gave to the questions are correct. You may want to review those same questions before doing "Antes de ver el video."

¿Cuáles son los deportes más populares?

In this **Investigación** you will learn:

▶ How to talk about a variety of sports

▶ About which sports are popular in the Spanish-speaking world

▶ How to talk about what you are currently doing

▶ About the passion for soccer in the Spanish-speaking world

¿Cuáles son los deportes más populares?

You can talk about different aspects of sports.	El hockey patín es un deporte popular en Chile. El ajedrez es un deporte mental entre dos personas. El fútbol americano es un deporte muy competitivo.
You can talk about athletes.	El argentino Lionel Messi es un excelente jugador de fútbol que juega para el FC Barcelona y la selección nacional de Argentina.
You can talk about various sports and where they are played.	En las Olimpiadas se juegan muchos deportes. Se juega tenis en una cancha con una raqueta.

DICHOS

El fútbol es la única religión que no tiene ateos.
Ganar es mejor que empatar y empatar es mejor que perder.
Un partido sin goles es como un domingo sin sol.

Soccer is the only religion that doesn't have atheists.
Winning is better than tying and tying is better than losing.
A game without goals is like a Sunday without sun.

Adelante

¡Ya lo sabes!   Los deportes

la adversidad	el ciclismo	el fútbol americano	la rivalidad
los atletas	competitivo/a	el gol	el tenis
atlético/a	la dedicación	el golf	el torneo
el béisbol	esquiar	hacer camping	el triunfo
el boxeo	el estadio	la posición	el voleibol
el campeón	el fútbol	la raqueta	

¡Atención!

el balón	(not balloon) ball
el partido	(not a social party) game (related to sports) party (political)

4B.1 **¿Cuál no pertenece?** Select the word that does not fit well with the list of words. Explain why.

1. el torneo	el gol	el triunfo	el campeón
2. el béisbol	el tenis	el golf	el boxeo
3. la adversidad	la rivalidad	los atletas	la competición
4. el ciclista	la raqueta	el tenista	el atleta
5. jugar videojuegos	esquiar	nadar	hacer camping

4B.1 ANSWERS: 1. el torneo (no associated with winning), 2. el boxeo (no ball used) 3. los atletas (not abstract) 4. la raqueta (not a person) 5. jugar videojuegos (not physical sport or done mostly outside)

4B.2 **¿Con qué deporte se asocia(n)?** Work with a classmate to write down the names of athletes that you associate with each sport listed. Then, compare your responses with the class to determine which athletes are the most popular.

el fútbol americano	el ciclismo	el fútbol	el tenis
el béisbol	el golf	el hockey patín	el boxeo

4B.2 TEACHING TIP: When you go over the answers, ask students questions such as *¿Cuántos atletas tienen bajo la categoría de ciclismo?* and *¿En qué categoría tienen más/menos nombres de atletas conocidos?* You could also ask them questions about whether or not they mentioned athletes from the Spanish-speaking world (e.g., *¿Mencionaron atletas hispanohablantes?*).

4B.3 **Mis intereses.**

Paso 1: Read the following statements and indicate with a ✓ whether they apply to your own life experiences or not.

	Yo	Mi compañero/a
1. Juego fútbol.		
2. Juego mucho béisbol.		
3. Miro fútbol americano en la televisión.		
4. Voy a esquiar en el invierno.		
5. Mis amigos y yo vamos al estadio.		
6. No juego bien al golf.		
7. A mi familia y a mí nos gusta hacer camping.		
8. Me gusta la adversidad cuando juego deportes.		

4B.3 TEACHING TIP: After students have reacted to the various statements, have them get together with a partner to compare answers following the model provided. Ask for several volunteers to share their collective feedback with the class.

Paso 2: Following the model below, ask a classmate whether these statements apply to him/her.

Modelo: E1: *¿Juegas fútbol?*
E2: *Sí, juego fútbol.*
E1: *Yo también juego fútbol.*

Paso 3: What do you have in common? Be prepared to share your responses with the class.

Modelo: Ambos (Both of us) *jugamos fútbol.*

4B.4 Complete the following statements using the vocabulary in **Adelante**.

1. Es necesario tener un bate para jugar al _____.

2. El Tour de France se asocia con _____.

3. Ronaldo, Alex Morgan y Lionel Messi son jugadores de _____.

4. Michael Jordan, Lance Armstrong y Venus Williams son _____.

5. Para jugar al tenis se necesita _____.

6. Muhammad Ali y Oscar de la Hoya se asocian con _____.

4B.4 ANSWERS: 1. béisbol, 2. el ciclismo, 3. fútbol, 4. atletas, 5. una raqueta, 6. el boxeo

TEACHING TIP: Consider asking students to create their own statements modeled after those in this activity.

Gran rivalidad
FC Barcelona vs. Real Madrid

En España, como en gran parte del mundo hispanohablante, el fútbol es pasión. No existe una rivalidad más grande que la que hay entre FC Barcelona y Real Madrid. Es irónico porque ambos Madrid y Barcelona son los que más jugadores tienen en el equipo, o selección, nacional. Es interesante observar la unión entre los jugadores cuando llevan el uniforme de España y contrastarlo con la tensión que existe cuando llevan los uniformes de sus respectivos clubes. Ver el drama que hay cuando el Barcelona viaja a Madrid o viceversa es como ver una telenovela. Estos dos equipos juegan un mínimo de dos veces al año, una vez en el Camp Nou en Barcelona y otra vez en el Santiago Bernabeu de Madrid, un encuentro que se llama *El Clásico*. Cuando jugadores de los dos equipos se unen para representar a España, muchos dicen que esta generación de jugadores representa tal vez uno de los mejores equipos nacionales de fútbol de todos los tiempos.

SUGGESTION: Go on YouTube and insert some of the names of teams to find a good video-clip you can use in class to showcase the atmosphere of soccer playing in Hispanic world.

4B.5 ANSWERS: 1. Cierto, 2. Falso (Cuando juegan para sus clubes existe mucha tensión entre los equipos.), 3. Falso (El estadio de fútbol del Real Madrid se llama Santiago Bernabeu.), 4. Cierto, 5. Cierto

4B.5 **¿Cierto o falso?** Read the following statements and indicate whether they are **cierto** or **falso**. Then, with a partner change the false statements to make them true.

1. Muchos jugadores de la selección española juegan para FC Barcelona y Real Madrid.

2. Cuando juegan para sus clubes no existe mucha tensión entre los equipos.

3. El estadio de fútbol del Real Madrid se llama Camp Nou.

4. Esta generación de jugadores es extraordinaria.

5. *El Clásico* es el nombre que se da al encuentro entre Barcelona y Madrid en el fútbol.

www ¡Conéctate!

In the Caribbean **el béisbol**, or **la pelota**, as it is more commonly called, is the dominant sport. While the World Series is a competition of Major League Baseball in the U.S. and Canada, the World Baseball Classic is a tournament among the best baseball-playing countries' national teams. Check out the website of worldbaseballclassic and click on *En español*. What countries have been most dominant? What countries from the Spanish-speaking world field strong teams? Were you surprised by anything you found on this website? Share your thoughts with the class.

VÍVELO: LENGUA

Expressing "to know": *Saber* and *conocer*

Saber and **conocer** are two verbs that mean *to know* in English. In Spanish, a distinction is made between *to know* in the sense of knowing a fact, pieces of information, or how to do something **(saber),** and *to know* in the sense of being acquainted or familiar with a person, place, or thing **(conocer).**

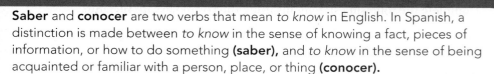

Saber		Conocer	
Yo sé	Nosotros/as sabemos	Yo conozco	Nosotros/as conocemos
Tú sabes	Vosotros/as sabéis	Tú conoces	Vosotros/as conocéis
Él, ella, Ud. sabe	Ellos, ellas, Uds. saben	Él, ella, Ud. conoce	Ellos, ellas, Uds. conocen

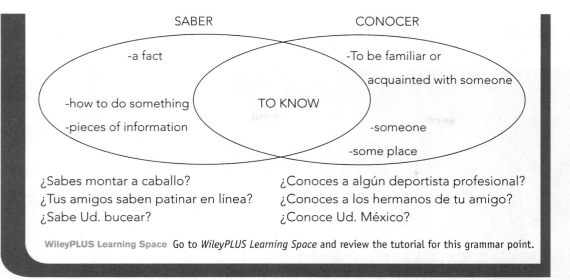

SABER   CONOCER

-a fact

-how to do something   TO KNOW

-pieces of information

-To be familiar or

acquainted with someone

-someone

-some place

¿Sabes montar a caballo?   ¿Conoces a algún deportista profesional?

¿Tus amigos saben patinar en línea?   ¿Conoces a los hermanos de tu amigo?

¿Sabe Ud. bucear?   ¿Conoce Ud. México?

WileyPLUS Learning Space Go to *WileyPLUS Learning Space* and review the tutorial for this grammar point.

4B.6 ¿Cierto o falso? Read the following statements and indicate if they are **cierto** or **falso** based on your personal experiences.

1. _____ Sé hablar francés.

2. _____ Conozco Sudamérica.

3. _____ Sé tocar la guitarra eléctrica.

4. _____ Conozco a los primos de una persona en la clase.

5. _____ Sé esquiar.

6. _____ Conozco al presidente de la universidad.

7. _____ Sé bailar salsa.

8. _____ Conozco más de diez estados en los Estados Unidos.

4B.7 ¿Saber o conocer? Complete each question using **saber** or **conocer** depending on the context and what notion of *to know* is being expressed. **¡Ojo!** Make sure to conjugate the verb according to its subject or use the infinitive when called for.

1. ¿ _____ ustedes jugar fútbol?

2. ¿ _____ tú cuántos años tiene el/la instructor/a de la clase de español?

3. ¿ _____ usted al presidente de Estados Unidos?

4. ¿ _____ ella esquiar en el agua?

5. ¿ _____ tú Argentina?

4B.8 Los amigos. Find out more about your classmates.

Paso 1: Turn the statements in the boxes into questions following the model below. Ask as many of your classmates as possible whether these statements are true about them. Have them put their initials in the boxes that correspond to them.

Modelo: *Statement reads →* Sabe bailar merengue. *You ask →* ¿Sabes bailar merengue?
         Statement reads → Conoce Asia. *You ask →* ¿Conoces Asia?

Sabe tocar un instrumento musical.	Conoce a una persona famosa.	Sabe jugar golf.
Conoce más de tres estadios de béisbol.	Sabe cazar animales.	Conoce la música de Shakira.
Sabe qué país es campeón de fútbol.	Conoce Europa.	Sabe jugar baloncesto.

Paso 2: Record what you learned about your classmates in your Retrato de la clase.

Retrato de la clase: Write down several statements about what you learned about your classmates. _____ y _____ *saben qué país es campeón de fútbol.*

Palabras clave 1 Deportes y lugares donde se practican

TEACHING TIP: Point out that *baloncesto* is a synonym for *básquetbol*, which students saw in *Adelante* and have used up to now. Write the words *peligroso* (dangerous) and *seguro* (safe) on the board and as you call out the name of the sport in Spanish, ask them to respond as *peligroso* or *seguro*.

nadie *(no one)*	Nadie juega tenis con un bate.
nada *(nothing)*	Para correr no necesitas nada en especial.
ninguno/a *(none)*	Ninguno de los deportes que se juegan en mi comunidad me interesan.
alguno/a/os/as *(some, any)*	Algunos jugadores de Manchester United son de Sudamérica.

RECYCLING: Some of the words are recycled from Capítulo 1a.

4B.9 Asociaciones. With a classmate, write down the sports that you know how to say according to where they are played. Then, compare your answers with those of another group. Some sports may fit in different categories.

En una cancha	En una pista de patinaje	En un estadio deportivo	En el campo	En el agua

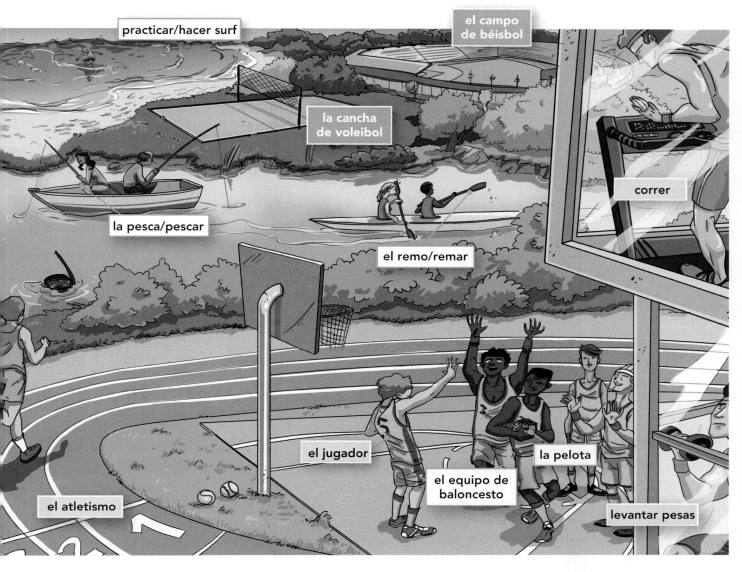

practicar/hacer surf

el campo de béisbol

la cancha de voleibol

correr

la pesca/pescar

el remo/remar

el jugador

la pelota

el equipo de baloncesto

el atletismo

levantar pesas

4B.10 **¿Hay o no hay?** Complete the following statements using the appropriate negative or indefinite words from Palabras clave. The first one is done for you.

1. No hay ___*nadie*___ de Nicaragua en mi clase.

2. _____ de mis amigos juega hockey.

3. _____ es más bonito que ver un gol espectacular.

4. _____ personas en mi comunidad practican el boxeo.

5. _____ deportes se juegan en canchas.

6. _____ juega béisbol sobre hielo.

4B.10 ANSWERS:
1. nadie, 2. Ninguno,
3. Nada, 4. Algunas,
5. Algunos, 6. Nadie

4B.10 TEACHING TIP: Brainstorm with the class the sports they know or think are popular in Spanish-speaking countries as a way of setting the stage for the information in the next *Vívelo: Cultura*.

STANDARDS: COMMUNITY. If students have access to an individual from one of the countries mentioned in the accompanying chart, have them interview that person to find out what sports they like as well as which are popular in their country.

4B.11 ¿A qué deporte se refiere? Listen to the descriptions and indicate which sport is being described. Then, review your answers with the class.

a. el béisbol   **g.** andar en bicicleta

b. bucear   **h.** nadar

c. cazar   **i.** patinar

d. el fútbol   **j.** remar

e. el golf   **k.** el tenis

f. hacer surf   **l.** el voleibol

_j_ **1.**   _c_ **6.**

_a_ **2.**   _i_ **7.**

_d_ **3.**   _b_ **8.**

_k_ **4.**   _g_ **9.**

_h_ **5.**   _f_ **10.**

4B.12 ¿Lógico o ilógico? Read the following statements and decide if they are **lógico** or **ilógico**. If they are illogical, change them to make them logical. Then, go over your answers with a partner.

1. Siete jugadores de baloncesto juegan en la cancha para un equipo.

2. Para remar se necesita agua.

3. Se nada en el hielo.

4. Es necesario tener un balón para practicar el atletismo.

5. Un equipo de fútbol tiene once jugadores en la cancha.

6. Para tener músculos grandes es importante levantar pesas.

VÍVELO: CULTURA

Los deportes más populares en algunos países hispanos

País	Deporte(s)
Argentina	fútbol, rugby, básquetbol, hockey sobre hierba, hockey, tenis, automovilismo
Chile	fútbol, tenis, hockey, básquetbol
Colombia	fútbol, béisbol, básquetbol
Cuba	béisbol, boxeo, voleibol, atletismo
España	fútbol, básquetbol, ciclismo, tenis, voleibol, rugby
México	fútbol, boxeo, béisbol, golf, atletismo, ciclismo
Nicaragua	béisbol, fútbol, boxeo
Perú	fútbol, tenis, voleibol, surf, básquetbol, natación
Puerto Rico	básquetbol, béisbol, voleibol, boxeo, fútbol, golf, surf, vela
Rep. Dominicana	béisbol, voleibol, básquetbol, fútbol, natación, atletismo
Venezuela	béisbol, fútbol, boxeo, natación, tenis

Glosario deportivo: hockey sobre hierba (*field hockey*), atletismo (*track and field*), vela (*sailing*)

4B.13 Los deportes en algunos países hispanohablantes. Discuss the following questions as a class.

1. ¿Cuál es el deporte más popular en el Caribe?

2. ¿En qué país no se juega mucho fútbol?

3. ¿Cuáles son los tres deportes más populares entre los países mencionados?

4. Considera los deportes que se juegan, ¿qué país sería (*would be*) perfecto para ti?

Estructuras clave 1 The impersonal and passive *se*

Spanish uses **se** + verb to indicate what are called *impersonal* subjects. In English, when the subject of a verb is unspecified, unknown, or intentionally deemphasized, we say *one, you, they*, as in *One never knows what will happen tomorrow, You can't win them all*, or *They say it's going to rain*. Spanish conveys this notion of impersonality with *se* and a third-person verb form, as in **Nunca se sabe lo que va a pasar mañana**, or **Se dice que va a llover**.

Whether to use a third-person singular verb form or a third-person plural verb form depends on whether the verb is being used with a singular noun, a phrase or clause (whole idea), or a plural noun.

Se pasan los partidos de fútbol americano profesional en la televisión los domingos.	*They show professional football games on TV on Sundays.*
Para hacer equitación se necesita un caballo.	*To go horseback ridings one needs a horse.*
Se juega mucho béisbol en el Caribe.	*They play a lot of baseball in the Caribbean.*
Se necesita una raqueta para jugar tenis.	*One needs a racket to play tennis.*
Se habla mucho de la rivalidad entre FC Barcelona y Real Madrid.	*One speaks a lot of the rivalry between FC Barcelona and Real Madrid.*

If the verb is being used with a singular noun, a phrase, or a clause, use a singular verb form. If the verb is being used with a plural noun, use a plural verb form.

The use of **se** + verb can also correspond to the use of the passive voice in English, and is often referred to as the *passive* **se**. For example, the last two sentences above are just as easily expressed in English as *A racket is needed to play tennis* and *The rivalry between FC Barcelona and Real Madrid is spoken of a lot*. A sign on a window that says **Se habla español** thus can be interpreted in English as *Spanish is spoken here* (passive) or *One speaks/They speak Spanish here* (impersonal).

WileyPLUS Learning Space
Go to *WileyPLUS Learning Space* and review the tutorial for this grammar point.

WileyPLUS Learning Space

You will find PowerPoint presentations for use with *Estructuras clave* in *WileyPLUS Learning Space*.

TEACHING TIP: Suggest to students that they look for examples of the impersonal or passive *se* in their communities. They should take pictures to bring in and/or find examples in advertisements to share with the class.

4B.14 Ideas incompletas. Match the statements on the left-hand side with their logical counterparts on the right-hand side. Then, go over your answers with a partner.

1. Se habla español…
2. Se juega el voleibol…
3. Se vende una variedad de cosas…
4. Se rentan…
5. Se ofrecen…
6. Se prohíbe…
7. Se juegan partidos profesionales de fútbol…
8. No se usan las manos (hands) en los partidos…

a. en una cancha.
b. apartamentos muy bonitos.
c. fumar en lugares públicos.
d. en muchos lugares.
e. clases de merengue en la discoteca.
f. en Amazon.com.
g. de fútbol.
h. en un estadio.

4B.14 ANSWERS: 1. d, 2. a, 3. f, 4. b, 5. e, 6. c 7. h, 8. g

4B.14 EXTENSION: Have your students use these statements as models to guide them in creating their own original statements. Ask volunteers to share theirs with the class.

4B.15 Completa las ideas. Complete the following statements with the correct form of the verb and then complete the statements with the correct option in the right-hand column.

1. El fútbol profesional _____ (jugar) en…	**a.** al tenis
2. No _____ (usar) las manos en…	**b.** un estadio.
3. _____ (necesitar) dos o cuatro personas para jugar…	**c.** al béisbol.
4. _____ (patinar) sobre…	**d.** el fútbol.
5. _____ (usar) un bate para jugar…	**e.** el hielo.

4B.16 ¿Qué se hace? Read the locations below and write a few statements that indicate what might take place there. Then, share your ideas with a classmate. Review your thoughts with the class.

Modelo: El agua: Se bucea. Se nada. Se rema. Se pesca.

1. La cancha

2. El gimnasio

3. El estadio

4. El campo

VÍVELO: CULTURA

Sofía Mulanovich: Campeona del surf

Perú es un país con una costa muy larga. Tiene playas muy bonitas que ofrecen muchas oportunidades para hacer surf. Aunque el deporte más popular entre mujeres es el voleibol también hay muchas aficionadas del surf. En Perú hay una surfeadora de ascendencia croata que practica este deporte desde los nueve años de edad. Vive en Lima pero viaja por todo el mundo para competir en campeonatos de surf. Esta surfeadora se llama Sofía Mulanovich Aljovín y se conoce como "la Gringa", "Sofi" o "la Reina". En 2004 ella fue (*was*) campeona del *World Championship Tour de la Association of Surfing Professionals* a los 21 años. Al ganar este campeonato ella se hizo (*became*) la primera campeona sudamericana de surf femenino o masculino.

© ASP Pierre Tostee/Reuters / Corbis Images

4B.17 ¿Cierto o falso? Listen to some statements and decide if they are **Cierto** or **Falso** based on the reading. Compare your answers with those of your class.

	Cierto	Falso
1.		✓
2.	✓	
3.	✓	
4.		✓
5.		✓
6.	✓	

Estructuras clave 2 The Present Progressive

As you saw in *Capítulo 2*, the present tense in Spanish is used to convey what *happens*, what *is happening*, or, often with the addition of adverbs, what *will happen* at some future moment. Another way to express what is *happening*—in other words, an action in progress— is to use the *present progressive*. Look at the following examples.

Habla con su profesor. Está hablando con su profesor. }	*She is speaking with her instructor.*
Hace la tarea. Está haciendo la tarea. }	*He is doing his homework.*
Abrimos las ventanas. Estamos abriendo las ventanas. }	*We're opening the windows.*

The second sentence in each of these examples is in the present progressive. Progressive constructions are formed with **estar** + the *present participle* of the verb. The present participle is formed by attaching **–ando** to **–ar** verb stems, and **–iendo** to **–er/–ir** verb stems.

		hablar	**comer**	**escribir**
yo	estoy			
tú	estás			
él/ella/Ud.	está	habl**ando**	com**iendo**	escrib**iendo**
nosotros/as	estamos			
vosotros/as	estáis			
ellos/as/Uds.	están			

There are some irregular present participles as well.

decir	**diciendo**		creer	**creyendo**
dormir	**durmiendo**		leer	**leyendo**
pedir	**pidiendo**		oír	**oyendo**

It is important to note that Spanish uses the present progressive much less frequently than English does. Since the simple present tense in Spanish easily conveys actions in progress, the present progressive is generally reserved for emphasizing the importance of the on-going nature of an action at the moment the speaker utters the sentence.

Tiene calor, pero está bebiendo agua para refrescarse.	*He's hot, but he is drinking water to cool off.*
En este momento, está escribiéndole una carta a su tía.	*Right now, she is writing a letter to her aunt.*
No puedo. Estoy hablando por teléfono.	*I can't, I am talking on the phone.*
No podemos salir ahora. Estamos comiendo.	*We can't leave now. We are eating.*

The simple present is usually used to describe a scene, unless the speaker is placing himself/herself inside the picture (timewise) to describe happenings, or wants to emphasize an action that is in progress while another action is occurring.

WileyPLUS Learning Space

You will find PowerPoint presentations for use with *Estructuras clave* in *WileyPLUS Learning Space*.

TEACHING TIP: Write the following sentences on the board and ask students to figure out how Spanish forms the progressive based on them. *Estoy mirando la televisión. Estás hablando muy rápidamente. Está viviendo aquí. Estamos hablando español en clase. Están corriendo al autobús.* Provide a hint: You have to use some form of one particular verb and attach certain endings to the second verb. After going over this description, have students describe the gist of it to their partner.

4B.18 **Busca y encuentra.**   Look at the drawing and check off what is happening when the teacher walks into the theater. Then, check your answers with the class.

Cuando entra la profesora…

☑ **1.** unos estudiantes están jugando al fútbol.

☐ **2.** una estudiante está montando a caballo.

☑ **3.** unos estudiantes están bailando.

☐ **4.** unos estudiantes están comiendo.

☑ **5.** unos estudiantes están escribiendo.

☐ **6.** una estudiante está practicando golf.

☑ **7.** unos estudiantes están leyendo.

☐ **8.** unos estudiantes están bebiendo refrescos.

☑ **9.** unos estudiantes están pintando un mural.

☐ **10.** unos estudiantes están jugando al béisbol.

☐ **11.** unas estudiantes están nadando en la piscina.

☑ **12.** un estudiante está practicando magia.

4B.19 **¿Qué estás haciendo?**   Read the following statements and check the ones that would apply to you. Then, compare your answers with a classmate. Share some of the things you have in common with the class.

> **Modelo:** *Mi amigo/a y yo estamos visitando museos.*

If you were on vacation, and I called you, what would say you were doing?

☐ Estoy jugando deportes.

☐ Estoy tomando margaritas.

☐ Estoy visitando museos.

☐ Estoy corriendo en la playa.

☐ Estoy mirando ESPN Deportes.

☐ Estoy practicando mi español.

☐ Estoy durmiendo mucho.

☐ Estoy caminando por la ciudad.

☐ Estoy bailando en una discoteca.

☐ Estoy comiendo comida deliciosa.

If I called you while you were at work, what types of things might you be doing?

☐ Estoy jugando *solitario* en la computadora.

☐ Estoy mandando emails.

☐ Estoy viendo mi Facebook.

☐ Estoy limpiando mesas en el restaurante.

☐ Estoy hablando con los clientes.

☐ Estoy yendo (ir) a una reunión.

☐ Estoy organizando mi escritorio.

☐ Estoy sacando copias.

☐ Estoy comiendo en un restaurante con mis colegas.

4B.20 Usa tu imaginación. Imagine what the following individuals are doing at this moment. Choose three of the individuals listed, or think of other well-known people, and write a logical sentence describing what each individual is doing at this moment. The class guesses whom is being described.

Modelo: E1:   *Está besando a su esposa Michelle Obama.*
Clase: *Barack Obama*

Oscar de la Hoya (boxeador)   Penélope Cruz (actriz)
Manny Ramírez (beisbolista)   Joseph Acaba (astronauta)
Isabel Allende (escritora)   Carlos Santana (músico)
Sandra Cisneros (escritora)   Edward James Olmos (actor)
Elizabeth Vargas (periodista)   Juan Pablo Montoya (corredor de autos)
Cameron Díaz (actriz)   Benicio del Toro (actor)

4B.20 ALTERNATIVE DELIVERY: Have students write their sentences as homework. As they come into class, collect their sentences. Then, read a selection of the sentences to the class (making any needed revisions) while they guess who the famous figure is.

4B.20 NOTE: In case these two figures are not known, you may inform students of who they are: *Joseph Acaba se convirtió en 2009 en el primer astronauta de la NASA de descendencia puertorriqueña. Juan Pablo Montoya es colombiano y corredor de autos, en el año 2000 ganó las 500 millas de Indianápolis.*

www **¡Conéctate!**
What is going on in the world of sports? Visit the Website of espndeportes and scan some of the headlines. Write a few sentences expressing what is happening. Share these sentences with your class.

4B.21 Lo que se hace en general y lo que estoy haciendo en este momento.

Paso 1: Complete the sentence using the impersonal or passive *se*. The first one is done for you.

Normalmente, ¿qué se hace o no se hace en los siguientes contextos?

1. En un partido de béisbol, _____ *no se grita al árbitro (umpire).* _____ .

2. En un torneo de tenis, _____ .

3. Cuando un futbolista hace un gol, _____ .

4. Al pescar, _____ .

5. Al patinar sobre hielo, _____ .

6. Al montar a caballo, _____ .

Paso 2: Imagínate. Now interview a classmate and ask him/her what he/she is doing at this moment in the following contexts.

¿Qué estás haciendo ahora mismo...

1. en el mar Mediterráneo? _____ *Estoy pescando* _____

2. en la pista de patinaje de los juegos olímpicos? _____

3. en la piscina más grande del mundo? _____

4. en la cancha de voleibol en Venice, California? _____

5. en el campo llamado El bosque rojo (Redwood Forest)? _____

6. en el partido de fútbol americano de la Universidad de Florida contra la Universidad de Alabama? _____

PRE-READING. Ask the class to share what they know about the world of professional soccer. Ask them if they know the names of famous players, clubs and or what countries are notoriously strong.

4B.22 **Antes de leer.**   Read the title of the following article and briefly scan it to predict the nature of its content. Indicate what you think this article will be about.

- ☐ The various positions that are played in soccer.
- ☑ An overview of soccer on a global scale.
- ☐ Why soccer is so popular.

READING TIP: If you have students read this outside of class, have them make a note of how much they understood after reading it once. They should write down questions they have based on what they read. This process should be repeated until students find their comprehension improved significantly and they have fewer unanswered questions at the end.

El deporte más popular del mundo

¿Cuánto sabes de las grandes ligas de fútbol en Europa? Estas ligas son para el fútbol como la NBA es para el baloncesto, las Ligas Mayores son para el béisbol y la NFL es para el fútbol americano. En comparación con los deportes populares en Estados Unidos, la temporada (*the season*) de fútbol para los clubes va de agosto a mayo con pausas muy breves. Los mejores jugadores en las ligas europeas además de jugar para sus clubes también representan a sus países en la selección nacional. Eso significa que durante el año tienen que regresar (*return*) a sus países de origen para una competición u otra. Cuando termina la temporada de clubes en mayo existen otros torneos entre las selecciones nacionales como la Eurocopa que se juega entre los mejores equipos europeos, la Copa América que se juega entre los equipos en Sudamérica y recientemente incluye a México y la famosa Copa Mundial. Una gran parte de la cultura española y latinoamericana está involucrada (*involved*) en el fútbol. Es importante tener un conocimiento básico del fútbol en este mundo cosmopolita.

Las mejores ligas de fútbol se encuentran en Inglaterra con equipos como Manchester United y Liverpool, en España con equipos como FC Barcelona y Real Madrid, en Alemania con equipos como FC Bayern y Dortmund y en Italia con equipos como AC Milán y Juventus. A diferencia de los equipos en las ligas de fútbol americano, béisbol y básquetbol, los equipos de fútbol compiten a varios niveles. Por ejemplo, equipos como FC Barcelona compiten en La Liga Española (con todos los equipos de primera división de España), La Liga de Campeones (con los equipos élites de toda Europa) y la Copa del Rey (un torneo entre todos los equipos profesionales de España).

4B.23 Después de leer. Complete the following activities based on the reading, then discuss the answers as a class.

Paso 1: Select the option that makes each statement true.

1. La temporada de fútbol es más (breve/larga) en Europa que en los EE. UU.

2. (Es posible/No es posible) para un futbolista profesional estar en dos equipos.

3. La Eurocopa es una competición de equipos de (clubes/países) en Europa.

Paso 2: Fill out the chart with the correct information from the reading.

País	Nombre de equipo	Nombre de equipo
Alemania		
España		
Inglaterra		
Italia		

Paso 3: Discuss the following questions as a class.

1. ¿Es popular el fútbol en muchos países?

2. ¿Cuánto tiempo dura la temporada de fútbol de clubes?

3. ¿En qué países están las ligas más importantes de fútbol?

Christian Bertrand/Shutterstock

Camp Nou – Este es el campo de fútbol más grande de Europa, con una capacidad de 99,000 personas. Su nombre significa "el campo nuevo" y ha sido el campo del Barcelona FC desde 1957.

Perspectivas

READING TIP: Have students skim the reading looking for keywords to help them get the main ideas.

Hablando de fútbol

Puedes vivir en Indianápolis, Lima, Kuala Lumpur o París y el tema de conversación entre los aficionados de fútbol es similar. Gracias a la tecnología podemos ver partidos en vivo que se juegan en las grandes ligas de Europa, podemos leer noticias en la Internet y mantenernos al día por medios sociales como Twitter y Facebook. Aficionados del fútbol pueden seguir varias ligas a la vez.

Los aficionados del fútbol siguen sus clubes favoritos y sus equipos nacionales con mucha pasión. Identificarte con un equipo en vez de (*instead of*) otro puede indicar tus perspectivas sociales y/o políticas. Por ejemplo, hay grandes rivalidades en varias capitales sudamericanas como la de River y Boca en Buenos Aires o Universitario y Alianza en Lima. Estas rivalidades pueden basarse en diferencias de clase social o diferentes perspectivas políticas. A nivel internacional, la política y las relaciones entre los países impactan la relación que existe en la cancha.

Así como es importante saber un poco del fútbol americano profesional y/o universitario, es importante tener una idea general del fútbol a nivel internacional. Además, ayuda poder hablar un poco del fútbol con tus amigos y colegas que son aficionados del deporte más popular del mundo.

Natursports/Shutterstock

4B.24 ANSWERS:
1. Falso, 2. Cierto,
3. Cierto, 4. Falso

4B.24 ¿Cierto o falso? Read the following statements and indicate if they are **cierto** or **falso** based on the previous reading. Share your answers with a partner.

1. Si te gusta el fútbol es importante seguir todas las ligas de fútbol.

2. Las rivalidades entre equipos pueden estar influenciadas por cuestiones socioeconómicas.

3. La tecnología ayuda a aficionados en todo el mundo a mantenerse informados sobre el fútbol.

4. No es importante poder hablar de fútbol.

4B.25 DISCUSSION:
Students' answers may vary for this activity. Have students share their answers. Ask students to see what similarities and differences they see between the way that popular sports in their culture compare and contrast with soccer in the rest of the world.

4B.25 Tus deportes. Consider popular sports that you follow, or that are popular in your community, and react to the following statements. If you agree, place a check in the box. If you disagree, make a change to the statement so that you agree. Share your personal answers with a classmate.

☐ Los deportes son un tema de conversación muy popular en mi comunidad.

☐ En mi comunidad ayuda poder hablar de los equipos de la región.

☐ Las rivalidades entre equipos en los EE. UU. se basan en diferencias de clases sociales.

☐ Hay mucho interés internacional en los deportes que son populares aquí.

☐ Los atletas profesionales famosos aquí participan en más de un equipo o liga.

4B.26 Compara y contrasta. What are the similarities and differences in professional sports between the NBA or NFL in the United States and soccer in Europe and in Latin America? Share your ideas with a classmate.

Semejanzas	Diferencias

Vocabulario esencial

Sustantivos

el ajedrez	chess
el atletismo	track and field
el buceo	scuba diving
el campo de béisbol	baseball field
el/la campeón/ona	champion
la cancha	court; field
la caza	hunting
el equipo	team
la equitación	horseback riding
el/la jugador/a	player
el mundo	world
la natación	swimming
la pelota	ball
la pesca	fishing
la piscina	swimming pool
la pista de patinaje	skating rink
el remo	oar

Verbos

bucear	to scuba dive
cazar	to hunt
competir (e-i)	to compete
ganar	to win
levantar pesas	to lift weights
montar a caballo	to ride horses
nadar	to swim
patinar en línea	inline skating
patinar sobre hielo	ice skating
perder (e-ie)	to lose
pescar	to fish
practicar/hacer surf	to surf
remar	to row

Adjetivos

deportivo/a	athletic
equivocado/a	wrong

Cognados

Review the cognates in *Adelante*. For a complete list of cognates, see Appendix 4.

EN VIVO

Los deportes y pasatiempos favoritos de los compañeros. Write down your favorite sports and pastimes under the appropriate column. Then, speak with ten of your classmates to find out what theirs are. Write down their responses in columns like the ones below. Remember: you need to write down the names of the sports and pastimes in Spanish.

Modelo:　　E1: *¿Cuál es tu pasatiempo favorito?*
　　　　　　E2: *Tocar piano*

Nombres	Deporte favorito	Pasatiempo favorito
Yo		
1.		
2.		
3.		
4.		
5.		
6.		
7.		
8.		
9.		
10.		

 ¡Mi deporte/pasatiempo favorito! Reflect on your favorite activity that you mentioned above, perhaps it was a sport or a different pastime. You have been asked to write a short blurb about your favorite sport/pastime for the school paper. Make sure to include the following:

- the pastime, or sport, that you decided to focus on
- why you enjoy it so much
- an explanation of how one would participate in said activity (how it is done, played, etc.)

Follow these steps to write your blurb.

Paso 1: Decide what sport, or pastime, you will write about.

Paso 2: Make notes of why you enjoy it and how it is done.

Paso 3: Put the above items together in a cohesive draft.

Paso 4: Review your blurb making sure that you have the elements needed. Make any revisions needed.

Paso 5: Now review your blurb for spelling and grammatical accuracy.

Paso 6: Write the final version of your blurb.

Los deportes favoritos de los compañeros. Write down your favorite sports to play and to watch under the appropriate column. Then, speak with ten of your classmates to find out what sports they prefer to watch and to play. Write down their responses in columns like the ones below. Remember: you need to write down the names of the sports in Spanish. After going over the information as a class, write down your findings in **Retrato de la clase**.

Modelo: E1: *¿Cuál es tu deporte favorito para practicar?*
E2: *La natación*

Nombre	Deporte favorito para practicar	Deporte favorito para mirar
Yo		

Retrato de la clase: El deporte favorito para practicar de la clase de español es _____ y para mirar es _____.

TEACHING TIP: Review responses with the class and tally results. Follow up by asking students why they particularly like to play and/ or watch the sports they indicated in the survey.

CAPÍTULO 5

Lo que influye en la formación de una cultura y sociedad

© Gonzalo Azumendi/Age FotostockAmerica, Inc.

¿Por qué comes lo que comes?

In this **Investigación** you will learn:

► How to talk about a variety of foods

► How to indicate your preferences with regard to food

► How to order food at a restaurant

► How to avoid repetition when talking about something already mentioned

► How to express different relationships using *por* and *para*

► How food and culture are connected

¿Cómo se puede hablar de las comidas y bebidas?

You can identify foods and beverages.	¿Es comida o bebida? ¿Es fruta?, ¿verdura?, ¿carne?, ¿postre? ¿Se come para el desayuno?, ¿el almuerzo?, ¿la cena? ¿Es comida mexicana?
You can indicate your preferences with regard to food and beverages.	¿Te gusta o no te gusta esa comida o bebida? ¿Cuál es tu comida o bebida favorita? ¿Con qué frecuencia la comes?, ¿la bebes? ¿Cuál es tu restaurante favorito? ¿Qué tipo(s) de comida te gusta(n) más?, ¿la mexicana?, ¿la italiana?, ¿la china?
You can avoid repetition when you talk about foods and beverages.	¿Te gusta la fruta? ¿Cuándo la comes? ¿Te gusta el café? ¿Lo bebes por la mañana o antes de estudiar?¿Cuál es tu especialidad en la cocina? ¿Con qué frecuencia la preparas?

EN DIRECTO

> **Los sabores hispanos.** Mira el video. No tienes que comprender todas las palabras para entender la idea general. Luego contesta las preguntas.

¿Qué platos hispanos conoces?

¿Qué ingredientes hispanos conoces?

¿Qué sabes de las diferencias de comida entre los países hispanos?

Adelante

¡Ya lo sabes! Para hablar de comidas y bebidas

la banana*	el cereal	la fruta	la proteína
el bistec	delicioso/a	la hamburguesa	la sopa
el brócoli	los espaguetis	el líquido	el té
el café	las espinacas	nutritivo/a	el tomate
el carbohidrato	fresco/a	la pasta	el yogur

* In some Spanish-speaking regions, the word plátano is used to refer to a banana, but el plátano is more specifically a plantain, which is shaped like a banana but, when ripe, it is dark yellow and eventually turns black.

5A.1 Asociaciones. Como clase, mencionen los alimentos que asocian con cada una de las marcas de abajo. Sigan el modelo.

1. Godiva 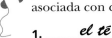 *el chocolate*
2. Hardee's, McDonalds la hamburguesa
3. Special K los cereales
4. Dannon el yogur
5. Domino's, Papa John's la pizza
6. Campbell's la sopa
7. Lipton el té
8. Olive Garden la pasta, los espaguetis

5A.2 Busca la palabra correcta. Vas a escuchar descripciones asociadas con comidas y bebidas. Consulta la lista de **Para hablar de comidas y bebidas** y escribe la palabra asociada con cada descripción según el modelo. Comprueba tus respuestas con la clase.

1. _____*el té*_____
2. _la hamburguesa_
3. _la pasta_
4. _la ensalada_
5. _las espinacas_
6. _delicioso_
7. _el cereal_
8. _la banana_

5A.3 Entrevista a una persona. Hazle estas preguntas a un/a compañero/a acerca de sus hábitos de comer. Comparte las respuestas con la clase y escríbelas en tu **Retrato de la clase**.

1. ¿Qué comes por la mañana?
2. ¿Con qué frecuencia comes pizza?
3. ¿Qué prefieres beber cuando tienes que estudiar?
4. ¿Cuándo comes chocolate?
5. ¿Qué tipo de pasta prefieres?
6. ¿Con qué frecuencia comes una ensalada?
7. En tu opinión, ¿qué restaurante sirve las mejores hamburguesas?
8. ¿Te preocupas por comer comida nutritiva? ¿Por qué sí/no?

Retrato de la clase: Por la mañana _____ come _____. Él/Ella come pizza _____ veces a la semana. Prefiere beber Mountain Dew cuando estudia...

5A.1 ORIENTATION: This is not a written activity. Students should simply call out the type of food associated with each item.

5A.1 TEACHING TIP: Remind students that all cognates are listed by chapter at the end of the book. As you go through the answers, ask students if they can think of other food items that would fit in each category. Their answers will give you an idea of how much vocabulary they may already know.

5A.2 AUDIO SCRIPT: 1. Es una cosa que beben los ingleses, tradicionalmente por la tarde. **2.** Es el tipo de sándwich que se asocia con McDonald's y Burger King. **3.** La comida que más se asocia con los italianos, los espaguetis es un ejemplo. **4.** La combinación de varios ingredientes frescos. Normalmente se come fría. **5.** Es una comida que se asocia con Popeye. **6.** Es un adjetivo que describe una cosa que nos gusta mucho comer. **7.** Es una cosa que normalmente se come por la mañana, por ejemplo Cheerios o Wheaties. **8.** Es una fruta tropical larga y amarilla que se asocia con los gorilas.

5A.2 STANDARDS: COMMUNICATION/ INTERPRETIVE MODE. This activity helps practice students' receptive skills. To adapt this for students who are stronger visual learners, you may want to provide a word bank on the board. This will help limit what students must focus on while listening to the descriptions.

«Gourmets» latinos en Estados Unidos

Áaron Sánchez

Gastón Acurio

Cuando se deciden por comer la comida latina, los estadounidenses no solo buscan platos tradicionales como el mole, la paella, el ceviche o la carne a la parrilla (*grill*), sino que aprecian cada vez más la cocina innovadora, en ingredientes o en técnicas, lo que sitúa a los «chefs» hispanos como Áaron Sánchez y Gastón Acurio entre los más admirados y respetados.

Este gran entusiasmo por la comida hispana tiene su base en los miles (*thousands*) de pequeños restaurantes, bares, carritos (*carts*) o camiones de comida (*food trucks*) especializados en comida latina que se encuentran en las calles y las aceras (*sidewalks*) de los Estados Unidos. Estos establecimientos tradicionales han servido para acostumbrar al estadounidense a los sabores hispanos, y también le estimulan a expandir la variedad, la sofisticación y la creatividad de la comida que come.

(Source: Adapted from an article posted on Impacto Latin News 9/26/13)

TEACHING TIP: Before reading, ask students ¿Dónde pueden encontrar comida hispana en esta comunidad o en sus propias comunidades?, ¿restaurantes?, ¿camiones de comida?, ¿supermercados?, ¿mercados hispanos?

5A.4 EXPANSION ACTIVITY: You can ask students to search for videos featuring Sánchez, Acurio or other Hispanic chefs preparing a recipe and then prepare a report for the class by answering the following questions as they watch: ¿Cómo se llama la receta (*recipe*)? ¿Cuáles son los ingredientes principales? ¿De qué país es la receta? ¿Qué puedes añadir (*add*) u omitir de la receta para que corresponda mejor a tu gusto (*taste*)?

5A.4 ANSWERS: 1. los platos tradicionales e innovadores; 2. les gusta la innovación; 3. Hay mucho entusiasmo; 4. se puede encontrar en todas partes; 5. empieza a agradarles; 6. más sofisticada

5A.4 **La cultura hispana comienza con la comida.** Lee las oraciones siguientes e indica cuál de las dos opciones completa las oraciones correctamente. Compara tus respuestas con la clase.

1. A los estadounidenses les interesan los platos hispanos **tradicionales/tradicionales e innovadores**.

2. A los estadounidenses **les gusta/no les gusta** la innovación en su comida.

3. Hay **poco/mucho** entusiasmo por la comida hispana en Estados Unidos.

4. Se puede encontrar comida hispana **en todas partes/sólo en restaurantes**.

5. A los estadounidenses empieza a **agradarles** (*please*)/**molestarles** la comida hispana.

6. La comida estadounidense es **menos/más sofisticada** a causa de la influencia hispana.

🎧 Bien dicho

Los sonidos que producen las letras *s, c* y *z*

In most varieties of Spanish, the letter **s** and the letter **z** have the same sound and that sound corresponds to the English *s* sound. However, in Spain it will be pronounced more like *th*, in *thick*, or *thumb*.

la manzana	las sandalias	la sopa	el lápiz

In most varieties of Spanish, the letter **c** when followed by the vowels **e** and **i** also corresponds to the English *s* sound. Here too, in Spain the *th* sound is used.

el cereal	cinturón	las luces	delicioso

In Spanish, when a **c** is followed by the remaining vowels, **a**, **o**, and **u**, or by the consonants **l** or **r**, the sound produced is like the English *k*.

el brócoli	la camisa	la cuenta	clásica

The only time the *z* sound of English—a sort of "buzz"—is heard in Spanish is when the letters **s** or **z** come before the following consonants: **b, v, d, g, y, n, ñ, m, l, r,** and **rr.** Examples include words like **desde** (*from*) and **mismo** (*same*). Due to linking, this same pheonomenon also occurs between words as in the phrases: **esos vinos blancos** [esozbinozblankos] and **los garbanzos** [lozgarbansos].

NOTE: Certainly there are differences between the way these sounds are articulated in English and Spanish. We compare the Spanish sounds to their approximate counterparts in English because beginner students seldom have a background in phonetics and phonology such that they would understand phonological terminology or IPA transcription.

5A.5 **¡A practicar!** Con un/a compañero/a, túrnate para pronunciar las siguientes oraciones. Comenten entre ustedes cómo pronuncian los sonidos asociados con las letras **c, s** y **z,** en particular en las palabras identificadas a la izquierda de cada oración. Cuando terminen, intercámbiense las oraciones y repitan la actividad.

1. zapatos   Tengo muchos zapatos negros.

2. catorce   Mi hermanito tiene catorce camisetas.

3. Fernández   El profesor Fernández lleva un traje.

4. cine   Vamos al cine todos los sábados.

5. misma   Cecilia y yo llevamos la misma blusa.

6. crema   Prefiero tomar el café con crema.

7. comida   La comida cubana es deliciosa.

8. hacemos   Siempre hacemos la tarea antes de clase.

5A.5 TEACHING TIP: Circulate among the groups to check pronunciation. You may then want to have the entire class repeat the sentences. When going over the answers, remind students to pay careful attention to spelling as they learn new words, since the /s/ sound can be represented in various ways.

Palabras clave 1 En la cocina: Las comidas y las bebidas*

TEACHING TIP: Bring in real or fake fruits and vegetables or draw simple images of some foods on the board and express your personal food preferences. For example, point to an apple and say *Me gustan las manzanas, pero no me gustan las uvas. Prefiero el café con leche y azúcar. No me gustan las zanahorias pero sí me gusta el apio.*

TEACHING TIP: Point out the blue category labels: *carnes, pescados y mariscos, postres, frutas y verduras.* Have students tell you which items from the drawing belong to each category.

5A.6 TEACHING TIP: Consider offering the following as a homework assignment: Have students write eight additional statements, using Activity 5A.6 as a model. In the next class session, have them exchange statements with a partner and complete an activity like 5A.6. This additional practice will give students a chance to manipulate the new vocabulary on their own.

5A.6 AUDIO SCRIPT
1. Un vegetariano come pollo.
2. Una persona que está a dieta come mucho helado.
3. Un bebé bebe leche.
4. El arroz es una comida fundamental en China.
5. Un francés bebe más cerveza que vino.
6. Las naranjas se cultivan en Alaska.
7. Una persona pone sal en su café.
8. Sirven camarones en un restaurante elegante.

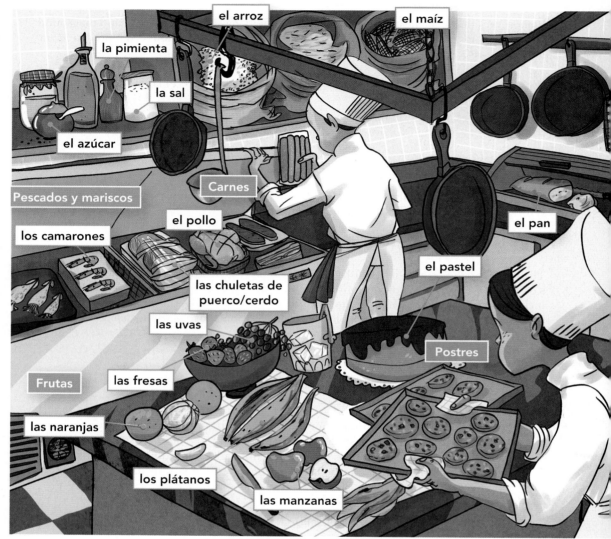

5A.6 **¿Probable o improbable?** Escucha las oraciones e indica si cada uno es **probable** o **improbable**. Prepárate para explicarle a un/a compañero/a de clase tus respuestas.

	Probable	Improbable
1.	☐	☑
2.	☐	☑
3.	☑	☐
4.	☑	☐
5.	☐	☑
6.	☐	☑
7.	☐	☑
8.	☑	☐

*The words *cocina* and *comida* can have a variety of meanings. *La cocina* may refer to the kitchen in the sense of a physical space. It may also refer to the act of cooking or to a particular type of food much the way "cuisine" is used in English. *La comida* refers to food in a general sense, but may also mean "meal".

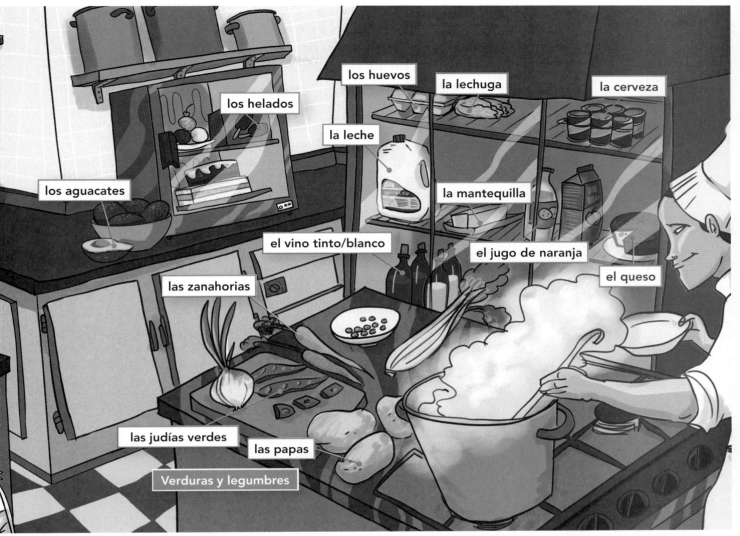

los huevos
la lechuga
la cerveza
los helados
la leche
los aguacates
la mantequilla
el vino tinto/blanco
el jugo de naranja
el queso
las zanahorias
las judías verdes
las papas
Verduras y legumbres

5A.7 **¿Cuál es tu comida preferida** (*favorite*)**?** Entrevista a un/a compañero/a de clase para obtener la siguiente información. Asegúrate (*be sure*) de crear preguntas para la entrevista según el modelo. Comparen sus respuestas para poder comentar a la clase qué preferencias tienen en común. Resume (*summarize*) lo que aprendas sobre tu compañero/a en tu **Retrato de la clase**.

> Modelo: E1: *¿Cuáles son tus ingredientes preferidos en una ensalada?*
> E2: *Mis ingredientes preferidos son el tomate, las espinacas, la lechuga y el queso.*

1. Tu ensalada preferida

2. Tu carne preferida

3. Tu comida informal favorita

4. Tu helado preferido

5. Tus ingredientes preferidos en una ensalada de fruta

6. Tus ingredientes preferidos en una sopa

7. Tu jugo preferido

8. Tu bebida preferida

Retrato de la clase: La bebida preferida de _____ es _____. Su jugo preferido es _____, etcétera.

5A.8 ALTERNATE
ACTIVITY: If your students
aren't likely to find several
native Spanish-speakers to
interview, have them do
Internet key-word searches
using each of the English
words in 5A.8, followed by
a comma and the name of a
Spanish-speaking country.
Have them try each word
with three different countries
selected randomly. Be sure to
tell them that they may not
understand everything that
appears on each Spanish-language website that comes up
in their searches, but they
should be able to discover
what word is used in a particular country to describe the
selected food item.

5A.8 **¡A la comunidad hispana!**   Entrevista a diferentes personas cuyo *(whose)* primer idioma sea el español sobre las palabras que usan para referirse a las siguientes comidas. Investiga cuáles son las palabras que se usan en sus países. Luego, compara tus resultados con los de varios compañeros de clase.

Pork: **cerdo, chancho, cochino, lechón, puerco**

Green beans: **chaucha, ejote, judía verde, perona, poroto verde, vaina, frijol verde**

Strawberry: **fresa, fresón, frutilla, metra**

Corn: **elote, maíz, choclo**

Peach: **melocotón, durazno**

Noodles: **tallarines, fideos**

5A.9 **Abastecedores.** *(Caterers)*   Con otros dos compañeros de clase, creen un menú para *uno* de los siguientes eventos. Deben ponerse de acuerdo *(agree)* en el número de personas que esperan, el menú y el precio de cada cosa, incluyendo las bebidas y las comidas. ¡Traten de ponerse de acuerdo en español! Luego, van a presentar sus menús para ver qué piensa la clase.

El menú es para:

☐   una cena de una compañía donde algunos *(some)* de los invitados son vegetarianos

☐   una comida para ocho jugadores de póker

☐   una cena formal para una familia

☐   una cena romántica para dos personas

☐   una cena para estudiantes que anticipan un viaje a España

☐   una cena para profesores de un congreso *(conference)* en Argentina

☐   otro: _____

5A.9 TEACHING TIP: You
may want to assign each
of the suggested menus to
a particular group. If your
classroom does not have
the technology to allow
students' menus to be dis-
played for the whole class,
have each group make
enough copies of their
menu so that the rest of
the class can review the
menus and vote on the
best based on categories,
such as the best prices,
the most delicious menu,
the most creative menu,
etc. Then, these menus
can be used for role-play-
ing as if at a restaurant.

www

¡Conéctate!
Visit the website
of *yanuq* to find
exquisite recipes
from Peru. Identify
one or two recipes
that contain food
that you like. What
recipe would you
like to prepare?
How much time
would it take?
What are you
waiting for?

VÍVELO: LENGUA

Telling someone what to do

When giving directions or instructions; for example, as part of a recipe, Spanish often uses specific forms of the verb called commands. You have already seen commands when reading directions in your textbook and you have heard your instructor use commands in class. You will learn more about commands in Chapter 10, but this Vívelo: Lengua will briefly introduce the *tú* affirmative commands; that is, the commands that are used in an informal context to tell someone what to do.

Most *tú* informal commands consist of using the *él/ella/Ud.* form of the verb.

Añadir = to add	**Añade** *la sal.*	Hervir (e->ie) =	
Batir = to beat	**Bate** *dos huevos.*	to boil	**Hierve** *el agua.*
Calentar (e->ie)		Mezclar = to mix	**Mezcla** *el aguacate*
to heat up	**Calienta** *el café.*		*y los tomates.*
Cortar = to cut	**Corta** *el pan.*	Pelar = to peel	**Pela** *las manzanas.*
Freír (e->i) to fry	**Fríe** *las papas.*	Picar = to chop/dice	**Pica** *una zanahoria.*

There are some *tú* affirmative command forms that are irregular:

Decir	**Di** *la verdad.*
Hacer	**Haz** *un sándwich.*
Poner	**Pon** *el tenedor a la izquierda del plato.*
Salir	**Sal** *por la puerta de atrás (back).*
Tener	**Ten** *paciencia, vamos a comer pronto.*
Venir	**Ven** *aquí.*

5A.10 Una receta. Trabajando con un/a compañero/a completa la receta (*recipe*) con las intrucciones en el orden correcto. Cada uno de ustedes tiene solamente una parte de las instrucciones. Uds. necesitan determinar cuál es el orden más lógico. Recuerden que los ingredientes normalmente se utilizan en el orden indicado.

© annata78/iStockphot

Tomate relleno (*filled*) de mozzarella

Ingredientes	Instrucciones
2 tomates	**1.** Lava y corta los tomates en dos.
ajo (garlic)	**2.**
perejil (parsley)	**3.**
sal	**4.**
mozzarella fresca	**5.**
	6.
	7.
	8.

5A.10 TEACHING TIP: There is some flexibility in the steps for this recipe; however, you may want to remind students that the ingredients are typically listed in the order in which they are used.

5A.10 ANSWERS:
1. Lava y corta los tomates en dos; 2. Saca la pulpa de los tomates con una cuchara; 3. Pica bien la pulpa de los tomates; 4. Pica bien el ajo y pica el perejil; 5. Mezcla el ajo y el perejil con la pulpa y sazona con sal (Corta la mozzarella en trozos pequeños); 6. Corta la mozzarella en trozos pequeños (Mezcla el ajo y el perejil con la pulpa y sazona con sal); 7. Mezcla la mozzarella con la pulpa, el ajo y el perejil; 8. Rellena los tomates y ponlos al horno por 5 minutos. Steps from the original recipe are listed without parentheses, alternative responses are shown in parentheses.

Estudiante 1

Lava y corta los tomates en dos.
Pica bien la pulpa (*pulp*) de los tomates.
Mezcla el ajo y el perejil con la pulpa y sazona con sal.
Rellena (*fill*) los tomates y ponlos al horno (*oven*) por 5 minutos.

Estudiante 2

Saca la pulpa (*pulp*) de los tomates con una cuchara.
Pica bien el ajo y pica el perejil.
Corta la mozzarella en trozos (*pieces*) pequeños.
Mezcla la mozzarella con la pulpa, el ajo y el perejil.

5A.11 Presentar una receta. Usando la receta en 5A.10 como modelo, piensa en una receta para preparar un plato que te gusta. Luego, en grupos de cuatro, van a turnarse para enseñarle al grupo a preparar el plato. En las presentaciones, usa mandatos informales y el vocabulario presentado en Vívelo: Lengua.

5A.11 You may want to assign finding a recipe as homework in order to give students the opportunity to search for a recipe. In class, you may also want to model activity by presenting a recipe of your own.

Palabras clave 2 ¿Cómo pones la mesa?

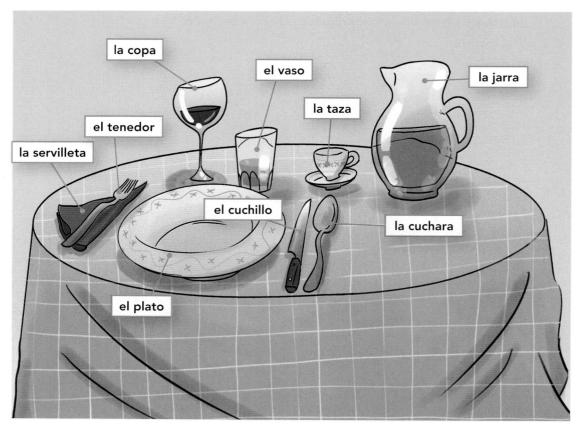

En el restaurante

el/la camarero/a	la persona que sirve la comida
la cuenta	el costo total de la comida que se paga al restaurante
dejar la propina	un porcentaje de la cuenta que el cliente deja *(leaves)* para el camarero
¿Qué desea comer/beber?	What would you like to eat/drink?
Quisiera/Me gustaría...	I would like . . .
Tráigame... por favor	Please bring me . . .

5A.12 ¿Qué o quién es? Túrnate con un/a compañero/a para leer las siguientes oraciones el uno al otro y decir la palabra de vocabulario correspondiente. Comprueben sus respuestas con otros compañeros de clase.

> Modelo: E1: *Soy la cosa que indica el costo de la comida en un restaurante.*
> E2: *la cuenta*

1. Soy la cosa que se usa para comer cereal. — la cuchara
2. Soy la cosa que usamos para beber agua. — el vaso
3. Soy la cosa que corta *(cuts)* una chuleta de puerco. — el cuchillo
4. Soy la cosa que recoge *(picks up)* la carne del plato para comerla. — el tenedor/la cuchara
5. Soy la cosa que contiene el vino para beberlo. — la copa
6. Soy la cosa donde ponen la comida para servirla a los clientes. — el plato
7. Soy la cosa que generalmente está debajo del tenedor. — la servilleta
8. Soy el dinero adicional que se recibe por buen servicio. — la propina

5A.13 ¿Cuál es la palabra? Escribe la palabra de vocabulario que mejor complete cada oración según el modelo. Compara tus respuestas con las de un/a compañero/a de clase.

1. Las __servilletas__ son de tela (*cloth*) en los restaurantes elegantes.
2. El camarero (*server*) prepara la ___cuenta___ cuando los clientes terminan de comer.
3. El ___bistec___ se prepara según la preferencia del cliente (*customer*).
4. En la mesa normalmente se encuentran dos condimentos: la ___sal___ y la ___pimienta___.
5. A muchos niños no les gustan las ___espinacas___, pero a Popeye sí.
6. La ___taza___ es para beber té o café.
7. Usamos una ___cuchara___ para comer sopa.
8. El cliente deja la ___propina___ sobre la mesa antes de salir del restaurante.

5A.14 En el restaurante. En grupos de tres, preparen una conversación entre un camarero y dos clientes en un restaurante y representen (*act out*) la escena para el resto de la clase. Usen el menú provisto (*provided*) para pedir. Incorporen varias palabras de vocabulario relacionadas con comidas, bebidas, servicios de mesa (*tableware*) y especialmente las expresiones de cortesía de la sección En el restaurante.

POLLOS A LA BRASA * PERUVIAN-STYLE ROTISSERIE CHICKEN

El pollo peruano

41-19 NATIONAL STREET * CORONA * NEW YORK 11368

Pollo a la brasa

1 pollo entero (solo para llevar)	$8.25
1/2 pollo	$4.60
1/4 pollo	$3.10

costillas asadas

5 piezas	$7.40
3 piezas	$4.65

aco paña ientos

Papas fritas	$2.30
Papa cocida	$0.95
Maduros	$2.70
Yuca frita	$2.70
Arroz blanco y frijoles	$3.25
Tostones	$2.70
Ensalada	$1.00
Ensalada grande (solo para llevar)	$5.00

sopas

Aguadito (arroz y menudencia)	$3.25
Pollo con vegetales	$3.25

bebidas

Sodas en lata o agua	$1.38
Snapples o sodas en botella	$1.85
Chicha morada	$1.85
Té, café o chocolate caliente (solo para la mesa)	$0.92

combinaciones

No 1	1/2 pollo arroz frito y ensalada o arroz blanco y frijoles	$6.95
No 2	1/2 pollo papas fritas o papa cocida y ensalada	$6.95
No 3	1/4 pollo arroz frito y ensalada o arroz blanco y frijoles	$5.20
No 4	1/4 pollo papas fritas o papa cocida y ensalada	$5.20

No 5	3 piezas de costillas de cerdo asadas arroz frito de puerco y ensalada o arroz blanco y frijoles	$7.15
No 6	3 piezas de costillas de cerdo asadas papas fritas o papa cocida y ensalada	$7.15
No 7	1/4 pollo 3 piezas de costillas de cerdo asadas arroz frito y ensalada o arroz blanco y frejoles	$9.90
No 8	1/4 pollo 3 piezas de costillas de cerdo asadas papas fritas o papa cocida y ensalada	$9.90

de nuestra cocina

LOMO SALTADO (servido con arroz blanco)	$7.75
LOMO SALTADO COMBINADO (servido con arroz blanco y frijoles)	$8.75
POLLO SALTADO (servido con arroz blanco)	$7.75
POLLO SALTADO COMBINADO (servido con arroz blanco y frijoles)	$8.75
MILANESA DE POLLO (pechuga de pollo empanizada servido con arroz blanco y frijoles)	$7.75
MONDONGUITO A LA ITALIANA (servido con arroz blanco)	$7.75
CHICHARRÓN DE POLLO (servido con arroz blanco y frijoles)	$7.75

PUERCO ASADO EN SALSA AGRIDULCE (servido con arroz frito)	$7.00

BROCCOLI (servido con arroz blanco)

con puerco asado o pollo	$7.00
con res o camarones	$7.50

LO MEIN (tallarin saltado)

con puerco asado o pollo	$7.75
con res o camarones	$8.25
mixto	$9.50

ARROZ FRITO (mediano y grande solo para llevar)

	pequeño	mediano	grande
vegetales	$4.25	$7.75	$14.50
pollo	$5.00	$9.00	$17.00
res	$5.25	$9.50	$18.00
camarones	$5.25	$9.50	$18.00
mixto	$6.00	$11.00	$21.00

* servido con papa cocida y maíz

• AGREGAR NYC SALES TAX A LOS PRECIOS *

5A.14 TEACHING TIP: Remind students that the relationship between servers and customers is formal and polite in Hispanic culture, so they should use Ud. and Uds. forms in their skits. You may want to bring in plastic or paper plates, cups, napkins, flatware, etc. for students to use as props. In order to challenge students and encourage their creativity, you may also want to ask each group to think of some problem that needs to be resolved (e.g., the soup is cold rather than hot, the silverware is dirty, there is no napkin, the server brought the wrong food, the server spilled coffee on a customer, etc.)

5A.14 SUGGESTION: Rather than limiting the class to the menu provided, you can adapt this activity and assign students to different types of restaurants (e.g., different ethnic cuisines, fast food, fast casual, formal, etc.). If you have Spanish-language menus in your own collection of realia, you can incorporate them as well.

www

¡Conéctate!

Imagine that you are planning a trip with friends to a city in a Spanish-speaking country and want to check out restaurants before you leave. Visit the website of *viajeros.com* and type in the name of the city you are planning to visit. Click on the Restaurantes tab and start browsing restaurants and reviews (*Opiniones*). What restaurants appeal to you and why? Have you used similar sites in English? Which ones?

VÍVELO: CULTURA

La cocina: ¡Vivan las diferencias!

Aunque el idioma español es una fuerza unificadora (*unifying*) entre 21 países, la cocina (*cuisine*) es muy diferente entre esos países. La comida varía mucho de región a región a causa de diferencias culturales e influencias locales. Por ejemplo, no toda la comida hispana es picante (*spicy*) y no todas las tortillas se asocian con el burrito o el taco. En España, la tortilla es similar al omelet. Además, como se nota en la Actividad 5A.8, los nombres de una misma comida pueden ser diferentes en diferentes países.

Por otra parte, algunas comidas son comunes en muchas regiones, por ejemplo, el arroz con pollo, la carne de cerdo y el pescado. El bacalao (*cod*), que es nativo de aguas frías y muy común en España, también se come mucho en el Caribe y México a pesar de (*despite the fact*) que el clima en estas regiones es muy diferente.

Blend Images/Getty Images, Inc.

5A.15 Corregir información falsa. Después de leer la sección Vívelo: Cultura, corrige la información falsa en las oraciones a continuación con información del texto. Verifica la información con la clase. **¡OJO!** Todas las oraciones son falsas.

1. La cocina en los países hispanos es homogénea.

2. La cultura no influye en la comida.

3. Toda la comida hispana es picante.

4. La tortilla es igual en todos los países hispanos.

5. El arroz con pollo solamente se come en el Caribe.

6. El bacalao solamente se come en España.

Estructuras clave 1 Direct objects and direct object pronouns

Look at these Spanish sentences, focusing on what Iron Chef José Garces prepares, and whom he visits.

José Garces prepara **la ensalada**.	*José Garces prepares the salad.*
José Garces conoce a **Bobby Flay.**	*José Garces knows Bobby Flay.*

What does José Garces prepare? He prepares *the salad*. Whom does he know? He knows *Bobby Flay*. These are direct objects. A direct object is a noun that receives the action of a verb. It answers the question "What?" or "Whom?".

When the direct object of a verb is a person, Spanish introduces that person with what is known as the personal **a** or **la a personal**. It has no equivalent in English, but serves as a marker which signals that the direct object of the verb is a person. When both the subject and the direct object of the verb are people, the **a personal** helps us determine who is the subject and who is the direct object.

Pronouns in general allow for shorter, more economical communication since they avoid the need to repeat the same noun over and over again. Instead of saying, for example,

José Garces prepara **la ensalada** y luego lleva **la ensalada** a la casa de sus abuelos.

we can say…

José Garces prepara **la ensalada** y luego **la** lleva a la casa de sus abuelos.

WileyPLUS Learning Space
Go to *WileyPLUS Learning Space* and review the tutorial for this grammar point.

WileyPLUS Learning Space

You will find PowerPoint presentations for use with *Estructuras clave* in *WileyPLUS Learning Space*.

Direct object pronouns

me	*me*			**nos**	*us*	
te	*you*			**os**	*you* (pl. informal Spain)	
lo	*it* (masc.)	*him / you* (masc. formal)		**los**	*them* (masc.)	*you* (pl.)
la	*it* (fem.)	*her / you* (fem. formal)		**las**	*them* (fem.)	*you* (pl. fem.)

Compare these short paragraphs to see how direct object pronouns make for smoother, more economical communication.

Without direct object pronouns	With direct object pronouns
José Garces prepara **la ensalada**. Luego pone **la ensalada** en el refrigerador hasta que sea la hora de llevar **la ensalada** a la casa de sus abuelos. José Garces quiere mucho a **sus abuelos** y ve a **sus abuelos** con frecuencia.	José Garces prepara **la ensalada**. Luego **la** pone en el refrigerador hasta que sea la hora de llevar**la** a la casa de sus abuelos. José Garces quiere mucho **a sus abuelos** y **los** ve con frecuencia.
José Garces prepares the salad. Then he puts the salad in the refrigerator until it's time to take the salad to his grandparents' house. José Garces loves his grandparents and sees his grandparents often.	*José Garces prepares the salad. Then he puts it in the refrigerator until it's time to take it to his grandparents' house. José Garces loves his grandparents and sees them often.*

Position of direct object pronouns

Note the position of the direct object pronouns in the sentences below. While English puts the direct object pronoun after the verb (e.g., puts it, take it, sees them), in Spanish, the direct object pronoun precedes a conjugated verb.

¿La ensalada? José Garces **la** prepara.	*The salad? José Garces prepares it.*
¿Bobby Flay? José Garces **lo** conoce.	*Bobby Flay? José Garces knows him.*

When the verb is not conjugated, and instead is used in the infinitive form, the pronoun is attached to the end of the infinitive.

José Garces quiere mucho a sus abuelos.	*José Garces loves his grandparents.*
Para él es importante ver**los** con frecuencia.	*It is important to him to see them often.*
Corta las zanahorias antes de poner**las** en la ensalada.	*He cuts the carrots before putting them in the salad.*

When the verb expression consists of a conjugated verb and an infinitive working together, the direct object pronoun may precede the conjugated verb or be attached to the infinitive.

¿Sus amigos? José Garces quiere ver**los** hoy.	*His friends? José Garces wants to*
¿Sus amigos? José Garces **los** quiere ver hoy.	*see them today.*

5A.16 AUDIO SCRIPT:
2. La beben; 3. La conocemos; 4. Los visitas; 5. Me miras; 6. Nos comprenden; 7. Te adoro; 8. Las comen

5A.16 TEACHING TIP:
After listening to the activity, consider showing students the audio script to have them find the correct answers. Since this is a new concept for most students, this added practice may help them feel more comfortable with it.

5A.16 ¿Cómo se interpreta? Escucha las oraciones y para cada oración indica si la interpretación A o B es la interpretación correcta. Sigan el modelo. Después, verifica tus respuestas con un/a compañero/a.

		A	**B**
1.	*You hear "Lo invito"*	☑ *I invite him.*	☐ *He invites me.*
2.		☑ *They drink it.*	☐ *She drinks it.*
3.		☐ *She knows us.*	☑ *We know her.*
4.		☐ *They visit you.*	☑ *You visit them.*
5.		☐ *I look at you.*	☑ *You look at me.*
6.		☐ *We understand them.*	☑ *They understand us.*
7.		☐ *You adore me.*	☑ *I adore you.*
8.		☐ *She eats them.*	☑ *They eat them.*

5A.17 ¿Qué dibujo representa la idea? Lee cada una de las siguientes oraciones e indica cuál de los dos dibujos representa mejor el significado. Compara tus respuestas con las de un/a compañero/a de clase.

5A.17 TEACHING TIP: Before they begin the activity, have students identify the object nouns in each drawing, with a focus on number and gender: 1. las chicas/la chica, 2. el sándwich/la pizza, 3. los huevos/el huevo, 4. nosotros/yo, 5. la cerveza/el vino, 6. los aguacates/las naranjas.

1. Juan las ve.

A B

4. Tú nos oyes.

A B

5A.17 ANSWERS:
1. a; 2. b; 3 a;
4. a; 5. b; 6. b

2. Yo la como.

A B

5. Nosotros lo bebemos.

A B

5A.17 TEACHING TIP: After going over the correct answers, have students write sentences that would match the opposite drawings.

3. Ellos los fríen.

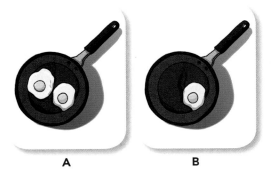

A B

6. La cocinera las pela.

A B

5A.18 Adivina. Lee el siguiente texto para tener una idea general de qué trata *(what it's about)*. Luego con un/a compañero/a de clase, vuelve a leerlo y por cada pronombre de objeto directo subrayado, indica el objeto al que se refiere el pronombre. El primero se muestra como modelo.

Pelo las papas antes de cocinar<u>las</u>[1]. <u>Las</u>[2] pongo en una olla para hervir<u>las</u>[3]. Veo que están listas *(ready)* cuando <u>las</u>[4] puedo cortar fácilmente con un tenedor. Luego, <u>las</u>[5] saco de la olla y <u>las</u>[6] pongo en la sopa. Además de las papas, añado *(I add)* otros vegetales a la sopa. <u>Los</u>[7] añado lentamente, y cuando no hay más que añadir a la sopa y está lista, <u>la</u>[8] como.

1. *las papas*
2. las papas
3. las papas
4. las papas
5. las papas
6. las papas
7. otros vegetales
8. la sopa

5A.19 TEACHING TIP: This activity could be useful for pairing students. On separate slips of paper, write down the eight sentences and possible answers. Randomly pass them out to students. Have students find the person with the correct match and remain with that person for the next activity.

5A.19 ¿A qué o a quién se refiere? Empareja el pronombre de objeto directo de cada oración con la frase a la que que más lógicamente se refiere. Verifica tus respuestas con un/a compañero/a de clase.

_a_ **1.** Bugs Bunny <u>las</u> come siempre.
_c_ **2.** Los estudiantes <u>la</u> comen mucho.
_h_ **3.** Mi mejor amigo/a <u>me</u> conoce bien.
_b_ **4.** <u>Te</u> invitamos a cenar.
_e_ **5.** Mi padre <u>lo</u> abraza *(hugs)*.
_f_ **6.** <u>Nos</u> visitan frecuentemente.
_d_ **7.** <u>Las</u> usan para producir vino.
_g_ **8.** <u>Los</u> pido cuando voy a Red Lobster.

a. las zanahorias
b. a ti
c. la pizza
d. las uvas
e. a mi hermano
f. a nosotros
g. los camarones
h. a mí

5A.20 TEACHING TIP: Encourage open-ended responses. You may want to prompt students by asking them which object pronoun they should use in each case. Follow up by having students report on their findings.

5A.20 Un sondeo de la comida. Contesta las preguntas a continuación. Luego, hazles las mismas preguntas a dos compañeros de clase. Cuando respondan, deben usar el pronombre de objeto directo apropiado. Comparte las respuestas con la clase y apunta las conclusiones en tu **Retrato de la clase**.

Modelo: E1: ¿Dónde comes **el almuerzo**?
E2: **Lo** como en el centro estudiantil.

	Yo	Comp. #1	Comp. #2
¿Con que frecuencia bebes **té**?	**Lo** bebo	**Lo** bebe	
¿Cuándo comes pizza?			
¿Dónde compras la comida?			
¿Dónde prefieres comer hamburguesas?			
¿A qué hora preparas el desayuno?			
¿Con qué frecuencia comes tomates?			

Retrato de la clase: La mayoría de la clase no bebe té, pero la mayoría de la clase come pizza.

VÍVELO: CULTURA

Algo para picar (*Something to munch on*)

En los países hispanos, es común comer algo ligero (*light*) varias veces durante el día para facilitar la socialización con amigos y también porque los intervalos entre comidas pueden ser largos. Las costumbres relacionadas con estas comidas ligeras pueden variar bastante (*quite a lot*), pero estos tres ejemplos son representativos.

La merienda: Es una comida ligera que se come antes del almuerzo o de la cena.

Las tapas: Este fenómeno gastronómico y cultural de España ahora es popular en muchas ciudades norteamericanas. Las tapas son aperitivos (*appetizers*) que se sirven en bares y restaurantes. Se sirven en platos pequeños, generalmente acompañadas de una cerveza o una copa de vino. Tradicionalmente se comen por la tarde, entre la hora cuando la gente sale del trabajo y la cena.

Las botanas: Son el equivalente mexicano de las tapas españolas. Las personas van a un «botanero» para tomar algo y disfrutar de una variedad de aperitivos mientras ven un partido de fútbol u otro evento deportivo.

TAPAS

Patatas bravas	3.00 €
Alitas de pollo	6.00 €
Calamares a la romana	10.00 €
Sepia	7.50 €
Champiñones	6.00 €
Patatas dos salsas	6.50 €
Tortilla de patata	10.00 €
Montadito de jamón	6.00 €
Ración de chorizo	7.50 €
Morcilla	7.50 €
Ración de aceitunas	3.70 €
Empanada de atún	5.70 €
Croquetas de ibérico	6.95 €
Huevos rotos con jamón	6.90 €
Salpicón	3.00 €
Gazpacho	3.00 €
Tosta de angulas	4.50 €
Tosta de salmorejo	3.30 €

VÍVELO: STANDARDS: COMMUNITIES. Ask students to interview Spanish-speakers in the community (or online) about what they would call a mid-morning snack and what they consider to be light snack foods in their native countries, as well as about some of their favorite *tapas* or *botanas*. Have students report back their findings.

5A.21 TEACHING TIP: Before reading, ask students ¿Qué comes tú cuando quieres algo para picar? ¿Adónde vas con tus amigos para divertirte, tomar algo y comer algo ligero?

5A.21 AUDIO SCRIPT: 1. La merienda es una comida ligera; 2. El concepto de tapas se limita a España; 3. Las tapas se sirven en porciones pequeñas; 4. Las botanas se asocian con Argentina.

5A.21 ¿Qué comprendiste? Escucha las oraciones 1–4 e indica si son ciertas o falsas. Luego, contesta las preguntas 5–6, pensando en posibles equivalentes en la cultura estadounidense. Compara tus respuestas con un/a compañero/a de clase.

	Cierto	Falso
1.	☑	☐
2.	☐	☑
3.	☑	☐
4.	☐	☑

5. ¿Qué concepto estadounidense es similar al concepto español de «ir de tapas»? happy hour

6. ¿Qué lugares en Estados Unidos son similares a los botaneros? sports bars

5A.22 Un folleto de restaurante. Lee el folleto distribuido en la calle para anunciar un restaurante y contesta las preguntas a continuación. Verifica tus respuestas con la clase.

El Patio de San Luis

Restaurante bar de Cocina Típica
…higiénico, sabroso y tradicional

SERVICIO A DOMICILIO (ZONA CENTRO)

10 Ote. #2
(frente a Jardín San Luis)
Centro Histórico
Puebla, Pue.
Tel.: 232 3734

$40⁰⁰

Desayunos
CARNE ASADA,
MOLLETES,
OMELET, HOT CAKES,
HUEVOS AL GUSTO,
COCTEL DE FRUTAS,
CHILAQUILES

Comidas
SOPA, CREMA,
ARROZ, PASTA
4 PLATOS FUERTES
FRIJOLES
TORTILLAS
POSTRE

Antojitos Mexicanos
POZOLE, MOLE DE PANZA,
CHALUPA, TACOS DORADOS,
QUESADILLAS, SINCRONIZADAS,
TOSTADAS, QUESO FUNDIDO,
ENVUELTOS, ENCHILADAS,
ENFRIJOLADAS, HAMBURGUESAS, SANDWICH,
TORTAS A LA PLANCHA

…LOS MEJORES EVENTOS DEPORTIVOS EN VIVO!!!

"Y PARA AMENIZAR SU COMIDA, TODOS LOS DÍAS MÚSICA EN VIVO"
"VENGA A CONOCER EL AUTÉNTICO PATIO POBLANO"

1. ¿Qué tipo de comida sirven en este restaurante?

a. comida elegante   **b.** comida típica   **c.** comida rápida

2. ¿Qué significa la expresión «servicio a domicilio» (located above «Desayunos»)?

a. take-out   **b.** catering   **c.** delivery

3. En ciertos aspectos, *El Patio de San Luis* es más similar a

a. sports bar   **b.** wine bar   **c.** coffeehouse

4. ¿Cuál **NO** es un posible sinónimo de la palabra «antojito»

a. la botana   **b.** la cena   **c.** la merienda

Estructuras clave 2 The prepositions *por* and *para*

WileyPLUS Learning Space
Go to *WileyPLUS Learning Space* and review the tutorial for this grammar point.

WileyPLUS Learning Space

You will find PowerPoint presentations for use with *Estructuras clave* in *WileyPLUS Learning Space*.

Up to now, you have been introduced formally to a few uses of **por** and **para** and have seen them used throughout this book. The prepositions **por** and **para** often cause difficulties for English speakers learning Spanish because they both can be translated as *for* or *by* in many cases. However, these two prepositions are not interchangeable and they are used with specific meanings in particular contexts. As you examine the examples in the chart below, you will begin to get a feel for the uses of **por** and **para** and you will see that context determines which of the two is appropriate in a given situation.

Use por	Use para
a. To indicate movement through, along, around, by: Caminar **por** la playa es muy romántico. Es necesario entrar **por** la puerta principal.	**a.** To indicate a recipient: Este regalo es **para** mi mamá. Preparamos un café **para** los invitados.
b. To indicate means of communication or transport: ¿Puede usted mandarme los documentos **por** correo electrónico? Ellos prefieren viajar **por** tren.	**b.** To indicate a destination: ¿Qué día salen ustedes **para** Paraguay? Ella camina rápido **para** su casa.
c. To indicate a period of time, in: Vamos a Puerto Rico **por** dos semanas. Me gusta estudiar **por** la mañana.	**c.** To indicate a deadline or a specific point in time: La composición es **para** el viernes. Es importante terminar el proyecto **para** el 15 de marzo.
d. To indicate cost or exchange: Venden el coche **por** $1,500. Muchas gracias **por** tu ayuda.	**d.** With **trabajar** to express employment: Ellos trabajan **para** su padre. ¿Te interesa trabajar **para** una compañía multinacional?
e. To indicate the objective of an errand: Vamos al supermercado **por** leche y pan. Necesito volver a mi cuarto **por** mi libro de español.	**e.** To specify a function, purpose or use: Estas copas son **para** vino. Se usa un cuchillo **para** cortar.
f. To indicate a motive for an action, as in because of: El Sr. Suárez siempre llega tarde **por** el tráfico. No pueden jugar afuera **por** la lluvia.	**f.** To indicate a comparison that distinguishes individuals from a group: **Para** un niño de 10 años, eres muy alto. **Para** médico, Jorge no sabe mucho de la anatomía.
g. To signal a unit of measure, as in "per" or "by the": El límite de velocidad es 88 kilómetros **por** hora. Se venden huevos **por** docena.	**g.** To indicate "in order to" when followed by an infinitive: Ustedes me escuchan con cuidado **para** aprender la pronunciación correcta. **Para** patinar sobre hielo se necesita mucho equilibrio.

5A.23 Por Con un/a compañero/a de clase, lean las siguientes oraciones y escriban la letra que indica el significado o la función de **por** que se indica en la tabla de *Estructuras clave*. Luego, comprueben sus respuestas con las de otros compañeros de clase. El primero está hecho como modelo.

_e_ **1.** La bebé tiene hambre. Voy al refrigerador por leche.

_b_ **2.** Es necesario viajar a Chile por avión.

_a_ **3.** Es relajante (*relaxing*) caminar por un parque.

_d_ **4.** Te cambio una manzana por una naranja.

_f_ **5.** Me gusta esta receta por ser fácil.

_c_ **6.** Ellos van a Panamá por dos semanas.

_g_ **7.** El pollo se compra por kilo.

_d_ **8.** Se paga más por quesos importados.

5A.24 Para. Con un/a compañero/a de clase, lean las siguientes oraciones y escriban la letra que indica el significado o la función de **para** que se indica en la tabla de *Estructuras clave*. Luego, comprueben sus respuestas con las de otros compañeros de clase.

_e_ **1.** Las tazas son para bebidas calientes.

_f_ **2.** Para comida rápida, es bastante saludable.

_d_ **3.** Muchos jóvenes trabajan para restaurantes.

_a_ **4.** El padre prepara una sopa para su hijo enfermo.

_e_ **5.** Compro la lechuga y las espinacas para la ensalada.

_c_ **6.** La cena va a estar lista para las 7:00.

_g_ **7.** Para llegar a su mesa, sigan al mesero.

_b_ **8.** El avión para Asunción sale en dos horas.

5A.25 Marisol invita por Facebook. Lee el mensaje que Marisol ha publicado (*posted*) en Facebook acerca del cumpleaños de su novio Jorge. Escribe **por** o **para** en los espacios en blanco, según el contexto. Verifica las respuestas con 2 o 3 compañeros/as de clase y comenten si es apropiado mandar una invitación de este tipo por Facebook. ¿Por qué sí o por qué no?

_____ [1.] celebrar el cumpleaños de Jorge, vamos a cenar al bistro argentino Azul. _____ [2.] ser argentino, a Jorge le fascina la comida de ese restaurante. Está en el Lower East Side, así que tenemos que llegar allí _____ [3.] metro (*subway*), pero vale la pena. _____ [4.] un restaurante informal, la comida es exquisita. Azul es famoso _____ [5.] la carne (*meat*), pero tienen otras especialidades también. Además, los precios son razonables _____ [6.] Nueva York. Dos personas pueden disfrutar de una cena fenomenal _____ [7.] menos de $100. Si desean acompañarnos (*join us*), vamos a estar allí _____ [8.] las 7:30 p.m.

5A.26 Entrevista. Hazle preguntas a un/a compañero/a de clase según las instrucciones a continuación. Luego comparen sus respuestas con las de la otra pareja.

1. Pregúntale por cuánto tiempo ha estudiado (*has studied*) español.
2. Pregúntale a qué hora sale para la universidad.
3. Pregúntale para cuándo piensa graduarse.
4. Pregúntale qué come para la cena normalmente.
5. Pregúntale si prefiere comunicarse con sus amigos principalmente por texto, por Facebook o por correo electrónico.
6. Pregúntale qué prefiere comer para su cumpleaños.
7. Pregúntale cuánto paga normalmente por la comida.
8. Pregúntale por qué asiste a esta universidad.

5A.26 TEACHING TIP: Model how you might create a question from the instructions and have students work in pairs to create one or two. Review their questions as a class. Offer assistance as needed and allow students to complete activity on their own.

VÍVELO: CULTURA

Las horas de comer en países hispanos

Un factor que influye en determinar las horas de comer es el clima. Tradicionalmente en el mundo hispano, los negocios generalmente se cierran por la tarde, cuando hace más calor. La gente vuelve a casa para comer la comida más importante del día con su familia. En muchas partes del mundo, esta tradición todavía determina las horas de comer.

© Blend Images/Alamy Inc

El desayuno: Al igual que en Estados Unidos, es una comida ligera que se come por la mañana, antes de ir a la escuela o al trabajo. Sin embargo, durante el fin de semana, el desayuno puede convertirse en un evento social para la familia, algo similar al *brunch* estadounidense.

El almuerzo: Se refiere a la comida del mediodía, que se come generalmente entre la 1:00 y las 3:00 p.m. En algunas regiones se usa el término «la comida» como sinónimo del almuerzo. A diferencia del *lunch* estadounidense, el almuerzo es la comida más grande del día y normalmente consiste en varios platos (*courses*).

La cena: Se refiere a la comida que se come por la noche, usualmente entre las 8:00 y 9:00 p.m. A veces se come más tarde, especialmente en el caso de un banquete, una boda u otro evento especial. A diferencia del almuerzo, la cena es típicamente una comida ligera y sencilla.

5A.27 TEACHING TIP: Before reading, ask students ¿En Estados Unidos o en tu país de origen, qué come la gente para el desayuno/el almuerzo/ la cena y más o menos a qué hora?

5A.27 ¿A qué comida se refiere? Escucha las oraciones e indica a qué comida se refieren las oraciones a continuación. Marca tu selección con una X en la columna correcta. Verifica tus respuestas con la clase.

	El desayuno	El almuerzo	La cena
1.		✓	
2.			✓
3.		✓	
4.	✓		
5.			✓
6.		✓	

5A.27 AUDIO SCRIPT: 1. Se llama también la comida; 2. Se come por la noche; 3. Consiste en varios platos; 4. Se come antes de la escuela o del trabajo; 5. Se come muy tarde si hay un evento especial; 6. Es la comida más grande del día.

Vocabulario: Investigación A

Vocabulario esencial

Sustantivos

el almuerzo	*lunch*
el aguacate	*avocado*
el arroz	*rice*
el azúcar	*sugar*
la bebida	*beverage*
las carnes	*meats*
el/la cliente/a	*client*
el/la camarero/a	*server*
los camarones	*shrimp*
la cena	*dinner*
la cerveza	*beer*
la chuleta de puerco/cerdo	*pork chop*
la cocina	*kitchen/cuisine*
la comida	*food/meal*
la copa	*wine glass*
la cuchara	*spoon*
el cuchillo	*knife*
la cuenta	*check*
el desayuno	*breakfast*
las fresas	*strawberries*
los guisantes	*peas*
el helado	*ice cream*
los huevos	*eggs*
la jarra	*the jar*
las judías verdes	*green beans*
el jugo	*juice*
la leche	*milk*
la lechuga	*lettuce*
el maíz	*corn*
la mantequilla	*butter*
la manzana	*apple*
los mariscos	*seafood*
la naranja	*orange*
el pan	*bread*
la papa	*potato*
las papas fritas	*french fries*
el pescado	*fish*
la pimienta	*pepper*
el plato	*dish/plate*
el pollo	*chicken*
el postre	*dessert*
el queso	*cheese*

el restaurante	*restaurant*
la sal	*salt*
la servilleta	*napkin*
la taza	*cup*
el tenedor	*fork*
la uva	*grape*
el vaso	*glass*
el vino blanco/ tinto	*white/red wine*
la zanahoria	*carrot*

Verbos

almorzar	*to have lunch*
añadir	*to add*
batir	*to beat, to whisk*
calentar	*to heat up*
cenar	*to have dinner*
cortar	*to cut*
dejar	*to leave*
desayunar	*to have breakfast*
freír	*to fry*
hervir	*to boil*
merendar (e→ie)	*to have a snack*
mezclar	*to mix*
pelar	*to peel*
picar	*to chop*
sacar	*to take out*

Otras palabras y expresiones

a pesar de	*in spite of*
además de	*in addition to*
algo para picar	*something to munch on*
el aperitivo	*appetizer*
aunque	*although/even though*
dejar la propina	*to leave a tip*
ligero/a	*light*
Me gustaría…/ Quisiera	*I would like…*
la merienda	*afternoon snack*
mientras (que)	*while*
poner la mesa	*to set the table*
¿Qué desea comer/beber	*What would you like to eat/drink?*

la receta	*recipe*
Tráigame… por favor.	*Please bring me…*
el trozo	*piece*

Cognados

Review the cognates in *Adelante* and the false cognates in *¡Atención!* For a complete list of cognates, see Appendix 4.

¡VÍVELO!

Vocabulario útil

morcilla *blood sausage*
pulpo *octopus*
gamba (camarón)
shrimp
al ajillo *fried with
garlic*

© John Wiley and Sons, Inc.

WileyPLUS Learning Space
You will find a variety of
resources for use with
En vivo in *WileyPLUS
Learning Space,* such as
a transcript of the video
segment, a translation
of that transcript, and
guidelines for imple-
menting the En vivo
activities.

EN DIRECTO

VIDEO: Sabores hispanos

> **Antes de ver el video.** Hazle estas preguntas a un/a compañero/a de clase.

1. ¿Qué sabes tú de la comida hispana? ¿Qué ingredientes hispanos ves cuando vas al supermercado?

2. ¿Te gusta la comida hispana? ¿Cuál es tu comida hispana favorita? ¿Dónde la comes?

> **Al ver el video.** Selecciona la opción correcta según el segmento de video.

1. La gastronomía hispanoamericana es conocida mundialmente por sus…
   a. pescados
   b. sabores
   c. carnes

2. El ceviche se cocina con pescado y…
   a. limón
   b. verduras
   c. los dos

3. Las empanadas se comen…
   a. fritas
   b. crudas
   c. en el desayuno

4. Las tapas pueden comerse…
   a. frías
   b. calientes
   c. frías y calientes

5. Para los españoles "ir de tapas" significa…
   a. beber y conversar
   b. comer aperitivos y conversar
   c. las dos cosas

> **Después de ver el video.** Comparte tus preferencias sobre la comida con el resto de la clase. Usa las siguientes preguntas para formular tus ideas:

- ¿Cuáles son tus comidas favoritas?
- ¿Qué comidas son especiales para tu familia?
- ¿Cuándo las comes?

¿Por qué llevas lo que llevas?

In this **Investigación** you will learn:

▶ How to describe clothing and accessories

▶ How to talk about what you wear and when

▶ How to talk about activities related to personal care

▶ About who and what influences what we wear

¿Qué se puede decir de la ropa?

You can describe the clothes that you are wearing.	¿Qué ropa llevas? ¿De qué color es? ¿Se asocia más con hombres o con mujeres? ¿Es para situaciones formales o informales?
You can talk about when you wear certain clothing items and where you purchase your clothing.	¿Qué ropa prefieres llevar a clase?, ¿a una cita? ¿Dónde compras la ropa?
You can indicate actions that you do to or for yourself.	¿Qué ropa te pones cuando hace calor?, ¿cuando hace fresco? ¿Te quitas los zapatos cuando entras a tu casa? ¿Tú y tus amigos se prestan ropa?

DICHOS

A buen hambre, no hay mal pan.	*Beggars can't be choosers.*
Aunque la mona *(monkey)* se vista de seda *(silk)*, mona se queda.	*You can't make a silk purse out of a sow's ear.*

Adelante

¡Ya lo sabes! Las prendas y la ropa

TEACHING TIP: For some of this vocabulary, you may be able to point to someone wearing sandals and say *las sandalias*, followed by *Las sandalias son de la colección de Prada.* Explain that both *las prendas* and *la ropa* indicate "clothing." *Las prendas* can also be used to refer to jewelry.

los accesorios de moda *(in style)*
la blusa sofisticada
las botas de color neutro
la chaqueta versátil
los *jeans* de corte *(cut)* moderno
los pijamas de franela *(flannel)*

los pantalones de buena calidad
las sandalias de la colección de Prada
el sombrero de colores brillantes
el suéter de estilo clásico
los zapatos *(shoes)* tenis

5B.1 Asociaciones. Empareja *(match)* cada descripción con la ropa que describe. Compara tus respuestas con las de un/a compañero/a de clase. Sigue el modelo.

a. el sombrero   **c.** las botas   **e.** las sandalias
b. los pijamas   **d.** los zapatos tenis   **f.** los pantalones

___e___ **1.** una prenda que se asocia con el verano

___c___ **2.** una prenda que se asocia con el frío

___a___ **3.** un artículo que nos protege del sol

___d___ **4.** una prenda que llevamos para jugar deportes

___b___ **5.** una prenda que llevamos para dormir

___f___ **6.** una prenda más formal que los *jeans* que llevamos en las piernas *(legs)*

5B.2 **Completar la oración.** Con un/a compañero/a de clase, completen cada oración de abajo. Comprueben sus respuestas con el resto de la clase.

1. Nike y Adidas son dos marcas *(brands)* famosas de ___zapatos tenis___.

2. Los ___jeans___ son "el uniforme" de los jóvenes.

3. Cuando voy a esquiar, llevo una ___chaqueta___.

4. La franela es una tela *(fabric)* que asociamos con los ___pijamas___.

5. Cuando hace frío, preferimos llevar un ___suéter___.

6. Las ___botas___ son buenas para caminar en la nieve.

7. Cuando vamos a la playa, llevamos unas ___sandalias___.

8. Usamos un ___sombrero___ para protegernos del sol.

5B.3 **Sondeo sobre lo apropiado de algunas prendas.** Contesta las preguntas y luego, pregúntales a dos compañeros sus opiniones. Escribe las respuestas y nota las semejanzas y diferencias en las opiniones para luego comentarlas con la clase.

¿Cuándo es/no es apropiado llevar *(to wear)* _____

	Yo		
unos pijamas?			
unos pantalones cortos?			
prendas de colores brillantes?			
una chaqueta?			
unos jeans?			
unas botas de estilo UGG?			
unos zapatos tenis?			
unas sandalias tipo flip flop?			

Después de comentar con la clase, anota las conclusiones generales en tu **Retrato de la clase**.

Retrato de la clase: En nuestra clase, pensamos que es/no es apropiado llevar _____ a clase/una fiesta/al trabajo.

VÍVELO: CULTURA
Las prendas y la tradición

En el cuadro de Frida Kahlo de la Act. 5B.7, la mujer en el centro lleva un rebozo (*traditional Mexican shawl*) muy común entre las mujeres indígenas. Las mujeres usan el rebozo para cubrir a sus bebés del frío o para llevar productos, ropa, fruta, leña (*wood*), etcétera. El uso principal, sin embargo, es para tener al bebé cerca (*close*) para que el bebé siempre sienta el amor y la seguridad de su madre.

En algunos lugares de los Andes, los sombreros sirven para indicar el pueblo de origen de una persona. Por ejemplo, en una de estas fotos, las mujeres llevan un sombrero de la zona del Cusco. En la otra hay sombreros típicos de Chivay, un pueblo en el departamento de Arequipa, Perú. Los sombreros van más allá de indicar el origen de alguien. También pueden indicar si la mujer está casada o no.

Courtesy of Richard Muirhead

Courtesy of Richard Muirhead

¿Hay ciertas prendas tradicionales en tu cultura? ¿Cuáles son?

5B.4 **¿Qué comprendes de *Las prendas y la tradición*?** Lee el texto en la sección Vívelo: Cultura y contesta las preguntas. Luego, indica dónde en el texto se encuentra esta información. Verifica tus respuestas con la clase.

1. ¿Qué lleva la mujer en el centro del cuadro de Frida Kahlo?
2. ¿Con qué grupo de mujeres se asocia?
3. ¿Cuál es el uso principal de esta prenda?
4. ¿Para qué más sirve esta prenda?
5. En los Andes, ¿qué indican los sombreros?
6. ¿Qué más pueden indicar los sombreros?

¡Conéctate!

What do your clothes say about you? Do a search for "Postermywall" to create a collage of your favorite attire.

You can download personal photos of your clothes, personal photos of yourself wearing your clothes or search for the type of clothes you could envision yourself wearing. Once your collage is done, print it and bring it to class or send an electronic version to your instructor to post for the class to see. Have fun with this activity!

Palabras clave 1 ¿Qué ropa llevan?

WileyPLUS Learning Space

 You will find PowerPoint presentations for use with *Palabras clave* in *WileyPLUS Learning Space*.

TEACHING TIP: When presenting this new vocabulary bring in items from home to further support the language input you offer students. As you talk about different items, you can hold the items up for your students to see. Also, tap into what you and your students are already wearing to make connections to the new vocabulary. Any visible support you can offer to add meaning to the vocabulary will be helpful.

los aretes/los pendientes

el anillo/la sortija

el collar

el reloj

los calcetines

el cinturón

las gafas de sol

el abrigo

la falda

el vestido

la cartera/ la bolsa

el traje de baño

5B.5 AUDIO SCRIPT:
1. el vestido sofisticado, 2. la camisa de franela, 3. el traje 4. los *jeans* modernos, 5. los pantalones cortos, 6. la corbata, 7. la falda elegante, 8. la gorra de béisbol

5B.5 **¿Formal o informal?** Vas a escuchar el nombre de varias prendas de ropa y accesorios. Indica si cada uno debe considerarse formal o informal. Confirma tus respuestas con un/a compañero/a de clase. Sigue el modelo.

	Informal	Formal
1.	☐	☑
2.	☑	☐
3.	☐	☑
4.	☑	☐
5.	☑	☐
6.	☐	☑
7.	☐	☑
8.	☑	☐

el paraguas

el traje

la corbata

la gorra

la camisa

el impermeable

el saco

los zapatos de tacón

la bufanda

la camiseta

los guantes

5B.6 **¿En qué se diferencian?** En grupos de tres, determinen si están de acuerdo (**Sí**) o no (**No**) con cada oración de abajo. Compartan las conclusiones de su grupo con el resto de la clase.

_____ **1.** Los trajes masculinos tienen pantalones y los trajes femeninos pueden tener una falda.

_____ **2.** Los zapatos masculinos no tienen tacones altos y los zapatos femeninos pueden tener tacones altos.

_____ **3.** Los cinturones masculinos son estrechos _(narrow)_ y los cinturones femeninos pueden ser muy anchos _(wide)._

_____ **4.** Las camisetas masculinas son sueltas _(loose)_ y las camisetas femeninas son más apretadas _(tight)._

_____ **5.** Las camisetas masculinas son de colores neutros u oscuros _(dark)_ y las camisetas femeninas son de colores brillantes.

_____ **6.** Los suéteres masculinos son sueltos y los suéteres femeninos son más apretados.

_____ **7.** El traje de baño masculino siempre tiene sólo una pieza y los trajes de baño femeninos pueden tener dos piezas.

_____ **8.** Las camisas masculinas son simples y las camisas femeninas son más adornadas.

5B.6 ORIENTATION: Processing instruction is a key component of the methodology driving this program. Activity 5B.6 is an example of this, as it provides students with comprehensible input that they need to be able to interpret in order to decide whether they agree or disagree with the statements.

5B.6 TEACHING TIP: As students share their responses, observe whether there are any generalizations that can be made from their responses, such as the class having a fixed perception of male/female clothing, or a more flexible perception. If no real pattern can be discerned, then that could also be pointed out.

5B.7 **Las prendas.** En parejas, miren el cuadro de abajo y túrnense para describir la ropa de cada individuo de esta pintura.

Dolores Olmedo Mexico/Gianni Dagli Orti/The Art Archive/The Picture Desk/© 2015 Banco de México Diego Rivera Frida Kahlo Museums Trust, Mexico, D.F./Artists Rights Society (ARS), New York

Frida Kahlo, *El camión* (The Bus), 1929.

VÍVELO: LENGUA
More about expressing preferences

In *Investigaciones 1A, 2A* and *4A*, you learned about how the verb *gustar* expresses preferences. For example: *No me gusta cantar, Nos gusta el fútbol, ¿Te gustan las espinacas?* There are several similar verbs that can be used to express different reactions to things and activities.

fascinar = to love, to be fascinated with
chocar = to dislike; to be bothered or disgusted by something
parecer = to seem like, to appear
tocar = to be one's turn, to be obligated

As with *gustar*, the third-person singular form is used with infinitives and singular nouns while the third-person plural form is used with plural nouns. Remember: the thing or activity that causes the reaction is the subject of the verb, and the person who experiences the reaction is expressed by the indirect object pronoun.

Me fascinan estos pantalones de seda.	I love these silk pants.
A muchos adultos les parece que los vestidos cortos son demasiado (too) reveladores.	To many adults short dresses seem too revealing.
A muchas mujeres les chocan los zapatos de tacón.	Many women dislike high heels.
¿Cuándo nos toca llevar trajes formales?	When are we obliged to wear formal suits?

The verbs *amar* and *querer* also mean to love, but only when talking about personal relationships. In particular, *amar* is used for romantic love while *querer* refers to family or other platonic forms of love.

Amo a mi novio.
Los padres quieren a sus hijos.
Quiero mucho a mis amigos de secundaria.

5B.8 **Busca a una persona que...** Camina por la clase haciéndoles preguntas a varios compañeros de clase para determinar a quién corresponde cada oración. Si encuentras a una persona, él/ella debe firmar en la línea.

5B.8 TEACHING TIP: Go over a couple examples of how you would convert statements into questions.

1. le encanta ir a los centros comerciales *(malls)*

_____

2. le fascina el programa *Project Runway*

_____

3. le choca el color amarillo

_____

4. le parecen insípidos los colores pasteles

_____

5. le gusta hablar de moda en español

_____

6. le chocan los suéteres de lana

_____

7. le parecen aburridas las prendas tradicionales

_____

8. le fascina la moda retro *(vintage)*

_____

Palabras clave 2 Los colores y las telas

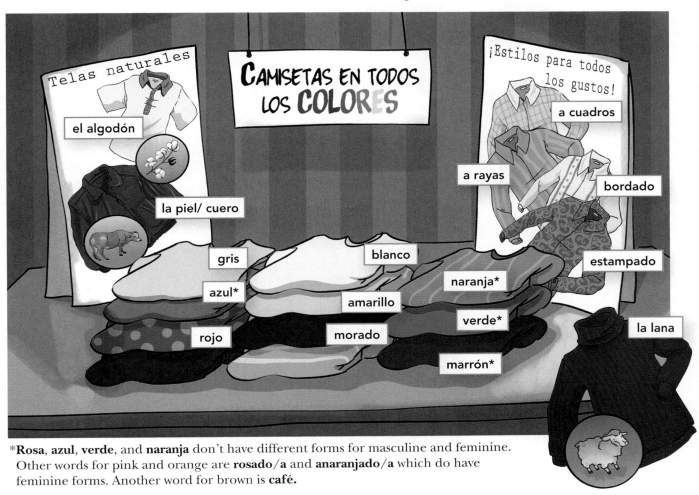

***Rosa**, **azul**, **verde**, and **naranja** don't have different forms for masculine and feminine. Other words for pink and orange are **rosado/a** and **anaranjado/a** which do have feminine forms. Another word for brown is **café.**

5B.9 **¿Con qué color se asocia?** Escucha la descripción de varios colores o combinaciones de colores, e indica qué color se describe. Comprueba tus respuestas con la clase.

1. verde
2. amarillo
3. azul
4. negro

5. blanco
6. marrón/café
7. rojo, blanco, azul
8. *will vary*

5B.10 **¿Qué lleva tu profesor(a)?** Describe en un párrafo corto lo que tu profesor(a) lleva hoy. Intercambia párrafos con un/a compañero/a de clase y corrijan cada uno el trabajo del otro. Tengan en cuenta que los colores son adjetivos cuando se usan para describir prendas de ropa, así que deben concordar *(match)* con la ropa que describen en género y número (masculino/femenino, singular/plural).

5B.11 **Adivina quién es.** Escribe una descripción corta pero bien detallada de algo que lleva una persona de la clase. Luego, lee la descripción de manera que tus compañeros puedan adivinar *(guess)* a quién describes.

5B.12 **Tiendas en Chile.** En grupos de tres o cuatro, examinen las fotos de tiendas en Chile que aparecen a continuación. Basándose en las fotos, ¿pueden contestar las preguntas que siguen? ¿Pueden pensar en tiendas semejantes en los Estados Unidos?

1.

Courtesy of Jane Berne

2.

© Jeffrey Blackle/Alamy Inc.

3.

© Kumar Sriskandan/Alamy Inc

1. ¿Adónde van para comprar un vestido para su nieta de 5 años?

2. ¿Adónde van para comprar unos pantalones de moda?

3. ¿Adónde van para comprar unas botas sofisticadas?

4. ¿Adónde van para comprar un regalo de cumpleaños para una sobrina de ocho años?

5. ¿Adónde van para comprar un saco casual o informal?

6. ¿Adónde van para comprar unos zapatos tenis?

5B.13 ¡Vamos de compras! Con dos compañeros/as, imaginen que están en una de las tiendas de la Actividad 5B.12. Preparen un diálogo entre un/a empleado/a de la tienda y dos clientes (*customers*). Al preparar el diálogo, piensen en los diálogos típicos cuando van de compras.

Preguntas para guiar la preparación del diálogo:

- ¿Qué van a comprar? ¿Para quién?
- ¿De qué color? ¿De qué talla (*clothing size*) o número de zapato (*shoe size*)?
- ¿Es un regalo de boda, de cumpleaños, de Navidad, etc.?
- ¿Cuánto cuesta(*cost*)?
- ¿Van a pagar en efectivo (*cash*), con cheque o tarjeta de crédito?

Todos los diálogos deben comenzar con este saludo común: ¿En qué puedo servirle? (*How may I help you*).

¡Conéctate!

Google 2 or 3 of your favorite stores to see what, if any, information in Spanish you can find on their websites. Does the website provide no information in Spanish?, a partial translation?, or a full translation? Was it easy or difficult to find information in Spanish? What does this mean for Spanish-speaking customers of those stores?

VÍVELO: CULTURA

La ropa: Términos variados

El vocabulario de **la ropa** varía de región a región o entre países. En España, **un bolso** (*handbag*) significa lo que es **una cartera** o **una bolsa** para otros hispanohablantes. En México, lo que son **los aretes** (*earrings*) son **los pendientes** en España. **Las gafas, los anteojos, espejuelos** o **los lentes** son *eye glasses* o *sun glasses* según la región. **Las lentillas** o **los lentes de contacto** se refieren a *contact lenses*. Lo mismo ocurre en inglés. Por ejemplo, lo que para una persona es *coat*, para otra persona puede ser *jacket*. Es importante saber que existe esta variedad y explorar el vocabulario específico cuando viajen a países hispanohablantes o interactúen con hablantes nativos.

5B.13 TEACHING TIP: Remind students that this is a formal interaction, and that they should use the Ud. forms of verbs, pronouns. Encourage students to avoid using the name of the store in their interaction so that the class can guess where the dialogue takes place. When each pair has presented its dialogue, ask the class some follow-up questions to check comprehension. In particular, ask if they can determine in which store the dialogue takes place.

5B.13 SUGGESTION: You can also add additional prompts that would encourage students to recycle the direct object pronouns from *Investigación 5A*: ¿Le gusta este suéter? ¿Se lo quiere probar? ¿Va a llevarse esos zapatos? ¿Cómo los va a pagar?

TEACHING TIP: Call attention to the fact that *la ropa* is a singular noun and have students associate it with the English word *clothing* instead of *clothes*. Encourage your students to interview Spanish-speakers in the community to learn which clothing vocabulary they associate with certain Spanish-speaking regions.

5B.14 TEACHING TIP: Before reading, ask students if they are familiar with differences in clothing terms between U.S. and British English, e.g., jumper vs. sweater; knickers vs. panties; trainers vs. athletic/gym shoes; nappy vs. diaper; waistcoat vs. vest.

5B.14 AUDIO SCRIPT: 1. bolso; 2. anteojos; 3. cartera; 4. lentes; 5. pendientes; 6. lentillas

5B.14 ANSWERS: 1. a; 2. b; 3. a; 4. b; 5. c; 6. d

5B.14 Busca los sinónimos. Escucha las palabras y empareja cada palabra con su palabra equivalente de la lista. Verifica tus respuestas con un compañero/a.

a. bolsa **c.** aretes

b. gafas **d.** lentes de contacto

_____ **1.** _____ **4.**

_____ **2.** _____ **5.**

_____ **3.** _____ **6.**

Estructuras clave 1 Reflexive and reciprocal constructions

WileyPLUS Learning Space
Go to *WileyPLUS Learning Space* and review the tutorial for this grammar point.

WileyPLUS Learning Space
You will find PowerPoint presentations for use with *Estructuras clave* in *WileyPLUS Learning Space*.

TEACHING TIP: You may want to point out that the reflexive pronouns for all but the third person are the same as the direct object pronouns.

Something that someone does to or for himself or herself is called a *reflexive* action (the verb is *reflected* back on the subject). Any action that one can logically do to or for one's self can be expressed with a reflexive construction. Reflexive actions in Spanish are signaled by the use of reflexive pronouns. Compare these examples:

Lorena se viste.	*Lorena gets dressed (i.e., she dresses herself).*
Lorena viste al niño.	*Lorena dresses the baby.*

In the first example, Lorena is both the subject and the object of the action. She performs the action on herself, and this reflexive situation is signaled by the pronoun **se**. In the second example, Lorena is the subject while the baby is the object of the action. We might represent the relationship between subject, verb, and object in these two sentences as follows:

Lorena se viste.	☺ ⟵
Lorena viste al niño.	☺ ⟶ ☺

Verbs that are most frequently used reflexively are often signaled in text books with the addition of **–se** to the infinitive. Note the reflexive pronoun corresponding to each subject in the following examples using **vestirse** (*to get dressed,* i.e., *to dress one's self*).

(Yo) **me** visto.	(Nosotros/as) **nos** vestimos.
(Tú) **te** vistes.	(Vosotros/as) **os** vestís.
(Él/Ella/Ud.) **se** viste.	(Ellos/Ellas/Uds.) **se** visten.

Position of reflexive pronouns

Placement of reflexive pronouns follows the same pattern you learned for placement of direct object pronouns. That is, reflexive pronouns are placed before a conjugated verb. When a verb phrase is comprised of a conjugated verb and an infinitive, the reflexive pronoun may be attached to the infinitive or it may precede the conjugated verb.

Necesitas quitar**te** la gorra.	**Te** necesitas quitar la gorra.
Preferimos poner**nos** ropa elegante.	**Nos** preferimos poner ropa elegante.

5B.15 Conexión con el infinitivo. En la tercera columna, escribe el infinitivo de los siguientes verbos en español y agrega *(add)* **–se** al final si la acción señala una acción reflexiva. El primero está hecho como modelo. Luego, comprueba tus respuestas con dos compañeros de clase.

5B.15 TEACHING TIP: Further develop the concept of reflexive verbs by having students write additional sentences for the infinitives listed.

	Infinitivo en inglés	Infinitivo en español (with –se attached to indicate verb is used reflexively)		Infinitivo en inglés	Infinitivo en español (with –se attached to indicate verb is used reflexively)
1. Se siente contenta.	to feel	sentirse	5. Se pone la gorra.	to put (something) on (oneself)	ponerse
2. Se viste.	to get dressed	vestirse	6. Se sienta.	to sit (oneself) down	sentarse
3. Se afeita.	to shave (oneself)	afeitarse	7. Se levanta.	to get (oneself) up	levantarse
4. Se quita el abrigo.	to take (something) off (oneself)	quitarse	8. Se ducha.	to take a shower (to shower oneself)	ducharse

5B.16 AUDIO SCRIPT:
1. El barbero afeita a Juan; 2. Martín se ducha por la mañana; 3. Te vistes rápido; 4. Ellos levantan pesas en el gimnasio; 5. La niña se pone la chaqueta; 6. Nos quitamos los zapatos cuando entramos; 7. Por la tarde, cuido a mi sobrino; 8. Debes quitar los libros de la mesa.

5B.16 ANSWERS:
Reflexivo: 2, 3, 5, 6; No reflexivo: 1, 4, 7, 8.

TEACHING TIP: Read this together as a class. After going over it, have students explain the main idea to a partner. Elicit some responses from the group to see how well they understood the concept. Let them know that the activities to come will help practice this concept.

Ask the class if they can figure out the linguistic pattern in the sentences and the change in meaning triggered. Hopefully the students will note the *se* before a plural verb indicates that the action occurs reciprocally (to each other).

5B.16 ¿Reflexivo o no? Escucha las oraciones e indica si las acciones son reflexivas o no. Verifica tus respuestas con la clase.

	Reflexivo	No reflexivo
1.	☐	☐
2.	☐	☐
3.	☐	☐
4.	☐	☐
5.	☐	☐
6.	☐	☐
7.	☐	☐
8.	☐	☐

Reciprocal actions

When an action is reflected back on a plural subject, the situation may be reflexive, e.g., the subjects perform the action on *themselves,* or it may be what is called a *reciprocal* action, wherein the subjects perform the action on *each other.* Look at how we might graphically represent the relationship between subject, verb, and object in the following situations.

Reflexive	Reciprocal
Nos levantamos.	Nos saludamos.
We get up. (i.e., *We get ourselves up.*) ☺☺ ←	*We greet each other.* ☺ ←→ ☺ ☺☺ ←→ ☺☺
Ellos se lavan las manos. *They wash their hands.* ☺☺ ←	Ellos se hablan por teléfono. *They talk to each other on the phone.* ☺ ←→ ☺ ☺☺ ←→ ☺☺

Just as any action that one can logically do to or for *oneself* may be expressed with a *reflexive* construction, any action that two or more people can logically do to or for *each other* may be expressed with a *reciprocal* construction.

Acciones ordinarias	Acciones recíprocas	Acciones ordinarias	Acciones recíprocas
La chica empuja la puerta.	**empujar** Ellos se empujan.	La chica patea el balón.	**patear** Los chicos se patean cuando practican el karate.
La niña abraza a la muñeca.	**abrazar** Los hermanos se abrazan.	El chico besa a su madre.	**besar** El marido y su esposa se besan.

5B.17 ¿Recíproco o no? Trabajando con un/a compañero/a, determinen cuál es el verbo correcto para completar cada oración. Luego, escriban la forma plural correcta del verbo, teniendo en cuenta si la acción es recíproca o no.

admirar   buscar   mirar
amar   hablar   saludar
ayudar   mandar

1. En la obra de Shakespeare, Romeo y Julieta _____ locamente.

2. Mi mamá y yo _____ por teléfono frecuentemente.

3. Cuando _____ a la profesora le decimos «Buenos días».

4. Los estudiantes _____ con las tareas difíciles.

5. Muchos tenistas jóvenes _____ a Rafael Nadal por su distinguida carrera.

6. En el juego del escondite (hide and seek) unos niños _____ a otro niño escondido (hidden).

7. Mi familia y yo _____ algunas telenovelas en español.

8. Mis amigos y yo _____ muchos mensajes de texto cada día.

5B.18 Preguntas personales. Contesta las preguntas a continuación. Luego, pasea por la clase para identificar el/la compañero/a que tiene las respuestas más similares a las tuyas. Apunta tus conclusiones en tu **Retrato de la clase**.

Preguntas acerca de ti:
1. ¿A qué hora te levantas por la mañana?
2. ¿Qué ropa te pones para una cita formal?
3. ¿Cuándo prefieres ducharte (bañarte)?
4. ¿Cerca de quiénes te sientas en la clase de español?

Preguntas acerca de ti y tu mejor amigo/a:
5. ¿Con qué frecuencia se hablan por teléfono?
6. ¿Cuántos mensajes de texto se mandan al día?
7. ¿Hace cuánto tiempo (for how long) que se conocen?
8. ¿En qué aspectos de la vida se apoyan (support)?

Retrato de la clase: _____ tiene las respuestas más similares a las mías. Él/Ella _____. Él/Ella y su mejor amigo/a _____.

5B.19 Un folleto de publicidad. Lee este folleto (flyer) distribuido en la calle como forma de publicidad y contesta las preguntas a continuación. Verifica tus respuestas con la clase.

1. ¿Qué significa la palabra «Novias» en este contexto?
   a. brides   **b.** fiancées   **c.** girlfriends

2. ¿A quiénes se refiere la palabra «madrinas»?
   a. godmothers   **b.** mothers of bride/groom
   c. bridesmaids

3. Pensando en su nombre, *Eurobodas*, ¿en qué país está esta tienda?
   a. Chile   **b.** España   **c.** Panamá

4. ¿Qué se recibe si uno trae el folleto y compra un vestido?
   a. un descuento (discount)   **b.** un regalo
   c. otro vestido

Tres hispanos en el mundo de la moda

Nina García

Nina García es colombiana y es periodista de moda. Estudió *(studied)* moda en París y Nueva York. Después de trabajar en relaciones públicas para Perry Ellis y Marc Jacobs, trabajó en las revistas *Mirabella* y *Elle*. Ahora es directora de moda para la revista *Marie Claire* y sirve de jurado *(judge)* en el programa *Project Runway*.

Monica Schipper/Wire Image/Getty Images, Inc.

Carolina Herrera

Es de Venezuela y es una de las diseñadoras de mayor éxito *(success)* en Estados Unidos. Comenzó *(started)* su carrera de diseñadora en 1980. Sus diseños se caracterizan por su elegancia, su sofisticación y su lujo *(luxury)* sin exceso. Entre sus clientes más famosas se incluyen Renée Zellweger, Nicole Kidman, Shakira, Sofía Vergara, Salma Hayak y Amy Adams.

Jon Kopaloff/FilmMagic/Getty Images, Inc.

Narciso Rodríguez

Es de Nueva Jersey, de padres cubanos. Graduado de la Academia de Diseño Parsons, comenzó su carrera con Donna Karan, Anne Klein y Calvin Klein. Sus diseños se caracterizan por sus líneas y formas simples y por sus colores neutros. Algunas de sus clientes famosas son Sarah Jessica Parker, Rachel Weisz, Salma Hayek, Claire Danes y Julia Louis-Dreyfus.

Taylor Hill/FilmMagic/Getty Images,Inc.

5B.20 TEACHING TIP: Ask students what designers are they familiar with. Have they heard of the designers mentioned in the reading? Which designers, if any, are featured in the stores where they shop?

5B.20 AUDIO SCRIPT:
1. Tiene padres cubanos;
2. Es de Colombia;
3. Comienza su carrera en 1980; 4. Es graduado de la Academia de Diseño Parsons; 5. Su carrera es periodismo y no diseño; 6. Sus diseños se caracterizan por la elegancia sin exceso; 7. Participa en el programa Project Runway; 8. Renée Zellweger, Shakira y Sofía Vergara son clientes suyas.

5B.20 ANSWERS: García: 2, 5, 7; Herrera: 3, 6, 8; Rodríguez: 1, 4

5B.20 ¿A quién se refiere? Escucha las oraciones sobre los tres diseñadores en la lectura e indica a qué diseñador se refiere. Verifica tus respuestas con la clase.

	Nina García	Carolina Herrera	Narciso Rodríguez
1.	☐	☐	☐
2.	☐	☐	☐
3.	☐	☐	☐
4.	☐	☐	☐
5.	☐	☐	☐
6.	☐	☐	☐
7.	☐	☐	☐
8.	☐	☐	☐

Estructuras clave 2 Inherently reflexive verbs

In *Estructuras clave 1*, you learned about reflexive verbs, which are used to express an action that someone does to or for himself or herself. You also learned that these verbs are signaled by the use of reflexive pronouns and by the addition of **–se** to the infinitive, e.g., *ponerse*. However, there are a group of verbs that behave as if they were reflexive verbs, but do not have the reflexive meaning of someone doing something to or for himself/herself. These verbs are called inherently reflexive verbs.

A veces uno se burla de las personas mal vestidas. (burlarse = to make fun of)

Tengo miedo de caerme cuando llevo zapatos nuevos. (caerse = to fall; yo caigo)

Mi padre se despide de nosotros antes de ir al trabajo. (despedirse [e->i] = to say good bye)

Me divierto mucho cuando voy de compras. (divertirse [e->ie] = to have fun)

Algunos estudiantes se duermen en la clase. (dormirse [o->ue] = to fall asleep)

Me quedo en casa cuando necesito estudiar. (quedarse en = to stay at/in)

¿Te quejas cuando suben los precios de la ropa? (quejarse de = to complain about)

WileyPLUS Learning Space

You will find PowerPoint presentations for use with *Estructuras clave* in *WileyPLUS Learning Space*.

5B.21 ¿Lógica o ilógica? Indica si la oración es generalmente lógica o ilógica. Compara tus respuestas con las de un/a compañero/a de clase. El primero les sirve como modelo.

1. Nos divertimos cuando no tenemos suficiente dinero para comprar algo. (*ilógica*)

2. El diseñador se duerme cuando asiste a su desfile de moda.

3. Nos quejamos cuando algo cuesta demasiado dinero.

4. Generalmente nos sentimos bien cuando llevamos ropa nueva.

5. Los modelos se duchan durante un desfile de modas.

6. Nos ponemos una chaqueta cuando hace fresco.

7. Las modelos nunca se caen cuando llevan zapatos de tacón.

8. A veces el público se burla de la ropa excéntrica de algunos diseñadores.

5B.21 ANSWERS: Lógica: 3, 4, 6, 8; Ilógica: 1, 2, 5, 7

5B.22 Las asociaciones. Empareja las expresiones y o frases con el verbo con que se asocian. Verifica tus respuestas con la clase.

_____ 1. la parodia y la sátira

_____ 2. un libro aburrido

_____ 3. los hoteles

_____ 4. el hielo o los pisos mojados (*wet*)

_____ 5. *Adiós* o *Hasta luego*

_____ 6. una silla

_____ 7. el mal servicio

_____ 8. las fiestas

a. caerse

b. burlarse

c. despedirse

d. quejarse

e. divertirse

f. sentarse

g. quedarse

h. dormirse

5B.22 ANSWERS: 1. b; 2. h; 3. g; 4. a; 5. c; 6. f; 7. d; 8. e

5B.23 1. se van; 2. me duermo; 3. te quejas; 4. se levanta; 5. vestirme; 6. se burlan; 7. nos divertimos; 8. ponerte

5B.23 ¿Cuál es la forma correcta? Escoge el verbo de la lista que completa cada oración. Luego, escribe la forma correcta del verbo indicado. Verifica tus respuestas con dos o tres compañeros.

burlarse	irse	quejarse
divertirse	levantarse	vestirse
dormirse	ponerse	

1. Muchos estudiantes _____ a la casa de su familia cuando tienen vacaciones.

2. A veces, _____ cuando estudio porque estoy cansada.

3. Nunca estás satisfecho. Siempre _____ de todo.

4. Mi hermano _____ temprano cada mañana para ir al trabajo.

5. Cuando estoy en casa, prefiero _____ cómodamente.

6. Los cómicos _____ de los políticos.

7. Nosotros siempre _____ en la clase de español.

8. Cuando tienes una entrevista de trabajo, necesitas _____ ropa profesional.

5B.24: TEACHING TIP: To encourage movement among your students, place sign for the frecuency expressions (nunca, a veces, con frecuencia) on a contiuum across an open area of the classroom. Read each question and have students stand by appropriate sign. Feel free to ask additional questions.

5B.24 ¿Con qué frecuencia? Completa el sondeo *(survey)*. Compara tus respuestas con las de cinco compañeros de clase para ver con qué frecuencia hacen las siguientes actividades. Calcula los promedios *(averages)* para cada pregunta para después compartir los resultados con la clase. Anota la información en tu **Retrato de la clase**.

¿Con qué frecuencia?

1. ¿Te quedas en casa los sábados por la noche?   1   2   3

2. ¿Te vas de clase sin hablar con nadie?   1   2   3

3. ¿Te caes cuando caminas con zapatos de tacón?   1   2   3

4. ¿Te burlas de alguien que lleva lentes para ver?   1   2   3

5. ¿Te duermes durante una película aburrida?   1   2   3

6. ¿Te quejas de la talla *(size)* de tu ropa?   1   2   3

7. ¿Te pones ropa formal para una cita?   1   2   3

8. ¿Te diviertes cuando vas de compras?   1   2   3

1 = Nunca; 2 = A veces; 3 = Con frecuencia

Retrato de la clase: Las dos actividades más frecuentes son _____ y _____. Las dos actividades menos frecuentes son _____ y _____. Las actividades que todos hacen frecuentemente son _____ y _____. Las actividades que nadie hace nunca son _____ y _____.

www ¡Conéctate!
Search online for *El Corte Inglés*, a Spanish department store, and click on *Moda*. Compare the sales (**las rebajas**) and styles of this well known Spanish department store with the sales and styles in the stores where you live. Does anything seem to be a real bargain (*una ganga*)?

Las compras en su comunidad

5B.25 Los hábitos de comprar. En grupos de tres o cuatro, conversen sobre estas preguntas para luego comparar sus respuestas con la clase.

1. ¿Adónde prefieren ir para comprar comida? ¿Por qué?
2. ¿Adónde prefieren ir para comprar ropa? ¿Por qué?
3. ¿Adónde prefieren ir para comprar zapatos? ¿Por qué?
4. ¿Hay sitios donde pueden comprar de todo en un lugar? ¿Cómo se llaman?
5. ¿Prefieren comprar en tiendas locales o en tiendas nacionales? ¿Por qué?
6. ¿Hay mercados en su comunidad? ¿Cómo son? ¿Van de compras allí?
7. ¿Adónde van para comprar e interactuar con otras personas socialmente?
8. ¿En qué piensan cuando piensan en los mercados hispanos?

5B.25 TEACHING TIP: This activity is designed to encourage students to talk about where and how they shop. In addition, it encourages them to think about what they know about Hispanic markets and what stereotypes they might have (e.g., all markets are outdoors, all markets sell handcrafts to tourists, etc.)

Perspectivas

Una visita a tres mercados hispanos

El concepto del mercado tiene una larga historia. En España, los mercados datan por lo menos de la época romana. En Latinoamérica, los indígenas tenían *(had)* mercados mucho antes de la llegada de los europeos. Aunque hoy en día hay supermercados, almacenes grandes y centros comerciales por todo el mundo hispano, los mercados todavía mantienen una importancia no sólo económica y comercial sino también social y cultural.

El Mercadillo[1] de Tetuán: Madrid, España

Este mercadillo es una buena alternativa al famoso Rastro. Se encuentra en el norte de la ciudad y está abierto los domingos de 10:00 a 14:30. Allí se puede comprar frutas, verduras, plantas, accesorios para la casa, ropa, zapatos y mucho más a precios muy populares.

© Wiskerke/Alamy Inc

1. In Spain, the terms el mercadillo, el rastro o el rastrillo are commonly used for street markets.

El Mercado Municipal: Viña del Mar, Chile

Es una parte importante de la historia de la ciudad y está abierto todos los días de 8:00 a 21:00. En este mercado se puede encontrar puestos *(stalls)* de comida, artesanías *(handcrafts)*, frutas, verduras, productos frescos del mar, ropa y zapatos; todo lo que uno puede imaginarse por poco dinero.

Dorling Kindersley ltd/Alamy Inc.

El Mercado Central: San Salvador, El Salvador

Consiste en diez pabellones *(pavilions)* situados cerca del centro histórico de la ciudad. Está abierto todos los días de 5:00–17:00. En este mercado se puede encontrar de todo a los mejores precios: frutas, verduras, carnes, mariscos *(seafood)*, pollos, productos lácteos *(dairy)*, productos para la casa, ropa, zapatos, medicinas populares e incluso puestos de pupusas[2] y salas de belleza *(beauty)*.

© Thornton Cohen/Alamy Inc

2. Pupusas are the national dish of El Salvador, consisting of a thick tortilla made of cornmeal dough and filled with combinations of cheese, meats and beans.

5B.26 TEACHING TIP:
Before reading, ask students if they have ever been to markets when traveling and what were their impressions. After reading, discuss with students what they have learned about Hispanic markets and if and how their impressions have changed.

5B.26 ANSWERS: Cierto: 2, 4, 8; Falso: 1, 3, 5, 6, 7.

5B.26 Los mercados hispanos. Lee el texto y mira las fotos. Luego indica si las oraciones son ciertas o falsas. Verifica y comenta tus respuestas con un/a compañero/a de clase.

	Cierto	Falso
1. Todos los mercados están al aire libre.	☐	☐
2. En muchos mercados se vende una variedad de cosas.	☐	☐
3. Los mercados son solamente para turistas.	☐	☐
4. En los mercados los precios tienden *(tend to)* a ser bajos.	☐	☐
5. Todos los mercados tienen el mismo horario.	☐	☐
6. Los mercados se asocian solamente con días festivos.	☐	☐
7. La gente urbana no compra en los mercados.	☐	☐
8. Los mercados tienen aspectos comunes, pero también varían mucho.	☐	☐

¿En términos generales, qué han aprendido de los mercados hispanos? ¿Han cambiado sus impresiones de los mercados hispanos? ¿Por qué?

Vocabulario esencial

Sustantivos

el abrigo	coat
el anillo/la sortija	ring
el arete/el pendiente	earrings
la bufanda	scarf
los calcetines	socks
la camisa	shirt
la camiseta	t-shirt
la cartera/la bolsa	handbag
la chaqueta	jacket
el cinturón	belt
los colores	colors
amarillo	yellow
azul	blue
blanco	white
gris	grey
marrón	brown
morado	purple
naranja	orange
negro	black
rojo	red
rosa	pink
verde	green
el collar	necklace
la corbata	tie
la falda	skirt
la gorra	cap
los guantes	gloves
el impermeable	raincoat
los lentes	eyeglasses
el paraguas	umbrella
el reloj	watch
la ropa	clothes
el saco	sports jacket
el sombrero	hat
las telas	fabrics
el bordado	embroidery
el estampado	print
el algodón	cotton
la franela	flannel
la lana	wool
la piel/el cuero	leather

el traje	suit
el traje de baño	bathing suit
el vestido	dress
los zapatos	shoes
los zapatos de tacón	high heels

Verbos

afeitarse	to shave oneself
burlarse de	to make fun of
caerse	to fall down
despedirse (e->i)	to say goodbye
divertirse (e->ie)	to have fun
dormirse (o->ue)	to fall asleep
ducharse	to take a shower
levantarse	to get up
llevar	to wear; to take; to carry
ponerse	to put on
quedarse en	to stay at/in
quejarse de	to complain about
quitarse	to take off
sentarse	to sit down
sentirse	to feel
vestirse	to get dressed

Adjetivos

a cuadros	checkered/plaid
a rayas	striped
apretado/a	tight fitting
suelto/a	loose fitting

Otras palabras y expresiones

los anteojos	glasses
el/la diseñador/a	designer
de moda	in style
las gafas (de sol)	eyeglasses, sunglasses
oscuro/a	dark
la prenda	garment
el regalo	gift

Cognados

Review the cognates in *Adelante* and the false cognates in *¡Atención!* For a complete list of cognates, see Appendix 4.

EN VIVO

Las preferencias de un/a compañero/a. Entrevista a un/a compañero/a de clase. Al contestar las preguntas, es importante dar ejemplos o explicar. No deben contestar simplemente con "sí" o "no". Luego, comparte las respuestas de tu compañero/a con la clase.

1. ¿Te gustan las mismas comidas que a tus padres?
2. ¿Te interesa probar *(try)* comidas nuevas y diferentes?
3. ¿Te consideras muy selectivo/a con la comida?
4. ¿Tus preferencias de comida han cambiado *(have changed)*?
5. ¿Llevas la misma ropa que tus amigos/as?
6. ¿Crees que es importante llevar la ropa más de moda?
7. ¿Crees que es preferible mantener un estilo individual?
8. ¿Te importa qué piensan otras personas de la ropa que llevas?

Ahora, con su compañero/a, comenten la importancia de estos factores en determinar las preferencias y pónganlos en orden usando los números 1–5. Justifiquen sus conclusiones para poder compararlas con la clase.

_____ la familia
_____ los amigos
_____ la cultura (e.g., identidad étnica, religión)
_____ los medios de comunicación
_____ la sociedad

Bloguear sobre las preferencias. While surfing the Internet, you discovered a Spanish language blog called «Los gustos» in which people from across the Spanish-speaking world post their thoughts about the connections between society, culture, and preferences. Write a blog entry in which you discuss the factors that have determined your preferences in terms of clothing and food.

Paso 1: Create a list of the clothing that you typically wear and your favorite/least favorite foods and cuisines.

Paso 2: For the items on your list, jot down factors that have played a role in determining your preferences (e.g., friends and family, ethnic and cultural heritage, religious background, geography, mass media, etc.).

Paso 3: Write a draft of your blog entry indicating your preferences and explaining what led to them.

Paso 4: Review your draft for spelling and clarity. In addition, pay close attention to your use of reflexive verbs, direct object pronouns, and the prepositions *por* and *para*.

¿Qué revelan nuestros hogares?

SUGGESTION: To activate background knowledge and introduce students to the chapter theme, play the video from this chapter, with or without the audio. Ask students what they think the chapter is about and what kind of words they will learn. Use the video to motivate cultural discussion. At the end of the chapter, students can discuss whether their predictions about the chapter's content and their cultural comments were accurate.

In this **Investigación**, you will learn:

▶ How to talk about the objects that furnish our homes

▶ How to narrate in the past tense

▶ How to talk about the past in terms of who we were, where we went and what we did

▶ How choices in housing are influenced by a society and/or cultures

¿Cómo puedes hablar del hogar, los vecinos o la comunidad?

Puedes identificar los muebles y aparatos que tienes en tu casa.	¿Qué muebles asociamos con la sala? ¿La cocina? ¿El dormitorio? ¿Qué actividades asociamos con la cocina? ¿La cama?
Puedes describir los muebles y aparatos que tienes en tu casa.	¿Tienes casa o apartamento? ¿Qué muebles y aparatos tienes? ¿Cómo son? ¿Dónde están?
Puedes hacerles preguntas a tus vecinos acerca del pasado.	¿Por cuánto tiempo vivió tu familia en esa casa? ¿Dónde compraron Uds. esos sillones elegantes? ¿Fuiste a Best Buy o a Target para comprar el televisor de plasma?

EN DIRECTO

> **¿Para qué trabajamos?**   Mira el video. No tienes que comprender todas las palabras para entender la idea general. Luego, contesta las preguntas.

- ¿Qué haces para manejar el estrés?
- ¿Qué te gusta hacer en tu tiempo libre?
- ¿Con quiénes prefieres pasar tu tiempo libre?

Adelante

¡Ya lo sabes! El hogar

el apartamento[1]	decorar	el patio	el reproductor de mp3
el balcón	el garaje	la planta[3]	la residencia
la chimenea[2]	iluminar	el radio	estudiantil
la cómoda	el jardín	el refrigerador	el sofá
el condominio	la lámpara	rentar	el televisor de plasma

[1]*Piso* is a synonym for apartamento, especially in Spain. In other countries, *departamento* is used.
[2]*Chimenea* is used to refer to the fireplace in a home and not just the chimney on the roof.
[3]*La planta* refers to the story of a building; it can also refer to vegetation.

6A.1 **Busca la categoría correcta.** Clasifica las palabras de *Ya lo sabes* según las siguientes categorías. Sigue el modelo. Luego, comprueba tus respuestas con la clase.

Tipos de hogares *(homes)*	La sala *(living room)*	El exterior de la casa	Los electrodomésticos *(appliances/electronics)*
residencia estudiantil			

6A.2 **¿Cierto o falso?** Vas a leer varias oraciones. Indica si cada una es **Cierto** o **Falso** y corrige los enunciados falsos. Luego, compara tus respuestas con las de la clase.

Cierto Falso

- ☐ ☑ **1.** Miramos nuestros programas favoritos en el radio.
- ☑ ☐ **2.** Los balcones están en el exterior de la casa.
- ☑ ☐ **3.** Las chimeneas son románticas.
- ☐ ☑ **4.** Las ventanas solo se usan para decorar la casa.
- ☐ ☑ **5.** El reproductor de mp3 es para ver películas.
- ☐ ☑ **6.** Usamos el sofá para hacer ejercicio.
- ☑ ☐ **7.** Las lámparas iluminan la casa.
- ☑ ☐ **8.** El garaje es para el carro.

6A.3 **¿Qué palabra es?** Con un/a compañero/a de clase, escojan cinco de las palabras a continuación y escriban una pequeña descripción de cada una (sin mencionar la palabra). Intercambien sus definiciones con las de otra pareja e intenten identificar sus palabras. Luego, reúnanse con otro grupo para comprobar sus respuestas.

el televisor de plasma   el jardín   el condominio
el balcón   el refrigerador   el patio
                            la lámpara   el radio

Modelo: E1: *Es una casa compacta que no tiene un jardín muy grande.*
           E2: *un condominio*

El significado del patio

Para muchas personas, el patio se asocia con la arquitectura española, pero otras culturas como los chinos, los incas, los griegos, los romanos y los árabes emplearon el concepto del patio mucho antes de la época moderna. Aunque *(even though)* las características del patio varían según el clima, la geografía y la cultura de la región, hay ciertos elementos comunes. Por ejemplo, el típico patio hispano es un espacio en el centro de la casa rodeado por puertas que dan a *(open into)* las habitaciones de la casa. Además, estos patios no tienen techo *(roof)*, el piso *(floor)* frecuentemente es de baldosas *(tile)* y siempre hay un desagüe *(drain)* para drenar el agua de la lluvia. También puede haber plantas, flores y hasta una fuente *(fountain)*. Finalmente, el patio sirve como refugio privado donde los miembros de la familia y sus amigos pueden pasar tiempo juntos.

Courtesy of Claudia Montoya

6A.1 ANSWERS: Tipos de hogares: el condominio/el departamento, el apartamento/ el piso; La sala: el sofá, la chimenea, la lámpara, la planta, El exterior de la casa: el jardín, el patio, el balcón, la planta; Los electrodomésticos: el reproductor de DVD, el estéreo, el refrigerador, el televisor de plasma, el radio.

6A.2 ANSWERS: 1. Falso. Miramos nuestros programas favoritos en el televisor. 2. Cierto. 3. Cierto. 4. Falso. Las ventanas son necesarias para iluminar la casa. 5. Falso. Es para escuchar música. 6. Falso. Usamos el sofá para sentarnos, dormir o mirar la televisión. 7. Cierto. 8. Cierto.

6A.2 EXTENSION ACTIVITY. Have students write their own sentences using the statements in Activity 6A.2 as examples. They can then share them with a partner who needs to decide whether the statements are true or false.

6A.3 ORIENTATION: This activity helps students develop the important skill of circumlocution, the ability to express something without using the specific word. Give students several minutes to complete this activity.

6A.4 SUGGESTION:
Before reading, ask students ¿En qué piensan cuando escuchan la palabra «patio»? ¿Quiénes tienen patio en su casa? ¿Cómo es? ¿Dónde se reúnen con la familia y los amigos cuando están en casa?

6A.4 ANSWERS: 1. F;
2. C; 3a. Está en el centro de la casa rodeado por puertas; 3b. No tiene techo; 3c. El piso frecuentemente es de baldosas; 3d. Tiene desagüe; 3e. Puede tener flores, plantas y una fuente; 4. Sirve como refugio privado, Es donde los miembros de la familia y sus amigos pasan tiempo juntos (se reúnen); 5. Answers will vary.

NOTE: Certainly there are differences between the way these sounds are articulated in English and Spanish. We compare the Spanish sounds to their approximate counterparts in English because beginner students seldom have a background in phonetics and phonology such that they would understand phonological terminology or IPA transcription.

6A.5 ANSWERS: English g sound (/g/): 1, 3, 6, 7; English h sound (/h/): 2, 4, 5, 8

6A.5 TEACHING TIP: As they practice, encourage students to alternate reading even and odd sentences and then switch so that each partner has the opportunity to pronounce all of the sentences.

6A.4 **¿Qué aprendiste acerca del patio?** Trabajando con un/a compañero/a, contesten las preguntas a continuación.

	Cierto	Falso
1. El concepto del patio tiene sus orígenes en España.	☐	☑
2. Los patios pueden variar según el clima, la geografía y la cultura.	☑	☐

3. ¿Cuáles son algunas características de los típicos patios hispanos?

a. _____

b. _____

c. _____

d. _____

e. _____

4. ¿Para qué sirve el patio en la cultura hispana?

5. ¿Qué tienen en común los patios hispanos y los patios estadounidenses? ¿En qué se diferencian?

Bien dicho

Los sonidos que producen las letras *g*, *j* y *x*

In Spanish, the letter **g** before the vowels **e** and **i** often corresponds to a sound that is similar to the sound associated with the letter **h** in the English words *hat, ham, heavy,* and *hand.* This is also the sound that corresponds to the letter **j** no matter what follows it. As you may have noticed, the Spanish **j** does <u>not</u> correspond to the sound associated with the letter *j* in English words such as *Joe, pajamas, jeans* or *judge.*

la gente	escoger	el gimnasio	el jardín	el espejo

The letter **g** before the vowels **a, o, u,** and the consonants **l** and **r** corresponds to the sound associated with the letter *g* in English words such as *game, gloves, green, gumbo, gold,* and *eagle.*

el fregadero	guardar	el granito	agradable	el inglés

As in English, the letter **x** is most often pronounced as the combination of the sounds /k/ and /s/. Compare the cognate pairs *text*/**texto**, *lexical*/**léxico**, *extraordinary*/**extraordinario**, *maximum*/**máximo**.

However, in various places, names and other words of indigenous origin from Mexico and Central America, **x** is pronounced like the letter **j** (or the letter **g** when it precedes **e** or **i**).

mexicano	Oaxaca	Xalapa	Xaltepec

6A.5 **¿Como la *g* inglesa o como la *h* inglesa?** En parejas, decidan si la **g** en negrita debe pronunciarse con un sonido fuerte *(strong)*, como el que corresponde a la *g* en inglés, o con un sonido suave *(soft)* como el que corresponde a la *h* en inglés. Túrnense para leer las oraciones en voz alta *(aloud)* para practicar la pronunciación.

1. Lavamos platos en el fre**g**adero.

2. Estudio psicolo**g**ía.

3. Tengo veintidós años.

4. A **G**ilberto le encanta ese jardín.

5. Los Bor**g**es quieren comprar un condominio.

6. ¿Col**g**aste el cuadro arriba de la cama?

7. Vamos a visitar In**g**laterra.

8. Debes reco**g**er la ropa del piso.

One way to avoid short, choppy sentences and improve the flow and cohesion of your writing is by connecting ideas into longer sentences using words called conjunctions. The list below presents some common conjunctions that you can use to express when one action happens in relation to another action.

cuando	*when*	**hasta que**	*until*
mientras (que)	*while*	**después de (que)**	*after*
tan pronto como	*as soon as*	**antes de (que)**	*before*
en cuanto	*as soon as*		

Mientras mi hermano limpia la cocina, mi hermana barre el patio.
Cuando subes la escalera, el baño está a la derecha.
Siempre me levanto tan pronto como suena (goes off) el despertador.
Después de comer, ponemos los platos en el lavaplatos.

6A.6 **¿Cuál es la conjunción correcta?** Lee las oraciones a continuación e indica cuál es la conjunción más apropiada para conectar las ideas expresadas.

1. Pongo *(set)* el despertador **antes/después** de dormirme.

2. **Hasta que/Cuando** hace buen tiempo, nos gusta sentarnos en el jardín.

3. **En cuanto/Mientras** limpian la casa, muchas personas escuchan la radio.

4. **Cuando/Hasta que** regresas a casa, ¿pones tu coche en el garaje?

5. No limpiamos la cocina **mientras/hasta que** terminamos de comer.

6. **Tan pronto como/mientras** llega de la escuela, mi hijo se prepara una merienda en el horno de microondas.

7. Las personas pulcras *(tidy/neat)* hacen la cama **en cuanto/hasta que** se levantan.

8. **Antes/Después** de lavar la ropa, es necesario ponerla en la secadora.

6A.6 ANSWERS: 1. antes; 2. Cuando; 3. Mientras; 4. Cuando; 5. hasta que; 6. Tan pronto como; 7. en cuanto; 8. Después

Palabras clave 1 La casa y los muebles

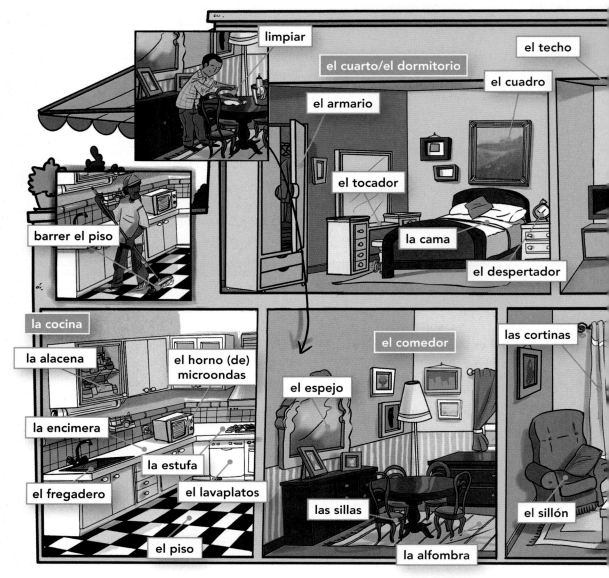

limpiar

el cuarto/el dormitorio

el techo

el cuadro

el armario

el tocador

la cama

el despertador

barrer el piso

la cocina

el comedor

las cortinas

la alacena

el horno (de) microondas

el espejo

la encimera

la estufa

el fregadero

el lavaplatos

las sillas

el sillón

el piso

la alfombra

6A.7 **¿Dónde están?** Con un/a compañero/a, completen estas oraciones usando las frases preposicionales, para indicar dónde se encuentran los objetos de la casa que aparece arriba. Comprueben sus respuestas con la clase.

a la derecha   debajo   entre   a la izquierda   arriba

1. El cuadro está _____arriba_____ de la cama.

2. El baño está _____debajo_____ de la escalera.

3. El lavamanos está ____a la izquierda____ del inodoro.

4. El estante está ____a la izquierda____ del escritorio.

5. La cama está _____entre_____ el despertador y el tocador.

6. La lavadora está _____debajo_____ de la secadora.

7. La bañera está ____a la derecha____ del inodoro.

8. El comedor está _____entre_____ la sala y la cocina.

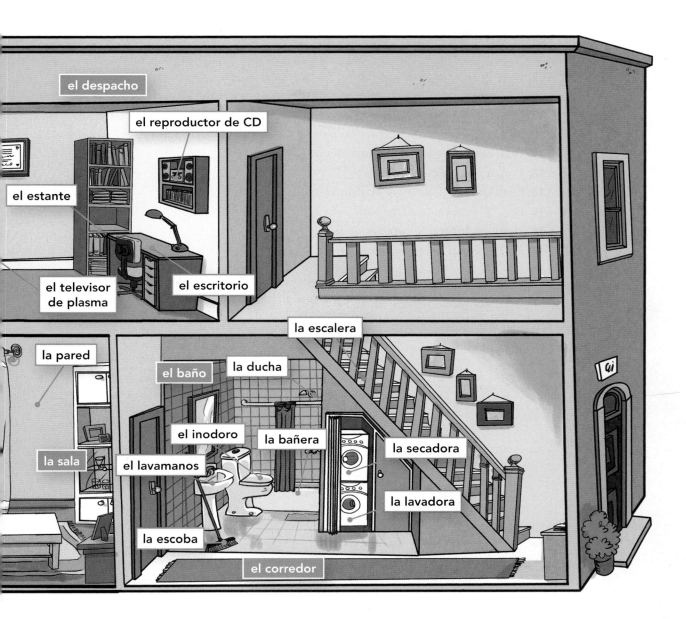

el despacho

el reproductor de CD

el estante

el televisor de plasma

el escritorio

la escalera

la pared

el baño

la ducha

la sala

el inodoro

la bañera

la secadora

el lavamanos

la lavadora

la escoba

el corredor

6A.8 ¿Mueble, electrodoméstico o aparato fijo? Vas a escuchar varias palabras. Indica si cada palabra se refiere a un mueble, un electrodoméstico o un aparato fijo según el modelo. Luego, comprueba tus respuestas con la clase.

	Mueble	Electrodoméstico	Aparato fijo *(fixture)*
1.	☐	☐	☑
2.	☑	☐	☐
3.	☑	☐	☐
4.	☑	☐	☐
5.	☑	☐	☐
6.	☐	☑	☐
7.	☐	☐	☑
8.	☑	☐	☐

6A.8 AUDIO SCRIPT:
1. la ducha; 2. el tocador; 3. la cama; 4. el armario; 5. la mesa; 6. el lavaplatos; 7. el fregadero; 8. el escritorio

6A.8 TEACHING TIP:
After reading through the list twice, you may choose to show them the words. This will help students who are particularly strong visual learners. Point out to students that flats in Europe often do not have closets but armoires.

6A.9 **Crucigrama.** Con un/a compañero/a, completen el crucigrama. Un/a estudiante debe leer en voz alta *(aloud)* las pistas *(clues)* horizontales y el/la otro/a debe leer las pistas verticales.

Estudiante A: Horizontal

1. La _____ sirve para cubrir el piso.

5. Es donde colgamos *(hang)* los vestidos, los trajes y la ropa formal.

9. Entramos y salimos de la casa a través de *(through)* la _____.

10. Los _____ sirven para decorar las paredes.

11. Guardamos *(we keep)* los libros en un _____.

12. Preparamos la comida en la _____.

13. Usamos el _____ para cocinar rápidamente.

15. El _____ es lo opuesto de piso.

16. Después de lavar la ropa, es necesario ponerla en la _____.

17. El _____ es un reloj que tiene alarma.

14. Recibimos a las visitas en la _____.

8. En el comedor, normalmente hay una _____ formal para comer.

7. Cuando queremos ver lo que pasa afuera, miramos a través de la _____.

6. El _____ es el mueble que más asociamos con una oficina.

4. Dormimos en la _____.

3. El lavamanos se encuentra en el _____.

2. Para ver una película, usamos el _____.

Estudiante B: Vertical

6A.10 ¿Cómo es la casa de tu compañero/a?

Paso 1: Responde a las siguientes preguntas sobre tu casa/apartamento. Luego, usando estas preguntas como modelo, entrevista a un compañero/a sobre su casa/apartamento. Puedes crear tus propias preguntas también.

1. ¿Cuántos dormitorios tiene tu casa/apartamento? ¿Cuántos baños?

2. ¿Tu casa/apartamento tiene comedor separado o es parte de la sala o la cocina?

3. ¿De qué color son las paredes de la sala?, ¿y las de tu dormitorio?, ¿y las de la cocina?

4. ¿Hay un microondas en la cocina?, ¿un lavaplatos?

5. ¿Hay una lavadora y una secadora en tu casa/apartamento?

6. ¿Tu baño tiene una ducha separada o es parte de la bañera?

7. ¿Cuántos televisores hay en tu casa/apartamento? ¿Dónde está(n)?

8. ¿Cuántas ventanas hay en la sala?, ¿y en tu dormitorio?, ¿y en la cocina? ¿Son grandes o pequeñas?

Paso 2: ¿Qué puedes decir de los intereses de tu compañero/a según sus respuestas? Por ejemplo, si tiene muchos estantes con libros es probable que le guste leer. Escribe la información sobre tu compañero en tu **Retrato de la clase.**

Retrato de la clase: Mi compañero/a de clase _____ es muy organizado/a porque tiene muchos estantes para sus libros. También es _____ porque…

6A.11 Buscamos una casa.

En grupos de tres personas, preparen un diálogo en que dos clientes hablan con un/a agente de bienes raíces *(real estate)* mientras visitan una casa. Van a presentar sus diálogos a la clase después. El diálogo debe ser interactivo; es decir, no debe ser un monólogo en que el/la agente simplemente describe la casa. Los clientes deben hacerle preguntas al/la agente y ofrecer comentarios.

Antes de comenzar piensen en las siguientes cosas:

- ¿Qué tipo de casa es? (e.g., casa, apartamento, condominio)
- ¿Los clientes quieren comprar o alquilar *(rent)* la casa?
- ¿Cuál es la relación entre los dos clientes? (e.g., esposos, novios, hermanos, amigos, compañeros de cuarto, estudiantes extranjeros).
- ¿Cómo es la casa? ¿Cuáles son sus características positivas y negativas?
- ¿Cuál es la actitud de los clientes? (e.g., positiva, negativa, perfeccionista, flexible)
- ¿Las características de la casa corresponden con lo que buscan los clientes?
- ¿El precio de la casa corresponde con el precio que quieren pagar los clientes?

Mientras presentan los otros grupos, presten atención para ver si pueden contestar las mismas preguntas acerca de sus diálogos.

6A.10 SUGGESTION: Tell students that if either/both of them live in a dorm or fraternity/sorority house, to answer the questions with respect to their family home, or their dream home. After completion of task, ask students what they learned about their partner's home space and interests based on this task as a way to recycle vocabulary and as a way to share interesting information about students in class.

TEACHING TIP: Retrato de la clase documents information related to individual students in class or to general characteristics of the class. Remind students that they may use this information in future activities.

6A.11 SUGGESTION: Give students time to prepare and present their dialogues. As each group finishes its presentation, you should follow up by asking some of the questions from the list provided. You could also ask the class to discuss why they agree/disagree with the clients' decision to buy/rent the home (if included in the dialogue) or why they think the clients should/should not buy/rent the home.

El hogar y el espacio

VÍVELO: CULTURA:
Ask students to write down three of the most interesting/significant statements in *Vívelo: Cultura* and explore these with the class. Ask students if the amount of space in homes in big cities is comparable to the amount of space in homes in smaller cities and towns within their native countries.

VÍVELO: CULTURA TEACHING TIP: Before asking students to read the text, discuss the following questions as a class: ¿Hay muchas casas en tu comunidad con jardines grandes? ¿Vive la mayoría de tus parientes y amigos en una casa o en un apartamento? ¿Se considera una casa de 800 pies cuadrados una casa espaciosa? ¿Tiene la mayoría de las casas de tus parientes o amigos aire acondicionado?

En España y en otros países europeos, al igual que la Ciudad de Nueva York, la gente normalmente vive en apartamentos, o pisos. Estos pisos no son tan espaciosos como las casas de las afueras *(suburbs)*; los cuartos son más pequeños y los muebles están diseñados para optimizar el espacio y el almacenamiento *(storage)*. Las ciudades europeas son muy antiguas y sus casas son de materiales duraderos *(durable)* como ladrillos, piedras, mármol y granito. En cambio, en Latinoamérica el cemento y la argamasa *(mortar)* son más comunes mientras que en Estados Unidos y Canadá, la madera es un material común. Sin embargo, es importante recordar que el tamaño *(size)* y la calidad de las casas varían mucho según el estatus socioeconómico de la familia.

Bill Faries/Bloomberg/Getty Images, Inc.

6A.12 ¿Qué comprendiste? Indica si las oraciones son **Ciertas (C)** o **Falsas (F)**. Comprueba las respuestas con un/a compañero/a.

	Cierto	Falso
1. En las ciudades europeas, es común vivir en una casa individual.	☐	☑
2. En Europa, los muebles están diseñados de acuerdo con el espacio utilizable.	☑	☐
3. Los materiales que se usan para la construcción en Europa son diferentes de los materiales que se usan en Latinoamérica.	☑	☐
4. El nivel social de la familia influye poco en determinar las características de su casa.	☐	☑

6A.13 Entrevista. Entrevista a un/a estudiante extranjero/a de un país de habla hispana o a un/a estudiante que haya estudiado en el extranjero. Pídele que describa la casa en la que vivió *(he/she lived)*. Haz un plano o un dibujo de acuerdo a su descripción y tráelo a la clase. ¿Cómo contrastan estos dibujos con las actividades que has hecho hasta ahora, o con la lectura sobre los espacios de las viviendas de América Latina y Europa?

6A.14 Promoción de departamentos. Lee la información sobre los departamentos del anuncio que aparece a continuación. Luego, responde a las siguientes preguntas con las palabras en español que aparecen en el anuncio. Comprueba tus respuestas con un/a compañero/a de clase.

1. ¿Se venden o se alquilan estos condominios?
2. ¿Tienen muebles?
3. ¿Cuántas habitaciones tienen?
4. ¿Qué incluye el precio?
5. ¿Incluye el precio un servicio de limpieza?
6. ¿Cuándo acaba la promoción?

LO MÁS EXCLUSIVO DE MÉXICO

60 departamentos en **renta**, amueblados.
1 y 2 recámaras desde $19,000
mensuales.

PROMOCIÓN VÁLIDA ÚNICAMENTE DURANTE FEBRERO
• Incluye mantenimiento • Internet inalámbrico • Circuito cerrado de TV • Concierge 24 horas
Visitas: 5560-1948 • 5560-1947

Estructuras clave 1   The preterit tense

WileyPLUS Learning Space

Go to *WileyPLUS Learning Space* and review the tutorial for this grammar point.

WileyPLUS Learning Space

You will find PowerPoint presentations for use with *Estructuras clave* in *WileyPLUS Learning Space*.

TEACHING TIP: Hopefully, in addition to the different verb forms, students will note that *él/ella/usted* take the same verb form, that the *nosotros/as* forms are similar to the present tense, and that the first- and third-person singular forms require accents.

TEACHING TIP: Point out the importance of the written accent to indicate past tense. Contrast the pronunciation of the present tense *hablo (yo)* and *habló (él, ella, usted)* to illustrate that the significance of the written accent mark can carry a change in meaning depending on how a word is pronounced. The accent indicates how a word should be pronounced and written to indicate one meaning over another.

One way to talk about the past in Spanish is by using what is called the preterit tense. As you will see here, and in greater detail in upcoming *Investigaciones,* the preterit is used to express single actions that were completed or initiated in the past, and within the context of a story, the preterit is used to narrate the main events of the plot.

> Cuando **salieron** anoche, **cenaron** y **vieron** una película.
> *When they went out last night, they had dinner and saw a movie.*

> El sábado pasado **lavé** la ropa, **limpié** la cocina, **barrí** el patio y **limpié** el baño.
> *Last Saturday, I washed clothes, cleaned the kitchen, swept the patio and cleaned the bathroom.*

Many verbs are regular in the preterit and there are no stem-changes with **-ar** or **-er** verbs. What are the patterns that you notice for the regular verbs whose preterit forms are shown below?

	Bailar	**Volver**	**Asistir**
Yo	bailé	volví	asistí
Tú	bailaste	volviste	asististe
Él/ella/Ud.	bailó	volvió	asistió
Nosotros/as	bailamos	volvimos	asistimos
Vosotros/as	bailasteis	volvisteis	asististeis
Ellos/as/Uds.	bailaron	volvieron	asistieron

Note that there are two sets of endings: **-é, -aste, -ó, -amos, -asteis, -aron** for **-ar** verbs and **-í, -iste, -ió, -imos, -isteis, -ieron** for **-er** and **-ir** verbs. For **-ar** and **-ir** verbs, the **nosotros/as** form is identical in the present and preterit tenses (e.g., **bailamos** = *we dance/we danced;* **asistimos** = *we attend/we attended*). In those cases, context will help you determine whether the action is past or present. The verb **ver** is essentially a regular **-er** verb except that there are no accent marks on the **yo** and **él/ella/Ud.** forms: **vi, viste, vio, vimos visteis, vieron.**

These time expressions are often used with the preterit because they refer to single actions completed or initiated in the past, or to specified and limited time periods: ayer *(yesterday),* anoche *(last night),* el sábado/mes/año pasado *(last Saturday/month/year),* la semana pasada *(last week),* una vez *(once),* el otro día *(the other day),* hace dos semanas/diez años *(two weeks/ten years ago),* de repente *(suddenly),* por tres horas/cinco años *(for three hours/five years),* desde… hace *(from…to).*

6A.15 ¿Presente o pretérito? Escucha las oraciones e indica si el verbo está en el presente o el pretérito. Comprueba las respuestas con la clase.

	Presente	Pretérito
1.	☐	☑
2.	☑	☐
3.	☐	☑
4.	☐	☑
5.	☑	☐
6.	☑	☐
7.	☐	☑
8.	☑	☐

6A.15 AUDIO SCRIPT/ ANSWERS: 1. Mi hermano guardó su ropa en el armario. (pretérito) 2. Asisto a clase todos los días. (presente) 3. Los Benítez encontraron una casa con garaje. (pretérito) 4. Vendimos el condominio a una familia dominicana. (pretérito) 5. Vuelven del trabajo a las cinco y media. (presente) 6. ¿Recibes muchos mensajes de texto? (presente) 7. Barrí el patio esta mañana. (pretérito) 8. Carla limpia la cocina frecuentemente. (presente)

6A.16 ¿Qué hicieron estos famosos? Con un/a compañero/a, necesitan completar la siguiente tabla. Ustedes tienen información diferente y por eso necesitan hacerse preguntas para encontrar toda la información.

> Modelo: *¿Cómo se llama la persona que (actividad)?*
> *¿Qué hizo (nombre)?*

Estudiante A

¿Quién es?	¿Qué hizo?
1. Mario Vargas Llosa	Recibió el Premio Nobel en 2010.
2. Ellen Ochoa	Voló en el transbordador *(shuttle)* espacial cuatro veces.
3. Juanes	Cantó la canción «La señal».
4. Sor Juana Inés de la Cruz	Escribió poemas y ensayos durante el período colonial.
5. Antonio Gaudí	Diseñó muchos edificios en Barcelona.
6. Alicia Alonso	Estableció el Ballet Nacional de Cuba.
7. Sandra Torres	Corrió el maratón en los Juegos Olímpicos de 2004.
8. Miguel Indurain	Ganó el Tour de France cinco veces.

Estudiante B

¿Qué hizo?	¿Quién es?
Recibió el Premio Nobel en 2010.	**1.** Mario Vargas Llosa
Voló en el transbordador *(shuttle)* espacial cuatro veces.	**2.** Ellen Ochoa
Cantó la canción «La señal».	**3.** Juanes
Escribió poemas y ensayos durante el período colonial.	**4.** Sor Juana Inés de la Cruz
Diseñó muchos edificios en Barcelona.	**5.** Antonio Gaudí
Estableció el Ballet Nacional de Cuba.	**6.** Alicia Alonso
Corrió el maratón en los Juegos Olímpicos de 2004.	**7.** Sandra Torres
Ganó el Tour de France cinco veces.	**8.** Miguel Indurain

www

¡Conéctate! You are planning to renovate your home or a room in your home and you need ideas. Do an online search for *Mi Casa Revista* and *Espacio y Confort.* Try finding them on Facebook as well. Examine the photographs and comments that are posted there. Choose a home or room that you particularly like or dislike. Download and print the photo to share with the class. What do you like/dislike about the design of home/ photo? Do you agree with the comments posted by others? What differences do you notice between design styles in Spain or Argentina and your native country?

6A.17 TEACHING TIP: Give students time to complete the activity. Review and tally responses, asking appropriate follow-up questions. Have students record results in their *Retrato de la clase*.

WileyPLUS Learning Space OTHER RESOURCES: You may want to ask your students to practice pair or group activities using the BlackBoard IM tool located in the navigation bar of their *WileyPLUS Learning Space* course. See more details on how to use the BBIM in the preface.

6A.18 TEACHING TIP: Ask students to prepare their questions as homework in order to make the interviews go more quickly. Encourage them to focus only on regular preterit tense verbs. You could ask the rest of the class to indicate whether or not they agree with certain conclusions presented by their classmates.

VÍVELO: CULTURA: This is an opportune moment to highlight the importance of being cultural investigators. This requires students to be perceptive and observant in their surroundings. One of the best ways to know what is appropriate behavior is to interview or observe members of the target culture. They may find that not all "Hispanics" treat visits the way the text indicates. In fact, behaviors and practices vary within countries depending on multiple factors. Additionally, as Hispanics comprise a significant portion of the US, there is obvious overlap between Hispanic and traditional US cultures.

VÍVELO: CULTURA TEACHING TIP: Before asking students to read the text, discuss the following questions as a class: ¿Cómo son las visitas en tu cultura? ¿Qué es lo culturalmente apropiado? En tu casa/apartamento, ¿dónde te reúnes con la familia o los amigos?

6A.17 ¿Quién de la clase...? Habla con los compañeros para determinar a quién de la clase corresponden las siguientes actividades. Necesitas hacerle una pregunta a cada persona y si la persona contesta "Sí", pídele que firme en el espacio indicado. Si la persona contesta "No" puedes hacerle una pregunta más antes de hablar con otra persona. **¡Ojo!** Para hacer las preguntas, tienes que cambiar los verbos a la forma de tú. Después de repasar las preguntas con la clase, apunta las generalizaciones en tu **Retrato de la clase**.

¿Quién de la clase…

1. recibió más de un mensaje de correo electrónico esta mañana? _____

2. tomó el autobús a la universidad? _____

3. aprendió a leer antes de ir al kínder? _____

4. salió con sus amigos el sábado por la noche? _____

5. trabajó ayer? _____

6. estudió español anoche? _____

7. comió en McDonald's recientemente? _____

8. vio una película el fin de semana pasado? _____

Retrato de la clase: Por lo general, _____ compañeros de clase recibieron más de un mensaje de correo electrónico esta mañana…

6A.18 Un sondeo acerca del pasado. Escribe ocho preguntas en el pretérito sobre algo que te interese acerca de la niñez/juventud de tus compañeros. Luego, busca a dos compañeros para hacerles las preguntas y apunta sus respuestas. Compara sus respuestas con las tuyas. ¿Hay generalizaciones y patrones (*patterns*) que puedes identificar? Comparte tus conclusiones con la clase.

Preguntas	Compañero/a 1	Compañero/a 2

VÍVELO: CULTURA

Las visitas

Visitar a los amigos o la familia, ya sea en su casa o en la tuya (*yours*), es un pasatiempo común en la cultura hispana. A diferencia de la tradición cultural en Estados Unidos, las visitas entre hispanos suelen ser (*are usually*) mucho más informales y espontáneas, aunque esto está empezando a cambiar. Especialmente en las ciudades pequeñas, no es necesario llamar con anticipación, como se hace típicamente en Estados Unidos. Frecuentemente, estas visitas se llevan a cabo (*take place*) en la cocina, o en la mesa del comedor, en lugar de (*rather than*) la sala.

6A.19 ¿A qué cultura corresponde? Después de leer el texto sobre las visitas, escucha las oraciones que lee tu profesor/a e indica a qué cultura corresponde mejor: la cultura hispana o la cultura estadounidense. Verifica tus respuestas con la clase.

6A.19 AUDIO SCRIPT:
1. Las personas se visitan en casa frecuentemente; 2. Las visitas típicamente son planeadas; 3. Es normal llamar antes de visitar a alguien; 4. Es muy común reunirse en la cocina.

6A.19 ANSWERS: Cultura hispana: 1, 4; Cultura estadounidense: 2, 3

	Cultura hispana	Cultura estadounidense
1.		
2.		
3.		
4.		

Precio	MX$990,000 (=$76,022.30)
Ubicación	Puebla Tehuacán Ver en Mapas de Google
Tipo de vendedor	Inmobiliaria Oferta
Propiedad	Casa
Nº de recámaras	3
m²	140 m² (=1507 sq. ft.)
Precio/m²	7,071 MX$/m² ($543/m²; $50.45/sq. ft.)

Descripción

Excelente ubicación *(location)*, casa de 2 plantas *(floors)*. Cuenta con sala y comedor independientes, sala de TV, amplia *(large/ample)* cocina, cuarto de servicio, cochera *(carport)* para 3 autos, patio de servicio, 3 recámaras *(bedrooms)*, 3 baños, cisterna, tanque de gas estacionario *(stationary)*. A 5 minutos del centro de la ciudad.

6A.20 ¡A vender una casa! Lee este anuncio para una casa que se vende en las ciudad de Tehuacán en México y contesta las preguntas siguientes.

1. ¿Cómo se describe la ubicación?

2. ¿Son separados o combinados la sala y el comedor?

3. ¿Para cuántos coches hay espacio?

4. ¿Cuál es la relación entre el número de recámaras y el número de baños?

Ahora, usando el anuncio de arriba como modelo, escribe un anuncio para la casa/ apartamento donde vives, o la casa de tu familia. Intercambia anuncios con un/a compañero/a para que se ofrezcan recomendaciones sobre presentar el anuncio más atractivo posible.

6A.20 ANSWERS: 1. La ubicación es excelente/ Está a 5 minutos del centro de la ciudad; 2. La sala y el comedor son separados (independientes); 4. Hay espacio para 3 coches; 4. Hay tantos baños como recámaras/El número de baños es igual al número de recámaras.

Estructuras clave 2 Preterit forms of *ser*, *ir* and *hacer*

Ser, **ir** and **hacer** are three very common verbs that have irregular forms in the preterit. The preterit forms of **ser** and **ir** are identical. Context indicates which of the two meanings (*to be* or *to go*) is intended. Note that the vowel in the stem of the verb hacer is –i rather than –a. Note also the change from –c to –z in the third person singular form.

	Ser/Ir	Hacer
yo	fui	hice
tú	fuiste	hiciste
él/ella/Ud.	fue	hizo
nosotros/as	fuimos	hicimos
vosotros/as	fuisteis	hicisteis
ellos/as/Uds.	fueron	hicieron

Fuimos a IKEA para comprar un sofá nuevo. (ir)
Antes de ser diseñador, Eduardo Xol fue músico y actor. (ser)

Ser is used in the preterit to indicate that a situation has ended or changed. It can also be used to indicate a situation that lasted for a particular period of time.

Antes de empezar su carrera como diseñador de muebles, Sami Hayek fue estudiante del Art Center College of Design.

Las alfombras de lana larga (shag) fueron populares en los años 70.

6A.21 ¡A practicar con los verbos! Para cada oración, escribe la forma correcta del pretérito de **ser**, **ir** o **hacer**, según el contexto. Comprueba tus respuestas con un/a compañero/a de clase.

1. Yo ____fui____ a la cocina para prepararme un sándwich.

2. Carlos y Anita ____hicieron____ ejercicio en el gimnasio.

3. El estilo «Art Deco» ____fue____ popular en los años 20.

4. Mis compañeros y yo ____hicimos____ la tarea de español.

5. Esos dormitorios ____fueron____ muy pequeños hasta que los expandieron.

6. En el programa «House Hunters», los Gómez ____fueron____ a ver tres casas.

7. La empleada doméstica ____hizo____ las camas por la mañana.

8. ¿Adónde ____fuiste____ tú para comprar esos muebles?

6A.22 ¿Ser or ir? Escucha las oraciones e indica si el significado del verbo se relaciona con ser o ir. Comprueba las respuestas con la clase.

	ser	ir
1.	☐	☑
2.	☑	☐
3.	☐	☑
4.	☑	☐
5.	☑	☐
6.	☐	☑

6A.22 AUDIO SCRIPT AND ANSWERS: 1. Fui a Sears para buscar una estufa nueva (ir). 2. La cocina fue muy anticuada hasta que la renovaron (ser). 3. Los niños fueron al patio para jugar (ir). 4. El patio no fue inventado en España (ser). 5. Durante la época victoriana, fueron comunes las casas ornamentadas. (ser) 6. A la hora de cenar, fuimos al comedor. (ir)

6A.23 Veinte preguntas. Piensa en tus actividades durante el fin de semana pasado y apunta seis cosas que hiciste durante esos días. Luego, busca a un/a compañero/a y hazle preguntas de tipo sí/no para determinar qué hizo él/ella durante el fin de semana. Compara tus respuestas con las respuestas de tu compañero/a. Escríbelas en tu **Retrato de la clase** y preséntalas a la clase. **¡Ojo!** Cuando le hagas las preguntas a tu compañero/a, usa la forma tú del pretérito.

Actividades que yo hice

_____
_____
_____
_____
_____
_____

Actividades que mi compañero/a hizo

_____
_____
_____
_____
_____
_____

Retrato de la clase: Mi compañero/a _____ y yo _____ durante el fin de semana.

6A.24 Las vacaciones. Acabas de regresar de unas vacaciones maravillosas. Escríbele un mensaje de texto a un/a amigo hispanohablante en el que describes adónde fuiste y qué hiciste durante las vacaciones. Comparte tu mensaje de texto con varios compañeros/as para determinar cuáles son los lugares y actividades preferidos. Comparte tus conclusiones con la clase.

6A.25 La biografía de una persona famosa. En grupos de tres, preparen un informe (*report*) breve acerca de la vida de una persona famosa. Apunten ocho eventos importantes en la vida de esta persona, usando el pretérito. Luego, preparen un informe y preséntenlo a la clase sin mencionar el nombre de la persona para que la clase adivine quién es. ¿Cuántos adivinaron la persona correcta? Nota: el verbo **murió** significa *he/she died*.

La persona se llama:

1. _____
2. _____
3. _____
4. _____
5. _____
6. _____
7. _____
8. _____

RETRATO DE LA CLASE: Have students collect and record information about their classmate or class community in this pair/group activity. Remind them that they may use this information in future activities.

WileyPLUS Learning Space OTHER RESOURCES: You may want to ask your students to practice pair or group activities using the BlackBoard IM tool located in the navigation bar of their *WileyPLUS Learning Space* course. See more details on how to use the BBIM in the preface.

6A.25 TEACHING TIP: Spread this activity over two days. The first day, divide class into groups and assign or allow each group to choose a famous person. Examples of Hispanic individuals that could be assigned include: Simón Bolívar, José Martí, Pablo Picasso, Eva Perón, Pablo Neruda, Salvador Allende, etc. Then, students can research information about this individual as homework. During the following class session, students can create their biographical sketch and present it to the class.

Vocabulario: Investigación A

Vocabulario esencial

Sustantivos

la alfombra	carpet
el armario	closet
la bañera	bathtub
el baño	bathroom
la cama	bed
la cocina	kitchen
el comedor	dining room
el corredor	hallway
la cortina	curtain
el cuadro	painting
el cuarto	room
el despacho	office, study
el despertador	alarm clock
el dormitorio	bedroom
la ducha	shower
los electrodomésticos	appliances
la escalera	stairwell
el escritorio	desk
la escoba	broom
el espejo	mirror
el estante	shelf
la estufa	stove
el fregadero	sink
el hogar	home
el horno	oven
el inodoro	toilet
el jardín	garden
la lavadora	washing machine
el lavamanos	bathroom sink
el lavaplatos	washer
el mueble	furniture
la pared	wall
el piso	floor; apartment
el reproductor	player (CD, DVD, MP3, etc.)
la sala/el salón	living room
la secadora	dryer
la silla	chair
el sillón	armchair
el techo	ceiling, roof
el tocador	dressing table, dresser
el/la vecino/a	neighbor

Verbos

alquilar	to rent
barrer	to sweep
guardar	to put away
lavar	to wash
limpiar	to clean

Conjunciones

antes de (que)	before
cuando	when
después de (que)	after
en cuanto	as soon as
hasta que	until
mientras (que)	while
tan pronto como	as soon as

Otras palabras y expresiones

la alacena	cupboard
el aparato fijo	fixture
la argamasa	mortar
colgar	to hang
la encimera	countertop
la fuente	fountain
el granito	granite
el ladrillo	brick
el mármol	marble
el tamaño	size
según	according to

Cognados

Review the cognates in *Adelante*.
For a complete list of cognates, see
Appendix 4.

¡VÍVELO!

EN DIRECTO

VIDEO: ¿Para qué trabajamos?

> **Antes de ver el video.** Ordena del 1-6 (1 = **más importante**, 6 = menos **importante**) las siguientes ideas según tu opinión. Luego, compara tus respuestas con un compañero.

   ___ ganar un buen salario   ___ progresar en la carrera

   ___ disfrutar de la familia   ___ cuidar la salud

   ___ estar con los amigos   ___ tener varios pasatiempos

> **El video.** Ordena las siguientes actividades sobre el tiempo libre según aparecen en el video.

      _4_ **a.** Dedícate a un pasatiempo.   _3_ **d.** Disfruta con la familia.

      _1_ **b.** Practica algún deporte.   _2_ **e.** Pásalo bien con los amigos.

© John Wiley and Sons, Inc.

> **Después de ver el video.** En parejas, responde a la siguiente pregunta: ¿Qué le sugieres a una persona que tiene mucho estrés a causa del trabajo? Hagan una lista de sugerencias usando mandatos informales (de la Inv. 5A), por ejemplo: Sal con los amigos y descansa más.

Vocabulario útil

ambiente *environment*

alberca/piscina
swimming pool

¿Se trabaja para vivir o se vive para trabajar?

In this **Investigación** you will learn:

- ▶ How to talk about lifestyles
- ▶ How to talk about work related topics
- ▶ How to express what others like and dislike

- ▶ How views on time, work, family and leisure impact a culture's daily routine, behavior and philosophy of life
- ▶ How to accomplish small shopping tasks

¿Cómo puedes hablar del mundo del trabajo?

Puedes preguntar sobre diferentes aspectos de la vida, y el trabajo.	¿Cómo es tu trabajo? ¿Es tu trabajo físico o trabajas con tu mente? ¿Disfrutas de tu tiempo libre?
Puedes describir las obligaciones que tienes además de estudiar.	Tengo otras obligaciones además de estudiar. Tengo que buscar un trabajo para el verano.

Adelante

¡Ya lo sabes! El mundo del trabajo

la agenda	el/la consumidor/a	el estrés
la ambición	contratar	obligar
atender	cordial	preocupar
carismático/a	dedicarse a	el salario
el/la cliente/a	disciplinado/a	tiempo completo/parcial
la competencia	dócil	
la conducta	el/la empleado/a	

¡Atención!

el currículum	(not school curriculum) c.v. or resume
los diarios	(not diarrhea) daily papers
la red	(not color) network
la trampa	(not tramp) fraud, scam or trap

6B.1 **¿Positivo o negativo?** Vas a escuchar una serie de palabras. Mientras escuchas las palabras, indica si tienen asociaciones positivas (P) o negativas (N). Luego, verifica tus respuestas con la clase.

1. _P_   2. _____   3. _____   4. _____   5. _____   6. _____

6B.2 **Busca la palabra correcta.** En parejas cada uno escoge una tarjeta, A o B. Lee las definiciones en la tarjeta a tu compañero/a de clase. Tu compañero/a va a decir qué palabra de la siguiente lista defines o describes. Verifica tus respuestas con la clase.

el cliente	atender	el salario	el empleado
tiempo completo	dócil	contratar	la ambición
el consumidor	obligar	carismático	cordial

6B.1 AUDIO SCRIPT:
1. la competencia,
2. la ambición extrema,
3. cordial, 4. carismático,
5. la puntualidad,
6. dócil. Answers may vary. Have students defend their answers.

6B.2 ANSWERS: Tarjeta A: 1. el salario, 2. el/la empleado/a, 3. el consumidor, 4. contratar, 5. cordial, 6. obligar; Tarjeta B: 7. tiempo completo, 8. la ambición, 9. dócil, 10. el cliente, 11. carismático/a, 12. atender

Tarjeta A

1. Es el dinero que recibe un trabajador por su trabajo.
2. Se refiere a una persona que trabaja para una compañía.
3. La persona que compra y usa productos.
4. Este verbo se refiere a la acción de darle un trabajo a una persona.
5. Este adjetivo es el opuesto de rudo o grosero.
6. Este verbo significa forzar o hacer responsable.

Tarjeta B

7. Esta expresión significa trabajar 40 horas o más a la semana.
8. Se refiere al sentimiento de desear un trabajo más prestigioso con más responsabilidades y por más dinero.
9. Es la descripción de una persona tímida y tranquila.
10. Es la persona que usa los servicios de profesionales.
11. Es la descripción de una persona muy expresiva y con abundante elocuencia.
12. Este verbo significa notar, observar con detalle o poner atención.

6B.3 TEACHING TIP: Turn this activity into a game/competition where class is divided into two groups and the group that successfully guesses more words wins.

6B.3 FOLLOW-UP: As a follow-up to this activity, ask students for the number of words they were able to guess so that you identify the pair or pairs of students with the highest number of guessed words. Keep these students in mind to provide reviews (in Spanish and/or through facial expressions, gestures, or acting) of previous vocabulary as a warm-up in future classes.

6B.5 SUGGESTION: As a springboard, provide a list of possible jobs that can and cannot be done at home to encourage participation.

TEACHING TIP: Have students scan the article briefly for an idea of what it is about.

STANDARDS: COMMUNICATION/ INTERPRETIVE MODE. An important skill for students to develop, and one supported by this activity, is the ability to make meaning based on the context. Remind students to pay attention to the context in which the words are used to figure out their meaning.

6B.3 **Adivina la palabra.** Con un/a compañero/a túrnense para describir en español, o indicar con gestos o actuando, el significado de tantas *(as many)* palabras de *Adelante* como sea posible. Luego, digan el número de palabras que han adivinado.

6B.4 **Detalles** *(details).* Escribe un ejemplo de cada cosa en la lista de 1-6. Luego, comparte tu lista con la clase para ver si hay algo en común entre las listas.

1. una persona desorganizada
2. una conducta negativa
3. un defensor del consumidor
4. un trabajo sin estrés
5. un trabajo con mucho estrés
6. una persona ambiciosa

6B.5 **¿Qué te parece?** ¿Alguna vez pensaste en trabajar desde la casa? ¿Qué trabajos se pueden hacer desde la casa y qué trabajos **no** se pueden hacer desde la casa? En grupos, completen el siguiente cuadro con varias opciones y después compartan sus listas con su clase para ver si está de acuerdo. Pueden consultar el vocabulario de la Investigación 3A.

Posibles trabajos desde casa	Trabajos imposibles desde casa
tutor	enfermero/a
traductor	abogado/a

Trabajar desde casa ¡Ojo!

Mucha gente sufre del estrés del trabajo y las actividades diarias. Tradicionalmente, el hogar es el lugar donde llegamos a descansar, relajarnos *(relax)*, y compartir buenos ratos con la familia. Es el lugar donde desconectamos de las preocupaciones del trabajo. Disfrutar de nuestro hogar es importante para tener una buena salud mental y espiritual.

Rawpixel/Shutterstock

Una consecuencia de la revolución de las nuevas tecnologías es la opción de trabajar desde casa. Más y más empresas valoran a los empleados que pueden trabajar desde su casa. Con más frecuencia, las empresas ofrecen esta opción para mantener a sus mejores empleados. De hecho *(In fact)*, el trabajo desde casa puede ser ventajoso *(advantageous)* tanto para la empresa como para el empleado.

Ojo *(Watch for)* a las trampas *(fraud/scams)* que existen a causa del deseo de trabajar desde casa. Solo hay que navegar la red para ver la cantidad de anuncios de trabajo en casa. Algunos trabajos que parecen buenos *(seem good)* pueden ser trampas. Por otro lado, sí hay trabajos verdaderos que se pueden hacer desde la casa. La pregunta clave es: ¿Puede el trabajo desde casa influir en el concepto de "hogar dulce hogar"? ¿Puede influir en la calidad de vida, los ratos libres con la familia o los momentos de descanso? ¿Qué opina usted?

6B.6 **Ventajas y desventajas.** Indica las ventajas de trabajar desde casa con una ✓ y las desventajas con una ✗. Incluye otras posibilidades que no aparecen en la lista. ¿Hay más ventajas que desventajas, o viceversa?

1. _____ Tú estableces tu horario del día.

2. _____ Experimentas soledad.

3. _____ Existe una falta de separación entre vida de trabajo y personal.

4. _____ Trabajas todo el día sin tomar descanso.

5. _____ Puedes trabajar en tus pijamas.

6. _____ No tienes que pedir permiso para ir a una cita con el dentista.

7. _____ Tienes que ser una persona organizada y disciplinada.

8. _____ Nunca trabajas por distraerte *(distracted)* con otras cosas.

9. _____ _____

10. _____ _____

¡Conéctate!

To have a full understanding of the increasing number of scams that exist related to working at home, do a search for "Trabajo desde casa" and take a picture *(to share with class)* of the ads you believe represent tricks to hook consumers and those that you believe to be honest jobs. What makes the two ads unique? How do some lead consumers into believing that they are offering a viable job?

VÍVELO: LENGUA

A taste of formal commands

In chapter 5 you received a taste of informal commands. In chapter 10 you will learn in detail how to form commands. For now, let's look at a few irregular formal commands that you can begin using. Remember that informal commands are frequently used with family and friends and formal commands are typically used in the public sphere, as a way to demonstrate respect.

Noppadol Anaporn/Shutterstock

Common irregular formal command forms.

Infinitive verb	Informal command (used with tú)	Formal commands in singular and plural form	Negative formal commands
Ir	Ve	Vaya(n)	No vaya(n)
Poner	Pon	Ponga(n)	No ponga(n)
Salir	Sal	Salga(n)	No salga(n)
Ser	Sé	Sea(n)	No sea(n)
Tener	Ten	Tenga(n)	No tenga(n)
Venir	Ven	Venga(n)	No venga(n)
Traer	Trae	Traiga(n)	No traigan(n)

VIVELO: LENGUA TEACHING TIP: Mention to students that a negative informal command has a "no" before the formal singular command but ends with an "s" to indicate it relates to "tú" (informal command). No vayas a la fiesta. No vengas a mi casa.

6B.7 **Compañía de mudanza.**   Eres gerente de una compañía de mudanzas *(moving company)*. Indica los mandatos que les das a tu equipo (mandato formal) y los que usarías con un buen amigo que te ayuda (mandato informal). A la derecha indica con ✓ si te comunicas con una persona o más de una.

F/I		Una	Más de una persona
____	**1.** Pon la mesa en la sala.	____	____
____	**2.** Pongan el sofá verde en la sala.	____	____
____	**3.** Tengan cuidado con el espejo.	____	____
____	**4.** Vaya a la cocina y tráiganos agua.	____	____
____	**5.** Sé cordial con los clientes.	____	____
____	**6.** Salgan de la sala, vamos a acomodar el sofá.	____	____
____	**7.** Sean profesionales con todos.	____	____
____	**8.** Ven conmigo al camión *(truck)*.	____	____

6B.8 **Adivina el lugar.**   Escribe dos oraciones que usen los mandatos de los verbos irregulares de arriba. Cada oración debe *(should)* corresponder a un lugar específico porque la clase va a adivinar en base a tu mandato, el lugar al que se refiere.

> Modelo: E1: Vengan a tomar el cuerpo de Dios.
> Clase: Estás en una iglesia.

iglesia	clase	museo	casa	fiesta
cancha de tenis	estadio	playa	hospital	montañas

Palabras clave 1   El mundo de los negocios

La cita

Brian A Jackson/Shutterstock

gst/Shutterstock

En la **cita**, los empleados de la compañía entrevistan al solicitante.

La entrevista

CGinspiration/Shutterstock

Es importante hacer buenas preguntas en una **entrevista** de trabajo.

La empresa

SAUL LOEB/AFP/Getty Images, Inc.

Donald Trump tiene muchas **empresas**.

La tienda

Courtesy of Pablo Muirhead

Hay muchas **tiendas** y bodegas en esta zona peatonal en Madrid, España. Hay tiendas de zapatos, de ropa, de electrónicos, etc.

La solicitud

Es importante ser honesto cuando se completa la **solicitud** de trabajo.

Buscar trabajo

Para saber si hay trabajos, mucha gente **busca trabajo** en el periódico.

El sueldo

El **sueldo** es el dinero que recibe el empleado por su trabajo.

Búsqueda de empleo

Mucha gente consulta el ministerio de trabajo en su país como el primer paso en la **búsqueda de empleo**.

el comportamiento	Santa Claus no visita a los niños que tienen mal *comportamiento*.
la calidad	Una *calidad* de vida saludable es cuando hay tiempo libre para hacer cosas sanas.
la manera	Hay muchas *maneras* legales de ganar dinero.
el negocio	Warren Buffet, Bill Gates y el español Amancio Ortega tienen *negocios* diversos por todo el mundo.
la venta	La transacción de mercancías por dinero es una *venta*.
el vendedor	Es la persona, típicamente el/la dependiente, que vende algo en cualquier (*whichever*) negocio.

Verbos:

ganarse la vida	Los hombres de negocios *se ganan la vida* en la venta de productos o servicios.
pedir	Muchos estudiantes solo estudian y por eso les piden dinero a sus padres.
promover	Las empresas deben *promover* sus productos en la televisión.
prestar	Es darle un objeto a otra persona por un rato. No se vende ni se compra. Se devuelve.
ser mal educado	La persona que le grita a su profesor es *mal educada*.
sin embargo	Los sueldos en California son altos. El costo de la vida, *sin embargo*, es alto también.

6B.9 **¿Lógico o ilógico?** Indica si las siguientes oraciones son **lógicas (L) o ilógicas (I)**.

_____ **1.** El dependiente de una tienda tiene que **comportarse** bien con los clientes o el dueño va a despedirlo (*fire him*).

_____ **2.** En algunos **negocios**, la **venta** de una cosa o un servicio no es muy importante.

_____ **3.** Las **empresas** grandes frecuentemente emplean a mucha gente.

_____ **4.** Muchos **solicitantes** están nerviosos en una entrevista.

_____ **5.** El **sueldo** de los profesores de lenguas es mucho más alto que el de los profesores de negocios.

_____ **6.** Ser una persona **mal educada** no es atractivo en una entrevista.

6B.10 **El proceso de buscar trabajo.** Narra las oraciones en orden para reflejar la secuencia de buscar un nuevo trabajo. Escribe el número al lado de cada oración.

___3___ Escribir una carta de presentación.

___6___ Contestar las preguntas durante la entrevista.

___8___ Empezar a trabajar para la empresa.

___2___ Buscar información acerca de la empresa.

___5___ Completar la solicitud.

___1___ Decidir para qué empresa quiere trabajar.

___7___ Hablar de los detalles del contrato.

___4___ Mandar el currículum y la carta de presentación.

6B.11 **El mundo del trabajo.** Busca la palabra o la expresión de la siguiente lista que mejor completa las oraciones en el párrafo. No todas las palabras se usan.

comportamiento	empleados	solicitud	sueldo	dueño
buscar trabajo	ganarse la vida	manera	currículum	

El mundo del trabajo

Es necesario trabajar para ¹_____ganarse la vida_____ . Todos tenemos que tener casa, comida, ropa, transporte y otras cosas esenciales. De esta ²_____manera_____ uno no tiene que depender económicamente de otra persona. Sin embargo, el proceso de ³_____buscar trabajo_____ puede ser largo y difícil. Primero, es necesario mandar una carta (*letter*) de presentación y tu ⁴_____currículum_____ a varias empresas. También es necesario completar una ⁵_____solicitud_____ . Es posible hacer una cita y tener una entrevista cara a cara (*face to face*). Durante la entrevista es posible hablar del horario y del ⁶_____sueldo_____ . El ⁷_____comportamiento_____ del solicitante tiene que ser impecable en su entrevista.

6B.12 Recomendaciones para una entrevista de trabajo. En grupos de dos o tres, escriban seis recomendaciones para el solicitante de trabajo de Apple, Samsung, Macy's, Netflix, FedEx u otra compañía. Los mandatos necesitan corresponder a la compañía para que la clase adivine el nombre de la compañía.

6B.12 SUGGESTION: Remind students that they should use the formal commands and that the commands should match the company. Ask groups to share their commands so that the class can guess for which company these command were designed.

Nombre de la compañía:	Recomendaciones:

rosedesigns/Shutterstock

6B.13 Tus expectativas. Mucha gente sale de compras en su tiempo libre. Indica cuáles son las expectativas de la relación entre un/a cliente/a y un/a dependiente/a en tu cultura.

6B.13 TEACHING TIP: This activity will help students compare their cultural practices with those they will read about in *Vívelo: Cultura* reading in the following page.

☐ **1.** El cliente siempre tiene la razón.

☐ **2.** Es importante atender al cliente inmediatamente.

☐ **3.** Para el/la dependiente/a, la venta de un producto es sumamente importante.

☐ **4.** La relación entre el/la dependiente/a de un gran almacén y sus clientes debe ser cálida *(warm)*.

☐ **5.** En las ciudades grandes, los/las dependientes/as no suelen ser *(aren't usually)* cálidos, con los clientes, especialmente en los grandes almacenes.

Los comportamientos en el trabajo

Es verdad que los comportamientos en la casa o en el trabajo muestran los valores de una cultura. Ciertos valores sociales y conductas relacionadas con el trabajo y la diversión pueden parecer únicas de las grandes ciudades. En las ciudades grandes en particular, el cliente no siempre tiene la razón. En estos casos la venta no siempre es la meta *(goal)* más importante. Si dos vendedores están hablando entre ellos y un cliente entra en el establecimiento, los vendedores continúan la conversación (hasta un punto razonable) y después atienden al cliente. Su conversación es más importante que el cliente. La impresión es que la interacción entre vendedores y clientes en las ciudades grandes es cortés, pero no cálida *(warm)*. Este tipo de interacción, sin embargo, puede ser común en las ciudades grandes de España o de Latinoamérica, al igual que en otras grandes ciudades como Toronto, la Ciudad de Nueva York o París.

Es importante tener en cuenta *(take into account)* la gran cantidad de factores que influyen en este tipo de conducta porque en las pequeñas ciudades o pueblos, la interacción puede ser relativamente cálida.

Claro que como en toda generalización, siempre hay excepciones.

Courtesy of Pablo Muirhead

6B.14 Más allá de la lectura. Además de ser estudiantes, algunos de tus compañeros de clase tienen trabajo. Encuentra un/a compañero/a de clase que tiene trabajo y con otro/a compañero/a de clase, entrevisten a esta persona según las siguientes preguntas. Luego, escriban un resumen de las respuestas en su **Retrato de la clase**.

1. ¿Tiene trabajo de tiempo completo o parcial?

2. ¿Cuál es su horario de trabajo?

3. ¿Cómo son sus clientes o consumidores?

4. ¿Cómo se comporta su jefe *(boss)*?

5. ¿Conoce al dueño?

6. ¿Quiere continuar en su trabajo después de graduarse o va a buscar otro empleo?

Retrato de la clase: _Nombre de estudiante_ trabaja en un restaurante de tiempo parcial. Sus horas de trabajo son de la(s) _____(hora) _____ a la(s) _____ (horas) _____ los días _____. Frecuentemente sus clientes son _____. Su jefe es estricto/generoso/carismático, etc. y se comporta bien/mal con él/ella.

Estructuras clave 1 Indirect objects and indirect object pronouns

In a previous *Investigación* you learned that the direct object is the person or thing that receives the action of the verb. In the example **Juanes escribe muchas canciones, muchas canciones** is the direct object because it answers the question "What does Juanes write?".

In addition to a direct object, many verbs in Spanish take an indirect object. The indirect object, which is usually a person, often expresses *to whom* or *for whom* an action is done. The indirect object pronouns in Spanish are:

Indirect object pronouns			
me	to/for me	**nos**	to/for us
te	to for/ you (sg. inform.)	**os**	to/for you (pl. inform., Spain)
le	to/for him/her/it/you (sg. form.)	**les**	to/for them/ you (pl.)

Verbs that take an indirect object include verbs of communication (e.g., **decir, explicar, escribir, hablar**) and verbs of exchange (e.g., **proveer, dar, regalar, prestar**). Note the following examples in English and Spanish.

a. Carlos Slim **les** provee seguro médico a muchos de sus trabajadores.
Carlos Slim provides medical insurance to many of his workers.

b. Mi jefe **me** recomienda no llegar tarde al trabajo.
My boss recommends (to me) that I not arrive late to work.

c. Bill Gates **nos** explica por qué es tan filantrópico.
Bill Gates explains to us why he is so philanthropic.

In Spanish, an indirect object pronoun may replace the indirect object noun introduced by **a**, but that **a**-phrase may be kept if there is no context to clarify to whom the pronoun refers.

a. *¿Qué le regala el dueño a sus empleados para la Navidad?*
b. *Les regala tiempo libre*

(Context allows "a sus empleados" to be omitted in this case because it is the answer to a question, where "los empleados" has already been mentioned.)

When the indirect object noun is a person or people, the indirect object pronoun is generally used. As with the direct object pronouns, the indirect object pronouns precede the verb in Spanish while they follow the verb in English. Note the position of the pronoun in the following examples.

a. Emilio Estefan le va a regalar una empresa de música a Gloria Estefan.
b. Emilio va a regarle una empresa.

You remember that Spanish uses the *a* **personal** to introduce direct objects who are people, and you have now learned that **a**-phrases also introduce indirect objects. The best way to determine whether someone is a direct or an indirect object is to remember the questions *what?* or *whom?* to identify the direct object and *to/for whom?* to identify the indirect object.

WileyPLUS Learning Space

Go to *WileyPLUS Learning Space* and review the tutorial for this grammar point.

WileyPLUS Learning Space

You will find PowerPoint presentations for use with *Estructuras clave* in *WileyPLUS Learning Space.*

SUGGESTION: Ask students to tell you why the example sentences to the left about Bill Gates and Carlos Slim do not include *a mí* or *a nosotros*. Point out that there is no ambiguity about who *me* or *nos* refers to as compared with the examples that talk about a third person.

SUGGESTION: Ask students why "a Gloria Estefan" is not included in sentences b above. Answer is because she was already mentioned in a.

6B.15 TEACHING TIP:
The subjects in the sentences in 6B.15 occur at the beginning of the statement, with the exception of item 7. Who is the subject in item 7?

6B.15 **¿Objeto directo o indirecto?** Con un/a compañero/a, lean las siguientes oraciones sobre Bill Gates e indiquen si él es el objeto directo o indirecto del verbo en cada caso. Comprueben sus respuestas con la clase.

	Objeto directo	Objeto indirecto
1. Warren Buffet conoce a Bill Gates.	☑	☐
2. Carlos Slim y Warren Buffet visitan a Bill Gates.	☑	☐
3. Carlos Slim le manda contratos a Bill Gates.	☐	☑
4. Melinda le dice «Te amo» a Bill.	☐	☑
5. Los empleados le regalan muchas corbatas a Bill Gates.	☐	☑
6. Melinda le habla a Bill sobre su fundación.	☐	☑
7. ¿Admiras a Bill Gates?	☑	☐

6B.16 ANSWERS: 1. d, 2. c, 3. b, 4. a, 5. e

6B.16 TEACHING TIP:
Remind students that as a first step to comprehend any statement that includes object pronouns it is important to acknowledge the subject of the sentence.

6B.16 **¿Quién habla?** Es importante identificar **el sujeto** de las oraciones para descifrar las oraciones con objetos directo e indirectos. Mira atentamente el verbo en las oraciones 1–5 e identifica el sujeto. Luego, comparte tus respuestas con la clase.

Enunciados:

_d_ **1.** Te mando este mensaje porque me preocupan tus notas.

___ **2.** No siempre les dice la verdad.

___ **3.** Frecuentemente me hace un sándwich para almorzar.

___ **4.** Nos escribe los apuntes (takes notes) cuando no estamos en clase.

___ **5.** Siempre le hacen muchas preguntas a Shakira.

Sujetos:

a. Un compañero de clase

b. Mi madre

c. Mi hermanita

d. Yo

e. Los reporteros

f. Otro estudiante y yo

6B.17 TEACHING TIP:
For this activity, you may want to encourage students to create their own charts to record their answers and those of their classmates.

6B.17 **¿A quién?** Primero contesta las siguientes preguntas y escribe tus respuestas en la primera columna. Luego, entrevista por lo menos a tres compañeros más de clase y escribe sus respuestas. Finalmente, escribe en tu **Retrato de la clase** cualquier generalización que se pueda hacer acerca de tus respuestas y las de tus compañeros de clase.

Modelo: ¿A quién le traes flores?   Respuesta: *Le traigo flores a mi novia.*

	Yo	E1	E2	E3

1. ¿A quién le dices todos tus secretos?

2. ¿A quién les das regalos?

3. ¿A quién le prestas dinero?

4. ¿A quién le pides ayuda para tu clase de español?

5. ¿A quién les explicas tus problemas económicos?

6. ¿A quién le ofreces tu ayuda?

Retrato de la clase: (Yo) Le digo todos mis secretos a mi mejor amigo pero ___ le dice a su mamá y ___ le dice a su novio. (Yo) Le doy regalos a mi hijo pero ___ y ___ les dan regalos a sus padres, etc.

TEACHING TIP: Tally the number of "yes" and "no" items from the class as a whole to illustrate that while there are tendencies or trends, there are also exceptions from the majority of responses. You may want to explore them to better understand the rationale behind them. This activity serves as a pre-reading to the following Vívelo: Cultura and can later be compared to common business etiquette in Hispanic countries.

6B.18 **Las costumbres.** Cada cultura tiene sus costumbres en cuanto al comportamiento en reuniones de negocios. Indica con **Sí** o **No** si las siguientes oraciones son comportamientos de negocios comunes en los Estados Unidos.

____ **1.** En una cita de negocios en un restaurante, es aceptable empezar a hablar de los contratos y los negocios antes de comer.

____ **2.** En reuniones de negocios, la puntualidad es importante.

____ **3.** Es importante hablar de la familia en una reunión de negocios.

____ **4.** En reuniones de negocios, se abrazan los representantes del negocio la primera vez que se conocen.

____ **5.** En reuniones de negocios, es costumbre que las personas se den palmadas en partes inofensivas del cuerpo (en el brazo o el hombro) para mostrar cercanía.

VÍVELO: CULTURA

Sepa (know) hacer negocios en los países hispanos

La manera de hacer negocios es diferente en cada cultura y por eso es necesario recordar (*remember*) estas observaciones si quieres hacer negocios en un país hispano:

- Usa "usted" para hablar con las personas.

- Usa títulos y el apellido paterno (por ej. Sr. Gómez, Doctora Flores) para hablar con las personas.

- Las presentaciones deben ser formales, acompañadas de un breve apretón de manos (*handshake*). Mantener contacto visual durante la presentación es crucial.

- Los hispanos tienden a pararse (*stand*) cerca de la otra persona y mantienen contacto visual constante mientras hablan entre ellos. Además, los hispanos tienden a tener más contacto físico cuando hablan, como una palmada (*pat*) en el brazo (*arm*) o en el hombro (*shoulder*).

Courtesy of Dolly Young.

En España, es común que las tiendas cierren durante la hora de la siesta.

- Para las citas de negocios es mejor llegar a tiempo; de cualquier manera, para eventos sociales el llegar 10 ó 15 minutos tarde no se considera de mala educación (*bad manners*).

- Las conversaciones superficiales o sobre asuntos familiares son aspectos importantes de las citas de negocios. Es normal, en una reunión de negocios, comenzar con este tipo de charla antes de comenzar con la agenda de la reunión.

- Durante la comida a veces no se habla de trabajo sino hasta el final; por ejemplo, cuando es el momento del postre o del café.

CULTURA: PRE-READING SUGGESTION: After completing 6B.18, ask students to describe additional specific etiquette, practices, behaviors connected to doing business in the U.S. For example, ask students to read the following passage keeping in mind business practices in the US and how they could impact doing business in Spanish-speaking countries. What are the similarities and differences? Which practices would be the most difficult to learn?

VÍVELO: CULTURA: As you go over these culturally-appropriate behaviors, see if students have had experience with any of these themes. Also, consider having students work in small groups to develop a skit to use for teaching cultural sensitivity to individuals planning on doing business in the Spanish-speaking world.

6B.19 Más allá de la lectura. En grupos de tres o cuatro, simulen una reunión entre comerciantes de una empresa que se reúnen por primera vez con representantes de otra empresa con el propósito de asociarse (trabajar en un mismo proyecto). Muestren en los comportamientos y en el diálogo las prácticas apropiadas para hacer negocios en los países hispanos. Incluyan la siguiente información en sus diálogos.

- ¿Cuáles son los productos de las dos empresas?
- ¿Dónde se reúnen y por qué en ese lugar? ¿En un restaurante? ¿En una oficina?
- Asegúrense de escribir un diálogo que refleje las costumbres hispanas.

6B.19 TEACHING TIP: Suggest that students include in the dialogues information about the businesses represented. Are the businesses/companies big or small? What are the products being discussed? Who are the members of each business and what is their relationship, i.e., *dueño y gerente*, CEO, etc.? Ask students whether at the end of the meeting, the two businesses would be willing to sign a contract with each other.

Estructuras clave 2 Prepositional pronouns

WileyPLUS Learning Space

You will find PowerPoint presentations for use with *Estructuras clave* in *WileyPLUS Learning Space*.

The pronouns in these phrases are used after most prepositions. With the exception of **mí** and **ti**, these prepositional pronouns are identical in form to their corresponding subject pronouns. They are used to make contrasts, give emphasis, or clarify ambiguity.

Prepositional pronouns	
a mí	A mí me gusta el café colombiano, pero a ti no.
a ti	Carlos te va a llamar a **ti** esta noche, no a mí.
a él	A **él** le gustan los frijoles, a ellas no.
a ella	La veo a **ella** todos los días.
a usted	Los estudiantes lo/la admiran a **usted**.
a nosotros/as	A **nosotros/as** nos gusta ir al cine, pero a ellos no.
a vosotros/as	Os queremos invitar a **vosotros/as**.
a ustedes	¿A **ustedes** les gustan las tapas españolas?
a ellos/as	¿Los/Las conoces a **ellos/as**?

Prepositions with **con** (*with*) work a little differently. The special forms **conmigo** and **contigo** correspond to *with me* and *with you (informal)*, respectively. Otherwise the same pronouns follow **con** as follow other prepositions.

—¿Vas a la fiesta **conmigo**?
—No, no voy **contigo**. Tú vas **con ella** y yo voy **con él**.

6B.20 TEACHING TIP:
Tell students to pay close attention to context. Have them compare answers with a partner before reviewing answers as a class.

6B.20 **Completar las oraciones.** Empareja el pronombre de objeto indirecto de cada oración con el objeto indirecto al que más lógicamente se refiere. Hay algunas opciones que no se usan. Comprueba tus respuestas con la clase.

a. a mí
b. a las modelos
c. a los niños
d. a sus pacientes
e. a la profesora

f. a la Reina Sofía
g. a los estudiantes
h. a su hijo
i. a ti

___g___ **1.** La profesora les explica los objetos indirectos.
___a___ **2.** Mis padres me escriben mensajes por correo electrónico.
___f___ **3.** El fotógrafo le saca muchas fotos.
___e___ **4.** Le entrego la tarea.
___i___ **5.** Te presto mi CD del conjunto Aventura.
___c___ **6.** En Halloween, les damos dulces (*candies*).
___d___ **7.** El doctor les recomienda Advil.

6B.21 **En una tiendita de Sevilla.** Lee el siguiente diálogo entre un dependiente y una cliente en una tienda para hombres en Sevilla, España. Trabaja con un/a compañero/a para decidir si cada pronombre en negrita se refiere a la **Cliente,** al **Dependiente,** al **Novio** de la cliente.

DEPENDIENTE: Buenas tardes, señorita. ¿En qué puedo servir**le**[1]?
CLIENTE: Buenas tardes. Es el cumpleaños de mi novio y quiero regalar**le**[2] algo muy bonito y original. ¿**Me**[3] puedes recomendar algo?
DEPENDIENTE: Pues… Tenemos corbatas de seda y suéteres de casimir muy finos.
CLIENTE: Oh, sí. ¡Buena idea! ¿Puede mostrar**me**[4] algunos de ellos?
CLIENTE: Prefiero éste. Me lo llevo. ¿Cuánto **le**[5] debo *(owe)*?

Cliente	Dependiente	Novio
1, 3, 4	5	2

6B.21 TEACHING TIP: Encourage volunteers to model the dialogue for the entire class.

www

¡Conéctate!

Search for the popular Spanish department store *El Corte Inglés* and click on "Moda". Click on Comprar por departamentos on upper left. Based on the items sold, is this a big department store or a small and local business? Are the departments comparable to retail stores in the U.S.?

6B.22 **Sopa de palabras.** Vas a escuchar varias oraciones que contienen un sujeto, un objeto directo y un objeto indirecto. Completa la tabla con los sujetos y objetos indirectos apropiados de la lista a la izquierda. Algunas opciones se usan en más de una ocasión. Sigue el modelo.

- a mis abuelos
- al bebé
- Carlos
- el dependiente
- ellos
- a sus hijas
- María
- a mí
- a nosotros
- a su novia
- Ricardo
- a ti
- tú
- yo

	Sujeto	Objeto directo	Objeto indirecto
	Yo	una falda	a Luisa
1.	Carlos	una bufanda	a su novia
2.	yo	muchas cartas	a mis abuelos
3.	tú	esos zapatos	a mí
4.	Ricardo	un sombrero	a ti
5.	ellos	una tarjeta	a nosotros
6.	María	un vestido	a sus hijas
7.	el dependiente	unas sandalias	a mí
8.	yo	un suéter	al bebé

6B.23 **¿Con qué frecuencia?** Indica la frecuencia con que haces cada actividad, empleando los siguientes números: 4 = constantemente; 3 = frecuentemente; 2 = de vez en cuando; 1 = raramente; 0 = nunca *(never)*. Luego, habla con cinco compañeros/as de clase y luego calcula el promedio de la frecuencia para cada actividad. Comparte tus resultados con la clase y explica qué indican acerca de los valores y las actitudes de la clase.

¿Con qué frecuencia…	Yo	E1	E2	E3	E4	E5	Promedio
les pides dinero a tus padres?							
te quejas de tu trabajo?							
le ayudas a alguien a completar una solicitud de trabajo?							
le compras un café a un compañero de trabajo?							
le prestas dinero a un compañero de trabajo?							
le dices al gerente de tu trabajo que no puedes trabajar?							
le explicas la tarea a un/a compañero/a de clase?							
les sacas fotos a tus amigos con tu teléfono?							

6B.22 AUDIO SCRIPT:
Modelo: Le presto una falda a Luisa. 1. Carlos le quiere regalar una bufanda a su novia. 2. Les escribo muchas cartas a mis abuelos. 3. ¿Me prestas esos zapatos? 4. ¿Te ha dado un sombrero Ricardo? 5. Ellos nos escriben una tarjeta. 6. María les va a comprar un vestido a sus hijas. 7. El dependiente me muestra unas sandalias. 8. Le pongo un suéter al bebé.

constantemente = 4
frecuentemente = 3
de vez en cuando = 2
raramente = 1
nunca = 0

VÍVELO: CULTURA: Ask
students if they know
small business owners
or have small business
owners in their family.

VÍVELO: CULTURA

El trabajo y la vida a la vez

En Latinoamérica es muy común la existencia de negocios *(businesses)* pequeños y variados tales como panaderías, floristerías, zapaterías, etcétera. Sin embargo, el negocio más común y popular es la "tiendita". En la tiendita las personas pueden comprar pan, frutas, verduras, jabón *(soap)*, refrescos y todo tipo de productos de uso diario. Por lo general, la tiendita es un negocio de familia: una familia decide adaptar una sección de su casa (el garaje, por ejemplo) y establecer el negocio ahí. Esto es muy conveniente y promueve la unidad familiar pues literalmente trabajan donde viven y pueden pasar más tiempo en familia. También para los consumidores resulta muy práctico y conveniente porque no necesitan subir a su carro para ir al supermercado, solo tienen que caminar unos pocos metros para encontrar lo que necesitan. Otra cosa es que las tienditas promueven la unidad entre los vecinos del barrio, quienes frecuentemente coinciden allí. Finalmente, promueven la actividad física pues la gente camina para encontrar una tiendita.

Una tiendita en Perú con diferentes tipos de comida, bebida y otros artículos.

Courtesy of Pablo Muirhead

www

¡Conéctate!

Do you have any tienditas, or bodegas, in your neighborhood? These are not only a common sight in Latin America, but also in many large cities in the U.S. Search for images of bodegas. You may want to limit your search to New York City as they are ubiquitous there. How would you describe these bodegas? Do they seem to share anything in common?

6B.24 Voy a la tiendita.

Paso 1: Con un/a compañero/a de clase, revisen la lista de productos a continuación e indiquen si es lógico (L) o ilógico (I) encontrar esos productos en una tiendita. Se ha hecho la primera como ejemplo.

<u>I</u> **1.** una aspiradora   <u>L</u> **5.** café instantáneo

<u>L</u> **2.** pan para hacer sándwiches   <u>I</u> **6.** unos jeans

<u>L</u> **3.** bananas, manzanas, limones   <u>I</u> **7.** un lavaplatos

<u>I</u> **4.** un televisor   <u>L</u> **8.** sal y azúcar

Paso 2: Imaginen una tiendita cerca de la universidad que todo el mundo conoce. Piensen en tres cosas de esa tiendita que van a necesitar para el resto del semestre. Túrnense usando mandatos para pedirle a su compañero que les compre esas cosas en la tiendita. Sigan el modelo.

Modelo: E1: *Si vas a Cooper's cómprame una revista.*

E2: *¿Qué revista quieres?*

E1: *Cómprame Newsweek. No me compres Time.*

6B.25 El mejor regalo. En parejas, entrevista a tu compañero/a para encontrar información acerca del mejor regalo que ha recibido. Luego, tu profesor/a va a hacer preguntas para determinar cuáles son los regalos favoritos de la clase y por qué. Apunta la información en tu **Retrato de la clase**.

1. ¿Cuál es el mejor regalo que has recibido?

2. ¿Quién te lo regaló?

3. ¿Para qué te lo regaló? (e.g., el cumpleaños, la Navidad)

4. _____ ¿Por qué te gusta tanto *(so much)* ese regalo?

Retrato de la clase: Los regalos favoritos de mis compañeros/as incluyen: _____, _____, _____ y _____. A la clase le gustan tanto esos regalos porque _____.

6B.25 TEACHING TIP:
Point out that in questions 2-4, the indirect object pronoun precedes the direct object pronoun when used in the same sentence. Also remind students that they should use the correct stress to distinguish between *regalo* and *regaló*.

6B.26 Resumir la idea principal. Lee el siguiente fragmento de un artículo titulado "Trabajar para vivir". Luego, selecciona la oración a continuación que resuma mejor la idea principal de este párrafo. Compara tus respuestas con las de un/a compañero/a y luego con las del resto de la clase.

Trabajar para vivir

¿Vives para trabajar o trabajas para vivir? Pregúntaselo a cualquiera (*anyone*) y te va a decir sin pensarlo que trabaja para ganarse la vida o para realizar sus sueños. Es decir que trabaja para vivir. Por lo general, en eso los españoles están por delante de muchos. En cambio es posible que en otros países como Estados Unidos, Japón o China la gente dé más importancia al trabajo. Para mucha gente en esos países, el trabajo es lo más importante en su vida.

- ☑ Attitudes about work in Spain are different from those in the US, Japan, and China.

- ☐ People in Spain are becoming as "workaholic" as people in the US, Japan, and China.

- ☐ People in Spain are struggling to find a balance between work and other aspects of their lives, just like people in the US, Japan, and China.

FUNCTIONAL OUTCOMES: Explore whether students can now address this question and how they would go about it.

6B.26 ANSWER: The first statement best represents the main idea of the paragraph. Even so, it is quite likely that the third option is more accurate in terms of today's global influences. Use this example once again to point out the dangers about accepting general statements about huge groups of people or cultures.

Spark Studio / Getty Images, Inc.

6B.27 **¿Tú vives para trabajar o trabajas para vivir?** Primero, contesta las siguientes preguntas. Segundo, entrevista a un/a compañero/a de clase para obtener sus respuestas. De acuerdo con sus respuestas, determina si tu compañero/a vive para trabajar o trabaja para vivir. ¿Cuántos estudiantes viven para trabajar y cuántos trabajan para vivir? Anota tus resultados en tu **Retrato de la clase**.

1. ¿Con qué frecuencia comes comida rápida?, ¿cocinas?
2. ¿Comes solo/a o con otra(s) persona(s)? ¿Con quién(es)?
3. ¿Comes en casa o en otro lugar; por ejemplo en tu coche, en tu oficina, enfrente del televisor?
4. ¿Vas de compras solo por necesidad o también para relajarte?
5. ¿Con qué frecuencia se reúne tu familia en casa? ¿Para qué se reúnen?
6. ¿Prefieres vivir solo/a o con otras personas? ¿Con quiénes?
7. ¿Trabajas además de estudiar?
8. ¿Cuántas horas a la semana tienes clase?, ¿estudias?, ¿trabajas?
9. ¿Es más importante tener un trabajo que te guste o ganar más dinero?
10. ¿Es más importante pasar tiempo con la familia y los amigos o tener un trabajo prestigioso?

Retrato de la clase: La mayoría de la clase vive para trabajar/trabaja para vivir… Algunos estudiantes…

Perspectivas

6B.28 **Los negocios en EE. UU. y en Latinoamérica.** Usando 8 preguntas de 6B.27, entrevista a varias personas que no han vivido en Estados Unidos por mucho tiempo. Determina si estas personas viven para trabajar o trabajan para vivir. Comparte tu conclusión con la clase y anota los resultados en tu **Retrato de la clase.**

Retrato de la clase: Según la información de las entrevistas, creo que los latinoamericanos viven para trabajar/trabajan para vivir porque

1. _____
2. _____
3. _____
4. _____

Vocabulario: Investigación B

Vocabulario esencial

Sustantivos

la búsqueda de empleo	*job search*
la calidad	*quality*
la cita	*appointment*
el comportamiento	*behavior*
la empresa	*company*
la entrevista	*interview*
la manera	*manner/way*
el negocio	*business*
sin embargo	*however*
la solicitud	*application*
el sueldo	*income*
la tienda	*store*
el/la vendedor/a	*salesperson*
la venta	*sale*

Verbos

atender	*to attend to*
buscar trabajo	*to look for a job*
dedicarse a	*to dedicate oneself to something (esp. professionally)*
ganarse la vida	*earn a living*
obligar	*to oblige*
pedir	*to ask for, request*
prestar	*to borrow*
promover	*to promote*
ser mal educado	*to have bad manners*

Adjetivos

carismático/a	*charismatic*
cordial	*cordial/polite*
dócil	*docil*

Cognados

Review the cognates in *Adelante*.
For a complete list of cognates, see Appendix 4.

Cognados falsos

currículum	*curriculum vitae*
diario	*daily*
la red	*network*
trampa	*fraud, trap, scam*

EN VIVO

De lo abstracto a lo concreto. ¿Cómo se puede medir un concepto abstracto? En grupos de tres, diseñen un sondeo *(survey)* para medir las opiniones de sus compañeros de clase sobre lo que representa el hogar para ellos. Luego, entrevista a cuatro estudiantes para saber sus opiniones individuales sobre lo que significa el hogar en sus vidas. Usa la escala de 0 a 5 para medir *(measure)* mejor las opiniones de tus compañeros de clase.

Estoy de acuerdo   No estoy de acuerdo

| 0 | 1 | 2 | 3 | 4 | 5 |

		E1	E2	E3	E4
1.					
2.	*Mi casa no representa quien soy*	2			
3.					
4.					
5.					
6					
7.					
8.					
9.					
10.					

Reflect on the readings in this chapter dealing with home and work. Then, create a collage that reflects your attitude about the significance of what home and work mean to you. Your collage should include images that convey your concept of what home means to you, what work means (or will mean to you) and how you will prioritize both along with other life commitments. Do a search on the Internet for a program that builds collages, e.g., Poster Maker includes a user-friendly collage maker as one of its functions. Submit your collage and description to your instructor. Use the following *Pasos* to facilitate your written component.

Paso 1: Once your collage is completed, write one or two sentences that correspond to each image on your collage.
Paso 2: Group the sentences into concepts they represent.
Paso 3: Create an outline of how you want your concepts to unfold in writing.
Paso 4: Write a first draft of your written description.
Paso 5: Have a classmate critique your written description in terms of overall content. (Do the ideas flow? Do you express your personal attitude on the significance of life/home/work?)
Paso 6: Write a second draft.
Paso 7: Have a classmate critique your second draft, this time looking for accuracy. (Do subjects and verbs agree? Do adjectives agree with the nouns they're describing? Are words spelled correctly?)
Paso 8: Write the final draft.

In this short review chapter, you will be revisiting some of the main concepts that you studied in Capítulo 4–Capítulo 6. There are six activities altogether, the answers for which can be found in WileyPLUS. Activity R2.1 reviews additional irregular and stem-changing verbs in the present tense. Activities R2.2–R2.3 review direct object, indirect object and reflexive pronouns. Activity R2.4 reviews reflexive verbs, indirect object pronouns and the *se* impersonal. Activity R2.5 reviews regular preterite forms and preterite forms of *ser, ir,* and *hacer*. Activity R2.6 reviews the contrast between *ser* and *estar*.

Additional irregular and stem-changing verbs in the present

R2.1 **La vida de Priscilla Almodóvar.** Priscilla Almodóvar, una ejecutiva de J.P. Morgan Chase, describe su rutina diaria. Completa el párrafo con la forma correcta del verbo apropiado de la lista. Cuando el verbo es reflexivo, incluye el pronombre apropiado. El primero sirve de modelo.

almorzar	destruir	levantarse	ver
conocer	jugar	salir	vestirse
dar	leer	traducir	volver

A las 7:30 de la mañana, yo 1.) _me levanto_. Después de ducharme, yo 2.) _____ y me arreglo. A las 8:15, yo 3.) _____ para el trabajo. En el trabajo, yo 4.) _____ muchos documentos del español al inglés. A las 12:30 mis colegas y yo 5.) _____ en un café cerca de la oficina. A las 6:00, 6.) _____ a casa para cenar y pasar tiempo con mi familia. Cuando llego, le 7.) _____ un beso y un abrazo a mi esposo y nosotros 8.) _____ un rato (*a little while*) con nuestros hijos.

Direct object, indirect object, and reflexive pronouns

R2.2 **¿A qué dibujo se refiere?** Escucha cada oración e indica con un ✓ cuál de los dos dibujos representa el significado de la oración que oíste (*you heard*). Antes de escuchar, revisa los dibujos con cuidado. El primero sirve de modelo.

1.

a. _____   b. __✓__

2.

a. _____   b. _____

3.

a. _____

b. _____

4.

a. _____

b. _____

5.

a. _____

b. _____

6.

a. _____

b. _____

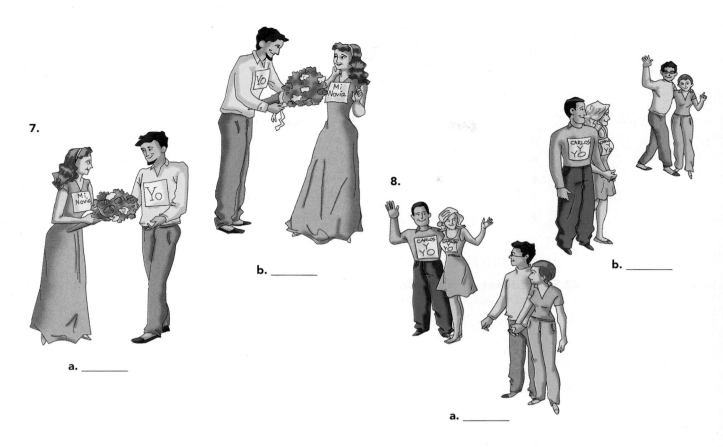

7.

b. _____

a. _____

8.

b. _____

a. _____

R2.3 **¿Cuál es el pronombre correcto?** Para cada oración, indica cuál de los tres pronombres es el más apropiado para completar la oración. Escribe la letra de la respuesta en el espacio a la izquierda de la oración. OJO: ¡Es necesario prestar atención al contexto!

R2.3 ANSWERS: 1. b; 2. a; 3. b; 4. c; 5. a; 6. c; 7. b; 8. c

_____ **1.** —¿Con qué frecuencia ves a tus hermanas?

—_____ veo varias veces al año.

    a. Los   **b.** Las   **c.** Les

_____ **2.** —¿A qué hora te levantas cada día?

—_____ levanto a las seis y media.

    a. Me   **b.** Lo   **c.** Te

_____ **3.** Los niños _____ quitaron los zapatos cuando entraron.

    a. las   **b.** se   **c.** los

_____ **4.** _____ mandé un email a él ayer por la tarde.

    a. Te   **b.** Me   **c.** Le

_____ **5.** La profesora _____ explica la gramática claramente.

    a. nos   **b.** se   **c.** los

_____ **6.** ¿A ti _____ nombraron presidente del club? ¡Felicitaciones!

    a. me   **b.** le   **c.** te

_____ **7.** ¡Qué incómodo! _____ invitaron a nosotros, pero no a ellos.

    a. Les   **b.** Nos   **c.** Los

_____ **8.** —¿Cuándo te habló Susana?

—_____ habló anoche.

    a. Se   **b.** Le   **c.** Me

Reflexive verbs, indirect object pronouns and *se impersonal*

R2.4 **Preguntas.** Contesta las preguntas a continuación con frases completas.

1. ¿A qué hora te levantas los fines de semana?
2. ¿Qué te pones para una cita formal?
3. ¿Cuándo prefieres ducharte, por la mañana o por la noche?
4. ¿A quiénes les mandas muchos mensajes de texto?
5. ¿Con qué frecuencia te prestan dinero tus padres?
6. En esta comunidad, ¿dónde se compra comida?
7. En esta comunidad, ¿dónde se venden zapatos de moda?
8. En esta universidad, ¿qué se hace los viernes por la noche?

Regular preterite forms and preterite forms of *ir*, *ser*, and *hacer*

R2.5 **Acciones en el pasado.** Para cada oración, determina cuál es el verbo apropiado de la lista. Entonces, escribe la forma correcta del verbo en el pretérito.

asistir	ganar	preparar
barrer	hacer	recibir
comer	ir	ser
escribir	llevar	vender

1. José Garces _____ una cena suntuosa para sus amigos el sábado pasado.
2. Fernando e Isabel _____ los reyes de España hace 500 años.
3. El otro día yo _____ una cita para una entrevista con esa empresa.
4. Anoche, nosotros _____ en un restaurante ecuatoriano auténtico.
5. Sofía Vergara y Salma Hayek _____ vestidos de Carolina Herrera en una ceremonia el mes pasado.
6. Lionel Messi _____ al estadio ayer para practicar fútbol.
7. ¿_____ tú al concierto de Juanes el fin de semana pasado?
8. Gabriel García Márquez _____ la novela «Cien años de soledad» en 1967.

Contrast between *ser* and *estar*

R2.6 **¡Bienvenidos (welcome) a Honduras!** Completa este mensaje del presidente de Honduras con formas correctas de *ser* o *estar*, según el contexto.

Me llamo Juan Orlando Hernández y 1.) _____ el presidente de Honduras. Honduras 2.) _____ en Centroamérica, entre Guatemala, El Salvador y Nicaragua. La capital del país 3.) _____ Tegucigalpa, que 4.) _____ en el sur del país, cerca de la costa del Pacífico. Honduras 5.) _____ un país pequeño, pero el clima 6.) _____ bastante variado. Ahora, en Honduras, nosotros 7.) _____ combatiendo muchos problemas serios como las drogas, la violencia y la emigración. Sin embargo (*However*), yo 8.) _____ feliz de tener esta oportunidad de darles la bienvenida a nuestro magnífico país.

CAPÍTULO 7

El arte y lo objetivo

© Elan Fleisher/Age Fotostock America, Inc.

INVESTIGACIÓN 7A
¿Cómo se describe una obra de arte?

ADELANTE
- ¡Ya lo sabes! Para hablar de un cuadro
- Fernando Botero

Bien dicho: La acentuación y la tilde

PALABRAS CLAVE
- Las partes del cuerpo
- Características físicas

ESTRUCTURAS CLAVE
- Preterit verbs with spelling changes
- Comparison of equality/inequality

VÍVELO: LENGUA
- Using past participles as adjectives

VÍVELO: CULTURA
- Salvador Dalí
- Francisco de Goya
- Pablo Picasso

¡VÍVELO!

En directo:
El arte y su temática

INVESTIGACIÓN 7B
¿Cómo se describe lo que ocurre en una obra de arte?

ADELANTE
- ¡Ya lo sabes! ¿Qué es el arte?
- La pintora mexicana inolvidable

PALABRAS CLAVE
- Las escenas, los temas, los sucesos, la gente y el contexto

ESTRUCTURAS CLAVE
- Preterit stem-changing verbs
- Que y quien como pronombres relativos

VÍVELO: LENGUA
Acabar de

VÍVELO: CULTURA
- Carmen Lomas Garza
- Diego Rivera

CONTEXTOS Y PERSPECTIVAS

Edward Hopper: El otro mago del suspenso
Perspectivas: Comparar artistas y sus obras

¡VÍVELO!

En vivo:
Entrevista sobre los artistas
Retrato/a de un/a artista

¿Cómo se describe una obra de arte?

In this **Investigación** you will learn:

- ► How to describe the people and objects in a piece of art
- ► How to express events in the past
- ► About a variety of classical and contemporary Hispanic artists
- ► How to make comparisons among artists and their work

RECYCLING: Take advantage of this chapter to recycle vocabulary and communicative functions. This chapter may be the first chapter taught in a second semester course, and as a result, recycling previously taught material will be imperative. Keep in mind that some of your students may be using this text for the first time. Reiterate two of the major principles of the book to them: 1) Build ability to view the world from other perspectives, 2) Use language in a communicative context. The goal of developing intercultural communicative competence is key.

TEACHING TIP: Ask students *sí/no* opinion questions using the cognates, such as *En el arte las proporciones no son precisas. El arte siempre representa la realidad. El arte abstracto depende de colores brillantes. El arte es una forma de expresión. Una galería de arte es un museo. Las cosas que aparecen en un cuadro pueden impactar al público para bien o para mal. Un pintor puede captar lo que no puede captar una fotografía.* In this way students hear how the cognates are pronounced in meaning-bearing contexts. Review *ser* and *gustar* here *¿Son personas corpulentas? ¿Te gustan las obras de arte abstractas?*

¿Cómo se puede describir una obra de arte?

You can describe the people and the scene in the work of art.	¿Quiénes son las personas? ¿Qué aparencia tienen? ¿Son delgados, corpulentos, de estatura alta o baja?
You can make comparisons between people, places or objects.	Dalí es tan conocido como Picasso. El arte de Pollock es más abstracto que el arte de Rockwell.
You can talk about the events and accomplishments of people.	Goya logró el título "El padre del arte moderno". En su vejez sus obras evocaron emociones ocuras.

EN DIRECTO

El arte y su temática.   Mira el video. No es necesario entender todas las palabras para contestar las siguientes preguntas sobre el video. ¿Quién es Manual Pardo? Más que nadie, ¿quién influyó en el tema de su arte?

Adelante

¡Ya lo sabes! Para hablar de un cuadro*

abstracto	el cubismo	inspirar	reflexionar
abundante	la escena	la interpretación	surreal/irreal
la apariencia	el estilo	el mural	el surrealismo
el cigarro	la figura	el museo de arte	el torso
combinar	la galería de arte	las proporciones	
corpulento	ilustrar	provocar	

*painting

¡Atención!

complaciente	(not *complacent*) pleasurable
cómodo/a	(not *comode*) comfortable
desgracia	(not *disgrace*) misfortune, tragedy, mishap
sensible	(not *sensible*) sensitive

7A.1. Funciones del arte.

Paso 1: De la lista a continuación, selecciona las oraciones que, en tu opinión, describen con precisión las funciones del arte. Compara tus respuestas con las de otros dos compañeros y escribe dos funciones más sobre el arte.

El arte sirve para…

☐ provocar comentarios sociales.

☐ señalar injusticias.

☐ inspirar emociones o sentimientos.

☐ hipnotizar a su audiencia para controlarla.

☐ provocar violencia.

☐ ofrecer diferentes perspectivas.

☐ crear formas de escape de la realidad.

☐ promover imágenes estéticamente agradables.

☐ explorar diversas formas de expresión.

☐ elevar la conciencia social de las masas.

☐ documentar un acontecimiento histórico.

☐ expresar los sentimientos del artista.

☐ describir o narrar una historia.

☐ instigar cambios sociales, políticos, espirituales.

☐ divertir a su público.

☐ otras posibilidades: _____

Paso 2: Comparte tus respuestas con la clase y escucha las respuestas de tus compañeros. Luego, escribe las funciones del arte más aceptadas en tu **Retrato de la clase.**

Retrato de la clase: Según la clase, el arte sirve principalmente para _____, _____ y _____.

7A.2 Imágenes.

¿Cuáles son las imágenes que se te ocurren cuando lees las siguientes frases? Escríbelas al lado de la descripción. Luego comparte tus imágenes con la clase. ¿Están todos de acuerdo?

Modelo: Una figura que causa terror: *El Sandman o Freddie Kruger*

1. Una escena surreal: _____

2. Un pintor con estilo artístico abstracto: _____

3. Una escena complaciente: _____

4. Un mural conocido: _____

5. Una caricatura de un personaje corpulento: _____

6. Un lugar cómodo: _____

7. Un personaje sensible: _____

8. Una desgracia natural: _____

7A.3 **Palabras con significados similares.** Lee las siguientes oraciones y escoge de la lista de vocabulario abajo la palabra que puede sustituir a la palabra subrayada (underlined).

corpulentas	irreal	la galería de arte	cigarro
proporciones	el torso	murales	provoca/instiga

1. La nicotina en el <u>tabaco</u> es malo para la salud porque causa el cáncer.

2. Dos cuadros son similares si tienen la misma forma y sus partes contienen <u>dimensiones</u> iguales.

3. <u>La parte central del cuerpo</u> contiene los órganos vitales.

4. Para ver y comprar diferentes tipos de obras (works) de arte, puedes ir a la tienda de turistas en <u>un museo de arte</u>.

5. En el cuadro de Botero hay personas <u>inmensas</u> pero contentas.

6. En Austin, Texas, hay muchos <u>frescos</u> pintados en las paredes de los edificios.

7. En general, el arte nos <u>inspira</u> una variedad de emociones.

8. La escena es <u>surreal</u> por no ilustrar la realidad.

7A.4 **¡Qué divinos son los cuadros de Botero!** Antes de leer el texto sobre Botero, mira su obra de arte de Frank Lloyd y su familia. Luego, lee las siguientes descripciones del cuadro de Botero para decidir si cada oración es **cierto** o **falso**. Si es falso, tacha (*cross out*) o inserta "no" para que sea cierto. Compara y comprueba tus respuestas con las de un/a compañero/a.

	Cierto	Falso
1. Botero no usa *el color negro* en sus cuadros.	☐	☑
2. Las personas llevan *una expresión sensual*.	☐	☑
3. Hay muchas *formas abstractas* en el cuadro.	☐	☑
4. La niña tiene *una muñeca* (doll).	☑	☐
5. El hombre no tiene *un cigarro*.	☐	☑
6. La expresión de la mujer *es seria*.	☑	☐
7. El hombre *observa* a su esposa.	☐	☑
8. El hombre lleva traje formal.	☑	☐

www **¡Conéctate!**
Conduct a Google search of Fernando Botero for additional samples of his work. Is the description of his art an accurate one based on the artwork you found? What additional descriptions would you include for a more accurate portrayal of his artwork?

Fernando Botero

Fernando Botero es un pintor y escultor colombiano. Es famoso por los colores intensos de sus pinturas, por la suspensión del movimiento en sus imágenes y, especialmente, por las redondas (round) y corpulentas figuras que aparecen en sus pinturas. Generalmente él pinta encantadoras (pleasant) escenas de celebraciones y de la vida diaria. Esta pintura se titula *Frank Lloyd con su familia en Paradise Island* (1972), y es un ejemplo de cómo Botero combina los colores y representa figuras grandes y redondas hasta la obesidad, lo que comúnmente se interpreta como símbolo de una vida rica y abundante.

Courtesy of Marlborough Gallery Inc.

Frank Lloyd con su familia en Paradise Island (1972).

7A.5 **¿Quién es Fernando Botero?**   Basándote en la lectura de arriba, escucha las oraciones sobre Fernando Botero para determinar si lo que dice cada uno es **Cierto** o **Falso**. Luego, corrige las oraciones falsas.

	Cierto	Falso	
1.	☐	☑	(de Colombia)
2.	☑	☐	
3.	☑	☐	
4.	☐	☑	(de celebraciones y de la vida diaria)

7A.5 AUDIO SCRIPT:
1. Botero es de España.
2. A Botero le gusta pintar escenas de la vida diaria. 3. Las personas en las pinturas de Botero son corpulentas. 4. A Botero le gusta pintar escenas tristes de miseria y pobreza.

7A.5 STANDARDS: COMMUNICATION/ INTERPRETIVE MODE. The objective of the interpretive mode of communication is to make sense of a message. This activity helps build students' interpretive communication skills.

Bien dicho

La acentuación y la tilde

Placing the correct stress on words is imperative for accurate pronunciation. Refer to the rules of stress in *Investigación* 3A to explain why the following words require a written accent (tilde).

lápiz   país   reír   reúne   esdrújula

Knowing where the natural stress should fall in a word requires knowing the rules of syllabification.

a) All syllables will contain at least one vowel.

b) The strong vowels (**a, o, e**) can stand alone as a syllable or be the nucleus of a syllable, as in *vi-no, a-brir, o-tro*

c) A weak (**i, u**) and a strong vowel (**a, e, o**) will form a dipthong, a syllable with two vowels, as in p**ue**r-ta, **au**-to, far-ma-**cia**

d) A weak vowel next to a strong vowel can stand alone as a syllable when an accent mark (tilde) is written over the weak vowel, as in le-**í**, ca-fe-te-**rí**-a, ac-t**ú**-o, Ra-**úl**

Different meanings are conveyed in some words based on the syllable that is stressed, i.e.,

trabajo (work) vs. trabajó (worked)
esta (this) vs. está (is)
cortes (courts) vs. cortés (polite)

Monosyllable words need no accent except when marking meaning differences as with homonyms.

Tú (*informal you*) eres…	**tu** obra de arte (*your artwork*)
A mí (*to me*)	**mi** dibujo (*my drawing*)
Él es artista. (*He*)	**el** cuadro brillante (*the*)
¡No le **dé** nada! (*give*)	**Él** es de Madrid (*from*)
Quiero **más** (*more*)	**Mas** no está (*but*)
Aún no creo en él. (*still, yet*)	¿**Aun** si no creo en él? (*even*)
Deseo una taza de **té** verde. (*tea*)	**Te** voy a decir la verdad (*To you*)

All interrogatives, direct or indirect question words, require a written accent. These words also require a written accent when they are part of an exclamation. In all other cases, they should not have a written accent.

¿qué?, ¿quién?, ¿cuánto?, ¿cuándo?, ¿por qué?, ¿cuántas?, ¿cuáles?, ¿dónde?, ¿cómo?, ¿de dónde?, ¿a quién?

7A.6 **¿Tilde o no?**   Escucha las oraciones y escribe un acento ortográfico en las sílabas necesarias. El número al final de la oración indica cuántas tildes hay en cada oración.

1. Celebre el cumpleaños de mi pintor favorito ayer. (1)

2. ¿Crees que hay que saber cosas intimas de los pintores para apreciar su arte? (1)

3. Continuo mi busqueda de obras de Norman Rockwell. (2)

4. Mi hermana tiene el habito de gritar cuando ve una pintura que le gusta. (1)

5. Es necesario tener un limite a los museos que podemos ver en un dia. (2)

6. Mi cuadro favorito se llama "Las meninas" por el español Diego Velazquez. (1)

7. El estudiante me pregunto, "¿Donde nacio Fernando Botero?" (3)

8. Diles a tus padres el cuadro que mas te gusto en el museo. (2)

VÍVELO: LENGUA

Using past participles as adjectives

Past participles can function as adjectives and as such, they have to agree in number and gender with the nouns they modify, just like any adjective.

Son edificios restaurados.	*They are restored buildings.*
Es una reacción exagerada.	*It is an exaggerated reaction.*
Es una escultura pintada.	*It is a painted sculpture.*

7A.7 **Opina.**   Escribe un ejemplo de cada una de estas cosas o personas, según el modelo. Luego, comparte tus ejemplos con la clase para determinar las personas o cosas que más se repiten. Escribe tus resultados en tu **Retrato de la clase.**

Modelo: pintor colombiano: Fernando Botero

1. artista conocido/a:

2. figura celebrada:

3. pintor/a español/a:

4. escultura renombrada:

5. pintor/a estadounidense:

6. cuadro censurado:

7. celebridad triste:

8. mural admirado:

Retrato de la clase: Los artistas más conocidos fueron pintores europeos. Las esculturas más mencionadas fueron "David" y "Pietá" de Michelangelo. Los pintores estadounidenses más conocidos fueron… etc.

SUGGESTION: After correcting this exercise, ask students to read individual sentences aloud to ensure the stress is being placed on the correct syllable.

7A.6 ANSWERS:
1. Celebré el cumpleaños de mi pintor favorito ayer. (1) 2. ¿Crees que hay que saber cosas íntimas de los pintores para apreciar su arte? (1) 3. Continúo mi búsqueda de obras de Norman Rockwell. (2) 4. Mi hermana tiene el hábito de gritar cuando ve una pintura que le gusta. (1) 5. Es necesario tener un límite a los museos que podemos ver en un día. (2) 6. Mi cuadro favorito se llama "Las meninas" por el español Diego Velázquez. (1) 7. El estudiante me preguntó, "¿Dónde nació Fernando Botero?" (3) 8. Diles a tus padres el cuadro que más te gustó en el museo. (2)

Palabras clave 1 Las partes del cuerpo

Estas fotos son de los famosos artistas hispanos, Juan O'Gorman, de México y Fernando Botero, de Colombia.

¿Cómo es Fernando Botero?

el pelo canoso

la frente

las cejas

la boca

el bigote

la barba

el pecho

la mejilla

© DANIEL MORDZINSKI/epa/Corbis

¿Quién es Juan O'Gorman?

* **La oreja** refers to the outer, visible part of the ear, while **el oído** refers to the inner ear. Thus, you might have your **orejas** pierced, whereas you would go to the doctor if your **oído** hurts.

el pelo ondulado

la oreja*

los ojos

la nariz

los labios

el cuello

la cintura

el codo

la espalda

la rodilla

los dedos

la pierna

la cabeza

la mano

los pies

Self-portrait (multiple), 1950, by Juan O'Gorman (1905-1982). Mexico, 20th century., O'Gorman, Juan (1905-82) / Museo de Arte Moderno, Mexico City, Mexico / De Agostini Picture Library / G. Dagli Orti / Bridgeman Images

O'Gorman pintó un mural gigantesco en un edificio de la Universidad Nacional Autónoma en la Ciudad de México.

7A.8 Asociaciones. Primero, lee la lista de las partes del cuerpo a continuación. Luego, vas a escuchar varias prendas de ropa o accesorios. Empareja cada prenda con la parte del cuerpo que corresponde lógicamente según el modelo.

_a_ 1.   a. los ojos
_b_ 2.   b. las piernas
_c_ 3.   c. los pies
_f_ 4.   d. la cintura
_g_ 5.   e. las orejas
_d_ 6.   f. el cuello
_e_ 7.   g. los hombros
_h_ 8.   h. los dedos de la mano

7A.8 AUDIO SCRIPT:
1. los lentes, 2. los pantalones, 3. los zapatos, 4. el collar, 5. el rebozo, 6. el cinturón, 7. los aretes/los pendientes, 8. los anillos

7A.9 Ver y responder. En parejas, seleccionen la tarjeta A o B. Luego, léanse el uno al otro las oraciones de las tarjetas para completar la tabla sobre los cuadros de Juan O'Gorman y Fernando Botero. Marquen sus respuestas con ✓ según el modelo.

WileyPLUS Learning Space
7A.9 INSTRUCTOR'S RESOURCES: You will find reproducible cards for Activity 7A.9 in your Instructor's Resources.

7A.9 TEACHING TIP: Before doing this activity, have students look over the photos of the artists to be described.

SUGGESTION: After 7A.9, play pictionary in groups where students draw body parts to discover which groups were able to guess the most number of words.

A
2. Muestra (*Shows*) las manos.
4. Muestra las piernas y rodillas más claramente.
6. Muestra pelo ondulado y negro.
8. Lleva una chaqueta.

B
1. Tiene la frente muy grande.
3. Tiene bigote.
5. Tiene labios finos (*thin*).
7. Tiene barba.

	Juan O'Gorman	Fernando Botero
1.	✓	✓
2.	✓	
3.		✓
4.	✓	
5.	✓	
6.	✓	
7.		✓
8.	✓	✓

7A.10 ¿Y tú qué dices? *Cien mexicanos dijeron (One Hundred Mexicans Said)* es un programa de televisión mexicano en el que el anfitrión (*host*) hace preguntas y los participantes tratan de adivinar las respuestas más populares según encuestas (*surveys*) hechas a mexicanos. En grupos de tres, un/a estudiante debe leer las preguntas y los otros dos deben responder. Luego, comprueben sus respuestas con las que les dé el/la profesor/a, para ver qué grupo adivinó correctamente.

1. ¿Cuál es la parte de tu cuerpo que menos te gusta?
☑ los pies   ☐ las orejas
☐ la nariz   ☐ las manos

2. ¿Qué característica física debe tener un extraterrestre?
☐ la nariz larga   ☐ unas antenas
☐ el pelo largo   ☑ los ojos grandes

7A.10 RECYCLING: This activity recycles vocabulary related to the body.

7A.10 TEACHING TIP:
Make sure to explain that while several answers might be correct, one was the most popular among Mexican citizens surveyed. Before beginning activity 7A.10 you might want to survey the class in order to have the most popular answers to the question, then have students compare their answers to the most popular answer of the whole class.

SUGGESTION: Find out how the class in general responded to these same items. Remind them that comparisons cannot be made because the class may not reflect society in general. Students in class are young, ambitious, healthy, for example.

VÍVELO: CULTURA: Ask students to write three statements that are either true or false based on the information about Dalí. Then have students read at least one of their sentences to the class for their response *(cierto/falso)*. Encourage students to google *La persistencia de la memoria* to verify the description of the painting.

3. Nombra una parte del cuerpo que tenemos en pares.

☐ los ojos   ☐ los labios

☑ las manos   ☐ las orejas

4. Nombra la parte del cuerpo que necesitamos cubrir cuando hace frío.

☐ los hombros   ☑ la cabeza

☐ las manos   ☐ los pies

5. Especifica una parte del cuerpo donde es común recibir un beso.

☐ el cuello   ☑ la boca

☐ la mejilla   ☐ la mano

¿Cuántas de tus respuestas son las mismas que las respuestas más populares entre los mexicanos?

TEACHING TIP: Before asking students to read about Dalí, bring into class a few of his paintings (accessible on the Internet). Ask students to say what they can about his work. Ask them if they are familar with the artistic movement labeled as Surrealism. The main point is to illustrate what is meant by "surrealismo."

7A.11 Antes de leer. Caracteriza el arte de Salvador Dalí.

VÍVELO: CULTURA
Salvador Dalí

Salvador Dalí (1904–1989) nació en Figueres, Cataluña, y es uno de los más importantes pintores españoles del siglo XX. Tanto su estilo artístico como su imagen personal llamaban la atención. Llevaba un bigote grande, pelo largo y ropa excéntrica. El estilo de Dalí combina elementos estilísticos del cubismo, el dadaísmo y el surrealismo. En su conocida obra *La persistencia de la memoria,* se observan tres relojes doblados *(folded)*, uno encima de una mesa, otro colgando *(hanging)* de una rama *(branch)* y el tercero encima de una cosa en proceso de descomposición. El reloj blando *(soft)* es una imagen que se repite en otras de sus obras. Otra imagen que se repite en las obras de Dalí es la de su esposa, Gala, a quien amó hasta su muerte. Por último, la influencia freudiana es otra característica de sus obras.

7A.12 Según la lectura. Indica con ✓ las frases que describen a Salvador Dalí.

Salvador Dalí...   **7A.12 ANSWERS:** Checked 3, 4, 5, 6, 7, 9, 11

1. ☐ es mexicano.

2. ☐ es francés.

3. ☐ es de España.

4. ☐ utiliza elementos estilísticos de varios movimientos.

5. ☐ tiene un cuadro famoso que contiene relojes flexibles.

6. ☐ utiliza elementos del surrealismo.

7. ☐ incluye elementos freudianos en sus cuadros.

8. ☐ es reconocido por mantener las normas sociales.

9. ☐ pinta cuadros donde se encuentran imágenes de su esposa como modelo.

10. ☐ frecuentemente ocurren imágenes de indígenas en sus pinturas

11. ☐ es un pintor del siglo veinte.

12. ☐ es un pintor del siglo diecisiete.

www

¡Conéctate!

Search on the Internet for paintings by Salvador Dalí. Search for the Salvador Dalí Museum in St. Petersburg, FL and in Figueres, Spain. How would you describe his work?

Palabras clave 2 Características físicas

El cabello*

canoso

lacio

rubio

negro

calvo

corto

largo

rizado

pelirrojo

castaño

*Note: **El cabello** refers specifically to the hair on someone's head; **el pelo** is a more general word for *hair*. **Pelirrojo/a** is the equivalent of *redhead* in English.

Otras características físicas

grande	Una cosa enorme o vasta es grande.
pequeño/a	Salma Hayek no es grande. Es una mujer pequeña.
alto/a	Fernando Botero es alto.
bajo/a	Una niña de 5 años es baja.
anciano/a	Una persona anciana tiene muchos años.
joven	Una persona joven tiene pocos años.
gordo/a	Las personas corpulentas y obesas son gordas.
delgado/a	Una persona delgada no es gorda.
de estatura mediana	Una persona de estatura mediana no es ni alta ni baja.

Estados físicos

estar parado *(to be standing up)*	Frank Lloyd y su esposa están parados.
estar sentado *(to be sitting down)*	La bebé Wright está sentada.
estar acostado *(to be lying down)*	Cuando dormimos estamos acostados.

WileyPLUS Learning Space

You will find PowerPoint presentations for use with *Palabras clave* in *WileyPLUS Learning Space*.

TEACHING TIP: Review *ser* with physical characteristics that are more inherent qualities and *estar* with temporal qualities. Use charades-like game to review *estados físicos*, i.e., *está parado, sentado, dormido, acostado, cansado, relajado*, etc.

7A.13 ANSWERS: 1. S, 2. A, 3. A, 4. A, 5. A, 6. A, 7. S, 8. A

7A.13 ¿Sinónimo o antónimo? Indica si los siguientes pares de palabras son sinónimos (S) o antónimos (A). Luego, verifica tus respuestas con un/a compañero/a de clase. La primera sirve de ejemplo.

_S_ **1.** estar parado/estar de pie
____ **2.** lacio/rizado
____ **3.** alto/bajo
____ **4.** delgado/corpulento
____ **5.** joven/anciano
____ **6.** estar acostado/estar parado
____ **7.** gordo/grande
____ **8.** largo/corto

7A.14 ¿Quién? En grupos de dos, una persona va a completar las oraciones 1-5 en la columna A y la otra las oraciones 6-10 en la columna B con el nombre de una persona famosa o un personaje (*character*) conocido. Todas las oraciones deben ser ciertas. Luego, compartan sus oraciones para ver si pueden ofrecer nombres adicionales.

Columna A

1. _____ es pequeño/a.
2. _____ es delgado/a.
3. _____ es bajo/a.
4. _____ es alto/a.
5. _____ tiene pelo lacio.

Columna B

6. _____ tiene pelo largo.
7. _____ es rubio/a.
8. _____ es pelirrojo/a.
9. _____ tiene pelo castaño.
10. _____ tiene pelo rizado.

7A.15 AUDIO SCRIPT: PASO 1. La figura es de un hombre viejo de estatura alta. Está parado. Tiene pelo canoso y es calvo excepto en los lados donde tiene pelo rizado y largo. Tiene ojos grandes, labios pequeños y una nariz delgada. Tiene bigote canoso y una barba corta. El cuello del hombre es gordo pero su cuerpo es delgado.

7A.15 ¡Ahora tú eres el artista!

Paso 1: Vas a escuchar una descripción del retrato de una persona. En una hoja de papel, dibuja el retrato basándote en la descripción. Luego, comprueba que tu dibujo refleje la descripción, comparándolo con el dibujo de un/a compañero/a. Clarifica cualquier diferencia con tu profesor/a.

Paso 2: Ahora, vas a diseñar un retrato. Una vez que lo hayas completado, descríbelo a un/a compañero/a, para que lo dibuje de acuerdo a tu descripción y haz tú un dibujo de la descripción de tu compañero/a. Luego, comparen sus dibujos para ver si reflejan las descripciones.

7A.15 SUGGESTION: PASO 2. This would be an ideal task to require students to complete over the phone, each in their respective residence. They could bring their drawings and compare them at the beginning of class.

EXTENSION: Ask students to describe someone well-known or a classmate for the class to guess the name.

www ¡Conéctate!

Search the Internet for the movie *Goya's Ghost* or *The Style of Goya* for additional information about his work and life. Consider watching the movie *Goya's Ghost*. It does a good job of providing the social and historical context for the time he lived. Goya lost his hearing in the later years of his life, which contributed to the darkness, almost madness that his later paintings expressed.

7A.16 Las emociones que provoca el cuadro. Mira el cuadro de Francisco de Goya que aparece abajo. Indica con una ✔ las emociones que te provoca el cuadro.

Paso 1:

	A mí me hace sentir…	A mi compañero/a le hace sentir…
agitado/a		
agresivo/a		
ansioso/a		
curioso/a		
horrorizado/a		
incómodo/a		
inspirado/a		
jovial		
malévolo/a		
optimista		
pesimista		
serio/a		
triste		

Paso 2: Comparte tus respuestas con un/a compañero/a de clase para poder resumir lo que tienen en común en un **Retrato de la clase.**

Retrato: *A mí y a mi compañero/a de clase, el cuadro de Goya nos hace sentir… Las diferencias entre las emociones que nos provoca son…*

VÍVELO: CULTURA

Francisco de Goya

Francisco de Goya (1746-1828), nació en Fuendetodos, Zaragoza, es uno de los más famosos pintores españoles y es considerado "El padre del arte moderno". Goya introdujo en su arte una nueva forma de expresión, rompiendo (*breaking*) con los conceptos artísticos anteriores. Él fue (*was*) un pintor versátil cuya producción se extendió por sesenta años. La pintura que se muestra aquí se ti-tula *El tiempo de la mujer* y es representativa de sus "pinturas negras" que reflejan el estado psicológico de Goya en su vejez (*old age*). El contraste entre las pinturas de su juventud (*youth*) y sus "pinturas negras" muestra su cambio de actitud hacia la vida. Las pinturas de su vejez evocan emociones oscuras (*dark*): Goya está amargado (*bitter*) y desilusionado (*disappointed*) tanto con la gente como con la sociedad. Las pinturas de su juventud, por otra parte, evocan emociones más positivas aunque también representan una crítica social sobre las diferencias entre la vida de los ricos y la de los pobres.

Time of the Old Women, 1820 (oil on canvas), Goya y Lucientes, Francisco Jose de (1746-1828)/Musee des Beaux-Arts, Lille, France/Bridgeman Images

TEACHING TIP: Ask students to keep this painting in mind as they read about the various artistic phases of his life. To which phase did this painting correspond?

EXTENSION ACTIVITY: For a homework assignment, invite students to do some Internet research on Goya. They should find information on any of the following topics: his family, his background, his interests, etc. Ask students to create a visual or concept map with words they associate with Goya's life and art. His early art might contain words different from his art in his later years, for example. Students can also share their individual concept or visual maps with some classmates. The objective of doing this is to get students to use vocabulary they have been exposed to while moving into the unit on the art.

7A.17 AUDIO SCRIPT:
1. ¿Cuál es la nacionali-
dad de Goya? 2. ¿Por qué
se considera uno de los
pintores más famosos de
España? 3. ¿Cuándo pinta
sus "pinturas negras"?
4. ¿Cómo se llaman
las pinturas de Goya
que reflejan que
estaba desilusionado y
amargado?

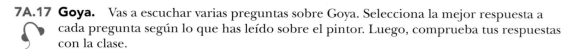

7A.17 Goya. Vas a escuchar varias preguntas sobre Goya. Selecciona la mejor respuesta a cada pregunta según lo que has leído sobre el pintor. Luego, comprueba tus respuestas con la clase.

1. a. Es argentino.
  b. Es ecuatoriano.
  c. Es español.

2. a. Su arte es surrealista.
  b. Su arte presenta nuevas técnicas artísticas.
  c. Su arte es típico de la tradición española.

3. a. en su adolescencia
  b. en los años antes de morir (*to die*)
  c. cuando se casa

4. a. las pinturas azules
  b. las pinturas negras
  c. los cuadros desesperados

Estructuras clave 1: Preterit verbs with spelling changes

WileyPLUS Learning Space

Go to *WileyPLUS Learning Space* and review the tutorial for this grammar point.

WileyPLUS Learning Space

You will find PowerPoint presentations for use with *Estructuras clave* in *WileyPLUS Learning Space*.

Review the preterit endings of regular verbs in Spanish in *Investigación 6A* as a way to contrast regular preterit verbs with those that have slight spelling changes. These verbs are still considered regular except that their **–car, -gar, -zar** endings will change spelling in the first person singular (yo form). For instance:

bus**c**ar		lle**g**ar		comen**z**ar	
bus**qué**	buscamos	lle**gué**	llegamos	comen**c**é	comenzamos
buscaste	buscasteis	llegaste	llegasteis	comenzaste	comenzasteis
buscó	buscaron	llegó	llegaron	comenzó	comenzaron

The reason they change their spelling is to maintain the pronunciation of the consonant in the stem. Here are some other commonly used **–car, –gar,** and **–zar** verbs you already know that fall in this category.

Additional verbs ending in

-car	**-gar**	**-zar**
dedicar – yo **dediqué**	jugar – **yo jugué**	almorzar – **yo almorcé**
educar – yo **eduqué**	pagar – **yo pagué**	empezar – **yo empecé**
explicar – yo **expliqué**	catalogar – **yo catalogué**	organizar – **yo organicé**
sacar – yo **saqué**	pegar – **yo pegué** (to hit)	realizar – **yo realicé**
practicar – yo **practiqué**		
tocar – yo **toqué**		
publicar – yo **publiqué**		

7A.18 ¿En qué salón se escuchó? Lee las siguientes oraciones dichas por los personajes en uno de los cuatro salones abajo e identifica en qué salón se hizo la oración.

1. "Todo el día de ayer toqué el instrumento mal. Hoy espero (*I hope*) que sea diferente".

2. "Soy madre soltera y saqué el préstamo (*loan*) porque las recepcionistas no ganan buen sueldo".

3. "Ya te expliqué una y otra vez que no puedes decir esas palabras en una entrevista en vivo".

4. "Dediqué todo el día de ayer a esta escultura pero realmente no lo parece. Falta mucho por hacer".

5. "Organicé mi horario de director para filmar esta entrevista. No pueden cometer estos errores".

6. "Por ser peligroso (*dangerous*) pagué un poco más de dinero para no compartir el salón con otro artista".

Salón A

Salón B

Salón C

Salón D

7A.19 Un día de excursión. Con los verbos apropiados y conjugados en el pretérito, completa el post en Facebook de Alejandro.

Ayer pasé todo el día en Chicago como turista en una excursión. Yo (comenzar/leer/dedicar) [1]_____ toda la mañana a visitar los museos públicos. Francisco, mi compañero de cuarto, se (levantar/jugar/buscar) [2]_____ a las nueve de la mañana por lo que se perdió la primera parte de la excursión. Cuando me (realizar/sacar/ver) [3]_____, me preguntó si quería beber una taza de café. (Ser/Ir/Estar) [4]_____ a un café pequeño al lado de un mural grande de la ciudad y nos bebimos una taza de café delicioso. Después caminamos a la plaza central donde yo (empezar/organizar/tocar) [5]_____ a hablar con una familia. En contraste, Francisco (educar/buscar/jugar) [6]_____ al fútbol con algunos niños en la plaza por un rato. Después, volvimos a ser turistas. Tengo que admitir que en todo el día no (sacar/pescar/explicar) [7]_____ ni un dólar porque Francisco (significar/pagar/publicar) [8]_____ por todas las entradas a los museos y la comida. Gracias a él tengo dinero para las entradas de mañana.

7A.20 SUGGESTION: Review interrogatives, i.e., ¿Quién llegó tarde...?" "Cuándo comenzó a tener sueños...?" that may be used in a follow-up to 7A.20.

7A.20 El año pasado. Usando las preguntas de la tabla de abajo, responde tú primero a las preguntas y luego entrevista a tantos compañeros de clase como puedas para recoger sus respuestas usando el modelo. Luego, comparte tus resultados con la clase y escribe cualquier observación interesante en tu **Retrato de la clase.**

Modelo: **E1:** *Yo sí pedí dinero a mis padres cuando no era necesario, ¿y tú?*
         E2: *Yo también pedí dinero.*

¿Llegó tarde a un evento importante?	¿Le pagó la entrada a un amigo a un concierto, teatro o museo?	¿Buscó algo en la Internet pero no lo encontró?	¿Comenzó a tener sueños raros?
¿Asistió a un evento con miles de personas?	¿Organizó una fiesta para alguien?	¿Compró una obra de arte de un artista?	¿Empezó a tocar un instrumento?
¿Sacó fotos casi profesionales?	¿Se dedicó a algo nuevo?	¿Vio un mural pintado en un edificio?	¿Escribió un poema?
¿Realizó un sueño de muchos años?	¿Publicó fotos íntimas en la Internet?	¿Almorzó en un restaurante elegante?	¿Un artista le dibujó una caricatura?
¿Experimentó algo raro?	¿Preparó una comida especial para alguien?	¿Entrenó a alguien?	¿Se pintó una parte del cuerpo?

TEACHING TIP: By now students have learned ways to obtain information from classmates without having to ask each student a question. To obtain the practice they need to actually retain uses of preterit verbs with spelling changes, it is imperative that they ask a student questions until an affirmative response is achieved. Once that happens, students are to move on to a different classmate and ask the remaining questions until another affirmative response is achieved, etc.

Paso 2: **Retrato de la clase:** *Mi compañero de clase [Nombre] y yo pedimos dinero a nuestros padres pero no publicamos fotos íntimas en la Internet… Mi compañera de clase [Nombre] y yo asistimos a un concierto con miles de personas el año pasado y nos pintamos el cuerpo el año pasado… etc.*

7A.21 Antes de leer. Picasso experimentó varios períodos artísticos en su vida de pintor. Mira el cuadro *Masacre en Corea* de Picasso al final de la *Investigación 7B*. Después de leer el texto sobre él, adivina bajo cuál período pintó ese cuadro. También toma apuntes sobre el orden de sus períodos artísticos y escribe las características de cada una de sus períodos.

SUGGESTION: Find some of Picasso's paintings that clearly illustrate the artistic style called *el cubismo.*

Período	Características

VÍVELO: CULTURA

Pablo Picasso

Otro de los más grandes artistas del siglo XX es Pablo Picasso (1881-1973). Picasso nació en Málaga, España, en el seno *(within)* de una familia acomodada. Su padre era profesor de dibujo, pero no se conoce mucho de su madre excepto que Picasso la respetó mucho. El arte de Picasso pasa por varios períodos distintos que se caracterizan según la técnica predominante. Por ejemplo, el período entre 1901 y 1904 se conoce como su período azul porque el color azul predomina en sus cuadros. Después de su período azul, sus obras se caracterizan por el color rosa (período rosa) y los temas de sus obras tienden a hacer referencia al mundo del zoológico y del circo con imágenes de máscaras, arlequines *(harlequins)* y payasos *(clowns)*. Luego, es notable la influencia del arte africano en sus obras. Empieza a reducir la obra a un conjunto *(set)* de planos angulares, sin fondo *(depth)* ni perspectiva espacial llevándolo al cubismo. Entre 1907 y 1914 las figuras de sus obras se representan con formas geométricas, como cuadrados *(squares)* y triángulos. Durante este período Picasso deforma la realidad al descomponer las caras y los cuerpos. En una obra, por ejemplo, se representa la mitad *(half)* de la cara de frente y la otra mitad de lado. Después de la Primera Guerra Mundial, su arte tiene toques del surrealismo. Picasso, horrorizado por el bombardeo del pueblo de Guernica, pinta una de sus obras más famosas, *Guernica,* en 1937. Al final de la Segunda Guerra Mundial sus cuadros son más optimistas. Picasso fue testigo *(witness)* de ambas guerras mundiales y de la Guerra Civil de España pero por ser pacifista nunca se alió *(sided)* a ningún bando político. En 1944, después de la Segunda Guerra Mundial, se incorporó al Partido Comunista Francés, en el que participó hasta su muerte en Francia en 1973.

7A.22 Comprensión. Escoge la opción que completa correctamente la oración.

1. Picasso nació en (Madrid/Málaga/Barcelona/Sevilla).

2. El (impresionismo/romanticismo/cubismo/surrealismo) es el movimiento artístico que consiste en representar las figuras de formas geométricas y en deformar la realidad.

3. El cuadro *Guernica* lo pinta para protestar el bombardeo de un pueblo durante (la Primera Guerra Mundial/la Segunda Guerra Mundial/la Guerra Hispano-Estadounidense/la Guerra Civil Española).

4. Picasso era (pacifista/belicoso/radical/extremista).

5. Picasso muere en (España/Estados Unidos/Francia/Argentina).

7A.22 ANSWERS:
1. Málaga, 2. cubismo,
3. la Guerra Civil Española (can be inferred from date of painting and by process of elimination),
4. pacifista, 5. Francia

Estructuras clave 2 Comparisons of equality and inequality

Equality

To talk about equality in terms of *quality*, Spanish uses **tan** + *adjective* + **como** (*as...as*). **Tan** and **como** do not change forms, but the adjective must agree with what it is describing.

Esta galería es tan variada como esa.	*This gallery is as varied as that one.*
Dalí es tan conocido como Picasso.	*Dalí is as well known as Picasso.*

To talk about equality in terms of *quantity*, Spanish uses **tanto/–a/–os/–as** + noun + **como** (*as much/many...as*). **Tanto** is an adjective and must agree with the noun it describes.

No hay tantas galerías en Nashville como en la Ciudad de Nueva York.	*There aren't as many galleries in Nashville as (there are) in New York City.*

Inequality

To make comparisons of inequality in terms of *quality*, Spanish uses **más/menos** + *adjective* + **que** (*more/less...than*), and to make comparsions of inequality in terms of *quantity*, **más/menos** + *noun* + **que** (*more/less/fewer...than*).

Las pinturas son más interesantes que las fotografías.	*Paintings are more interesting than photos.*
El teatro tiene menos espectadores que el cine.	*The theater has fewer spectators than the cinema.*

To express *more than or fewer than* with numbers, use **más/menos de** + *number*.

El museo exhibe más de diez cuadros de Dalí.	*The museum is exhibiting more than ten Dalí paintings.*
Hay menos de cien obras en la galería.	*There are fewer than a hundred works in the gallery.*

WileyPLUS Learning Space

Go to *WileyPLUS Learning Space* and review the tutorial for this grammar point.

WileyPLUS Learning Space

You will find PowerPoint presentations for use with *Estructuras clave* in *WileyPLUS Learning Space.*

Any verbs may be used for making comparisons, but hay, ser and tener are the most frequently used in Spanish.

7A.23 Comparaciones físicas. Escribe cinco oraciones que comparen la característica indicada entre los personajes según los dibujos.

Modelo: Cuadro A…

1. *Diego es menor que Manolo o Manolo es mayor que Diego.*

Cuadro

A   **1.** Diego/Manolo – edad

A   **2.** Diego/Manolo – estatura

A   **3.** Profe/Manolo – inteligente

C   **4.** Enrique/Ahmed – cantidad de papeles.

C   **5.** Sofía/Enrique – sentimientos (aburrido).

B   **6.** Frida/Carmen – estatura

B   **7.** Frida/Carmen – jugar tenis/bien

B   **8.** Frida/Carmen – edad

C   **9.** La profesora Sosa/Irma-corte de pelo

C   **10.** Mark/La profesora Sosa-color de pelo

Cuadro A

Manolo –Tiene 21 años   Profe

Diego – Tiene 13 años.

Cuadro B

Carmen – Tiene 18 años. Mide 6'.

Frida – Tiene 19 años. Mide 5'11".

Cuadro C

Mark

Profesora Sosa

Sofía

Ahmed

Enrique

Irma

TEACHING TIP: This is the perfect activity for having students write their sentences on the board and editing them as a class.

ANSWERS: 1. Diego es menor que Manolo, 2. Manolo es más alto que Diego, 3. La profe es más inteligente que Manolo, 4. Enrique tiene más papeles que Ahmed, 5. Enrique es más aburrido que Sofía, 6. Carmen es más alta que Frida, 7. Frida juega al fútbol tan bien como Carmen, 8. Frida es mayor que Carmen, 9. El pelo de Irma es más largo que el pelo de la profesora Sosa, 10. El pelo de Mark es tan castaño como el pelo de la profesora Sosa.

7A.24 Comparaciones de estilos y pintores. Haz comparaciones según las indicaciones de abajo y luego compara tus oraciones con las de otros compañeros de clase para ver si estás o no estás de acuerdo.

TEACHING TIP: To ensure active participation, you can provide students with words that can be used to make comparisons. Here are a few examples: 1. espantoso, 2. múltiples autorretratos, 3. largo, 4. grande, 5. colores brillantes, 6. interesante

1. Compara las figuras que aparecen en el arte de Botero con las de Goya.
2. Compara los autorretratos en el cuadro de O'Gorman.
3. Compara el pelo de Botero con el de O'Gorman.
4. Compara la frente de Botero con la de O'Gorman.
5. Compara el arte de Picasso con el de Goya.
6. Compara el arte de Picasso con el de O'Gorman.

7A.25 Cierto/falso. Escribe dos oraciones que comparen características de objetos, personajes, pintores, etc. Una oración debe ser cierta y la otra debe ser falsa. Luego, escoge una oración y léela a la clase para ver si pueden adivinar si es falsa o cierta.

Modelo: Hace más frío en Texas que en North Dakota.

Clase: falso

7A.26 Pintores estadounidenses: ¿Jackson Pollock, Norman Rockwell o Georgia O'Keeffe? Después de revisar (*review*) las palabras de la tabla, lean en grupos de tres la descripción del pintor que aparece abajo. Si conocen el pintor cuyo (*whose*) trabajo se describe no lo digan todavía (*yet*). Luego, busquen ejemplos de cuadros de Jackson Pollock, Norman Rockwell y Georgia O'Keeffe en la Internet para determinar qué artista corresponde a la descripción. ¿Cómo lo saben?

TEACHING TIP: If students have limited access to computers or the Internet, search for Google O'Keefe, Pollock and Rockwell and print one painting of each (or project in class).

Vocabulario clave	
Antónimos (opuestos)	**Sinónimos (similares)**
realista ≠ idealista	diseñar = crear
normal ≠ espectacular	cotidiano = común
tradicional ≠ moderno	tradiciones = costumbres
auténtico ≠ irreal	obras = cuadros/pinturas

7A.27 SUGGESTION: To encourage more participation, give students two to three post-it notes. If they need more post-its, have them available for them. Encourage students to write their sentences on these post-it notes and put them on the board. After students have had a chance to place them on the board, go over them and see if there is any overlap in what they write. This can become a part of their general classroom observations for their *Retrato de la clase.*

7A.27 ¿Qué tienen en común? ¿Qué características tienen en común los artistas y los cuadros de este capítulo? Escribe al menos dos cosas que dos o tres artistas tienen en común, que no estén incluidas en la actividad de arriba y comparte esa información con la clase. ¿Hay un consenso expresado por la clase sobre los cuadros? Informa sobre las observaciones generales de la clase en tu **Retrato de la clase.**

Retrato de la clase: En general, la clase está de acuerdo en que los artistas de este capítulo…

Pintor norteamericano: ¿Quién es?

Este artista norteamericano es, además de pintor, periodista (*journalist*) e ilustrador. Diseña imágenes idealizadas y populares de una sociedad norteamericana trabajadora con valores tradicionales. A través de sus cuadros, todo lo cotidiano (*ordinary*) se idealiza. Sus obras crean un sentimiento nostálgico de la tradición y las costumbres populares de la primera mitad del siglo XX. A través del uso de colores suaves y de personajes típicamente comunes, presenta una realidad serena y pacífica. Además los capta haciendo una gran variedad de actividades. Se bañan, se afeitan, se abrazan, se miran en el espejo, van al trabajo, lloran (*they cry*), bailan, almuerzan, estudian y practican deportes. Pinta personas ancianas y jóvenes, padres y madres, trabajadores y amas de casa (*homemakers*) y todos expresan en los rostros una variedad de emociones. Walt Disney y este pintor tienen mucho en común: los dos crean mundos de fantasía y ofrecen un escape de la realidad auténtica.

Vocabulario: Investigación A

Vocabulario esencial

Sustantivos

la barba	*beard*
el bigote	*moustache*
la boca	*mouth*
el brazo	*arm*
el cabello...	*hair*
castaño	*brown hair*
corto	*short hair*
lacio	*straight hair*
largo	*long hair*
rizado	*curly hair*
la cabeza	*head*
la cara	*face*
la cintura	*waist*
el codo	*elbow*
el cuello	*neck*
los dedos	*fingers*
la espalda	*back*
la frente	*forehead*
el hombro	*shoulder*
los labios	*lips*
la mano	*hand*
la mejilla	*cheek*
la nariz	*nose*
obra de arte	*work of art*
el oído	*ear (inner)*
los ojos	*eyes*
la oreja	*ear (outer)*
el pelo	*hair*
las piernas	*legs*
los pies	*feet*
el retrato	*portrait*
la rodilla	*knee*

Verbos

pegar	*to hit*
realizar	*to fulfill*

Adjetivos

alto/a	*tall*
amplio/a	*wide, extensive*
anciano/a	*old*
bajo/a	*short*
calvo/a	*bald*
canoso/a	*gray haired*
cómodo	*comfortable*
complaciente	*pleasurable*
desgracia	*misfortune*
delgado/a	*slender*
espantoso/a	*scary*
estatura	*height*
gordo/a	*fat*
oscuro/a	*dark*
pelirrojo/a	*red haired*
pequeño/a	*small*
rubio/a	*blond*
sensible	*sensitive*

Cognados

Review the cognates in *Adelante* and the false cognates in *¡Atención!* For a complete list of cognates, see Appendix 4.

EN DIRECTO

VIDEO: El arte y su temática

> **Antes de ver el video.** ¿Estás de acuerdo con las siguientes afirmaciones? ¿Por qué?

1. La característica más importante de un cuadro son los colores y las formas.
2. Es necesario que una obra de arte represente la realidad. Answers will vary.

> **El video.** Indica si cada uno de los enunciados es **cierto** o **falso**. Reescribe los enunciados falsos para hacerlos ciertos. Comprueba tus respuestas con un/a compañero/a.

© John Wiley and Sons, Inc.

	Cierto	Falso
1. Manuel Pardo es un artista cubano que vivió y trabajó en Nueva York.	☑	☐
2. La figura de su padre influyó mucho en su pintura.	☐	☑
3. La madre de Manuel aparecía idealizada en sus cuadros.	☑	☐
4. Las obras de Manuel prueban que las apariencias engañan.	☑	☐

> **Después de ver el video.** En parejas, respondan a las siguientes preguntas: 1. ¿Qué significa la expresión "las apariencias engañan"? 2. ¿Están de acuerdo con esta expresión? ¿Por qué?

Vocabulario útil

soledad	*loneliness*
manga corta	*short sleeve*
pecas	*freckels*
nariz respingada	*upturned -nose*
maquillaje	*make-up*

¿Cómo se describe lo que ocurre en una obra de arte?

In this **Investigación** you will learn:

▶ How to describe a scene in a piece of art

▶ How to describe what happened in a piece of art

▶ About characteristics of famous Hispanic artists

▶ How art can be interpreted

¿Cómo se puede describir lo que ocurre en una obra de arte?

You can ask what the scene portrays.	Es una escena panorámica. Es una celebración pero a través de la perspectiva de una persona. El tema es la soledad.
You can ask what and who is in the work.	La escena sucedió en la ciudad. La escena es un *collage* de grupos étnicos. Hay gente en un desfile (*parade*) en el centro de la ciudad.
You can ask what happens, what happened, what has just happened.	Es una escena familiar en la playa. Los niños acaban de correr por la playa y quieren descansar. Los padres fueron a hablar con ellos.

DICHOS

Mucho ojo que la vista engaña.
Ojos que no ven, corazón que no siente.

Appearances can be deceiving.
What you can't see can't hurt you.

Adelante

¡Ya lo sabes! ¿Qué es el arte?

apreciar	contemplar	manifestar
el arte digital	detectar	narrar
el arte gráfico	la fotografía	el punto de vista
la cerámica	el grafiti	el sufrimiento
el collage	la historia verdadera	el tema universal
la conciencia social	la injusticia	trascender
el conflicto psicológico	la instalación	la vista panorámica

¡Atención!

realizar	(not to *become aware*) *to make happen*
sano/a	(not *sane*) *healthy*
simpático/a	(not *sympathetic*) *likeable, friendly*
suceso	(not *success*) *event*

7B.1 **Definiciones.** Escribe la palabra de *¡Ya lo sabes!* que corresponde a cada definición. Verifica tus respuestas con otros compañeros de clase.

___*Vista panorámica*___ **1.** El horizonte completo de una escena, de un pasaje o de un espectáculo.

_____ **2.** Describe los eventos del pasado de una forma objetiva y sin agendas políticas.

_____ **3.** Es cuando no funciona el sistema de leyes y se condena a alguien inocente. También es resultado del racismo.

_____ **4.** Es dar valor a algo o alguien

_____ **5.** Es una forma de arte popular que se pinta en las paredes o en las puertas de edificios.

_____ **6.** Es una forma de arte creada con muchas fotos o dibujos montados *(posted)* en un cuadro digital o un poster, o una pantalla, etc.

_____ **7.** Es la acción de mirar u observar y reflexionar.

_____ **8.** Es la acción de revelar, exteriorizar, exhibir o protestar.

7B.1 ANSWERS:
2. historia verdadera,
3. la injusticia,
4. apreciar,
5. el grafiti,
6. el collage,
7. contemplar,
8. manifestar

7B.1 EXTENSION ACTIVITY: After completing activity 7B.1, in groups of three, have students take turns describing one of the words in the list while their partners say the word being described.

7B.2 **Jeopardy.** En parejas y usando las siguientes palabras, ¿cuál va a ser la pregunta para cada frase en 1-8?

narrar	un suceso	el conflicto psicológico
la cerámica	el tema universal	trascender
la fotografía	simpático	sano

Modelo: Lees - ser complaciente, agradable, amigable
Respuesta: ¿Qué es simpático?

¿Qué es...?

1. captar escenas con objetividad y precisión

2. contar una historia

3. concepto relevante a todos los seres humanos

4. algo que ocurre, un evento

5. arte de moldear figuras

6. ir más allá de lo físico o literal

7. estar física y mentalmente en buen estado

8. antónimo de armonía mental

7B.2 ANSWERS:
¿Qué es
1. la fotografía?,
2. narrar?,
3. el tema universal?,
4. un suceso?,
5. la cerámica?,
6. trascender?,
7. sano?,
8. el conflicto psicológico?

7B.3 **¿Cuál es tu punto de vista?** En grupos, miren las siguientes imágenes y digan si creen que es arte. Hagan una lista de los criterios que usaron para contestar la pregunta y compártanla con la clase. ¿Estuvieron de acuerdo?

Grafiti

Courtesy of Claudia Montoya

Anónimo

Arte digital

Courtesy of Smithsonian American Art Museum, Washington, DC/Art Resource, NY/Art Resource

Heirs Come to Pass
Martina López (estadounidense)

TEACHING TIP: Remind students that they can refer to 7A.1 for a list of functions of art.

Lista de criterios

SUGGESTION: Give students a time limit for this activity and tell them that you will be asking for the number of words your group defined successfully.

7B.4 **En tus palabras.** En grupos pequeños, por turnos describan el significado de las siguientes palabras de *¡Ya lo sabes!* para que los otros miembros del grupo puedan adivinar la palabra. Pueden usar expresiones como: "Es sinónimo de…", "Se asocia con…", "Es parecido a… (*Looks like…*)", o usar gestos.

detectar   la conciencia social   el sufrimiento   simpático   el arte gráfico
el punto de vista   aprecia   la injusticia   contemplar

7B.5 ANSWERS: Kahlo era mexicana, sufrió mucho, era esposa de Diego Rivera, sí tuvo un accidente en su juventud, fue comunista, se hizo varios autorretratos, no solo pinta escenas naturales, el sufrimiento era un tema clave de su pintura, jamás conoció a Salma Hayek.

7B.5 **Antes de leer.** Revela cuánto sabes de Frida Kahlo y luego verifica tus respuestas al leer el artículo.

	Antes de leer	Después de leer
¿Era colombiana o mexicana?		
¿Vivió una vida sin sufrimiento o con mucho sufrimiento?		
¿Era esposa de Diego Rivera o de León Trotsky?		
¿Tuvo un accidente en su juventud o en los años adultos?		
¿Fue comunista o capitalista?		
¿Pintó muchos autorretratos o pintó muchas escenas naturales?		
¿Su tema universal era el sufrimiento o el concepto de Darwinismo?		
¿Conoció a Salma Hayek o no?		

288 DOSCIENTOS OCHENTA Y OCHO • CAPÍTULO 7

La pintora mexicana inolvidable

El nombre completo de Frida Kahlo fue Magdalena Carmen Frida Kahlo Calderón. Sus padres fueron Guillermo Kahlo, de origen judío-alemán y su madre Matilde Calderón, mexicana. Generalmente es reconocida como una de las pintoras mexicanas más importantes del siglo XX. Su arte es en gran medida *(to a great extent)* autobiográfico puesto que sus pinturas proyectan sus sufrimientos tanto físicos como emocionales.

A los seis años de edad sufre un ataque de poliomielitis que afecta su pierna derecha. Después, el año 1926 es muy trágico para Frida ya que sufre un accidente cuando el autobús en que viaja colisiona con un tranvía *(cable car)*. Ella sufre una fractura en tres diferentes áreas de la columna vertebral además de fracturarse tres costillas *(ribs)*, la clavícula, y la pierna y el pie derecho. Durante su vida los doctores le practican diversas cirugías y tiene que pasar meses completos recuperándose en cama, de hecho *(in fact)* muchos de sus mejores cuadros los pintó acostada.

Frida Kahlo se casa con el famoso pintor Diego Rivera a la edad de 21 años cuando Diego tiene 42. Sin embargo, conoce a Diego cuando ella tiene 15 años y estudia en la escuela Nacional Preparatoria en donde observa a Rivera por primera vez mientras pinta su famoso mural *La creación* Aunque Frida ama a Diego intensamente, su relación es muy problemática puesto que a Diego le gustan todas las mujeres y Frida constantemente sufre su infidelidad.

En 1953 tiene su primera y única exhibición individual en la Ciudad de México a la que asiste transportada en su cama porque a ella le es imposible caminar. Ese mismo año le amputan la pierna derecha. Finalmente muere en 1954 y sus cenizas *(ashes)* están en su casa del barrio de Coyoacán, que ahora es un museo, en la Ciudad de México.

En el año 1995 se publica un diario que Frida escribió en el periodo de 1944 a 1954. El diario contiene dibujos de Frida e ideas sobre el dolor, el amor, Diego, México y la pintura. En el año 2002 Salma Hayek interpreta el papel de la famosa pintora en la película *Frida*.

Bettmann/© Corbis

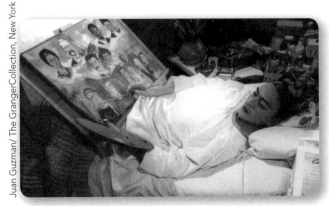

Frida en la cama
¿Cómo te hace sentir esta foto?

Self Portrait on the Border of Mexico and the United States.

7B.6 **Comprensión.** En parejas, lean las siguientes oraciones sobre Frida y determinen si son ciertas o falsas. Hagan referencia a las líneas del artículo que prueben o no su validez. Compartan sus respuestas con la clase.

1. La obra de Frida Kahlo es muchas veces autobiográfica. cierto

2. Frida conoce a Diego Rivera cuando ella tiene 15 años. cierto

3. Diego Rivera es un esposo ejemplar y ellos viven una relación feliz. falso

4. Frida Kahlo solamente tiene una exhibición individual en toda su vida. cierto

5. Frida pinta muchas de sus obras sentada. falso

6. Los padres de Frida son mexicanos. falso

7. La pierna izquierda de Frida es amputada y sufre una fractura en el brazo derecho. falso

Palabras clave

Las escenas, los temas, los sucesos, la gente y el contexto

Sustantivos:

el extranjero:	persona o lugar de otro país u otra cultura, estudiar en el extranjero
la guerra:	conflicto violento
las revistas:	similar a TIME, Sports Illustrated, Cosmopolitan, Newsweek
el punto de vista:	perspectivas, interpretaciones
los sucesos:	los eventos
las semejanzas:	las cosas en común o similares

Verbos:

dejar de:	ya no hacer algo
dejar:	salir de
dirigirse:	guiar o conducir
enfrentarse a:	oponerse
intervenir:	arbitrar, mediar o tomar parte en algo
parecerse:	compartir elementos o características similares
rezar:	acto de hablar con Dios o una entidad espiritual
suceder :	ocurrir, pasar

Adjetivo:

egoísta:	una persona que solo piensa en sí mismo y no en otros

7B.7 **Conversaciones breves.** Mira la escena siguiente. Luego, lee las oraciones e identifica quién dice cada oración escribiendo el número de la burbuja *(bubble)* al lado de la oración.

_____ **a.** Lo siento, tienen que dejar sus cámaras. No se puede sacar fotos de los cuadros.

_____ **b.** Esposo, deja de estirarme el brazo. Estoy embarazada *(pregnant)*, no discapacitada *(disabled)*.

_____ **c.** ¿Dónde podemos dejar nuestras cámaras?

_____ **d.** Mamá vamos a escuchar a la señora enfrentarse con las personas con cámaras.

_____ **e.** Una obra de arte debe provocar emociones y captar vistas panorámicas.

_____ **f.** No mi niño. No debemos intervenir en esa escena. No nos concierne.

_____ **g.** Y también debe contener personajes interesantes.

_____ **h.** Solo quiero cuidarte mi amor.

7B.7 ANSWERS:
a. 5
b. 7
c. 6
d. 4
e. 1 or 2
f. 3
g. 1 or 2
h. 8

7B.8 **¡Que tenga sentido!** Entre las palabras clave, escribe la palabra que mejor completa la oración. Se ofrece la primera letra de la palabra.

1. Es importante *d*_____ la cámara atrás cuando ves la Mona Lisa en el Museo del Louvre en París.

2. Los pintores famosos se *d*_____ a un público variado.

3. Es mejor no *i*_____ entre el pintor y su arte tanto como entre el esposo y su esposa.

4. Los personajes de Botero se *p*_____.

5. Más y más gente va a una iglesia, una mezquita o un templo a *r*_____.

6. Es necesario *e*_____ a los problemas y luego solucionarlos para vivir cómodos.

7. Frank Lloyd debe *d*_____ de fumar porque no es saludable.

8. Diego Rivera fue *e*_____ en la ciudad de Nueva York cuando pintó el mural que luego destruyeron.

7B.8 ANSWERS: 1. dejar
2. dirigen, 3. intervenir
4. parecen, 5. rezar,
6. enfrentarse, 7. dejar,
8. extranjero

7B.9 **Te toca a ti.** Termina las siguientes frases para tener oraciones lógicas o ilógicas y compártelas con tus compañeros de clase. Ellos van a decidir si la oración es lógica o ilógica.

1. El extranjero…
2. La persona egoísta…
3. Quiero dejar de…

4. La revistas...
5. Las guerras…
6. Los sucesos

7. El punto de vista…
8. Las semejanzas…

7B.9 TEACHING TIP:
This activity can also be done in groups instead of individually.

Acabar de is the expression to use when you want to say that you and/or others have just finished doing something. It is used with any verb infinitive.

Acabo de volver de Buenos Aires y tengo mucho sueño.
> *I just returned from Buenos Aires and I am very sleepy.*

Acabamos de caminar por el Museo Dalí en Figueres, por eso estamos cansados.
> *We just finished walking through the Dalí museum in Figueres, that's why we are tired.*

El pintor famoso acaba de dar una entrevista a Newsweek y ahora no desea hablar con nadie.
> *The famous painter just finished giving an interview with Newsweek and now does not want to speak to anyone.*

7B.10 ANSWERS: 1. f, 2. c, 3. d, 4. a, 5. b, 6. e

7B.10 ¿Qué acaba de pasar? En parejas, completen las siguientes oraciones con las respuestas más lógicas. Luego, comparen sus respuestas con las de otro/a compañero/a.

_____ **1.** O'Gorman está muy alegre porque…

_____ **2.** Botero está cansado porque…

_____ **3.** Goya está desilusionado porque…

_____ **4.** Salvador Dalí está frustrado porque…

_____ **5.** Pablo Picasso está entusiasmado porque

_____ **6.** Andy Warhol está enojado porque…

a. los críticos acaban de decir que su arte es demasiado erótico.

b. acaba de recibir un premio por *Guernica*.

c. acaba de terminar su cuadro *Frank Lloyd y su familia en Paradise Island*.

d. acaba de admitir que no puede oír.

e. acaban de criticar su obra.

f. acaba de terminar el mural de la Universidad Nacional Autónoma de México.

7B.11 Conversaciones. Usando la expresión "acabar de" escribe en las burbujas de 1-7 las interacciones de los individuos. Luego, comparte tus conversaciones con un compañero de clase o con la clase entera. El #5 sirve de ejemplo.

5. Acabamos de ver todo en esta galería.

7B.12 ¿Cómo se describe el cuadro?   Busca en Internet el cuadro *La feria* de Carmen Lomas Garza, examínalo en detalle, y en parejas descríbanlo guiados por las siguientes preguntas. Incluyan información falsa en una de sus descripciones (por ejemplo, *La gente está en una iglesia*) para ver si sus compañeros de clase están prestando atención.

1. ¿Dónde está la gente: en un funeral, en una demostración política?

2. ¿Quiénes participan en la escena: familiares, animales, niños, madres, novios, vendedores?

3. En términos generales, ¿cómo se viste la gente en esta obra: con ropa formal, con trajes de baño?

4. ¿Qué hacen los niños: juegan, cantan, se miran, bailan, comen, beben, se hablan, uno se chupa el dedo, uno trota, uno empuja a otro?

5. ¿Qué emociones expresan las personas a través de gestos (de la cara o el cuerpo): algunos se agarran de la mano, se besan, pelean, una persona frunce los labios?

6. ¿Qué hace la gente parada?

7. ¿Qué hace la gente sentada?

8. ¿Qué han hecho los vendedores para prepararse para la feria: han preparado la comida, han practicado con sus instrumentos musicales?

9. ¿Qué van a hacer los vendedores después de la feria: van a cocinar más comida, van a ponerse ropa elegante, van a casa a descansar?

7B.12 TEACHING TIP: Have students read their description to the class so that the false information can be identified.

7B.12 TEACHING TIP: In order to provide the class with the best exposure to comprehensible input, you will want to make sure that their responses are well-written and polished. After students have written their first draft as a group, have them exchange their description with one or two other people. They should focus on the content by considering the following questions: 1. Is it interesting?, 2. Is it unique?, 3. Is it clear? After students have made changes to their original drafts, have them exchange their drafts one more time. This time they should focus on accuracy by considering the following grammatical points: 1. Subject/verb agreement, 2. Noun/ adjective agreement. At this point, students prepare their final draft. You can expect them to be much better written than had they shared their original drafts.

VÍVELO: CULTURA
Carmen Lomas Garza

Carmen Lomas Garza nació en 1948 en Kingsville, Texas. Sus pinturas se basan en recuerdos *(memories)* de su niñez, de su familia y de su comunidad. En una entrevista dijo que el arte le dio voz *(voice)* a las heridas *(wounds)* causadas por la discriminación y el racismo contra los chicanos en las regiones sureñas de Texas, a pesar de que *(in spite of)* la mayoría de la población consistía de hispanos. Su arte visualiza los sucesos comunales y familiares de su juventud para captar esas celebraciones positivas e innatas de su cultura. Los colores variados y las escenas pintorescas captan una colectividad cultural que asocia con su niñez.

7B.13 Comprensión.   Indica si las siguientes oraciones son ciertas (C) o falsas (F).

____ 1. Los personajes de sus cuadros representan una variedad de grupos étnicos.

____ 2. Su arte contiene pocos colores.

____ 3. Los personajes de sus cuadros son emocionalmente expresivos.

____ 4. Sus obras expresan perspectivas optimistas ante recuerdos de opresión social en/de su juventud.

____ 5. Es pintora representativa del siglo XVIII.

____ 6. La pintora es chicana del estado de California.

7B.13 ANSWERS: 1. F, 2. F, 3. F, 4. C, 5. F, 6. F

TEACHING TIP: The majority of the statements are false. Ask students to make the sentences true as you review the answers.

Additional functions of the preterit are to narrate a series of events in the past, such as the events that advance the plot of a story, and to describe an action that interrupts an on-going action in the past.

Abrió los ojos, se levantó, vio al león y corrió por la selva.	*He opened his eyes, got up, saw the lion, and ran through the jungle.*
Cuando corría por la selva, se cayó.	*While he was running through the jungle, he fell.*

Verbs with stem changes in the preterit

Some verbs have stems that change in the **él/ella/usted** and the **ellos/ellas/ustedes** forms. In these cases a **y** is placed between two vowels. Notice where the accent falls on these verbs.

leer *(to read)*		**caerse** *(to fall)*		**creer** *(to believe)*	
leí	leímos	me caí	nos caímos	creí	creímos
leíste	leísteis	te caíste	os caísteis	creíste	creísteis
leyó	**leyeron**	se **cayó**	se **cayeron**	**creyó**	**creyeron**

destruir *(to destroy)*		**oír** *(to hear)*		**incluir** *(to include)*	
destruí	destruimos	oí	oímos	incluí	incluimos
destruiste	destruisteis	oíste	oísteis	incluiste	incluisteis
destruyó	**destruyeron**	**oyó**	**oyeron**	**incluyó**	**incluyeron**

Stem-changing **–ar** and **–er** verbs in the present do not change their stems in the preterit. However, stem-changing **–ir** verbs do experience changes in the stems, but differently than they do in the present tense. Look at the following chart to see how **preferir** and **dormir** change in the present and in the preterit. In the preterit, they change only in the **él/ella/usted** and the **ellos/ellas/ustedes** forms.

preferir *(to prefer)*				**dormir** *(to sleep)*			
Present (e ⟶ ie)		Preterit (e ⟶ i)		Present (o ⟶ ue)		Preterit (o ⟶ u)	
pref**ie**ro	preferimos	preferí	preferimos	d**ue**rmo	dormimos	dormí	dormimos
pref**ie**res	preferís	preferiste	preferisteis	d**ue**rmes	dormís	dormiste	dormisteis
pref**ie**re	pref**ie**ren	pref**i**rió	pref**i**rieron	d**ue**rme	d**ue**rmen	d**u**rmió	d**u**rmieron

Other examples of **e ⟶ i** stem-changing verbs in the preterit are the following:

pedir	pedí, pediste, p**i**dió, pedimos, pedisteis, p**i**dieron
repetir	repetí, repetiste, rep**i**tió, repetimos, repetisteis, rep**i**tieron
seguir	seguí, seguiste, s**i**guió, seguimos, seguisteis, s**i**guieron
sentir	sentí, sentiste, s**i**ntió, sentimos, sentisteis, s**i**ntieron
servir	serví, serviste, s**i**rvió, servimos, servisteis, s**i**rvieron

Morir *(to die)* follows the same pattern as **dormir** in the preterit.

morir	morí, moriste, m**u**rió, morimos, moristeis, m**u**rieron

7B.14 Más salones de arte. El arte consta de una variedad de medios de expresión, como las instalaciones plásticas, la actuación, el dibujo y el arte digital. Primero, mira los siguientes salones por unos momentos. Luego escucha a tu instructor/a leer unas descripciones e indica la letra del salón que corresponde a la descripción.

Modelo: Escuchas: "*El instructor pidió un salón con ventana para instruir a sus estudiantes bajo luz natural*".

Respuesta: *Salón D*

7B.14 AUDIO SCRIPT:
1. Al estudiante no le gustó su instalación y por eso la destruyó. 2. Empezaron a practicar la actuación de la obra de teatro. 3. Estuvieron sentados por horas para crear su arte digital. 4. Repitieron sus partes otra vez para estar preparados. 5. El instructor explicó las técnicas del dibujo. 6. Creó su arte de madera pero luego no le gustó el resultado.

7B.14 ANSWERS:
1. salón D, 2. salón A, 3. salón B, 4. salón A, 5. salón C, 6. salón D

Salón A Salón B

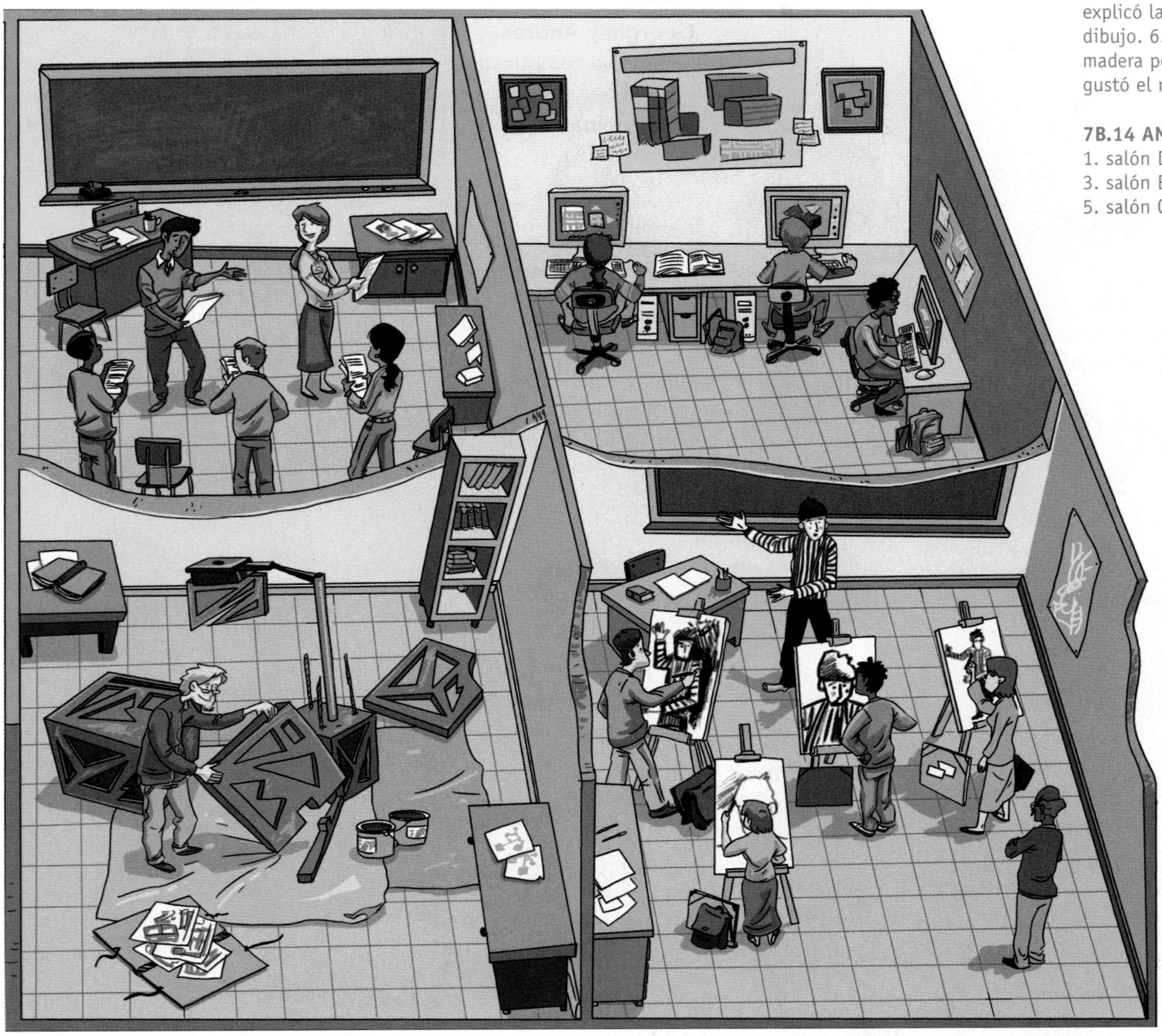

Salón D Salón C

7B.15 ¡Pon tu parte! Termina las siguientes oraciones para que sean lógicas. Luego, compartan sus oraciones en grupos para corregirlas juntos.

1. Pedí...
2. Seguí...
3. Serví...
4. Preferí...
5. Sentí...
6. Leí...
7. Me caí...
8. Oí...

7B.16 Georgia y Andrés de niños. La instructora va a dividir la clase en grupos. Usando los verbos que corresponden a las escenas siguientes, cada grupo debe describirlas según los números asignados a su grupo. El propósito es crear una narrativa del día de ayer de Georgia y Andrés.

Modelo: Grupo A asignados a Escenas 1-5.
Georgia durmió ocho horas esa noche. Se levantó a las 9:00, se peinó, comió una banana y luego se puso la gorra para ir a la piscina.

Georgia y Andrés
Una narrativa compuesta

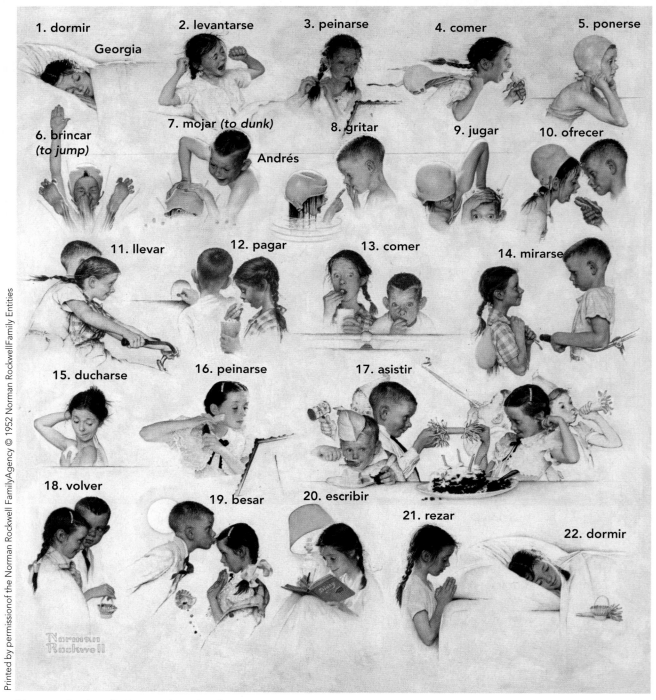

1. dormir   Georgia
2. levantarse
3. peinarse
4. comer
5. ponerse
6. brincar *(to jump)*
7. mojar *(to dunk)*   Andrés
8. gritar
9. jugar
10. ofrecer
11. llevar
12. pagar
13. comer
14. mirarse
15. ducharse
16. peinarse
17. asistir
18. volver
19. besar
20. escribir
21. rezar
22. dormir

Printed by permission of the Norman Rockwell Family Agency © 1952 Norman Rockwell Family Entities

Norman Rockwell: *Day in the Life of a Little Girl* 30 de agosto de 1952

7B.17 Imagínate. Imagina que es el siglo XX y eres amigo/a de Diego Rivera y Frida Kahlo. Contesta las siguientes preguntas. Sé creativo/a.

1. ¿Qué hicieron Diego y Frida?
2. ¿Qué acaban de hacer?
3. ¿Qué van a hacer la próxima semana?

Frida Kahlo, *Frida y Diego*

© Banco de Mexico Diego Rivera & Frida Kahlo Museums Trust, Mexico, D.F./Artists Rights Society (ARS), New York 36.6061

VÍVELO: CULTURA

Diego Rivera

Diego Rivera (1886-1957) es posiblemente el pintor mexicano más famoso del siglo XX. Viajó por Europa por 15 años y cuando volvió a México en 1922 el gobierno lo contrató para pintar grandes murales en los edificios más importantes de México: el Palacio de Cortés en Cuernavaca, el Palacio Nacional y el Palacio de las Bellas Artes de la Ciudad de México. En estas pinturas Rivera encontró su propio *(own)* estilo con influencias de las culturas indígenas. Sus murales se asocian con la ideología de la Revolución Mexicana. Rivera se casó en cuatro ocasiones pero su esposa más famosa fue la pintora mexicana Frida Kahlo.

www **¡Conéctate!**

Learn more about Diego Rivera by running a Google search. View his paintings and murals to gain insights into his artwork and technical style. YouTube also has numerous good quality shorts on Diego Rivera. What are the most interesting aspects of his life and work? Print (or project) your favorite Diego Rivera piece to share with your class.

7B.18 Diego Rivera. Según la lectura, ¿cuáles frases describen a Diego Rivera? (Hay cinco frases que son ciertas.)

Diego Rivera…

☐ fue español.
☐ intervino en la revolución mexicana.
☐ fue mexicano.
☐ fue soltero.
☐ se casó más de tres veces.
☐ llegó a ser famoso por sus autorretratos.
☐ incluyó imágenes de culturas indígenas en sus murales y pinturas.
☐ usó elementos del cubismo en su estilo de arte.
☐ incorporó comentarios políticos en sus obras.
☐ llegó a ser famoso por sus murales.

Estructuras clave 2 *Que* y *quien* como pronombres relativos

Que and **quien** can mean *that, who, whom* or *which*. Recall that a pronoun normally replaces a noun. When *que* and *quien* are used as relative pronouns, they refer to an already established noun in the main clause of a sentence as a way to avoid the tedious repetition of the noun. English uses relative pronouns in the same way, but you can omit the pronoun in English, whereas in Spanish **que** or **quien** cannot be omitted.

> The artisan that is standing by the door sells pottery or
> The artisan standing by the door sells pottery.
>
> *El artesano que está parado al lado de la puerta vende cerámica.*

Que and **quien(es)** connect phrases or clauses in a sentence, thus leading to smoother transitions from one idea to another. Moreover, they allow you to express yourself beyond short, simple sentences, which is a crucial step in developing your Spanish skills. When **que** and **quien** are used as relative pronouns, no accent is required.

Que is used to refer to places, things, concepts and people. **Quien(es)** is used to refer only to people. Note that both **que** and **quien(es)** are used to refer to people, but **que** is used much more frequently than **quien(es)**.

> El artista **que** pintó *Noctámbulos* se llama Edward Hopper.
> El cuadro de Velázquez **que** me gusta más es *Las meninas*.
> Las esculturas **que** vimos en el museo son de Richard Serra.
> Las personas **que** pinta Botero muchas veces son gordas.

A number of prepositions are used with **que** to reference places, things or concepts. These are **a**, **con**, **de**, and **en** but you must use **quien(es)** with these same prepositions when refering to people.

> La mujer **a quien** pintó frecuentemente Dalí es su esposa Gala.
> Un tema **en que** pensó mucho Picasso es la guerra.
> Los colores **con que** pinta Lomas Garza representan la energía de la cultura hispana.

Another context where **quien** may be used to refer to people is when the clause is separated from the main clause by commas.

> Goya, **quien** pintó muchas escenas de pesadilla (*nightmare*), también se conoce por sus retratos.
> Mi artista favorita es Frida Kahlo, **quien** sufrió mucho durante su vida.

7B.19 ¿Que y/o quien? Indica si se require *que* o *quien(es)* o ambos son posibles en las siguientes oraciones.

1. Los artistas hispanos estadounidenses _____ son famosos en Estados Unidos son Carmen Lomas Garza, Judith Baca, Amado Peña y Manuel Pardo.

2. El arte de Manuel Pardo, _____ se vende en muchas galerías de Miami, es muy caro.

3. Los cuadros de los pintores Carmen Lomas Garza y Norman Rockwell, _____ son estadounidenses, tratan de crear escenas pintorescas de la sociedad o comunidad.

4. Amado Peña, _____ enseñó arte en una escuela secundaria de Austin, Texas, llegó a ser el pintor hispano más conocido en la región oeste de Estados Unidos.

5. Me sorprendió la facilidad con _____ han aprendido tanto de unos cuantos pintores hispanos.

6. Diego Rivera, con _____ se casó Frida Kahlo, tuvo varias esposas.

7. Judith Baca, _____ es profesora en UCLA, creó el mural mundial _____ se exhibe en Los Angeles.

8. Es el artista _____ toma el primer paso hacia la acción y contra la guerra.

7B.20 **De dos a una.** Une las siguientes oraciones usando los pronombres relativos *que* o *quienes* para hacer una oración de las dos. Se debe insertar la información de la segunda oración en la primera o añadirla al final.

> Modelo: El cuadro representa un evento de la Guerra Civil Española.
> El cuadro se llama *Guernica*.
> El cuadro que se llama *Guernica* representa un evento de la Guerra Civil Española.

1. El autor es de Inglaterra.

El autor se llama Shakespeare.

2. Picasso murió en Francia.

Picasso nació en España.

3. Botero es uno de los pintores latinoamericanos más famosos de siglo XX.

Botero es colombiano.

4. Andy Warhol leyó la revista TIME.

La revista TIME se publica cada semana.

5. Los ojos forman parte de la cara.

Los ojos se asocian con la acción de ver.

7B20 ANSWERS: 1. El autor que se llama Shakespeare es de Inglaterra. 2. Picasso, quien nació en España, murió en Francia. 3. Botero, quien es colombiano, es uno de los pintores latinoamericanos más famosos del siglo XX. 4. Andy Warhol leyó la revista Time, que se publica cada semana. 5. Los ojos, que se asocian con la acción de ver, forman parte de la cara.

7B.21 **¿Qué recuerdas?** En grupos pequeños, escriban dos oraciones que ofrecen información verdadera y una que es falsa sobre tres de los temas 1-12. Usen una cláusula introducida por *que* o *quien(es)* en sus oraciones para describir o definir el tema. Luego, compartan sus oraciones con la clase.

> Modelo: Temas – Sandra Cisneros, la familia real, y el patio
> Escriben: **1.** El rey Juan Carlos de España, quien vive todavía, abdicó su corona a su hijo Felipe. (cierto)
> **2.** El patio, que está en el centro de una casa, se originó en España. (falso)
> **3.** Sandra Cisneros, a quien le gusta la música tejana, escribió *La Casa en Mango Street*. (cierto)

1. Sandra Cisneros

2. La familia real española

3. El compadrazgo

4. El Caribe

5. Las telenovelas hispanas

6. La vida nocturna de la juventud española o mexicana

7. Jorge Ramos

8. El espacio en las viviendas

9. La siesta

10. Los negocios

11. El patio

12. Un/a artista hispano/a

7B.21 TEACHING TIP: Encourage students to read through the sentences before going back to the passage. It should still be fresh in their minds. This will help them to think about the broader meaning of the passage before trying to isolate the line or phrase they need to reference.

This activity can reveal the cultural content that students retained from previous chapters. Feel free to add any additional topics that you emphasized in your class.

7B.22 Antes de leer.

Paso 1: Mira el cuadro de Edward Hopper que aparece abajo y crea una lista de palabras en español que asocies inmediatamente con este cuadro. Comparte tus primeras impresiones con la clase. Mientras lees el artículo, piensa en las semejanzas entre tus primeras impresiones y lo que el artículo dice sobre Hopper y su estilo artístico.

EDWARD HOPPER
El otro mago del suspenso

El Semanal, N°. 876, del 8 al 14 de agosto de 2004, págs. 56-60

NOCTÁMBULOS (NIGHTHAWKS) es una escena en una cafetería de la Ciudad de Nueva York. Es una de las imágenes pictóricas más célebres del siglo XX. Hopper pinta esta obra en 1942, pocas semanas después del ataque a Pearl Harbor que provoca la entrada de Estados Unidos en la Segunda Guerra Mundial, pero en el
5   cuadro de Hopper no hay nada que exprese violencia o alarma. Al contrario, los personajes de Hopper habitan un mundo personal que está distanciado de los sucesos de su época y que carece *(lack)* de crítica social. Además, sus personajes son siempre figuras vestidas como en la década de 1940. Como ocurre en las películas de Hitchcock, Hopper también crea una tensión con imágenes rutinarias
10   e inocentes, pero da la impresión de que pronto algo va a romper con *(break with)* la armonía de la escena. Y cuanto más se prolonga la espera, mayor es el suspenso.

¿Cómo crea la tensión? Primero, la crea con los personajes. Hopper es un *voyeur* que 'espía' a sus personajes sin ningún motivo particular. Lo hace para captar detalles

Noctámbulos ("Nighthawks"), una obra de Edward Hopper (1942)

Courtesy of SuperStock

triviales de su existencia. Escoge a personas e individuos y los retrata en situaciones
15 que causan incomodidad. Segundo, Hopper crea tensión a través de los escenarios.
Hopper está siempre fuera de la escena, mirando a la gente a través de ventanas o
espiándola desde una distancia cercana. Él es solo un testigo silencioso de la soledad
y la desesperación de los individuos que retrata.

Por ejemplo, miremos con atención la escena en *Noctámbulos*. El mesero de la
20 cafetería lava los platos y aparentemente habla con un hombre con sombrero y una
mujer pelirroja. Es interesante notar que la modelo en todos los cuadros de Hopper
es su esposa Josephine. Hay una sensación de cordialidad.

El tercer hombre está de espaldas, y no se ve la cara. Este detalle y la oscuridad
de las sombras (*shadows*) ayudan a crear suspenso y una falta de conexión con
25 los personajes. A través de los espacios oscuros y reducidos, y de personajes sin
expresiones faciales y sin diálogo se evoca una sensación de soledad.

Paso 2: ¿Cuánto has entendido? En grupos de tres, comprueben o rechacen las
siguientes oraciones, al conectar las oraciones con la información del artículo que
pruebe (*proves*) que son válidas o inválidas. Luego, comparen sus resultados con la
clase.

Cierto Falso

☐ ☑ **1.** Hopper pinta esta obra antes de la Segunda Guerra Mundial.

☐ ☑ **2.** La presencia de la guerra es obvia en *Noctámbulos*.

☑ ☐ **3.** Hopper se parece a Hitchcock porque los dos buscan crear tensión.

☑ ☐ **4.** Hopper crea un sentido de tensión y suspenso por medio de las sombras y el silencio.

☐ ☑ **5.** A Hopper le gusta observar a la gente para conocerla mejor.

☑ ☐ **6.** Hopper crea la tensión de sus obras a través de sus técnicas artísticas.

☐ ☑ **7.** El espectador de las obras de Hopper siente una conexión emocional con los personajes en la obra.

Perspectivas

Comparar artistas y sus obras

7B.23 TEACHING TIP: Have students share their two questions in groups of three. Then, have each group identify one or two sentences that stood out to share with the class.

7B.23 Cambio de escenas.

Examina el cuadro de Picasso *Masacre en Corea* que aparece abajo y luego compáralo con el de Hopper, indicando si cada oración se refiere a Picasso, a Hopper o a ambos. Luego, escribe dos preguntas y léelas a la clase para que puedan contestarlas.

Hopper	Picasso		
☑	☐	**1.**	La escena es muy tranquila.
☐	☑	**2.**	La escena evoca sentimientos personales del pintor.
☐	☑	**3.**	Su arte documenta actos de violencia contra la humanidad.
☐	☑	**4.**	Los personajes son expresivos.
☑	☑	**5.**	Utiliza colores oscuros como técnica artística.
☐	☑	**6.**	Los asesinos son fríos e inhumanos.
☐	☑	**7.**	Las víctimas son mujeres y niños.
☑	☑	**8.**	La escena provoca tristeza.

Pregunta para la clase 1. _____

Pregunta para la clase 2. _____

Pablo Picasso, "Massacre in Korea," (1951), Courtesy of Réunion des Musées Nationaux/Art Resource / © 2015 Banco de México Diego Rivera Frida Kahlo Museums Trust, Mexico, D.F. /Artists Rights Society (ARS), New York

Obra de Picasso: "Masacre en Corea" (1951)

7B.24 ¿Son representativas? Busca en la Internet otros cuadros de estos dos pintores para ver si los que aparecen en el capítulo son representativos de su trabajo. Marca con √ tu opinión y completa las oraciones. Luego compara tus opiniones con las de tus compañeros y den opiniones sobre el estilo de cada artista.

1. *Noctámbulos* ☑ es / ☐ no es representativa de las obras de Hopper porque…

2. *Masacre en Corea* ☑ es / ☐ no es representativa de las obras de Picasso porque…

7B.24 NOTE: The paintings by Picasso and Hopper are fairly representative of their individual artistic styles.

7B.25 Conexiones. Escucha las oraciones e indica si estás de acuerdo o no. Las oraciones hacen comentarios sobre los pintores Picasso, Kahlo, Rivera, Hopper y Lomas Garza. Con un/a compañero/a lean las siguientes oraciones y marquen con una √ aquellos con los que estén de acuerdo. Comparen sus respuestas con las de sus compañeros de clase.

☐ **1.** Los cuadros de Carmen Lomas Garza ofrecen perspectivas optimistas de la sociedad porque celebran la familia y la comunidad.

☐ **2.** Las obras de Hopper también celebran la comunidad.

☐ **3.** A través de las obras de Frida Kahlo, conocemos aspectos personales de su vida.

☐ **4.** En *Noctámbulos,* Hopper crea una escena que provoca sensaciones como la soledad y la falta de comunidad.

☐ **5.** Los personajes de los cinco pintores no son expresivos. Es la escena lo que inspira emoción.

☐ **6.** Cada una de las obras de estos cinco pintores inspiran emociones diferentes.

☐ **7.** El estilo artístico de Diego Rivera es parecido al de Pablo Picasso.

☐ **8.** Las formas de los personajes de Picasso son simbólicas. Es decir, representan un concepto además de una persona.

7B.25 TEACHING TIP: An alternative method of going over the answers would be to ask students to stand up in front of the room. On two opposite walls of the room hang signs reading *"Estoy de acuerdo."* and *"No estoy de acuerdo."* As you read the statements, invite students to move somewhere along the continuum between these two signs. This activity not only gets students moving around the room, but it also builds on their listening skills. It also provides a more engaging way of following up with relevant questions like: *¿Cómo celebra la comunidad las obras de Lomas Garza? ¿Por qué piensan que las obras de Picasso ofrecen un escape de la realidad?* Take advantage of this format to build in similar follow-up questions to push students' thinking.

7B.26 En mi opinión. Responde a las siguientes preguntas. Escribe tus respuestas a continuación. Luego, busca a una persona de la clase que tenga pintores similares a los tuyos para trabajar juntos en la defensa de sus respuestas cuando compartan sus resultados con la clase.

De los pintores que hemos visto,…

1. ¿quién hace más transparentes las emociones de sus personajes?

2. ¿quién evoca sentimientos más profundos a través de a) la escena, b) el mensaje, o c) las técnicas artísticas de la obra?

3. ¿quién hace el comentario social más profundo?

4. ¿quién ha tenido la vida más interesante?

5. ¿quién ha sufrido más?

6. ¿quién tiene más complejos psicológicos?

7. ¿quién tiene el estilo artístico más original?

8. ¿a quién quieres conocer con más profundidad?

9. ¿quién ha realizado los sueños de su juventud?

10. ¿quién es más reconocido por los sentimientos que inspira su arte en vez de por su estilo artístico?

Vocabulario: Investigación B

Vocabulario esencial

Sustantivos

el extranjero	abroad, foreigner
la iglesia	church
la guerra	war
el punto de vista	point of view
la revista	magazine
la semejanza	similarity
el suceso	event

Verbos

brincar	to jump
dejar	to leave
dejar de	to quit, to stop
dirigirse	to direct, address, guide
enfrentarse	to confront
hundir	to dunk
intervenir	to intervene
parecerse	to look like, to appear
realizar	to make happen
rezar	to pray
suceder	to happen, to occur

Adjetivos

egoísta	selfish
embarazada	pregnant

Otras palabras y expresiones

vez tras vez	time after time

Cognados

Review the cognates in *Adelante* and the false cognates in *¡Atención!* For a complete list of cognates, see Appendix 4.

¡VÍVELO!

WileyPLUS Learning Space INSTRUCTOR'S RESOURCES: You will find reproducible charts for *Entrevista sobre los artistas* in your **Instructor's Resources.**

EN VIVO

Entrevista sobre los artistas. In pairs, you will complete a chart that summarizes much of the information about the artists and art work in this chapter. Each student has information the other does not have.

A

Artistas	Nacionalidad	Fechas	Descripción física del artista	Nombre de su obra	Descripción de la obra	Varios
Botero	colombiano		Hombre maduro, tiene pelo gris y corto, ojos grandes, bigote y barba.		Usa figuras corpulentas y pinta escenas de celebraciones.	
O'Gorman		1905-1982		*Autorretrato*		También fue arquitecto.
Kahlo	mexicana			*Self-Portrait on the Border of Mexico and the United States*	Es un autorretrato	Tuvo poliomielitis que afectó su pierna derecha. Tuvo un accidente de autobús y sufrió muchas cirugías. Murió en 1954.
Dalí		1904-1989	hombre maduro, delgado y moreno con un bigote muy largo		Crea un mundo imaginario y surreal.	
Rockwell	estadounidense			*Triple Self-Portrait*		periodista e ilustrador
Picasso	español	N/A				
Hopper				*Noctámbulos*		

B

Artistas	Nacionalidad	Fechas	Descripción física del artista	Nombre de su obra	Descripción de la obra	Varios
Botero					*Frank Lloyd y su familia en Paradise Island*	También es escultor.
O'Gorman	mexicano	1932	Hombre delgado, joven, tiene pelo negro y lacio. Usa lentes y no tiene barba.		Pinta especialmente temas históricos.	
Kahlo		1907-1954	pelo negro, ojos negros, conocida por su "uni-brow".			
Dalí	español		Hombre delgado y viejo. Tiene pelo gris y lleva lentes.		*La última cena*	Gala es una mujer muy importante en la vida del pintor.
Rockwell		1894-1978			Pinta escenas de la vida diaria y personas comunes.	
Picasso						
Hopper	estadounidense	N/A			La falta de comunicación y la soledad predominan como temas en sus obras.	Su esposa Josephine aparece en muchas de sus obras.

TEACHING TIP: If you want to build in an accountability factor, ensure that two students in class research the same painter, but not actually work together so that when they finish their review, they can compare facts and interpretations and then present their findings to the class.

STANDARDS: COMMUNICATION/PRESENTATIONAL MODE. The *presentational* mode of communication is one of the three modes referred addressed by the standards. What distinguishes this mode from the others (interpersonal and interpretive) is the fact that it is polished and edited. Use this activity to focus on further developing this standard.

Retrato de un/a artista. Write a brief review of a painter and/or his/her art and include the following information.

- Name of painter
- Country of origin, biographical dates (birth-death), recognitions, etc.
- Name of art piece(s)
- Description of artwork—colors, people, objects, actions, movement, relationships, spatial description
- Artist's style (in general terms)

CAPÍTULO 8

El intercambio de culturas

Courtesy of Pablo Muirhead

¿Qué nos dice la fusión de las culturas?

In this **Investigación** you will learn:

▶ How to describe the impact that different cultures have on one another

▶ About the fusion of different genres of music and foods

▶ How to extend, accept or reject invitations

▶ How to extend your ability to talk about past events

¿Cómo puedes hablar de la fusión de culturas?

You can describe the fusion of cultures.	¿Quiénes llegaron a las Américas? ¿Qué grupos influyeron las culturas americanas?
You can extend, accept or reject invitations.	¿Quisieras ir a un concierto de música salsa? ¿Quisieras ir a un restaurante de comida chifa?
You can extend your ability to talk about past events.	¿Cuándo fuiste al restaurante? ¿Qué trajeron los diferentes grupos a las Américas?
You can describe what you found out or whom you met.	¿Cuándo supiste la verdad? ¿A quién conociste anoche?

EN DIRECTO

> **Salsa en Puerto Rico** Mira el video. No tienes que entender todo. Luego contesta todas las preguntas.
> - ¿De dónde es Justin?
> - ¿Qué quiere aprender Justin?
> - ¿Cómo celebra su cumpleaños Justin?

Adelante

¡Ya lo sabes! El baile, la música, la comida, el arte popular

¡ATENCIÓN!
Draw students' attention to these high-frequency false cognates.

el arte	esencial	la influencia
artístico/a	la estructura	los ingredientes
la combinación	la fotografía	los murales
el concierto	la fusión	el origen
culinario/a	el género	el ritmo
la cultura	gastronómico/a	unido/a

¡Atención!

educado/a	(not *related to one's academic preparation*) well-mannered, cultivated
recordar	(not *record*) to remember, to remind

8A.1 **Escucha.** Asocia las descripciones que escuchas con el vocabulario de la segunda columna.

1. __c__
2. __f__
3. __b__
4. __e__
5. __a__
6. __d__

a. recordar
b. el concierto
c. unido/a
d. culinario/a
e. los murales
f. esencial

8A.1 AUDIO SCRIPT:
1. Estar juntos y no separados, 2. Algo necesario e importante, 3. Un evento musical, 4. Una forma de arte, 5. Lo opuesto (antónimo) de olvidar, 6. Similar a gastronómico.

8A.2 **Describe.** En grupos de tres, túrnense describiendo palabras de *¡Ya lo sabes!* Una persona describe una palabra y las otras personas adivinan cuál es.

Modelo: Cosas que van en una comida

8A.2 TEACHING TIP: Provide a few examples of definitions. Have students guess word after hearing your descriptions. Use *"Es antónimo de..." Es sinónimo de..." Se asocia con..."*

8A.3 **¿Y tú?** Contesta estas preguntas. Luego, comparte tus respuestas con un compañero/a de clase. ¿Tienen algo en común?

1. ¿Qué géneros de música te gusta escuchar, e.g., música clásica, ópera, jazz, rap, reggae?
2. ¿Hay un café donde tocan música en tu comunidad? ¿Qué géneros de música tocan?
3. ¿Conoces a un músico que mezcla ritmos, géneros, voces, etc.?
4. ¿A qué concierto te gustaría ir?
5. ¿Te gusta experimentar fusiones de cosas, e.g., de moda, de arte, de comida?
6. ¿Existe una música pura? ¿Prefieres la fusión de sonidos o música supuestamente "pura"?

8A.4 **Cantamos en dos idiomas.**

Los ritmos de la música son contagiosos pero siempre ayuda si entiendes la letra de la canción. Algunos artistas empezaron su carrera en un idioma, ya sea inglés o español, y luego cantaron algunas canciones o hicieron álbumes en el otro idioma. Lee las canciones en la columna A y conéctalas con la versión de la canción en el otro idioma en la columna B y los artistas en la columna C.

8A.4 TEACHING TIP: Your students should be able to match the songs but may need to work in pairs/small groups, or use the Internet, to connect the songs to the correct artist.

A Canción en español	B Canción en inglés	C Artista
Ojos así Ven conmigo Sola otra vez Irremplazable Lo mejor de mi vida eres tú Quizás	The best thing about me is you Maybe Come on over baby Irreplaceable All by myself Eyes like yours	Beyoncé Celine Dion Shakira Christina Aguilera Enrique Iglesias Ricky Martin

8A.4 ANSWERS: Ojos así Eyes like yours → Shakira, Ven conmigo → Come on over baby → Christina Aguilera, Sola otra vez → All by myself → Celine Dion, Irremplazable → Irreplaceable → Beyoncé, Lo mejor de mi vida eres tú → The best thing about me is you → Ricky Martin, Quizás → Maybe → Enrique Iglesias

¿Puedes pensar en otros artistas que cantan sus canciones en otros idiomas? Otra forma de *crossover* es la fusión de géneros musicales. La siguiente lectura va a investigar ese tema.

La música *crossover*

El resultado de combinar los colores azul y amarillo es el verde. El resultado de combinar la música rock con el rap podría describir la música de los Beastie Boys. La música *crossover* es básicamente una combinación de diferentes elementos musicales, o géneros de música. No es nada nuevo.

En realidad, cada género de música es una fusión de diferentes géneros. Por ejemplo, el popular género de música, reggae, es una combinación de la música ska y la música rocksteady. Los primeros álbumes de Bob Marley no eran de música reggae, eran de música ska (originalmente de Jamaica).

Cuando grupos empiezan a experimentar con la fusión de géneros es cuando nacen géneros nuevos. Otro buen ejemplo de la música *crossover* podría ser la música norteña, una fusión de elementos tradicionales mexicanos con música polca que llegó con inmigrantes alemanes y polacos a la zona donde hoy es muy popular la música norteña.

La canción *En lo puro no hay futuro* del artista español, Jarabe de Palo, describe la importancia de la combinación de culturas. Eso se puede extender a la fusión de géneros de música.

8A.5 **Completa la oración.** Lee las siguientes oraciones y escoge la respuesta correcta.

1. La definición de música *crossover* del autor es:
   a. Cuando un artista que canta en inglés, canta en español.
   b. La combinación de diferentes géneros musicales.
   c. La fusión de artistas cantando en inglés y español.
2. El siguiente artista, o grupo, no fue mencionado:
   a. Bob Marley
   b. Beastie Boys
   c. Justin Bieber
   d. Jarabe de Palo
3. La música norteña es la fusión de…
   a. música polca con la música salsa.
   b. música polca con música tradicional mexicana.
   c. música polca con el rock latino.
4. La fusión de música rocksteady con ska resulta en…
   a. música reggae.
   b. música punk.
   c. música heavy.
   d. música hip hop.

8A.6 **Tu música.** Contesta estas preguntas. Comparte tus respuestas con un/a compañero/a. Luego compartan sus ideas con la clase. Escriban algunas cosas interesantes en su **Retrato de la clase**.

1. ¿Qué tipo de música NO te gusta escuchar?
2. Da un ejemplo, o varios, de música *crossover* que ya escuchas.
3. ¿Qué géneros musicales la(s) influyen?
4. ¿Hay un grupo, o artista, que recomiendas a la clase? ¿Cuál(es)?

Bien dicho

La letra *r*

The letter **r** in Spanish is not pronounced like the English *r*. Rather than folding your tongue towards the back of your mouth as you do when pronouncing *r* in English, the Spanish **r** is produced when the front part of the tongue briefly touches the hard ridge behind your top teeth. This pronunciation is called a "single flap" or "tap". The sound produced is similar to the sound associated with *d, dd, t,* and *tt* in the English words *rider, middle, photo,* and *butter.* Recall that when you pronounce **d** and **t** in Spanish, the tip of your tongue touches the bottom edge of your top teeth. This slight difference in the position of the tongue is enough to distinguish **d/t** from **r** in Spanish. Listen to the Spanish **r** in the following words.

pera	María	tropa
coro	favor	director
adorar	grande	hora

La letra *rr*

The pronunciation associated with the letter **rr** in Spanish is a very difficult sound for many non-native speakers of Spanish to acquire. The double **rr** or "trill" is produced when the front part of the tongue touches the hard ridge behind the top teeth 2-5 times in rapid succession. Place your tongue rather loosely in that position and then push air against your tongue very forcefully. It may help to visualize shuffling a deck of cards or the spokes of a bicycle wheel or a plastic bag caught in the closed window of a moving car. It may also help to think about the sound that children make when imitating motors. The trill sound is always associated with the letter **rr** and is also produced when an **r** occurs at the beginning of a word or after an **l, n,** or **s,** as in the words **alrededor, enriquecer,** or **Israel.**

It is especially important to distinguish between the flap sound of the **r** and trill sound of the **rr** when they appear between vowels because this is where that distinction produces a difference in the meaning of the words. Compare the following:

pero *(but)*	**perro** *(dog)*
caro *(expensive)*	**carro** *(car)*
ahora *(now)*	**ahorra** *(he/she saves [money])*
cura *(m. priest, f. cure)*	**curra** *(he/she works* [Spain, colloquial]*)*

8A.7 **Escucha e indica.** Escucha las palabras y marca la casilla que corresponde al sonido que escuchas. Luego, verifica las respuestas con la clase.

	Tap (r)	Trill (rr)			Tap (r)	Trill (rr)
1.	☐	☐		**4.**	☐	☐
2.	☐	☐		**5.**	☐	☐
3.	☐	☐		**6.**	☐	☐

8A.7 AUDIO SCRIPT:
1. carro, 2. caro,
3. rápido, 4. ahorra,
5. ahora, 6. trabajo

ANSWERS: Tap: 2, 5, 6;
Trill: 1, 3, 4

TEACHING TIP: Create cards with specific invitations so that students can role-play using the phrases in Vívelo: Lengua, i.e., Card A (Situaciones): 1. Invite a friend to dinner and then a movie. 2. Invite a classmate to study for the exam together. 3. Invite a friend to a sporting event. 4. Invite a relative over for a dinner you are cooking. Card B: Accept the invitation and ask for dates and times. Card C: Reject the invitation and provide a reason.

VÍVELO: LENGUA

Extend, accept or reject invitations

Las invitaciones

Las invitaciones son un aspecto importante de la vida normal. Las invitaciones son importantes cuando queremos que los familiares y los amigos nos acompañen a comer, a un concierto o a una fiesta. Aquí hay una serie de expresiones útiles que se usan para invitar a alguien, para aceptar una invitación o para rechazar *(reject)* una invitación con cortesía cuando no puedes asistir. Cuando alguien te invita a comer, también implica que esa persona va a pagar la cuenta.

Courtesy of Pablo Muirhead

Para invitar:

¿Quisiera ir a…?
¿Quisieras ir a…?   *Would you like to go (to)…*
¿Quisieran ir a…?

Te/Le/Les invito a…   *I'm inviting you to…*
¿Te/Le/Les gustaría ir conmigo a…?   *Would you like to go with me to…?*

Para aceptar una invitación:

Por supuesto, me gustaría ir a comer/ir   *Of course I'd like to go out to eat/go to*
  al concierto, etcétera.   *the concert, etc.*
Me encantaría…   *I'd love to…*
Sería un placer…   *It would be a pleasure…*

Para rechazar una invitación:

Lo siento, no puedo porque…   *I'm sorry. I can't because…*
¡Qué pena! Ese día tengo otro   *What a shame! That day I have another*
  compromiso.   *engagement.*
Lo siento pero tengo que…   *I'm sorry, but I have to…*
¡Qué lástima! A esa hora tengo otro   *What a shame! I have other plans*
  compromiso.   *at that time.*

8A.8 ¿Quisieras ir a...? Lee estas descripciones de eventos. Conversa con varios compañeros de clase para ver si quieren ir, o no. No tienes que invitarlos a todos los eventos. Busca los eventos que te interesan y trata de coordinar. ¿Irán a algún evento juntos?

8A.8 All of these fusions exist. In fact, those that are related to the concerts are real groups that students could listen to online. You may want to ask the class which particular group interests them the most and have them playing in the background while they are doing this activity.

NUEVO RESTAURANTE

EL CHIFA

Fusión de la herencia china con ingredientes peruanos

CONCIERTO

MANU CHAU

Fusión de rock, reggae y muchos otros géneros. Canta en español, inglés, francés, árabe, etcétera.

CONCIERTO

OZOMATLI

Fusión de rock, hip-hop, salsa y cumbia

RESTAURANTE

la FRONTERA

Comida TEX MEX. Fusión de la cocina tejana con la mexicana.

CONCIERTO

MALDITA VECINDAD

FUSIÓN DE SKA, PUNK, ROCK Y RITMOS TRADICIONALES MEXICANOS.

Paso 1: Marca con ✓ la columna de las cosas que te interesan.

Paso 2: Invita a diferentes compañeros a hacer cosas que te gustarían hacer a ti.

Paso 3: Después de invitar a varios compañeros, escribe los planes que tienes y con quién(es) vas a hacer esas cosas en tu **Retrato de la clase**.

Personas	EL CHIFA	MANU CHAU	OZOMATLI	LA FRONTERA	MALDITA VECINDAD
Yo					

Retrato de la clase: _____ y yo vamos a ir al restaurante/concierto…

Palabras clave 1 Otras expresiones artísticas

el chifa	es el nombre de la fusión de la comida china con la comida peruana
la diáspora	el nombre que se da al movimiento de grupos de personas que salen de un área/país/lugar (ejemplo - la diáspora africana se refiere a las personas con raíces africanas pero que no viven en África)
la esclavitud	el sistema de tratar como propiedad (*property*) a personas, de comprarlas, venderlas y hacerlas trabajar
la herencia	(1) los orígenes culturales o familiares (ejemplo: Salma Hayek es mexicana pero tiene herencia libanesa.) o (2) lo que alguien recibe de sus padres o abuelos cuando ellos mueren
la inmigración	el movimiento de personas de un país a otro para vivir de manera más permanente
la mezcla	la combinación o fusión de cosas
el sincretismo	la fusión de tradiciones culturales y religiosas que producen algo diferente
la cumbia	un género de música popular en toda Latinoamérica que tiene sus orígenes en la fusión de culturas indígenas y africanas en Colombia. Ahora existen diferentes formas de cumbia en otros países como México, Perú, etcétera.
el merengue	un género de música de la República Dominicana con un ritmo rápido y muy bailable
la música ska	un género de música de Jamaica que tiene su herencia en la música afroamericana de los cincuenta y en ritmos tradicionales de Jamaica
la música norteña	un género de música de México que tiene su herencia en la cumbia, la polca y ritmos tradicionales mexicanos
la salsa	un género de música que tiene su herencia en tradiciones cubanas y puertorriqueñas y ahora es popular internacionalmente

TEACHING TIP: Ask students to find samples of the music genres listed below on their devices, preferably on YouTube, and share what they found with the class. This way, students are experiencing the music instead of just talking about it.

8A.9 ¡Adivina! Con un/a compañero/a de clase, averigüen el significado de las palabras y expresiones que aparecen arriba. Luego, escriban cada palabra en español, al lado de su significado en inglés. Una palabra se va a usar dos veces.

_____la herencia_____ **1.** inheritance   _____la mezcla_____ **4.** mixture

_____la esclavitud_____ **2.** slavery   _____la diáspora_____ **5.** diaspora

_____la herencia_____ **3.** heritage

8A.10 Selena. Lee la siguiente descripción de la famosa artista Selena. Complétala con las palabras que faltan. Usa las palabras de *Palabras Clave 1*.

Selena tuvo un impacto muy fuerte en el mundo de la música. Su historia es la de muchos jóvenes en el suroeste de los Estados Unidos. Lee esta descripción y complétala con palabras que faltan.

diáspora,   herencia,   norteña,   mezcla,   el sincretismo,   la cumbia,   la inmigración

Selena era un ícono de la música *tex-mex*, una ____mezcla____ de diferentes tradiciones musicales incluyendo la música ____norteña____ y ____la cumbia____. Ella nació en Tejas, en el seno de una familia con ____herencia____ mexicana. Como muchas personas del suroeste de Estados Unidos, a pesar de tener raíces mexicanas, siempre han vivido en lo que ahora es Estados Unidos. No son parte de ____la inmigración____ a Estados Unidos. Tampoco se consideran como parte de ____la diáspora____ mexicana porque son nativos de ese lugar.

8A.11 ¡Ay, caramba! En grupos de tres o cuatro pueden jugar según las siguientes instrucciones:

Cómo jugar **¡Ay, caramba!**:

1. Tira el dado para sacar un 1 a 6.

2. Mueve tu ficha esa cantidad de espacios y contesta la pregunta que te corresponde.

3. Si contestas bien, le toca continuar a la siguiente persona.

4. Si te equivocas, dices **¡Ay, caramba!**, retrocedes dos espacios y la siguiente persona continúa.

Selena Quintanilla Pérez, also referred to as "Queen of Tejano music" is remembered as the best Mexican-American entertainer of the 20th Century. Her fashion style, talent as a singer and personality are conveyed in YouTube videos. Check them out.

You will find larger images for this game board in *WileyPlus Learning Space* Instructor's Resources.

4 ¿Quién es tu cantante favorito?

3 ¿De dónde era Selena?

2 Menciona el nombre de una artista de música *tex-mex*.

1 ¿Cuál es tu grupo de música favorito?

5 Menciona el nombre de dos géneros populares de música latina.

16 ¿Qué herencia cultural tienes?

15 ¿Qué influencias tiene la música cumbia?

14 ¿Cuál es tu mezcla de música favorita?

6 ¿Cierto o falso? La diáspora africana tiene una influencia grande en Latinoamérica.

17 ¿Qué herencia cultural tienen muchas personas en la clase?

20 ¡Llegaste!

13 ¿De qué partes de Latinoamérica hay inmigración en tu región?

7 Menciona el nombre de dos artistas estadounidenses que cantan en español.

18 Menciona el nombre de dos artistas latinoamericanos que cantan en inglés.

19 ¿Cuál es uno de los géneros de música más populares entre estudiantes en la clase?

12 ¿Hay mucha inmigración de Latinoamérica en tu ciudad?

8 ¿Qué influencias tiene la música reggae?

9 ¿Qué influencias tiene la música norteña?

10 ¿De qué país es el merengue?

11 ¿Qué influencias tiene la música salsa?

Estructuras clave 1 Irregular preterit verbs

WileyPLUS Learning Space
Go to *WileyPLUS Learning Space* and review the tutorial for this grammar point.

WileyPLUS Learning Space

You will find PowerPoint presentations for use with *Estructuras clave* in *WileyPLUS Learning Space.*

In *Investigación 6A*, you were introduced to regular verbs in the preterit tense. In *Investigación 7A*, you were introduced to verbs that have spelling changes or stem-changes in the preterit tense. In this *Investigación*, you will be introduced to the other irregular verbs in the preterit tense. These verbs are all irregular because their stems/roots are different from the infinitive. These verbs can be divided into three main categories: verbs that have an **i**-stem, a **u**-stem, or a **j**-stem.

i-stem		u-stem		j-stem	
hacer	**hic*-**	andar	**anduv-**	conducir	**conduj-**
querer	**quis-**	estar	**estuv-**	decir	**dij-**
venir	**vin-**	poder	**pud-**	producir	**produj-**
		poner	**pus-**	traducir	**traduj-**
		saber	**sup-**	traer	**traj-**
		tener	**tuv-**		

*To maintain the correct pronunciation, the **él/ella/usted** form of **hacer** is written **hizo**. The preterit endings for all **i**-stem and **u**-stem verbs are identical.

	andar	querer
yo	anduve	quise
tú	anduviste	quisiste
él/ella/usted	anduvo	quiso
nosotros/as	anduvimos	quisimos
vosotros/as	anduvisteis	quisisteis
ellos/ellas/ustedes	anduvieron	quisieron

What do you notice about the **yo** and **él/ella/usted** forms as compared to other verbs you have learned and used in the preterit? There are no written accents on the endings of these forms, and stress falls on the next-to-last syllable.

The endings for the **j**-stem verbs are similar except for the **ellos/ellas/ustedes** forms, where the initial **i** in the ending is omitted. As with the **i**-stem and **u**-stem verbs, there are no written accents on any of the forms.

	decir		**dar**
yo	dij**e**	yo	di
tú	dij**iste**	tú	diste
él/ella/usted	dij**o**	él/ella/usted	dio
nosotros/as	dij**imos**	nosotros/as	dimos
vosotros/as	dij**isteis**	vosotros/as	disteis
ellos/ellas/ustedes	dij**eron**	ellos/ellas/ustedes	dieron

TEACHING TIP: Ask students to recall the preterit forms shared by *ir* and *ser*. Point out that there are no accent marks needed on those forms either.

ALTERNATIVE STRATEGY: You may want to assign this *Estructuras clave* to be read outside of class. Ask students to write down four key points and two questions. The purpose of having them do this is to encourage them to read this information and begin to process it. You should remind them to refer back to it periodically as it will serve as an excellent reference.

The verb **dar** is also irregular in the preterit. Here again, there are no written accents on any of the forms.

One last irregular preterit is the preterit equivalent of **hay,** which is **hubo**. Remember, this is an invariable expression that can have a singular meaning *(there was)* or a plural meaning *(there were)*.

Ayer no hubo clase porque la profesora no pudo venir.
El viernes pasado hubo una fiesta en la casa de Pedro.
Hubo muchas personas en la fiesta.

8A.12 ¡Lotería!

Paso 1: Escucha los sujetos e infinitivos que lee tu profesor/a y marca la forma correspondiente en tu tarjeta. Cuando tengas cinco verbos juntos, di ¡Lotería!

Paso 2: Escribe 5 oraciones que incluyan verbos de la tarjeta. Algunas deben ser ciertas y otras, falsas. Lee las oraciones a unos compañeros de clase para ver si ellos pueden determinar cuáles son ciertas y cuáles son falsas.

dije	hice	trajiste	estuvimos	quise
hicieron	dio	supo	tradujiste	trajo
quisiste	pudimos	anduvo	vino	produjimos
di	traje	dijiste	anduvimos	tradujo
viniste	produje	quisieron	dieron	condujiste

8A.13 Diáspora africana.

Lee este breve resumen de la presencia africana en Latinoamérica. Luego (1) subraya todos los verbos en el pretérito y (2) contesta las preguntas.

De las 125 millones de personas de ascendencia africana en las Américas (desde Canadá hasta la punta de Argentina), 90 millones viven fuera de los Estados Unidos. La gran mayoría habla español y portugués.

Los primeros africanos que vinieron a las Américas llegaron como personas libres. Luego los españoles, portugueses, franceses e ingleses trajeron africanos a las Américas para ser esclavos. Muchos murieron antes de llegar a las Américas. El sistema de esclavitud produjo mucha injusticia y tuvo un impacto que se siente todavía hoy en día.

Personas de ascendencia africana viven en todas partes de Latinoamérica. Contribuyen en gran forma a la vida y la cultura de toda América.

Courtesy of Pablo Muirhead

Unos músicos tocan al aire libre en Trinidad, Cuba

8A.12 LOTERIA! exercise is a fun way for students to review the preterit of irregular verbs.

8A.12 Call out the following combinations in various orders:

- Ellas / hacer
- Yo / querer
- Tú / traer
- Nosotros / estar
- Él / saber
- Yo / hacer
- Nosotros / poder
- Yo / decir
- Tú / traducir
- Tú / querer
- Él / traer
- Usted / venir
- Ella / andar
- Nosotras / producir
- Yo / dar
- Yo / traer
- Tú / decir
- Usted / dar
- Nosotros / andar
- Ellas / querer
- Ella / traducir
- Tú / venir
- Tú / conducir
- Yo / producir
- Ellos / dar

8A.13 This activity will not only help students see how the irregular preterit functions but they will also be exposed to a historical context that is relevant to understanding the Spanish-speaking world.

1. ¿Vive la mayoría de personas de ascendencia africana en los Estados Unidos?
2. ¿Cómo vinieron los primeros africanos a las Américas?
3. ¿Qué produjo la esclavitud?
4. ¿Qué les ocurrió a muchos africanos antes de llegar a las Américas?
5. Según la lectura, ¿cuál de las siguientes oraciones es cierta?
    a. Africanos trajeron españoles a las Américas para ser esclavos.
    b. Más personas de ascendencia africana hablan español y portugués que inglés.
    c. El sistema de esclavitud no existió fuera de los Estados Unidos.
6. ¿Cuál de las siguientes oraciones es cierta?
    a. Los primeros africanos que llegaron a las Américas eran esclavos.
    b. Los primeros africanos que llegaron a las Américas llegaron a los Estados Unidos.
    c. La mayoría de los africanos que llegaron a las Américas fueron forzados a ser esclavos.

www ¡Conéctate!
Do a search for "Black in Latin America" a project by Professor Henry Louis Gates, Jr., to learn more about the African Diaspora in the Americas.

8A.14 Combina. Usa elementos de cada columna para empezar oraciones. Luego completa la oración con más detalles. Escribe entre cinco y siete oraciones. Compara y revisa tus oraciones con un/a compañero/a de clase.

yo	tener
tú	hacer
Mi profesora y yo	decir
El artista	estar
Mis amigos	traer

Modelo: Mis amigos hicieron una fiesta muy grande durante el fin de semana.

1. _____

2. _____

3. _____

4. _____

5. _____

6. _____

7. _____

8A.15 Un sondeo. Primero indica si las siguientes actividades son aplicables o no a ti. Escribe Sí o No en el espacio apropiado. Luego, habla con otros compañeros de clase para determinar si ellos hicieron o no las actividades. Aprovecha para hacer más preguntas según las respuestas afirmativas o negativas. ¿Cuántos hicieron o no hicieron las actividades? Apunta los resultados en tu **Retrato de la clase**.

	Yo				
¿Hiciste la tarea para hoy? NO → ¿Por qué? SÍ → ¿Qué hiciste?					
¿Fuiste al cine el sábado pasado? SÍ → ¿Qué viste? NO → ¿Viste una película?					
¿Anduviste ayer en bicicleta? SÍ → ¿Adónde fuiste?					
¿Condujiste tu carro hoy a la universidad? SÍ → ¿Dónde estacionaste?					
¿Estuviste enfermo/a la semana pasada? SÍ → ¿Ahora estás mejor?					
¿Tuviste un examen esta mañana? SÍ → ¿En qué clase?					
¿Trajiste tu libro hoy a clase? NO → ¿Por qué? SÍ → ¿Cuál?					
¿Leíste un periódico antes de clase? SÍ → ¿Cuál?					
¿Dormiste menos de siete horas anoche? SÍ → ¿Estás cansado/a? NO → ¿Cuántas horas dormiste?					
¿Almorzaste una ensalada ayer? SÍ → ¿Dónde?					

Retrato de la clase: Cuatro compañeros de clase hicieron la tarea para hoy. Nadie fue al cine pero dos personas vieron una película en *Netflix*. Dos anduvieron en bicicleta ayer. Todos condujeron su carro. Una persona durmió menos de siete horas pero no está cansada.

8A.16 Las influencias. Piensa en tus intereses personales. Comparte tus respuestas con un/a compañero/a.

1. ¿Cuál es tu grupo de música favorito?
2. ¿Cómo describirías ese tipo de música?
3. ¿Tiene aspectos de diferentes géneros? ¿Cuáles?

VÍVELO: CULTURA

La salsa, tan americana como el *apple pie*

¿Existe una música pura? ¿O se puede decir que toda música tiene influencias de diferentes géneros? Hay mucho debate acerca del origen de la salsa. Muchos dicen que tiene sus orígenes en el mambo, de Cuba, o en la plena y bomba de Puerto Rico. Y hay otros que dicen que la música salsa nació en Nueva York en los años sesenta, en el seno de las comunidades puertorriqueñas y cubanas. La verdad es que todos tienen razón. La música salsa, denominada así por ser una fusión de diferentes géneros, tiene sus raíces en Puerto Rico y Cuba, pero esa mezcla de ingredientes tuvo lugar en Nueva York dentro de las comunidades caribeñas. Siendo así se puede decir que la salsa es tan americana como el *apple pie*.

8A.17 Cierto o falso. Después de leer el texto, escucha algunas frases y determina si son ciertas o falsas de acuerdo con la lectura. Compara tus respuestas con las de la clase.

	Cierto	Falso
1.	☐	☑
2.	☑	☐
3.	☐	☑
4.	☑	☐
5.	☑	☐

Estructuras clave 2 *Saber/conocer* review

In *Investigación 4B*, you were introduced to the different ways to express *to know*. In Spanish, a distinction is made between *to know* in the sense of knowing a fact, pieces of information, or how to do something (saber), and *to know* in the sense of being acquainted or familiar with a person, place, or thing (conocer). In the present tense, the conjugations look like this:

Saber		Conocer	
Yo sé	Nosotros/as sabemos	Yo conozco	Nosotros/as conocemos
Tú sabes	Vosotros/as sabéis	Tú conoces	Vosotros/as conocéis
Él, ella, Ud. sabe	Ellos, ellas, Uds. saben	Él, ella, Ud. conoce	Ellos, ellas, Uds. conocen

In the preterit, they look like this

Saber		Conocer	
Yo supe	Nosotros/as supimos	Yo conocí	Nosotros/as conocimos
Tú supiste	Vosotros/as supisteis	Tú conociste	Vosotros/as conocisteis
Él, ella, Ud. supo	Ellos, ellas, Uds. supieron	Él, ella, Ud. conoció	Ellos, ellas, Uds. conocieron

There is a slight meaning change with the verb *saber* from the present tense to the preterit tense. In keeping with the idea of knowing of information, *saber* in the preterit means *to find out*. For example, …

Ayer supe cuál es el origen de la música salsa.	*Yesterday I learned for the first time about the origins of salsa music.*
Ella supo la verdad acerca de su novio.	*She found out the truth about her boyfriend.*

Additionally, the verb *conocer* keeps in line with knowing someone or some place. However, it refers to knowing, or being familiar with, on one or a specific amount of occasions. For example, …

Conocí al presidente.	*I met the president.*
Mi papá conoció las Islas Galápagos.	*My dad went to/was familiar with the Galapagos Islands.*

8A.18 ¿Saber o conocer?   Completa estas oraciones con la forma correcta de **saber** o **conocer**. Luego repasa tus respuestas con un/a compañero/a de clase antes de repasarlas con toda la clase.

1. ¿Tú _____sabes_____ bailar al ritmo de la música norteña?

2. Hace un año mi hermano _____conoció_____ a un artista famoso de la música merengue.

3. Ayer mi amigo _____supo_____ la verdad sobre su herencia cultural.

4. Mis amigas _____conocen_____ un buen lugar donde se puede bailar salsa cerca de la universidad.

5. Mi familia y yo _____sabemos_____ tocar varios instrumentos de la diáspora africana.

6. ¿Tú _____conoces_____ a alguna persona latina de ascendencia africana?

7. Yo _____conocí_____ al famoso percusionista Tito Puente en un concierto hace muchos años.

8A.18 When students review their answers with their partner, encourage them to explain to one another why the answer they got is correct. Often the best teacher in a classroom is a classmate.

8A.19 ¿Cierto o falso? Usa las palabras para escribir oraciones completas. Luego, indica si son ciertas o falsas según tus experiencias.

> Modelo: Nunca / saber o conocer / persona / famoso
> Nunca conocí a una persona famosa. - *CIERTO*

1. Saber o conocer / persona / nuevo / fin de semana pasado

2. Ayer / saber o conocer / secreto / amigo

3. Año pasado / saber o conocer / familia / mejor / amigo

4. Este verano / saber o conocer / artista / famoso

5. Saber o conocer / algo / interesante / profesor(a) / español.

8A.20 Nosotros... With a partner, write several sentences about the two of yourselves using *saber* or *conocer*. Make sure that some are true, and some are false. Share some of your sentences with the class. Take turns guessing whether the statements are true or not.

> Modelo: Nosotros sabemos karate. / Supimos un secreto de la CIA. / Conocimos a LeBron James.

8A.21 Restaurantes que conoces. Contesta las preguntas y luego comparte tus respuestas con un/a compañero/a de clase.

1. ¿Qué tipos de restaurantes hay donde vives?

2. ¿Hay restaurantes italianos?, ¿chinos?, ¿mexicanos?, ¿sudamericanos?

3. ¿Existen restaurantes con varias influencias étnicas?

4. ¿Qué fusiones de comidas te gustan a ti?

VÍVELO: CULTURA

Una revolución peruana

La cocina peruana ofrece diversos gustos a diferentes paladares (*palates*). Perú es un país diverso geográfica, cultural y gastronómicamente. La diversidad geográfica incluye costa, montañas y selva (*jungle*). Esto ofrece más de 2,000 variedades de papas. La diversidad cultural incluye influencias indígenas, africanas, chinas, japonesas, francesas, españolas, etcétera. La diversidad geográfica y la cultural contribuyen a la diversidad gastronómica.

Courtesy of Pablo Muirhead

No fue hasta fines de los años noventa que la cocina peruana tuvo mucho éxito fuera de Perú. En parte debido a que el país atravesaba tiempos políticos muy duros. También dicen que gracias a un chef llamado Gastón Acurio, que empezó a fusionar comidas, Perú comenzó a ser reconocido como la capital gastronómica de Latinoamérica.

Ahora hay un boom en la cocina peruana debido en gran parte a Acurio, que además de chef es autor y artista. Tiene varios restaurantes que celebran diferentes fusiones como la italiana con la peruana o la china con la peruana. Tiene restaurantes en 11 países. Sus restaurantes están entre los mejores del mundo. Gracias al boom que se dio con la llegada de Gastón Acurio la cocina peruana, una fusión de diferentes comidas representando diferentes culturas, es famosa a nivel internacional.

8A.22 Diversidad peruana. Lee y contesta estas preguntas. Comparte tus respuestas con un/a compañero/a. Luego compartan sus respuestas con la clase.

1. ¿Qué te gustaría preguntarle a Gastón Acurio?
2. ¿Qué tipo de diversidad no se mencionó?
    a. geográfica
    b. lingüística
    c. cultural
3. Perú está en el continente de América del Sur pero las influencias gastronómicas vienen de otros continentes también. ¿Qué continentes no se mencionaron?
    a. Australia
    b. África
    c. Europa
    d. Asia
    e. Norteamérica

8A.22 ANSWERS 1. Answers will vary. 2. b 3. a y e

8A.23 Entrevistas. Investiga brevemente a uno de los siguientes músicos o chefs que son famosos en parte por sus fusiones de géneros y sabores en su arte. Con un/a compañero/a de clase, preparen una entrevista. Uno de ustedes hace las preguntas y la otra persona toma el papel de la persona famosa. Preparen su escena para la clase.

- Marc Anthony
- Gastón Acurio
- Selena
- Shakira
- Marcela Valladolid

8A.23 TEACHING TIP Encourage student to quickly find some basic information with the aid of their tablets or smartphones. To extend this activity, you may ask students to incorporate questions that delve deeper into the individual and prepare a short video interview to be shared electronically with the class.

Vocabulario esencial

Sustantivos

el chifa	*Peruvian/Chinese food*
la cumbia	*Cumbia music*
la diáspora	*the diaspora*
la esclavitud	*slavery*
la herencia	*inheritance*
la inmigración	*immigration*
el merengue	*Merengue music*
la mezcla	*the mix/mixture*
la música norteña	*Northern Mexican music*
la música ska	*Ska music*
la salsa	*Salsa music*
el sincretismo	*syncretism*

Otras palabras y expresiones

Frases

Para invitar:	**To invite:**
¿Quisiera ir a…?	*Would you (Ud.) like to go (to)…*
¿Quisieras ir a…?	*Would you (tú) like to go (to)…*
¿Quisieran ir a…?	*Would you (Uds.) like to go (to)…*
Te/Le/Les invito a…	*I'm inviting you to…*
¿Te/Le/Les gustaría ir conmigo a…?	*Would you like to go with me to…?*
Para aceptar una invitación:	**To accept an invitation:**
Por supuesto, me gustaría ir a comer/ir al concierto, etcétera.	*Of course I'd like to go out to eat/go to the concert, etc.*
Me encantaría…	*I'd love to…*
Sería un placer…	*It would be a pleasure…*
Para aceptar una invitación:	**To accept an invitation:**
Lo siento, no puedo porque…	*I'm sorry. I can't because…*
¡Qué pena! Ese día tengo otro compromiso.	*What a shame! That day I have another engagement.*
Lo siento pero tengo que…	*I'm sorry, but I have to…*
¡Qué lástima! A esa hora tengo otro compromiso.	*What a shame! I have other plans at that time.*

Cognados

Review the cognates in *Adelante* and the false cognates in *¡Atención!* For a complete list of cognates, see Appendix 4.

Cognados falsos

educado/a	*well-mannered, cultivated*
recordar	*(not record) to remember, to remind*

EN DIRECTO

Video: La salsa en Puerto Rico

> **Antes de ver el video.**   En grupos de dos o tres, contesten las preguntas que siguen. Luego, comparen sus respuestas con las de la clase.

- ¿Te gusta bailar?
- ¿Por qué?
- ¿Bailas salsa?
- ¿Cómo celebras tu cumpleaños?

> **Mira el video.**   Indica si cada una de estas oraciones es cierta o falsa. Compara tus respuestas con las de un/a compañero/a.

Cierto	Falso	
☐	☑	**1.** Justin vive en Nueva Jersey con su familia.
☑	☐	**2.** A Justin le gusta bailar.
☐	☑	**3.** La amiga de Justin es profesora de español.
☑	☐	**4.** Ella escucha mucha música.
☑	☐	**5.** Justin baila bien.
☑	☐	**6.** El grupo de salsa le canta para su cumpleaños.

> **Después de ver el video.**   En grupos de dos o tres, contesten a estas preguntas.

1. ¿Quieres aprender a bailar salsa?

2. ¿Qué te gusta hacer para celebrar tu cumpleaños?

3. ¿Prefieres aprender a bailar en una clase o en un concierto?

¿Qué conexiones hay entre los días feriados y la cultura de un pueblo?

In this **Investigación** you will learn:

- How to express the names of holidays and describe the customs or traditions associated with the holidays
- About how some celebrations originated and what they have in common across cultures
- How a country's celebrations offer insights into its culture
- How to express habitual or repeated past actions

¿Cómo se habla de los días feriados?

You can provide the name of a holiday and the date it is celebrated.	El Día de San Valentín se celebra el 14 de febrero en muchos países.
You can describe the celebration.	Los novios se dan chocolates o regalos. Se dan cartas amorosas y se regalan flores.
You can describe the practices and customs of how you used to celebrate a particular holiday.	Se ponían las velas en un pastel y luego se encendían *(to light)* las velas y todos cantaban "Feliz cumpleaños".
You can draw conclusions about a country's culture based on its holidays.	La celebración nacional de la Inmaculada Concepción indica que hay una gran cantidad de católicos en Bolivia.

DICHOS

En lo puro no hay futuro la pureza está en la mezcla.
Si el toreo es arte, el canibalismo es gastronomía.

La cultura es el camino que hace nobles a los pueblos.

There's no future in purity, purity is in the mix.
If bullfighting is art then cannibalism is gastronomy.
Culture is the path that makes people noble.

Courtesy of Pablo Muirhead

Adelante

¡Ya lo sabes! Días feriados y celebraciones

adornar
el amor
el carnaval
celebrar
la ceremonia
la conmemoración
el Día de la Independencia
   (el 4 de julio)
el Día de San Patricio
   (el 17 de marzo)

el Día de San Valentín
   (el 14 de febrero)
fabuloso
horroroso
impresionante
Jánuca
maravilloso
el origen
el patriotismo
Ramadán

el ritual
simbolizar
Yom Kipur

¡Atención!

la máscara	(not mascara) *mask*
ocultar	(not occult) *to hide*

8B.1 Los sinónimos o asociaciones. Para cada palabra que escuches, busca la palabra asociada o el sinónimo de la lista a continuación. Luego, verifica tus respuestas con la clase.

8B.1 AUDIO SCRIPT:
1. San Patricio, 2. adornar, 3. la ceremonia, 4. representar, 5. Mardi Gras, 6. el patriotismo, 7. maravilloso, 8. la fiesta

a. el color verde
b. decorar
c. el ritual
d. fabuloso
e. un carnaval
f. la celebración
g. el Día de la Independencia
h. simbolizar

1. a   **5.** e
2. b   **6.** g
3. c   **7.** d
4. h   **8.** f

8B.2 Crucigrama. Con un/a compañero/a de clase, completen el crucigrama con las palabras que corresponden a las oraciones según la lista de palabras horizontales o verticales. Luego, comparen sus respuestas con las de otros grupos.

8B.1, 8B.2 TEACHING TIP: Consider making partner cards out of Activities 8B.1 and 8B.2. One person would receive a card that reads *el color verde* and they would need to partner with the student that had the card *San Patricio.* You will then be able to use these throughout the chapter, or later, to further practice this vocabulary.

8B.2 ALTERNATIVE STRATEGY: Have students complete this activity on their own and then compare their responses.

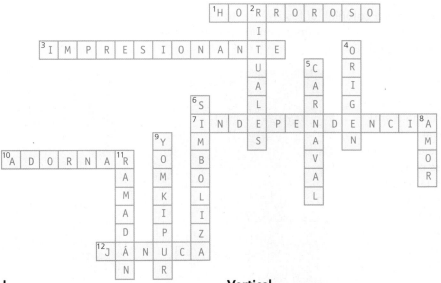

Horizontal

horroroso   impresionante   Independencia
Jánuca   adornar

1. El adjetivo __horroroso__ describe a algo que nos inspira mucho terror.

3. El adjetivo __impresionante__ es un sinónimo de majestuoso, magnífico o poderoso (*powerful*).

7. El Día de la __Independencia__ es un día que nos inspira mucho patriotismo.

10. El verbo decorar es un sinónimo del verbo __adornar__.

12. Durante la __Jánuca__ los judíos encienden velas (*candles*) durante las ocho noches del festival.

Vertical

Ramadán   origen   amor
rituales   Yom Kipur   carnaval
simboliza

2. El bautismo y la primera comunión son __rituales__ importantes para los católicos.

4. El __origen__ se refiere al lugar o al momento en que comienza algo.

5. Durante un __carnaval__ la gente celebra mucho con procesiones y bailes en la calle.

6. La menorah __simboliza__ las ocho noches de Jánuca.

8. El __amor__ es una emoción positiva muy fuerte hacia otra persona.

9. El __Yom Kipur__ es un día muy solemne para los judíos.

11. Durante el mes de __Ramadán__ los musulmanes ayunan (*fast*) durante el día.

8B.3 **¿Y tú?** Conversa con alguien en la clase acerca de días feriados y celebraciones. Usa las siguientes preguntas para guiar tu conversación.

- ¿Fuiste recientemente a una ceremonia? ¿Cómo fue?
- ¿Celebraste el Día de Independencia? ¿Qué hiciste?
- ¿En tu opinión existe algún ritual horroroso?, ¿fabuloso?, ¡impresionante?
- ¿Adornaste tu casa para el Día de San Patricio?
- ¿Sabes qué simboliza Ramadán? ¿Jánuca?
- ¿Hiciste algo especial para el Día de San Valentín?

TEACHING TIP: As an introduction to the reading, write *Cuaresma* on the board with the English translation "Lent" beside it. Then ask students: *¿Quién sabe lo que es la Cuaresma para los cristianos?* As they provide ideas, write them on the board (if students provide information in English, restate and write the information in simple Spanish). Tell students that they will be reading about how indigenous ceremonies influenced and were influenced by the Christianity brought to the New World by the Spaniards. They should also read about the customs and practices associated with the Carnaval de Oruro.

READING STRATEGIES: Remind students to scan for cognates. They do not need to understand every word to get the gist of the passage. They should also take into account what the context is.

El Carnaval de Oruro

La ciudad de Oruro, situada en los Andes de Bolivia, se llama la Capital Folclórica de Bolivia, principalmente por el gran Carnaval de Oruro, el mayor evento cultural del año en Bolivia. El Carnaval de Oruro representa una combinación interesante de tradiciones indígenas y católicas, ya que tiene sus orígenes en el festival de Ito celebrado por los urus, un grupo indígena de la región, desde la época precolombina.

Durante la época colonial, el festival de Ito se incorporó al festival católico del Carnaval, los dioses andinos se convirtieron en imágenes cristianas y se veneraron (*worshipped*) como santos católicos.

Hoy en día, este carnaval comienza diez días antes de la Cuaresma (*Lent*). El festival incluye varias celebraciones basadas en la música, la danza y la artesanía tradicional. El elemento más notable del Carnaval de Oruro es una magnífica procesión de veinte horas que tiene lugar durante el tercer día. En esa procesión participan unos veinte

FP/Getty Images, Inc.

mil bailarines y unos diez mil músicos que pasan por la ciudad por una ruta de cuatro kilómetros. Los participantes se dividen en unos cincuenta grupos. Cada grupo lleva un traje o disfraz (*costume*) tradicional diferente y desfila (*parades*) al ritmo de un baile de gran importancia cultural e histórica.

TEACHING TIP: Have students go to YouTube to watch any number of videos featuring this festival. This will offer context to students who may benefit from the video format.

STANDARDS: COMMUNICATION/INTERPRETIVE MODE. An important skill that students need to develop is their interpretive skill, or in other words, their ability to get the gist of a message. This reading and the subsequent activities help students toward that goal of developing their interpretive skills.

8B.4 El Carnaval de Oruro.

Paso 1: Vas a escuchar varias oraciones. Indica si son ciertas o falsas de acuerdo a lo que has leído y corrige cualquier información falsa. Luego, verifica las respuestas con la clase.

	Cierto	**Falso**	
1.	☐	☑	Bolivia
2.	☐	☑	la Cuaresma/el festival católico de Carnaval
3.	☑	☐	
4.	☑	☐	
5.	☑	☐	

Paso 2: Con un/a compañero/a de clase, contesten las siguientes preguntas en español usando el diagrama de Venn para organizar la información. Luego, verifiquen sus respuestas con otro grupo.

1. ¿Con qué festival popular en EE. UU. podemos asociar el Carnaval de Oruro?

2. ¿Dónde ocurre este festival?

3. ¿Cuáles son los aspectos que tienen en común este festival y el Carnaval de Oruro?

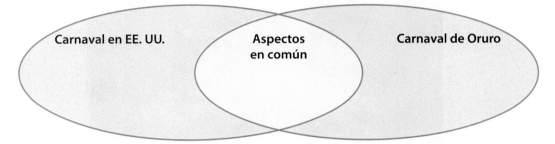

Carnaval en EE. UU. — Aspectos en común — Carnaval de Oruro

Modelo: *Podemos asociar el Carnaval de Oruro con el festival de Mardi Gras en Nueva Orleáns. Los dos ocurren antes de la Cuaresma, los dos tienen procesiones durante varios días y los dos atraen a muchos turistas.*

VÍVELO: LENGUA

Expressing time frames

Just as there are words, such as **a menudo** (*often*) and **siempre** (*always*), that tend to be used in the past with the imperfect, there are words that frame time in the past and are consequently often used to trigger the preterit. If a specific amount of time is indeed framed in the past, it indicates that the action began and/ or was completed, and as such, the verb will be a preterit verb. For example, **por fin** means *finally*, as in *We finally got on the train*. Can you explain why the other words/ phrases below would also usually trigger a preterit verb in Spanish?

por fin	⟶	Por fin nos subimos al tren.
más tarde	⟶	Más tarde llegaron mis abuelos.
finalmente	⟶	Finalmente terminó la guerra contra los apaches.
pronto	⟶	Muy pronto se declaró líder del Nuevo Mundo.

8B.4 AUDIO SCRIPT:
1. La ciudad de Oruro está en Guatemala. 2. El Carnaval de Oruro se asocia con el Año Nuevo. 3. La parte más importante del Carnaval de Oruro es una gran procesión. 4. La procesión incluye muchas danzas tradicionales. 5. El Carnaval de Oruro se basa en un festival indígena.

WileyPLUS Learning Space
8B.4 INSTRUCTOR'S RESOURCES: You will find a reproducible Venn Diagram for use with Activity 8B.4 in your Instructor's Resources.

8B.5 **Machu Picchu.**

Paso 1: Lee la siguiente descripción de la primera vez que un niño fue a Machu Picchu. Subraya con una línea todos los ejemplos del imperfecto y subraya con dos líneas los ejemplos en el pretérito. Luego, compara tus respuestas con las de un/a compañero/a de clase.

Cuando era niño mi familia y yo viajábamos a menudo por Latinoamérica en los veranos. Mis padres eran muy generosos y siempre nos atendían a mi hermano menor y a mí. Yo era muy pequeño y curioso. A finales de un verano, llegamos a Machu Picchu. Era el mes de julio y hacía fresco porque allí era invierno. Llegamos en tren desde Cusco y más tarde subimos la montaña en autobús para visitar esta ciudadela. Pronto llegamos a las ruinas. Había personas de todo el mundo. Era como una reunión mundial. Mi familia y yo caminamos muchas horas ese día. Observamos las magníficas estructuras arquitectónicas que construyeron los incas. Nunca me voy a olvidar de ese día.

Courtesy of Richard Muirhead

Paso 2: Escucha las oraciones e indica si son ciertas o falsas y corrige la información falsa. Luego, verifica tus respuestas con la clase.

	Cierto	**Falso**
1.	☑	☐
2.	☐	☑
3.	☐	☑
4.	☐	☑

Paso 3: Ahora, cuéntale a tu compañero/a cómo eran las vacaciones u otras actividades con tu familia cuando eras niño/a y cuéntale una experiencia específica.

8B.6 **Carta al pueblo español.** Imagínate que es el año 1540, has estado mucho tiempo en las Américas y has conocido las culturas indígenas. España, entre otros países europeos, está pensando continuar la conquista y colonización del continente. Tú tienes la oportunidad de escribirles una carta a los reyes españoles de lo que ha ocurrido en el Nuevo Mundo. Incluye en tu carta cosas como los desarrollos, las tradiciones, etcétera.

Palabras clave Los días festivos religiosos, culturales o nacionales

1 de enero	Año Nuevo
6 de enero	el Día de Reyes/la Epifanía
31 de octubre	la Víspera de Todos los Santos*
1 y 2 de noviembre	el Día de los Muertos/de Todos los Santos
4° jueves de noviembre	el Día de Acción de Gracias
24 de diciembre	la Nochebuena
25 de diciembre	la Navidad
28 de diciembre	el Día de los Inocentes (es parecido a *April Fool's Day*)
31 de diciembre	la Nochevieja
la Pascua	la celebración de la resurrección de Jesucristo
la Semana Santa	la semana antes de la Pascua

*La Víspera de Todos los Santos *(All Saints' Eve)* se refiere a una celebración religiosa. No debe confundirse con Halloween, que hoy en día es una celebración secular.

WileyPLUS Learning Space

You will find PowerPoint presentations for use with *Palabras clave* in *WileyPLUS Learning Space*.

TEACHING TIP: Ask students to guess the corresponding English holiday based on the dates. Call attention to the note about *La Víspera de Todos los Santos* and Halloween. You may want to explain that the way in which people celebrate the contemporary, secular Halloween holiday has roots in the Celtic celebration of the end of the harvest season. Despite its Celtic roots, it is generally held that its name indeed derives from the Christian feast of All Saints' Day. "All Hallows' Eve" is another term for "All Saints' Eve". The two celebrations were aligned by popes in the early church. Students will make comparisons between *El Día de los Muertos* and Halloween in *Contextos* and *Perspectivas* later in this *Investigación*.

TEACHING TIP: Model the relationship between "the refrigerator", "to refrigerate" and "refrigerated creme". Explore whether students can identify which is a noun, verb, and adjective. Then, encourage students to build on vocabulary they have learned. For example, if *simbolizar* means "to symbolize", what might *símbolo* mean? If *disfraz* means "costume", what might *disfrazarse* mean? If we can help students make these connections and develop strategies to do so, they will be better equipped to make meaning connections within word families.

Después de tres años de **compromiso,** Juana y Luis se casan porque **la boda** es **una costumbre** de sus **antepasados.**

Los padres y **los padrinos** del bebé participan en la ceremonia del **bautismo.**

Los jóvenes van a **desvelarse** después de la fiesta. **Festejan** su **amistad** y **el cumpleaños** de un compañero.

En las fiestas de Halloween, la gente lleva **una máscara** o **un disfraz** que **oculta** su identidad.

8B.7 AUDIO SCRIPT:
1. Día en que los cristianos celebran el nacimiento de Jesucristo. 2. Día en que los cristianos conmemoran la resurrección de Jesucristo. 3. En Estados Unidos es el primero de abril. 4. El día en que un país conmemora su liberación de otro país. 5. En Estados Unidos se celebra el cuarto jueves de noviembre con una comida grande. 6. Se celebra el seis de enero y tradicionalmente los niños en los países hispanos reciben regalos ese día. 7. Se celebra el primero de enero. En Estados Unidos hay varios desfiles y partidos de fútbol americano. 8. Se celebra el treinta y uno de diciembre. Hay muchas fiestas y se canta la canción *"Auld Lang Syne"*.

8B.7 TEACHING TIP: You may elaborate or provide examples, such as *el desfile de Macy's* for item 5 o *el Rose Bowl* for item 7.

8B.8 TEACHING TIP: Suggest that students read the words on their card before they hear the statements to facilitate accessing the correct words.

8B.8 ANSWERS: A: 1. estar desvelado, 2. regalar, 3. las velas, 4. los antepasados, 5. la boda. **B:** 1. disfrazarse, 2. el regalo, 3. la amistad, 4. los padrinos, 5. darle gracias

8B.7 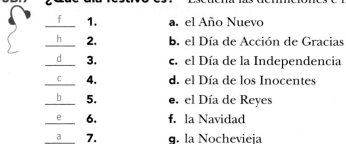 **¿Qué día festivo es?** Escucha las definiciones e indica a qué día festivo se refiere.

_f_ **1.**	**a.** el Año Nuevo	
_h_ **2.**	**b.** el Día de Acción de Gracias	
_d_ **3.**	**c.** el Día de la Independencia	
_c_ **4.**	**d.** el Día de los Inocentes	
_b_ **5.**	**e.** el Día de Reyes	
_e_ **6.**	**f.** la Navidad	
_a_ **7.**	**g.** la Nochevieja	
_g_ **8.**	**h.** la Pascua	

8B.8 **¿Qué palabra corresponde?** Escoge la tarjeta A o B y léele a un/a compañero/a de clase las definiciones y descripciones de la columna a la izquierda. Tu compañero/a te va a decir qué palabra defines o describes. Verifica tus respuestas con la clase.

Modelo: E1: *Es algo que se pone sobre la cara que cambia su aparencia.*
E2: *la máscara*

A	
Definiciones y descripciones para leerle a tu compañero/a:	**Palabras que corresponden a las definiciones y descripciones que va a leer tu compañero/a:**
1. Esta expresión describe el estado mental de una persona después de acostarse tarde.	los padrinos
2. Este verbo es un sinónimo de *dar*.	disfrazarse
3. Las luces que ponemos en un pastel de cumpleaños	el regalo
4. Los parientes muertos de varias generaciones pasadas	darle gracias
5. La ceremonia en que dos personas se casan	la amistad

B	
Definiciones y descripciones para leerle a tu compañero/a:	**Palabras que corresponden a las definiciones y descripciones que va a leer tu compañero/a:**
1. Significa "ponerse ropa especial para una celebración"	los antepasados
2. Es algo que recibimos en la Navidad, en el cumpleaños u otra celebración.	estar desvelado
3. Una relación íntima no romántica	la boda
4. Son las personas más importantes para una niño/a en la ceremonia del bautismo católico (aparte de los padres).	las velas
5. Es lo que haces después de recibir un regalo de una persona.	regalar

8B.9 **¿Cuál es tu día festivo favorito?** Camina por la clase y pregúntales a diez compañeros cuál es su día festivo favorito y por qué. Crea una tabla como esta con sus respuestas. Luego, repasa tus respuestas con la clase. ¿Cuál es el día festivo favorito más mencionado? Apunta las conclusiones en tu **Retrato de la clase.**

Nombre	Día festivo favorito	¿Por qué?

Retrato de la clase: Por lo general, el día festivo favorito de la clase es ___ porque...

8B.10 **¿Cómo celebran los días festivos?** Describe un día festivo de tu cultura nativa siguiendo los siguientes pasos.

Paso 1: Contesta las siguientes preguntas usando el mapa semántico para organizar tus respuestas.

- ¿Cuál es el día festivo?
- ¿Cómo lo celebras?
- ¿Con quién(es) lo celebras?
- ¿Dónde lo celebras?
- ¿Qué comidas/bebidas especiales asocias con ese día festivo?
- ¿Qué actividades o costumbres asocias con ese día festivo?
- ¿Das regalos, tarjetas u otras cosas ese día? ¿A quién(es)?
- ¿Qué te gusta más/menos de ese día festivo?

Paso 2: Encuentra a un/a compañero/a de clase que describa el mismo día festivo y comparen sus apuntes.

Paso 3: Escribe en tu **Retrato de la clase** las semejanzas *(similarities)* y diferencias entre cómo tú y tu compañero/a de clase celebran el día festivo.

Retrato de la clase: Cuando ___ y yo celebramos ___ vamos a...

8B.9 MULTIPLE INTELLIGENCES: BODILY-KINESTHETIC. Encourage students to stand up and move around while talking to as many classmates as possible. The more opportunities we can create to get students to move around, the more likely they are to retain the information being shared.

WileyPLUS Learning Space 8B.9 INSTRUCTOR'S RESOURCES. You will find a reproducible chart for students to use with Activity 8B.9 in your Instructor's Resources.

8B.10 TEACHING TIP: Allow students to compare different holidays if they cannot find someone in class who wrote on the same holiday.

PASO 2: VENN DIAGRAM: Invite students to use a Venn Diagram to organize their comparing and contrasting of two holidays. This will also be a helpful visual for students as they present their discussion to the class.

PASO 3: TEACHING TIP: Point out to students that while holidays may be the same, the practices can vary even within a culture from one family to another. You may want to give students some expressions such as *por mi/su parte, yo... en cambio él/ella...* to help them express differences between how they and their classmates celebrate a particular holiday.

VÍVELO: CULTURA

Las fiestas patronales

En diferentes regiones de España existe una tradición muy antigua en la que cada barrio (*neighborhood*) de la región tiene un Santo Patrón (*Patron Saint*). El día del Santo Patrón toda la comunidad lo celebra con una fiesta popular llamada fiesta patronal. En la región de Andalucía, al sur de España, son comunes las procesiones de gente que camina por las calles principales de la ciudad cargando (*carrying*) una imagen muy grande del Santo o de la Virgen que celebra su día. Estas procesiones son solemnes y son organizadas por la Iglesia católica. En otras regiones, las celebraciones de los santos tienen un tono más festivo, como en el caso de Barcelona, en donde las tradiciones han adquirido un sentido más contemporáneo y donde los orígenes religiosos de la tradición casi no se sienten.

Las celebraciones patronales son una tradición tan antigua que también se celebran en toda Latinoamérica debido a la influencia española. Uno de los efectos positivos de estas fiestas es que sirven para unir a los habitantes de distintas comunidades.

Courtesy of Claudia Montoya

Decoraciones para una competencia en la Fiesta de Gracia (fiesta patronal de Barcelona, España)

8B.11 Fiestas patronales. Contesta las siguientes preguntas según la información compartida en la lectura.

1. Para ser una fiesta patronal, tiene que tener una conexión…

    a. cultural.   **c.** deportiva.

    b. religiosa.   **d.** personal.

2. Según la información compartida en la lectura, ¿qué no sería considerada una celebración patronal?

    a. las fiestas de San Fermín   **c.** el Día del Trabajo

    b. las fiestas de la Virgen Blanca   **d.** la Feria de San Juan

3. ¿En qué ciudad sería más probable encontrar una fiesta patronal con tonos más religiosos?

    a. Sevilla   **b.** Barcelona

4. En una celebración más solemne, ¿qué no encontrarías?

    a. música tecno   **c.** imágenes de los santos

    b. procesiones

5. En Colombia tienen muchas celebraciones. ¿Cuál de estas no es una fiesta patronal?

    a. Nuestra Señora del Carmen

    b. el Día de Independencia

    c. San Pedro Claver

    d. Nuestra Señora del Rosario de Chiquinquirá

Estructuras clave 1 The present perfect tense

The present perfect tense expresses actions that *have happened* in the past with respect to the present moment. It is a compound tense. That is to say, it is composed of two parts, an auxiliary, or "helping" verb and a participle, which is a special form of the verb conveying most of the meaning.

—¿Qué **has estudiado?**   —*What have you studied?*
—**He estudiado** la geografía latinoamericana.   —*I have studied Latin American geography.*

Note that in English, the present tense of the auxiliary verb *to have* is used with the past participle of a verb (often called "the *–ed* form"). Likewise in Spanish, the present tense of the auxiliary verb **haber** *(to have)* is used with a past participle. See below for the conjugation of **haber** and examples of the past participles of familiar Spanish verbs.

haber +		past participle	
yo	**he**	com**ido**	*(I have eaten.)*
tú	**has**	habl**ado**	*(You have spoken.)*
él/ella/usted	**ha**	le**ído**	*(He/She has read, You have read.)*
nosotros/as	**hemos**	visit**ado**	*(We have visited.)*
vosotros/as	**habéis**	mir**ado**	*(You all have watched.)*
ellos/ellas/ustedes	**han**	bail**ado**	*(They have danced, You have danced.)*

Regular past participles in Spanish follow the pattern shown above. The past participle of **–ar** verbs ends in **–ado,** and the past participle of **–er** and **–ir** verbs ends in **–ido.**

Notice in the examples above and below that it is the auxiliary verb that agrees with the subject. The past participle remains unchanged no matter who is performing the action. To make a present perfect statement negative, place **no** before the conjugated form of **haber.**

— **¿Has preparado** la comida?   — *Have you prepared the food?*
— No, **no he preparado** la comida.   — *No, I have not prepared the food.*

Irregular past participles		

There are a handful of irregular past participles. They include the following.

decir	**dicho**	Siempre he dicho la verdad.
hacer	**hecho**	No he hecho la tarea hoy.
escribir	**escrito**	He escrito varios poemas.
ver	**visto**	No he visto los Andes.
volver	**vuelto**	He vuelto a estudiar en la biblioteca.
morir	**muerto**	Mi abuela ha muerto.
romper	**roto**	Hemos roto la ventana con la pelota de béisbol.
poner	**puesto**	He puesto mis libros en la mochila.
cubrir	**cubierto**	¿Has cubierto las plantas para protegerlas del frío?
descubrir	**descubierto**	Nunca se ha descubierto la fuente *(fountain)* de la juventud.
abrir	**abierto**	¿Has abierto la puerta para tu abuela?

WileyPLUS Learning Space
Go to *WileyPLUS Learning Space* and review the tutorial for this grammar point.

WileyPLUS Learning Space

You will find PowerPoint presentations for use with *Estructuras clave* in *WileyPLUS Learning Space.*

TEACHING TIP: Ask students to read the statements and agree or disagree with them. This will allow students to connect the meaning of the past participle to its irregular form.

8B.12 When students share their responses with a classmate, if a student responds with "Sí" ask them to elaborate their answers by probing w/ questions like, ¿Quién cumplió años? ¿Qué celebración religiosa? Describe la tradición nueva. ¿Qué comida y qué fiesta religiosa? ¿Puedes dar ejemplos? ¿Cómo se llama la persona?

8B.13 Ask students to share w/ the class information about their partner and then follow-up with questions that ensure student are listening to their classmates, i.e., "¿Cómo se llama el estudiante que descubrió que tenía otra hermana?

8B.14 TEACHING TIP: You may want to share some statements of your own and have students guess whether or not they are true.

8B.15 TEACHING TIP: Process your students' answers. As important as it is for students to learn about traditions in the Spanish-speaking world, it is also important that they recognize that they, too, may have their own family/cultural traditions as well as their classmates.

8B.12 ¿Qué has hecho? ¿Con qué frecuencia?   Lee la lista de cosas e indica cuáles has hecho recientemente. Luego comparte tus respuestas con un/a compañero/a.

Recientemente…

☐ he ido a una fiesta de cumpleaños.

☐ he participado en una celebración religiosa.

☐ he descubierto una tradición nueva en mi comunidad.

☐ he comido una comida asociada con una fiesta religiosa.

☐ he aprendido algo interesante de otras tradiciones.

☐ he conocido a una persona que no celebra su cumpleaños.

8B.13 ¿Quiénes han...?   Entrevista a tus compañeros de clase para ver quiénes han tenido estas diferentes experiencias con celebraciones y feriados. Luego escribe en tu **Retrato de la clase** lo que has aprendido de tus compañeros.

Modelo: ¿Has bailado en una boda recientemente?
          Sí/No lo he hecho.

- _____ ha bailado en una boda recientemente.
- _____ ha recibido flores por el Día de San Valentín.
- _____ ha vuelto a la ciudad de origen de sus abuelos.
- _____ ha descubierto un secreto familiar.
- _____ ha participado en una ceremonia de otra tradición religiosa.
- _____ ha escrito mensajes para sus amigos en sus cumpleaños.
- _____ ha participado en un ritual maravilloso de otra cultura.
- _____ ha viajado a otro país.
- _____ ha visto un ritual interesante en la televisión.

Retrato de la clase: *Nombre* ha…. *Nombre y yo* hemos….

8B.14 Cinco cosas.   Piensa en las cosas interesantes que has hecho en tu vida. Escribe cinco oraciones describiendo lo que has hecho. De esas cinco oraciones, no todas tienen que ser ciertas. En grupos de tres o cuatro comparte tus oraciones con tus compañeros. Ellos tienen que adivinar cuáles son ciertas y cuáles son falsas.

8B.15 ¿Cómo te llamas?   Para anticipar el tema de la lectura *El día del santo*, contesta estas preguntas. En grupos de tres, o cuatro, compartan sus respuestas.

1. ¿Por qué tienes el nombre que tienes?

2. ¿Tiene algún significado especial?

3. ¿Existen tradiciones de nombres en tu familia?

VÍVELO: CULTURA

El día del santo

Por siglos, una tradición hispana era nombrar a los hijos de acuerdo al día de su santo. Según las tradiciones católicas y ortodoxas, cada día del año está dedicado a un santo. La persona recibe el nombre del santo del día en que nació y así el día del santo es el mismo día que el cumpleaños. Hoy en día esta costumbre va desapareciendo. Sin embargo, el día del santo sigue siendo importante en muchos países. Por ejemplo, en pueblos católicos y ortodoxos, se celebra el día del santo además, o en lugar, del cumpleaños. La celebración del día del santo es similar al cumpleaños. La persona recibe las felicitaciones de sus familiares y amigos, puede haber una fiesta o comida especial y la persona puede recibir regalos.

Algunos nombres populares en Hispanoamérica de acuerdo al santo o la santa:

San Agustín	28 de agosto	Santa Elena	18 de agosto
San Antonio	17 de enero	San Fernando	30 de mayo
Santa Ana	26 de julio	San Francisco	4 de octubre
Santa Bárbara	4 de diciembre	Santa Isabel	4 de julio
San Carlos	3 de junio	San José	19 de marzo
San Cristóbal	10 de julio	San Juan	24 de junio
San Daniel	20 de marzo	Santa Mónica	27 de agosto

8B.16 ¿Cierto o falso? Lee las siguientes oraciones e indica si son ciertas o falsas. Si son falsas, cámbialas para que sean ciertas.

1. Una familia que vive en un país mayormente católico está obligada a ponerle el nombre de un santo a su hijo.

2. Si tu cumpleaños es el 18 de agosto y eres una chica, tu nombre tiene que ser Elena.

3. Si tú naces el 20 de julio y tu nombre es Antonio, tu familia y tus amigos te pueden celebrar el 17 de enero también.

Estructuras clave 2 Review of present tense irregular verbs

In *Investigación 8A*, you learned about irregular verbs in the preterit. As you work to incorporate those into your repertoire, we wanted to go back and review irregular verbs in the present. Although you have incorporated these common verbs since *Investigación 3A*, a little refresher will help solidify them.

The more you come in contact with these verbs, the less you will have to think about what makes them irregular as the practice will help you retain them. The following groupings will help you move toward that goal:

yo-go verbs

In *Investigación 3A*, you learned that the verbs *hacer, poner* and *salir* dropped their regular *yo* ending and added a *-go* ending (e.g. *hago, pongo, salgo*). You also learned that in addition to the *-go* ending, some also had a stem change, such as *venir* and *tener* (*vengo, vienes, viene, venimos, venís, vienen*).

Let's expand your vocabulary by adding more verbs to this category. Notice that some of them not only add a *-go* in the *yo* form, but an *-igo*.

	valer (to be worth)	caer (to fall)	traer (to bring)	decir e→i (to say)
yo	val**go**	cai**go**	trai**go**	di**go**
tú	vales	caes	traes	dices
él/ella/usted	vale	cae	trae	dice
nosotros/nosotras	valemos	caemos	traemos	decimos
vosotros/vosotras	valéis	caéis	traéis	decís
ellos/ellas/ustedes	valemos	caemos	traemos	decimos

Remember that verbs derived from those you have learned so far also follow the same rules. For instance, the verb *contradecir* (contradict) comes from the verb *decir* and as such follows the following conjugation pattern: *contradigo, contradices,* etc. Other verbs like that would be *contraer, mantener, obtener,* and many others.

Like the irregular verb *to be* in English, some of the most commonly-used verbs in Spanish are also irregular. Two important examples are the verbs **ser** (**soy, eres, es, somos, sois, son**) and **ir** (**voy, vas, va, vamos vais, van**). The verb *to give* in Spanish, **dar**, follows the same patterns as **ir** as it is conjugated the following way: **doy, das, da**… Unlike irregular -*er* verbs, the verb ver cannot drop -*er* and simply add regular endings, so it drops the -*r* and adds the regular endings (**veo, ves, ve, vemos veis, ven**).

For the sake of maintaining "regular-sounding" pronunciation, some verbs have spelling changes to accommodate for this. Remember the following examples that you were presented with in *Investigación 4A?*

	construir	destruir	contribuir
yo	constru**yo**	destru**yo**	contribu**yo**
tú	contru**yes**	destru**yes**	contribu**yes**
él/ella/usted	constru**ye**	destru**ye**	contribu**ye**
nosotros/nosotras	construimos	destruimos	contribuimos
vosotros/vosotras	construís	destruís	contribuís
ellos/ellas/ustedes	constru**yen**	destru**yen**	contribu**yen**

Check out the verbs above again. Is there a pattern that you see? If you mentioned the -*uir* ending to those verbs, good job. They take a -*y* within the boot to maintain the same pronunciation.

Similarly, the verbs **conocer, producir** and **traducir**, follow a specific pattern to maintain the same pronunciation. They have a *c→zc* change in the *yo* form.

	conocer	producir	traducir
yo	cono**zc**o	produ**zc**o	tradu**zc**o
tú	conoces	produces	traduces
él/ella/usted	conoce	produce	traduce
nosotros/nosotras	conocemos	producimos	traducimos
vosotros/vosotras	conocéis	producís	traducís
ellos/ellas/ustedes	conocen	producen	traducen

As you progress in your Spanish studies it is important to recognize that learning is spiral. As you learn new things, make sure to come back and review earlier material. It will help you build a stronger base.

8B.17 Elena y sus días festivos favoritos. Lee lo que dice Elena de lo que hace para los siguientes días festivos e indica a qué día festivo se refiere.

1. Salgo a una fiesta con mis amigos. Oímos música y bailamos mucho. A la media noche celebramos la llegada de algo especial.

2. Muchas personas que vienen de Irlanda celebran este feriado el 17 de marzo.

3. Vengo a la plaza central de mi pueblo y camino con otras personas de mi pueblo. Un grupo de personas trae una imagen grande de la Virgen que celebra su día. Todos caminamos juntos.

4. La familia de mi amiga pone ocho velas durante las ocho noches del festival.

5. Traigo regalos para toda mi familia el día antes de Navidad.

8B.18 Yo. Completa los fragmentos en la forma de **yo**. Luego, combina los fragmentos para crear una oración lógica. Indica si las oraciones son ciertas para ti o no. Comparte tus respuestas con otra persona en la clase y luego con toda la clase.

A

1. Siempre (salir) _____ de la casa

2. Me gusta (hacer) _____ la tarea

3. Si (venir) _____ a una fiesta

4. Siempre (oír) _____ la música

5. Ya (tener) _____ un trabajo

B

me gusta (traer) _____ algo para compartir.

que me gusta (hacer) _____ mucho.

de Navidad en diciembre.

antes de (salir) _____ a bailar.

a las siete y media de la mañana.

8B.19 ¿Cómo celebras...? Contesta estas preguntas individualmente. Luego úsalas para hacerle preguntas a otra persona de la clase. Indica sus respuestas en tu **Retrato de la clase**.

1. ¿Qué haces para prepararte para tu cumpleaños?

2. ¿Oyes música diferente en diferentes días feriados? ¿Como qué?

3. ¿Tienes un día feriado favorito? ¿Cuál es? ¿Por qué?

4. ¿Vienes a la universidad cuando hay un día feriado?

5. Si viene un/a amigo/a a tu casa para una fiesta, ¿qué trae?

Retrato de la clase: Mi amigo/a _____ para prepararse para su cumpleaños. Oye música...

8B.17 Have students keep in mind the various holidays and festivals that they've learned about during this *Investigación* in order to complete this exercise.

8B.17 ANSWERS: 1. el Año Nuevo, 2. el Día de San Patricio, 3. las fiestas patronales, 4. la Jánuca, 5. la Nochebuena

8B.18 You may want to verify that students created logical sentences before having them do the next step of indicating whether or not they correspond to them or not.

8B.18 ANSWERS: 1. Siempre salgo de la casa a las siete y media de la mañana., 2. Me gusta hacer la tarea antes de salir a bailar., 3. Si vengo a una fiesta me gusta traer algo para compartir., 4. Siempre oigo la música de Navidad en diciembre. 5. Ya tengo un trabajo que me gusta hacer mucho.

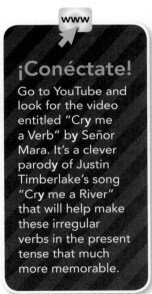

¡Conéctate!

Go to YouTube and look for the video entitled "Cry me a Verb" by Señor Mara. It's a clever parody of Justin Timberlake's song "Cry me a River" that will help make these irregular verbs in the present tense that much more memorable.

VÍVELO: CULTURA

Celebración del Mes de la Herencia Hispana en EE. UU.

El Mes de la Herencia Hispana reconoce y celebra la rica influencia hispana en Estados Unidos. Del 15 de septiembre al 15 de octubre, una variedad de programas especiales, actos públicos, exhibiciones y sitios en la Internet celebran la herencia, la cultura, el espíritu y las extraordinarias contribuciones de los hispanos a Estados Unidos.

La celebración del Mes de la Herencia Hispana empezó a nivel nacional en 1968 con la promulgación del proyecto de ley 90-498, que autorizó una proclamación presidencial que declara la semana en la que caen el 15 y el 16 de septiembre como Semana de la Herencia Hispana. La semana se designó en estas fechas para coincidir con las celebraciones de la independencia de Costa Rica, El Salvador, Guatemala, Honduras y Nicaragua el 15 de septiembre y de México el 16 de septiembre.

© AP/Wide World Photos

PRE-READING ACTIVITY: Poll students before you read this passage to see if they know about the existence of Hispanic Heritage Month, and if so, when it is celebrated. Have students explore what celebrations occur in your community, city and university for Hispanic Heritage month.

8B.20 El Día de los Muertos. Antes de leer el siguiente texto sobre el Día de los Muertos, una celebración mexicana, lee las siguientes descripciones de los cuatro párrafos para darte una idea general de la lectura. Luego al leer el texto, empareja el número del párrafo con la descripción que le corresponde.

El párrafo número...

___1___ explica la influencia indígena en el día feriado del Día de los Muertos.

___4___ explica lo que se hace en las visitas al cementerio.

___3___ explica el propósito de las ofrendas.

___2___ explica la influencia de la Iglesia católica en el Día de los Muertos.

El Día de los Muertos

1   La celebración del Día de los Muertos es una de las más importantes y conocidas de México. Para muchas personas, es el día que más se asocia con la cultura mexicana o mexicoamericana. Durante la época precolombina, muchas culturas indígenas en Mesoamérica conmemoraban a los muertos, pero las celebraciones de los indígenas mexicas (los aztecas) fueron el antecedente más directo del ritual contemporáneo. Durante lo que ahora es el mes de agosto, los mexicas celebraban el festival de Miccailhuitontli, en el que conmemoraban a los niños muertos. El mes siguiente celebraban Hueymiccaihuitl, en el que conmemoraban a los adultos muertos. Al mismo tiempo, celebraban la cosecha *(harvest)* con el festival de Xocotl Huetzi. De esa manera, los mexicas combinaban la conmemoración de los muertos con la celebración de la cosecha.

© AP/Wide World Photos

Cuando llegaron los españoles en el siglo XVI, decidieron conservar algunos
2   aspectos de estos festivales indígenas pero cambiaron otros para que coincidieran con las fiestas católicas de Todos los Santos *(All Saints' Day)* y el Día de los Difuntos *(All Souls' Day)* que se celebraban el primero y el dos de noviembre, respectivamente. Hoy en día, se puede ver cómo se combinaron los festivales mexicas y las fiestas católicas porque en muchos lugares, el primero de noviembre se conmemora a los niños muertos mientras que el dos de noviembre se conmemora a los adultos muertos.

Un aspecto muy importante del Día de los Muertos son las ofrendas que preparan las
3   personas en sus casas. Las ofrendas se ponen en un pequeño altar que se construye para conmemorar a los muertos. Los altares muchas veces consisten en una serie de cajas *(boxes)* arregladas en diferentes niveles y cubiertas de telas *(cloth)*. Para decorar los altares, las personas emplean ofrendas como flores, velas, fotos, decoraciones de papel y calacas o catrinas (figuras cómicas con forma de esqueletos). También se pone comida como pan de muerto, frutas, dulces *(sweets)*, especialmente calaveras *(skulls)* de azúcar y otras comidas. En los altares para adultos se pueden incluir cigarros y alcohol, como tequila o mezcal. Para los niños, se incluyen juguetes *(toys)*. Hoy en día, se pueden ver altares con ofrendas en muchos lugares públicos, tales como escuelas, oficinas y tiendas. Esto puede ser una manera de combatir la influencia de la fiesta estadounidense de Halloween, que ha influenciado la celebración del Día de los Muertos, sobre todo en las grandes ciudades.

4 Al igual que en el Día de la Conmemoración de Estados Unidos, las visitas al cementerio (o panteón) son una parte importante del Día de los Muertos. Las personas van al cementerio para limpiar, arreglar, pintar y decorar las tumbas de sus familiares. En algunos lugares, especialmente en zonas rurales, la visita al cementerio se convierte en una especie de reunión familiar que dura toda la noche. Las personas se reúnen en el cementerio para pasar tiempo juntos y con los espíritus de sus familiares. Se hace una especie de picnic y se cuentan relatos (*stories*) para recordar a los muertos. Esta alegre y respetuosa celebración es una manera de demostrar que la muerte no es una cosa triste ni temible (*frightening*), sino una parte normal del ciclo de la vida.

8B.21 **¿Qué comprendiste de la lectura?** Depués de leer la información acerca del Día de los Muertos, con un/a compañero/a de clase completen las oraciones con la información correcta. Luego, consulten con otros compañeros para verificar las respuestas.

noviembre
la cosecha
ofrendas
Halloween
calavera
juguetes
el Día de los Difuntos

1. Los mexicas combinaban la conmemoración de los muertos con otro festival que celebraba _____la cosecha_____.

2. Los españoles convirtieron los festivales mexicas en dos fiestas católicas: Todos los Santos y _____el Día de los Difuntos_____, los cuales se celebran el primero y el dos de _____noviembre_____.

3. Las _____ofrendas_____ se ponen en un altar que se construye para conmemorar a los muertos.

4. Hay temor (*fear*) de que el Día de los Muertos sea eclipsado por la fiesta de _____Halloween_____ debido a la influencia de la cultura estadounidense.

5. Los dulces que más se asocian con el Día de los Muertos tienen forma de _____calavera_____.

6. Muchas veces, se usan _____juguetes_____ para conmemorar a los niños.

8B.21 TEACHING TIP:
Remind students to move on to the next sentence if they cannot find the right answer. They can always come back to previous sentences.

8B.22 Una comparación entre el Día de los Muertos y Halloween. Busca información en la Internet o en otras fuentes acerca de los orígenes de la celebración de Halloween. Luego, compara Halloween con el Día de los Muertos y anota las semejanzas y diferencias en el diagrama de Venn. En la próxima clase, habla con tres compañeros para comparar la información que encontraron. Anoten las conclusiones de su grupo para presentarlas a la clase.

8B.22 EXTENSION ACTIVITY: Ask students to do research on Halloween as homework. In the following class, have groups of students compare their findings and then go over each group's conclusions as a class.

Halloween
diferencias

semejanzas

El Día de los Muertos
diferencias

En las fiestas de Halloween, la gente lleva **una máscara** o **un disfraz** que **oculta** su identidad.

Vocabulario: Investigación B

Vocabulario esencial

Sustantivos

la amistad	*the friendship*
el Año Nuevo	*New Year*
los antepasados	*the ancestors*
el bautismo	*the baptism*
la boda	*the wedding*
las calaveras	*the skulls*
el compromiso	*the engagement*
la costumbre	*the custom*
la cuaresma	*Lent*
el cumpleaños	*the birthday*
el desfile	*the parade*
el Día de Acción de Gracias	*Thanksgiving*
el Día de los Inocentes	*Day of the Innocents (like April Fool's Day)*
el Día de los Muertos/ de Todos los Santos	*Day of the Dead*
el Día de Reyes/ La Epifanía	*Three Kings Day*
el día del santo	*Saint's Day*
el disfraz	*the costume*
los dulces	*the sweets*
los juguetes	*the toys*
la madrina	*the godmother*
la máscara	*the mask*
la Navidad	*Christmas Day*
la Nochebuena	*Christmas Eve*

la Nochevieja	*New Year's Eve*
los padres	*the parents*
los padrinos	*the godparents*
la Pascua	*Easter*
el regalo	*the gift*
la Semana Santa	*Holy Week*
las telas	*the cloths*
las velas	*the candles*
la Víspera de Todos los Santos	*All Saints' Eve*
Todos los Santos	*All Saints*

Verbos

desvelarse	*to stay up late*
festejar	*to celebrate*
ocultar	*to hide*

Otras palabras y expresiones

Frases

finalmente	*finally*
más tarde	*later*
por fin	*finally*
pronto	*soon*

Cognados

Review the cognates in *Adelante* and the false cognates in *¡Atención!* For a complete list of cognates, see Appendix 4.

¡VÍVELE!

EN VIVO

 Los días feriados que me interesan. Conversa con dos o tres compañeros para ver qué día festivo o celebración les interesa.

1. ¿Qué día feriado o celebración te llama más la atención?

2. ¿Por qué?

 Días feriados y celebraciones. Prepara una reseña de un día feriado o una celebración del mundo hispanohablante. Toma en cuenta las diferentes celebraciones y los días feriados que has llegado a conocer.

Tu presentación tiene que incluir lo siguiente:

- una descripción
- una imagen
- un código QR o más información de tu tema

Al completar tu reseña vas a tener la oportunidad de compartirla con tus compañeros de clase. Todos van a aprender de lo que sus compañeros investigaron.

Para empezar, sigue estos pasos:

Paso 1: Escoge un día feriado o celebración hispana que te interesa.

Paso 2: Haz una investigación de tu tema. Busca la siguiente información:

- ¿Cuándo se celebra?
- ¿Dónde se celebra?
- ¿Quiénes lo celebran?
- ¿Cómo lo celebran?
- ¿Por qué lo celebran?

Paso 3: Organiza la información que encontraste en **tus** palabras.

Paso 4: Escribe tu reseña.

Paso 5: Busca una imagen que represente tu día feriado o celebración. Inclúyela en tu reseña. Da crédito a la fuente (*source*) que usaste.

Paso 6: Busca una página web con más información o tal vez un video en YouTube de tu tema y…

- para clases en persona crea un código QR del enlace (*link*) que usaste. Pon el código QR en tu reseña. *Do an internet search of "QR creator" and follow instructions to create your own QR code.*
- para clases en línea incluye el enlace.

Paso 7: Revisa tu trabajo. ¿Contestaste todas las preguntas? ¿Funciona tu código QR/enlace? Organízalo en formato de una página.

Luego,

Paso 8: Descarga (*download*) un *QR reader* a tu tablet o teléfono.

Paso 9: Tráelo a clase (*BYOD – bring your own device*) con unos audífonos.

Paso 10: En clase, o en línea, lee las reseñas de tus compañeros y mira los videos que compartieron. Comenta en la siguiente tabla lo que aprendiste.

Día feriado o festival	¿Dónde se celebra?	¿Cuándo se celebra?	¿Por qué lo celebran?

CAPÍTULO 9

Perspectivas distintas

INVESTIGACIÓN **9A**
¿Quiénes fueron los mayas, los aztecas y los incas?

ADELANTE

▸ ¡Ya lo sabes! Las civilizaciones indígenas
▸ Las grandes civilizaciones de las Américas

Bien dicho: Los sonidos relacionados con la *g*

PALABRAS CLAVE

▸ Antiguos imperios

ESTRUCTURAS CLAVE

▸ The imperfect: Forms and functions
▸ Verbs that change meaning in preterit/imperfect

VÍVELO: LENGUA

▸ Expressing *ago*

VÍVELO: CULTURA

▸ Las tribus indígenas del norte
▸ Las creencias de las tribus indígenas norteamericanas

¡VÍVELO!

En directo:
Ollantaytambo: Cultura milenaria

INVESTIGACIÓN **9B**
¿Existe una verdad objetiva?

ADELANTE

▸ ¡Ya lo sabes! Personas y sucesos históricos
▸ Simón Bolívar: El Libertador

PALABRAS CLAVE

▸ El reportaje de eventos

ESTRUCTURAS CLAVE

▸ The imperfect and the preterit in contrast
▸ Review of object pronouns

VÍVELO: LENGUA

▸ Pronombres relativos adicionales

CONTEXTOS Y PERSPECTIVAS

El verdadero Cristóbal Colón
Examinar el legado ambiguo

¡VÍVELO!

En vivo:
Lo que piensa mi clase
Un punto de vista distinto

¿Quiénes fueron los mayas, los aztecas y los incas?

In this **Investigación** you will learn:

► About the various contributions of indigenous peoples in the Americas

► About the great civilizations of Central and South America

► How to express actions in the past interrupted by other actions

► How to express the beginning or end of past events

LANGUAGE THROUGH CONTENT: As your students are developing their Spanish skills, they are doing so while they learn new content that will help them develop a more acute sense of the complexity of language. By making the connection between language and culture more vivid, they will be developing their intercultural communicative competence.

¿Cómo se puede hablar de las antiguas civilizaciones de las Américas?

You can talk about the various achievements of the great indigenous civilizations.	Los mayas inventaron un sistema avanzado de matemáticas, geometría y astronomía.
You can describe each civilization.	Los incas crearon un imperio más grande que el imperio romano durante su esplendor. El calendario azteca es más antiguo que el calendario gregoriano. No sabemos cómo se desintegró la civilización de los mayas.
You can investigate the state of these civilizations today.	¿Qué idiomas indígenas se hablan en la actualidad? ¿Cómo se trata en la actualidad a los grupos indígenas en las Américas?
You can narrate the sequence of events that explain what happened to the great civilizations of the Americas.	Colón llegó a las islas del Caribe y luego exploró la región de Nicaragua y Panamá. Regresó a España desilusionado porque nunca descubrió las riquezas que quería.

EN DIRECTO

> As you view the video **Ollantaytambo: Cultura milenaria** listen for the answers to the next two questions.

> **1.** ¿A qué imperio corresponde Ollantaytambo?

> **2.** ¿En qué país está Ollantaytambo?

Adelante

¡Ya lo sabes! Las civilizaciones indígenas

abandonar	el censo	extinguir
aceptar	el champú	el fertilizante
el acueducto	civilizar	la higiene personal
el adobe	conquistar	el imperio
armar	la conservación del agua	invadir
la arquitectura	cultivar	nómada
asimilar	defender	la preservación de alimentos
atacar	descubrir	los recursos naturales
la barbacoa	desintegrar	el repelente de insectos
la bola	el detergente	sedentario/a
el cacao	la ecología	el sistema de infraestructura
la canoa	el esplendor	ocupar
capturar	extender	

TEACHING TIP: Have students provide the cognates from the list that belongs to the word families of the following words: *preservar, repeler, medicar, fertilizar, sistematizar, alimentar, naturalización, higiénico, insecticidas, invasión, ocupación, aceptación, civilización, asimilación, extinción*

¡Atención!

enrollar	(not *enroll*) to roll up, wind
ensayo	*essay*, but also *rehearsal*

9A.1 **¿A qué categorías pertenecen?** Con un/a compañero/a de clase escriban los cognados de la lista de *Adelante ¡Ya lo sabes!* arriba, en las categorías apropiadas. Incluyan otras categorías si son necesarias. Luego, compartan sus mapas semánticos con otra pareja.

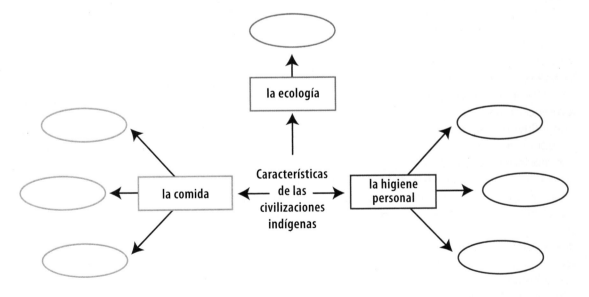

9A.1 TEACHING TIP: Encourage students to create additional categories and to insert additional words. For example, there are many more cognates under food than the three indicated in the semantic map above. This type of exercise recycles previously learned vocabulary.

9A.1 FOCUSED PRACTICE: Because the words on this list are cognates, you can thus expect your students to need less contact with them in context than if they were brand new words. However, be realistic in terms of what you expect students to have readily accessible in their own language production. Here are two strategies you could use to approach cognate vocabulary: 1. Have students make a list of items that they come in contact with on a daily basis. 2. Have students organize the vocabulary by themes. Remember to encourage students to build as many connections as possible to this vocabulary so that it does become more accessible for them.

9A.2 **¿Qué palabra no corresponde?** Indica la palabra que no tiene nada en común con las demás según el modelo. Luego, verifica tus respuestas con otros compañeros de clase.

1. el chile	el frijol *(bean)*	el maíz	(la canoa)
2. el detergente	(el censo)	el champú	el repelente de insectos
3. (el tabaco)	el tomate	la papa	el chocolate
4. invadir	atacar	(cultivar)	conquistar
5. (abandonar)	conservar	preservar	defender
6. la serpiente	la alpaca	el búfalo	(la bola)
7. ensayar	practicar	preparar	(enrollar)

9A.3 **Descripciones.** Escucha las descripciones y escribe el término correspondiente de la lista de cognados. Luego, verifica tus respuestas con la clase.

1. la canoa

2. el adobe

3. el acueducto

4. los recursos naturales

5. el champú

6. la preservación de alimentos

7. el censo

8. el repelente de insectos

9. el fertilizante

9A.4 **En parejas.** Túrnate con un/a compañero/a para describir palabras de la lista de cognados. Una persona describe una palabra, sin decirla, mientras que la otra persona adivina la palabra descrita.

Las grandes civilizaciones de las Américas

Para entender las culturas latinoamericanas es importante comprender las diversas influencias formativas en las culturas de hoy. Una influencia muy importante es la indígena. Para entender mejor esta influencia es importante aprender sobre las civilizaciones más conocidas: la maya, la azteca y la inca. Estas civilizaciones no solo fueron importantes imperios precolombinos (antes de Cristóbal Colón), sino que influyeron en el idioma, la religión y la cultura de las naciones latinoamericanas modernas. La producción agrícola, artesanal, artística y literaria de estos pueblos constituye un elemento fundamental del patrimonio *(heritage)* económico y cultural de sus respectivos países. Sus descendientes contemporáneos todavía son una parte significativa de varios países latinoamericanos, tales como México, Guatemala, Ecuador, Perú y Bolivia.

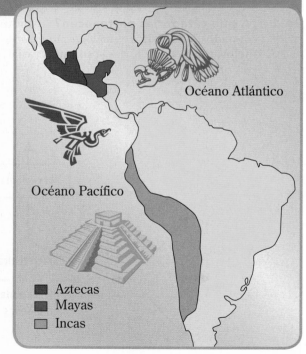

Océano Atlántico

Océano Pacífico

- ■ Aztecas
- ■ Mayas
- □ Incas

Por otro lado, es importante reconocer que aunque todavía existen poblaciones cuyos antepasados pertenecían *(belonged)* a las antiguas civilizaciones, la mayoría de las poblaciones fueron eliminadas con la llegada de los españoles.

9A.5 Cierto o falso. Indica si estas oraciones son ciertas o falsas. Luego, verifica tus respuestas con la clase.

Cierto	Falso	
☐	☑	**1.** Los mayas, incas y aztecas no tuvieron un gran impacto en la formación de las culturas del Nuevo Mundo.
☐	☑	**2.** Los mayas fueron muy importantes en Perú.
☑	☐	**3.** La civilización azteca fue muy dominante en lo que hoy es México.
☑	☐	**4.** Las religiones indígenas influyeron en las tradiciones religiosas actuales.
☐	☑	**5.** Los incas tuvieron un imperio muy extenso en América Central.
☑	☐	**6.** Muchos indígenas murieron después de la llegada de los españoles.
☑	☐	**7.** Las civilizaciones indígenas elaboraron formas de arte, artesanía y literatura.
☐	☑	**8.** La conquista de los pueblos indígenas causó su extinción completa.

9A.5 ANSWERS:
1. (Sí, tuvieron gran impacto). 2. (América Central) 5. (América del Sur) 8. (Todavía son parte de la población de ciertas regiones).

9A.5 TEACHING TIP: Encourage students to determine whether the statements are true or false without referring back to the passage. After they have responded to the statements, have them go back to the passage and check their answers. How did they do?

Bien dicho

Los sonidos relacionados con la *g*

In Spanish, the letter **g** before the vowels **e** and **i** often corresponds to a sound that is similar to the sound associated with the letter *h* in the English words *hat, ham, heavy,* and *hand.*

la gente	escoger	el gimnasio	el detergente	la ecología

The letter **g** before the vowels **a, o, u,** and the consonants **l** and **r** corresponds to the sound associated with the letter *g* in English words such as *game, gloves, green, gumbo, gold,* and *eagle.*

la gorra	largas	el gusano	agradable	el inglés

In the same way that the **u** is silent in the combinations **que** and **qui**, the **u** in the combinations **gue** and **gui** is also silent. If the word is written with **ü**, then the **ü** is pronounced like *w* in English. Note the following contrasts:

guerra [gé-rra]	güera *(blonde)* [gwé-ra]
sigue [sí-ge]	bilingüe [bi-lín-gwe]
guitarra [gi-tá-rra]	lingüística [lin-gwís-ti-ka]
guía [gí-a]	pingüino [pin-gwí-no]

9A.6 AUDIO SCRIPT:
1. Me gusta esta blusa.
2. Estudio psicología.
3. Tengo veintidós años.
4. Somos vegetarianos.
5. El policía dirige el tráfico. 6. ¿Compraste muchos regalos? 7. La gramática es interesante. 8. Muchos gitanos (gypsies) viven allí.

9A.7 TEACHING TIP:
You may want to model the pronunciation of the first couple of examples for students. If you have them repeat a polysyllabic word after you, start with the last syllable and work your way to the beginning (e.g. –tar, –bral, Gibraltar).

9A.7 MULTIPLE INTELLIGENCES: MUSICAL. After going through this exercise, you may want to have students pick one of the sentences and focus on perfecting it. Encourage them to add rhythm or a beat to what they are reading. After students have had a chance to practice, go around the room hearing students recite their line.

9A.6 **¿Como la g inglesa o como la h inglesa?** Escucha las siguientes oraciones e indica si percibes un sonido fuerte *(strong)*, como el que corresponde a la *g* en inglés, o con un sonido suave *(soft)* como el que corresponde a la *h* en inglés.

	la *g* inglesa	la *h* inglesa
1.	☑	☐
2.	☐	☑
3.	☑	☐
4.	☐	☑
5.	☐	☑
6.	☑	☐
7.	☑	☐
8.	☐	☑

9A.7 **Ahora tú.** En parejas, ayúdense a pronunciar las siguientes palabras y frases en español de acuerdo con las reglas que aparecen arriba. Luego, como clase, verifiquen la pronunciación en grupo.

1. La clase grande me gusta.

2. Quiero tener un gato.

3. Mi suegra es gorda.

4. Toco la guitarra en el parque.

5. En Gibraltar hablan inglés.

6. Gerónimo juega golf.

7. Tengo vergüenza delante de mucha gente.

8. Gano dinero jugando al golf.

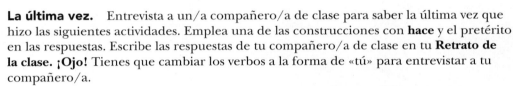

VÍVELO: LENGUA

Expressing *ago*

To express in Spanish how long ago one did something, you can use either of two constructions with **hace** and the preterit:

hace + time + **que** + preterit verb
preterit verb + **hace** + time

Hace un año que vi a mi hermano en Argentina. } *I saw my brother one year ago in Argentina.*
Vi a mi hermano en Argentina hace un año.

Hace tres semanas que él vino a verme. } *He came to see me three weeks ago.*
Vino a verme hace tres semanas.

To ask how long ago something took place, use ¿**Cuánto tiempo hace que** + preterit?

—¿Cuánto tiempo hace que se mudó a Argentina?   — *How long ago did he move to Argentina?*
—Hace tres años.   — *Three years ago.*

VÍVELO: LENGUA:
Remind students of the use of *hace* + time + *que* + present tense to talk about how long an action or condition has been on-going. Point out the difference in the use of the present versus use of the preterit with these *hace* time expressions. With use of the present, the focus is on the *duration of time* from the moment the action began, whereas with the use of the preterit, the focus is on *distance in time* from the moment the action occurred. Write *Hace tres años que se mudó a Argentina* and *Hace tres años que vive en Argentina* on the board and have students explain the difference in meaning as a function of the verb tense used.

9A.8   **La última vez.**   Entrevista a un/a compañero/a de clase para saber la última vez que hizo las siguientes actividades. Emplea una de las construcciones con **hace** y el pretérito en las respuestas. Escribe las respuestas de tu compañero/a de clase en tu **Retrato de la clase. ¡Ojo!** Tienes que cambiar los verbos a la forma de «tú» para entrevistar a tu compañero/a.

Modelo: E1:   *¿Cuándo fue la última vez que almorzaste con tu familia?*
           E2:   *Hace dos semanas que almorcé con mi familia.* o *Almorcé con mi familia hace dos semanas.*

¿Cuándo fue...

1. la última vez que visitó el campo?

2. la última vez que usó repelente de insectos?

3. la última vez que comió maíz?

4. la última vez que plantó algo?

5. la última vez que pescó en el río?

6. la última vez que jugó a las cartas?

7. la última vez que organizó una fiesta?

8. la última vez que ensayó antes de dar una presentación en clase?

Retrato de la clase: Hace _____ semanas/años que mi compañero/a fue al campo...

Palabras clave 1 Antiguos imperios

Background-These images represent aspects of the various empires. Point out that the image of the águila and víbora represent Quetzalcóatl, the feathered serpent, a Mesoamerican deity. Have students do some research as to Quetzalcóatl's significance and show them the Mexican flag to see its prominent display there.

9A.9 TEACHING TIP:
Encourage students to explain to their partners how they arrived at their answers, especially if they have different answers. The purpose of having students share their answers with one another is that it makes them more accountable and it gives them an extra layer of support as they expand their vocabulary.

9A.9 PARTNER CARDS:
On slips of paper, you could write down each word from both columns in activity 9A.9. Save them for future partnering activities. Randomly pass them out when you want students to work with a partner. If a student had the sheet reading *"el siglo,"* they would need to find the student with the slip reading *"cien años."* This will not only encourage further practice of the vocabulary but it will also provide students with a chance to physically move around the classroom, something that is important to helping students stay focused.

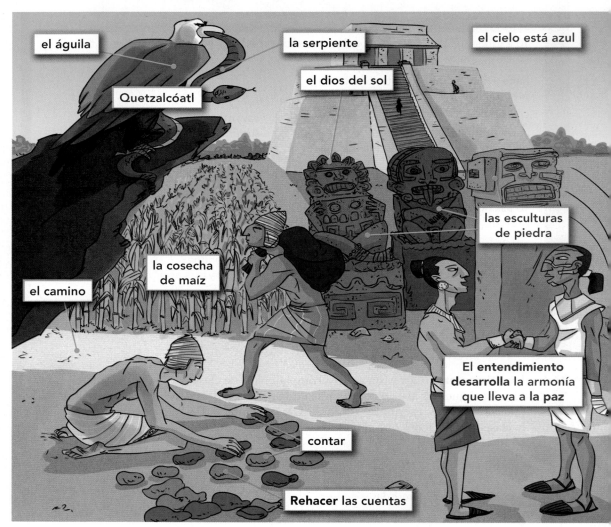

el águila — la serpiente — el cielo está azul — el dios del sol — Quetzalcóatl — las esculturas de piedra — la cosecha de maíz — el camino — El entendimiento desarrolla la armonía que lleva a la paz — contar — Rehacer las cuentas

9A.9 **Conceptos similares.** Empareja el nuevo vocabulario con conceptos similares. Luego, compara tus respuestas con las de un/a compañero/a.

1. __d__ avanzar
2. __b__ mundial
3. __a__ imperio
4. __f__ extender
5. __c__ el recurso natural
6. __e__ el siglo
7. __j__ la paz
8. __i__ la víbora
9. __h__ el águila
10. __g__ contar

a. dominación/monarquía
b. internacional
c. piedra
d. desarrollar
e. cien años
f. aumentar
g. uno, dos, tres,…
h. un animal que vuela
i. un reptil
j. cuando no hay violencia

Los tres imperios más importantes del Nuevo Mundo antes de la llegada de los españoles fueron los aztecas, los incas y los mayas. Estas civilizaciones antiguas habían desarrollado matemáticas, sistemas de irrigación, calendarios y otras cosas avanzadas. Los mayas hablaban quiché, los aztecas náhuatl y los incas quechua. Los españoles aparecieron durante el siglo XVI y extendieron su imperio por toda América Latina.

la arquitectura

los nudos contienen información y datos

9A.10 ¿Descubrimiento o conquista? Usa las palabras nuevas para completar este párrafo. Cuando lo termines, compara tus respuestas con las de dos compañeros y contesta la pregunta al final.

Mundo	siglos
entendimiento	desarrollaban
desarrolladas	imperio

Cuando se habla de las Américas típicamente se refiere a estos países como parte del

Nuevo ¹_____Mundo_____. Pero la verdad es que "nuevo" depende de la perspectiva.

Dicen que los europeos descubrieron las Américas hace más de cinco ²_____siglos_____.

Esa teoría refleja una ignorancia de la historia de las culturas indígenas que llevaban

(had lived for) miles de años en las Américas. Por ejemplo, el _____imperio_____ inca

era más grande que el imperio romano en su época, antes de que llegaran los

españoles. Había culturas y sociedades muy ⁴_____desarrolladas_____. Por ejemplo, los mayas

tenían un ⁵_____entendimiento_____ increíble de las matemáticas. No solamente las entendían

sino que también las ⁶_____desarrollaban_____. En fin, ¿fue descubrimiento o conquista? ¿Qué

opinas tú?

9A.10 TEACHING TIP: As you correct this exercise, invite students to volunteer reading one line at a time. While you are going over it, feel free to probe further by asking questions such as, *¿En qué año llegaron los europeos a las Américas?* Also, offer students a moment to discuss the last two questions in small groups. The purpose of this activity is to further familiarize students with the new vocabulary while offering them more language around this topic.

9A.11 ¿A qué palabra corresponde? Escoge la tarjeta A o B y léele a un/a compañero/a de clase las definiciones y descripciones de la columna de la izquierda. Tu compañero/a te va a decir qué palabra de la columna a la derecha defines o describes. Verifica tus respuestas con la clase.

A	
Definiciones y descripciones para leerle a tu compañero/a:	**Palabras que corresponden a las definiciones y descripciones que va a leer tu compañero/a:**
1. Está sobre nuestras cabezas. Hay nubes. Los aviones vuelan ahí.	el entendimiento
2. Un animal que vuela.	la cosecha
3. Antónimo de violencia.	la víbora
4. Ser supremo o deidad.	contar
5. Tomar diferentes pasos para mejorar algo.	deshacer

B	
Definiciones y descripciones para leerle a tu compañero/a:	**Palabras que corresponden a las definiciones y descripciones que va a leer tu compañero/a:**
1. Relación positiva entre personas o grupos.	el águila
2. Tipo de serpiente.	el dios
3. Dividir, separar o alterar.	el cielo
4. Cuando se recogen los frutos de la tierra.	desarrollar
5. 1, 2, 3, ...	la paz

MIS APUNTES

9A.12 Norteamérica. Trabaja con una o dos personas más y hagan una lista de todos los grupos indígenas/nativoamericanos que conocen. Luego comparen su lista con las de sus compañeros de clase.

9A.12 TEACHING TIP: Have students close the textbooks, if open. Give students 2-4 minutes to write down all the names of native North American groups they can think of. Go through students' lists and make a class list. With books open, compare the list to those found in the *Vívelo: Cultura* reading.

VÍVELO: CULTURA

Las tribus indígenas del norte

Había una gran variedad de pueblos indígenas en América del Norte, algunos sedentarios y otros nómadas. La lista a continuación enumera algunas tribus e identifica la región donde se encontraban. ¿Cuáles de ellas reconoces?

los inuits	Región Ártica
los cheyenes	Región de la Gran Cuenca
los shoshones	Región de la Gran Cuenca
los spokanes	Región de la Gran Meseta
los comanches	Región de las Grandes Llanuras
los crows	Región de las Grandes Llanuras
los sioux	Región de las Grandes Llanuras
los wichitas	Región de las Grandes Llanuras
los mohicanos	Región Nordeste
los senecas	Región Nordeste
los shawnis	Región Nordeste
los crees	Región Subártica
los cheroquíes	Región Sudeste
los chickasaws	Región Sudeste
los seminolas	Región Sudeste
los apaches	Región Sudoeste
los hopis	Región Sudoeste
los navajos	Región Sudoeste
los zacatecas	Región Sudoeste
los zunis	Región Sudoeste

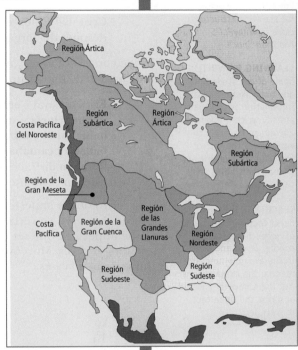

9A.13 ¿Dónde vivían? Muchas de las tribus que originalmente vivían en las regiones indicadas fueron forzadas a irse hacia el oeste. Trabajando con un/a compañero/a de clase, túrnense haciéndose preguntas sobre dónde vivían (*used to live*) las diferentes tribus.

Modelo: *Estudiante 1:* ¿Dónde vivían los seminolas?
Estudiante 2: Vivían en la región sudeste.

9A.13 TEACHING TIPS: Encourage students to eventually ask the same questions while covering up the list of associated regions. They should have a grasp of which regions different tribes were from.

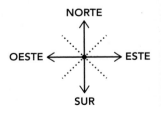

¡Conéctate!

North America, like Central and South America, has a rich history of Native American societies. Do you know what group lived where you live today? Many tribes continue the traditions of their ancestors in spite of the treacherous history to which they were subjected. Do an online search of "Native languages and cultures" to learn more about their rich histories. Identify three groups that you would like to learn more about. Find out where they were primarily based and where they are today. Learn more about general characteristics of these groups to share with your classmates.

Estructuras clave 1 The imperfect: Forms and functions

WileyPLUS Learning Space

Go to *WileyPLUS Learning Space* and review the tutorial for this grammar point.

WileyPLUS Learning Space

You will find PowerPoint presentations for use with *Estructuras clave* in *WileyPLUS Learning Space*.

LEARNING BY WRITING: Some of our students are more likely to retain information if they have already written it down. Encourage students to write down the gist of *Estructuras clave* in a section of their notes they can readily reference.

TEACHING TIP: Have students focus on the forms of *haber, hacer, bailar, cantar, llevar,* and *estar* in the example, and after reading the explanations. Ask them how they would describe the imperfect forms.

In addition to the preterit, which is used to describe completed actions in the past, there is another form of the past tense in Spanish, the imperfect.

The imperfect is used to express habitual or repeated actions in the past, such as:

Los incas **usaban** recursos naturales en sus construcciones.	*The Incas would use natural resources in their buildings.*

The imperfect form of **estar** is used to express states or conditions resulting from past action:

Cristobal Colón **estaba** cansado después del largo viaje.	*Christopher Columbus was tired after the long voyage.*

In the context of a story narrated in the past, the imperfect is used to set the scene, describing the characters, the setting, and the existing state of affairs.

Era Carnaval y **eran** las doce de la noche. **Hacía** muy buen tiempo y **había** mucho alboroto ya que la gente **bailaba** y **cantaba** en la calle. Todos **llevaban** disfraces fabulosos y **estaban** contentos.	*It was Carnival and it was 12:00 at night. The weather was nice and there was a lot of commotion because people were dancing and singing in the street. Everyone was wearing fabulous costumes and everyone was happy.*

The forms of the imperfect are very easy to learn as there are only three verbs that are irregular and there are no verbs with stem-changes or spelling changes. There are two sets of endings in the imperfect: one set (based on **–aba**) for the **–ar** verbs and one set (based on **–ía**) for both **–er** and **–ir** verbs. Moreover, the **yo** form and the third-person singular forms of the verb are the same in all cases.

	–ar	–er	–ir
	celebrar	**hacer**	**vivir**
Yo	celebr**aba**	hac**ía**	viv**ía**
Tú	celebr**abas**	hac**ías**	viv**ías**
Él/ella/usted	celebr**aba**	hac**ía**	viv**ía**
Nosotros/as	celebr**ábamos**	hac**íamos**	viv**íamos**
Vosotros/as	celebr**abais**	hac**íais**	viv**íais**
Ellos/ellas/ustedes	celebr**aban**	hac**ían**	viv**ían**

Irregular verbs in the imperfect

There are only three irregular verbs in the imperfect: **ser**, **ir**, and **ver**. **Ser** in the imperfect is used for telling time in the past and describing how someone or something *used to be*. **Ir** is used to mean *would go* or *used to go*, or in the sense of on-going action, *was going*.

	Ser	**Ir**	**Ver**
Yo	era	iba	veía
Tú	eras	ibas	veías
Él/ella/usted	era	iba	veía
Nosotros/as	éramos	íbamos	veíamos
Vosotros/as	erais	ibais	veías
Ellos/ellas/ustedes	eran	iban	veían

De niño, él **era** muy inteligente. Leía mucho y le gustaba hacer rompecabezas. Además, **era** muy simpático. Siempre **iba** a visitar a su abuela los fines de semana.

De niña, Rigoberta **era** muy pobre. **Iba** a trabajar en la cosecha de maíz con sus padres y **veía** muchos problemas sociales que existían.

9A.14 ¿Cómo eras cuando estabas en la primaria?   Lee las siguientes oraciones e indica si corresponden a ti.

	¿Sí o no?		¿Sí o no?
Escuchaba música infantil.		Asistía a una escuela privada.	
Leía libros de Dr. Seuss.		Veía mucha televisión.	
Iba al cine con mis abuelos.		Comía muchas verduras.	
Jugaba con *My Little Pony*.		Jugaba afuera con los vecinos.	
Corría en el parque.		Paseaba (*walked*) a mi perro.	
Escribía cuentos cómicos.		Era muy tímido/a.	

Luego escribe 5 oraciones que describan cómo eras cuando estabas en la secundaria.

1.
2.
3.
4.
5.

9A.15 Combina.   Completa las frases en cada columna. Luego conecta las frases de la columna izquierda con la frase apropiada para crear oraciones lógicas.

1. Cuando mi madre ____era____ (ser) joven… __d__

2. Yo ____vivía____ (vivir) en una región donde… __f__

3. Yo ____era____ (ser) un niño muy curioso… __h__

4. Mi hermano ____iba____ (ir)… __e__

5. Yo ____jugaba____ (jugar)… __c__

6. Ella ____buscaba____ (buscar) fósiles en… __g__

7. Mis amigos ____corrían____ (correr)… __a__

8. Nos ____gustaba____ (gustar)… __b__

a. todos los días después del colegio.

b. escuchar música pop cuando ____éramos____ (ser) menores.

c. muchos videojuegos cuando ____estaba____ (estar) en el octavo grado.

d. ____tocaba____ (tocar) en un grupo de música punk.

e. a la biblioteca cuando ____tenía____ (tener) mucha tarea.

f. tribus de indígenas ____vivían____ (vivir) anteriormente.

g. su tiempo libre porque le ____encantaba____ (encantar) coleccionarlos.

h. pero a mis padres no les ____gustaba____ (gustar) por ser peligroso.

9A.14 TEACHING TIP: Encourage students to use these sentences as models when developing their own sentences.

9A.14 Extension Activity: Have your students work in pairs to come up with sentences about themselves. They could write some that are true and others that are false. They could then share their sentences with the class and have the class guess which statements are true/false.

9A.15 Have your students work in pairs to review their work before correcting the activity as a class.

MIS APUNTES

9A.16 TEACHING TIP:
Allow students time to complete the signature search and then poll the class for results to see how many students used to do each activity. You can expand on items by asking follow-up questions such as: ¿Dónde veías a tus amigos? ¿Qué instrumento tocabas? ¿De qué club eras miembro? Write on the board, muchos, pocos, ningún, ninguno/a, nadie for students to use as they summarize their findings.

9A.16 Las actividades de la escuela secundaria. Camina por la clase y pregúntales a tus compañeros si hacían estas actividades en la escuela secundaria. Si alguien contesta "Sí", pídele que firme en el espacio correspondiente. Después de repasar los resultados con la clase, apunta el número de estudiantes que hacía cada actividad en tu **Retrato de la clase**.

1. ¿Tocabas en una banda/orquesta? _____

2. ¿Caminabas a la escuela? _____

3. ¿Veías a tus amigos con frecuencia? _____

4. ¿Escribías para el periódico estudiantil? _____

5. ¿Actuabas en obras de teatro? _____

6. ¿Veías películas de tribus indígenas? _____

7. ¿Participabas en el equipo de debate? _____

8. ¿Eras miembro de algún club estudiantil? _____

Retrato de la clase: Por lo general, _____ compañeros de clase tocaban en una banda, _____ caminaban a la escuela…

9A.17 TEACHING TIP:
Have students interview an older adult, such as a parent, grandparent, aunt, or a hispanic person. To find out what they used to do for fun when they were children. For example, what they did to celebrate birthdays, Christmas, specific holidays, etc. Compare students' responses by having them volunteer to read some of their sentences to the rest of the class.

9A.17 Los jóvenes de hoy y los jóvenes de las décadas de 1960 y 1970. En grupos de cuatro personas, comparen la vida y las actividades de los niños y los jóvenes de hoy con las de los niños y los jóvenes del pasado (por ejemplo, cómo celebraban sus cumpleaños) y anoten la información en la tabla. Piensen en diferentes aspectos de la vida, como las fiestas, los días feriados, la ropa, la música, la tecnología, la comida, la rutina diaria, los pasatiempos, la política, los cambios culturales/sociales, etcétera. La información acerca de los jóvenes de hoy se debe expresar con el tiempo presente mientras que la información acerca de los jóvenes del pasado se debe expresar con el imperfecto.

Los niños/jóvenes de hoy	Los niños/jóvenes del pasado
Celebran sus cumpleaños en un restaurante.	Celebraban sus cumpleaños en sus casas.
Ven películas de ciencia ficción.	Veían películas de John Wayne.
Reciben regalos electrónicos o tecnológicos.	Recibían regalos…

9A.18 Based on students' previous knowledge, ask them to read these sentences and make the most educated guess possible.

9A.18 Antes de leer. Lee las siguientes oraciones. Indica con un ✔ las oraciones que asocias con las tribus indígenas norteamericanas. Luego comparte tus resultados con un/a compañero/a de clase.

_____ Todas sobrevivieron la llegada de los europeos.

_____ Muchas eran nómadas.

_____ Los europeos se adaptaron a sus culturas.

_____ Sufrieron mucha represión.

_____ Vendieron sus tierras.

_____ Creían que la vida tenía un final predeterminado.

_____ Perdieron sus tierras.

_____ Creían que la muerte no era un final, sino que la vida era cíclica.

_____ Muchas fueron eliminadas.

_____ Algunas sobrevivieron.

_____ Muchas perdieron sus culturas.

VÍVELO: CULTURA

Las creencias de las tribus indígenas norteamericanas

Según la perspectiva de las tribus indígenas norteamericanas, la vida era cíclica. El pasado y el presente estaban siempre cerca (*close by*). Así se transformaban todas las culturas en un presente eterno, renovándose y rehaciendo su identidad cultural con cada historia. Muchos grupos eran nómadas, o sea, se mudaban según las estaciones del año y la búsqueda (*search*) de alimentos. Sus mitologías y religiones reflejaban un sentido de búsqueda que los llevaba fuera (*out of*) de su ambiente conocido a lugares y territorios nuevos y desconocidos.

Reserva indígena, suroeste de EE. UU.

La mayoría de las tribus norteamericanas fueron eliminadas, con excepción de las regiones más al norte y del Ártico. Varios gobiernos estadounidenses trataron de imponerles (*impose*) una cultura occidental y convertirlos al cristianismo. Los indígenas firmaban la venta (*sales*) de sus tierras solo porque los jefes de las tribus no concebían posible la venta de algo que no se podía llevar — la tierra, el agua, el aire, el viento y todo lo demás que hay en el planeta.

¿Sabes cuántas reservas indígenas existen en la actualidad? Haz una investigación para ver cuántas existen en Estados Unidos, el vasto territorio que una vez les perteneció.

9A.19 ¿Y ahora? Compara tus resultados en la actividad 9A.18 con la lectura. Escribe cinco oraciones **nuevas** acerca de lo que aprendiste usando la información de 9A.18 y la lectura. Compártelas con tu compañero/a de clase. ¿Son similares? Luego compartan algunas con la clase.

9A.19 TEACHING TIP: The goal of this activity is to get students to correct any misconceptions they may had before and put on paper what they learned. You may want to have students share their sentences with the class.

www ¡Conéctate!

Google the following names to learn their role in the colonization of Central and South America: Bartolomé de las Casas, Francisco Pizarro, Hernán Cortés, la Malinche, Ponce de León, Bernal Díaz del Castillo, Atahualpa, Moctezuma. Briefly share your findings with the class.

Estructuras clave 2 Verbs that change meaning in preterit/imperfect

ESTRUCTURAS CLAVE 2: Encourage students to make note of these meaning changes in their notebooks. Often, when we write something down, we are more inclined to remember it later.

Some verbs change meaning whether they are in the preterit or imperfect. For instance, the verb *conocer* can be used to describe meeting someone once as well as having been acquainted with someone for a longer period of time. It all depends on which form of the past is used. Which form, preterite or imperfect, do you think would indicate someone knowing someone over a longer period of time?

Miguel conocía a la familia Beltrán.	*Michael was acquainted with the Beltrán family.*

The preterit or the imperfect? If you said it was the imperfect, you're right.

Read through this chart to see other verbs that change meaning whether they are in the preterit or the imperfect.

	Pretérito	Imperfecto
conocer	*to meet for first, and possibly only, time* Juan conoció a María en una fiesta.	*to be acquainted with* Juan conocía a María de la escuela primaria.
saber	*to find out/discover/learn* Supimos que ellos iban a casarse anoche.	*to know* Ya sabíamos que ellos iban a casarse. No nos sorprende.
querer	*to try to* Quise terminar la tarea antes de ver la película.	*to want to* Quería terminar la tarea, pero no la entendí bien.
no querer	*to refuse to* El niño no quiso acostarse y empezó a llorar.	*to not want to* El niño no quería acostarse porque no estaba cansado.
poder	*to succeed in, to manage to* ¿Pudiste hablar ayer con Mariana?	*to have the ability to* ¿Podías andar en bicicleta a los seis años?
no poder	*to fail to, to not manage to* No pudimos encontrar las llaves. Están perdidas.	*to not have the ability to* No podíamos cocinar porque no había comida.

9A.20 ANSWERS:
1. quería, 2. pudo, 3. quiso, 4. sabía, 5. pudo, 6. querían, 7. quiso/quería, 8. conocían, 9. supieron/sabían

9A.20 TEACHING TIP: Through the context of these sentences, students will learn more about the history regarding the connection between Texas and Mexico. Have students form groups of three in which they will go over their answers to this exercise. They should explain/justify the choices they made. This will help draw their attention to the verbs that change meaning depending on which form of the past tense is being used.

9A.20 La historia de Texas. Con un/a compañero/a de clase, lean el párrafo a continuación y escojan la palabra correcta según el contexto de la oración.

Stephen F. Austin obtuvo permiso para ir a Texas con 300 colonos anglosajones. Austin fue a Texas porque [1]**quiso/quería** fundar una colonia en Texas. Sin embargo, Austin no [2]**pudo/podía** fundar la colonia porque México ganó su independencia de España en 1821. Esto causó muchos problemas para Austin porque México no [3]**quiso/quería** reconocer su colonia. A su vez Austin [4]**supo/sabía** cómo funcionaba la política mexicana y [5]**pudo/podía** entrar en esa política para iniciar cambios que le favorecieron. Pero esto no era suficiente. Los colonos de Austin [6]**quisieron/querían** ser estado y de igual manera México no [7]**quiso/quería** darles ese estatus. Aunque líderes de Texas y México, como Austin y Santa Anna, se [8]**conocieron/conocían** bastante bien, no [9]**supieron/sabían** cómo evitar la violencia. Texas se rebeló contra México en 1835 y obtuvo su independencia en 1836.

Courtesy of Pablo Muirhead

9A.21 Un poco de historia. Lee los siguientes párrafos y complétalos con la forma correcta del verbo apropiado. Luego compara tus respuestas con las de un/a compañero/a de clase.

Los incas y los españoles

El inca Atahualpa _____ (saber/conocer) al conquistador Francisco Pizarro por primera vez cuando el español lo capturó en 1532. Los españoles no _____ (querer/poder) coexistir con los incas. Cuando Atahualpa _____ (saber/conocer) las intenciones de Pizarro, él _____ (poder/conocer) darles todo el oro y plata que pidieron. Ellos _____ (conocer/querer) dominar a los incas.

El intercambio de comidas

Los españoles no _____ (conocer) el maíz o la papa antes de llegar a las Américas. A su vez, los indígenas no _____ (conocer) el arroz o los plátanos antes de la llegada de los españoles.

9A.22 ¿Y tú? Contesta estas preguntas y luego hazle las preguntas a un/a compañero/a de clase. Después escribe lo que aprendiste en tu **Retrato de la clase…**

1. ¿Querías aprender a hablar español cuando estabas en la secundaria?
2. ¿Conociste a una persona famosa?
3. ¿Podías montar bicicleta cuando tenías seis años?
4. ¿Sabías que ibas a estudiar en la universidad?
5. ¿Pudiste completar la tarea antes de clase hoy?
6. ¿Quisiste conseguir (*get*) un trabajo diferente?
7. ¿Hace cuánto tiempo que supiste un secreto familiar?

Retrato de la clase: _____ y yo podíamos montar bicicleta cuando teníamos seis años. Él/Ella sabía… pero yo…

9A.21 ANSWERS:
conoció, querían, supo, pudo, querían; conocían, conocían

TEACHING TIP: Consider having students research the themes of the two different sections to learn more. Have students prepare a brief report to present to the class.

9A.22 Have students write out their answers in complete sentences. Revise some of their answers as a class before moving on to the step where students interview a classmate.

Vocabulario: Investigación A

Vocabulario esencial

Sustantivos

el águila	*the eagle*
el camino	*the path*
el cielo	*the sky; heaven*
la cosecha de maíz	*the corn harvest*
el dios	*the god*
el entendimiento	*the understanding*
la escultura de piedra	*the rock sculpture*
la llegada	*the arrival*
el nudo	*the knot*
el Nuevo Mundo	*the New World*
el patrimonio	*the heritage*
la paz	*peace*
la serpiente	*the snake*
el siglo	*the century*
el sol	*the sun*

Verbos

aparecer	*to appear*
contar	*to count*
desarrollar	*to develop*
pertenecer	*to belong to*
rehacer	*to redo*

Adjetivos

desarrollado/a	*developed*
precolombino/a	*pre-Columbian (time before 1492)*

Cognados

Review the cognates in *Adelante* and the false cognates in *¡Atención!* For a complete list of cognates, see Appendix 4.

¡VÍVELO!

VIDEO: Ollantaytambo: Cultura milenaria

> **Antes de ver el video.** Contesta esta pregunta y comparte tu respuesta con el resto de la clase: ¿Crees que es necesario proteger a los grupos indígenas? ¿Por qué?

> **El video.** Completa las siguientes oraciones con la información del video.

1. Ollantaytambo está ubicado en el Valle Sagrado de los ___incas___.
2. Entre los siglos XIV y XVI era una ___fortaleza___ y un centro ___religioso___.
3. A los turistas les fascina ver que la ___tradición___ sigue ___viva___.
4. Conocer otras culturas actuales y antiguas nos permite ser más ___tolerantes___.

> **Después de ver el video.** Contesta esta pregunta con un/a compañero/a y luego con el resto de la clase: ¿Qué se puede aprender de las culturas indígenas o antiguas?

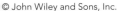

Vocabulario útil

esfuerzo	*effort*
fortaleza	*fortress*
reinado	*reign*
ladera	*hillside*
testigo	*witness*
ubicado	*located*

INVESTIGACIÓN 9B
¿Existe una verdad objetiva?

In this **Investigación** you will learn:

▶ To recount historical events in the past

▶ To describe past events and their corresponding actions

▶ About famous historical figures of Latin America

▶ About how historical events and figures are perceived within and across cultures

▶ About how historical events and figures change over time within cultures

¿Cómo se puede hablar del pasado y de la historia?

You can ask about or explain historical events.	¿Quién fue un dictador de España y por cuánto tiempo gobernó? ¿Cuál fue la Guerra Sucia en Argentina y cuándo ocurrió?
You can explore the events in a person's life.	¿Cuándo nació? ¿Quiénes fueron sus padres? ¿Dónde vivió cuando era joven? ¿Qué hizo? ¿Cuándo murió?
You can offer a rich narrative of a past event.	La Guerra Sucia se refiere a las prácticas violentas y crueles por parte de la dictadura militar que gobernó Argentina entre los años 1976 y 1983. El macartismo *(McCarthyism)* también fue una forma de persecución política impulsada a comienzos de la década de 1950 por Joseph R. McCarthy.

TEACHING TIP: Explore what students know in terms of important dates and wars. This introduces the topic of history and reviews how to express dates and years in Spanish. In Spanish, you can provide dates and see if students can associate the correct events to those dates, such as 1492, 1776, 1918 (end of WWI), 1939 (beginning of WWII), etc.

TEACHING TIP: Draw students' attention to the relationship between the cognates and their word families. Most of the time the context of a sentence will indicate the part of speech. Then, read each of the following words and have students find a synonym or antonym from the list for each: *opresión (liberación), democrático (autoritario), conquistar (invadir)*. All are antonyms except the last one. If, after having read them, there are students that are still unsure, provide them with the written word. We can help our students that are stronger visual learners by providing them with the visual word.

DICHOS

El que busca la verdad corre el riesgo de encontrarla.	*One who seeks out truth runs the risk of finding it.*
Hay tantas verdades como personas en el mundo.	*There are as many truths as people in the world.*
La verdad, como el aceite, siempre sale a flote.	*Truth, like oil, always floats to the top.*

Adelante

¡Ya lo sabes! Personas y sucesos históricos

atacar (el atacante)
autoritario/a (la autoridad)
democrático/a (la democracia)
la dictadura (el dictador)
gobernar (el gobernador, gobernado/a, el gobierno)

histórico/a (el historiador, la historia)
idealista (ideal, idealizar)
invadir (la invasión, invadido/a)
inventar (el inventor, la invención)

la liberación (el libertador, la libertad, liberar)
el mártir
la opresión (el opresor, oprimir)
permitir (el permiso, permitido/a)
revelar (la revelación)
votar (la votación, el voto)

¡Atención!

la historia	(not *story*), history
la simpatía	(not *sympathy*) likeability, friendliness
vago/a	(not *vagrant*) lazy

9B.1 **¡A organizar!** Con un/a compañero/a de clase, organicen las palabras siguientes en categorías: sustantivos, verbos, adjetivos.

democrático	idealista	oprimir	permitir
liberar	el gobierno	el atacante	la democracia
atacar	la opresión	inventar	gobernado
invadido	revelar	la historia	la invención
la liberación	histórico	gobernar	permitido

Sustantivos	Verbos	Adjetivos

9B.1 ANSWERS

Sustantivos	Verbos	Adjetivos
la liberación	liberar	democrático
el gobierno	atacar	invadido
la opresión	revelar	idealista
el atacante	oprimir	histórico
la historia	inventar	gobernado
la democracia	gobernar	permitido
la invención	permitir	

9B.2 **¡A emparejar!** Con un/a compañero/a de clase, emparejen los nombres de la columna A con las asociaciones correctas de la columna B. Luego verifiquen sus respuestas con otra pareja de compañeros de clase.

A

  d **1.** General Augusto Pinochet

  c **2.** El Álamo

  a **3.** Alexander Graham Bell

  b **4.** la elección

  e **5.** un secreto

B

a. inventor

b. votar

c. atacado

d. dictador

e. revelar

9B.2 TEACHING TIP: Have students review their answers with a partner before you go over them as a class. Students might find that more than one answer could be appropriate. Encourage them to narrow the possibilities down so that just one fits.

9B.2 Students may not know that General Augusto Pinochet was the dictator of Chile from 1973-1990. They will likely figure out through process of elimination that **d. dictador** is his association.

9B.3 **Crucigrama.** Con un/a compañero/a, completen las siguientes oraciones con la palabra más lógica de la lista de cognados y escríbanlas en el crucigrama. Conjuguen los verbos si es necesario. Luego, comprueben sus respuestas con la clase.

Horizontales

1. El comunista Fidel Castro ____gobernó____ Cuba por más de 49 años.

5. La ____liberación____ de los esclavos era una meta (goal) de los Yankees en la Guerra Civil de Estados Unidos.

8. Santa Anna llegó a ____atacar____ El Álamo en 1836.

9. Un dictador tiende a ser ____autoritario____.

11. La Segunda Guerra Mundial (WWII) ocurrió a causa de la ____opresión____ por parte de los nazis.

12. Santa Anna decidió ____permitir____ a Stephen F. Austin la colonización de Texas.

Verticales

2. Era necesario ____rebelarse____ de forma violenta contra la esclavitud como lo hizo Nat Turner en Virgina en 1831.

3. Un individuo tiene que ____revelar____ su espíritu fuerte para empezar la lucha contra los abusos sociales, como hizo Rosa Parks cuando decidió no sentarse al fondo del autobús.

4. Un gobierno ____democrático____ permite la elección de un presidente.

6. La ____dictadura____ de Francisco Franco empezó al mismo tiempo que la Segunda Guerra Mundial.

7. Es importante ____votar____ para tener una democracia auténtica.

10. Con la Internet es fácil investigar varias perspectivas sobre un mismo evento ____histórico____.

9B.4 **Antes de leer** Lee las siguientes preguntas para anticipar lo que viene en la lectura.

1. ¿Quién es considerado el libertador de Estados Unidos?
a. Benjamin Franklin
b. George Washington
c. Franklin Roosevelt
d. George Bush

2. ¿Qué palabra no tiene una fuerte asociación con libertador?
a. idealista
b. democracia
c. opresión
d. votar

3. ¿Qué país recibió su nombre de Simón Bolívar?
a. Venezuela
b. Colombia
c. Perú
d. Bolivia

Simón Bolívar: El Libertador

SuperStock

Simón Bolívar, conocido como "El Libertador", nació en Caracas, Venezuela en 1783. Durante un viaje a Europa, en 1805, Bolívar juró *(swore)* dedicarse a la liberación de Suramérica.

En 1810, Venezuela declaró su independencia y Bolívar fue a Inglaterra como diplomático. Luego, Bolívar escribió el Manifiesto de Cartagena, en el que pidió la cooperación de otras colonias en la lucha *(fight)* por la independencia de Venezuela.

En 1813, el ejército *(army)* de Bolívar comenzó la Campaña Admirable para liberar a Venezuela. Fue entonces cuando Bolívar recibió el título de El Libertador, pero a causa de problemas políticos, tuvo que exiliarse. Primero fue a Jamaica, donde escribió la Carta de Jamaica, en la que describió su visión del futuro de Latinoamérica y luego a Haití antes de regresar a Venezuela para continuar la lucha.

Entre 1818 y 1824, los ejércitos de Bolívar, Antonio José de Sucre y José de San Martín lucharon por liberar todo el continente suramericano. Bolívar fue presidente de la Gran Colombia (1821-1830). También fue presidente de Perú (1824-1825) y Bolivia (1825-1826). En 1826, Bolívar organizó el Congreso de Panamá para poner en práctica su visión de un continente unido.

9B.5 **¿Qué aprendieron sobre Simón Bolívar?** En grupos de tres, lean las siguientes oraciones e indiquen si son ciertas o falsas. Luego, corrijan la información falsa y verifiquen sus respuestas con la clase.

Cierto	Falso	
☐	☑	**1.** Bolívar nunca conoció Europa.
☑	☐	**2.** Bolívar volvió a Venezuela para luchar por su liberación.
☑	☐	**3.** Bolívar salió exiliado a Jamaica y Haití.
☐	☑	**4.** Bolívar no quería ver Latinoamérica como un continente unido.

VÍVELO: LENGUA

Pronombres relativos adicionales

The relative pronouns **el que, la que, los que, las que** and **lo que** help clarify whom or what you are talking about. The definite article agrees with the noun it refers to in gender and number, as in the following examples:

- Mi amigo Juan, **el que** es idealista, va a votar por el candidato que no es muy popular.
  My friend John, the one that is idealistic, is going to vote for the candidate that is not very popular.

Lo que is used to refer to an abstract idea. For instance,

- **Lo que** se permite en algunos países no se permite en otros.
- *That which is permitted in some countries is not permitted in others.*

9B.6 **¿Cuál es la opción correcta?** Indica si se requiere *el que, la que, los que, las que* o *lo que*. Cada pronombre relativo se va a usar una vez.

1. El famoso historiador, _____el que_____ escribió mucho acerca de la conquista, tiene un nuevo libro.

2. Me gusta _____lo que_____ recomienda hacer la gobernadora.

3. _____La que_____ ganó la elección para ser la nueva representante se llama Juana Ortiz.

4. Los líderes latinoamericanos, _____los que_____ vinieron a Washington el mes pasado, están en las noticias mucho ahora.

5. Mis amigas, _____las que_____ son de mi ciudad, también están estudiando español.

PRE-READING ACTIVITY: Divide your class into groups of three and have each group create a three-columned KWL chart with the headings, What we know/ What we are going to learn/ What we learned. This will help tap into students' prior knowledge, encourage them to preview the reading and then highlight what they learned after reading the text about Simón Bolívar. Elicit information from students to include on a larger three column chart either on the board or screen for the entire class to view.

TEACHING TIP: As a homework assignment have students create a timeline of Bolívar's life. They should indicate key years in his life, including locations and actions. To encourage further creativity, have students create this timeline on a map.

9B.5 TEACHING TIP: Ask students to refer back to the language in the reading that supports their answers. In this way, you ensure that all students in the group learn from each other and enhance language and reading skills.

9B.5 FOLLOW-UP ACTIVITY. Follow-up by explaining to students which countries formed the nation of la Gran Colombia. (Colombia, Venezuela, Ecuador and Panama).

Palabras clave 1 El reportaje de eventos

WileyPLUS Learning Space

You will find PowerPoint presentations for use with *Palabras clave* in *WileyPLUS Learning Space*.

TEACHING TIP: Use gestures and TPR to convey or confirm the meaning of as many new vocabulary words as possible. These can be helpful because they provide associations that are key to long-term retention.

ORIENTATION: The following three activities provide various forms of comprehensible input as it is essential to language learning. Students need to be exposed to a lot of language in context, either in written or spoken form, in order to internalize it.

TEACHING TIP: Ask students to guess the meaning of these words based on their use in the sentences in drawings above.

La ONU **propone** sustituir el petróleo por energías más ecológicas **demostrando** así una preocupación por el medio ambiente *(environment)*.

¿Asesino o héroe? Ernesto "Che" Guevara es un **mártir** para los revolucionarios en todo el mundo.

La artista famosa **funda** una organización para **batallar** contra la pobreza.

Los republicanos **se oponen** a ideas liberales y **apoyan** legislación conservadora.

Adivina el significado de las siguientes palabras con base en el contexto en que se usan en las oraciones de arriba.

apoyar	elegir	tener éxito	el trato
acordarse	oponerse	la muerte	el mártir
batallar	proponer	la esclavitud	el peligro
demostrar	recordar	los indígenas	

9B.7 **¡A emparejar!** Completa las frases 1–8 con la opciones más lógicas de a–h. Luego, verifica tus respuestas con un/a compañero/a de clase.

_____a_____ **1.** Abraham Lincoln

_____d_____ **2.** Juana de Arco

_____b_____ **3.** Cristóbal Colón

_____c_____ **4.** El dinero

_____e_____ **5.** Sigmund Freud

_____f_____ **6.** Para muchos prisioneros de guerra

a. quiso terminar con la **esclavitud** en Estados Unidos.

b. **demostró** que el mundo no era plano.

c. puede **esclavizar** el alma si no es moderada por la conciencia.

d. Para los franceses, es una **mártir**.

e. **propuso** teorías muy importantes en la sicología.

f. es triste **recordar** sus experiencias.

Noticias del mundo

No **se acordó de** la medicina que tomó para sus alergias. Es **peligroso** conducir un carro después de tomar algunas medicinas.

Hoy **recordamos la muerte** de esta mujer humilde y fuerte que **eligió** una vida dedicada a ayudar a otros.

Las negociaciones tuvieron **éxito** y los adversarios firman el tratado. Por fin llegó la paz.

Bartolomé de las Casas luchó contra la **esclavitud** de los indígenas.

9B.8 **Asociaciones.** Escoge la opción que no se asocie con la palabra principal. Luego, verifica tu respuesta con un/a compañero/a de clase.

___d___ **1.** la memoria

a. recordar   **b.** olvidarse   **c.** acordarse   **d.** demostrar

___b___ **2.** la opresión

a. la dictadura   **b.** el voto   **c.** la monarquía   **d.** la autoridad absoluta

___c___ **3.** oponerse a

a. la guerra   **b.** la batalla   **c.** la paz   **d.** la esclavitud

___d___ **4.** establecer

a. fundar   **b.** proponer   **c.** descubrir   **d.** morir

___c___ **5.** para tener éxito es necesario

a. ser eficaz *(effective)*   **b.** ser persistente   **c.** olvidarse de fechas   **d.** no ser débil

9B.8 TEACHING TIP: Have students go over their answers with a partner before you check the answers as a class.

9B.9 AUDIO SCRIPT:
1. Siempre debemos oponernos a cualquier forma de esclavitud.
2. Débil es lo contrario de fuerte. Un bebé es más débil que un atleta musculoso.
3. No es peligroso conducir un carro cuando has bebido.
4. Bill Gates no ha tenido mucho éxito.
5. Los adictos a la nicotina batallan para eliminar la adicción.
6. El espíritu humano tiene la necesidad de elegir a sus líderes.
7. En general, los líderes de países tienen ideas precisas y no vagas.
8. Muchas veces la historia se repite inconscientemente.

9B.10 ALTERNATIVE FORMAT: Write individual words from the Word Bank on 3x5 cards and individual sentences on separate 3x5 cards and pass them out to students. Then, have students find their match (word to corresponding sentences) and sit down once they have found their match. Time how long it takes to complete this activity so that you can work on reducing that amount of time the second time you repeat the activity.

9B.11 STANDARDS: COMMUNICATION. This activity touches upon all three modes of communication. For interpretive, students need to understand the characteristics so as to discuss them. For interpersonal, students exchange ideas about the order in which these characteristics should be listed. This leads to presentational, when students write up their top three choices.

9B.9 **¿De acuerdo o no?**   Escucha los comentarios e indica si estás o no de acuerdo con ellos. Como clase, comenten las oraciones con las cuales no estuvo de acuerdo la mayoría de la clase.

	Sí	No
1.	☑	☐
2.	☑	☐
3.	☐	☑
4.	☐	☑
5.	☑	☐
6.	☑	☐
7.	☑	☐
8.	☑	☐

9B.10 **¡Adivina!**   Con un/a compañero/a de clase, escriban la palabra de la lista que complete mejor el sentido de cada una de las siguientes oraciones.

fundar	demostró	se acuerdan	eligió
fundaron	apoyó	paz	muerte

1. En 2008 la gente de Estados Unidos ____eligió____ al primer presidente afroamericano.

2. Bill Gates y sus amigos ____fundaron____ Microsoft en la década de 1970.

3. Benito Juárez ____demostró____ que era posible tener un presidente indígena en México.

4. Es importante ____fundar____ organizaciones que ayuden a las víctimas de un desastre natural.

5. La ____paz____ no llegó hasta 1945, casi cuatro años después del bombardeo de Pearl Harbor.

6. Muchos españoles no ____se acuerdan____ de cómo era la vida bajo el dictador Francisco Franco.

7. Hillary Clinton ____apoyó____ la candidatura de Barack Obama en 2012 para la presidencia de Estados Unidos.

8. La ____muerte____ del dictador español Francisco Franco terminó con su gobierno autoritario.

9B.11 **¿Qué caracteriza a los héroes?**

Paso 1: Con tu compañero/a, decidan cuáles son las características de un héroe o una heroína y enumeren las características indicadas por orden de importancia. Luego, escriban un resumen de sus características en un párrafo corto.

Característica	¿Caracteriza a un héroe/una heroína?	Orden de importancia
ser rico		
tener poder político		
desear ayudar a la gente		
poder inspirar a otros		
ser valiente		
ser humilde		
ser fuerte físicamente		
tener un talento especial		
saber luchar		
estar listo/a para sacrificarse por una causa		
ser honesto/a		
¿otra cosa? ¿cuál es?		

Estructuras clave 1 The imperfect and the preterit in contrast

You have learned to talk about events in the past using both the imperfect and the preterit. You learned that the imperfect is used to talk about usual or repeated actions in the past, to express on-going situations or actions in progress in the past, to relate the duration of an event in the past and to describe past conditions, such as time, weather, emotional states, age, and location. In order to talk about single, completed actions, the beginning or the end of actions, or to express completed conditions in the past, you learned to use the preterit tense. In terms of telling a story, this would play out with the imperfect helping to set the scene through description and on-going background actions/conditions. The preterit would be used to narrate the main events of the story as those would reflect completed events in the past.

The preterit is used to:

- Express a single, completed action/event/state in the past

   Ayer hice ejercicio en el gimnasio.
   ¿Cuándo llegaron ustedes?
   Nosotros fuimos al cine el sábado.
   Carlos estuvo triste ayer, pero hoy está contento. (*Indicates an end to his sad mood.*)

- Express an action/event/state with a specific time period

   Ellos vivieron en España por quince años.
   Anoche estudiamos matemáticas por cuatro horas.

- Mark the beginning point of some actions/events

   De repente, nevó. (*It began to snow.*)
   La niña corrió hacia el carro. (*She began to run/took off running towards the car.*)
   Yo me puse enferma. (*I got/became sick.*)

- As a result of its association with completed actions/events, the preterit is used to narrate the main actions or events of a story and to indicate an action/event that interrupts another action/event in progress.

   Dormía cuando <u>sonó</u> el teléfono. (*I was sleeping when the phone rang.*)
   Algunos estudiantes <u>entraron</u> mientras hablaba la profesora. (*Some students came in while the professor was talking.*)

The imperfect is used to:

- Express repeated or usual actions/events in the past (often equivalent to *used to*)

   Mis hermanos y yo jugábamos al fútbol todos los días.
   ¿Tocabas en la banda en la escuela secundaria?
   Ella siempre se levantaba a las ocho.
   Mis padres viajaban frecuentemente a Guatemala.

- Express an on-going or pre-existing action/event/state (often equivalent to *was/were...-ing*)

   Manejábamos por el centro. (on-going, *were driving*)
   Yo miraba la televisión. (on-going, *was watching*)
   Ellos estaban preocupados. (on-going state, no end indicated)
   Dormía cuando sonó el teléfono. (*I was sleeping when the phone rang.*)
   Algunos estudiantes entraron mientras hablaba la profesora. (*Some students came in while the professor was talking.*)

WileyPLUS Learning Space
Go to *WileyPLUS Learning Space* and review the tutorial for this grammar point.

WileyPLUS Learning Space
You will find PowerPoint presentations for use with *Estructuras clave* in *WileyPLUS Learning Space.*

TEACHING TIP: As you read through these explanations with students, encourage them to begin paying attention to whether the preterit or imperfect are being used in examples they read or hear.

9B.11 Students will not necessarily be processing content of sentences because the task focuses on grammar awareness. If 9B.12 attempts to assess how much students understood, we may need to read script once for narration/description task and once for listening comprehension.

9B.12 TEACHING TIP: Encourage students to watch the 1996 hit musical *Evita*, starring Madonna and Antonio Banderas.

9B.12 PRE-LISTENING ACTIVITY: Tap into students' prior knowledge of Evita Perón by asking them to share what they know.

9B.12 AUDIO SCRIPT: 1. Evita Perón nació el 7 de mayo de 1919. 2. De niña, Evita vivía en Junín, Argentina. 3. Su familia era muy pobre. 4. En 1935, Evita fue a Buenos Aires. 5. Trabajaba allí como actriz y modelo. 6. Se casó con Juan Perón en 1944. 7. Como esposa del presidente de Argentina, participó mucho en el gobierno de su esposo. 8. Mucha gente la adoraba por su trabajo con los pobres. 9. No pudo ser vicepresidenta por estar enferma. 10. Murió de cáncer a los 33 años en 1952.

9B.12 TEACHING TIP: After checking answers, check students' comprehension of the sentences. For example, ask students questions, such as *¿Eva era de Chile o de Argentina? ¿La familia de Eva era rica o pobre? ¿Eva trabajaba de secretaria para el presidente Juan Perón o trabajaba como actriz y modelo?*, etc.

9B.14 PREPARATION: Before beginning this exercise, refresh students' memory by asking them what the main differences are between the preterit and imperfect. As usual, set a time limit for students to complete this activity.

9B.12 Vamos a conocer a Evita Perón. Escucha las siguientes oraciones acerca de la vida de Evita Perón e indica si el verbo de cada oración se asocia con la narración o con la descripción. Luego, verifica tus respuestas con la clase. Después de verificar las respuestas, escucha las oraciones para hacer la siguiente actividad.

	Narración	Descripción			Narración	Descripción
1.	☑	☐		6.	☑	☐
2.	☐	☑		7.	☑	☐
3.	☐	☑		8.	☐	☑
4.	☑	☐		9.	☑	☐
5.	☐	☑		10.	☑	☐

9B.13 Eva Perón. Con un/a compañero/a de clase, contesten las preguntas con las respuestas correctas y escriban la letra de la respuesta al lado de la pregunta. Luego, verifiquen sus respuestas con la clase.

Bettmann/CORBIS

___d___ **1.** ¿Cuándo conoció Eva Perón a Juan Perón?

___a___ **2.** ¿Pudo Eva Perón tener un puesto político oficial?

___c___ **3.** ¿Tuvo Eva Perón la adoración de los argentinos?

___b___ **4.** ¿Conocía bien Evita la ciudad de Buenos Aires?

___f___ **5.** ¿Quiso Evita ser vicepresidenta de Argentina?

___e___ **6.** ¿Cuándo supo Evita que tenía cáncer?

a. No, porque descubrió que tenía cáncer.

b. Sí, porque vivió allí por muchos años.

c. Es muy probable que sí.

d. Cuando fue a Buenos Aires.

e. Lo supo un año antes de morir.

f. Sí, porque le gustaba la política.

9B.14 El Mago de Oz. Con un/a compañero/a de clase lean el siguiente cuento e indiquen la forma correcta (pretérito o imperfecto) para cada verbo. Luego, verifiquen sus respuestas con otras parejas.

Érase una vez *(Once upon a time)* una chica que se llamó/**se llamaba** Dorothy. Ella vivió/**vivía** en Kansas y tuvo/**tenía** un perro, Toto. Un día, un tornado **se llevó**/se llevaba la casa de Dorothy a la tierra de los Munchkins. Para volver a casa, Dorothy y Toto necesitaron/**necesitaban** visitar al Mago *(wizard)* de Oz en la Ciudad de Esmeralda. **Empezaron**/Empezaban a caminar por el Camino de Ladrillo Amarillo. Mientras caminaron/**caminaban,** se **encontraron**/encontraban con un espantapájaros *(scarecrow)*, un hombre de hojalata *(tin)* y un león cobarde. Ellos **decidieron**/decidían acompañar a Dorothy y a Toto. Durante el viaje la bruja *(witch)* del Oeste **persiguió**/perseguía al grupo porque **creyó**/creía que Dorothy **mató**/mataba a su hermana. Por fin, todos **llegaron**/llegaban a la Ciudad de Esmeralda y Dorothy **pudo**/podía hablar con el mago. Al final, Dorothy **volvió**/volvía a casa después de taconear *(click heels)* tres veces los zapatos de rubí y decir "No hay lugar como el hogar".

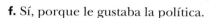

www ¡Conéctate!

Stories are a wonderful way of maintaining traditions and preserving cultures. Do a search for "Mis cositas cuentos" and you should be able to find a wonderful website with many traditional Latin American folktales accompanied in an electronic storybook format. Pick two stories to read. Share the main message, or moral, with your classmates.

9B.15 Un informe policíaco. Un/a compañero/a y tú vieron un accidente de carro y ahora tienen que contestar las preguntas del policía. Al responder, piensen en la diferencia entre pretérito e imperfecto. Además, deben completar la oración con información original. Escriban el informe en una hoja aparte. ¡Sean creativos! Comparen su uso de los verbos con otra pareja. Luego, la clase va a escuchar cada informe para determinar cuál es el más lógico, el más cómico, el más original, etc.

> Modelo: ¿A qué hora ocurrió el accidente?
> *El accidente ocurrió a las 11:00 ayer/anoche/el lunes pasado.*

1. ¿Dónde estaban ustedes dos?

2. ¿Qué hacían?

3. ¿Qué tiempo hacía?

4. ¿Qué vieron con sus propios ojos?

5. ¿Cómo iban los carros? (rápido, lento…)?

6. ¿Qué hizo el carro rojo? ¿Y el carro azul?

7. Después del accidente, ¿qué hicieron los conductores?

8. ¿Cómo era el conductor del carro rojo?

9B.16 ¿Quién fue José Martí? Las oraciones siguientes presentan algunos de los hechos importantes de la vida del poeta cubano, José Martí. Con un compañero de clase, completen cada oración con el pretérito o el imperfecto del verbo más lógico de la lista.

Bettmann/CORBIS

trabajar	morir
nacer	deportar
mandar	casarse
dedicarse	tener

1. ___Nació___ el 28 de enero de 1853 en La Habana.

2. Las autoridades españolas lo ___mandaron___ a la prisión a los 16 años por traición y luego lo ___deportaron___ a España.

3. ___Se casó___ con Carmen Zayas-Bazán en 1877 y ___tuvieron___ un hijo, José Francisco, en 1878. "Anos después se mudó a los Estados Unidos.

4. En Estados Unidos, Martí ___trabajó/trabajaba___ como periodista, traductor, poeta y diplomático en la ciudad de Nueva York.

5. También ___se dedicó/se dedicaba___ a continuar la lucha por la independencia de Cuba.

6. ___Murió___ durante una batalla en Cuba el 19 de mayo de 1895.

¡Conéctate!

What historical figure do you hold in high esteem? What characteristics about this individual do you appreciate? Google the name or research the life of that individual for specific facts about the person's life and accomplishments. Then, share what you learned with your classmates for them to guess the name of the historical figure. How many of your classmates selected politicians, inventors, religious figures, educators, etc.?

9B.15 TEACHING TIP: Illustrate how the accident description might depend on the viewers' perspective or perceptions of the accident by providing a few different answers to #1. Estábamos enfrente de la farmacia/No estábamos enfrente del restaurante. Students can use this first example as a model to continue the rest of the activity on their own.

9B.16 NOTE: José Martí is considered to be the Apostle of Cuba. Regardless of modern day political affiliations, most Cubans consider him to be a national hero. The rest of the world, unknowingly perhaps, is already familiar with one of his famous poems *"Versos sencillos"* that was made famous by the song *"Guantanamera"*.

9B.16 TEACHING TIP: Remind students that whether they know the answers or not, they should be able to find them based on the possibilities shared. Through this activity, however, they will also be gaining this knowledge.

9B.16 TEACHING TIP: Challenge students to explain why they chose either the preterit or the imperfect for items 4 and 5.

CONÉCTATE: To maximize your students' efforts, have them write a three- to five-sentence description of the person they chose without using that person's name (e.g., *Esta persona…*) Collect all of the students' descriptions and, on a separate list, the names of all the individuals described. Assign each description a number and post all of them around the room. Write the names of all the people researched on the board. Give students time to walk around the room, read the descriptions, and decide who is being described.

Estructuras clave 2 Review of object pronouns

WileyPLUS Learning Space

Go to *WileyPLUS Learning Space* and review the tutorial for this grammar point.

WileyPLUS Learning Space

You will find PowerPoint presentations for use with *Estructuras clave* in *WileyPLUS Learning Space*.

TEACHING TIP: As students read through these explanations, encourage them to begin paying attention to whether the preterit or imperfect are being used in examples they read or hear.

In previous chapters, you learned how to avoid redundancy by being more concise. You did so by learning how to use direct and indirect object pronouns.

In *Investigación 5A* **direct object pronouns** were introduced to help us answer the question "what?" or "whom?" is receiving the action of a verb. Instead of saying, for example,

Los aztecas cosechaban **maíz** y usaban **el maíz** en muchas de sus comidas.

we can say…

Los aztecas cosechaban **maíz** y **lo** usaban en muchas de sus comidas.

The **direct object pronouns** in Spanish are:

me	me		**nos**	us	
te	you		**os**	you (pl. informal. Spain)	
lo	it (masc.)	him/you (masc. formal)	**los**	them (masc.)	you (pl.)
la	it (fem.)	her/you (fem. formal)	**las**	them (fem.)	you (pl. fem.)

Indirect object pronouns, which usually refer to people, were introduced in *Investigación 6B* to help answer the question "for whom?" or "to whom?" an action is done. For instance,

Fidel Castro y Che Guevara lucharon en la revolución cubana. Fidel **le** dio mucho poder.

In the second sentence "Fidel **le** dio…", **le** refers to "Che" as he was the indirect object of that sentence.

If it is not clear "for whom?" or "to whom?" an action is done, further emphasis can be made by adding an "**a**-phrase" for clarification, as in the following example,

La gobernadora **les** explicó sus ideas legislativas **a los senadores**.

The **indirect object pronouns** in Spanish are:

me	to/for me		**nos**	to/for us
te	to/for you (sg. inform.)		**os**	to/for you (pl. informal. Spain)
le	to/for him/her/it/you (sg. formal)		**les**	to/for them/ you (pl.)

Placement of both indirect and direct object pronouns is similar as further explained below,

- Pronouns can precede a conjugated verb

  *Le explica la situación **a su abuela**. / La quiero ver.*

- When there is only an infinitive form of the verb, the pronoun is attached to the end of it.

  *Hay que comprar**le** un libro a mi amiga. / Es importante comprar**lo** en la librería.*

- However, when the verb expression is composed of a conjugated verb and an infinitive working together, the pronoun may precede the conjugated verb or be attached to the infinitive.

  ¿La paz? Los presidentes quieren negociar**la**.   OR   Los presidentes **la** quieren negociar.

  ¿Qué nos vas a dar? Voy a dar**les** un regalo.   OR   **Les** voy a dar un regalo.

9B.17 ¿Cómo se interpreta?   Lee las siguientes oraciones e indica si la interpretación A o B es la interpretación correcta. Después, verifica tus respuestas con un/a compañero/a.

	A	**B**
1. Me miró.	☐ I looked at her.	☑ She looked at me.
2. Nos oprimen.	☑ They oppress us.	☐ We oppress them.
3. Les hablamos.	☑ We talked to them.	☐ They talked to us.
4. Te adoraban.	☐ You adored them.	☑ They adored you.
5. Los atacó.	☑ He attacked them.	☐ They attacked him.
6. Los desaparecieron.	☑ They made them disappear.	☐ We disappeared.
7. Le escribí.	☐ She wrote to me.	☑ I wrote to her.
8. Me regaló un libro.	☑ She gave me a book.	☐ I gave her a book.

9B.17 More advanced students Instead of having students read the Spanish sentences, ask them to cover them up as you read the sentences aloud.

9B.18 Contesta.   Lee las siguientes preguntas y contéstalas usando el pronombre directo o indirecto correcto. Luego compara tus respuestas con las de tu compañero/a antes de verificarlas con toda la clase.

> Modelo: ¿Quiénes conquistaron a los incas? Los españoles ____*los conquistaron*____ (conquistar).

1. ¿Quién fundó la organización internacional? La artista famosa _____ (fundar).

2. ¿Dónde firmaron el tratado? _____ (firmar) en la capital.

3. ¿Conociste la capital de Colombia? Sí, _____ (conocer).

4. ¿Compraste los libros de historia? No, no _____ (comprar).

5. ¿Abraham Lincoln abolió la esclavitud? Sí, _____ (abolir).

6. ¿La dictadura violó los derechos humanos? Sí, _____ (violar).

7. ¿Les hablaste de las teorías de Freud a tus amigos? Sí, _____ (hablar) de sus teorías.

9B.18 ANSWERS: 1. la fundó, 2. Lo firmaron, 3. la conocí, 4. los compré, 5. la abolió, 6. los violó, 7. les hablé

9B.19 Situaciones.   Lee las preguntas y escribe tus respuestas. Luego comparte tus respuestas en grupos pequeños. Compartan respuestas interesantes o inusuales y luego escríbelas en tu **Retrato de la clase.**

1. ¿Qué le regalas a una persona interesada en la historia?

2. ¿Te gustaría conocer la capital de Cuba? ¿Por qué?

3. ¿Cuándo fue la última vez que les leíste un libro de historia?

4. Soy presidente de Estados Unidos. ¿Qué te gustaría preguntarme?

5. ¿Te gustaría conocer a la líder de las Abuelas de la Plaza de Mayo?

9B.19 You may want to have students read through the questions together to make sure that they understand what is being asked. Encourage them to think creatively about their responses.

9B.19 SUGGESTION: You may want to explain to students that las Abuelas de la Plaza de Mayo are a group of women in Argentina who gather regularly to protest the disappearance of their children during the "Dirty War" (1976-1983) and the subsequent clandestine adoptions by police and military authorities of children born while their mothers were in captivity.

PRE-READING ACTIVITY: Have students read the myths in 9B.20 so that they can approach the reading with more focus and clarity. Tell them that one of their tasks will be to find evidence to refute those myths. Encourage students to make notes on the reading as they go through it.

9B.20 Anticipando la lectura. Antes de leer este artículo acerca de Cristóbal Colón, lee el título y advina cuál de las oraciones representa mejor la idea principal del artículo. Después de leer el artículo indica si tu primera respuesta es correcta o no.

a. No se conoce bien la figura de Cristóbal Colón porque muchos aspectos de su vida son misteriosos.

b. Hay aspectos de la personalidad y acciones de Cristóbal Colón que no corresponden con la visión heroica tradicional que se tenía de él.

c. Las críticas a Cristóbal Colón no son justas porque no se reconocen las consecuencias positivas de su llegada a las Américas.

El verdadero Cristóbal Colón

¿Quién es el verdadero Cristóbal Colón? Muchos lo admiran como un hombre valiente y visionario porque lo consideran el primer europeo en encontrar lo que hoy son las Américas. Sin embargo, mucho de lo que se enseña sobre Colón en las escuelas no es cierto. Por ejemplo, no fue el único en reconocer que la Tierra era redonda *(round)*. Los antiguos griegos ya habían indicado que la Tierra era esférica. Durante la época de Colón, gracias al Renacimiento *(Renaissance)*, las ideas de los geógrafos griegos reemplazaron la visión medieval del mundo. Ni las personas cultas *(educated)* ni los marineros creían por aquel entonces que la Tierra era plana *(flat)*. Además, investigaciones recientes han indicado que Colón no fue la primera persona de otro continente en llegar a las Américas. En Terranova (en Canadá), se ha encontrado evidencia de que los vikingos llegaron y establecieron colonias allí por el año 1000. Otra teoría propone que Zheng He, un marinero chino, navegó por la costa occidental *(western)* de lo que hoy es Estados Unidos unos 70 años antes de la llegada de Colón a las Antillas. Además, Colón mismo *(himself)* nunca pensó que había encontrado un continente "nuevo". Hasta su muerte en 1506, creía que había llegado a Japón y a China. El cartógrafo alemán Martin Waldseemüller fue la primera persona en reconocer que Colón había llegado a un continente desconocido por los europeos y fue también la primera persona en emplear el nombre "América" en un mapa producido en el año 1507.

Más allá de estos mitos, muchas personas, especialmente los grupos indígenas, critican a Colón por ser quien inició la conquista de los indígenas americanos y la destrucción de sus culturas y civilizaciones. Lo critican también por ser la persona que introdujo la esclavitud a las Américas y por haber introducido enfermedades que mataron a muchos indígenas. También es criticado por ser mal administrador, cuando los reyes españoles lo nombraron gobernador del territorio que había explorado. Lo pintan como una persona cruel, codiciosa *(greedy)* e intolerante. De hecho, fue arrestado y llevado a España como prisionero en 1500. Durante su juicio *(trial)*, el testimonio de varias personas (en documentos encontrados en 2005), confirmó esta visión extremadamente negativa de Colón. Debido a esas críticas sobre Colón, en 2003, el gobierno de Venezuela declaró que el 12 de octubre se celebraría el Día de la Resistencia Indígena en lugar del Día de la Raza. Así que la verdadera historia de Cristóbal Colón no es tan heroica como se creía y va a seguir siendo *(will continue to be)* una figura muy polémica para muchas personas.

9B.21 ANSWERS:
1. Los antiguos griegos indicaron que la Tierra era redonda y muchas personas de la época de Colón aceptaban esa idea. Durante el Renacimiento, las ideas de los griegos reemplazaron la visión medieval del mundo.
2. Parece que los vikingos y posiblemente un marinero chino llegaron a las Américas antes que Colón.
3. Colón nunca pensó que había encontrado un continente "nuevo". Creía que había llegado a Japón y a China. 4. La primera persona en emplear el nombre fue un cartógrafo alemán, Martin Waldseemüller 5. Era un mal administrador. Hay testimonios que indican que era cruel, codicioso e intolerante. Lo arrestaron y lo llevaron a España. 6. Muchas personas, especialmente los grupos indígenas, dicen que Colón inició la conquista de los indígenas y la destrucción de sus culturas y civilizaciones. También dicen que introdujo la esclavitud y muchas enfermedades que mataron a muchos indígenas. En Venezuela no celebran el Día de la Raza el 12 de octubre, sino el Día de la Resistencia Indígena.

9B.21 Analizar la historia de Cristóbal Colón. Con un/a compañero/a busquen información citada en la lectura para desacreditar los siguientes mitos acerca de Colón. Anoten la información para luego comentarla con la clase.

1. Colón era una de las pocas personas que creían que la Tierra era redonda.

2. Colón fue la primera persona de otro continente en llegar a las Américas.

3. Colón sabía que había llegado a un continente desconocido por los europeos.

4. Colón fue la primera persona en emplear el nombre *América*.

5. Colón era un administrador benévolo y competente.

6. Colón es admirado por todos los habitantes de las Américas.

Perspectivas

9B.22 Examinar el legado (*legacy*) ambiguo. Acaban de leer acerca de la polémica que existe en torno a Cristóbal Colón. En grupos de cuatro, piensen en otras figuras históricas polémicas y anoten los aspectos positivos y negativos de su legado. Sigan el ejemplo del general George Custer. Luego, compartan sus resultados con otros grupos de la clase para ver si hay figuras que aparecieron en la mayoría de las listas.

Nombre	Aspectos positivos	Aspectos negativos
Gen. George Custer	Luchó por proteger a las familias pioneras.	Ayudó a obligar a los indígenas a segregarse en reservas y participó en la destrucción de sus culturas.

TEACHING TIP: Allow students time to complete the chart. Go over student responses. You may also want to have students write their responses on board or on sheets of paper posted around the classroom. Encourage students to not rely on the same well-known names used so far.

Vocabulario: Investigación B

Vocabulario esencial

Sustantivos

la actuación	performance
el bolsillo	pocket
la campaña	campaign
el cesto	basket
el comienzo	start
los derechos humanos	human rigths
la esclavitud	slavery
la muerte	death
el reportaje	report
el viaje	journey

Verbos

acercarse a	to approach; to get closer
acordarse de	to remember
apoyar	to support
batallar	to battle
demostrar	to demonstrate; to prove
elegir	to choose, to elect
oponerse	to oppose
proponer	to propose
recordar	to remember
tener éxito	to be succesful

Adjetivos

débil	weak
desconocido/a	unknown
peligroso/a	dangerous

Otras palabras y expresiones

abogar	to advocate
al fondo	in the back; at the bottom
la bruja	witch
chirriar	to chirp; to squeak
cloquear	to cluck
el cobarde	coward
codicioso/a	greedy
la derrota	defeat
detestado/a	hated

eficaz	effective
encarcelar	to imprison
el espantapájaros	scarecrow
exiliarse	to go into exile
fundar	to found
la hojalata	tin
intransigente	stubborn
el juicio	trial
jurar	to swear
el legado	legacy
el/la leñador/a	woodcutter
el lobo	wolf
luego	then; after
mientras	while; during
el mito	myth
el petróleo	oil
plano/a	flat
la poesía	poetry
polémico/a	controversial
polifacético/a	many-sided
el puesto político	political position
tres en raya	tic-tac-toe
de memoria	by heart
Érase una vez…	Once upon a time…

Cognados

Review the cognates in *Adelante* and the false cognates in *¡Atención!* For a complete list of cognates, see Appendix 4.

EN VIVO

 Lo que piensa mi clase. Entrevista a tres estudiantes para conocer sus opiniones acerca de diferentes temas y luego indica tu opinión.

Estoy de acuerdo				No estoy de acuerdo	
0	1	2	3	4	5

✿_____✿

	E1	E2	E3	yo
1. No es bueno ser idealista.				
2. Nunca es bueno invadir otros países.				
3. Hay tantas verdades como personas en el mundo.				
4. Las invenciones siempre son positivas.				
5. Es nuestra responsabilidad votar en elecciones.				
6. Nuestro gobierno nos ayuda.				
7. Aprender la historia es importante para no repetirla.				
8. Apoyar a nuestros gobernantes es importante.				
9. Luchar contra la democracia es fundamental.				
10. Las negociaciones nunca tienen éxito.				

 Un punto de vista distinto. Imagine that you are a member of an indigenous group in the Americas. Your group's perspective on Cristóbal Colón and the "discovery of the Americas" is not the same as the one presented in typical social studies textbooks. Consider that a younger sibling or child of yours is attending a school that is about to celebrate Columbus Day. Take into account what you have learned in this chapter and write a letter to the school that your sibling or child is attending, asking them to reconsider how they celebrate Columbus Day. In order to make your case, write your version of history and how you think the day could be celebrated instead.

Paso 1: Organize your thoughts by doing the following: decide what group you will represent, make a list of the main historical points you would like to highlight, and make a note of an alternative type of celebration.

Paso 2: Now that you have taken your notes, write the first draft of your letter.

Paso 3: Revise your written product to ensure that it is rich in content. Ask yourself whether or not you made a compelling case for the school to rethink Columbus Day. Make any changes and rewrite it.

Paso 4: Now that your content is solid, revise your draft focusing on form and accuracy. Make the necessary revisions and write your final draft.

Paso 5: Be proud of your final draft. It should be rich in details and clear in form.

In this short review chapter, you will be revisiting some of the main concepts that you studied in Capítulo 7–Capítulo 9. There are six activities altogether, the answers for which can be found in WileyPLUS. Activity R3.1 reviews irregular, spelling-change and stem-changing verbs in the preterite. Activity R3.2 reviews comparisons of equality and inequality. Activity R3.3 reviews present perfect forms. Activity R3.4 reviews relative pronouns. Activities R3.5 and R3.6 review the uses of the preterite and the imperfect.

Irregular, spelling-change and stem-changing verbs in the preterite

R3.1 **La vida política de Benito Juárez.** Completa el párrafo con la forma correcta del verbo indicado en el pretérito.

Benito Juárez es una de las figuras más importantes en la historia de México. Como Secretario de Justicia, 1.)_____ (introducir) las Leyes de Reforma, que se 2.)_____ (incorporar) en la Constitución de 1857 y un año más tarde, su gobierno 3.)_____ (instituir) otra serie de reformas radicales, incluso la reducción del poder de la Iglesia católica por medio de la expropiación de sus propiedades. La población mexicana lo 4.)_____ (elegir) presidente dos veces, primero en 1861 y luego en 1867, después de la derrota (defeat) y ejecución del emperador Maximiliano I, quien 5.)_____ (gobernar) de 1864-1867. 6.) Juárez _____ (ser) el primer hombre indígena en tener el puesto (position) de Presidente de México. Durante sus administraciones 7.)_____ (tener) que defender el país contra tropas de Francia, España y Gran Bretaña. 8.)_____ (morir) en 1872 en el Palacio Nacional, la residencia de los presidentes mexicanos en aquel entonces (at that time).

© Everett Collection Inc / Alamy Inc

R3.1 ANSWERS:
1. introdujo,
2. incorporaron,
3. instituyó; 4. eligió,
5. gobernó, 6. fue, 7. tuvo,
8. Murió

Comparisons of equality and inequality

R3.2 **¡A comparar!** Para cada par de descripciones, escribe una oración en la que compares las dos personas o cosas. La cosa o persona de la primera frase debe ser el sujeto de la oración comparativa.

> **Modelo:** La Pirámide del Sol mide 63 metros. La Pirámide de la Luna mide 46 metros.
> *La Pirámide del Sol es más alta que la Pirámide de la Luna.*

1. El cuadro de Botero vale $1,000,000.   El cuadro de Kahlo vale $1,500,000.

_____

2. Había 13 templos en Chichén Itzá.   Había 13 templos en Machu Picchu.

_____

3. Calle 13 ha ganado 19 Latin Grammys.   Maná ha ganado 7 Latin Grammys.

_____

4. Mi sobrina recibió 5 regalos en su cumpleaños.   Mi hijo recibió 5 regalos en su cumpleaños.

_____

5. Kahlo tuvo 30 cirugías de la espalda.   Goya tuvo 3 cirugías del oído.

_____

6. Atahualpa tenía 33 años cuando murió.   Moctezuma tenía 54 años cuando murió.

_____

R3.2 ANSWERS: 1. El cuadro de Botero vale/ cuesta menos que el (cuadro) de Kahlo. 2. Había tantos templos en Chichén Itzá como en Machu Picchu; 3. Calle 13 ha ganado más Latin Grammys que Maná. 4. Mi sobrina recibió tantos regalos en su cumpleaños como mi hijo. 5. Kahlo tuvo más cirugías que Goya; 6. Atahualpa era menor cuando murió que Moctezuma.

Present perfect

R3.3 **El presente perfecto.** Completa las oraciones con la forma correcta del verbo apropiado en el presente perfecto. La primera sirve de modelo.

a.	asistir	**e.**	ganar	**i.**	ser
b.	criticar	**f.**	inaugurar	**j.**	ver
c.	decir	**g.**	morir	**k.**	visitar
d.	escribir	**h.**	romper	**l.**	volver

1. _____¿Has visto_____ tú algún cuadro de Fernando Botero?

2. El legado de Che Guevara _____ muy polémico.

3. Muchos indígenas _____ las celebraciones en honor de Cristóbal Colón.

4. El Museo de Antropología _____ una nueva exhibición de artefactos aztecas.

5. Nosotros _____ al Carnaval de Oruro varias veces para ver los bailes y procesiones.

6. Pedro Almodóvar _____ el guión (*script*) para todas sus películas.

7. Yo _____ muchos sitios asociados con los incas en Perú, como Cusco y Machu Picchu.

8. Mi hermana se _____ la pierna y no puede ir a bailar salsa.

Relative pronouns

R3.4 **¿A quién o a qué se refiere?** Escucha las descripciones e indica a quién o a qué se refieren.

a.	Michelle Bachelet	**e.**	Frida Kahlo	**i.**	Novalima
b.	Simón Bolívar	**f.**	los mayas	**j.**	Eva Perón
c.	Che Guevara	**g.**	la Nochebuena	**k.**	Pablo Picasso
d.	los incas	**h.**	la Noche Vieja	**l.**	Ramadán

_____ 1. _____ 4. _____ 7.

_____ 2. _____ 5. _____ 8.

_____ 3. _____ 6.

Uses of preterite and imperfect

R3.5 **Una sinopsis de una película colombiana.** Escoge el verbo en el pretérito o el imperfecto en esta sinopsis de la película colombiana «Lecciones para un beso».

En la película colombiana «Lecciones para un beso», un joven bogotano que se **llamó/llamaba** Alejandro **se mudó/se mudaba** (mudarse = *to move*) a Cartagena con su madre. Alejandro **odió/odiaba** Cartagena tanto que **no quiso/no quería** desempacar su maleta (*suitcase*). Un día, **se enamoró/se enamoraba** a primera vista de una joven bellísima, pero no **supo/sabía** cómo llamar la atención de ella. Ya que no **tuvo/tenía** experiencia en temas de amor, Alejandro les **pidió/pedía** ayuda a tres clientes del restaurante donde **trabajó/trabajaba** su madre. Los tres **aceptaron/aceptaban** y **organizaron/organizaban** una competencia entre sí (*amongst themselves*) para determinar cuáles consejos **fueron/eran** mejores.

R3.6 **Los olmecas.** Completa el párrafo sobre los olmecas con las formas correctas de los verbos indicados en el pretérito o el imperfecto según el caso.

Aunque las civilizaciones azteca, maya e inca son las más conocidas, es importante entender que 1.) _____ (haber) muchas otras civilizaciones que 2.) _____ (contribuir) a su desarrollo. Un ejemplo importante es la cultura olmeca. La civilización olmeca 3.) _____ (florecer = *to flourish*) entre los años 1200 y 400 antes de Cristo y se 4.) _____ (extender) por gran parte de lo que hoy es Centroamérica. Sus logros (*achievements*) científicos y artísticos, incluso la creación de sus famosas cabezas gigantescas, 5.) _____ (influir) tanto a los mayas como a los aztecas. Los olmecas 6.) _____ (inventar) una escritura jeroglífica y sistemas de irrigación que 7.) _____ (mantener) la producción agrícola. Además de estos logros, el juego de la pelota y el culto al niño-jaguar 8.) _____ (ser) otros aspectos notables de la cultura de los olmecas.

© Ann Summa/Corbis

CAPÍTULO 10

Lo personal y lo universal

INVESTIGACIÓN **10A**
¿Cómo se manifiesta la cultura en asuntos de la salud?

ADELANTE

- ▶ ¡Ya lo sabes! Enfermedades y remedios
- ▶ La medicina alternativa y la medicina convencional

Bien dicho: Repaso de la acentuación

PALABRAS CLAVE

- ▶ Las partes del cuerpo, las medicinas y las enfermedades

ESTRUCTURAS CLAVE

- ▶ Informal commands
- ▶ Combining direct and indirect object pronouns

VÍVELO: LENGUA
- ▶ Expressing physical and emotional reactions

VÍVELO: CULTURA
- ▶ Algunas plantas medicinales y sus usos
- ▶ El curanderismo

¡VÍVELO!

En directo:
La medicina moderna y tradicional

INVESTIGACIÓN **10B**
¿Cómo influye el medio ambiente en nuestra salud?

ADELANTE

- ▶ ¡Ya lo sabes! Problemas y soluciones ecológicos
- ▶ Asuntos ambientales que afectan a Latinoamérica

PALABRAS CLAVE

- ▶ Asuntos ambientales

ESTRUCTURAS CLAVE

- ▶ Formal commands
- ▶ Review of the prepositions *por* and *para*

VÍVELO: LENGUA
- ▶ Expressing superlatives

VÍVELO: CULTURA
- ▶ ¿Qué significa «racismo ambiental»?
- ▶ Ecoturismo: ¿Cuáles son sus ventajas y desventajas?

CONTEXTOS Y PERSPECTIVAS

Guía de autoevaluación
¿Apropiado para todos?

¡VÍVELO!

En vivo:
Un anuncio de interés público
Aboga por un cambio

INVESTIGACIÓN 10A
¿Cómo se manifiesta la cultura en asuntos de la salud?

In this **Investigación,** you will learn:

▶ How to talk about illnesses and remedies

▶ How to tell someone what to do in an informal context

▶ How to comprehend who does what and for whom in a statement

▶ How to use various object pronouns together in one statement

▶ How health care practices are influenced by society and or cultures

¿Cómo puedes hablar de las enfermedades, los remedios y la salud?

Puedes identificar los síntomas de alguna enfermedad	¿Qué le duele?, ¿la cabeza?, ¿el estómago? ¿Tiene fiebre? ¿Está congestionado?
Puedes recomendar remedios para alguna enfermedad	¿Qué hago si tengo gripe? Guarda cama y no vayas al trabajo. ¿Qué debo hacer si me duele la garganta? Toma té con limón y miel (honey).
Puedes hacer preguntas acerca de la salud	Esos antibióticos, ¿se los recetó (prescribed) el médico o el farmacéutico? ¿A quién le compraste esas hierbas? Se las compré al curandero.

EN DIRECTO

> **La medicina moderna y tradicional.** Mira el video. No tienes que comprender todas las palabras para entender la idea general. Luego, contesta las preguntas.

• ¿Usas remedios naturales cuando estás enfermo/a?

• ¿Es común usar remedios naturales en tu familia o cultura?

• ¿Dónde se puede comprar ingredientes para remedios naturales?

Adelante

¡Ya lo sabes!: Enfermedades y remedios

los antibióticos	la fractura	la medicina convencional	el síntoma
antiviral	la infección	la náusea	la temperatura
la aspirina	la inyección	el/la paciente	la terapia
el chequeo médico	el masaje	las plantas medicinales	
la clínica	la medicina alternativa	prevenir	
curar	la medicina complementaria	el remedio	
el (des)equilibrio			
eliminar			

¡Atención!

abusar	(not *abuse*) to insult or use something wrongfully
avisar	(not *to advise*) to warn, inform or counsel
desgracia	(not *disgrace*) misfortune, por desgracia, unfortunately

10A.1 **¿Síntoma o remedio?** Escucha las palabras e indica si representan un síntoma o un remedio. Verifica tus respuestas con la clase.

	Síntoma	Remedio
1.	☑	☐
2.	☑	☐
3.	☐	☑
4.	☐	☑
5.	☑	☐
6.	☐	☑
7.	☑	☐
8.	☐	☑

10A.1 AUDIO SCRIPT:
1. la infección; 2. la náusea; 3. el antibiótico; 4. el masaje; 5. la temperatura; 6. las plantas medicinales; 7. la fractura; 8. la aspirina

10A.2 **¿Cuál es la palabra adecuada?** Con un/a compañero/a, lean las definiciones incompletas y busquen la palabra más lógica de la lista en *¡Ya lo sabes!* Verifiquen sus respuestas con las de otro grupo.

1. La _____ es el lugar donde trabajan los médicos y los enfermeros.

2. La _____ es una forma de administrar medicina, normalmente se da en el brazo.

3. El médico nos _____ de los síntomas que provoca el veneno de algunas plantas al comerlas.

4. Por _____ algunas personas toman con demasiada frecuencia y por eso corren el riesgos de ser alcohólicos.

5. El _____ es una visita rutinaria al médico para determinar si todo va bien.

6. La _____ es una medicina popular para el dolor y que también puede _____ dolores de cabeza.

7. La _____ es lo que uno siente cuando tiene deseos de vomitar.

8. La palabra _____ describe una clase popular de jabones (*soaps*) y otros productos de limpieza.

10A.2 ANSWERS:
1. clínica; 2. inyección; 3. avisa; 4. desgracia; 5. el chequeo médico; 6. la aspirina, prevenir, curar; 7. la náusea; 8. antiviral

10A.3 **Unas preguntas sobre la salud.** Contesta las preguntas a continuación. Luego, pregúntale a un/a compañero/a de clase. Finalmente, compara tus respuestas con las de tu compañero/a y comparte tres de sus respuestas con la clase.

1. ¿Cuál fue la última inyección que recibiste?

2. ¿Recibes masajes? ¿Con qué frecuencia?

3. ¿Usas alguna planta medicinal? ¿Cuál(es)?

4. ¿Qué haces cuando sientes náusea?

5. ¿Cuándo fue tu último chequeo médico?

6. ¿Tienes alergia a ciertos medicamentos o hierbas? ¿Cuál(es)?

7. ¿Con qué frecuencia tomas antibióticos?

8. ¿Te interesa la medicina alternativa? ¿Por qué sí/no?

10A.3 TEACHING TIP:
For question 1, students may ask about the names of certain diseases. You may want to write them on the board as they come up: el tétano, la influenza (la gripe), el sarampión (measles), la varicela (chicken pox), la pulmonía/neumonía, la meningitis

10A.4 **Creencias acerca de la medicina alternativa.** Contesta el breve cuestionario, indicando si estás o no estás de acuerdo con lo que dicen acerca de la medicina alternativa. Comparte tus respuestas con la clase.

	Estoy de acuerdo	No estoy de acuerdo
1. La medicina alternativa es solamente un fenómeno «New Age».	☐	☐
2. La medicina alternativa consiste en una variedad de terapias.	☐	☐
3. La medicina alternativa no es legítima porque no se ha verificado científicamente.	☐	☐
4. La medicina alternativa no cura enfermedades, solamente tiene efecto placebo.	☐	☐
5. Por desgracia, la medicina alternativa es una opción desesperada (*desperate*) para las personas que sufren de enfermedades mortales.	☐	☐
6. La medicina alternativa y la medicina convencional no pueden combinarse.	☐	☐

La medicina alternativa y la medicina convencional

El término «medicina alternativa» se refiere a terapias que no se incluyen en la medicina convencional, tales como (such as) la acupuntura, el masaje terapéutico, el yoga, la meditación y las plantas medicinales. Estas terapias tienen una larga historia en muchos países de África, Asia y Latinoamérica, pero por desgracia no tenían mucha aceptación en países desarrollados (developed) como Estados Unidos hasta hace poco (until recently). Hoy en día, se está aumentando la práctica de la medicina complementaria, la cual (which/that) combina la medicina alternativa con la medicina convencional. Se utilizan tratamientos (treatments) demostrados científicamente como una manera de tratar (to treat) a la persona completa. Para muchas personas, es el mejor remedio para resolver un problema crónico que no se ha podido curar con la medicina convencional. Otras personas utilizan la medicina complementaria para prevenir enfermedades y tener un estilo de vida más sano (healthy).

© Andrew Brookes/Corbis

© Radius Images/Corbis

10A.5 **¿Qué aprendiste acerca de la medicina alternativa?** Con un/a compañero/a, contesten las siguientes preguntas basándose en el texto. Compartan sus respuestas con la clase.

1. ¿Cuáles son las dos ramas *(branches)* de la medicina que se combinan para formar la medicina alternativa?

_____

_____

2. ¿Para qué tipo de enfermedad se utiliza mucho la medicina complementaria?

_____

_____

3. ¿Para qué utilizan la medicina complementaria las personas que no están enfermas?

_____

_____

4. ¿Ha cambiado tu opinión acerca de la medicina alternativa? ¿Por qué sí/no?

_____

Bien dicho

In *Investigación* 3A you learned that written accents are used to indicate when the stress pattern of a word does not follow the natural rules, e.g., *cómpraselo*, *cafetería*, *lápiz*. In *Investigación* 5A you learned that written accents are used when changes in stress alter the meaning of otherwise similar words, *hablo* (I speak), *habló*, (someone spoke) *termino* (I finish), *término* (term) and in *Investigación* 7A you learned that all interrogative words require an accent and monosyllable words need no accent except when marking meaning differences with homonyms, as in *mi* (possessive) and *para mí* (prepositional phrase).

The rules of stress are particularly important when figuring out how to pronounce a word in Spanish that you have never seen or when pronouncing cognates where the stress can fall on a different syllable in Spanish than English. The two universal rules of stress in Spanish are 1) words that end in a vowel, -n, or -s will have the natural stress fall on the next to the last syllable, and 2) words that end in a consonant, other than –n or –s, will have the natural stress fall on the last syllable. Words that do not follow these two rules will need a written accent. Based on these rules, how would you pronounce "*continuo*"? The natural stress would fall on the syllable "ti" because the word ends in a vowel requiring the natural stress to fall on the next to the last syllable "*con-ti-nuo*" (continuous). How would you pronounce "*continúo*"(I continue)? How about <<*continuó*>> (someone continued)? Remember that when a "i" or "u" are stressed, they will be written with an accent over these two weak vowels, meaning they are not pronounced as dipthongs.

Pronounce the words below in bold as they are stressed in English. Then, pronounce these same words in Spanish with different stressed syllables.

English	anthro**pol**ogy	**phar**macy	**se**cretary
Spanish	an-tro-po-lo-**gí**a	far-**ma**-cia	se-cre-**ta**-ria

10A.6 **Repitan.** Con compañeros de clase, pronuncien las siguientes frases después de su profesor/a y luego en grupos.

1. El <u>congestionado</u> está adolorido y necesita <u>ampicilina</u> porque tiene <u>pulmonía</u> y <u>temperatura</u> alta.

2. La <u>medicina</u> <u>alternativa</u> o <u>complementaria</u> funciona para restaurar el <u>equilibrio</u> en el individuo.

3. Las <u>terapias</u> como la <u>acupuntura</u> y los masajes <u>neutralizan</u> los <u>estresantes</u> físicos y también mentales.

4. Algunas plantas ayudan con la <u>esterilidad</u>, el balance <u>hormonal</u> y hasta la <u>osteoporosis</u>.

10A.6. ANSWERS: 1. <u>con-ges-tio-**na**-do</u>, <u>am-pi-ci-**li**-na</u>, <u>pul-mo-**ní**-a</u>, <u>tem-pe-ra-**tu**-ra</u> 2. <u>me-di-**ci**-na</u> <u>al-ter-na-**ti**-va</u>, <u>com-ple-men-**ta**-ria</u>, <u>e-qui-**li**-brio</u>, 3. <u>te-**ra**-pias</u>, <u>a-cu-pun-**tu**-ra</u>, <u>neu-tra-**li**-zan</u>, <u>es-tre-**san**-tes</u>, 4. <u>es-te-ri-li-**dad**</u>, <u>hor-mo-**nal**</u>, <u>os-te-o-po-**ro**-sis</u>,

TEACHING TIP: You may want to provide these underlined words divided by syllables in an effort to assist students with identifying the correct syllabification in Spanish. Students have not had an introduction to syllabification and this is a perfect "teaching moment" for it.

VÍVELO: LENGUA

Expressing physical and emotional reactions

In previous *Investigaciones*, you have studied *gustar* and other similar verbs such as *molestarle*, *importarle* and *encantarle*. These verbs all express physical or emotional reactions to specific things. Another thing that all of these verbs have in common is that the things causing the reaction are the subject of the verb while the person experiencing the reaction is expressed by the indirect object pronoun; for example: *Me molesta esa música*, *¿Te gusta bailar salsa? A Bugs Bunny le encantan las zanahorias*. Here are some additional verbs that express physical and emotional reactions using the same sentence structure.

dolerle (o→ue)	to ache/hurt	**interesarle**	to interest
aburrirle	to bore	**convencerle**	to convince

Me duelen los pies. — My feet hurt/ache.
A muchos médicos no les convencieron aquellas investigaciones. — Many doctors were not convinced by those studies.

10A.7 SUGGESTIOIN: Students struggle with the word order in Spanish. Ask students for the subjects, verbs and objects in the sample sentences and those in 1-6

S=los pies

V=doler

O= object

pron=a mí

10A.7 **¿A quiénes en la clase?** Camina por la clase y hazles preguntas a los compañeros de clase para determinar a quiénes corresponden estas oraciones. Nombres:

1. Les interesa estudiar medicina. _____

2. Les interesa la acupuntura. _____

3. Les molestan las inyecciones. _____

4. Les duele la cabeza cuando estudian mucho. _____

5. Les duelen los ojos después de leer en la computadora. _____

6. Les convencen las recomendaciones de su médico/a. _____

10A.7 TEACHING TIP: Remind students that they will have to formulate the questions in the appropriate form using the pronoun *te*.

Palabras clave

Las partes del cuerpo, las medicinas y las enfermedades

El consultorio del médico

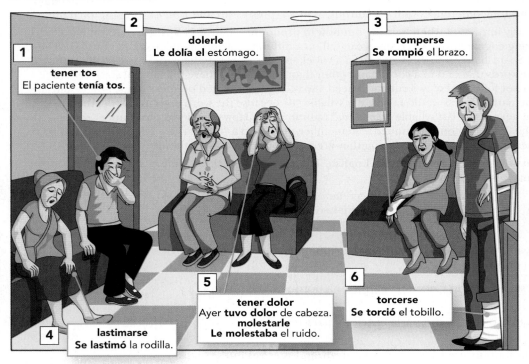

1
tener tos
El paciente **tenía tos**.

2
dolerle
Le dolía el estómago.

3
romperse
Se rompió el brazo.

4
lastimarse
Se lastimó la rodilla.

5
tener dolor
Ayer **tuvo dolor** de cabeza.
molestarle
Le molestaba el ruido.

6
torcerse
Se torció el tobillo.

www

¡Conéctate!
Do a search for "remedios populares" or "remedios caseros" to check out home remedies for a variety of conditions. Are there remedies that surprise or appeal to you? Are you familiar with similar remedies?

Ask student to identify the three sentences that has an object noun, but no pronoun, i.e., *El paciente tenía tos. Tenía una temperatura muy alta. Se rompió el brazo (se is a reflexive pronoun).* In the other sentences, someone is doing something to someone or something else. Consequently, the indirect objects le and les are used.

7
escucharle el corazón
El doctor **le escuchó el corazón** y la respiración de los pulmones.

8
sacarle sangre
La enfermera **le sacó** sangre.

9
tomarle la presión
El enfermero **le tomó la presión**.

estar congestionado/a
Estuvo congestionado toda la noche.

10

11
examinarle el oído
El doctor **le examinó el oído** con un otoscopio.

12
tomarle la temperatura
Le tomó la temperatura.
tener fiebre
Tenía fiebre.
tener temperatura
Tenía una temperatura muy alta (101).

13
recetarle unas píldoras
tratar la enfermedad
El doctor **le recetó unas píldoras** para **tratar la enfermedad**.

El herbolario

14 aconsejarle/recomendarle un tratamiento
El herbolario le avisó a la clienta de los resultados medicos. Le recomendó un tratamiento.

15 tener dolor de garganta/serle difícil tragar
La mujer **tuvo un dolor de garganta** y **le fue difícil tragar.**

el herbolario

16 Le dolían los dientes.

17 estar mareada/sentirse débil
La mujer **estaba mareada** y **se sentía débil.**

el jarabe

Hierbas Medicinales

estar deprimido/sentirse enfermo
Estaba deprimido porque **se sentía enfermo.**

18

10A.8 ¿A qué palabra corresponde? Escucha cada definición e indica a qué palabra de la lista corresponde. Verifica tus respuestas con la clase.

a. el corazón
b. la herbolaria
c. el dolor
d. el estómago

e. la fiebre
f. las hierbas
g. el jarabe
h. la píldora

i. los pulmones
j. la rodilla
k. la sangre
l. el tobillo

_e_ **1.**
_g_ **2.**
_k_ **3.**
_c_ **4.**
_a_ **5.**
_l_ **6.**
_b_ **7.**
_i_ **8.**

TEACHING TIP: Give students a few moments to read through options in a-l.

10A.8 AUDIO SCRIPT: 1. Es la condición que ocurre cuando la temperatura del cuerpo está a más de 98.6 grados; 2. Es una medicina en forma líquida. Se toma para la tos; 3. Es el líquido rojo que circula por todo el cuerpo; 4. Es un sinónimo de la palabra «aflicción» 5. Es el órgano que circula la sangre y se asocia con el amor; 6. Es la parte de la pierna donde se conecta el pie al resto de la pierna; 7. Es una persona que ayuda a los enfermos y que tiene mucha experiencia con plantas medicinales. No es una médica tradicional; 8. Son los órganos que se asocian con la acción de respirar.

10A.9 Una guía médica. Con un compañero/a, completen el cuadro con las palabras y expresiones apropiadas de la lista. Verifiquen sus respuestas con las de otro grupo. El primero sirve de modelo.

el dolor de cabeza
estar congestionado
estar deprimido
comer una dieta blanda
reducir el consumo de sodio

tener dificultad al tragar *(swallow)*
el dolor de dientes
estar débil/adolorido
tomar medicina antiviral

beber té con limón y miel
le duele el tobillo
tener la presión alta
ir al dentista

Enfermedades	Síntomas	Consejos
la gripe *(flu)*	tener fiebre	guardar cama *(stay in bed)*
Tener infección dental	1.	2.
3.	le molesta la luz y el ruido *(noise)*	tomar aspirina o ibuprofeno
el catarro/resfriado *(cold)*	4.	comer/tomar una sopa tibia *(warm)*
el dolor de garganta	5.	6.
7.	La presión = 180/95	8.

10A.9 ANSWERS: 1. el dolor de dientes 2. ir al dentista; 3. el dolor de cabeza; 4. estar congestionado; 5. tener dificultad al tragar; 6. beber té con limón y miel; 7. tener la presión alta; 8. reducir el consumo de sodio

10A.10 **Las recomendaciones de la clase.** Contesta las preguntas, luego hazle las mismas preguntas a tres compañeros de clase para ver qué hacen cuando están enfermos. El número 1 sirve de modelo. Después, compara tus resultados con la clase y apunta las conclusiones generales en tu **Retrato de la clase.** Recuerda que debes hacer las preguntas en la forma *tú*.

¿Qué haces cuando…

	Yo	Estudiante 1:	Estudiante 2:	Estudiante 3:
1. le duele la cabeza	Cuando me duele la cabeza, tomo aspirina.	Dice que se va a acostar.	Dice que va al doctor.	Dice que no hace nada.
2. le falta energía				
3. le duele el estómago				
4. está congestionado				
5. tiene fiebre				
6. le duelen los dientes				
7. se lastima (*injure*) la rodilla				
8. está mareado/a (*dizzy*)				

Retrato de la clase: Cuando le duele la cabeza, la mayoría de la clase _____.

Cuando le falta energía, la mayoría de la clase _____.

10A.11 SUGGESTION: Once the class has been divided into pairs, assign half of the pairs to be consulting with a médico/a, the other half with an herbolario/a. You may also want to assign each group a specific condition, rather than having students choose for themselves. When each group has presented, have the class try to correctly diagnose the illness or condition, based on the dialogue.

10A.11 **La consulta.** Con un/a compañero/a, preparen un diálogo en el que una persona representa a una persona enferma y la otra a un/a médico/a o herbolario/a. Luego, presenten su diálogo a la clase para que ellos/as diagnostiquen la enfermedad o condición.

Guía para el diálogo:

- La persona enferma debe mencionar por lo menos tres síntomas.
- El/la médico/a o el/la herbolario/a debe mencionar por lo menos tres remedios.
- Usen vocabulario variado (Me duele ___, Tengo ___, Me siento ___; Ud. debe ___, Ud. necesita ___, Es importante ___)
- No deben mencionar la condición o la enfermedad en su diálogo.
- Pueden consultar la *Investigación* 7A para más partes del cuerpo.

Estructuras clave 1 Informal commands

In *Investigación 5A,* you learned about command forms that are used when addressing an individual informally as **tú.** Recall the command forms you have seen in activity directions such as **lee las preguntas, escribe la palabra correcta,** etc. There is no informal plural command. Instead, revert to u*stedes* command form.

Affirmative *tú* commands

An easy way to remember the **tú** affirmative command for most verbs is to use the **tú** form of the verb in present tense and drop the final **–s.** Note that object and reflexive pronouns are added to the end of the affirmative command forms.

	-ar	**-er**	**-ir**
Present tense (tú)	caminas	comes	escribes
Affirm. command (tú)	**camina**	**come**	**escribe**

Limpia tu dormitorio.	*Clean your room.*
Lávate las manos.	*Wash your hands.*
Llámame esta noche.	*Call me tonight.*

Some verbs have irregular affirmative **tú** commands.

venir →	**Ven** conmigo a la fiesta.	hacer →	**Haz** la tarea antes de salir.
decir →	**Di** la verdad.	salir →	**Sal** de mi cuarto.
ir →	**Ve** al supermercado.	ser →	**Sé** cortés.
poner →	**Pon** la mesa.	tener →	**Ten** cuidado.

Negative *tú* commands

The majority of negative **tú** commands are based on the **yo** form of the verb. First drop the final **–o** from the **yo** form of the verb. Then add **–es** to verbs whose infinitives end in **–ar,** or **–as** to verbs whose infinitives end in **–er** or **–ir.** (Think of the "opposite" vowel.)

No hables durante la clase.	*Don't talk in class.*
No duermas durante la clase.	*Don't sleep during class.*
No pongas tus zapatos en la mesa.	*Don't put your shoes on the table.*

There are a few irregular negative **tú** commands.

dar →	**No le des** este libro a Paco.
estar →	**No estés** nervioso.
ir →	**No vayas** a la casa de Alberto.
ser →	**No seas** indiscreto.

There are also spelling changes with the negative **tú** commands of verbs ending in **–gar, –car** and **–zar** as shown in the following examples.

–gar	g → gu	**No pagues** demasiado por ese suéter.
–car	c → qu	**No saques** ese juguete, es hora de dormir.
–zar	z → c	**No almuerces** en la cafetería.

Object and reflexive pronouns are placed between the word **no** and the verb in negative **tú** commands. For affirmative informal commands, attach object pronouns to the informal command indirect object pronouns come before direct object pronouns.

> Estas copas son muy frágiles, **no las toques.**
> **No les prestes** dinero a ellos.
> **No te quites** los zapatos.

Ábrela	*Open it*
Póntelo	*Put it on*

10A.12 ¿El médico o el herbolario? Indica quién es más propenso (*likely*) a decir estos mandatos a su paciente/cliente. Verifica tus respuestas con la clase.

	Herbolario	Médico
1. Bebe té de menta.	☑	☐
2. Toma penicilina.	☐	☑
3. Date (*get*) un masaje.	☑	☐
4. No olvides la receta (*prescription*).	☐	☑
5. Ve a ver un especialista.	☐	☑
6. No pienses en cosas negativas.	☑	☐
7. Ponte (*get*) una inyección.	☐	☑
8. Practica meditación.	☑	☐

10A.13 RESOURCES: Patient descriptions are available in *WileyPlus* for duplication and distribution to the class. Feel free to create additional descriptions as needed/desired.

10A.13 TEACHING TIP: You may want to make this into a more competitive game activity. For example, award points to group that guesses each patient first.

10A.14 ANSWERS: Paso 1: 1. Sigue; 2. Usa/Toma; 3. pregúntale; 4, uses/tomes; 5. Agita; 6. Usa; 7. Continúa; 8. dejes; 9. Toma; 10. llama.
Paso 2: 1. Cada 6 horas/4 veces al día; 2. cápsulas, solución líquida, gotas pediátricas; 3. cualquier líquido frío—la leche materna, la leche, el jugo de frutas, Ginger Ale; 5. 1 hora antes o dos horas después de comer; 6. al 911.

10A.14 Tell students that it is possible to have more than one verb be a choice for a particular blank.

10A.13 Ustedes son médicos. En grupos de cuatro, van a recibir la descripción de un/una paciente. Tienen que pensar en lo que van a recomendarle, empleando una combinación de mandatos afirmativos y negativos. Presenten la lista de mandatos a la clase para que ellos determinen quién es el paciente.

1. Una mujer embarazada de 32 años.

2. Un hombre de 50 años que quiere bajar de peso (*lose weight*).

3. Un joven de 20 años que sufre de insomnio.

4. Una mujer de 43 años que tiene problemas de espalda.

5. El padre de un niño de 5 años que tiene infección de oído.

6. Una mujer de 65 años que tiene diabetes.

7. Un hombre de 37 años que tiene gripe.

8. La madre de una joven de 16 años que frecuentemente sufre de dolores de cabeza.

10A.14 Buscar información farmacéutica en línea.

Paso 1: Trabajando con un/a compañero/a, completen la información en el siguiente texto acerca del medicamento ampicilina empleando **mandatos informales**, escogiendo de los verbos de la siguiente lista. El primero sirve de modelo. Es posible que uno o dos de los verbos se usen más de una vez. Verifiquen sus respuestas con las de otro grupo.

> **Usen estas palabras:**
>
> | | | |
> |---|---|---|
> | agitar (*to shake*) | llamar | tomar |
> | continuar | preguntarle | usar |
> | dejar (*to stop*) | seguir (*to follow*) | |

Biblioteca Nacional de Medicina de EE. UU.
NIH Institutos Nacionales de la Salud

Ampicilina oral

¿Para cuáles condiciones o enfermedades se prescribe este medicamento?

La ampicilina es un antibiótico similar a la penicilina usado para tratar ciertas infecciones provocadas por las bacterias como la neumonía, la bronquitis, y las infecciones al oído, pulmón, piel y vías urinarias. Los antibióticos no tienen ningún efecto sobre los refriados, la gripe y otras infecciones virales.

¿Cómo se debe usar este medicamento?

La ampicilina viene envasada (*packaged*) en forma de cápsulas, solución líquida y gotas (*drops*) pediátricas para tomar oralmente. Se toma, por lo general, cada 6 horas (4 veces al día). 1.) ____sigue____ cuidadosamente las instrucciones en la etiqueta (*label*) del medicamento. 2.) _____ el medicamento exactamente como se indica y 3.) _____ a tu doctor o farmacéutico cualquier (*whatever*) cosa que no entiendas. No 4.) _____ más ni menos que la dosis indicada ni tampoco más seguido (*often*) que lo prescrito por su doctor.

5.) _____ bien las gotas pediátricas y la solución líquida antes de cada uso

para mezclar el medicamento en forma homogénea. 6.) _____ el gotero (*dropper*) que viene con el envase para medir (*measure*) la dosis de las gotas pediátricas. Las gotas y la solución líquida pueden colocarse en la lengua de los niños o añadirse a la leche materna, la leche, el jugo de frutas, agua, Ginger Ale o cualquier líquido frío, y deben tomarse inmediatamente.

Las cápsulas deben tomarse enteras y con un vaso grande de agua.

7.) _____con el medicamento aunque te sientas mejor y no 8.) _____ de tomarlo sin antes consultarlo con tu médico.

¿Qué régimen especial debo seguir mientras tomo este medicamento?

9.) _____ la ampicilina al menos 1 hora antes o 2 horas después de las comidas.

¿Qué debo hacer en caso de una sobredosis?

En caso de una sobredosis, 10.) _____ a la oficina local de control de envenenamiento (*poisoning*) o, si la víctima está inconsciente, o no respira, al 911.

Paso 2: Trabajando con el/la mismo/a compañero/a, contesten las preguntas a continuación. Verifiquen sus respuestas con la clase.

1. ¿Con qué frecuencia se debe tomar la ampicilina?

2. ¿En qué formas viene envasado el medicamento?

3. ¿Con qué líquidos se puede combinar el medicamento?

4. ¿Cuántas horas antes de comer se debe tomar?, ¿después de comer?

5. ¿A qué número se debe llamar si alguien toma una sobredosis y está inconsciente?

10A.15 Un medicamento nuevo. En grupos de cuatro, van a crear la descripción de un medicamento nuevo, usando la lectura en la Actividad 10.14 como modelo. Necesitan indicar para qué enfermedades o condiciones se usa, cómo se debe usar (la dosis, las instrucciones para el uso), cuáles son los posibles males secundarios (*side effects*) y por qué es mejor que otro medicamento actual (*existing*). Van a presentar su medicamento a la clase para que ellos decidan si se debe aprobar el medicamento o no y por qué.

10A.16 ¿Cuánto saben de estas sustancias? En grupos de tres o cuatro, piensen en vitaminas, plantas y minerales u otros suplementos que conocen. Comenten sobre el valor o los usos de estas sustancias y compartan sus observaciones con la clase.

10A.15 SUGGESTION: When preparing their presentations, encourage the class to think about pharmaceutical ads they have seen. Remind them that they will need to incorporate informal commands into their presentations where appropriate. When listening to the presentations, tell the class to imagine that they are members of an FDA committee responsible for reviewing new drugs. They should justify their approval or rejection of the medication. You may want to bring markers and large sheets of paper for students to use in their presentations.

10A.16 SUGGESTION: This is a pre-reading activity to get students thinking about vitamins, minerals and other substances and their uses in anticipation of the following *Vívelo: Cultura* reading on medicinal plants. You may want to model this activity for the class before breaking into groups. For example: ¿Para qué sirve la vitamina C?, ¿la vitamina D?, ¿la aspirina?

VÍVELO: CULTURA

Algunas plantas medicinales y sus usos

Planta	Usos medicinales
equinacea	aumenta las defensas del cuerpo, combate los herpes labiales (*cold sores*)
eucalipto	expectorante, alivia (*relieves*) enfermedades respiratorias, el asma, la bronquitis, la tos, la gripe, la angina
ginko biloba	antioxidante, mejora la atención, la memoria y la circulación, combate la depresión
hibisco (flor)	afrodisíaco, cuida la piel, fortalece el pelo y el aparato respiratorio
judías	antioxidante, alivia el dolor de la artritis y sirve para tratar enfermedades cardiovasculares
lavanda	repele insectos, elimina la ansiedad, mejora la digestión, alivia el dolor de cabeza
limón (cortezas)	ayuda a combatir la obesidad, el edema, el resfriado, la hipertensión
menta	alivia problemas estomacales, el mal de altura, dolores y tensiones musculares
olivo (hojas)	antiviral, antibiótico, aumenta el colesterol bueno, sirve para tratar la hipertensión, la taquicardia
ruibarbo	limpia el colon y los intestinos, combate la diarrea

(corteza = *rind*; hoja = *leaf*)

© Ian Shaw/Alamy Stock Photo

¡Conéctate!

Do a search for "lógicaecológica 230 plantas". You should be able to find a website that allows you to explore other medicinal plants and their uses. Are there remedies that you are interested in trying? Would it be easy or difficult to find these plants in your community?

10A.17 En el herbolario. Con un/a compañero/a, imaginen que son herbolarios y necesitan recomendar un remedio a clientes con las siguientes condiciones. Para los números 1-3, Estudiante A es el/la cliente y Estudiante B es el/la herbolario/a. Cambien de papel (*role*) para los números 4-6. Al final, verifiquen sus respuestas con la clase.

Estudiante A

1. ¿Qué tomo para problemas del corazón?

2. ¿Qué tomo para el dolor de cabeza?

3. ¿Qué tomo para la ansiedad y la depresión?

6. ¿Qué tomo para mantener el sistema inmunológico?

5. ¿Qué tomo para problemas digestivos?

4. ¿Qué tomo para problemas respiratorios?

Estudiante B

Estructuras clave 2 Combining direct and indirect object pronouns

WileyPLUS Learning Space

Go to *WileyPLUS Learning Space* and review the tutorial for this grammar point.

WileyPLUS Learning Space

You will find PowerPoint presentations for use with *Estructuras clave* in *WileyPLUS Learning Space*.

Up to this point, you have been working with direct and indirect object pronouns individually. However, it is possible to combine both types of object pronouns in the same sentence. When the two pronouns appear in the same sentence, they always appear together and the indirect object pronoun always precedes the direct object pronoun. The rules regarding the placement of the pronouns relative to the verb are the same for two pronouns as for one pronoun. Both pronouns are placed before a single conjugated verb, but if the verb phrase consists of a conjugated verb and an infinitive, the pronouns can either precede the conjugated verb or be attached to the infinitive. In the latter case, a written accent is added above the last syllable of the infinitive in order to maintain the proper stress on the word.

—¿Cómo vas a enviarme la foto?	—*How are you going to send me the picture?*
—Voy a **enviártela** por correo electrónico.	—*I am going to send it to you via e-mail.*

—¿Con qué frecuencia te mandan dinero tus padres?	—*How frequently do your parents send you money?*
—**Me lo mandan** cada dos semanas.	—*They send it to me every two weeks.*

Spanish does not allow two pronouns beginning with the letter **l** to appear next to each other. Consequently, the indirect object pronouns **le** and **les** will change to **se** when they precede the direct object pronouns **lo, la, los,** and **las.**

—¿Dónde le compras ropa a tu hijo?	—*Where do you buy clothes for your son?*
—**Se** la compro en Sears.	—*I buy it for him at Sears.*
(**se** replaces **le** referring to **a tu hijo**)	

—Profesor, ¿cuándo va a traernos las composiciones?	—*When will you bring us the compositions?*
—Voy a traér**se**las mañana.	—*I will bring them to you tomorrow.*
(**se** replaces **les** referring to **a ustedes**)	

Comprehending questions that use direct and indirect object pronouns together

Comprehending questions introduced by **¿Quién?** *(Who?)* or **¿A quién?** *(To whom?)* can be particularly challenging because both refer to people, and we cannot always depend on word order to help us determine whether the focus of the question is the subject or the object of the verb.

In the following examples, we have highlighted both the subject and the verb in each sentence. Let's start with the background fact about which a question might be asked:

Jorge Ramos les explica la noticia a Tomás y David.

If we did not know who explained the news to Tomás and David, we would use **Quién** to find out the subject of the verb explicar, as in the following example.

—¿Quién les explica la noticia a Tomás y David?	—*Who explains the news to Tomás and David?*

In response, we can substitute pronouns for the direct and/or indirect objects. Note that "Jorge Ramos" can appear either at the beginning or the end of the sentence.

TEACHING TIP: Point out that students should pay close attention to how these double object pronouns work as they continue being exposed to more examples. The approach this program takes is to first provide students with many examples of its use in context, while drawing their attention to the specific grammatical feature, and then offering opportunities for them to use it themselves. After reading through this, give students a couple of minutes to explain the gist of it to their partner. Often, the best teaching moments happen between students. As instructors, we need to provide them with opportunities to explain things on their terms.

—Se la explica Jorge Ramos. ⎫
—Jorge Ramos se la explica. ⎬   —*Jorge Ramos explains it to them.*

Next let's look at a question that asks **¿A quién?**. Again, we'll start with the background information about which the question is asked.

Salma Hayek le manda los regalos a Penélope Cruz.

If we did not know to whom Salma Hayek sends the gifts, we would have to ask **¿A quién?** in order to find out who is the indirect object of the verb. In the answer, we can omit Salma Hayek, since we have established that she is the subject. The direct object pronoun **los** refers to **los regalos**. The pronoun *se* is used instead of *le* to refer to the indirect object (Penélope Cruz) in order to avoid having two pronouns beginning with the letter l-.

—¿A quién le manda los regalos Salma Hayek?   —*To whom does Salma Hayek send the gifts?*

—Se los manda a Penélope Cruz.   —*She sends them to Penélope Cruz.*

To summarize, you can use the following clues to correctly process questions with **¿Quién?** or **¿A quién?**

1) The answer to **¿A quién?** will be either the direct or indirect object of the sentence and can be introduced with **a.**

2) Find the subject of the sentence by using the verb form as a clue and determining which noun it agrees with. In the example sentence above about Salma Hayek and Penélope Cruz, **manda** is the verb that signals that the subject has to be singular. Someone sent something. Who did the sending, Salma or Penélope? Because the preposition **a** *(to)* is before Penélope, she must be the receiver of something, so Salma is the subject.

3) Identify the object nouns as direct or indirect. A direct object answers the question *what?* and an indirect object answers the question *to/for whom?* Remember that **lo/la** and **los/las** refer to direct objects, while **le** or **les** signals the indirect object. **Me, te** and **nos** can refer to direct or indirect objects. Finally, remember that **se** replaces **le** or **les** when indirect object and direct object pronouns are used together.

10A.18 Me, te, se, nos. Con un/a compañero/a seleccionen la oración que corresponde a la imagen. Comprueben sus respuestas con la clase.

¿Qué le dice Elena?

1. **a.** "¿Me las regalas?"
   b. "¿Me las regalan?"

SUGGESTION: Before doing this activity, ask students for the names of the objects circled in each image.

las galletas *(cookies)*

¿Qué le dice Juanita?

2. a. "¿Se la pongo?"
b. "¿Se los pongo?"

¿Qué le dice Pablito?

3. a. "¿Se los doy?"
b. "¿Se lo doy?"

el hueso *(bone)*

¿Qué le dice Dorotea?

4. a. "¿Te lo van a quitar?"
b. "¿Te lo va a quitar?"

¿Que le dice Claudia?

5. a. "¿Nos la compran?"
b. "¿Nos las compran?"

las blusas

10A.19 ¿Cómo se interpreta? Escucha las oraciones cortas e indica si la Traducción A o la Traducción B es la interpretación correcta. Luego, comprueba tus respuestas con un/a compañero/a o con toda la clase.

Traducción A	Traducción B
1. ☑ I give it to him.	☐ He gives it to me.
2. ☐ He brings it to me.	☑ He brings them to me.
3. ☑ They give it to us.	☐ We give it to them.
4. ☐ He has sold it to them.	☑ He has sold them to him.
5. ☐ She has explained it to them.	☑ She has explained them to her.
6. ☑ You have sent them to us.	☐ We have sent them to you.
7. ☑ We buy it for her.	☐ She buys it for us.
8. ☐ You will prepare them for me.	☑ I will prepare them for you.

10A.19 AUDIO SCRIPT:
1. Se lo doy; 2. Me las trae; 3. Nos la regalan; 4. Se las ha vendido; 5. Se las ha explicado; 6. Nos los has mandado; 7. Se la compramos; 8. Te los voy a preparar

Consider writing the statements on the board only after reading them aloud.

10A.20: TEACHING TIP:
Draw students attention to the pronouns, focusing on number and gender.

10A.20 ORIENTATION: In each case, both answer options are grammatically correct statements, but only one of them answers the question. These questions offer students more opportunities to be exposed to comprehensible input.

10A.20 ¿Cuál es la respuesta correcta?   Con un/a compañero/a, lean las preguntas y escojan la respuesta correcta para cada pregunta. Verifiquen sus respuestas con las de otro grupo. Pista (*hint*): Miren el verbo para determinar el sujeto de la oración.

1. ¿A quién le traes una cerveza?

(a.) Se la traigo a mi hermano.   **b.** Te las traigo a mi hermano.

2. ¿Quién te ha regalado ese libro?

(a.) Me lo ha regalado mi abuela.   **b.** Me las ha regalado mi abuela.

3. ¿A quién le sugirió la herbolaria esas hierbas?

a. Se las sugeriste a mi tía.   **(b.)** Se las sugirió a mi tía.

4. ¿Quién le tomó la presión a Ud.?

(a.) Me la tomó el enfermero.   **b.** Se la tomó el enfermero.

5. ¿Quién te ha contado ese cuento?

a. Te lo ha contado mi padre.   **(b.)** Me lo ha contado mi padre.

6. ¿A quién le debemos entregar el informe?

a. Deben entregárselas al Sr. Villa.   **(b.)** Deben entregárselo al Sr. Villa.

7. ¿Quiénes recomendaron esos restaurantes a los turistas?

(a.) Nosotros se los recomendamos.   **b.** A nosotros nos los recomendaron.

8. ¿A quiénes les va a poner inyecciones la médica?

a. Se la va a poner a la médica.   **(b.)** Se las va a poner a sus pacientes.

10A.21 Más preguntas personales.

Paso 1: Trabajando con un/a compañero/a, túrnense para hacer y contestar las siguientes preguntas. Cuando respondan a una pregunta, utilicen el pronombre de objeto directo, el pronombre de objeto indirecto o los dos. Luego, compartan las respuestas con la clase.

Modelo: E1: *¿A quién le cuentas tus problemas médicos?*
          E1: ¿With whom do you discuss your medical problems?
          E2: *Se los cuento a mi médico/a.*
          E2: I discuss them with my doctor.

1. ¿Quién te recomendó tu médico/a actual (*current*)?

2. ¿Con qué frecuencia visitas a tu médico/a?

3. ¿Quién te cuida cuando estás enfermo/a?

4. ¿Qué comidas/bebidas te gustan/no te gustan cuando estás enfermo/a?

5. ¿Dónde compras los medicamentos sin receta (*over the counter*)?

6. ¿Qué remedios caseros (*home remedies*) conoces? ¿Quién te los enseñó?

7. ¿A quién le pides información acerca de los efectos de las medicinas?

8. ¿A quién(es) le(s) das consejos médicos?

Paso 2: Después de compartir las respuestas de tu compañero/a con la clase, escribe conclusiones generales sobre las tendencias de la clase en tu **Retrato de la clase**.

Retrato de la clase: A la mayoría de la clase, los padres le recomendaron el médico. La mayoría de la clase visita al médico una vez al año...

10A.22 TEACHING TIP:
This activity serves as a pre-reading activity to the *Vívelo: Cultura* reading on *el curanderismo*. First, follow up by seeing which types of alternative practitioners students are most familiar with. Then, encourage students to brainstorm about what they know and believe about alternative practitioners and their practices.

10A.22 Los practicantes alternativos.   Indica si tú, un miembro de la familia o un amigo ha recibido ayuda de estos practicantes (*practitioners*) alternativos.

	Yo	Un miembro de la familia	Un/a amigo/a	No conozco a nadie
quiropráctico/a				
partera (*midwife*)				
acupunturista				
masajista				
osteópata				
homeópata				
naturópata				

VÍVELO: CULTURA

El curanderismo

¿Qué es el curanderismo? El curanderismo es una parte importante de la tradición latinoamericana de la curación folklórica que incorpora el uso de hierbas, masajes y rituales al igual que el espiritualismo y el misticismo en sus prácticas. Hay tres tipos de curanderos: herbolarios, parteras (*midwives*) y sobadores (*osteopaths*). Se cree que los curanderos tienen un don (*gift*) divino para curar, que Dios los seleccionó para personificar su gracia curativa. Se cree también que las enfermedades son el resultado de diferentes tipos de desequilibrio y que el trabajo principal del curandero es restaurar el balance del cual depende la buena salud.

BETH WALD/National Geographic Creative

SUGGESTION: Ask students to explore what is happening in this photograph.

10A.23 Opiniones.   Lee las siguientes oraciones y escoge las que mejor representen tu perspectiva. Luego, en grupos, escojan las oraciones que reflejen la opinión de su grupo y después compártanlas con la clase para ver cuáles son las oraciones más escogidas.

- ☐ Cuando no hay equilibrio en la vida, una persona es más vulnerable a las enfermedades.
- ☐ Los curanderos usan plantas y hierbas para luchar efectivamente contra enfermedades.
- ☐ Hay personas que realmente se benefician de los sobadores.
- ☐ Los masajes ayudan a establecer un equilibrio físico.
- ☐ Los curanderos abusan de la desesperación de la gente.
- ☐ Continúa la tradición de parteras en los Estados Unidos.
- ☐ Hay personas que tienen un don de Dios para ser masajistas, sobadores o herbolarios.
- ☐ Menos el aspecto místico, los médicos que practican la medicina alternativa son los curanderos del siglo XXI.

10.24 Un debate sobre la medicina.   La clase va a dividirse en grupos para debatir la pregunta *¿Es mejor la medicina convencional o la medicina alternativa?* La mitad de los grupos está a favor de la medicina convencional, la otra mitad está a favor de la medicina alternativa. Para el debate, necesitan juntarse (*join*) con un grupo de la perspectiva opuesta. Después del debate, los grupos que debatieron van a compartir sus conclusiones con la clase.

Guía para el debate:

- Comentar y preparar los argumentos de su grupo (8 min.)
- Juntarse con un grupo de la perspectiva opuesta para el debate
- Turnarse para dar los argumentos principales de su grupo (4 min./grupo)
- Turnarse para refutar los argumentos del otro grupo (2 min./grupo)
- Turnarse para dar los argumentos finales (1 min./grupo)
- Compartir las conclusiones con la clase

¿Qué piensa la clase en general? ¿Es mejor la medicina convencional o la medicina alternativa? ¿Por qué?

10A.23 Ask students to indicate the statements with which most students disagreed.

10A.24 TEACHING TIP: Assign groups to support conventional and alternative medicine (e.g., odd-numbered groups support conventional medicine, even-numbered groups support alternative medicine). Group configuration can vary according to number of students, but there should be the same number of groups for each side of the debate. During the debate portion of the activity, there will be several debates going on simultaneously. You will want to circulate among the groups during this time. Bring a timer to class to help groups keep to the time limits.

Vocabulario: Investigación A

Vocabulario esencial

Sustantivos

el catarro/el resfriado	cold (the illness)
el corazón	heart
el/la curandero/a	healer
los dientes	teeth
el dolor	pain
la enfermedad	illness
el estómago	stomach
la garganta	throat
la gripe	flu/influenza
las hierbas	herbs
el hueso	bone
el jarabe	syrup
el oído	inner ear
la pastilla/píldora	pill/tablet (medicine)
los pulmones	lungs
la rodilla	knee
el ruido	noise
la sangre	blood
el tobillo	ankle
la tos	cough
el tratamiento	treatment

Verbos

aconsejar	to advise
estar adolorido/a	to be in pain
estar congestionado/a	to be congested
estar débil	to be weak
estar deprimido/a	to be depressed
estar mareado/a	to be dizzy
guardar cama	stay in bed
lastimarse	to injure/hurt

recetar	to prescribe
respirar	to breath
romperse	to break
tener temperatura/fiebre	to have a fever
tomarle la presión/temperatura	to take one's blood pressure/temperature
torcerse	to sprain
tragar	to swallow
tratar	to treat

Otras palabras y expresiones

aburrirle	to bore
convencerle	to convince
cualquier	whatever
dolerle	to hurt/ache
impresionarle	to impress
interesarle	to interest
sano/a	healthy
tal como	such as

Cognados

Review the cognates in *Adelante.* and the false cognates in *¡Atención!* For a complete list of cognates, see Appendix 4.

¡VÍVELO!

Vocabulario útil

consultorio	*doctor's office*
herbolario	*herbalist*
mal secundario	*side effect*
medicamento	*medicine*
hígado	*liver*
riñones	*kidneys*

EN DIRECTO

VIDEO: La medicina moderna y la tradicional

> **Antes de ver el video.** Contesta las siguientes preguntas. Luego, compara tus respuestas con el resto de la clase. ¿Qué remedios naturales has probado *(tried)*? ¿Qué remedios naturales se utilizan en tu familia? En tu comunidad, ¿dónde se pueden comprar remedios naturales o plantas medicinales?

> **El video.** Indica cuál es la opción correcta para completar cada oración.

> **1.** Las plantas medicinales se venden en **la farmacia/el mercado**.

> **2.** Cuando necesitan remedios naturales, las personas consultan con **un médico/un herbolario**.

> **3.** La menta es buena para los problemas **estomacales/circulatorios**.

> **4.** La caña de jabalí (*Indian Head Ginger*) es buena para **el hígado/los riñones**.

> **5.** Las plantas medicinales pueden ser tóxicas si se toman en cantidades **pequeñas/grandes**.

> **Después de ver el video.** En grupos de tres, contesten la siguiente pregunta: ¿Qué le recomiendan a un/a amigo/a que quiere aprender más acerca de la medicina alternativa? Hagan una lista usando mandatos informales, por ejemplo: *Lee libros acerca de la medicina alternativa.*

¿Cómo influye el medio ambiente en nuestra salud?

In this **Investigación** you will learn:

▶ How to talk about environmental issues

▶ How to tell someone what to do in a formal context

▶ How to use *por* and *para* in more sophisticated ways

▶ How to interpret subtle differences between sentences with *por* and *para*

▶ How culture influences the relationship between environment and health

¿Cómo puedes hablar de la relación entre el medio ambiente y la salud?

Puedes hablar de asuntos ecológicos.	¿Hay mucha contaminación en tu ciudad? ¿Cuáles son las especies con más peligro de extinción? ¿Qué haces para conservar agua?
Puedes recomendar acciones para proteger el medio ambiente.	Coman comida orgánica, no desperdicien agua, reciclen todo lo posible y apaguen los aparatos eléctricos.
Puedes indicar destino, propósito, causa, fecha límite y otros conceptos.	¿Para dónde van? Vamos a caminar por la selva de Monteverde. ¿Por cuánto tiempo van a estar allí? Solo por dos semanas. Regresamos para el 15 de julio.

DICHOS

Más vale prevenir que curar.	*An ounce of prevention is worth a pound of cure.*
La Tierra no pertenece a los hombres, sino que los hombres pertenecen a la Tierra.	*The Earth does not belong to us, we belong to the Earth.*

Adelante

¡Ya lo sabes! Problemas y soluciones ecológicos

el beneficio
la biodiversidad
el carbono
combatir
conservar
la contaminación
cultivar
la deforestación
deforestar/reforestar
desplazar
la destrucción
deteriorarse
el detrimento

el deterioro
la discriminación
la ecología
la energía solar
la erosión
las especies
excluir
la explotación

la extinción
el/la guía
el hábitat
marginar
reciclar
el turismo
el/la visitante

¡Atención!

adecuado	(not *right* or *appropriate*) sufficient
pretender	(not *to pretend*) to attempt, to try to

10B.1 **¿Un beneficio o un detrimento?** Escucha las oraciones e indica si representan beneficios o detrimentos a nuestro planeta. Verifica tus respuestas con la clase.

	Beneficio	Detrimento
1.	☐	☑
2.	☑	☐
3.	☑	☐
4.	☐	☑
5.	☑	☐
6.	☐	☑
7.	☑	☐
8.	☐	☑

TEACHING TIP: 10B.1
AUDIO SCRIPT: 1. la destrucción del hábitat; 2. la energía solar; 3. la reforestación 4. el exceso de carbono; 5. la biodiversidad; 6. la contaminación del aire; 7. combatir la erosión 8. la extinción de especies

10B.2 **¿Cuál es la palabra correcta?** Con un compañero/a, escribe la palabra de *¡Ya lo sabes!* que mejor complete cada definición. Para cada respuesta se ofrece la primera letra de la palabra. Verifiquen sus respuestas con las de otro grupo.

1. Los animales y las plantas se clasifican en *e*_____.

2. *R*_____ es la acción de restaurar los bosques y las selvas por medio de cultivar árboles.

3. A la persona que acompaña e informa a un grupo de visitantes se le llama *g*_____.

4. La *d*_____ se refiere a la acción de excluir y marginar a ciertos grupos.

5. El uso excesivo de algún material natural es un ejemplo de la *e*_____ de recursos.

6. La *e*_____ se refiere a la desaparición completa de algún animal o planta.

7. La ciencia que estudia la relación entre los seres humanos y la naturaleza se llama *e*_____.

8. El *d*_____ es lo contrario o el antónimo de la conservación.

10B.2 ANSWERS:
1. especies; 2. Reforestar; 3. guía; 4. discriminación; 5. explotación; 6. extinción; 7. ecología; 8. deterioro

10B.3 **¡A definir las palabras!** Con un compañero/a, túrnense para definir las palabras indicadas. Una persona debe definir una palabra sin decir la palabra misma (*itself*), la otra persona debe adivinar qué palabra se define. Pueden usar las definiciones de 10B.2 como modelo.

Estudiante A
la biodiversidad
la deforestación
conservar
el turismo

Estudiante B
el carbono
la erosión
desplazar
el hábitat

10B.4 **Los asuntos ambientales en Estados Unidos.** En grupos de cuatro, hagan una lista de los asuntos ambientales *(environmental issues)* que afectan a Estados Unidos. Compartan sus listas con la clase. ¿Son similares o diferentes las listas? ¿Hay asuntos que se mencionan repetidamente *(repeatedly)*? ¿Creen que serían *(would be)* iguales o diferentes los asuntos ambientales que afectan a los países latinoamericanos?

Asuntos ambientales que afectan a Latinoamérica

© 167/Robin Moore/Ocean/Corbis

¿Qué sabemos de los ecosistemas de Latinoamérica? Sabemos que los ecosistemas en Latinoamérica son de importancia mundial porque incluyen a cinco de los diez países con mayor biodiversidad del planeta (Brasil, Colombia, Ecuador, México y Perú). Estos cinco países se encuentran entre los quince países a nivel mundial cuyos animales corren el mayor riesgo *(risk)* de extinción. La deforestación también es un gran problema que ha contribuido mucho al cambio climático *(climate change)* global y a la reducción de la biodiversidad. Ahora la región es más vulnerable a los fenómenos climáticos extremos y la subida *(rise)* del nivel del mar. Otros asuntos ambientales importantes que caracterizan a Latinoamérica son la promoción de economías sostenibles en lugar de economías basadas en la extracción y exportación de materias primas *(raw materials)*, el acceso a agua potable *(drinkable)*, la salud, el racismo ambiental y el ecoturismo. Por medio de la educación y de políticas *(policies)* innovadoras, creativas y bien pensadas, los pueblos de Latinoamérica están tratando de resolver estos asuntos.

10B.5 **Los asuntos ambientales en Latinoamérica.**

Paso 1: Con un compañero/a de clase, contesten las siguientes preguntas, basándose en el texto. Verifiquen sus respuestas con las de otro grupo.

1. ¿Qué dos cosas tienen en común Brasil, Colombia, Ecuador, México y Perú?

_____

_____

2. Según la lectura, indica cuáles son algunos de los asuntos ambientales problemáticos en Latinoamérica.

☐ la deforestación   ☐ la sobrepoblación *(overpopulation)*

☐ la contaminación del aire   ☐ el racismo ambiental

☐ el ecoturismo   ☐ fenómenos climáticos extremos

☐ el acceso a agua potable   ☐ la promoción de nuevas formas de energía

Paso 2: Piensen otra vez en las listas que crearon en la actividad 10B.4. ¿En qué coinciden y en qué se diferencian las preocupaciones *(concerns)* ambientales de Estados Unidos y Latinoamérica?

¡Conéctate!

Do a search for "Latin American environmental concerns". Does what you find correspond to the reading? Are there countries that appear to be less engaged in environmental issues than others?

VÍVELO: LENGUA

Expressing superlatives

Superlatives express ideas such as *the biggest, the youngest, the tallest, the smartest, the most beautiful, the least expensive,* etc. Spanish uses the following construction:

el/la/los/las ___(noun) **más/menos** + *adjective*.

The noun may be omitted when it is understood through context or to avoid repetition. To indicate the field of comparison, such as *in the world, in the class, in my family,* etc., Spanish uses the preposition **de,** not **en.**

> El país más grande del mundo es Rusia mientras que la Ciudad del Vaticano es el más pequeño.
> New York es la ciudad más poblada de EE. UU.
> California es el estado con más biodiversidad en los EE. UU.

There are some irregular superlatives that do not use **más** or **menos:**

el/la mayor	los/las mayores	*the oldest* (people), *the greatest* (magnitude)
el/la menor	los/las menores	*the youngest* (people), *the least* (magnitude)
el/la mejor	los/las mejores	*the best*
el/la peor	los/las peores	*the worst*

> Ricardo es **el menor** de su familia. Tiene tres hermanos mayores.
> **Las mejores** películas del año son nominadas para los premios Oscar y **las peores** son nominadas para los premios Golden Raspberry.

WileyPLUS Learning Space
Go to *WileyPLUS Learning Space* and review the tutorial for this grammar point.

10B.6 **Preguntas ambientales.**

Paso 1: Contesta las preguntas y entrevista a cuatro compañeros de clase. Apunten sus respuestas y compartan los resultados con la clase.

1. ¿Cuál es el país más poblado del mundo?
2. ¿Cuál es la ciudad más contaminada del mundo?
3. ¿Qué ciudad tiene el peor tráfico de EE. UU.?
4. ¿Cuál es el estado más silvestre (*wild*) de EE. UU.? ¿Cuál es el más urbanizado?
5. ¿Cuál es la forma de energía más sucia? ¿Cuál es la más limpia?
6. ¿Cuál es el país más ecológico (*eco-friendly*) del mundo? ¿Cuál es el menos ecológico?
7. ¿Cuál es el problema ambiental más serio?
8. ¿Cuáles son algunos de los animales con mayor peligro de extinción?

Paso 2: Apunta las conclusiones generales de la clase en tu **Retrato de la clase.**

Retrato de la clase: Según la clase, el país más poblado del mundo es _____, la ciudad más contaminada es _____,…

TEACHING TIP: Consider assigning different questions to different groups or assigning groups where each member researches a different question. Ask students to use their mobile phone in class to research these questions. For most, answers on the Internet will vary. For example, some websites cite Beijing as the most polluted city, others New Delhi, others Los Angeles. What appear to be the most commonly cited answers to each question?

Palabras clave 1 Asuntos ambientales

A

spwidoff/Shutterstock.com

B

Anika Kanter/iStockphoto

↑ **El desperdicio** y la contaminación del agua resultan en **la escasez** de **agua potable**.

C

Nicram Sabod/Shutterstock.com

↑ Tirar **basura** a los ríos también contamina el agua.

D

Marina Lohrbach/Shutterstock.com

↑ El **desperdicio** de comida es **peligroso**.

E

FabioFilzi/iStockphoto

↑ Nos **arriesgamos** a perder las playas y otros lugares naturales de la **Tierra.**

F

Marcus Clackson/iStockphoto

↑ Es un **desperdicio** de recursos cuando el papel llega a los **basureros** urbanos en vez de a las plantas de reciclaje.

G

Natalia Davidovich/Shutterstock.com

↑ Otro **riesgo** es la pérdida de los **paisajes** pintorescos de nuestra **Tierra**.

H

Nickolay Khoroshkov/Shutterstock.com

↑ Una de las **desventajas** de las industrias mundiales es que contaminan el aire respirable.

I

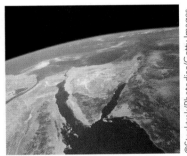

©Stocktrek/Photodisc/Getty Images

↑ Todos los seres humanos debemos luchar contra la destrucción de **la capa de ozono**.

J

Scenery2/Shutterstock

↑ El mayor **desafío** es **la escasez de agua**.

K

OlegD/Shutterstock

↑ **La sobrepoblación** de las ciudades crea los barrios **pobres** en las periferias.

L

Maria Pavlova/Getty Images, Inc.

↑ Este **campesino** cubano planta alimentos orgánicos.

M

guentermanaus/Shutterstock.com

↑ Con la **deforestación** se pierden otros recursos naturales vitales.

N

ssuaphotos/Shutterstock

↑ **El mayor porcentaje** de la reducción de la capa de ozono se debe a las emisiones de los carros.

SUGGESTION: Some of the new vocabulary in 10B is difficult so leading an activity that targets their meaning based on the photos and the sentences will help students with any doubts. Without looking at the word translation at the end of this investigación and based on the images and sentences, ask students to match the English words below with their Spanish interpretations.

1. drinkable water
2. trash
3. peasant/farmer
4. disadvantage
5. shortage

6. landscape
7. danger
8. resources
9. risk
10. overpopulation

11. land/Earth
12. advantage
13. to waste
14. to fight/struggle
15. to throw

16. poor
17. challenge
18. ozone layer

¡Conéctate!
Search for the website Ecomarket.es to see what kind of green products you can buy for your home, personal care, child care, pets, yard. Are there products that appeal to you? Are you familiar with similar websites in the U.S.? Have you purchased products from such websites?

10B.7 **¿Qué palabra se define?**   Escucha las definiciones e indica la palabra que corresponde a cada definición. Verifica tus respuestas con la clase.

a. ambiental   **e.** luchar   **i.** el riesgo
b. los campesinos   **f.** el paisaje   **j.** la sobrepoblación
c. desperdiciar   **g.** potable   **k.** tirar
d. la escasez   **h.** los recursos   **l.** las ventajas

<u> b </u> **1.**   <u> e </u> **3.**   <u> j </u> **5.**   <u> h </u> **7.**
<u> l </u> **2.**   <u> g </u> **4.**   <u> c </u> **6.**   <u> d </u> **8.**

10B.8   **Entrevista.**   Entrevista a un compañero de clase para saber su opinión sobre las siguientes preguntas y luego comparte sus respuestas con la clase.

1. ¿Con qué frecuencia bebes agua potable de una botella?
2. ¿Qué producto o ítem desperdicias con mayor frecuencia?
3. ¿Quién tira más basura en tu familia?
4. ¿Cuál es el recurso natural más desperdiciado en la Tierra?
5. ¿Luchas adecuadamente en contra o a favor de algo que te importa? ¿Qué es?
6. Para ti, ¿cuál es el más grande desafío de la vida?

10B.9   **Lo más importante para mí.**

Paso 1: De las siguientes oraciones, escoge tres acciones que reflejen el mayor grado de importancia personal para ti. Puedes añadir/escribir cosas si la lista no incluye sugerencias que son importantes para ti. Luego, comparte tus oraciones con un grupo de compañeros.

Proteger los paisajes pintorescos de nuestra tierra	
Luchar por llevar agua potable a los pobres y a poblaciones en peligro	
Inventar productos que no ponen en riesgo al medio ambiente	
Intentar desperdiciar lo menos posible	
Reducir la cantidad de basura que tiras	
Utilizar productos adecuados que no emitan CFC	
Ponerse ropa hecha de fibras naturales	
Comprar productos que no contienen sustancias químicas peligrosas	
Luchar por preservar la capa de ozono	
Beber solo agua potable	

Paso 2: Comparte los resultados de tu grupo con la clase y apunta las conclusiones generales en tu **Retrato de la clase**.

Retrato de la clase: A esta clase le interesa _____; no le preocupa _____.

10B.10 **La relación entre el racismo y el medio ambiente.** En grupos de cuatro, comenten las siguientes preguntas. Compartan sus respuestas con la clase.

1. ¿Han escuchado o leído el término «racismo ambiental»? ¿En qué contexto(s)?

2. ¿Qué les sugiere este término? ¿Cuál puede ser la relación entre el racismo y el medio ambiente?

3. ¿Conocen ejemplos famosos del racismo ambiental? Compártanlos con la clase.

4. En base al número de ejemplos que se ofrecen, ¿es el racismo ambiental adecuadamente conocido, publicado, comentado en los medios de comunicación de su cultura?

10B.10 ORIENTATION: This activity serves as a pre-reading activity for the following *Vívelo: Cultura* reading on environmental racism. Allow groups some time to discuss the questions and then discuss them as a class. Depending on how many examples are provided, ask the class why this topic is not as widely discussed as say the Olympics, the World Cup or the various crises in the Middle East? Should it be? Why?

VÍVELO: CULTURA

¿Qué significa «racismo ambiental»?

Si hacemos un mapa del mundo, es evidente/obvio que las industrias más contaminantes no están distribuidas en forma equitativa. Es decir, muchas de estas actividades se sitúan intencionalmente en lugares donde viven grupos humanos particulares. Por ejemplo, minas, refinerías y compañías que producen residuos (*waste*) tóxicos se localizan en zonas donde viven grupos marginados o excluidos, como los indígenas, los afrodescendientes, los campesinos y los pobres. Es decir que estos grupos reciben la mayoría de los efectos ambientales negativos asociados con estas industrias mientras que los grupos dominantes económicamente reciben los beneficios. Para muchos, esto es una forma de discriminación o racismo. Creen que combatir el racismo ambiental es cuestión de derechos humanos porque todos debemos tener acceso a un medio ambiente sano, al agua y energía limpias, a tierras cultivables, a un aire libre de contaminación, y a nuestras áreas protegidas.

© Débora Poo Soto/Demotix/Corbis

10B.11 ¿Qué aprendieron acerca del racismo ambiental?

Paso 1: Con un/a compañero/a, contesten las siguientes preguntas. Luego, verifiquen sus respuestas con la clase.

Según la lectura…

1. las industrias más contaminantes se distribuyen de manera **igual/desigual**.

2. los grupos más afectados por los efectos negativos de estas industrias son los grupos **marginados/dominantes**.

3. parece que el racismo ambiental se basa en la falta (*lack*) de **educación/poder económico**.

4. oponerse al racismo ambiental es cuestión de derechos **humanos/civiles**.

5. todos debemos tener acceso a

a. _____

b. _____

c. _____

d. _____

e. _____

Paso 2: ¿Qué han aprendido acerca del racismo ambiental después de leer este artículo?

ermingut/iStockphoto

¿Has pensado en los residuos electrónicos que también perjudican el medio ambiente y la salud del ser humano?

Estructuras clave 1 Formal commands

In *Investigaciones* 6B and 10A, you learned about informal commands. In this *Investigación*, we will look at formal commands. Formal commands are used in cases where you would use the **usted** form to address an individual and where you would use the **ustedes** form to address a group of people. Both the affirmative and negative **usted** commands are formed as follows: For most verbs, you drop the final **–o** of the **yo** form and add **–e** if the verb is an **–ar** verb, or **–a** if the verb is an **–er** or **–ir** verb. (For the **ustedes** commands, the endings are **–en** and **–an**.) In the case of **manejar** *(to drive),* for example, you drop the **–o** from **manejo**, add **–e** since it's an **–ar** verb, and end up with **maneje** (or **manejen**), as in the examples **Maneje (Manejen) con cuidado** and **No maneje (manejen) a una velocidad excesiva.** Look at these additional examples.

Descanse. Ha trabajado 12 horas hoy.	*Rest. You have worked for 12 hours today.*
No **salga** de la casa cuando hay tormentas.	*Don't leave the house when there are storms.*
Corra diariamente para estar en buena forma física.	*Run daily to be in good shape.*
No **beba** mucho alcohol.	*Don't drink too much alcohol.*

Verbs ending in **–gar, –car,** and **–zar** have the following spelling changes.

jugar ⟶	**Juegue** con sus hijos.	buscar ⟶	**Busque** la llave del carro.
sacar ⟶	**Saque** el libro de la mochila.	empezar ⟶	**Empiece** la tarea.

Some verbs have irregular **usted/ustedes** command forms.

dar ⟶	**dé/den**	¿El dinero? **Déselo** al dependiente.
estar ⟶	**esté/estén**	No **esté** furioso conmigo.
ir ⟶	**vaya/vayan**	**Vayan** al centro.
saber ⟶	**sepa/sepan**	**Sepa** la respuesta correcta.
ser ⟶	**sea/sean**	**Sean** niños bien educados.

Commands and object pronoun placement

Object pronouns are attached to the affirmative commands and placed before negative commands.

Este libro es bueno. **Léanlo.**
Tráigame la cuenta, por favor.
Este dibujo, **descríbaselo** a su compañero.

Estos platos están sucios. **No los toque.**
No me mientan.

10B.12 Letreros. Empareja los siguientes letreros en (a-h) con los mandatos que le corresponden en (1-8).

a.

b.

c.

d.

e.

f.

g.

h.

_c_	**1.** No tire basura		_d_	**5.** Ceda el paso (*Yield*) a las bicicletas
_g_	**2.** Lávese las manos		_a_	**6.** Doble a la derecha
_f_	**3.** No nade en ese lago		_e_	**7.** No beba el agua del grifo (*faucet*)
_b_	**4.** No fume		_h_	**8.** Recicle aquí

10B.13 AUDIO SCRIPT:
1. Recoge las cosas para reciclar; 2. Compre productos ecológicos; 3. No consuma tanta gasolina; 4. No desperdicies agua; 5. Reduzca su consumo de carbono; 6. No dejes prendidas las luces; 7. Utiliza transporte público; 8. No destruya la capa de ozono.

10B.13 ¿A quién le hablas? Escucha los mandatos e indica si lo dices a tu hermano menor (informal) o a una persona recién conocida (formal). La primera sirve de ejemplo. Verifica tus respuestas con la clase.

	1	2	3	4	5	6	7	8
Tu hermano menor	✓			✓		✓	✓	
Una persona recién conocida		✓	✓		✓			✓

10B.14 ¿Cómo se puede ayudar a nuestro planeta?

Paso 1: Completa los mandatos en 1-8 con el mandato formal singular (Ud.) de los verbos en paréntesis. Compara tus respuestas con un/a compañero/a de clase.

1. _____Conserve_____ (Conservar) agua y energía.
2. No _____compre_____ (comprar) productos que contaminen.
3. No _____utilice_____ (utilizar) bolsas de plástico.
4. _____Disminuya_____ (Disminuir) la cantidad de basura que produce.
5. No _____conduzca_____ (conducir) un coche ineficiente.
6. _____Recicle_____ (Reciclar) todo lo posible.
7. No _____tire_____ (tirar) productos tóxicos a la basura.
8. _____Sea_____ (Ser) consumidor/a responsable.

Paso 2: Contesta las siguientes preguntas acerca de los mandatos 1-8. Verifica tus respuestas con la clase.

1. ¿Qué mandatos mencionan cosas que se debe evitar (*avoid*)? (2, 3, 5)
2. ¿Qué mandato indica la actitud general que se debe tener? (8)
3. ¿Qué mandato habla de economizar o ahorrar recursos? (1)
4. ¿Qué mandatos se relacionan con los desperdicios (*trash*)? (4, 7)
5. ¿Qué mandato se refiere a la posibilidad de reutilizar cosas? (6)

10B.15 **Reduzcan su impacto ecológico.** Con un/a compañero/a, completen los mandatos en las oraciones empleando los verbos lógicos de la lista. Usen mandatos formales y plurales (Uds.). Noten que algunos de los mandatos son afirmativos y otros negativos. Verifiquen sus respuestas con las de otro grupo.

comer	cultivar	recoger
conducir	desplazar	ser
consumir	ir	tener
contribuir	llevar	tirar

1. No _____ ropa hecha de especies en peligro de extinción.

2. _____ más comida local y menos comida procesada.

3. _____ más árboles y plantas en su comunidad.

4. No _____ envases (*containers*) reciclables a la basura.

5. _____ menos sus coches, caminen o monten en bicicleta.

6. No _____ malgastadores (*wasteful*), sino económicos.

7. _____ menos agua y electricidad.

8. No _____ a la destrucción de bosques y selvas.

Piensen en tres recomendaciones más para las personas que quieran vivir una vida más ecológica y sostenible.

10B.16 **Un plan para promover la sostenibilidad.** El dueño de una empresa les ha pedido que presenten un plan para promover (*promote*) la sostenibilidad en la compañía. Van a presentarles a todos los empleados su plan para que comenten y voten. En grupos de cuatro, preparen el plan. Asegúrense de que todos en el grupo tengan un papel en la creación del plan.

Guía para la presentación

- Determinen cuál es la compañía
- Necesitan presentar por lo menos seis ideas
- Algunas de las ideas deben ser afirmativas (lo que deben hacer) y otras negativas (lo que no deben hacer)
- Las ideas deben representar acciones colectivas además de individuales

10B.17 **Un sondeo acerca del ecoturismo.** Contesta las preguntas y luego hazles las mismas preguntas a tres compañeros de la clase. Comparte tus resultados con la clase.

	Yo		Comp. 1		Comp. 2		Comp. 3	
El ecoturismo se asocia principalmente con países tropicales.	Sí	No	Sí	No	Sí	No	Sí	No
El ecoturismo se asocia solamente con países en desarrollo.	Sí	No	Sí	No	Sí	No	Sí	No
El ecoturismo es solo para personas que les interesan las ciencias.	Sí	No	Sí	No	Sí	No	Sí	No
El ecoturismo siempre beneficia a la gente local.	Sí	No	Sí	No	Sí	No	Sí	No
El ecoturismo siempre protege al medio ambiente del lugar.	Sí	No	Sí	No	Sí	No	Sí	No

10B.17 SUGGESTION:
After reviewing survey results with the class and comparing their answers to the ones they provided in 10B.17, ask individual students these follow-up questions: ¿Te interesa el ecoturismo? ¿Por qué? ¿Has hecho un viaje de ecoturismo? ¿Adónde?; ¿Hay lugares en Estados Unidos o en tu país de origen para hacer ecoturismo? ¿Cuáles son?

VÍVELO: CULTURA

Ecoturismo: ¿Cuáles son sus ventajas y desventajas?

© Atlantide Phototravel/Corbis

El ecoturismo se refiere al turismo por áreas de interés natural o ecológico, normalmente con un naturalista que sirve de guía, con el propósito (*purpose*) de observar la vida silvestre y aprender sobre el medio ambiente. Como muchas cosas, tiene ventajas y desventajas. Un ecoturismo bien establecido tiene un impacto mínimo sobre el medio ambiente, a la vez que crea conciencia y respeto hacia la cultura local y el medio ambiente, emplea a la gente local y beneficia económicamente a las comunidades, dedica el dinero de los turistas a la conservación del área y les permite a los visitantes llevarse nuevas ideas que influyen en su propia vida. Por otro lado, un ecoturismo mal administrado causa la contaminación del hábitat y la erosión del suelo (*soil*), atrae un número ilimitado de turistas, lleva al establecimiento de hoteles que consumen mucha energía, desplaza a la población local y mantiene a los animales en jaulas (*cages*). Si uno piensa hacer ecoturismo, es importante tener en cuenta estas ventajas y desventajas cuando decida adónde va a viajar.

10B.18 ¿Qué comprendiste? Indica si las oraciones siguientes son ciertas o falsas, según la información del texto. Verifica tus respuestas con un/a compañero/a de clase.

1. Uno de los propósitos del ecoturismo es hacer investigaciones científicas. C (F)

2. El ecoturismo bien administrado tiene poco impacto en el medio ambiente. (C) F

3. El ecoturismo puede persuadir a la gente de cambiar sus ideas y estilo de vida. (C) F

4. Los hoteles destinados a los ecoturistas siempre son ecológicos. C (F)

5. El ecoturismo siempre respeta a la gente y culturas locales. C (F)

6. La popularidad del ecoturismo puede traer consecuencias negativas. (C) F

¿Ha cambiado tu percepción del ecoturismo después de leer el texto? ¿En qué aspecto(s)?

10B.19 ¡Bienvenidos a las Galápagos! Con un/a compañero/a, lean esta información sobre las Galápagos y contesten las preguntas a continuación. Verifiquen sus respuestas con la clase.

SUGGESTION: To help orient students and focus their attention on specific content in the reading, ask them to review the vocabulary and read through questions 1-7 before reading the text.

ECOTOURS GALÁPAGOS

Nuestra compañía le invita a participar en la aventura de su vida. Venga con nosotros a conocer las Islas Galápagos, uno de los santuarios naturales más importantes del mundo. ¡Llámenos o consúltenos en línea hoy para arreglar su viaje!

1-888-555-8652   www.ecotoursgalápagos.com

Información básica de los viajes:

Los viajes son de siete días y seis noches.
Precios desde $1500
El precio incluye alojamiento (*lodging*), transferencias entre las islas y actividades
Ud. puede escoger las actividades que le interesen
Alojamiento en hotel ecológico cerca de la playa
Todas las actividades son dirigidas por guías-naturalistas profesionales

Trina Denner/iStockphoto

Actividades posibles:

kayak de mar
bicicleta de montaña
senderismo (*hiking*)
snorkel/buceo (*scuba diving*)
excursiones para fotografiar los animales icónicos de las islas
navegar entre islas
paravelismo (*parasailing*)
lanzarse en tirolina (*zip-lining*)

10B.19 TEACHING TIP: Point out that the Galápagos Islands belong to Ecuador and are located in the Pacific Ocean, 620 miles off the west coast of South America. You may want to bring/project a map to orient students, or encourage them to find maps of the islands on their own devices.

1. ¿Por cuántos días son estos viajes?, ¿por cuántas noches?
2. ¿Cuál es el precio mínimo de estos viajes? ¿Qué incluye el precio?
3. ¿Cómo se describe el hotel en que se quedan los participantes? ¿Dónde está?
4. ¿Quiénes acompañan a los participantes en las actividades?
5. ¿A qué tipo de persona se dirigen estos viajes? ¿En qué se basa su respuesta?
6. ¿Les interesa un viaje de este tipo? ¿Por qué sí/no?

10B.19 ANSWERS:
1. siete días/seis noches; 2. $1500;
3. hotel ecológico en la playa;
4. guías-naturalistas profesionales;
5. Answers will vary; 6. Answers will vary

Estructuras clave 2 Review of the prepositions *por* and *para*

In *Investigación* 5A you were introduced to the prepositions *por* and *para*, which can be problematic because they are often translated as *for* or *by*, but they have different uses and meanings. Remember that the preposition *por* is used to express the following concepts: movement through, along, around, or by; means of communication or transport; time period; cost or exchange; the objective of an errand; motive or cause; and unit of measure. On the other hand, the preposition *para* is used to express these concepts: recipient; destination; deadline; employment; purpose, function or use; comparison; and *in order to* when followed by infinitive.

Por is also used to express substitution, on behalf/in favor of, and approximate location or time.

> Una de mis colegas está enferma, entonces tengo que trabajar **por** ella (*on behalf of*).
> Votamos **por** (*in favor of*) los candidatos que apoyan leyes que protejan el medio ambiente.
> Hay un buen restaurante peruano **por** (*around*) aquí, pero no sé la dirección exacta.

In some cases, similar sentences will have very different meanings, depending on which of the two prepositions are used. Knowing these subtleties will increase your ability to correctly interpret sentences using *por* and *para*, and it will also help you express your intended meaning more accurately.

Caminábamos **para** la playa.	*We were walking **to/toward** the beach.*
Caminábamos **por** la playa.	*We were walking **along** the beach.*
Van a regresar **para** fin de año.	*They will return **by** the end of the year.*
Van a regresar **por** fin de año.	*They will return around the end of the year.*
Para vegetariano, Paco come bastante pescado.	***For** a vegetarian, Paco eats quite a lot of fish.* (Compares Paco to other vegetarians)
Por ser vegetariano, Paco no come pescado.	***Because** he's a vegetarian, Paco doesn't eat fish.*

10B.20 ¿Cuál es la interpretación correcta? Escucha las oraciones e indica cuál es la interpretación correcta de **por** o **para** en cada caso. Verifica tus respuestas con la clase.

1. **(a.)** in favor of eliminating
   b. in order to eliminate
2. a. compared to other hybrid cars
   (b.) because it's a hybrid car
3. a. around 2020
   (b.) by 2020
4. **(a.)** so our children have a healthy planet
   b. on behalf of our children

5. a. I work on behalf of Greenpeace
   (b.) I am an employee of Greenpeace
6. a. to Guatemala
   (b.) around Guatemala
7. **(a.)** in order to recycle them
   b. because you recycle them
8. **(a.)** in exchange for organic food
   b. in order to buy organic food

10B.21 **Saber es poder.** La información en los documentos A y B abajo describe resultados de investigaciones del Instituto Nacional de Ciencias de la Salud Ambiental (una agencia del gobierno estadounidense) que relacionan en más detalle el medio ambiente con la salud.

Paso 1: En grupos de dos, decidan quién va a completar el Documento A y quién el Documento B. Luego, completa el documento que te corresponda escribiendo **por** o **para** en los espacios indicados. Verifica tus respuestas con la clase.

Paso 2: Con tu pareja, trabajen juntos para crear un solo (*a single*) documento con la información completa. Verifiquen sus respuestas con las de otro grupo. ¿Les han sorprendido algunos de los resultados?

10B.21 TEACHING TIP: Introduce this next activity by asking students to read the text to the right. This text begins with a list of environmental sources followed by known illnesses caused by them. This next activity explores research over environmental issues that lead to health issues.

10B.21 ANSWERS: Documento A: 2. Por; 3. para, para; 8. Para. Documento B: 1. para; 4. Para; 5. Por; 7. para

Documento A

1. Basureros tóxicos	
2.	_____ el estado de los océanos, sabemos que la salud de la población de la Tierra está en peligro.
3.	Las sustancias químicas utilizadas en la agricultura pueden producir serios riesgos _____ la salud. Pueden alterar las hormonas necesarias _____ el crecimiento (*growth*) del cuerpo.
4. Defectos de nacimiento y desarrollo	
5. Peligros para los pobres	
6.	Algunas toxinas en el medio ambiente como el plomo (*lead*) pueden producir osteoporosis.
7. Envenenamiento (*poisoning*) con plomo	
8.	_____ algunos científicos, las toxinas en el medio ambiente pueden tener un rol importante en muchos desórdenes; por ejemplo, el Alzheimer, el Parkinson y ALS (la enfermedad de Lou Gehrig).[1]

[1] En inglés, ALS significa *amyotrophic lateral sclerosis*. En español se llama esclerosis lateral amiotrófica (ELA).

Documento B

1.	Las toxinas en los basureros pueden alterar la genética _____ la mayoría de la población de la Tierra.
2. Condición de los océanos	
3. Contaminación agrícola	
4.	_____ todos, es necesario saber que las sustancias químicas en el medio ambiente pueden causar esterilidad y cáncer.
5.	_____ trabajar con sustancias químicas peligrosas y vivir en zonas con mucha contaminación, los pobres pueden estar más expuestos a enfermedades serias que otros grupos.
6. Salud de la mujer	
7.	El plomo (*lead*) es un riesgo ambiental _____ bebés y niños y puede afectar la fertilidad y el embarazo (*pregnancy*).
8. Desórdenes neurológicos	

10B.22 **Crear oraciones lógicas.** Con un compañero, escriban una serie de oraciones lógicas conectando una frase de la columna A con una frase de la columna B, usando *por* o *para*. Comparen sus oraciones con las de otro grupo.

Modelo: *Salimos en barco para las Islas Galápagos*

Columna A		**Columna B**
Salimos en barco		reducir el carbono en la atmósfera
Es importante reforestar		su nueva casa
Te multan (*fine*) con $150		las Islas Galápagos
Este recipiente es	*por*	los animales en peligro
Nunca uso estos productos	*para*	un coche más ecológico
La organización WWF[1] trabaja		tirar basura en la calle
Compraron paneles solares		ser bastante tóxicos
Han cambiado su SUV		los envases reciclables

[1.] World Wildlife Fund/Fondo Mundial para la Naturaleza

1. _____

2. _____

3. _____

4. _____

5. _____

6. _____

7. _____

10.23 **Guía de autoevaluación.** El siguiente cuestionario ofrece mandatos para cambiar los hábitos diarios nocivos (*harmful*), para proteger la salud y el medio ambiente. Individualmente, responde a los mandatos según tus intenciones (**0-No me interesa, 1-Lo voy a hacer, 2-Ya lo hago**). Luego, en grupos usen la tabla para calcular a cuál categoría pertenecen los miembros de su grupo. Después, una persona va a compartir los resultados del grupo con la clase para poder completar el **Retrato** abajo.

Puntuación	*Mandamientos: guía de autoevaluación para mejorar el planeta y la salud de los seres humanos*
	1. Colabore con una organización de defensa del medio ambiente.
	2. Participe en iniciativas concretas de su comunidad para mejorar el ambiente.
	3. Compre 1 vez a la semana productos de agricultura ecológica.
	4. Compre en tiendas y mercados alimentos y productos locales y cercanos.
	5. Sustituya 3 productos de su compra por productos de comercio justo (*fair trade*); por ejemplo, el café, el té, el chocolate y frutas.
	6. Sustituya 5 productos de su compra por otros con clasificaciones eco o certificaciones ecológicas.
	7. Camine o use una bici para ir a trabajar o a la universidad.
	8. Interésese en las plantas medicinales que van desapareciendo y decida cómo trabajar en contra de ello.
	9. Comparta el carro para ir al trabajo, a la universidad, de compras, de visita, al cine, a un restaurante.
	10. Done las cosas que no use para reciclar textiles.
	11. Reconozca la gravedad del cambio climático y sus repercusiones en la salud y comparta la información con otras personas.
	12. Regule el termostato de la calefacción (*heat*) a 68°F en el invierno.
	13. Regule la temperatura del aire acondicionado a 78°F en el verano.
	14. Sustituya lámparas incandescentes y halógenas por lámparas LED y de bajo consumo.
	15. Compre electrodomésticos más eficientes.
	16. Reduzca el consumo de carnes, de grasas y de comidas preparadas.
	17. Consuma más alimentos frescos y cereales integrales, legumbres, verduras, frutas locales, que no hayan utilizado pesticidas para su cultivo.
	18. No compre cosas innecesarias, superfluas o que apenas vaya a usar.
	19. Investigue más sobre las plantas medicinales o la medicina alternativa.
	20. Compre menos botellas plásticas y más de vidrio.

Tabla de cálculo

31-40	¡Felicitaciones! Haces bastante. Eres realmente un ecologista.
21-30	Sigue así, pero vale la pena hacer más.
11-20	Tienes buenas intenciones, pero debes ponerlas en práctica. Tu salud y el planeta valen la pena.
0-10	Debes pensar seriamente en lo que puedes hacer. Tu salud y la del planeta van a sufrir si no cambias.

En la clase, _____ estudiantes ya hacen bastante para proteger el planeta. _____ hacen bien y podrán hacer más. _____ tienen buenas intenciones pero necesitan hacer más, y _____ deben pensar seriamente en lo que pueden hacer.

Perspectivas

10B.24 **¿Apropiado para todos?**

Paso 1: En grupos, contesten las siguientes preguntas para explorar la complejidad del problema de la salud y el ambiente en nuestro planeta.

1. ¿Es válido usar el cuestionario de la sección *Contextos* con poblaciones de países en vías de desarrollo o en países de América Latina? ¿Por qué sí? ¿Por qué no?

2. ¿Cuáles ítems en el cuestionario de la sección *Contextos* se pueden reciclar para crear un cuestionario dirigido a sociedades del tercer mundo y cuáles no? Identifíquenlos abajo. Recuerden que la mayoría de los habitantes de América Latina vive en regiones urbanas.

Ítems que se pueden usar.	Ítems que no se pueden usar.
#4	#9

3. ¿Pueden añadir dos ítems más dirigidos a los habitantes de América Latina?

_____
_____
_____
_____
_____
_____

Vocabulario: Investigación B

Vocabulario esencial

Sustantivos

el agua potable	*potable water*
el asunto	*matter/issue*
la basura	*garbage/trash*
el campesino	*peasant/farmer*
la capa de ozono	*the ozone layer*
los derechos humanos	*human rights*
la desventaja	*disadvantage*
la escasez	*shortage*
el medio ambiente	*environment*
el paisaje	*the landscape*
el peligro	*danger*
los pobres	*poor people*
el recurso	*resource*
el riesgo	*risk*
la selva	*jungle*
la sobrepoblación	*overpopulation*
la tierra/Tierra	*land/Earth*
la ventaja	*advantage*

Verbos

desafiar	*to challange*
desperdiciar	*to waste*
encontrarse	*to be found*
luchar	*to fight/struggle*
tener acceso	*to have access*
tirar	*to throw*

Adjetivos

ambiental	*environmental*
igualitario	*egalitarian*
(i)limitado	*(un)limited*
mundial	*worldwide*
propio	*own*
protegido	*protected*

Otras palabras y expresiones

por medio de	*via/by mean of*
por otra parte	*on the other hand*
tener en cuenta	*to keep in mind*

Cognados

Review the cognates in *Adelante.*
For a complete list of cognates,
see Appendix 4.

Atención

adecuado	*sufficient*
pretender	*to try, to attempt*

EN VIVO

 Un anuncio de interés público.   En grupos de tres, preparen un anuncio de interés público (*public service announcement*) que le muestre al público lo que deben hacer para proteger el medio ambiente. Después, van a presentar su anuncio a la clase para votar por el mejor anuncio.

Guía para el anuncio

- Deben incorporar mandatos formales.
- Deben incorporar al menos cuatro ejemplos de usos de *por* y *para*.
- Todos los miembros del grupo necesitan participar en la presentación.

 Aboga por un cambio.   Tu tarea es escribir una carta convincente, en la que apoyes un cambio que va a combatir problemas medioambientales, o en la que apoyes la medicina alternativa como medicina complementaria. Tu carta debe incluir hechos que apoyen acciones/prácticas alternativas.

Paso 1:   Identifica los problemas que quieres mostrar. Este capítulo cubre numerosos asuntos relacionados con la salud, medicina y el ambiente. ¿Con cuál te identificas más?

Paso 2:   Crea una lista que ilustre el significado del problema. Asegúrate de incluir uno o dos ejemplos, ya que tu argumento necesita ser fáctico y sustantivo.

Paso 3:   Organiza tu carta de manera que tenga una introducción que señale la intención de la carta, la lógica de tus preocupaciones (por ejemplo, hechos, detalles sustantivos). Termina la carta con unas cuantas recomendaciones para el futuro.

Paso 4:   Escribe la carta y siéntete libre de agregar imágenes que ilustren los problemas de la salud o del ambiente.

Paso 5:   Haz todas las revisiones necesarias hasta que estés satisfecho con el contenido. Luego revisa tu carta enfocándote en su exactitud.

¿Cuál es la relación entre las innovaciones tecnológicas y el transporte?

TEACHING TIP: As you continue into the last two chapters, keep in mind that many of the grammatical structures covered in these chapters will resurface in an intermediate level course. It will be good for students to familiarize themselves with new grammatical forms as it will facilitate that process next semester. Additionally, it will help them understand Spanish in more depth by expanding their ability to recognize what time frames are being spoken about.

VOCABULARY PRESENTATION: As you read the cognates, have students indicate whether they are *lugares, vehículos,* or *otra cosa.* In this way, students hear the pronunciation of the words and can focus on their meanings. Then, poll students to see which forms of transportation they have available to them with questions such as *¿Hay una estación de trenes en…?, ¿Cuánta distancia hay entre tu casa y la universidad?* or *Cuando viajas, ¿viajas en clase turista o en primera clase?* These questions require only one-or two-word answers, allowing students to use these cognates in a real context.

In this **Investigación,** you will learn:

▶ How to talk about means of transportation
▶ How to express future plans and possibilities
▶ How to express actions done to oneself or to each other
▶ How to describe travel arrangements

¿Cómo se puede hablar de la relación entre nuevas formas de tecnología y el transporte?

You can inquire about the various means of transportation.	¿Qué formas de transporte existen hoy en día? ¿Hay un metro en tu ciudad? ¿Hay un aeropuerto en tu ciudad? ¿En qué capitales del mundo hispano hay metros?
You can investigate the most popular and common means of transportation.	¿Con qué frecuencia andas en bicicleta? ¿Manejas tu carro? ¿Tomas el autobús? ¿Hay buenas opciones de transporte público en tu ciudad?
You can ask about vacations, travel patterns, travel preferences in the past, present and future.	¿Te gusta viajar? ¿Prefieres viajar solo/a, con tu familia o con amigos? ¿Adónde has viajado? ¿Harás un viaje durante las próximas vacaciones?
You can talk and speculate about changes related to transportation in the future.	En el futuro no tendremos carros privados. Usaremos más el transporte público. Se inventarán nuevos tipos de combustible *(fuel).*
You can express what you will do for yourself or for each other in the future with regard to transportation.	¿Me compraré un coche híbrido o eléctrico? Tu hermano se irá en tren. En el autobús se hablarán los pasajeros.

EN DIRECTO

> **El metro: Transporte ecológico.** Mira el video. No tienes que comprender todas las palabras para entender la idea general. Luego, contesta las siguientes preguntas.

- ¿En qué piensas cuando piensas en el metro?
- ¿Has viajado en metro alguna vez? ¿Dónde?
- ¿Te pareció un buen medio de transporte público?

Adelante

¡Ya lo sabes! Los medios de transporte

abordar	el metro	mover(se) (o → ue)	el taxi
el aeropuerto	modificar	el/la pasajero/a	el transporte público
el autobús	la motocicleta	el pasaporte	el tren
la estación		la plataforma	el vehículo eléctrico
evolucionar		reservar	el vehículo híbrido
facilitar			
la gasolina			
la máquina			

¡Atención!

los datos	(not *date*) data
la informática	(not *information*) computer science

11A.1 **¡A escoger!** Lee la oración y selecciona la opción más lógica según el modelo. Luego, verifica tu respuesta con un/a compañero/a de clase y después con toda la clase.

1. Siempre hay que esperar un poco antes de _____ el avión.
   a. romper   **(b.)** abordar   **c.** modificar

2. Los carros han _____ mucho en los últimos 50 años. Los carros del presente corren más rápido que los carros de la década de 1950.
   a. sacado   **b.** aburrido   **(c.)** evolucionado

3. La mayoría de los carros dependen de la _____ para funcionar.
   (a.) gasolina   **b.** electricidad   **c.** basura

4. La expansión del metro de Madrid en la década de 1970 _____ el movimiento de personas por toda la ciudad.
   a. prohibió   **(b.)** facilitó   **c.** diseñó

5. A las cinco de la tarde, el tráfico en la ciudad _____ lentamente porque todos van a casa.
   a. se levanta   **b.** se acuesta   **(c.)** se mueve

6. Algunos estudiantes toman un _____ para llegar a la escuela.
   a. pasaporte   **b.** avión   **(c.)** autobús

7. Los avances en la _____ han creado tecnologías más eficientes.
   a. pasajera   **(b.)** informática   **c.** motocicleta

8. Los _____ que se reportan en los censos son aproximaciones y no incluyen a los indocumentados.
   a. estaciones   **b.** trenes   **(c.)** datos

11A.1 ADDITIONAL PRACTICE: Engage students in conversation using these words with questions such as:
- *¿Es necesario reservar una mesa en McDonalds? ¿Dónde es necesario reservar una mesa?*
- *¿Con cuánto tiempo es necesario llegar al aeropuerto antes de abordar el avión?*
- *¿Debemos modificar nuestros carros porque no habrá suficiente gasolina en el futuro?* Again, these questions require only one-or two-word responses and will be expanded on more fully later.

11A.2 **¿Qué palabra es?** Escucha las definiciones e indica qué palabra corresponde a cada definición. Luego, verifica tus respuestas con la clase. **¡Ojo!** No se usan todas las palabras.

a. reservar   **e.** la electricidad   **i.** los pasajeros
b. las motocicletas   **f.** el metro   **j.** el pasaporte
c. la plataforma   **g.** moverse   **k.** los datos
d. el aeropuerto   **h.** modificar   **l.** la informática

1. ___g___   **4.** ___f___   **7.** ___b___

2. ___j___   **5.** ___i___   **8.** ___d___

3. ___c___   **6.** ___h___

11A.3 **¿Con qué frecuencia?** Indica con qué frecuencia haces las siguientes actividades relacionadas con el transporte. Luego, en grupos de cuatro o cinco analicen los resultados de su grupo y compártanlos con la clase. ¿Se pueden hacer generalizaciones según los resultados? Apúntalos en tu **Retrato de la clase.**

	Todos los días	Varias veces al mes	De vez en cuando	Una o dos veces al año	Nunca
Montas en bicicleta					
Manejas un carro					
Manejas una motocicleta					
Caminas					
Tomas el autobús					
Tomas el metro					
Viajas en tren					
Vuelas (*to fly*) en avión					

Retrato de la clase: La mayor parte de la clase maneja su carro todos los días, monta en bicicleta una o dos veces al año…

11A.4 **¿Cómo se mueve la gente por su comunidad?** Con un/a compañero/a, especulen sobre cuántas personas usan varios medios de transporte en su comunidad e indiquen con un ✓ sus especulaciones.

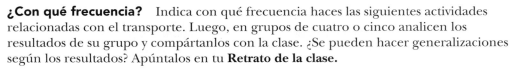

	Nadie	Pocas personas	Algunas personas	Muchas personas
Caminar				
Bicicleta				
Motocicleta				
Coche/Carro				
Autobús				
Metro/Tren				

¿Qué medio de transporte se usa más en tu comunidad? ¿Cuál se usa menos? ¿Cómo se mueven Uds. por la comunidad?

¿Auto, colectivo[1] o bici?

El transporte urbano es un problema que afecta a todas las ciudades grandes del mundo, incluso en Latinoamérica.

En cualquier ciudad, los autos y los colectivos son muy comunes, pero hoy en día tienen que compartir las calles con un número creciente de bicicletas.

De estos tres medios de transporte, la bicicleta resulta ser la alternativa más sostenible por sus características intrínsecas (poca emisión de dióxido de carbono, promoción de la actividad física, contribución y mejora a la salud humana) y su menor uso de las calles, especialmente donde hay bicisendas (*bike lanes*). Pero el colectivo es el medio de transporte que representa la manera más eficiente para moverse por la ciudad, en términos no solo de ocupación de espacio sino también de contaminación y costo económico para el usuario. Empieza a ser parte del cambio presente con vistas al futuro. Antes de salir de casa, mira esta foto y piensa cuál es la alternativa más sostenible que se ajusta a tus necesidades y comodidades.

[1.]Colectivo es una palabra que se usa para autobús en muchas partes de Latinoamérica.

11A.5 **Más sobre los autos, los colectivos y las bicis.** En grupos de tres, repasen el texto anterior y lean el cuadro para contestar las preguntas a continuación. Verifiquen sus respuestas con la clase.

Ocupan el 62% del espacio vial total.	Ocupan el 7% del espacio vial total.	
Trasladan el 21% de las personas que se movilizan por día en la ciudad.	Trasladan a más del 71% de las personas que se movilizan por día en la ciudad.	Representan el 2,5% de la repartición modal de los viajes realizados.
Circulan 1.800.000 autos particulares por día.	Circulan 10.000 colectivos por día.	
Genera 271 gramos de CO2 por auto.	Genera 101 gramos de CO2.	Genera 21 gramos de CO2.

1. ¿Qué medio de transporte ocupa la mayor cantidad de espacio en las calles?
2. ¿Qué medio de transporte transporta el mayor número de personas?
3. ¿Qué medio de transporte genera la menor cantidad de CO2?
4. ¿Cuántos coches/colectivos circulan por día?
5. ¿Cuál es el medio de transporte más sostenible?
6. ¿Cuál es el medio de transporte más eficiente?

🔊 Bien dicho

El sonido de la *y* y de la *ll*

In most varieties of Spanish, the sound associated with the letters *y* and *ll* is the same. This sound corresponds closely to the sound associated with *y* in the English words *you*, *yes*, *yellow* and *yo-yo*. Note the tension in your jaw as you pronounce these words. You should maintain that tension when you pronounce this sound in Spanish. For example, **mayo** should be pronounced [má-yo] rather than [mái-o] and **leyó** should be pronounced [le-yó] rather than [lei-ó]. In addition, it is important to avoid the strong tendency that many English speakers have of pronouncing *ll* as *l* in such words as *ella*, *bella*, *collar*, and *amarillo*.

This same sound is associated with the letters *hi* before another vowel, e.g., *hielo*.

In some areas of South America, especially Argentina and Uruguay, the sound associated with *y* and *ll* is similar to the *s* in *treasure* and *measure*, or like the *sh* in *ship* and *shoe*. In other regions, such as Mexico, *y* and *ll* are often pronounced like the *j* in *jam* and *jar*. Finally, in much of Spain and also in the Andean region, the letter *ll*, and only the letter *ll*, is pronounced like the combination *lli* in *million* or *medallion*. This allows speakers in these regions to differentiate between words/phrases such as **se cayó** (*he/she fell down*) and **se calló** (*he/she was quiet*).

11A.6 STANDARDS: COMMUNITY. Students can be encouraged to seek out Spanish speakers in the community or from among your institution's international students in order to investigate regional variations in the pronunciation of *y* and *ll*.

11A.6 **Ahora les toca.** **Paso 1:** Pronounce the following words based on the rules explained above. Be careful to produce the «y» sound without inserting an «i» after the «y», as we do in English.

> yo　　hielo　　llave　　llego　　llama　　hierba　　destruye　　mayoría

Paso 2: Con un/a compañero/a, túrnense para pronunciar las siguientes oraciones, prestando atención a la pronunciación más común de las letras **y** y **ll**. Cuando terminen, repitan el ejercicio pronunciando las oraciones que no pronunciaron la primera vez.

1. Ayer Yolanda comió yogur de papaya.

2. Aquellas estrellas son bellas y brillantes.

3. Mi hermano mayor se cayó en el hielo.

4. Guillermo lleva las llaves en el bolsillo.

5. Ellos se callaron cuando llegó el profesor Cuéllar.

6. ¿El yerno suyo es uruguayo o paraguayo?

7. El señor Yánez leyó esa carta y la destruyó.

8. Ha llovido mucho allá en Sevilla y Marbella.

VÍVELO: LENGUA
The passive se

In previous *Investigaciones*, you have learned about various uses of the pronoun **se**: *se impersonal*, *se* with reflexive and reciprocal verbs, and *se* as a substitute for the pronouns *le* and *les* when used with other pronouns beginning with the letter *l-*.

Like the *se impersonal*, the passive *se* is used when we don't know or don't wish to indicate who does the action. With the *se impersonal*, the verb is always third-person singular because the unknown subject determines the verb form. However, with the passive *se*, the direct object determines the verb form, so it can be either singular or plural. When both the verb and the direct object are singular, the sentence can often be interpreted as either impersonal or passive.

Se puede comprar los pasajes en línea.	*"You"/ "One" can buy the tickets online.*
Se puede comprar el pasaje en línea.	*"You" can buy the ticket online.* *The ticket can be bought online.*
Se pueden comprar los pasajes en línea.	*The tickets can be bought online.*
Se arregló una excursión al museo.	*"They" arranged a tour of the museum.* *A tour of the museum was arranged.*
Se arreglaron unas excursiones al museo.	*Some tours of the museum were arranged.*

11A.7 **¿Cómo se arregla un viaje?** Con un/a compañero/a, completen las oraciones siguientes con la forma tercera persona singular o plural del verbo apropiado de la lista. Después, usen los números 1-8 para indicar la secuencia que les parezca más lógica para arreglar un viaje a otro país. Presten atención al objeto directo para determinar la forma apropiada del verbo. Comparen sus respuestas con la clase.

comprar	escoger	imprimir (*to print*)	obtener
determinar	hacer (*to pack*)	investigar	reservar

_____ Se _____ los documentos necesarios.

_____ Se _____ sitios de interés para visitar.

_____ Se _____ las maletas (*suitcases*).

_____ Se _____ el destino.

_____ Se _____ las tarjetas de embarque (*boarding passes*).

_____ Se _____ el itinerario.

_____ Se _____ el pasaje de avión.

_____ Se _____ el hotel.

11A.7 TEACHING TIP: Encourage students to treat all of the sentences as if they were passive. Remind students that the order of the sequence can vary. During follow-up, you may want to pair groups with different sequences and ask them to discuss the differences.

11A.7 ANSWERS: Sequence may vary. This is one possible sequence. 2. Se obtienen los documentos necesarios; 6. Se investigan sitios de interés para visitar; 7. Se hacen las maletas; 1. Se escoge el destino; 8. Se imprimen las tarjetas de embarque; 3. Se determina el itinerario; 4. Se compra el pasaje de avión; 5. Se reserva el hotel.

Palabras clave 1 Los medios de transporte y la infraestructura

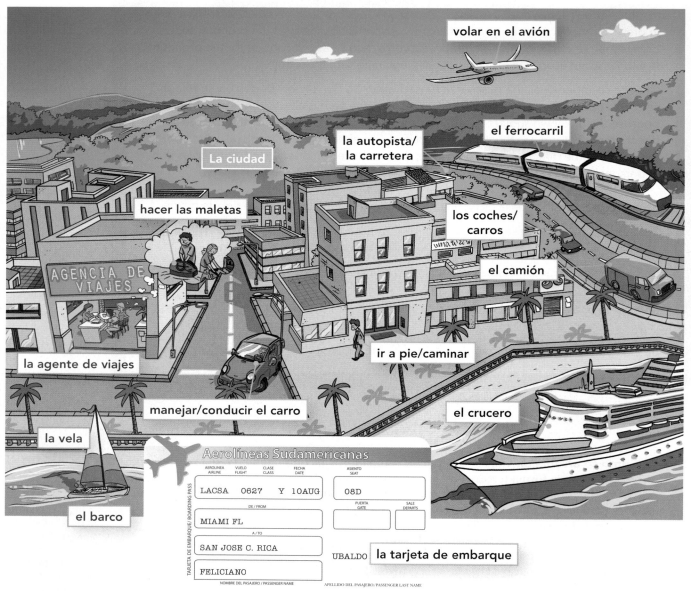

volar en el avión

el ferrocarril

la autopista/ la carretera

La ciudad

hacer las maletas

los coches/ carros

el camión

AGENCIA DE VIAJES

ir a pie/caminar

la agente de viajes

manejar/conducir el carro

el crucero

la vela

Aerolíneas Sudamericanas

AEROLINEA AIRLINE	VUELO FLIGHT	CLASE CLASS	FECHA DATE	ASIENTO SEAT
LACSA	0627	Y	10AUG	08D

DE / FROM
MIAMI FL

PUERTA GATE | SALE DEPARTS

A / TO
SAN JOSE C. RICA

UBALDO **la tarjeta de embarque**

FELICIANO

NOMBRE DEL PASAJERO / PASSENGER NAME   APELLIDO DEL PASAJERO / PASSENGER LAST NAME

el barco

WileyPLUS Learning Space

You will find PowerPoint presentations for use with *Palabras clave* in *WileyPLUS Learning Space*.

11A.8 TEACHING TIP: Encourage students to read the vocabulary words first and provide their own definitions before reading the descriptions.

11A.8 **Identificar las palabras correctas.** Lee las oraciones a continuación e indica qué palabra corresponde a cada definición. Luego, verifica tus respuestas con un/a compañero/a de clase. Hay dos palabras que no se usan.

a. el ferrocarril **c.** el boleto **e.** la agente de viajes **g.** el coche eléctrico **i.** la vela

b. la autopista **d.** la escala **f.** la aduana **h.** la maleta **j.** el crucero

___f___ **1.** El lugar en el aeropuerto donde se inspeccionan las maletas de los pasajeros que llegan de otros países.

___e___ **2.** La persona que te ayuda a planear un viaje.

___b___ **3.** Un tipo de calle donde se puede manejar muy rápido.

___c___ **4.** El documento que indica que hemos pagado por viajar en avión, tren o autobús.

___a___ **5.** El medio de transporte que se mueve sobre vías (*rails*).

___g___ **6.** Un vehículo que no usa gasolina.

___j___ **7.** Un barco grande que es como un hotel.

___h___ **8.** El objeto en que ponemos nuestras cosas cuando viajamos.

TEACHING TIPS: Direct students' attention to the drawings containing the new vocabulary. Ask students about what types of transportation are most common on a daily basis *(¿Qué formas de transporte son más comunes en el día a día?)*, and during holidays *(¿Qué formas de transporte son más comunes en vacaciones?)*. You can also ask questions like, *¿Cómo se llama la forma de transporte por agua?* or *¿Por dónde tienes que pasar antes de abordar un avión?* Keep as many of these new vocabulary words in mind as you ask students questions. If you have a large class, you may want to ask questions and give students twenty seconds to answer, but to a partner. This way, more students will be able to participate.

11A.9 **Definiciones.** Lee las siguientes palabras y expresiones. Luego, escucha las definiciones e indica qué palabra o expresión corresponde a cada definición. Escribe el número de la oración al lado de la respuesta. Luego, verifica tus respuestas con la clase.

_5_ hacer escala	_1_ facturar las maletas	_7_ conducir
_6_ hacer fila	_2_ hacer la maleta	_8_ pasar por la aduana
_4_ ir a pie	_3_ volar	

11A.9 AUDIO SCRIPT: 1. La expresión que significa dejar las maletas con un empleado de la aerolínea antes de abordar el avión; 2. La expresión que significa poner la ropa en la maleta antes de un viaje; 3. El verbo que asociamos con los aviones; 4. Una expresión que es sinónimo de caminar; 5. La expresión que significa esperar en el aeropuerto entre dos vuelos; 6. La expresión que significa esperar su turno en una línea con otras personas; 7. El verbo que asociamos con los coches y los camiones; 8. La expresión que se refiere a lo que hacemos cuando llegamos a otros país.

www **¡Conéctate!**
Choose a city in Spain or Latin America that you would like to visit and search using "Vuelos a ... ". Select the departure city that is closest to yours and identify the best itinerary for you based on dates, price and times. Notice that times will most likely be given according to the 24-hour clock. Share your itinerary with your class.

11A.10 TEACHING TIP:
Point out to students that all of the verbs are in the **yo** form of the preterit. For #4, encourage students to look at the verb to see if they can identify its English cognate.

11A.10 El viaje de Laura. Lee las oraciones e indica si las acciones ocurrieron antes de ir al aeropuerto o después de llegar. Verifica tus respuestas con un/a compañero/a de clase.

	Antes de ir al aeropuerto	Después de llegar al aeropuerto
1. Fui a la agencia de viajes.	☑	☐
2. Me compré una merienda para el vuelo.	☐	☑
3. Hice las maletas.	☑	☐
4. Escaneé la tarjeta de embarque a mi teléfono.	☑	☐
5. Facturé el equipaje.	☐	☑
6. Hice fila en el Control de Seguridad.	☐	☑
7. Reservé el asiento en el avión.	☑	☐
8. Subí al ferrocarril para ir al terminal D de Avianca.	☐	☑
9. Me senté en la sala de espera hasta abordar el avión.	☐	☑
10. Decidí adónde iba para mis vacaciones.	☑	☐

11A.11 TEACHING TIP:
Remind students to use preterit. Also remind them of sequential expressions such as *luego, entonces, después,* etc.

11A.11 TEACHING TIP:
The *modelos* in the *Retrato de la clase* are merely samples of possible answers and are not meant to be used as an exact template for students to copy. Remind them to report their own findings and make their own conclusions.

11A.11 ALTERNATE ACTIVITY: After students have written their description, instead of having them form small groups, have students post their paragraphs around the perimeter of the classroom. Then ask the class to walk around and read the various descriptions.

11A.11 Un viaje pasado. Escribe un párrafo que describa un viaje que hiciste en el pasado, usando las siguientes preguntas como guía:

- ¿Cuándo fue?
- ¿Cuál fue el propósito (*purpose*) del viaje?
- ¿Adónde fuiste?
- ¿Con quién(es) fuiste?
- ¿Cómo viajaste?
- ¿Qué hiciste durante ese viaje?

Luego, formen grupos de cuatro o cinco estudiantes e intercambien sus párrafos. Por último, apunta información interesante sobre los viajes de tus compañeros en tu **Retrato de la clase.** Usa algunas de estas preguntas como guía.

✓ ¿Quién viajó más lejos?
✓ ¿Quién usó más medios de transporte?
✓ ¿Viajaron con amigos o con familia?
✓ ¿Quién tuvo el viaje más intrigante?

Retrato de la clase: _____ viajó más lejos. Fue a _____.

Palabras clave 2 ¿Qué ocurre en el centro?

El chico **recorre** la ciudad en bicicleta.

El reloj B **anda adelantado.**

La estación de autobuses.

El reloj A **anda atrasado.**

El policía **dirige el tráfico.**

El autobús A está **vacío.**

El autobús no se **demora.** Sale a las nueve y cuarto.

Son las nueve **en punto** y el autobús sale a las nueve y cuarto.

El autobús está casi **lleno.**

Ella **se dirige** a la estación de autobuses.

11A.12 Busca la palabra correcta. Con un/a compañero/a de clase, emparejen las definiciones con las palabras correctas. Luego verifiquen las respuestas con la clase.

a. adelantado	**d.** dirigir	**g.** en punto	**j.** recorrer
b. atrasado	**e.** dirigirse	**h.** la estación	**k.** el tráfico
c. demorar	**f.** demorarse	**i.** lleno	**l.** vacío

___e___ **1.** Este verbo significa caminar o manejar hacia algún lugar.

___c___ **2.** Este verbo significa no estar listo y tomarse su tiempo.

___g___ **3.** Esta expresión se refiere a la hora exacta.

___f___ **4.** Este verbo significa salir o llegar tarde.

___h___ **5.** Esta palabra se refiere al edificio adonde vamos para tomar un autobús.

___l___ **6.** Este adjetivo describe un autobús cuando no tiene pasajeros.

___k___ **7.** Esta palabra se refiere al movimiento de vehículos por la calle.

___j___ **8.** Este verbo significa moverse o viajar por un lugar.

11A.13 ¿Qué falta? En parejas, miren las dos imágenes y hagan una lista de las diferencias que noten. Luego, comparen su lista con la de otro grupo.

Palabras útiles: adelantado, vacío, lleno, autopista, entrada, salida, dirigirse, el equipaje, reloj, detrás de, enfrente de, estación de autobús, hacer fila

11A.14 Un vuelo problemático. En grupos de tres, escojan una de las situaciones a continuación y preparen un diálogo. Una persona es empleado/a de aerolínea y los otros son pasajeros. Luego, presenten el diálogo a la clase para que comenten si resolvieron la situación apropiadamente.

Situaciones

1. Han perdido (*missed*) el vuelo de conexión

2. Han olvidado los pasaportes en casa antes de un vuelo internacional

3. Dejaron el equipaje de mano (*carry-on*) en el avión cuando bajaron

4. No llegó su equipaje

5. Se ha cancelado su vuelo

Otras consideraciones

• Piensen en experiencias similares que Uds. han tenido o que les han contado

• Estas situaciones son formales, entonces se deben usar las formas Ud. y Uds.

• Hagan el diálogo lo más claro posible para que la clase pueda comprender la situación y la solución

11A.15 La tecnología, el transporte y tú. Indica si has utilizado estas formas de tecnología asociadas con el transporte. Comparte tus respuestas con la clase.

	Sí	No
1. un arranque (*starter*) remoto	☐	☐
2. un sistema de posicionamiento global	☐	☐
3. una aplicación en tu teléfono	☐	☐
4. un pase de autobús electrónico	☐	☐
5. una tarjeta de embarque digital	☐	☐
6. ¿Otro(s)?	☐	☐

¿Qué tecnologías son las más/menos utilizadas en la clase?

VÍVELO: CULTURA

La revolución inalámbrica en el transporte de Latinoamérica

En Latinoamérica, la expansión de la tecnología inalámbrica (*wireless*) al campo del transporte les ha permitido a los taxistas y conductores de autobús trabajar más rápida y eficientemente. Por ejemplo, antes los taxistas procesaban toda la información acerca de los pasajeros y tarifas (*fares*) a mano y pasaban los recibos (*receipts*) a la compañía personalmente. Ahora, muchos pueden hacerlo automáticamente por computadoras de mano.

De manera semejante, los conductores de autobús usan teléfonos celulares y aparatos satelitales de posicionamiento global para transmitir una gran cantidad de información a la oficina central y para estar en contacto constante con ella. Por su parte, los despachadores (*dispatchers*) pueden acceder (*access*) a información acerca del autobús y las acciones del conductor. Y claro, los conductores pueden comunicarse inmediatamente con la oficina central en caso de problemas mecánicos u otra emergencia. Aunque los aparatos y las aplicaciones varían mucho, es evidente que la tecnología inalámbrica ha tenido gran impacto en el funcionamiento de los sistemas de transporte en Latinoamérica y en las actividades diarias de sus empleados.

Kord.com/Age Fotostock America, Inc.

11A.16 Comprensión y análisis. Lee el artículo e indica si las frases se refieren a los taxistas y/o a los conductores de autobús. Verifica tus respuestas con un/a compañero/a. Luego, indica cuáles son los dos avances más importantes en tu opinión. Comparte tus respuestas con la clase.

Taxistas	Conductores de autobús	
☑	☐	1. Procesan automáticamente información acerca de las tarifas.
☑	☑	2. Usan aparatos satelitales de posicionamiento global.
☑	☐	3. Transmiten automáticamente los recibos a la compañía.
☐	☑	4. Los despachadores pueden determinar si manejan apropiadamente.
☑	☑	5. Usan computadoras de mano.

11A.15 ORIENTATION: This is pre-reading activity for the following Vívelo: Cultura reading. After students complete the short questionnaire, follow up by polling class to see which are the most/least used types of transportation-related technology.

CULTURAL NOTE: The socioeconomics of a country play a significant role in the types of public transportation available. Forms of transportation can vary from Mercedes Benz taxis with GPS units to small rickety buses overfilled with people and sometimes animals.

11A.16 TEACHING TIP: Have students focus on key words and not worry about understanding every word. Read each sentence twice before moving on to the next sentence.

11A.16 EXPANSION: Encourage discussion as to what students feel are the most important technological advances. Push students further by asking what other technological advances exist that could help improve transportation.

Estructuras clave 1 The future tense

WileyPLUS Learning Space

You will find PowerPoint presentations for use with *Estructuras clave* in *WileyPLUS Learning Space*.

TEACHING TIPS: As you read through this description with students, write down the endings that verbs take (*–é, –ás, –á, –emos, –éis, –án*). Ask students questions such as *¿Adónde viajarás este verano? ¿Querrás ir a Sudamérica después de graduarte?* or *¿Irás a una fiesta este fin de semana?*

In *Investigación* 2B you learned how to express actions that will occur in the near future by using the construction **ir** + **a** + *infinitive* (**Voy a viajar**). The **simple future tense**, generally translated as *will* + verb, is used to express the following:

Predictions about the future:

Viajaré a Paraguay.	*I will travel to Paraguay.*
Mañana, lloverá por la tarde.	*Tomorrow it will rain in the afternoon.*

Probability about the present:

Tendrás sed.	*You must be thirsty.*
Serán las tres.	*It's probably 3:00.*

The future tense is formed by adding the appropriate endings to the infinitive. These endings are the same for **-ar**, **-er** and **-ir** verbs.

	will buy	
Yo	comprar**é**	
Tú	comprar**ás**	
Él/Ella/Usted	comprar**á**	un boleto a Buenos Aires.
Nosotros/as	comprar**emos**	
Vosotros/as	comprar**éis**	
Ellos/Ellas/Ustedes	comprar**án**	

	will sell	
Yo	vender**é**	
Tú	vender**ás**	
Él/Ella/Usted	vender**á**	una motocicleta.
Nosotros/as	vender**emos**	
Vosotros/as	vender**éis**	
Ellos/Ellas/Ustedes	vender**án**	

	will ask for	
Yo	pedir**é**	
Tú	pedir**ás**	
Él/Ella/Usted	pedir**á**	un taxi.
Nosotros/as	pedir**emos**	
Vosotros/as	pedir**éis**	
Ellos/Ellas/Ustedes	pedir**án**	

There are twelve verbs that have irregular stems in the future. The endings are the same as for the regular verbs in the future.

caber:	**cabr-**	poder:	**podr-**	salir:	**saldr-**
decir:	**dir-**	poner:	**pondr-**	tener:	**tendr-**
haber:	**habr-**	querer:	**querr-**	valer:	**valdr-**
hacer:	**har-**	saber:	**sabr-**	venir:	**vendr-**

La noche antes del viaje, **haré** las maletas.	*The night before the trip, I'll pack my suitcases.*
En el aeropuerto, **tendrás** que hacer fila.	*In the airport, you'll have to wait in line.*
El vuelo para Lima **saldrá** a las seis y media de la tarde.	*The flight to Lima will leave (depart) at 6:30 p.m.*
Vosotros **vendréis** en tren.	*You'll come by train.*
Nosotras **pondremos** nuestros pasaportes en un lugar seguro.	*We'll put our passports in a safe place.*
Las jóvenes **querrán** montar en bicicleta.	*The kids will want to ride their bikes.*

The future for **hay** *(there is/there are)* is **habrá** *(there will be)*.

Habrá un vuelo a Santo Domingo por la mañana.
Habrá muchos carros en la autopista a las ocho de la mañana.

11A.17 Pasado o futuro. Lee las siguientes oraciones e indica si representan acciones en el pasado o en el futuro. Luego, indica si las acciones pasadas ocurrieron de verdad *(really)* y si las acciones futuras ocurrirán según piensas tú. Por último, comparte tus respuestas con un compañero de clase.

11A.17 ANSWERS: 1 is false (para fabricar coches/carros) and 3 is true. Answers for 2 and 4-8 will vary depending on students' experiences/beliefs.

	Pasado	Futuro	Sí	No
1. Henry Ford estableció una compañía para fabricar aviones.	☑	☐	☐	☑
2. Los astronautas volarán al planeta Marte.	☐	☑	☐	☐
3. Se construyeron muchas autopistas en la ciudad de Los Ángeles.	☑	☐	☑	☐
4. Hoy yo llegué a la universidad en autobús.	☑	☐	☐	☐
5. Yo compraré un carro eléctrico.	☐	☑	☐	☐
6. El tren será una forma de transporte popular porque contamina menos.	☐	☑	☐	☐
7. Debido a la Internet, no existirán las agencias de viajes.	☐	☑	☐	☐
8. Mi familia y yo hicimos un viaje al Gran Cañón.	☑	☐	☐	☐

11A.18 El transporte del futuro. Lee las predicciones acerca del transporte del futuro e indica si crees que son probables o improbables. Explica tus respuestas a la clase.

11A.18 ANSWERS: Answers may vary, but the most likely responses are: Probable: 3, 4, 6, 8; Improbable: 1, 2, 5, 7

	Probable	Improbable
1. La gente volará a la luna en avión.	☐	☐
2. Los niños podrán manejar coches.	☐	☐
3. Se inventarán carros que no contaminen.	☐	☐
4. Más gente usará transporte público.	☐	☐
5. Todos tendremos coches híbridos.	☐	☐
6. Habrá autobuses que usen energía solar.	☐	☐
7. No necesitaremos pasaportes para viajar al extranjero.	☐	☐
8. Iremos menos a las agencias de viajes.	☐	☐

11A.18 NOTE: While many students may have answered *improbable* for number 7, remind them that today in the European Union passports are not needed to travel from one country to another.

11A.19 ¿Qué harán esos famosos? En algunos meses, habrá un concierto en Lima, Perú, para promover el desarrollo de medios de transporte más limpios. Trabaja con un/a compañero/a y completa el siguiente cuadro para determinar qué harán algunos hispanos famosos durante esas fechas. Cada uno/a de ustedes tiene solo una parte de la información. Necesitan hacerse preguntas para determinar quiénes participarán y no participarán en el concierto.

11A.19 TEACHING TIP: Instruct students to not make their cards visible to their partners. They should take several minutes to complete the information gap activity before figuring out who will and who will not be, participating in the concert.

Modelo: E1:   *¿Qué hará Shakira?*
E2:   *Llevará un vestido fabuloso.*
Conclusión lógica: Shakira participará en el concierto.

A	
Shakira	llevará un vestido fabuloso.
Luis Miguel	
Thalía	
Chayanne	irá a Machu Picchu cuando esté en Perú.
Enrique Iglesias	
Ricky Martin	
Marc Anthony	estará haciendo una película en Europa.
Chenoa (María Laura Corradini Falomir)	tendrá un concierto importante en Nueva York ese mismo día.

B	
Shakira	llevará un vestido fabuloso.
Luis Miguel	volará a Lima el día antes del concierto.
Thalía	no querrá dejar a su bebé que ha empezado a caminar.
Chayanne	
Enrique Iglesias	escribirá una nueva canción para el concierto.
Ricky Martin	saldrá ese día para África con oficiales de la Organización de las Naciones Unidas.
Marc Anthony	
Chenoa (María Laura Corradini Falomir)	

¿Quiénes participarán en el concierto?

Shakira

Luis Miguel

Chayanne

Enrique Iglesias

¿Quiénes no participarán en el concierto?

Thalía

Ricky Martin

Marc Anthony

Chenoa

WileyPLUS Learning Space
11A.20 INSTRUCTOR'S RESOURCES: Reproducible cards are available for use with Activity 11A.20 in your Instructor's Resources.

11A.20 TEACHING TIP: Allow students sufficient time to design their vehicles, circulating to provide assistance as needed. Provide paper and colored pencils and markers for students to draw their vehicles. Encourage groups to incorporate future-tense verbs into their discussion/presentation. Ask each group to present its vehicle and then the class can vote for the most likely/most fantastic vehicles.

11A.20 El vehículo del futuro. En grupos de cuatro personas, inventen un vehículo nuevo, por ejemplo, un carro, camión, autobús, avión, barco, una bicicleta, motocicleta, etc. para el futuro. Las preguntas a continuación les facilitarán la discusión. Dibujen su vehículo. Luego, presentarán su vehículo a la clase y la clase votará para determinar cuál es el vehículo más probable/más fantástico.

1. ¿Cómo se llamará el vehículo?

2. ¿Cómo será el vehículo? ¿Grande, pequeño, etc.?

3. ¿De qué material estará construido el vehículo?

4. ¿Tendrá ruedas *(wheels)*? ¿Cuántas?

5. ¿Viajará por tierra? ¿Por aire? ¿Por agua? ¿Por el espacio?

6. ¿Cuántos pasajeros podrán viajar en este vehículo?

7. ¿Qué tipo de combustible *(fuel)* utilizará?

8. ¿Qué tecnología/comodidades se incorporarán en el vehículo? (p.ej., GPS, Internet, sillones, DVD, etc.)

11A.21 Comparando los combustibles alternativos con la gasolina. Lee las siguientes oraciones e indica la opción que mejor representa lo que sabes/piensas sobre las diferencias entre los combustibles alternativos y la gasolina. Compara tus respuestas con la clase.

1. Los combustibles alternativos cuestan **más/menos** que la gasolina.

2. Los combustibles alternativos contaminan **más/menos** que la gasolina.

3. Los combustibles alternativos son **más/menos** difíciles de producir que la gasolina.

4. Los combustibles alternativos tienen **más/menos** consecuencias ambientales que la gasolina.

5. Los combustibles alternativos se pueden utilizar en **más/menos** tipos de vehículos vehículos que la gasolina.

6. Los combustibles alternativos están **más/menos** disponibles (*available*) que la gasolina.

7. Según tus respuestas, ¿cuál es la mejor opción para el público en general: los combustibles alternativos o la gasolina? ¿Por qué?

11A.21 ORIENTATION: This is pre-reading activity for the following Vívelo: Cultura reading. Once students have had a chance to choose their responses, discuss responses with the class, noting what the majority of the class thinks in each case.

VÍVELO: CULTURA

Todos contra los biocombustibles

Se habla mucho en las noticias de la producción de biocombustibles (*biofuels*) como la fuente (*source*) de energía del futuro. Sin embargo, la sustitución de petróleo por biocombustibles puede generar otros problemas. Según la organización humanitaria Oxfam, el aumento del uso de biocombustibles puede tener consecuencias negativas para los países más pobres del planeta.

James Leynse/© Corbis

En primer lugar, la producción de biocombustibles, obtenidos de materiales vegetales como el maíz, el arroz, el trigo (*wheat*), la caña de azúcar (*sugar cane*) y el aceite de palma, eleva el precio de estos productos y la comida en general. También puede provocar una escasez (*scarcity*) de comida para algunos de los países más pobres. En segundo lugar, la producción de biocombustibles puede provocar la explotación (*exploitation*) de poblaciones vulnerables por gobiernos y compañías internacionales que les arrebatan (*seize*) las tierras y desplazan (*displace*) sus comunidades. En fin, esta información nos hace reflexionar: ¿Es aceptable que la gente más pobre del planeta tenga que pagar por las emisiones altas que mantienen el estilo de vida de la gente que vive en países más desarrollados?

11A.22 ¿Qué aprendieron sobre los biocombustibles? Después de leer el texto, indica con un/a compañero/a de clase si las oraciones a continuación son **ciertas** o **falsas**. Busquen información en el texto que justifique sus respuestas. Luego, anoten dos ventajas y dos desventajas del uso de biocombustibles.

Cierto	Falso	
☐	☑	**1.** La producción de biocombustibles afecta a los países pobres de una manera positiva.
☐	☑	**2.** El costo de la comida ha bajado debido a la producción de biocombustibles.
☑	☐	**3.** Los biocombustibles están hechos de plantas u otros materiales vegetales.
☑	☐	**4.** La producción de biocombustibles puede llevar a (*lead to*) la escasez de comida.
☐	☑	**5.** Todos están a favor de la producción de biocombustibles.
☑	☐	**6.** La producción de biocombustibles puede llevar a la expropiación de tierras por compañías internacionales.
☑	☐	**7.** Los gobiernos siempre defienden a las comunidades en zonas donde se cultivan materiales para producir biocombustibles.
☐	☑	**8.** Los países desarrollados se benefician más de los biocombustibles que los países pobres/en vías de desarrollo.

11A.23 El Canal de Panamá.

Paso 1: Lee la información siguiente sobre el Canal de Panamá.

Una breve historia del Canal de Panamá

La idea de construir una ruta que uniera los océanos Atlántico y Pacífico surgió en el siglo XVI cuando los españoles llegaron al istmo (*isthmus*) de Panamá. En 1880 los franceses iniciaron la construcción del canal pero los problemas financieros y las enfermedades pusieron fin al proyecto. Cuando Panamá consolida su independencia en 1903 pacta con los Estados Unidos la construcción del Canal que ese país terminaría el 15 de agosto de 1914 y que administró hasta las 11:59 am del 31 de diciembre de 1999. Desde el mediodía del 31 de diciembre de 1999 Panamá asume la plena operación, administración, mantenimiento, modernización y ampliación del Canal, en cumplimiento de los Tratados Torrijos-Carter pactados con Estados Unidos en 1977 y el título XIV de la Constitución Política de la República de Panamá. Desde entonces, el Canal es administrado por la Autoridad del Canal de Panamá (ACP), una agencia gubernamental autónoma.

© Russell Kord/Alamy Inc

Paso 2: Pon en orden cronológico el desarrollo del Canal de Panamá con el año que le corresponde. Verifica tus respuestas con un/a compañero/a de clase.

Orden		Año
5	Panamá y los Estados Unidos firman los Tratados Torrijos-Carter.	1977
2	Se detiene la construcción del Canal de Panamá. por enfermedades y problemas económicos.	poco después de 1880
3	Panamá logra su independencia.	1903
6	Panamá se responsabiliza de la administración, modernización y mantenimiento del Canal de Panamá.	1999
4	Se termina la construcción del Canal de Panamá.	1914
1	Los franceses empiezan la construcción del Canal de Panamá.	1880

www ¡Conéctate!

Learn more about the Panama Canal by conducting a search for "Mi Canal de Panamá" and "Visita Canal de Panamá". You can learn more about the history of the canal and how it works, and also watch videos and webcam feeds. What do you find most interesting? Do you think you would like to visit the canal someday?

Estructuras clave 2   Review of reflexive and reciprocal constructions

WileyPLUS Learning Space

Go to *WileyPLUS Learning Space* and review the tutorial for this grammar point.

In *Investigación* 5B, you learned about reflexive and reciprocal constructions. Reflexive constructions indicate that the subjects do the action to/for themselves while reciprocal constructions indicate that the subjects do the action to/for each other. Reflexive constructions can have both singular and plural subjects, but reciprocal constructions are limited to plural subjects. In both cases, the verbs are accompanied by the appropriate pronouns: *me/te/se/nos/os/se* for reflexive constructions and *nos/os/se* for reciprocal constructions. Since reflexive verbs in the plural can be interpreted as reciprocal (and vice versa), it is important to pay close attention to the context in order to clarify which interpretation is the correct one.

Nos hablamos por teléfono ayer.	*We spoke to each other by phone yesterday.*
Nos lavamos las manos antes de comer.	*We washed our hands before eating.*
Las modelos se miran en el espejo.	*Models look at themselves in the mirror.*
Los novios se miran cariñosamente.	*Lovers look at each other affectionately.*

Note how the context helps indicate the correct interpretation. For example, it doesn't make much sense to say that we spoke to ourselves by phone or that models look at each other in the mirror.

You also learned in *Investigación* 5B about inherently reflexive verbs; that is, verbs which appear to be reflexive or reciprocal, but do not express either meaning.

Nos quejamos de los profesores aburridos.	*We complain about boring professors.*
Los cómicos se burlan de los abogados.	*Comedians make fun of lawyers.*

11A.24 AUDIO SCRIPT:
1. Carlos y yo nos iremos en tren; 2. Las chicas se cayeron de sus bicicletas; 3. Algunos pasajeros se empujaron para subir al metro; 4. En un avión preferimos sentarnos en la ventana; 5. Muchas personas se quejan de hacer fila en el aeropuerto; 6. Íbamos a reunirnos en la estación de tren; 7. El piloto y el copiloto necesitan comunicarse durante el vuelo; 8. Nos sentíamos nerviosos antes de abordar el avión.

11A.24 ¿Reflexivo, recíproco o inherente? Escucha las oraciones e indica si los verbos son reflexivos, recíprocos o inherentes. Verifica tus respuestas con un/a compañero/a de clase.

	Reflexivo [acción a sí mismo]	**Recíproco** [acción entre hablantes]	**Inherente**
1.	☐	☐	☑
2.	☐	☐	☑
3.	☐	☑	☐
4.	☑	☐	☐
5.	☐	☐	☑
6.	☐	☑	☐
7.	☐	☑	☐
8.	☑	☐	☐

11A.24 ALTERNATE: Provide written sentences to students and have them complete the same activity.

11A.25 Un blog bogotano. Con un/a compañero/a, completen la siguiente entrada de blog con la forma correcta del verbo apropiado de la lista. Usen el pretérito en cada caso. Después, indiquen qué verbos son reflexivos, recíprocos e inherentes. Verifiquen sus respuestas con la clase.

ayudarse	hablarse	sentarse
divertirse	irse	sentirse
ducharse	quedarse	

1.) Raúl y yo 1.) _nos fuimos_ a Bogotá el 7 de julio. Cuando abordamos el avión, varios pasajeros 2.) _se ayudaron_ con el equipaje. Nosotros 3.) _nos sentamos_ junto a una señora colombiana muy simpática. Durante el vuelo, Raúl y ella 4.) _se hablaron_ como si fueran (*as if they were*) viejos amigos. En Bogotá, nosotros 5.) _nos quedamos_ en un hotel bonito cerca del Museo del Oro. 6.) _Nos sentimos_ cómodos allí inmediatamente. La primera noche, descansamos un rato en el cuarto, 7.) _nos duchamos_ rápidamente y 8.) _nos divertimos_ bailando cumbia en un club que nos recomendó la señora.

Reflexivo	**Recíproco**	**Inherente**
nos sentamos;	se ayudaron	_nos fuimos_
Nos sentimos,	se hablaron	nos quedamos
nos duchamos;	_____	nos divertimos

¡Conéctate!

The city of Medellín, Colombia has a unique form of transportation in their Metrocable, a gondola type of train that crosses across the city above homes and buildings. Visit the Internet to find pictures and videos of this mode of transportation by running a search with the following key words: "Metrocable" and "Medellín". Then do a search for "Metro de Medellín". Browse the sites you find to learn more details about the Metrocable and to fully appreciate what it has offered the city of Medellín. Share your impressions with your class.

11A.26 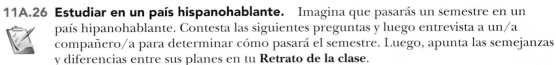 **Estudiar en un país hispanohablante.** Imagina que pasarás un semestre en un país hipanohablante. Contesta las siguientes preguntas y luego entrevista a un/a compañero/a para determinar cómo pasará el semestre. Luego, apunta las semejanzas y diferencias entre sus planes en tu **Retrato de la clase**.

1. ¿Adónde irás?
2. ¿Cómo viajarás?
3. ¿Qué documentos necesitarás?
4. ¿Por cuánto tiempo te quedarás?
5. ¿En dónde te quedarás? (p. ej., con una familia, en una residencia estudiantil..., etc.)
6. ¿Qué harás durante el semestre?
7. ¿Qué clases tomarás?
8. ¿Qué cosas te llevarías (*take with you*)?

Retrato de la clase: Mi compañero/a irá a España, pero yo iré a Argentina. Él/Ella se quedará con una familia, pero yo me quedaré en una residencia estudiantil. Los dos viajaremos en avión.

11A.26 EXTENSION ACTIVITY: When students have finished their interviews, you may want to have students write up a description of their partner's study abroad experience as homework. They should write their descriptions without mentioning their partner's name. For the next class, collect students' descriptions, write a number on each description and tape them along the perimeter of the classroom. Give the class several minutes to walk around the room to read the descriptions and figure out who is being described. On a sheet of paper, students should write their guesses next to the numbers. Afterwards, go over their answers.

Vocabulario: Investigación A

Vocabulario esencial

Sustantivos

el aeropuerto	*airport*
el/la agente de viajes	*travel agent*
la autopista	*highway*
el avión	*airplane*
el barco	*boat*
el boleto/ billete	*ticket*
el camión	*truck*
la carretera	*road*
el crucero	*cruise ship*
la estación de autobuses	*bus station*
el ferrocarril	*train*
la maleta	*bag/suitcase*
el pasaje	*fare/ticket*
la tarjeta de embarque	*boarding pass*
el tráfico	*traffic*
la vela	*sail*
el vuelo (de ida y vuelta)	*(round trip) flight*

Verbos

caminar	*to walk*
demorar(se)	*to delay; to become delayed*
dirigir(se)	*to direct; to head for*
facturar el equipaje	*to check luggage*
hacer escala	*to have a layover*
hacer fila	*to wait in line*
hacer las maletas	*to pack the bags*
ir a pie	*to go by foot*
manejar/ conducir el carro	*to drive the car*
montar en bicicleta	*to ride a bike*
pasar por la aduana	*to go through customs*
volar	*to fly*

Adjetivos

adelantado	*ahead/ advanced/ fast (clock)*
atrasado	*behind/ backward/ slow (clock)*
lleno/a	*full*
en punto	*on the dot*
vacío/a	*empty*

Otras palabras y expresiones

arrebatar	*to seize*
biocombustible	*biofuel*
caña de azúcar	*sugar cane*
combustible	*fuel*
desplazar	*to displace*
escasez	*scarcity*
recibo	*receipt*
recorrer	*to cover, travel around*
trigo	*wheat*

Cognados

Review the cognates in *Adelante* and the false cognates in *¡Atención!* For a complete list of cognates, see Appendix 4.

¡VÍVELO!

VIDEO: El metro: Transporte ecológico

> **Antes de ver el video.**   Contesta estas preguntas con un/a compañero/a. Luego compartan sus respuestas con el resto de la clase. ¿Hay forma(s) de transporte público en su comunidad? ¿Cuál(es)? ¿Cómo es/son?, ¿Son (in)convenientes, barato(s)/caro(s), (in)cómodo(s), limpio(s)/sucio(s)?

> **El video.**   Indica las razones que citan (*cite*) los individuos en el video sobre por qué usan el metro.

© John Wiley and Sons, Inc.

Se usa el metro porque es…

☐	limpio (e.g., no hay basura)	☐ seguro	☑	cómodo
☑	económico	☑ eficaz	☐	moderno
☑	rápido	☐ fácil usarlo	☑	muy ecológico

> **Después de ver el video.**   La administración de su universidad quiere animar a los estudiantes a usar transporte público. En grupos de cuatro, preparen una lista de razones por las cuales los estudiantes deben usar el transporte público en su comunidad. Después, presenten su lista a la clase para ver si les convence.

Vocabulario útil
eficaz   *efficient*
cualquier
   parte   *anywhere*
destino   *destination*

¿Cómo influye la tecnología en una cultura?

TEACHING TIP: Invite students to take out any electronics they may have brought to class (e.g., cell phone, iPod, laptop, PDA, etc.). Use these items as a vehicle to speak about technology. Ask questions like *¿Quiénes tienen un celular? ¿Prefieren hablar por celular o textear? ¿Tienes canciones en tu celular?* These items will help focus their attention on the themes for the *Investigación.* As students answer questions, make sure to follow up on their responses with questions such as, *¿Quién es la persona que textea mucho? ¿Quién escucha música en su teléfono? ¿Cómo se llama la persona que trajo su computadora portátil a clase?* Spend five minutes on these questions before directing their attention to the goals for the *Investigación.*

TEACHING TIP: Have students insert the phrase "**En cuanto a la tecnología**" *(with reference to)* before the last two sayings as a way to apply these sayings to this chapter.

PRACTICING VOCABULARY: Ask students to place YLS words into categories. The following are some categories that you may want to offer students: *Lo uso todos los días./Lo uso cada dos o tres días./Lo uso cada semana./Lo uso cada mes./No lo uso nunca.* When they have filled in their categories, ask them how many words/ items they had under each category.

In this **Investigación** you will learn:

▶ How to talk about various forms of technology

▶ To talk about the influence of technology on society

▶ To express personal opinions regarding technology

¿Cómo se puede hablar del impacto de la tecnología en los individuos y en la sociedad?

You can talk about the technology that you use.	Para mirar la televisión, ¿tienes cable o satélite? ¿Miras películas por cable o con un aparato de DVD? ¿Escuchas música en un reproductor de CD o prefieres usar un reproductor de MP3?
You can talk about the influence of technology in your personal life.	¿Con qué frecuencia consultas la Internet? ¿Usas la Internet para tus estudios? ¿La usas para comprar cosas? ¿Tienes tu propia página web? ¿Usas las redes sociales? ¿Usas Facebook o Twitter?
You can express your opinion about the use or abuse of technology.	¿Prefieres que tus amigos te hablen por teléfono o que te manden un texto? ¿Te gusta que te regalen los aparatos más modernos? ¿Es bueno o malo que los niños pasen tanto tiempo expuestos a la nueva tecnología?

DICHOS

Es más rápido que una computadora nueva.
Lo más nuevo y moderno pronto
    se torna obsoleto.
Compra lo que no te hace falta y no
    tendrás lo que te haga falta.

Faster than a new computer.
The newest and most modern things
    soon become obsolete.
Buy what you don't need and soon
    you won't have what you need.

Adelante

¡Ya lo sabes! Las telecomunicaciones

ajustar
el aparato/reproductor de DVD
la batería
el cable
el ciberespacio
la computadora (portátil)
consumir
contactar
el control remoto

el correo electrónico
chatear
el disco compacto
la fotocopiadora
funcionar
el GPS
hackear
el impacto
el/la Internet
navegar por el/la Internet

la página web
el reproductor de CD
el (reproductor) MP3
el satélite
la tableta
el teléfono celular/el móvil
textear
tuitear
el videojuego

¡Atención!

el archivo	(not *archive*) computer file
enviar	(not *envy*) to send
montar	(not *mount*) to post, upload (when refering to technology)

11B.1 **¿Dónde se usa?** Escucha las palabras e indica dónde se usan principalmente los aparatos/medios mencionados. Luego, verifica tus respuestas con un/a compañero/a de clase.

11B.1 AUDIO SCRIPT:
1. el aparato de DVD, 2. la fotocopiadora, 3. el MP3, 4. la computadora portátil, 5. el cable, 6. el celular

	En la casa	En la oficina	En todas partes
1.	☑	☐	☐
2.	☐	☑	☐
3.	☐	☐	☑
4.	☐	☐	☑
5.	☑	☐	☐
6.	☐	☐	☑

11B.2 **¿Cuál es la definición?** Lee las palabras de la lista. Luego, con un/a compañero/a de clase, lean las siguientes definiciones e indiquen qué palabra o expresión corresponde a la definición. **¡Ojo!** No todas las palabras se usan. Verifiquen sus respuestas con la clase.

11B.2 TEACHING TIP: Have students read through the vocabulary words (a–l) in pairs and offer each other definitions before reading the definitions provided (1–8).

a. ajustar	**e.** el control remoto	**i.** textear
b. el satélite	**f.** funcionar	**j.** la página web
c. el cable	**g.** el impacto	**k.** la tableta
d. montar	**h.** hackear	**l.** el videojuego

___b___ **1.** El aparato que nos permite recibir programas de televisión de todas partes del mundo

___e___ **2.** Un aparato pequeño que usamos para cambiar los canales de la televisión

___g___ **3.** La palabra que significa una influencia importante o grande

___j___ **4.** Un documento en la Internet que tiene información específica

___d___ **5.** La acción de subir archivos a la Internet

___i___ **6.** Una forma de comunicarse por escrito usando el teléfono celular

___a___ **7.** Sinónimo del verbo *cambiar*

___h___ **8.** Atacar una página web

11B.3 **¿Qué aparato es?** Del vocabulario presentado en esta *Investigación*, escoge cuatro aparatos y prepara una breve descripción de cada uno. Trabaja con varios compañeros. Túrnense para leer las descripciones en voz alta mientras que los demás adivinan qué aparato es.

11B.3 TEACHING TIP: Have students prepare their descriptions outside of class. You may want to encourage them to write these on a notecard. On the flipslide, they should provide an image representing the *aparato* being described. To maximize students' work, invite them to stand up and walk around the room sharing their descriptions with various classmates.

11B.4 **Recuerdos.** Conversa con un/a compañero/a de clase acerca de los siguientes temas. Túrnense haciéndose las preguntas. Compartan sus respuestas con la clase.

1. ¿Cómo se comunicaban tus padres y tus abuelos cuando tenían tu edad?
2. ¿Y ahora? ¿Están conectados a las redes sociales como Facebook, Instagram o Twitter?
3. ¿Hay ventajas y desventajas de las redes sociales? ¿Cuáles son algunas?
4. ¿Cuánto tiempo al día pasas en diferentes redes sociales?
5. ¿Tienes una cuenta en Facebook? ¿Sabes cuántos "amigos" tienes en tu Face?
6. ¿Tienes una cuenta en Twitter? ¿Con cuánta frecuencia tuiteas?
7. ¿Usas Whatsapp para textear con amigos? ¿Por qué? ¿Dónde viven tus amigos con quienes usas Whatsapp?
8. ¿Tienes una cuenta en Instagram? ¿A quiénes te gusta seguir?

Las redes sociales, ¿una obsesión?

Courtesy of Pablo Muirhead

Courtesy of Pablo Muirhead

Tan reciente como el 2003, solamente el 10 por ciento de los latinoamericanos estaban conectados a la Internet. Hoy en día esa estadística se ha incrementado a aproximadamente el 45 por ciento de la población.

El uso de las redes sociales en Latinoamérica es muy fuerte. Aproximadamente el 80 por ciento de los usuarios (users) de la Internet están conectados a redes sociales. La más popular es Facebook, seguido por LinkedIn y Twitter. Latinoamérica es una de las regiones del mundo más conectadas a las redes sociales.

Una cosa es cierta y es que las redes sociales y la Internet tienen una gran influencia sobre la sociedad. Han impactado cómo nos comunicamos diariamente. Montamos al Face fotos de eventos importantes y eventos no tan importantes. Discutimos sobre política, religión y rivalidades deportivas, a veces en una manera muy impersonal.

Las redes sociales tienen sus pros y sus contras. Para culturas que valoran (value) las relaciones interpersonales, la comunicación por redes sociales tiende a ser indirecta y puede causar malentendidos. A la vez (at the same time), nos ayudan a mantenernos en contacto, o por lo menos, dan la impresión de que estamos conectados.

11B.5 **Comprensión y reflexiones.**

Paso 1: Empareja las frases en 1-5 con las de a–e para llegar a una oración lógica. Comparte las respuestas con dos compañeros de clase.

_e_ **1.** Los usuarios son…

_d_ **2.** Las redes sociales incluyen…

_c_ **3.** Facebook, LinkedIn y Twitter son…

_b_ **4.** El porcentaje de usuarios de redes sociales…

_a_ **5.** En culturas donde se valoran mucho las relaciones interpersonales…

a. las redes sociales pueden generar malentendidos.

b. se ha duplicado hoy en día a casi ocho veces más que en 2003.

c. ejemplos de redes sociales.

d. aspectos de la Internet que fomentan la comunicación en línea con propósitos sociales, como saludar, compartir fotos, expresar aspectos de su vida personal, profesional y familiar, etcétera.

e. las personas que usan la computadora.

Paso 2: Conversen en grupos de tres o cuatro acerca de las siguientes preguntas. Compartan sus respuestas con la clase.

1. ¿Qué similitudes ves entre Latinoamérica y Estados Unidos en términos de uso de las redes sociales?

2. ¿Por qué puede el uso de las redes sociales llevar a malentendidos?

3. ¿Estás de acuerdo con las opiniones en contra de las redes sociales que se mencionan? ¿Puedes pensar en otras críticas?

VÍVELO: LENGUA

Expressing courtesy using the conditional

It is generally culturally appropriate to be more indirect in making requests, recommendations and invitations. Asking the questions,

¿Puedo usar la fotocopiadora?	**Can I** use the copier?
¿Quieres contactar a nuestra profesora?	**Do you want to** contact our professor?

while grammatically correct, may not always be the appropriate way to make a request. Compare the aforementioned examples with the next ones:

¿Podría usar la fotocopiadora?	**Could I** use the copier?
¿Te gustaría contactar a nuestra profesora?	**Would you like** to contact our professor?

Notice in the examples above that the tone is just slightly more deferential. The following examples illustrate a similar construction that exists in English.

You must buy a new cellphone.	**Debes** comprar un nuevo móvil.
You ought to/should buy a new cellphone.	**Deberías** comprar un nuevo móvil.

Later in this *Investigación* you will learn the mechanics of how to form this structure. For the time being, focus on memorizing the forms in bold and start using them to express courtesy.

These polite forms are also used to express hypothetical or possible actions, representing a more indirect means of communication than the forms for the present or the future. For that reason, this is the most culturally-appropriate way to make requests, recommendations, and invitations in a more courteous and formal manner.

11B.6 **Situaciones.** Escoge la forma de cortesía que corresponde a cada situación.

     a. ¿Me podrías dar tu correo electrónico?

     b. Deberías usar la fotocopiadora.

     c. ¿Te gustaría chatear por Skype?

     d. ¿Podrías permitirme usar tu tableta?

     e. ¿Les gustaría estudiar el impacto de la Internet en nuestras vidas?

     f. No deberías textear durante la clase.

    ___d___ **1.** Tienes que buscar información en una página web inmediatamente.

    ___a___ **2.** Quieres escribirle a tu compañera de clase.

    ___f___ **3.** Tu amigo manda muchos mensajes de texto en clase.

    ___e___ **4.** Tienen que buscar un proyecto para hacer en su clase.

    ___b___ **5.** Tu amiga tiene que sacar copias de unos documentos.

    ___c___ **6.** Tienes un amigo en otro país y quieres mantener el contacto.

11B.6 EXTENSION ACTIVITY: Have students practice modeling a situation where one person is offering suggestions, or making requests, of another student.

Palabras clave La tecnología en casa

VOCABULARY PRACTICE: Direct students' attention to the drawing containing the new vocabulary. Make sure to provide students with as much comprehensible input as possible, that is, language a little bit above their level. Provoke as much dialogue based on these drawings as possible so as to expose students to the new vocabulary in a way that invites them to begin using it.

TEACHING TIP: Provide as much input around these verbs as possible. Begin by telling them a story (fictitious or not) about yourself, such as: *Acabo de conseguir cable para mi casa. Espero poder grabar muchos programas en TiVo.* And immediately follow up with questions for them, such as: *¿Ustedes graban programas de la televisión?* Make sure to offer these comprehension checks to ensure that students are indeed understanding the new vocabulary.

Point out that *colgar* and *montar* are synonyms when refering to technology.

afuera

Descarga su música favorita de iTunes.

adentro

Envía mensajes a sus familiares por correo electrónico.

el usuario

la impresora

el timbre (del teléfono)

Definiciones y usos:

acabar	terminar de hacer algo (ejemplo: Cuando **acabamos** de pagar la entrada, podemos entrar al cine a ver la película.)
acabar de	hacer recientemente (ejemplo: **Acabo de** comprar el nuevo iPhone y estoy muy emocionado por empezar a usarlo.)
andar bien/mal	(no) funcionar aceptable o perfectamente (ejemplo: No es necesario comprar un celular nuevo cuando **anda bien** el que tienes.)
avisar	alertar, comunicar algo de antemano *(beforehand)* (ejemplo: Cuando pedimos servicio de satélite, nos **avisan** cuándo pueden venir a instalarlo.)
borrar	hacer desaparecer (ejemplo: Típicamente **borramos** nuestros mensajes después de leerlos o escucharlos.)
colgar (o→ue)	montar una foto o imagen en línea (ejemplo: Después de sacar una foto la **colgamos** en el Face.)
descargar	bajar de la Internet (ejemplo: Es ilegal **descargar** música a su computadora sin comprarla.)
dejar	olvidar algo o alguien en algún lugar (ejemplo: Algunas personas **dejan** su celular en los restaurantes y tienen que volver allí a recogerlo.)
dejar que	permitir (ejemplo: No deben **dejar que** los niños jueguen videojuegos antes de hacer su tarea.)
esperar	parar *(to stop)* en una actividad por un rato (ejemplo: Después de anunciar la invención de una tecnología innovadora, tenemos que **esperar** que llegue a las tiendas.)
grabar	captar o registrar imágenes, sonidos o datos en un dispositivo (ejemplo: Cuando no puedes ver tus programas a la hora anticipada puedes **grabar**los en el DVR.)

No **se esfuerza** en estudiar. Es perezoso para los estudios.

Se esfuerza en estudiar.

Los padres **charlan**.

TEACHING TIP: Write the following English verbs on 3 x 5 cards of a certain color: to record, to leave, to allow, to inform, to hope, to end/terminate/finish, to erase, to work well, to work poorly/not to work, to have just done (something). On another set of cards of a different color, write the corresponding Spanish infinitives from *Palabras clave*. Distribute the English words to half the class and the Spanish words to the other half of the class. Tell students to pair up for the next activity based on one's Spanish word matching up with the other's English equivalent.

hacer falta	resultar necesario (ejemplo: Cuando ya no funciona la computadora, **hace falta** comprar una nueva.)
soltar (o→ue)	dejar de tener físicamente algo de las manos (ejemplo: Cuando **soltamos** el remoto, se cae al piso.)
sonar (o→ue)	el ruido que hace una cosa (ejemplo: Algunos celulares tocan ciertas canciones cuando **suenan**.)

11B.7 **¿Cierto o falso?** Con un/a compañero/a de clase, lean las siguientes oraciones. Luego, indiquen si son ciertas o falsas. Si son falsas, corrijan la información. Verifiquen sus respuestas con la clase.

11B.7 EXTENSION ACTIVITY: Following these examples, have students write three sentences to share with their partner.

11B.7 CORRECTIONS
2. (en el aparato de DVR, 4. (requiere poco esfuerzo), 7. (un teléfono), 8. (por celulares o computadoras)

Cierto **Falso**

☑ ☐ **1.** Es necesario avisar a nuestros jefes cuando estamos enfermos.

☐ ☑ **2.** Es posible grabar programas televisivos en la fotocopiadora.

☑ ☐ **3.** Una persona que no quiere trabajar es perezosa.

☐ ☑ **4.** Una actividad fácil requiere mucho esfuerzo.

☑ ☐ **5.** Si la impresora hace sonidos anormales, anda mal.

☑ ☐ **6.** Los aparatos portátiles, como un MP3 o un reproductor de CD normalmente necesitan baterías para funcionar.

☐ ☑ **7.** Es necesario tener una impresora para charlar con otra persona.

☐ ☑ **8.** Es posible montar archivos y enviar mensajes de texto por iTunes.

11B.8 PREPARATION: In preparation for this activity, have students develop short descriptions, or definitions, of the words (a–i) with a partner.

11B.8 AUDIO SCRIPT:
1. El opuesto de adentro. 2. Este verbo es sinónimo de hablar. 3. El sonido que se oye cuando suena el teléfono. 4. Esta expresión indica que alguien no tiene algo que necesita. 5. Este verbo significa permitir. 6. La cosa que hace funcionar las computadoras portátiles y los celulares sin electricidad.

11B.9 TEACHING TIP:
On the board, write *verb, noun,* and *adjective.* Have students read through the paragraph and make note of which one each space calls for. Then, have them read through it again and identify the words from the bank to best complete the paragraph.

11B.10 TEACHING TIP:
Allow students to complete task and tally results and go over reasons for choices.

11B.8 **¿Cuál es la palabra?** Escucha las definiciones e indica cuál es la palabra que corresponde a la definición. Luego, verifica tus respuestas con la clase.

a. hacer falta   **d.** el timbre   **g.** soltar

b. la batería   **e.** dejar   **h.** esperar

c. charlar   **f.** después   **i.** afuera

_i_ **1.**   _d_ **3.**   _e_ **5.**

_c_ **2.**   _a_ **4.**   _b_ **6.**

11B.9 **Completa los párrafos.** Con un/a compañero/a, estudien los párrafos siguientes y llenen los espacios con las palabras o expresiones de la lista. Presten mucha atención al contexto. Luego, verifiquen sus respuestas con otros compañeros de clase.

anda   usuarios   hacen falta   suena
charlar   con poco esfuerzo   batería

Cuando 1) _____suena_____ el teléfono, lo contesto y saludo a la persona que me llama. Después de 2) _____charlar_____ por un rato, nos despedimos.

La tecnología moderna puede ser muy complicada y algunos 3) _____usuarios_____ se confunden cuando intentan instalar un aparato nuevo. En mi opinión, 4) _____hacen falta_____ aparatos más sencillos (*simple*) que se puedan conectar y programar 5) _____con poco esfuerzo_____.

Parece que la computadora portátil no 6) _____anda_____ bien. Creo que 7) _____anda_____ mal porque la 8) _____batería_____ va a acabarse dentro de poco. Es necesario terminar el documento rápido antes de que se apague la computadora.

11B.10 **¿Cuál es el más importante?** Habla con dos compañeros y ordenen de 1 a 6 los aparatos siguientes según su importancia o utilidad. Expliquen sus respuestas y apunten las razones. Comparen su lista con la de otros tres grupos. ¿Son similares o diferentes? Apunta las conclusiones en tu **Retrato de la clase.**

_____ el satélite   La razón:

_____ el teléfono celular   La razón:

_____ la computadora portátil   La razón:

_____ la tableta   La razón:

_____ el aparato de DVD   La razón:

_____ el control remoto   La razón:

_____ otro:_____   La razón:

Retrato de la clase: Según la clase, _____, _____ y _____ son los aparatos más útiles porque… _____ es el menos útil porque…

www ¡Conéctate!

Google "Apple products Mexico" and see the different types of products being showcased. Over the last fifteen years huge technological advances have added many words to our English lexicon, and then been adopted by other languages. See what types of words have "crossed over" to Spanish.

11B.11 Usos de la Internet. Lee la lista de usos de la Internet y completa los dos pasos de actividades.

Paso 1: Pon una marca al lado de las cosas que son ciertas en tu vida. Luego comparte tus respuestas con un/a compañero/a de clase.

Uso la Internet para…

Leer las noticias	Investigar información
Manejar mis finanzas	Compartir ideas políticas
Ver películas	Buscar el amor
Estudiar	Comunicarme con mis amigos y familiares
Hacer compras	Usar las redes sociales
Oír y/o descargar música	Participar en movimientos de justicia
Buscar apartamentos	Otros usos

Paso 2: Conversa con tu compañero/a de clase acerca de los siguientes temas.

- ¿Qué cosas no mencionaron?
- ¿Es posible que categorías como "participar en movimientos de justicia" o "compartir ideas políticas" no fueran indicadas con tanta frecuencia como otros usos regulares de la Internet?
- ¿Cómo puede ayudar la Internet a ampliar (*amplify*) las voces de personas con poco poder (*little power*)?

11B.11 TEACHING SUGGESTION: You may want to make this more of an interactive activity with the entire class. You could write down the options (and any others you would like to include) in a visible place in the classroom. Have students indicate which activities correspond to their internet use by either putting a checkmark or sticker over each category. This will then offer a more visible representation of what areas are favored over others.

VÍVELO: CULTURA

La tecnología como arma de protesta

En las últimas dos décadas, y en particular desde 2010, la Internet y las redes sociales han tenido un papel importante en levantamientos (*uprisings*) y movimientos de protesta a través del mundo. Uno de los primeros ejemplos en el mundo hispano ocurrió con el movimiento zapatista de México en los años 90. Los zapatistas utilizaron la Internet para difundir información acerca de las injusticias que sufrían los indígenas. El escrutinio (*scrutiny*) y la crítica internacional generado por la Internet le obligó al gobierno mexicano a negociar una tregua (*truce*) con los zapatistas.

Sean Haley/Shutterstock.com

Vívelo: Cultura PRE-READING ACTIVITY: Before reading, ask students whether they are aware of protest movements or uprisings that have used technology to further their cause. Some examples that they may cite include: the Occupy movement, the Arab Spring, #BlackLivesMatter, and various organizations advocating for immigration reform. Follow up by asking in what ways technology has played a role in these movements.

Más recientemente, han ocurrido manifestaciones en el mundo hispano para protestar una variedad de asuntos. Por ejemplo, ha habido manifestaciones en España y Venezuela contra las políticas (*policies*) económicas del gobierno, en México para protestar un ataque de la policía contra un grupo de estudiantes, en Argentina para oponerse a unos cambios a la constitución y en Guatemala y Honduras para protestar la corrupción. Lo que todas estas protestas tienen en común es el uso de redes sociales como Facebook y Twitter para organizar las manifestaciones, difundir información y montar fotos y videos de las manifestaciones y la reacción de las autoridades. Es evidente que la tecnología ha sido y seguirá siendo una herramienta (*tool*) importante en los movimientos sociales y políticas no sólo en países hispanos sino por todo el mundo.

11B.12 ANSWERS: 1. b; 2. c; 3. Answers will vary, examples might include hate and extremist groups or groups that promote dangerous and unhealthy behaviors; 4. Answers will vary.

11B.12 La tecnología en los movimientos de protesta.

1. Según esta lectura, ¿para qué utilizaron la Internet los zapatistas?
   a. para reclutar tropas
   b. para difundir información acerca de sus protestas y demandas
   c. para comprar armas

2. ¿Qué tienen en común las protestas más recientes mencionadas en la lectura?
   a. se utilizaron tácticas violentas
   b. se enfocaron en asuntos internacionales
   c. se organizaron por medio de redes sociales

3. ¿El uso de la tecnología para apoyar alguna causa es siempre positivo? ¿Puedes pensar en ejemplos de grupos que han utilizado la tecnología para difundir información falsa o ideas peligrosas, o para provocar violencia?

4. ¿Has participado en algún evento político, social o cultural organizado por redes sociales? Descríbelo.

Estructuras clave 1 The conditional tense

WileyPLUS Learning Space
Go to *WileyPLUS Learning Space* and review the tutorial for this grammar point.

WileyPLUS Learning Space

You will find PowerPoint presentations for use with *Estructuras clave* in *WileyPLUS Learning Space*.

Earlier in this *Investigación*, you learned how to express courtesy by using the conditional which you will now explore even further.

Compare the nature of the action in the following questions, considering the action from the perspective of the speaker (the person asking the question):

> What will you do to use less technology?
> What would you do to use less technology?

In the first question, the person asking seems to take for granted that the person asked *will do* something to use less technology. In the second question, the action is more hypothetical; the person asking isn't taking for granted that the person asked is going to use less technology. Instead, the person asking the question wonders what the other *would do* if conditions were such that he/she were going to use less technology.

To talk about hypothetical actions happening under some condition, Spanish uses a verb form called, appropriately enough, the conditional. The conditional, generally translated as *would + verb,* is formed like the future tense by adding appropriate personal endings to the infinitive. As with the future, the endings ARE THE SAME for **–ar, –er,** and **–ir** verbs. Note that the **yo** and the **él/ella/usted** forms are identical.

Subject Pronouns	-ar verbs navegar	-er verbs vender	-ir verbs abrir
Yo	navegaría	vendería	abriría
Tú	navegarías	venderías	abrirías
Él/Ella/Usted	navegaría	vendería	abriría
Nosotros/as	navegaríamos	venderíamos	abriríamos
Vosotros/as	navegaríais	venderíais	abriríais
Ellos/Ellas/Ustedes	navegarían	venderían	abrirían
	por la Internet	cosas en eBay	una tienda de aparatos tecnológicos

Verbs that have irregular stems in the future have the same irregular stems in the conditional. The endings are the same as for the regular verbs.

caber:	**cabr-**	poder:	**podr-**	salir:	**saldr-**
decir:	**dir-**	poner:	**pondr-**	tener:	**tendr-**
haber:	**habr-**	querer:	**querr-**	valer:	**valdr-**
hacer:	**har-**	saber:	**sabr-**	venir:	**vendr-**

Con un millón de dólares…
yo **haría** un viaje a Argentina.
tú **podrías** ayudar a mucha gente.
ellos **tendrían** nuevas computadoras.

With a million dollars…
I would take a trip to Argentina.
you would be able to help many people.
they would have new computers.

The conditional for **hay** is **habría**.

En una ciudad moderna **habría** buen acceso a la Internet.

In a modern city there would be good Internet access.

En una ciudad moderna también **habría** metro.

In a modern city there would also be a subway.

As noted, the usual English translation for the conditional is *would + verb* **(whatever action the verb expresses) and it is mainly used to express hypothetical or probable/possible actions.**

Para ahorrar *(save)* dinero, no pedir**ía** el nuevo modelo de teléfono.
¿Qué aparato tecnológico le comprar**ías** a tu abuelo?

¡Ojo! In situations where you use *would* in English as an equivalent to *used to* to refer to habitual action in the past, remember to use the imperfect tense.

Durante clases aburridas textea**ba** mucho.
Chatea**ba** mucho con mis amigos por la noche.
Le**ía** blogs de mis artistas favoritos.

11B.13 Completar las oraciones. Con un/a compañero/a de clase, indiquen cuál de estas es la frase más lógica para completar las oraciones. Asegúrense de también conjugar el verbo para que concuerde con el sujeto. Luego, verifiquen sus respuestas con la clase.

1. _____c_____ Para mandarle un texto por Whatsapp a tu amigo, tú…
2. _____a_____ Para ver fotos de la Alhambra en España, yo…
3. _____f_____ Para ver otro programa de televisión, nosotros…
4. _____e_____ Durante un examen, ella…
5. _____b_____ Para compartir sus experiencias durante sus vacaciones, ellas…
6. _____d_____ En la clase de español, yo…

a. ___usaría___ Imágenes de Google (usar).
b. ___pondrían___ muchas fotos en mi cuenta de Facebook (poner).
c. ___necesitarías___ un móvil (necesitar).
d. no ___dependería___ del Traductor de Google (depender).
e. no ___sacaría___ su móvil (sacar).
f. ___buscaríamos___ el control remoto (buscar).

11B.14 La clase ideal. Con un/a compañero/a de clase, describan una clase tecnológicamente ideal. Pueden usar las siguientes preguntas para guiar su conversación. Compartan su descripción con la clase.

- ¿Qué aparatos tecnológicos habría en una clase moderna?
- ¿Qué tecnología ayudaría a los estudiantes a aprender nuevas materias?
- ¿Por cuánto tiempo usarían la Internet durante la clase?
- ¿Usarían su teléfono celular? ¿Para qué?

TEACHING TIP: Point out that context or the use of the appropriate subject pronouns should clear up any ambiguity between first- and third-person conditional forms.

TEACHING TIP: As you read through this description with students, write down the endings that verbs take (*–ía, –ías, –ía, –íamos, –íais, –ían*). Ask students questions such as *¿Montarías en una motocicleta? ¿Correrías un maratón?* or *¿Saltarías en bungee?*

11B.13 EXTENSION ACTIVITY: Have students write down five questions regarding whether or not their classmates would do something somewhat unusual (e.g. *¿Saldrías en un "reality show"?*). Then have students form groups of four. They should take turns asking each other their questions. When they are finished, they should share meaningful information with the class. If students need encouragement to share their statements, ask specific questions such as *¿Qué haría Jimmy?* or *¿Qué no haría Taisha?*

11B.14 Extension Activity: When they have finished, you may want to assign their descriptions as homework. For the next class, collect students' descriptions and tape them along the perimeter of the classroom. Give the class several minutes to walk around the room to read the descriptions. Have students take notes on good ideas that they read. Once they have circulated through the room, have them check back with their partner to see what ideas they jotted down. Afterwards, go over some of their thoughts.

11B.15 Las ventajas y desventajas de la tecnología. En grupos de tres, escriban una lista de las ventajas y desventajas del uso de la tecnología. Luego, compartan su lista con la clase y apunten los resultados en su **Retrato de la clase.** Al leer el siguiente artículo, decidan si las ideas mencionadas por la clase corresponden o no con la información del artículo.

Retrato de la clase: Según la clase, _____, _____ y _____ son ventajas de la tecnología mientras que _____, _____ y _____ son desventajas de la tecnología. En general, las ideas mencionadas por la clase corresponden/no corresponden a la información del artículo.

VÍVELO: CULTURA

Tecnochicos: ¿Qué significa crecer con las nuevas tecnologías?

Un estudio reciente indica que buena parte de los adolescentes pasan más de seis horas diarias expuestos a las nuevas tecnologías, celulares, mensajes de texto, Internet, videojuegos y tabletas, y que el tiempo de exposición a ellas sigue aumentando en relación directa al grado de sofisticación que alcanzan los aparatos. Padres, profesores y especialistas se preguntan si es bueno poner límites al uso de los nuevos aparatos.

A pesar de ser un chico con apenas 12 años, su gran pasión es la tecnología. Devora las revistas que hablan de lo último en este campo y su preferida es "PC Magazine", porque según él, ahí aprende sobre lo que está de moda, el precio de los productos y, sobre todo, las funciones que tienen esos productos.

Por una parte, neurólogos argentinos indican que la necesidad de procesar demasiada información puede llevar a déficits de atención, los cuales pueden causar ansiedad, estrés y depresión. El abuso de videojuegos, por ejemplo, puede afectar también las relaciones con amigos y familiares. Además, crecen (grow) las advertencias (warnings) sobre los problemas asociados con su abuso, tales como la obesidad infantil, determinados problemas neurológicos o la tendencia al aislamiento (isolation). Por otra parte, pueden facilitar la rapidez en la lectura y la habilidad para ver imágenes en espacios tridimensionales y seguir varias situaciones a la vez. También pueden estimular los procesos de pensamiento, la habilidad para tomar decisiones y la creatividad.

Para la psicóloga argentina María Stoika "todos estos nuevos elementos son muy útiles siempre y cuando se los sepa utilizar. Si se los usa de una forma abusiva, las consecuencias pueden ser absolutamente negativas para la salud física, psíquica, emocional y afectiva". La especialista cree que los padres tienen que tener un rol muy activo en la elección de los medios que utilicen los hijos y en su control. En todo caso, el secreto es lograr un equilibrio entre el uso de celulares, computadoras y videojuegos, y la actividad física y el encuentro real con los amigos y la familia.

11B.16 ¿Qué comprendiste de la lectura? Después de leer el artículo "Tecnochicos: ¿Qué significa crecer con las nuevas tecnologías?", escucha estas oraciones e indica sin son ciertas o falsas.

	Cierto	Falso			Cierto	Falso
1.	☐	☑		4.	☐	☑
2.	☑	☐		5.	☐	☑
3.	☑	☐		6.	☑	☐

Estructuras clave 2 Review uses of the pronoun se

As you have learned by now, **se** has multiple uses as illustrated in the chart below. Your priority should be to understand how **se** is being used in a sentence. As you gain more practice, you will feel more comfortable interpreting the meaning and use of **se**.

Usos de se					
se reflexivo	se reciprocal	se impersonal	se objeto indirecto	se accidental	se voz pasiva
Se lavaron las manos. *They washed their hands.* Ella **se** ducha. *She showers/ takes a shower*	**Se** besaron. *They kissed each other.* **Se** textean frecuentemente. *They text each other often.*	**Se** lava las manos antes de comer. *One washes one's hands before eating.* **Se** descarga música de la Internet a la compu. *You download music from the Internet to the computer.*	¿Dónde está el libro? **Se** lo di a la profesora. *I gave it to the profesor.*	**Se** me olvidó la tableta. *I forgot my tablet.* **Se** le rompió el móvil. *She broke her cell phone.*	**Se** descubrió el secreto. *The secret was discovered.* **Se** venden dispositivos electrónicos en Best Buy. *Electronic devices are sold at Best Buy.*

In the last *Investigación*, you reviewed reflexive and reciprocal constructions which you were originally exposed to in *Investigación 5B*.

A. Reflexive: Subjects do the action to/for themselves

Me aburro si mi profesor tiene una voz monótona.   *I get bored if my teacher has a monotonous voice.*

B. Reciprocal: Subjects do the action to/for each other

Mi amigo y yo nos mandamos muchos textos.   *My friend and I send each other a lot of texts.*

Reflexive constructions can have both singular and plural subjects, but reciprocal constructions, due to their nature, are limited to plural subjects. In both cases, the verbs are accompanied by the appropriate pronouns:

me/te/se/nos/os/se for reflexive constructions
nos/os/se for reciprocal constructions

C. Indirect object pronoun. In *Investigación 10A,* you were introduced to double object pronouns. As Spanish does not allow two pronouns beginning with the letter "l" to appear next to each other, the indirect object pronouns *le* and *les* will change to *se* when they precede the direct object pronouns *lo, la, los*, and *las*.

Se lo mandé.   *I sent it to him.*
Se las bajé de la Internet.   *I downloaded them from the Internet for them.*

D. *Se* no fault. One of the most fun uses of *se* is known as the no fault, or accidental *se*. In a nutshell, this use of language shifts blame away from the person that likely would be to blame for something. For instance, in English you might say the following:

I forgot my phone.	Olvidé el teléfono.

However, in Spanish, it is more common to phrase something in a way so as to shift blame. The same idea outlined above, which is common in English, would be expressed the following way in Spanish:

Se me olvidó el teléfono.	*My phone was forgotten to me.*

Do you pick up on the subtle difference? To form this, you need the following:

Se	+	*indirect object pronoun*	+	verb

Now check out these additional examples to get a better idea of how it works.

	Literally	Figuratively
Se me olvidó la tarea.	*The homework forgot itself on me.*	*I forgot the homework.*
Se me rompió el vaso.	*The glass broke itself on me.*	*I broke the glass.*
Se me cayó el libro.	*The book fell on me.*	*I dropped the book.*

E. Impersonal and passive *se*. In *Investigación 4B*, the impersonal and passive *se* was presented. Spanish uses **se** + verb to indicate what are called *impersonal* subjects. In English, when the subject of a verb is unspecified, unknown, or intentionally deemphasized, we say *one, you, they,* as in *One never knows what will happen tomorrow, You can't win them all,* or *They say it's going to rain.* The use of **se** + verb can also correspond to the use of the passive voice in English, and is often referred to as the *passive* **se**.

Se venden computadoras en el centro comercial.	*Computers are sold at the mall.*
Para hacer un video se necesita una buena cámara.	*To make a video one needs a good camera.*

11B.17 Varias oraciones. Lee las siguientes oraciones e indica el uso de *se* reflejado en el ejemplo. Verifica tus respuestas con un/a compañero/a.

		Voz pasiva	Doble objeto	Accidental
1	Se creó un app útil.	✓		
2	Se me olvidan muchas cosas.			✓
3	Se venden móviles.	✓		
4	Se la dieron.		✓	
5	Se lo compraron.		✓	
6	Se me perdió el dinero.			✓

11B.18 El correo electrónico.

Paso 1: Antes de leer el email, lee las siguientes preguntas. Despúes de leerlas, contéstenlas con un/a compañero/a de clase.

1. ¿Cristian tiene un secreto?

2. ¿Hay personas bilingües en la panadería?

3. ¿Luisa pagará su cuenta?

4. ¿A Juan le gusta comer chocolate?

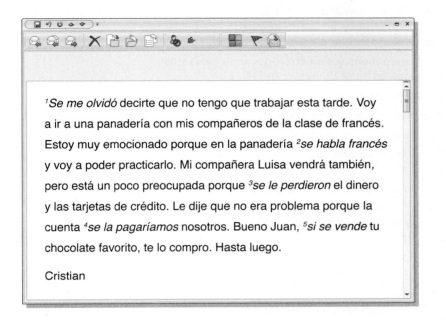

¹Se me olvidó decirte que no tengo que trabajar esta tarde. Voy a ir a una panadería con mis compañeros de la clase de francés. Estoy muy emocionado porque en la panadería *²se habla francés* y voy a poder practicarlo. Mi compañera Luisa vendrá también, pero está un poco preocupada porque *³se le perdieron* el dinero y las tarjetas de crédito. Le dije que no era problema porque la cuenta *⁴se la pagaríamos* nosotros. Bueno Juan, *⁵si se vende* tu chocolate favorito, te lo compro. Hasta luego.

Cristian

11B.18 ANSWERS: 1. No, no tiene un secreto., 2. Sí, hablan francés., 3. No, no pagará su cuenta., 4. Sí, le gusta comer chocolate

11B.18 OPTIONAL: Ask students to identify how *se* is used in sentences with italicized phrases 1-5. Do not expect all students to identify the correct function of *se*. The emphasis should be on how students comprehend the sentence. For those that can identify the uses, the answers are provided below.

OPTIONAL ANSWERS: 1. I forgot (no fault *se*), 2. they speak French (impersonal *se*), 3. she lost her money and credit cards. (no fault *se*) 4. we would pay the bill. (indirect object *se*), 5. if your favorite chocolate were sold (passive voice *se*)

11B.19 Explicaciones.

Combina elementos de la primera columna con el elemento apropiado de la segunda columna. Cambia el verbo en paréntesis para completar las oraciones. Luego verifica tus respuestas con las de un/a compañero/a.

1. Se me ____olvidó____ (olvidar) __e__

2. Se le ____rompió____ (romper) __a__

3. Se te ____perdió____ (perder) __d__

4. Se nos ____acabará____ (acabar) __b__

5. Se les ____interrumpió____ (interrumpir) __c__

6. Se me ____cayó____ (caer) __f__

a. su nueva computadora ayer.

b. el semestre en dos semanas.

c. la conexión a la Internet durante el examen.

d. el manual para la impresora.

e. enviarle un email a mi profesor.

f. el móvil en la piscina esta mañana.

11B.19 TEACHING TIP: Draw students attention to the tense that they would have to use.

Contextos

FUNCTIONAL OUTCOMES:
The central question that frames this *Investigación* is *"¿Cómo se puede hablar del impacto de la tecnología en los individuos y en la sociedad?"* Explore whether students can now address this question and how they would go about it. Have them review the chart on the first page of this *Investigación*.

NOTE: In this *Investigación,* we move from students' personal experience with technology in *Contextos* into the exploration of a Hispanic perspective in *Perspectivas.*

11B.20 TEACHING TIP:
You could have students either read or complete this activity on their own. Another possibility would be to read each sentence and add more input. While you are doing this, you will get a better sense of students' comprehension while giving them time to choose an answer.

11B.20 La tecnología en mi vida. Indica las maneras en que la tecnología afecta tu vida personal en el cuadro siguiente. Después, habla con un/a compañero/a y comparen sus respuestas. Por último, comenten entre todos si la tecnología les afecta más o menos y escribe el resultado en tu **Retrato de la clase.**

Las consecuencias de la tecnología	Estoy de acuerdo	No estoy de acuerdo
1. Me siento ansioso/a cuando no puedo comunicarme por teléfono celular o correo electrónico.		
2. Les mando mensajes electrónicos a mis parientes o amigos en lugar de hablar con ellos.		
3. La tecnología me obliga a trabajar más.		
4. Aprender a usar la nueva tecnología es difícil.		
5. No puedo dejar el teléfono celular apagado *(turned off).*		
6. Siento la necesidad de leer el correo electrónico varias veces al día.		
7. Estoy aburrido/a cuando no puedo mirar la televisión o jugar videojuegos.		
8. Miro la televisión o juego videojuegos en lugar de estudiar o leer.		
9. Mi única fuente de información es la Internet.		
10. La tecnología afecta negativamente mis relaciones personales.		
Suma el total de puntos en cada columna:	/10	/10

Retrato de la clase: En general, la tecnología: ☐ Nos afecta ☐ No nos afecta

Perspectivas

11B.21 Una encuesta: Tecnología en países hispanohablantes. En la sección de *Contextos,* averiguaste cómo la tecnología afecta tu vida y la de tus compañeros personalmente. Ahora, vamos a ver cómo impacta a las culturas hispanohablantes. Hablarás con dos o tres personas de países hispanohablantes para ver sus opiniones de la siguiente encuesta. Luego comparte los resultados con otras personas en la clase. **¡Ojo!** Acuérdate que hay mucha diversidad en los países hispanohablantes. ¿De dónde eran las personas con quiénes hablaron? ¿Qué aprendieron de sus perspectivas?

Estoy de acuerdo – 3
Neutral – 2
No estoy de acuerdo – 1

	Hispanohablante 1	Hispanohablante 2	Hispanohablante 3	TOTAL
1. La gente se siente ansiosa cuando no puede comunicarse por teléfono celular o por correo electrónico.				
2. La tecnología obliga a la gente a trabajar más.				
3. Aprender a usar la tecnología nueva es difícil.				
4. La gente no puede dejar el teléfono celular apagado.				
5. La realidad de la juventud es totalmente distinta a la de sus padres o abuelos.				
6. Los videojuegos han reemplazado a los deportes y otras actividades en la vida de los jóvenes.				
7. Los jóvenes piensan que todas las personas están al día con la tecnología.				
8. La gente se siente perdida sin acceso a la tecnología.				
9. Se depende mucho de la tecnología pero puede provocar estrés en los que no tienen mucho conocimiento tecnológico.				
10. La gente tiene que tener muchos aparatos para funciones diferentes.				

TEACHING TIP: Emphasize to students that access to native-speakers is plentiful with the technologies available today. For example, they may visit Google Hangout, Second Life and even ask friends if they have friends or family in a Spanish-speaking country that you can interview over SKYPE,. Warn students against interviewing bilingual or native speakers of Spanish that have lived in the United States for a few years because they may be accustomed to social practices regarding technology in U.S.

Al comparar las consecuencias de la tecnología en tu vida personal, la vida de tu compañero/a y la cultura hispana ¿cuál es la conclusión más lógica? ¿Por qué? Comparen su respuesta y su explicación con tres o cuatro grupos.

☐ Las consecuencias de la tecnología son distintas en diferentes culturas.

☐ Las consecuencias de la tecnología son parecidas en diferentes culturas.

☐ Las consecuencias de la tecnología son más personales que socioculturales.

Vocabulario: Investigación B

Vocabulario esencial

Sustantivos

la advertencia	*warning*
el aparato	*device*
el archivo	*computer file*
el correo electrónico	*email*
el dispositivo	*device*
la impresora	*printer*
los mensajes	*messages*
el timbre	*ring; doorbell*
el usuario	*user*

Verbos

acabar	*to end, finish*
ahorrar	*to save*
andar bien/mal	*to do well/bad*
avisar	*to inform*
borrar	*to erase*
charlar	*to chat; to talk*
dejar	*to leave; to allow*
descargar	*to download; to unload*
enriquecer	*to enrich*
enviar	*to send*
esforzarse	*to make an effort*
esperar	*to wait*
estudiar	*to study*
grabar	*to record*
hacer falta	*to be needed; to be missing*
irrumpir	*to break out; to burst in*
montar/colgar	*upload/post (a picture, a file)*
obligar	*to force someone to do something*
pasar	*to spend (time)*
saludar	*to greet*
soltar	*to let go of*
sonar	*to ring; to sound*

Adverbios

acabar de	*to have just done something*
adentro	*inside, indoors*
afuera	*outside, outdoors*
alrededor	*around*

Otras palabras y expresiones

el/la adolescente	*teenager*
afectivo/a	*emotional*
el aislamiento	*isolation*
anticuado/a	*old-fashioned*
la colocación	*placement*
la contraseña	*password*
dinero en efectivo	*cash*
el esfuerzo	*effort*
expuesto/a	*exposed*
a la luz	*in light of*
mandar mensajes de texto	*to send text messages*
navegar por la Internet	*search/surf the Internet*
perezoso/a	*lazy*
prestar atención	*pay attention*
prometedor/a	*promising*
el reproductor de CD	*CD player*
el reproductor de DVD/MP3	*DVD/MP3 player*
ruidoso/a	*noisy*
la tecla	*key (on a keyboard)*
el videojuego	*videogame*

Cognados

Review the cognates in *Adelante* and the false cognates in *¡Atención!*. For a complete list of cognates, see Appendix 4.

EN VIVO

Un viaje. Con un/a compañero/a de clase preparen un diálogo para presentar a la clase o a su profesor/a usando la siguiente situación como guía.

Situación: Tu compañero/a y tú van a pasar el verano estudiando español en Antigua, Guatemala. Hay muchos cibercafés en Antigua, pero el lugar donde se van a quedar también tiene conexión inalámbrica a la Internet. Es importante saber si los celulares estadounidenses funcionan en Guatemala.

Expectativa: Conversa con tu compañero/a sobre qué cosas electrónicas deberían llevar en el viaje. Tienen que ponerse de acuerdo sobre qué cosas llevar y qué cosas dejar en casa. Si quieren llevar algo que su compañero/a no quiere llevar, deben tratar de convencerlo/la sobre la importancia de ese objeto. Uds. están limitados a tres aparatos en total.

¿Cómo va a evolucionar la tecnología? Como sociedad, continuamente buscamos los avances tecnológicos que cambien la manera en la que nos comunicamos unos con otros. Considera los avances que has visto a lo largo de tu vida, mientras reflexionas sobre adónde estos avances nos llevarán en los próximos cinco años. Escribe una predicción sobre adónde percibes que estos avances nos llevarán en una década. Considera asuntos como la capacidad de la Internet, la nueva tecnología celular, etc. Puedes incluir tu opinión sobre si estos cambios serán o no positivos.

Paso 1: Considera cuán rápido evoluciona la tecnología. Haz una lluvia de ideas con las predicciones que tienes sobre cómo la tecnología de las comunicaciones se verá impactada. ¿Qué avances tendrán lugar? ¿Consideraste los cambios en el uso de la Internet y de los teléfonos celulares?

Paso 2: Ahora que tienes una lista de predicciones, organízalas en un párrafo que sintetice tus puntos de vista.

Paso 3: Revisa tu trabajo escrito, para asegurarte de que su contenido es sustancioso. Pregúntate si tu párrafo es claro al describir tus predicciones. Si no lo es, haz los arreglos necesarios para lograrlo.

Paso 4: Ahora que tu contenido es sólido, revisa tu borrador enfocándote en la forma y en la exactitud. Haz las revisiones necesarias y escribe tu borrador final.

Paso 5: Siéntete orgulloso de tu borrador final. Debe ser rico en detalles y claro en la forma.

© RAFAEL PEREZ/Reuters/Corbis Images

CAPÍTULO 12

Perspectivas globales

INVESTIGACIÓN **12A**
¿Cómo está tranformándose el manejo de dinero?

ADELANTE
- ▶ ¡Ya lo sabes!: Las finanzas personales
- ▶ Tecnología: Una pieza para la inclusión financiera

Bien dicho: Los sonidos /p t k/ y /b d g/

PALABRAS CLAVE
- ▶ El manejo de dinero

ESTRUCTURAS CLAVE
- ▶ The present subjunctive in noun clauses

VÍVELO: LENGUA
- ▶ *If* clauses

VÍVELO: CULTURA
- ▶ Instituciones financieras regionales en Latinoamérica
- ▶ Las monedas de los países hispanohablantes

¡VÍVELO!
En directo:
Tecnología y dinero

INVESTIGACIÓN **12B**
¿Qué es la occidentalización?

ADELANTE
- ▶ ¡Ya lo sabes! El acceso y la conectividad
- ▶ ¿Qué es la occidentalización?

PALABRAS CLAVE
- ▶ Conjunciones adverbiales

ESTRUCTURAS CLAVE
- ▶ The subjunctive or indicative in adverb clauses
- ▶ The subjunctive or indicative in adjective clauses

VÍVELO: LENGUA
- ▶ Using conjunctions and prepositions

VÍVELO: CULTURA
- ▶ La «marca España» en un mundo globalizado
- ▶ ¿Cómo perciben los latinoamericanos a otros países?

CONTEXTOS Y PERSPECTIVAS
¿En qué consiste la globalización económica?
Las ventajas y las desventajas de la globalización económica

¡VÍVELO!
En vivo:
Debate sobre la globalización económica
Apoyemos al comercio justo

¿Como está transformándose el manejo de dinero?

PREPARATION ACTIVITY: In order to get students' focus directed toward the goals for this *Investigación,* tell them to brainstorm all the words they know in Spanish associated with money management, such as spending, buying, saving, etc. Point out that the goals for this chapter will be to extend their ability to talk about these topics.

TEACHING TIP: Ask students to read the statements that correspond to the cognates below to glean the meaning of the words. Then, provide some forced choice or statements for students to respond to, such as *¿Es mejor depositar el dinero o ir mucho de compras? ¿Obtienen libros o dinero en un banco? ¿Se usa una tarjeta de crédito en las casas o en las tiendas?* etc. Although these cognates will be easy for students to understand, it is only through their use in various contexts that students will be able to make them a part of their working vocabulary.

In this **Investigación,** you will learn:

▶ How to talk about money management

¿Cómo se puede hablar de la relación entre el dinero y la tecnología?

You can talk about how you manage your money.	¿Ahorras o gastas tu dinero? ¿Usas el cajero automático con frecuencia? ¿En qué circunstancias pagas con dinero en efectivo (*cash*)? ¿Cuántas tarjetas de crédito tienes?
You can speculate on what you would do hypothetically with your money.	Si tuvieras mucho dinero, ¿lo invertirías o comprarías un coche? Si heredaras (*inherit*) $1.000.000, ¿dejarías de trabajar? ¿Qué harías si te ganaras la lotería?

EN DIRECTO

> **Tecnología y dinero.** Mira el video. No tienes que comprender todas las palabras para entender la idea general. Luego, contesta las preguntas. ¿Usas la Internet para administrar tus finanzas? ¿En qué casos? ¿Crees que es un medio seguro? ¿Te preocupa el robo de identidad?

Adelante

¡Ya lo sabes! Las finanzas personales

el banco	la economía	la seguridad
el cheque	la estabilidad	la tarjeta de crédito
el cliente/la clienta	el fraude	la tarjeta de débito
las cooperativas de crédito	el interés	depositar
el crédito		obtener
el crimen		robar
el/la criminal		

¡Atención!

invertir	(not *invert*), invest A principios de este siglo, muchas personas invirtieron dinero en compañías de tecnología.
solicitar	(not to *solicit*), to request, to apply for Muchos estudiantes solicitan dinero del gobierno para pagar la matrícula (*tuition*).

12A.1 **Completa la frase.** Completa la frase con la palabra más lógica.

crimen	estabilidad	cooperativas de crédito	cheques
economía	solicitar	banco	crédito

1. Depositamos nuestro dinero en el _b___ banco_____ .
2. Escribimos _c___ cheques_____ cuando no tenemos dinero en efectivo.
3. Es muy importante tener buen _c___ crédito_____ para poder comprar una casa.
4. Robar es un tipo de _c___ crimen_____ muy común.
5. Kickstarter es una plataforma digital para _s__ solicitar_____ dinero.
6. Hay competencia (*competition*) entre los bancos y las _c__ cooperativas de crédito___ .
7. La _e__ economía_____ de Estados Unidos se basa en el capitalismo.
8. La _e__ estabilidad_____ política de un país es importante para su economía.

12A.2 **Definiciones.** Escucha las definiciones e indica cuál es la palabra que corresponde a cada definición. Luego, verifica tus respuestas con la clase.

a. el cliente	**e.** interés	**1.** _f_		**5.** _c_	
b. el criminal	**f.** seguridad	**2.** _b_		**6.** _d_	
c. robar	**g.** depositar	**3.** _g_		**7.** _e_	
d. la tarjeta de crédito	**h.** invertir	**4.** _h_		**8.** _a_	

12A.3 **Adivina adivinador.** Con un/a compañero/a de clase, describe, dibuja, usa gestos, asociaciones o cualquier forma de comunicación (excepto la traducción) para que tu compañero/a pueda identificar los cognados de ¡*Ya lo sabes*! Puedes ofrecer la primera letra o la última letra de la palabra al final de tu definición.

Modelo: E1: *Es un verbo que significa "tomar algo sin permiso" y empieza con la letra "r".*
E2: *robar*

12A.4 **¿Cómo accedes a los servicios financieros?** Indica cómo haces estas actividades relacionadas con el banco. Comparte tus respuestas con la clase para determinar cuáles son los modos más comunes de acceder (*access*) a estos servicios financieros.

	En persona	Por cajero automático (*ATM*)	Por móvil	Por Internet	No lo hago
Depositar dinero					
Sacar dinero					
Pasar dinero de una cuenta (*account*) a otra					
Pedir préstamos (*loans*)					
Enviarle dinero a otra persona					
Consultar el estado (*statement*) de sus cuentas					

12A.5 **¿Qué aprendiste de la tecnología y la inclusión financiera?** Primero leerás las siguientes preguntas sobre "Tecnología: una pieza para la inclusión financiera". Después de leer el texto, indica cuál de las dos opciones completa las siguientes oraciones. Verifica tus respuestas con un/a compañero/a de clase.

En México...

1. el uso de teléfonos inteligentes ha **aumentado/disminuido** entre grupos de personas menos adinerados (*well off*).
2. los bancos están **ignorando/utilizando** nuevas tecnologías como forma de expandir acceso a sus servicios.
3. en muchos lugares, **existe/no hay** una infraestructura bancaria cercana.

12A.2 AUDIO SCRIPT: 1. Es la palabra que se asocia con la estabilidad. 2. Una persona que comete un acto ilegal. 3. El acto de poner dinero en el banco. 4. Financiar una compañía nueva u otro proyecto. 5. Obtener algo sin el permiso del dueño. 6. Una cosa plástica con números que funciona como dinero. 7. El costo adicional que se acumula cuando no pagas a tiempo. 8. Es sinónimo de consumidor.

12A.2 TEACHING TIP: Before having students listen to the descriptions, give them two minutes to read the words from a–h so that when they hear the definition, they are familiar with the list of options.

12A.3 TEACHING TIP: Give students a set amount of time (perhaps three minutes per person) to do this activity. Have groups keep track of how many words they got correct. After the time is up, poll the class to see how well they did. Circumlocution, or describing a word without saying it, is an excellent skill for students to continue developing. Encourage students to attempt descriptions before relying on drawings, gestures or other associations.

12A.5 ANSWERS: 1. aumentado; 2. utilizando; 3. no hay; 4. invertir; 5. fáciles; 6. ayuden

4. las instituciones financieras deben **robar/invertir** más dinero en investigaciones sobre las necesidades de sus clientes.

5. las plataformas tecnológicas deben ser **difíciles/fáciles** de comprender.

6. es necesario que las innovaciones tecnológicas **ayuden/frustren** a los clientes.

Tecnología: una pieza para la inclusión financiera

En los últimos años, el uso de teléfonos inteligentes ha aumentado, aun entre grupos en la base de la pirámide socioeconómica. Las instituciones financieras en México y otros países en vía de desarrollo están aprovechando (*taking advantage of*) esta creciente adopción de tecnologías móviles e Internet para entender mejor a los clientes y llevar servicios financieros a grupos que no tienen acceso a una infraestructura bancaria cercana o puntos de pagos tradicionales. En estos casos, la tecnología móvil y teléfonos inteligentes pueden convertirse en plataformas para hacer transacciones, enviar dinero y ofrecer nuevos productos financieros. Por otra parte, para tener éxito, es necesario que estas plataformas sean más intuitivas para el cliente, con mejor interfaz, que tenga como principal atributo la comprensión de las necesidades de los usuarios. Las instituciones financieras más exitosas (*successful*) serán aquellas que sepan elegir las innovaciones tecnológicas que realmente beneficien al cliente.

© KidStock/Blend Images/Corbis Images

🎧 **Bien dicho**

Los sonidos /p t k/

The sound /p/ is associated with the letter **p** and is very similar to **p** in English. The only difference is that /p/ in Spanish is never pronounced with an audible puff of air, called aspiration, as in English. The sound /t/ is associated with the letter **t**. Like /p/, /t/ is never aspirated. In fact, in Spanish, /t/ is pronounced with the front part of the tongue firmly against the top teeth. In English, the tongue touches the hard ridge behind the top teeth. As in English, the sound /k/ is associated with the letter **c** before **a, o, u** and consonants. It is also associated with the combination **qu** before **e** and **i**, and the letter **k**, which is relatively rare in Spanish. Like the sounds /p/ and /t/, /k/ is never aspirated in Spanish.

Los sonidos /b d g/

The sound /b/ is associated with the letters **b** and **v** in Spanish. In some contexts, /b/ is pronounced like /b/ in English. In other contexts, especially between vowels, it has a "softer" pronunciation best achieved by not allowing your lips to touch completely as you pronounce /b/. The sound /d/ is associated with the letter **d** in Spanish. As with /t/, the front part of your tongue should touch your top teeth. In addition, between vowels /d/ is pronounced like the **th-** in *father, brother,* and *these*. The sound /g/ in Spanish is similar to the pronunciation of the **g** in words such as *game, glad,* and *glove*. It is associated with the letter **g** before **a, o, u, ü** and consonants. Between vowels, it is pronounced like the **g-** in words such as *sugar* and *bigger*.

12A.6 Ahora les toca. Con un/a compañero/a, túrnense para pronunciar las oraciones siguientes. Presten atención a la pronunciación de los sonidos /p t k b d g/. Cuando terminen, repitan el ejercicio, pronunciando las oraciones que no pronunciaron la primera vez.

1. El **g**obierno de **B**olivia **b**usca **c**apital nuevo.

2. **V**amos al **b**anco **p**ara **d**epositar el **d**inero.

3. Se **p**uede **p**agar con che**qu**e o con **t**arjeta de **c**rédito.

4. El ro**b**o de i**d**entidad es un **p**roblema **g**rave.

5. La economía de **E**cuador es **b**astante esta**b**le.

6. Se **p**i**d**en **p**réstamos **p**ara **p**agar la matrícula.

7. Los **c**ajeros automá**t**icos son **c**onvenientes.

8. La mone**d**a de **V**enezuela es el **b**olívar fuerte.

VÍVELO: LENGUA

If clauses

As you have learned previously, the conjunction **si** means *if*, and it can introduce *if…then* statements that are factual or probable.

Si <u>tengo</u> dinero extra, lo <u>deposito</u> en el banco.
If I have extra money, I deposit it in the bank.

Los bancos <u>podrán</u> servir a más personas **si** <u>adoptan</u> tecnología móvil.
Banks will be able to serve more people if they adopt mobile technology.

In the first example, the statement is factual because it represents a habitual action. In the second example, the first clause indicates a logical consequence of banks adopting mobile technology, which is seen as very likely to happen. Note that the order of the two clauses can vary.

For hypothetical statements that are unlikely, or contrary to fact, we will need to use different forms of the verb. The conjunction *si* is followed by a verb in a form known as the imperfect subjunctive. The other verb is in the conditional, which you learned in *Investigación* 11B. The imperfect subjunctive is formed by dropping the **–on** from the *ellos/ellas Uds.* form of the verb in the preterit and adding the following endings: **-a, -as, -a, -amos, -ais, -an**. The imperfect subjunctive is used because it expresses a high degree of uncertainty or untruth.

	Hablar (hablaron)	**Leer (leyeron)**	**Ir (fueron)**
Si yo...	Hablara	Leyera	Fuera
Si tú...	Hablaras	Leyeras	Fueras
Si él/ella/Ud....	Hablara	Leyera	Fuera
Si nosotros/as	Habláramos	Leyéramos	Fuéramos
Si vosotros/as	Hablarais	Leyerais	Fuerais
Si ellos/ellas/Uds....	Hablaran	Leyeran	Fueran

TEACHING TIP: Point out the difference in stress between hablará and hablara. Same spelling, different syllable stressed.

Si me <u>robaran</u> la identidad, <u>llamaría</u> a mi banco inmediatamente.
If someone stole my identity, I would call my bank immediately.

Los pobres <u>usarían</u> servicios financieros **si** <u>tuvieran</u> mejor acceso a los bancos.
The poor would use financial services if they had better access to banks.

In the first example, the imperfect subjunctive highlights the (hopefully!) unlikely possibility of having one's identity stolen. In the second example, the use of the imperfect subjunctive indicates that the poor, in fact, don't have good access to banks. Again, note that the order of the two clauses can vary.

12A.7 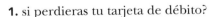 **¿Qué harías en estas circunstancias?** Entrevista a un/a compañero/a de clase acerca de estas situaciones hipotéticas. Luego, comparte las respuestas de tu compañero/a con la clase y apunta las conclusiones generales en tu **Retrato de la clase**.

¿Qué harías...

1. si perdieras tu tarjeta de débito?

2. si alguien te regalara $1000?

3. si alguien te robara la cartera/la bolsa?

4. si tu tarjeta de crédito estuviera al límite?

5. si necesitaras dinero inmediatamente?

6. si un/a amigo/a cometiera fraude con un cheque tuyo?

7. si no hubiera bancos en esta comunidad? (hubiera = imperf. subj. of *hay*)

8. si no obtuvieras un préstamo que solicitaste?

Retrato de la clase: Si perdiera la tarjeta de crédito, la mayoría de la clase _____.
Si alguien le regalara $1000, la mayoría de la clase _____…

12A.7 As you are going over students' responses, use the *si* clauses as prompts: ¿Si Ashley perdiera su tarjeta de crédito, qué haría? ¿Qué haría Jim si alguien le regalara $1000? With this approach, students are not responsible for producing the imperfect subjunctive forms, only the conditional forms.

¡Conéctate!

Search bank websites in Spanish, such as: Banco Santander, Banamex, Banco Popular. What services do they have that interest you? List them. Share them with your classmates. Are there any services available that you did not know about?

Palabras clave 1 El manejo de dinero

WileyPLUS Learning Space

You will find PowerPoint presentations for use with *Palabras clave* in WileyPLUS Learning Space.

ABRIR CUENTAS PRÉSTAMOS

FINANZAS

INGRESOS GASTOS

Sueldo $1400 Electricidad $95
Celular $47,50
Cheque de papá $50 Pago del carro $230
Pago de la factura de VISA $123

Aquí tiene la **libreta de cheques** para su nueva **cuenta corriente**. ¿También desea abrir una **cuenta de ahorros**?

Queremos **pedir un préstamo** para comprar un carro pero no queremos **endeudarnos** demasiado.

Para **manejar el dinero** es importante hacer un **presupuesto**.

Sí, por favor. Me gustaría **depositar** cien dólares.

Bueno, si ya son clientes del banco, **cobramos** intereses más bajos.

De acuerdo. Es importante ser consciente de cuánto se **gasta**.

TEACHING VOCABULARY:

Encourage students to infer the meaning of related vocabulary through word families. For example, if *pedir un préstamo* = request a loan, the verb *prestar* means "to loan". Take advantage of the pictures presenting the vocabulary to provide students with as much comprehensible input as possible. Remember, in order for students to acquire language and have it become a part of their active vocabulary, they need to hear, see and manipulate it in context countless times. To engage students, ask questions such as the following.
1. *¿A qué parte del banco fue la pareja? (Préstamos)*
2. *¿En qué partes del banco puedes sacar dinero? (En el cajero, en el cajero automático)* 3. ¿Cómo se categoriza el dinero que recibes? (ingresos)
4. ¿Cómo se categoriza el dinero que tienes que pagar? (gastos) 5. ¿Cómo se llama la situación cuando tienes muchas deudas? (endeudarse) The goal is to engage students with the vocabulary in the context provided by the pictures in order for them to gain more comfort.

12A.8 **Algo está de más.** Estudia cada grupo de palabras o expresiones e indica qué palabra no se asocia lógicamente con las otras. Explica por qué. Compara tus respuestas con las de un/a compañero/a.

1. el dinero | (la contraseña) | la tarjeta de crédito | el cheque
2. el ladrón | el fraude | (la cuenta) | el crimen
3. los impuestos | las facturas | los préstamos | (las sucursales)
4. ahorrar | (gastar) | invertir | depositar
5. las facturas | los préstamos | (los ahorros) | la deuda
6. el cajero | el gerente de la sucursal | la guardia | (la clienta)
7. invertir | (comprobar) | financiar | prestar
8. (inestable) | útil | competente | el seguro

12A.8 EXTENSION ACTIVITY: Have students develop on the spot their own exercise modeled after 12A.8 to share with a partner. Any vocabulary word is game. This will serve as a review of previous vocabulary and reveal the type of words they have retained. Once students have their exercises ready, they should exchange them with a student, complete them and then go over them.

12A.8 ANSWERS: 1. (no es una forma de pagar), 2. (no se asocia con el crimen/los criminales), 3. (no son cosas que tenemos que pagar), 4. (no nos ayuda a ganar dinero), 5. (no se asocia con los préstamos/las deudas), 6. (no se asocia con puestos en un banco), 7. (no se asocia con la acción de distribuir dinero/fondos) 8. (no es una característica positiva como las demás palabras)

El cajero debe **comprobar** la identidad de los clientes.

el cajero

la guardia

LADRÓN

la contraseña

el gerente de la sucursal

Abuela, ¿por qué no tienes una **tarjeta de débito**? Allí hay un **cajero automático**. Es muy **útil** para sacar dinero rápidamente.

CAJA 1   CAJA 2   CAJA 3

CERRADO

12A.9 **Las finanzas de Luis y Susana.** Con un/a compañero/a, completen el párrafo con las palabras de la lista. Luego, verifiquen sus respuestas con las de otros grupos. OJO: Será necesario determinar si necesitan conjugar los verbos o no.

Luis y Susana generalmente 1.) ___manejan___ bien su dinero. Los dos tienen buenos trabajos y cada semana, ellos 2.) ___depositan___ una parte de su salario en su cuenta de 3.) ___ahorros___ porque piensan comprar una casa algún día. Además, ellos pagan puntualmente las 4.) ___facturas___. Hoy, Luis y Susana van al banco para pedir un 5.) ___préstamo___ porque necesitan comprar un carro nuevo. Es muy conveniente porque hay una 6.) ___sucursal___ del banco cerca de su casa. Cuando lleguen al banco, van a hablar con 7.) ___el gerente___. Él les va a hacer una serie de preguntas para 8.) ___comprobar___ el estado de sus finanzas. Ya que son muy responsables con su dinero, es probable que Luis y Susana reciban el dinero que piden y puedan comprar el carro pronto.

ahorros
comprobar
depositar
facturas
el gerente
manejar
préstamo
sucursal

12A.10 TEACHING TIP:
Allow students ample
time to survey classmates
and tally scores. Ask individual students to report
on their findings. Discuss
as a class whether or
not the class as a whole
manages their money well
or poorly and why that
might be.

WileyPLUS Learning Space
12A.10 INSTRUCTOR'S
RESOURCES: You will find
a reproducible chart for
Activity 12A.10 in your
Instructor's Resources.

12A.10 ¿Cómo maneja la clase el dinero?   Contesta las siguientes preguntas y habla con por lo menos la mitad de la clase para determinar cuántos dicen "sí" y cuántos dicen "no". En general, ¿ustedes manejan bien o mal el dinero? ¿Por qué? Apunta tus conclusiones en tu **Retrato de la clase.**

	Yo	La clase	
		Sí	No
¿Tienes cuenta de ahorros?			
¿Tienes cuenta corriente?			
¿Tienes muchas tarjetas de crédito?			
¿Usas el cajero automático frecuentemente?			
¿Pagas las facturas puntualmente?			
¿Te molesta endeudarte?			
¿Intentas ahorrar dinero cada mes?			
¿Te preparas un presupuesto regularmente?			

Retrato de la clase: Por lo general, mis compañeros de clase tienen una cuenta de ahorros y una cuenta corriente. Les molesta endeudarse e intentan ahorrar dinero. También...

12A.11 EXTENSION: As
groups present, have the
class determine whether
or not the clients should
receive the loan, and
encourage them to dis-
cuss the reasons for their
decisions.

12A.11 Necesitamos un préstamo.   En grupos de tres, preparen una conversación entre el/la empleado/a de un banco y dos clientes que piden un préstamo. Luego, presenten su conversación a la clase para que ellos puedan determinar si deben recibir el préstamo o no.

- Recuerden que esta conversación es en un contexto formal.
- Los dos clientes pueden ser esposos, novios, amigos, parientes, etc.

Preguntas para guiar la conversación:

- ¿Para qué quieren el préstamo?
- ¿Cuánto dinero piden?
- ¿Son clientes del banco o no?
- ¿Tienen trabajos? ¿Dónde trabajan?
- ¿Cuáles son los ingresos/gastos mensuales?
- ¿Qué otras deudas (*debts*) tienen?

12A.12 EXTENSION
ACTIVITY: You may want
to follow up by polling
the class to see how
many students follow the
recommendations in the
reading.

12A.12 ¿Qué hago?   Primero lee las siguientes preguntas sobre la próxima lectura. Después pregúntale a un/a compañero/a de clase qué debes hacer en las siguientes situaciones. Luego lee el texto para comprobar tus respuestas. ¿Cuántas respuestas son similares al texto?

Paso 1:

1. Acabo de recibir una tarjeta de crédito nueva. ¿Qué hago inmediatamente?

2. Voy a España en una semana. Tengo seis tarjetas de crédito. ¿Me las llevo todas por si acaso no acepten una?

3. Acabo de perder mi tarjeta de crédito. ¿Qué debo hacer?

4. Acabo de pagar mi factura de AT&T, ¿qué hago con la factura?

5. Nunca he usado algunas de mis tarjetas de crédito, ¿qué debo hacer con ellas?

6. ¿Qué debo hacer cuando saco dinero de un cajero automático donde hay mucha gente?

VISA

Tarjetas   Presentado por Visa   **Seguro y Protegido con Visa**   Consejos financieros
Acerca de Visa   Protección básica de tarjeta   **Robo de identidad**   Cero Responsabilidad

ROBO DE IDENTIDAD - PREVENCIÓN CONTRA FRAUDE   Página imprimible

Cómo sucede
En caso de que suceda
Protección contra fraude
Prevención contra robo

Prevención contra robo

Existen varias medidas que puedes tomar para proteger tu información personal. Sigue estos consejos para disminuir el riesgo de robo de identidad.

Qué debes hacer…

Vocabulario adicional:

estados de cuenta/
comprobantes =
statements
entorno = surroundings
ingresar = enter
informe de crédito =
credit report
fecha de vencimiento =
expiration date
clave = password

- Destruye toda información personal y financiera, como facturas, estados de cuenta bancarios, recibos de cajeros automáticos (ATM) y ofertas de tarjetas de crédito antes de tirarlos a la basura.
- Conserva tu documentación personal (por ejemplo, partidas de nacimiento, tarjetas de seguro social, etc.) y comprobantes bancarios y de tarjetas, en un lugar seguro.
- Llama a la oficina postal inmediatamente si no estás recibiendo correo. Para obtener la información personal necesaria para usar tu identidad, los ladrones suelen falsificar tu firma para recibir tu correo en otra dirección.
- Conviene que te mantengas alerta de tu entorno cuando ingreses tu número de identificación personal NIP (PIN por sus siglas en inglés) en un cajero automático.
- Limita el número de tarjetas y otra información personal que llevas en la cartera o bolso.
- Notifica inmediatamente la pérdida o robo de tu tarjeta.
- Cancela todas las cuentas inactivas de tarjetas de crédito. Incluso cuando no se usan, estas cuentas aparecen en tu informe de crédito, al cual pueden tener acceso los ladrones.
- Si solicitaste una tarjeta de crédito y no has recibido la tarjeta en un período razonable, notifica inmediatamente a la institución financiera correspondiente.
- Sigue de cerca las fechas de vencimiento de tus tarjetas de crédito o débito. Contacta a la institución que expidió la tarjeta, si no recibes la tarjeta de reemplazo antes de la fecha de vencimiento de la tarjeta.
- Firma todas las tarjetas nuevas en el momento de recibirlas.
- Revisa tus informes de crédito anualmente.
- Establece claves para tus tarjetas de crédito y débito, cuentas bancarias y tarjetas telefónicas. Evita usar claves obvias como el apellido materno, tu fecha de nacimiento y los últimos cuatro dígitos de tu número de seguro social o de tu número telefónico.
- Compara los recibos de tu tarjeta de crédito con ios estados de cuenta mensuales para asegurarte de que no haya cargos no autorizados.

Paso 2: Después de leer sobre cómo prevenir el fraude contra el robo de identidad, compara tus respuestas en Paso 1 y haz cambios necesarios en tus respuestas. ¿Cuánto ya sabías?, ¿mucho, algo, o poco?

12A.13 Identifica a las instituciones financieras internacionales/regionales.   Empareja estas instituciones financieras internacionales/regionales con sus nombres en inglés. Verifica tus respuestas con un/a compañero/a de clase.

12A.13 EXTENSION: Poll class to see if students have heard of any of these institutions and what, if anything, they know about them.

_c_ **1.** Banco Mundial
_f_ **2.** Fondo Monetario Internacional
_e_ **3.** Banco de Desarrollo Interamericano
_b_ **4.** Banco Central Europeo
_a_ **5.** Organización Mundial de Comercio
_d_ **6.** Corporación Andina de Fomento [1.]

a. World Trade Organization
b. European Central Bank
c. World Bank
d. Andean Development Corporation
e. Inter-American Development Bank
f. International Monetary Fund

[1.] Hoy en día esta organización se llama Banco de Desarrollo de América Latina (_Development Bank of Latin America_), pero siguen usándose las siglas (letras) CAF para abreviarlo.

Instituciones financieras regionales en Latinoamérica

Están volviéndose cada vez más importantes un grupo de instituciones financieras regionales (IFR) que dan préstamos y apoyan diversas iniciativas en América Latina. A diferencia de las instituciones globales como el Banco Mundial o el FMI, estas IFR son controladas por los gobiernos latinoamericanos. La Corporación Andina de Fomento (CAF) promueve el desarrollo y servicios financieros. Sus actividades iniciales se centraron en los países andinos, pero ahora se han expandido notablemente. El Banco Latinoamericano de Exportaciones (BLADEX) opera como un banco regional de promoción del comercio internacional. Por su parte, el Fondo Latinoamericano de Reservas (FLAR) da préstamos y garantías para apoyar la balanza de pago y asiste con crédito a sus miembros. Es importante que estas IFR actúen independientemente de las instituciones internacionales para que los proyectos financiados sirvan genuinamente a la gente de América Latina.

12A.14 SCRIPT:
1. Promueve el desarrollo y servicios financieros; 2. Promueve el comercio internacional; 3. Sus préstamos y garantías apoyan la balanza de pagos; 4. Su nombre ha cambiado debido a la expansión de sus actividades; 5. Originalmente, sus actividades se centraron en los países andinos; 6. Asiste con crédito a sus miembros.

12A.14 ¿A qué IFR se refiere? Después de leer el texto, escucha las descripciones e indica a cuál de las tres IFR mencionadas se refiere. Verifica tus respuestas con la clase.

	BLADEX	CAF	FLAR
1.		✓	
2.	✓		
3.			✓
4.		✓	
5.		✓	
6.			✓

Estructuras clave 1   The present subjunctive in noun clauses

WileyPLUS Learning Space

Go to *WileyPLUS Learning Space* and review the tutorial for this grammar point.

WileyPLUS Learning Space

You will find PowerPoint presentations for use with *Estructuras clave* in *WileyPLUS*.

The Spanish subjunctive is a structure that typically presents challenges for native English speakers and you will surely study it more in depth as you continue your Spanish studies beyond the beginning stage. Our primary goal with the subjunctive in *¡Vívelo!* is to help you become familiar with subjunctive forms so that you can better understand the Spanish that you hear and read. The forms of the present subjunctive are not "new" to you. These same basic forms are used to make formal commands. Recall that formal commands are formed by dropping the **–o** off of the *yo* form of the present tense and adding **e/en** for *–ar* verbs and **a/an** for *–er* and *–ir* verbs. The present subjunctive simply extends this pattern to all verb forms.

	Estudiar (estudio)	Conocer (conozco)	Salir (salgo)
Yo	estudie	conozca	salga
Tú	estudies	conozcas	salgas
Él/Ella/Usted	estudie	conozca	salga
Nosotros/as	estudiemos	conozcamos	salgamos
Vosotros/as	estudiéis	conozcáis	salgáis
Ellos/as/Ustedes	estudien	conozcan	salgan

Some important verbs don't follow this pattern and are therefore irregular.

Dar	Estar	Ir	Saber	Ser
dé	esté	vaya	sepa	sea
des	estés	vayas	sepas	seas
dé	esté	vaya	sepa	sea
demos	estemos	vayamos	sepamos	seamos
déis	estéis	vayáis	sepáis	seáis
den	estén	vayan	sepan	sean

haya is the present subjunctive form of **hay**

Understanding the meaning of the verb will go a long way towards helping you understand the overall content of what you hear or read. For example, in the sentence **Quiero que ellas vengan a mi fiesta**, the verb after **que** stems from **venir** (*to come*). Specifically, **vengan** is the same as the affirmative command form for *to come*, as in "*Come here*". In addition, note that the subjects of the two verbs in the sentence are not the same: the subject of **Quiero** is *yo*, and the subject of **vengan** is *ellas*. Once you understand that the second verb stems from the infinitive **venir**, meaning *to come*, then you will be able to successfully comprehend the entire sentence: *I want them to come to my party*. A more literal translation would be *I want that they come to my party*.

To test this strategy, see if you can determine the best response to the following question. Remember to focus on the meaning of the verbs and the change in subjects.

What would a parent say to his/her teenage son with regard to preventing identity theft?

   a. No es importante que destruyas las facturas antes de tirarlas.
   b. Recomiendo que pongas tu documentación personal en un lugar seguro.
   c. Es mejor que no canceles las cuentas inactivas de tarjeta de crédito.
   d. Prefiero que utilices claves sencillas y obvias.

If you selected (b), you are correct! Note the verbs after the **que** in each sentence: **destruyas**, **pongas**, **cancelen**, **utilices**. Did you recognize the meaning of each of these verbs: **destruir** (*to destroy*), **poner** (*to put*), **cancelar** (*to cancel*), **utilizar** (*utilize/use*)? Did you note that all of these verbs are in the *tú* form, while the subject of the first verb is either impersonal (equivalent of *It*) or *yo*? Now read the sentences again with this information in mind. Did your comprehension improve or did you understand just as much the first time around?

Try another example: What would Susana most likely say after she and Luis meet with the bank manager about their car loan (Act. 12A.9)?

   a. Espero que recibamos el préstamo.
   b. No es necesario que paguemos cada mes.
   c. Prefiero que nos cobren intereses altos.
   d. Es importante que no limitemos los otros gastos.

If you selected the correct answer (a), you were able to recognize and understand the subjunctive in Spanish. Note that in a, b and d, the verb after **que** is in the *nosotros* form because Susana is referring to herself and Luis, while in c the second verb is in the *ellos* form because Susana is referring to the people providing the loan.

In the previous examples, the subjunctive appears in a subordinate noun clause introduced by **que**, which corresponds to *that* in English and connects the subordinate clause to the main clause. For the subjunctive to be used in these contexts, the verb in the main clause must express wish/hope [querer, desear, esperar], recommendation /request/preference [recomendar, aconsejar (*to advise*), pedir, preferir], doubt/denial (dudar (*to doubt*), no creer], and impersonal statements of opinion or possibility with **Es** (Es importante, Es necesario, Es mejor, Es posible]. In addition, the subject of the verb in the main clause and the subordinate clause must be different. The most important strategy in decoding sentences with two clauses is to identify the subject of the two clauses and the meaning of their corresponding verbs.

Most first and second year textbooks attempt to teach students how and when to produce the subjunctive, but in reality students need a great deal of proficiency to successfully produce the subjunctive. Instead of spending time learning the grammatical concepts behind the subjunctive use, this book will focus on comprehension of the subjunctive, a much more realistic goal at this early level. Increasing comprehension will lead to more language development, which will increase language proficiency. Again, the goal is not for students to produce the subjunctive spontaneously, but to gain a measure of comfort with it. This will indeed help them as they become reintroduced to the concept in subsequent courses.

12.15 TEACHING TIP:
Orient students by telling them that their task is to understand the subjunctive phrase and choose the answer according to their personal opinion. Remind them that they have already taken the first step with the subjunctive, which is recognition. Follow up by asking students why each statement is logical or illogical.

12A.15 ¿Lógico o ilógico? Lee las siguientes oraciones e indica si son lógicas o ilógicas. Además, subraya el verbo en el subjuntivo y dibuja un círculo alrededor del segundo sujeto. Luego, comenta tus respuestas con la clase.

	Lógico	Ilógico
1. Es probable que (los bancos) le <u>presten</u> dinero a una persona sin trabajo.	☐	☑
2. La policía duda que (el robo de identidad) <u>sea</u> un crimen serio.	☐	☑
3. Los economistas esperan que (la tecnología) <u>faciliten</u> su trabajo.	☑	☐
4. Es bueno que (nosotros) <u>compartamos</u> las contraseñas con otras personas.	☐	☑
5. Es importante que (los padres) les <u>enseñen</u> a sus hijos a manejar dinero.	☑	☐
6. Los expertos aconsejan que (nosotros) <u>guardemos</u> bien los documentos personales.	☑	☐
7. Es irresponsable que (tú) <u>hagas</u> un presupuesto.	☐	☑
8. Es mejor que (Uds.) <u>revisen</u> los estados de cuenta regularmente.	☑	☐

12A.16 TEACHING TIP:
Let students know that although some clauses could have more than one answer, ultimately each subordinate clause (a-h) will fit with one of the main clauses

12A.16 Busca la cláusula lógica. Busca la cláusula subordinada que mejor complete cada oración. Luego, verifica tus respuestas con un/a compañero/a de clase.

____b____ **1.** Para tener seguridad financiera en el futuro, es importante que…

____h____ **2.** Aunque administrar dinero por Internet es muy conveniente, no creo que…

____e____ **3.** Los expertos en seguridad recomiendan que…

____f____ **4.** Para mucha gente, es irresponsable que…

____d____ **5.** Si quieren recibir un préstamo, es mejor que…

____c____ **6.** En general, los padres esperan que…

____a____ **7.** Algunos inmigrantes dudan que…

____g____ **8.** Los economistas prefieren que…

a. la Internet sea un medio seguro para enviar dinero a sus familias.

b. no te endeudes mucho ahora.

c. sus hijos aprendan a gastar dinero responsablemente.

d. tengan un trabajo estable y buen crédito.

e. no usemos la fecha de nacimiento como contraseña.

f. no se paguen las facturas puntualmente.

g. los países cooperen para reducir la desigualdad económica.

h. la gente deje (*stop*) de ir al banco en persona.

12A.17 SCRIPT: 1. ¿Qué le dice un padre a su hija de dieciséis años?; 2. ¿Qué le dice una médica a una mujer que va a tener un bebé?; 3. ¿Qué le dice un agente de viajes a una pareja que va a Uruguay?; 4. ¿Qué le dice una pareja a unos vecinos nuevos?; 5. ¿Qué le dice una profesora a los estudiantes antes del examen final?; 6. ¿Qué le dice un cliente a un mesero en un restaurante?; 7. ¿Qué le dice un consejero a un estudiante universitario que se prepara para su primera entrevista?; 8. ¿Qué le dice una abuela a su nieto de cinco años?

12A.17 ¿Qué dicen estas personas? Escucha las preguntas y para cada situación, indica cuál es la opción más lógica. Luego, compara tus respuestas con las de otros compañeros de clase para determinar cuáles son las respuestas más populares.

1. a. Recomiendo que hables por teléfono celular cuando manejas.
   b. Te pido que vuelvas a casa a las tres de la mañana.
   c. Es necesario que vayas a la escuela todos los días.
   d. Es bueno que salgas con un hombre de 26 años.

2. a. Es bueno que usted fume.
   b. No quiero que usted beba alcohol.
   c. No es importante que usted haga ejercicio.
   d. No recomiendo que usted coma frutas y vegetales.

3. a. Aconsejo que ustedes obtengan el pasaporte lo más pronto posible.
   b. Es lógico que ustedes lleven mucho dinero en efectivo (*cash*).
   c. Espero que ustedes no saquen muchas fotos.
   d. Pido que ustedes no recorran la ciudad de Montevideo.

4. a. Aconsejamos que ustedes organicen muchas fiestas ruidosas (*noisy*).
   b. Esperamos que ustedes vengan a cenar la semana próxima.
   c. No deseamos que sus hijos jueguen con los nuestros.
   d. Es ridículo que ustedes cuiden (*take care of*) el jardín de su casa.

5. a. No es necesario que ustedes estudien el material.
   b. Recomiendo que vayan a muchas fiestas.
   c. Espero que ustedes se pongan nerviosos y ansiosos.
   d. Es mejor que coman bien y que duerman lo suficiente.

6. a. No es importante que usted sirva pronto la comida.
   b. No quiero que usted me traiga un vaso de agua.
   c. Pido que usted me recomiende un plato delicioso.
   d. Es ridículo que usted limpie la mesa.

7. a. Es bueno que usted mienta (*lie*) acerca de su experiencia y sus habilidades.
   b. Recomiendo que usted no haga ninguna pregunta.
   c. Es mejor que usted llegue tarde a la entrevista.
   d. Aconsejo que se ponga un traje para la entrevista.

8. a. Es importante que tú digas la verdad.
   b. Quiero que tú interrumpas a los adultos cuando hablan.
   c. Es bueno que tú mires películas que tengan mucha violencia.
   d. Espero que duermas solamente seis horas cada noche.

12A.18 El presupuesto. Con un/a compañero/a de clase, preparen un presupuesto mensual. Ustedes son compañeros de cuarto y cada uno/a de ustedes recibe $2,000 al mes, así que tienen $4,000 en total. Comenten cuánto dinero van a gastar en las cosas que aparecen en la tabla y la cantidad que cada uno/a va a pagar. ¿Cuáles son los gastos individuales? ¿Cuáles son los gastos que van a compartir? Comparen su presupuesto con el presupuesto de otros grupos. ¿Qué tienen en común?

Categoría	Yo	Mi compañero/a
La vivienda (el apartamento, la casa)		
La comida		
La ropa		
El transporte		
Las facturas (electricidad, agua, etc.)		
Los gastos universitarios (libros, matrícula (*tuition*), etc.)		
El ocio (cine, restaurantes, conciertos, deportes, videojuegos, CD, etc.)		
Suministros (*supplies*) (jabón, champú, detergente, plumas, papel, etc.)		
Total	**/$2,000**	**/$2,000**

Retrato de la clase: En general, los presupuestos de la clase son similares/diferentes. Las categorías en que se gastan más dinero son _____. Las categorías en que se gastan menos dinero son _____. Los gastos que comparten son _____. Los gastos individuales son _____.

12A.19 ¿Qué sabes de las monedas hispanas? Contesta las preguntas y comparte tus respuestas con la clase.

1. ¿Sabes los nombres de algunas monedas (*currencies*) hispanas? ¿Cuáles?

2. ¿Sabes los nombres de monedas de otros países? ¿Cuáles?

3. ¿Has tenido la necesidad de cambiar dinero? ¿Cuáles fueron las circunstancias?

12A.17 TEACHING TIP: Allow students a few minutes to read the options before listening to the questions. Take advantage of all of the input offered through these response options by asking following up questions such as: ¿Por qué es bueno que digas la verdad? ¿Por qué es malo que llegues tarde a una entrevista?, etc. Draw attention to the form of the subjunctive in your questions.

12A.18 TEACHING TIP: Give students time to complete their budget. Ask each group to present their budget. Note which group will spend the most/least on each item. Ask which are the individual/shared expenses. If groups have empty categories, ask them to explain why. If they have miscellaneous expenses, ask them to explain what they are including in that category. When students compared budgets, were budgets similar/different in terms of priorities? Amounts? Selection of individual/shared expenses? Amount each roommate contributed to shared expenses? What are advantages/disadvantages to preparing a budget such as this one? How many students prepare similar budgets for themselves?

WileyPLUS Learning Space
12A.18 INSTRUCTOR'S RESOURCES: You will find a reproducible chart for Activity 12A.18 in your Instructor's Resources.

12A.19 SUGGESTION: This is the pre-reading activity for following Vívelo: Cultura. Have students brainstorm and write their lists on the board.

Las monedas de los países hispanohablantes

Argentina	peso	Honduras	lempira [4]
Bolivia	boliviano	México	peso
Chile	peso	Nicaragua	córdoba oro
Colombia	peso	Panamá	balboa/dólar U.S. [5]
Costa Rica	colón	Paraguay	guaraní [6]
Cuba	peso	Perú	nuevo sol
Ecuador	dólar U.S. [1]	Puerto Rico	dólar U.S. [7]
El Salvador	dólar U.S. [2]	Rep. Dominicana	peso
España	euro	Uruguay	peso
Guatemala	quetzal [3]	Venezuela	bolívar [8] fuerte

[1] Se usa el dólar estadounidense en lugar del sucre desde el año 2000.

[2] Se usa el dólar estadounidense en lugar del colón desde el año 2001.

[3] Es el nombre del ave (*bird*) nacional de Guatemala.

[4] Es el nombre de un héroe indígena.

[5] Se usan el dólar estadounidense y el balboa intercambiablemente y valen igual. Balboa fue el primer europeo en ver el Océano Pacífico.

[6] Es el nombre del grupo indígena principal del país.

[7] Es territorio estadounidense (estado libre asociado).

[8] Es el nombre del líder venezolano de las guerras de independencia.

© Jesse Kraft/Alamy Inc

12A.20 ANSWERS:
1. siete (Argentina, Chile, Colombia, Cuba, México, República Dominicana, Uruguay); 2. cuatro (Ecuador, El Salvador, Panamá, Puerto Rico); 3. el boliviano (Bolivia); 4. España; 5. el nuevo sol (Perú); 6. Costa Rica (colón), Honduras (lempira), Panamá (balboa), Venezuela (bolívar fuerte); 7. el quetzal (Guatemala); 8. el guaraní (Paraguay)

12A.20 Preguntas acerca de las monedas hispanas. Lee la información sobre las monedas hispanas y contesta las preguntas. Verifica las respuestas con la clase.

1. ¿Cuántos países usan el peso?

2. ¿Cuántos países usan el dólar estadounidense?

3. ¿Qué moneda se refiere al nombre del país?

4. ¿Cuál es el único país hispano que usa el euro?

5. ¿Qué moneda se refiere a un cuerpo celestial (*heavenly*)?

6. ¿Qué países tienen monedas que conmemoran a figuras históricas?

7. ¿Qué moneda se refiere a un símbolo nacional del país?

8. ¿Qué moneda celebra una tribu indígena?

¡Conéctate!

¿A cuánto está el dólar? To find out what the exchange rate is for the U.S. dollar and different currencies, google "currency converter" and write down what the dollar is worth in five different Spanish-speaking countries. What would the equivalent of your monthly budget be in each country's currency? Take this a step further by looking at different websites from those countries to determine the cost of things you typically consume. What did you find? Share your thoughts with the class.

12A.21 ¡Enviemos dinero a Nicaragua! Lee el siguiente aviso y contesta las preguntas a continuación. Verifica tus respuestas con un/a compañero/a de clase.

Dinero rápido ▾

| Enviar dinero | Tarifas y tipos de cambio | Puntos de pago | Cómo funciona | Seguridad | Regístrate |

Envíos de dinero con *Dinero rápido*

Rápida transferencia de dinero
¡Regístrate y empieza a enviar dinero en minutos! Solo necesitas el nombre del destinatario y la información de pago.

Envía hasta $3,999 por solo $5,99

Dinero rápido cuando quieras en cualquier lugar, a cualquier hora y en cualquier momento
Ya sea desde tu computadora o desde nuestra aplicación móvil, puedes enviar dinero ¡desde cualquier lugar en el que estés!

Monitorea tus envíos
Monitorear tus envíos nunca había sido tan fácil. Siempre podrás estar al día con actualizaciones[1] por mensajes de texto, notificaciones por email, acceso en línea desde tu computadora, dispositivo móvil, o llamando a nuestro centro de atención al cliente. 24/7.

Re-envíos rápidos
La información de tus envíos queda guardada de forma segura con *Dinero rápido*, lo cual facilita tus operaciones en tu siguiente envío.

[1] actualizaciones = *updates*

1. ¿Hasta cuántos dólares se pueden enviar a Nicaragua?
2. ¿Cuál es la tarifa mínima por enviar dinero allá?
3. ¿Cuáles son las dos maneras de enviar dinero?
4. ¿Cuáles son las cuatro maneras de seguir los envíos?
5. ¿Qué adjetivos se usan para indicar los beneficios de enviar dinero por *Dinero rápido*?

12A.21 TEACHING TIP
You may want to explain to students how important these types of remittances are, not only for the family members who receive them, but also for the national economies of Latin America, especially during difficult economic times.

12A.21 ANSWERS:
1. Hasta $3,999; 2. solo $5.99; 3. Por computadora y por applicación móvil; 4. actualizaciones por mensajes de texto, notificaciones por email, acceso en línea desde computadora o dispositivo móvil, llamar al centro de atención al cliente; 5. rápida (rápidamente), fácil, segura, sencilla.

Vocabulario: Investigación A

Vocabulario esencial

Sustantivos

bancario	*banking*
el/la cajero/a	*teller*
el cajero automático	*automated teller machine*
la cartera	*wallet*
la cuenta bancaria	*bank account*
la cuenta corriente	*checking account*
la cuenta de ahorros	*savings account*
la deuda	*debt*
el estado de cuenta el comprobante	*statement*
la factura	*bill*
financiero	*financial*
los gastos	*expenses*
el/la gerente	*manager*
el/la guardia	*guard*
el informe de crédito	*credit report*
los ingresos	*income*
el ladrón	*thief*
el préstamo	*loan*
el presupuesto	*budget*
el robo de identidad	*identity theft*
la sucursal	*branch (of a bank, business, etc.)*
la tarjeta de crédito	*credit card*
la tarjeta de débito	*debit card*

Verbos

actualizar	*to update*
ahorrar	*to save*
cobrar	*to charge*
comprobar	*to check*
enviar	*to send*
gastar	*to spend*
influir	*to influence*
invertir	*to invest*
manejar	*to manage*
obtener	*to obtain*
pagar en efectivo	*to pay in cash*

Adjetivos y adverbios

mensual	*monthly*
puntualmente	*on time*

Otras palabras y expresiones

abrir cuentas	*to open accounts*
la contraseña	*password*
endeudarse	*to get into debt*
los suministros	*supplies*

Cognados

Review the cognates in *Adelante* and the false cognates in *¡Atención!* For a complete list of cognates, see Appendix 4.

EN DIRECTO

VIDEO: Tecnología y dinero

> **Antes de ver el video.**   Con un/a compañero/a, comparen la importancia de la tecnología en estas actividades para dos grupos: los estudiantes universitarios y los inmigrantes. Usando los números 1-4, ordenen las actividades según su importancia.

¿Qué semejanzas y diferencias observan? Compartan sus respuestas con las de otro grupo y luego con la clase.

	Estudiantes	Inmigrantes
pagar facturas	_____	_____
administrar las cuentas bancarias	_____	_____
pedir préstamos	_____	_____
enviar dinero a otras personas	_____	_____

> **El video.**   Completa cada oración con la palabra correcta del video.

1. Para muchos inmigrantes, la tecnología les facilita el _____ de dinero a sus familiares.

2. Pero, algunos prefieren ir en persona a una tienda y pagar _____ .

3. Mucha gente usa la Internet para _____ dinero de una cuenta bancaria a otra.

4. También se usa la Internet para consultar el _____ de sus cuentas bancarias.

5. A pesar del miedo al _____ de identidad, la tecnología es muy útil para manejar el dinero.

> **Después de ver el video.**   Con tres compañeros, preparen una lista de recomendaciones que pueden usar para enseñarle a un grupo de inmigrantes que no saben mucho de la Internet a estar seguros cuando la usen. Compartan su lista con la clase. Incorporen expresiones como Recomendamos/Aconsejamos/Es importante/Es necesario que Uds. _____ .

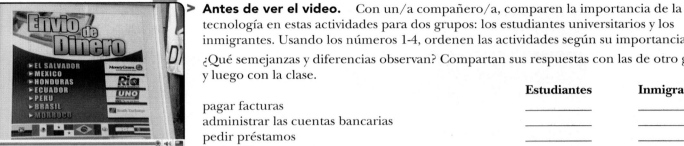

Vocabulario útil

acortar: *to shorten*

suplantar: *to supplant*

denunciar a la
policía: *to report
to the police*

ANSWERS: 1. envío;
2. en efectivo; 3. pasar;
4. estado; 5. robo

EXPANSION: Encourage
students to discuss rea-
sons for the similarities
and differences that
they observed between
the two groups.

INVESTIGACIÓN 12B
¿Qué es la occidentalización?

In this **Investigación,** you will learn:

▶ How to process complex Spanish propositions

▶ How to think critically about globalization

¿Cómo se puede hablar del impacto de la occidentalización en las culturas del mundo?

You can investigate what is meant by westernization of world cultures.

¿Cuáles son las culturas mundiales que influyen a la mayor parte del mundo? ¿Por qué se difunden esas culturas más que otras?

You can talk about various means of communication that unite the world.

¿Tienes acceso a la tecnología inalámbrica? ¿Cuántos aparatos portátiles tienes? ¿Cuál es la mejor forma de difundir información?

You can speculate about the purposes and consequences of the various means of communication.

¿Usas audífonos (*headphones*) para que otras personas no oigan tu música? ¿Te gusta comunicarte por mensajería instantánea cuando tus amigos están en línea? ¿Es necesario controlar el costo de la conexión a la Internet a fin de que todos tengan acceso?

DICHOS

El dinero no da felicidad, pero tampoco es un serio obstáculo.

El mundo es un pañuelo.

Money can't buy happiness, but it can't hurt.

It's a small world

Adelante

¡Ya lo sabes! El acceso y la conectividad

el acceso
la banda
la barrera
la conectividad
configurar
la difusión de información
la diseminación de culturas
la expansión tecnológica
generar

el imperialismo
percibir
permitir
el proceso
el punto de vista
el obstáculo

la rapidez
la sociedad equitativa
sostener
las transmisiones satelitales
el video digital

¡Atención!

el recurso	(not *recourse*) resource
grabar	(not *to grab*) to record

PREPARATION ACTIVITY: Invite students to scan through the two columns highlighting the goals for this *Investigación.* Remind them that there are many cognates that will help them make meaning. Ask them what they think they will be able to do by the end of the chapter.

PRACTICING VOCABULARY: Since these words are cognates, students will have an easier time understanding them. However, in order to make these words a part of their active vocabulary, students need contextual exposure and the chance to manipulate them.

12B.1 **Escoge la palabra correcta.** Escucha las definiciones e indica a qué palabra o expresión de la lista corresponde cada definición. Verifica tus respuestas con la clase.

a. el acceso **e.** la diseminación **i.** el proceso

b. la banda ancha **f.** equitativo **j.** el recurso

c. la barrera **g.** generar **k.** la red

d. configurar **h.** percibir **l.** el satélite

___c___ **1.** ___b___ **4.** ___k___ **7.**

___f___ **2.** ___e___ **5.** ___g___ **8.**

___l___ **3.** ___d___ **6.**

12B.2 **La palabra apropiada.**

Paso 1: Escribe la palabra que corresponde a las oraciones 1–8. Luego, comparte tus respuestas con un/a compañero/a de clase.

conectividad acceso punto de vista generar

proceso difusión imperialismo expansión tecnológica

1. El uso de la Internet ha aumentado notablemente en los últimos años y esta ___expansión tecnológica___ no se limita a los países más avanzados.

2. Muchas personas creen que la globalización representa una nueva forma de ___imperialismo___ porque permite que los países ricos dominen a los países pobres.

3. La evolución de la Internet ha sido un ___proceso___ relativamente rápido que se ha acelerado recientemente.

4. Los comentarios de los economistas acerca de la globalización pueden ___generar___ mucha discusión y controversia.

5. Si no existiera la ___difusión___ de información, sabríamos muy poco sobre las elecciones políticas o los acontecimientos mundiales *(world events)*.

6. La ___conectividad___ a la Internet es cada día más rápida.

7. El ___punto de vista___ de los republicanos es distinto del de los demócratas.

8. En la actualidad *(Nowadays)*, es muy difícil tener un negocio sin ___acceso___ a la Internet.

Paso 2: Ahora, escojan las tres oraciones más significativas para ustedes y compártanlas con la clase para ver cuáles son las más comunes. Apunta las conclusiones generales en tu **Retrato de la clase**.

Retrato de la clase: La mayoría de la clase piensa que las proposiciones _____, _____ y _____ son las más significativas.

12B.3 **¡Adivina!** Con dos compañeros de clase, traten de describir diferentes cognados de la sección *¡Ya lo sabes!*, sin nombrarlos, para que sus compañeros puedan adivinar la palabra. Recuerden usar expresiones como "Es el opuesto de la palabra…", "Es sinónimo de..", "Se asocia con…". ¿Cuántas palabras o frases pudieron adivinar?

12B.1 SCRIPT: 1. Esta palabra es un sinónimo de obstáculo. 2. Este adjetivo se asocia con las palabras igual y justo. 3. Es un vehículo que orbita la Tierra para recoger y transmitir información. 4. Esta expresión se refiere a la capacidad de transmitir información rápidamente por Internet. 5. Esta palabra se refiere a la dispersión o la propagación de información y conocimientos. 6. En el contexto de la tecnología, este verbo significa instalar u organizar. 7. Esta palabra se refiere a una serie de conexiones directas; por ejemplo, entre computadoras. 8. Este verbo significa producir, crear, o dar origen a algo.

12B.2 PASO 1: TEACHING TIP. Encourage students to read through the sentences without referencing the word bank. They should jot down a word/idea/note of what should go in the blank. Then, have them reread the sentences to find the right match.

12B.2 PASO 2: FOLLOW-UP. Explore what the top three most significant propositions in 12B.2 are for the majority of the class. Keep them in mind as the class continues to explore their points of view on technology.

12B.3 TEACHING TIP: Tell students to keep track of the number of words/phrases that they guess correctly. In addition, tell students they have only five minutes (or however long you deem appropriate) to do this activity. At the end, check with groups to see how many they got right.

¿Qué es la occidentalización?

La occidentalización es percibida como un proceso de globalización. En este punto, todos están de acuerdo. La occidentalización ha contribuido al desarrollo del mundo a través del transporte, el comercio, la migración, la difusión de culturas distintas y la diseminación de los conocimientos científicos y tecnológicos más avanzados.

Hay, sin embargo, varias definiciones y puntos de vista sobre la occidentalización. Por una parte, la dominación occidental a veces se percibe como la continuación del imperialismo occidental. En esta visión, el capitalismo contemporáneo, conducido principalmente por Estados Unidos y Europa, establece reglas del comercio y de los negocios que no sirven a los intereses de los países pobres del mundo que no tienen acceso a la tecnología moderna.

Dios bendiga a América, 1940 por Philip Reisman.

Los antiglobalizadores se oponen a las políticas que sostienen un libre mercado porque piensan que generan pobreza, desigualdad *(inequality)*, conflictos sociales, destrucción cultural y daños *(harm)* ecológicos. Para ellos, el sistema de capitalismo occidental conduce a *(leads to)*: una cultura consumidora y materialista, la sustitución de comidas regionales por comida instantánea genérica, el consumo de mini-aparatos de telecomunicaciones, y la imposición de estilos culturales en el cine y la música sobre todas las culturas del mundo.

En fin, es evidente que la occidentalización lleva a una interdependencia y conectividad entre las culturas, el comercio y los mercados del mundo. Esa interdependencia no permite la dominación total de un solo poder económico, pero ¿puede permitir la eliminación de las diferencias culturales del mundo?

12B.4 ¿Cuánto comprendes de la occidentalización? Lee las oraciones y escoge la opción correcta según la información de la lectura. Luego, verifica tus respuestas con la clase.

1. En términos generales, se puede decir que la occidentalización se asocia con el concepto de la **democratización/globalización**.

2. Según una definición, la occidentalización se percibe como la continuación del **imperialismo/militarismo/racismo** occidental.

3. El capitalismo contemporáneo es dirigido por países **desarrollados/en vía de desarrollo**.

4. Los antiglobalizadores se oponen a las políticas que sostienen **el desarrollo económico/el libre mercado/la agricultura industrial** porque piensan que genera pobreza, desigualdad, conflictos sociales, destrucción cultural y daños ecológicos.

5. La influencia de la occidentalización en cuanto al transporte, el comercio, la migración, la difusión de culturas distintas y la diseminación de conocimientos tecnológicos y científicos ha sido **negativa/positiva/tanto positiva como negativa**.

6. Indica cuáles de las seis opciones a continuación son correctas según la lectura. En resumen, los antiglobalizadores creen que el capitalismo lleva a _____.

   (**a.**) una cultura consumidora

   b. mayor migración de regiones rurales a las ciudades

   (**c.**) la sustitución de comidas regionales

   (**d.**) un cine universal

   e. la eliminación de negocios pequeños o familiares

   (**f.**) mayor uso de mini-aparatos de telecomunicaciones

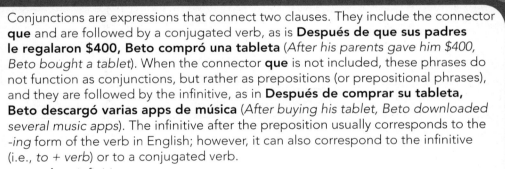

VÍVELO: LENGUA

Using conjunctions and prepositions

Conjunctions are expressions that connect two clauses. They include the connector **que** and are followed by a conjugated verb, as is **Después de que sus padres le regalaron $400, Beto compró una tableta** (*After his parents gave him $400, Beto bought a tablet*). When the connector **que** is not included, these phrases do not function as conjunctions, but rather as prepositions (or prepositional phrases), and they are followed by the infinitive, as in **Después de comprar su tableta, Beto descargó varias apps de música** (*After buying his tablet, Beto downloaded several music apps*). The infinitive after the preposition usually corresponds to the *-ing* form of the verb in English; however, it can also correspond to the infinitive (i.e., *to + verb*) or to a conjugated verb.

antes de + infinitive
Antes de hablar de la occidentalización, se debe hablar de la definición de globalismo.
Before talking about the westernization of world cultures, one should define globalization.

sin + infinitive
No existiría la occidentalización **sin** los avances tecnológicos en medios de comunicación y el enlace de las economías mundiales.
Occidentalization would not exist without the technological advances in means of communication and the links among world economies.

hasta + infinitive
No se reconocieron del todo los enlaces internacionales entre los bancos hasta fines del siglo XX.
The international links between banks were not fully recognized until the end of the 20th Century.

para + infinitive
Para encontrar información acerca de otras culturas, puedes consultar la Internet.
In order to find out information about other cultures, you can search the Internet.

en caso de + infinitive
En caso de perder la tarjeta de crédito, informe inmediatamente a la compañía.
In case you lose your credit card, inform the company immediately.

12B.4 ANSWERS:
1. la globalización;
2. del imperialismo;
3. desarrollados; 4. el libre mercado; 5. positiva;

12B.4 TEACHING TIP: Encourage students to first complete this activity without referencing the reading. Once they have finished, have them go back over it, this time making reference to what they read. Did their answers change? How was the first time different from the second time? As you go over the answers with students, make statements like, *El capitalismo contemporáneo se asocia con Asia, ¿no?* to spark discussion. Ask questions that invite students to give longer answers, such as *¿Qué ejemplos de la globalización occidental conocen?*

12B.4 EXTENSION ACTIVITY: Brainstorm with students additional examples of ways to measure the effects of globalization on mass communities via technology, such as the number and the diversity of foreign languages on a given topic found on a) YouTube, b) Google searches, c) translations provided in Wikipedia, d) video games, etc. To include a variety of sources of data, allow students to explore these venues in addition to or as opposed to just popular movies. The point is to raise students' awareness about the topic of globalization and how it is propelled through technology.

12B.5 **Contesta lógicamente.** En grupos de tres, lean las opciones que aparecen a continuación y resuelvan cualquier duda sobre estructuras o vocabulario entre ustedes (*amongst yourselves*). Luego, trabajando solo/a, escucha las preguntas y escoge la respuesta más apropiada para ti. Después, comparte tus respuestas con tus compañeros.

1. **a.** Apago la computadora.
 b. Me conecto a la Internet.
 c. Salgo para el trabajo.
 d. Me duermo.

2. **a.** Subo el volumen.
 b. Miro la televisión.
 c. Se lo regalo a un amigo.
 d. Me pongo audífonos.

3. **a.** Para mandar y recibir mensajes.
 b. Para lavar la ropa.
 c. Para hacer ejercicio.
 d. Para prepararme un café.

4. **a.** Salgo del aeropuerto y busco un taxi.
 b. Como tranquilamente en un café.
 c. Busco otro vuelo por Internet.
 d. Les envío dinero a mis padres.

12B.6 **¿Qué piensan los jóvenes de la globalización?**

Paso 1: Revisa los resultados de un sondeo acerca la percepción que tienen los jóvenes de varios países acerca de la globalización. Después, contesta las preguntas a continuación y verifica tus respuestas con un/a compañero/a de clase.

Para los jóvenes, la globalización representa...

Fuente: Fondap

una amenaza   una oportunidad

1. ¿Cuáles son los tres países donde los jóvenes tienen la percepción más positiva de la globalización?

2. ¿Cuáles son los tres países donde los jóvenes tienen la percepción más negativa de la globalización?

3. En Estados Unidos, ¿qué porcentaje de los jóvenes piensan que la globalización es una amenaza?, ¿una oportunidad?

4. ¿En qué país se obtuvieron resultados idénticos a los resultados para Estados Unidos?

5. ¿Cuáles son los resultados para México? ¿Para España?

6. En general, ¿los jóvenes del mundo piensan que la globalización representa una amenaza o una oportunidad?

Paso 2: Finalmente, pregúntale a por lo menos la mitad de la clase si piensan que la globalización representa una amenaza (*threat*) o una oportunidad. Apunta tus resultados en tu **Retrato de la clase**.

Retrato de la clase: El _____% de la clase piensa que la globalización representa una amenaza. El _____% de la clase piensa que la globalización representa una oportunidad. El _____% de la clase no tiene opinión o no sabe. Los resultados de la clase son más similares a los resultados de _____ (país).

Palabras clave 1 Conjunciones adverbiales

The following expressions (called conjunctions) allow you to connect different ideas in a single sentence. As you saw in *Vívelo: Lengua*, most conjunctions include the word **que** and introduce a conjugated verb.

Conjunciones de tiempo y causa

antes (de) que *(before)*

Es necesario cargar la computadora antes de que se agote *(dies)* la batería.

cuando *(when)*

Cuando me pagan siempre voy inmediatamente al banco a depositar el cheque.

después de que *(after)*

Después de que Tomás me mandó las fotos, las subí a Facebook.

hasta que *(until)*

Isabel desea un iPhone nuevo, pero va a esperar hasta que baje el precio.

tan pronto como *(as soon as)*

Yo leo las noticias en la Internet tan pronto como llego a mi casa.

en cuanto *(as soon as)*

Respondió al mensaje en cuanto lo recibió.

a fin de que *(in order to)*

El primer ministro de Canadá quiere hablar con los presidentes de todos los países sudamericanos a fin de que se eliminen las barreras al comercio libre.

puesto que *(because/since)*

En las ciudades grandes hay más acceso a la tecnología puesto que existe la infraestructura tecnológica.

porque *(because)*

Ten cuidado con lo que escribes en Twitter porque todo el mundo lo podrá leer.

Conjunciones de condición y propósito

sin que *(without)*

Un iPod no va a funcionar sin que tenga la batería cargada.

para que *(so that)*

Nuestros padres nos compran teléfonos celulares para que estemos comunicados con ellos todo el tiempo.

a menos que *(unless)*

Los precios de los celulares son razonables a menos que tengan muchos accesorios y conexión a la Internet.

con tal (de) que *(provided that)*

Pueden enviar mensajes en clase con tal de que no abusen de este privilegio.

en caso de que *(in case)*

Me voy a llevar la tableta en caso de que tenga que trabajar.

a fin de que *(so that)*

Muchos padres limitan el acceso a dispositivos electrónicos a fin de que sus hijos hagan otras actividades.

a condición de que *(on the condition/provided that)*

Ustedes pueden jugar videojuegos a condición de que terminen la tarea.

WileyPLUS Learning Space

You will find PowerPoint presentations for use with *Palabras clave* in *WileyPLUS Learning Space*.

LEARNING STRATEGIES: Subsequent activities will provide more focused practice around this vocabulary. It is important at this point to have students make a concerted effort to pay attention to the meaning of these conjunctions. These items are typically introduced in text books in the context of grammar explanations. In presenting and practicing them here as vocabulary, our intention is that students become comfortable with their *meaning* before seeing them used in upcoming *Estructuras clave* sections, so that their focus there can be on structure and the use of indicative versus subjunctive without the distraction of figuring out the meaning of individual conjunctions.

RECYCLING: Vocabulary associated with new technologies is recycled here in *Palabras* clave and throughout the chapter.

12B.7 **Categorías de conjunciones.** Categoriza las siguientes conjunciones según su función. Verifica tus respuestas con un/a compañero/a de clase.

a fin de que	para que	cuando
tan pronto como	puesto que	antes de que
en caso de que	con tal de que	después de que
sin que	a menos que	a condición de que
en cuanto	hasta que	

Conjunciones de...			
... tiempo	... condición	... propósito	... causa
tan pronto como, cuando, hasta que, después de que, en cuanto, antes de que;	sin que, con tal de que, en caso de que, a menos que, a condición de que;	para que, a fin de que,	puesto que

12B.8 TEACHING TIP: Point out to students that the statements in 1–8 can be used to support their perspectives if they were to have a debate on the topic of globalization. In this way, you underscore the entire idea behind each statement and not just the correct meaning of the adverbial conjunction.

12B.8 EXPANSION Ask students to explain why they chose one answer or the other.

12B.8 **¿Cuál es la conclusión lógica?** En grupos de tres, escojan la conclusión lógica para las siguientes oraciones. Luego, verifiquen sus respuestas con la clase.

1. Muchos recursos *(resources)* naturales se van a acabar a menos que…

  a. empecemos a protegerlos.
  b. aumentemos el desperdicio *(waste)*.

2. El acceso a la tecnología inalámbrica se debe expandir a fin de…

  a. proveer educación a regiones rurales.
  b. animar el uso de videojuegos violentos.

3. La globalización no avanzará sin que…

  a. todos los países tengan acceso a las nuevas tecnologías.
  b. todo el mundo ignore la tecnología.

4. El gobierno podrá implementar muchos programas a condición de que…

  a. no tenga suficiente dinero.
  b. tenga el apoyo de sus ciudadanos *(citizens)*.

5. La globalización puede ser positiva con tal de que…

  a. se respeten las culturas regionales.
  b. se eliminen las culturas regionales.

6. Se eliminará la pobreza después de que…

  a. todos tengan los mismos derechos.
  b. las empresas controlen la economía del país.

7. Es necesario que los países del mundo cooperen para que…

  a. haya una sola cultura universal.
  b. todos podamos vivir en paz.

8. Tendremos que depender de la Internet hasta que…

  a. se invente un sistema mejor.
  b. todas las computadoras sean obsoletas.

12B.9 **Actitudes y experiencias acerca de la tecnología.** Repasa el significado de las palabras subrayadas. Luego indica si las siguientes declaraciones son ciertas o falsas para ti. Entrevista a un compañero de clase para ver si tienen mucho o poco en común. Comparte tus resultados con la clase. Después, apunta las conclusiones generales en tu **Retrato de la clase**.

Cierto Falso

1. Uso audífonos <u>cuando</u> escucho música.
2. Tengo acceso a tecnología inalámbrica <u>para</u> poder hacer las tareas de mis clases.
3. Uso mi tarjeta de crédito en línea <u>con tal de que</u> el sitio ofrezca una garantía de alta seguridad.
4. Paso más de dos horas diarias en línea <u>puesto que</u> soy adicto/a a los videojuegos.
5. No me opongo a los videojuegos <u>a menos que</u> sean muy violentos.
6. Mis padres tenían muchas reglas acerca del uso de la Internet <u>para que</u> no compráramos cosas en línea.
7. Puedo aprender a usar la tecnología con gran facilidad <u>con tal de que</u> haya un manual de instrucciones.
8. Siempre dejo prendido (*on*) el teléfono <u>en caso de que</u> mi familia me necesite.

Retrato de la clase: La mayoría de la clase… La mayoría de la clase no…

12B.10 **Una charla promocional.** En grupos de tres, preparen una charla promocional (*sales pitch*). Una persona tiene un producto nuevo y quiere convencer a dos representantes de una compañía hispana a que vendan su producto en varios países hispanohablantes. Luego, presenten su charla a la clase para determinar si a ellos les gusta el producto y si creen que va a tener éxito en el mercado hispano.

Preguntas para guiar la preparación de la charla:

- ¿Cuál es el producto? ¿Cómo se llama? ¿Cómo es?
- ¿A qué grupo(s) de consumidores se dirige el producto?
- ¿Cómo se fabrica el producto? ¿Dónde?
- ¿Cuáles son los aspectos positivos del producto? ¿Hay aspectos negativos?
- ¿Por qué es atractivo/apropiado este producto para el mercado hispanohablante?

Otras consideraciones:

- Decidan si es una situación formal o informal.
- No debe ser un monólogo acerca del producto. Los representantes de la compañía necesitan reaccionar, comentar y hacer preguntas, no solamente escuchar.

12B.11 **¿Qué asocian con España?** En grupos de tres, conversen acerca de las ideas, personas o cosas que asocian con la palabra «España» y anoten estas ideas/personas/cosas en un papel en el orden en que se les ocurran. Luego, compartan su lista con la clase.

La «marca España» en un mundo globalizado

Como los demás países, España no debe ni puede permitirse el lujo de quedarse al margen de las nuevas tendencias geopolíticas y económicas que se asocian con la globalización. Las empresas españolas necesitan ampliar sus mercados y seguir vendiendo al extranjero (*abroad*) para mantener su viabilidad. Como consecuencia, es esencial presentar positivamente España al resto del mundo y difundir la «marca España» (ME), especialmente a aquellos países que por su alto poder adquisitivo (*buying power*), numerosa población y rápido crecimiento económico constituyen mercados relevantes para las empresas españolas. Una de las maneras más eficaces de promocionar la ME es resaltar (*highlight*) y difundir el riquísimo patrimonio cultural de España por la Internet y por la diplomacia cultural, la cual toma muchas formas. De esta manera se puede generar un concepto positivo de España y del contexto histórico, geográfico y cultural de donde salen los productos que fabrican y venden sus empresas.

12B.12 ¿Qué aprendieron acerca de la «marca España»? Lee el texto y después, contesta las preguntas siguientes. Verifica tus respuestas con la clase.

1. ¿Qué tendrán que hacer las compañías españolas si quieren competir en el mercado global?

_____

_____

2. ¿Qué cualidades deben tener los países para mantener o aumentar la visibilidad global de España?

países con _____

países con _____

países con _____

3. ¿Cuál es uno de los componentes clave de la «marca España»?

_____

4. ¿Cómo puede difundirse la «marca España»?

_____

_____

Estructuras clave 1 The subjunctive or indicative in adverb clauses

Clauses that describe the conditions, the purpose, the cause, or the timing of an action are called adverb (or adverbial) clauses. Conditional and purpose clauses, introduced with conjunctions like **con tal de que** and **para que**, use subjunctive, and causal clauses, introduced with conjunctions like **puesto que,** use indicative.

Causal clauses

Puesto que estudias mucho, recibirás buenas notas.	*Since you study a lot, you'll get good grades.*
Algunos se oponen a la globalización **porque** les parece una forma de imperialismo.	*Some people are opposed to globalization because it seems like a form of imperialism to them.*

Purpose and condition clauses

Ellos ahorran una parte de su sueldo **para que** no tengan que pedir un préstamo.	*They are saving part of their salary so that they don't have to get a loan.*
La globalización puede ser una cosa beneficiosa **con tal de que** promueva el desarrollo económico de países en vía de desarrollo y no sólo de países desarrollados.	*Globalization can be a beneficial thing as long as it promotes economic growth in developing countries as well as developed countries.*

Conjunctions of time function to either indicate a habitual or past action,

or to indicate a future action. Time clauses are the only adverb clauses that use either the indicative or the subjunctive. What is it about time clauses that dictates the use of subjunctive or indicative? If the clause describes an action or event that has not yet materialized, the verb is in the subjunctive, but if it refers to a habitual or past action, the verb is in the indicative. Look at the following examples.

Paco **se acostó** después de que **terminó** la película. (indicative) *Paco went to bed after the movie ended.*	**Past action:** We know that the action occurred.
Paco **va a acostarse** después de que **termine** la película. (subjunctive) *Paco will go to bed after the movie ends.*	**Future action:** We don't know when the movie will end, or if something else might happen to change Paco's plans.
Ellos siempre **sirven** la comida en cuanto **llegan** los invitados. (indicative) *They always serve the meal as soon as the guests arrive.*	**Habitual, routine action:** We know that they follow a predictable pattern.
Ellos **servirán** la comida en cuanto **lleguen** los invitados. (subjunctive) *They will serve the meal as soon as the guests arrive.*	**Future action:** We do not know when or if the guests will arrive.

WileyPLUS Learning Space
Go to *WileyPLUS Learning Space* and review the tutorial for this grammar point.

WileyPLUS Learning Space

You will find PowerPoint presentations to use with *Estructuras clave* in *WileyPLUS Learning Space.*

ORIENTATION: In exposing students to the subjunctive, *¡Vívelo!* emphasizes: a) the comprehension of complex sentences (propositions with main and subordinate clauses) that contain subjunctive verb forms, and b) how its use, versus the indicative, can change the proposition or intention of a sentence. When beginning students are formally exposed to the subjunctive, they tend to overuse it. Not asking/expecting them to produce the subjunctive forms in spontaneous situations should limit its overuse at this early level.

12B.13 **Clasifiquen las cláusulas.** Escucha las oraciones y en la línea a la izquierda del número de la oración escribe la conjunción que se usa en la oración. Luego clasifica las cláusulas adverbiales. Para los números 1-4, tienes que decidir entre causa o propósito. Para los números 5-8, tienes que decidir entre pasado o futuro. Verifica tus respuestas con la clase.

		Causa	Propósito
_____	**1.**	☑	☐
_____	**2.**	☐	☑
_____	**3.**	☐	☑
_____	**4.**	☑	☐

		Pasado	Futuro
_____	**5.**	☑	☐
_____	**6.**	☐	☑
_____	**7.**	☑	☐
_____	**8.**	☐	☑

12B.14 **Tu perspectiva global.** Lee las siguientes oraciones personales e indica la respuesta que te corresponda. Después comparte tus respuestas con la clase.

1. Estudio español **a fin de**…
   a. hablar con hispanohablantes.
   b. trabajar para una compañía internacional.
   c. estudiar en un país hispanohablante.
   d. apreciar la música y la literatura en español.

2. **Cuando** compro ropa…
   a. busco la ropa más barata sin mirar el país de origen.
   b. prefiero comprar ropa hecha en Estados Unidos.
   c. pienso en las condiciones bajo las cuales se fabricó.
   d. sólo voy a tiendas y sitios Web específicos.

3. Viviré en otro país **con tal que**…
   a. mi esposo/a sea de ese país.
   b. obtenga un buen trabajo.
   c. se hable inglés allí.
   d. cueste menos vivir allí que en Estados Unidos.

4. No viajaría a otro país **sin**
   a. aprender un poco de la lengua.
   b. entender las tradiciones y costumbres locales.
   c. investigar su historia y cultura.
   d. sentirme completamente seguro/a.

5. Me opondré a la globalización **a menos que**…
   a. se protejan los derechos de los trabajadores.
   b. promueva el comercio libre.
   c. no afecte negativamente el medio ambiente.
   d. no lleve a (*lead to*) la uniformidad cultural.

6. **Puesto que** el mundo se vuelve más interconectado…
   a. me mantengo más informado/a de las noticias internacionales.
   b. mi punto de vista se ha ampliado (*expanded*).
   c. puedo acceder a música, películas, etc. de otros países.
   d. tengo ganas de viajar y explorar el mundo.

12B.15 Opiniones acerca de la globalización. Lee las siguientes oraciones y decide si estás, o no, de acuerdo con ellas e intenta explicar tus respuestas. Luego, en grupos de tres o cuatro, compara tus respuestas con las de tus compañeros y escribe los resultados en tu **Retato de la clase**.

	¿Estás de acuerdo?		
	Sí	No	¿Por qué?
1. Es importante promocionar la globalización **sin que** se dañen (*damage*) las economías mundiales.			
2. La globalización puede ser algo positivo **con tal que** se respete la diversidad cultural.			
3. La globalización es mala **porque** desplaza a personas y comunidades.			
4. **Cuando** se consideran las necesidades de la gente, la globalización es útil.			
5. **Antes de que** existiera la Internet, la globalización era imposible.			
6. Apoyo la globalización **a condición de que** se proteja el medio ambiente.			
7. **En cuanto** se incorporen más países al mercado mundial, todos se beneficiarán.			
8. Mucha gente se opone a la globalización **puesto que** le tiene miedo al imperialismo cultural.			

Retrato de la clase: En mi grupo, estamos de acuerdo con que... No estamos de acuerdo con que...

12B.16 ¿Qué opinan acerca de estos países y la Unión Europea? Pregúntales a por lo menos 10 personas (compañeros de clase, amigos, familiares) cuál es su percepción de estos países y la Unión Europea. Comparte tus resultados con la clase.

¿Cuál es su opinión acerca de...

	Muy buena	Buena	Neutra	Mala	Muy mala
Estados Unidos					
España					
Unión Europea					
Japón					
Canadá					
China					
Cuba					

¡Conéctate!
One of the results of globalization is the flow of information across borders due to the Internet. This technology has opened doors which have helped us gain access to various cultural perspectives throughout this course. In order to learn about the different perspectives that exist on globalization in Spanish-speaking cultures, run the search **"globalización"** on YouTube to view a variety of videos on this topic. Some of the videos have running text that may require you to frequently pause in order to get a strong grasp of the messages shared. What did you learn? Were there any new ideas introduced that you had not thought of before? Share your thoughts with the class.

12B.16 ORIENTATION: In order to get opinions from informants other than classmates, you will have to assign this survey as homework. Students may have to ask questions in English, but be prepared to report their results in Spanish. Ask students to record the number of responses for each option.

¿Cómo perciben los latinoamericanos a otros países?

En 2009 la organización Corporación Latinobarómetro hizo un estudio para investigar las actitudes de los latinoamericanos hacia la globalización y las relaciones con otros países del mundo. La tabla a continuación presenta el porcentaje de individuos en cada país que indicaron que tienen una opinión *Buena* o *Muy buena* acerca de seis países diferentes y la Unión Europea.

Tabla N°2 : Buena opinión sobre países y potencias

	EE. UU.	España	U. Europea	Japón	Canadá	China	Cuba	Puntaje total
R.Dominicana	91	83	82	75	63	71	49	514
ElSalvador	89	75	79	72	74	65	54	508
Chile	80	78	72	77	76	72	48	503
Nicaragua	75	68	68	67	61	64	53	456
Venezuela	64	69	62	68	60	67	43	433
Honduras	81	64	65	61	63	57	40	431
Perú	71	64	62	72	55	67	37	428
Latinoamérica	**74**	**65**	**63**	**63**	**58**	**58**	**40**	**421**
Costa Rica	86	61	62	66	61	66	18	420
Brasil	73	63	62	69	61	53	38	419
Bolivia	62	69	59	67	50	61	46	414
Paraguay	64	65	64	63	49	54	51	410
Uruguay	73	68	67	53	57	47	44	409
Guatemala	67	53	59	55	65	52	54	405
Argentina	61	71	64	61	53	54	39	403
Colombia	78	66	60	58	58	53	27	400
Ecuador	73	55	51	52	50	49	40	370
México	67	57	55	56	56	51	26	368
Panamá	83	42	38	34	39	35	21	292

Fuente: Latinobarómetro 2009

12B.17 ANWERS: 1. la República Dominicana (91%); 2. Argentina (61%); 3. la República Dominicana (514); 4. Panamá (292); 5. Costa Rica (68%: 86%-18%); 6. Guatemala (15%: 67%-52%); 7. 34% (74% EE.UU-40% Cuba); 8. Answers will vary.

12B.17 Analicen los datos. Con un compañero/a, lean la tabla y contesten las preguntas. Verifiquen y compartan sus respuestas con la clase.

1. ¿En qué país se observa la mejor opinión de Estados Unidos?
2. ¿En qué país se observa la peor opinión de Estados Unidos?
3. ¿En que país se observan las mejores opiniones en general?
4. ¿En que país se observan las peores opiniones en general?
5. ¿En qué país se observa mayor variación en las opiniones positivas?
6. ¿En qué país se observa menos variación en las opiniones positivas?
7. ¿Cuál es la variación en opiniones positivas para toda Latinoamérica?
8. ¿Cómo se comparan/contrastan las opiniones de sus "informantes" con las de los latinoamericanos?

Estructuras clave 2 The subjunctive or indicative in adjective clauses

As you saw with adverbial clauses, two sentences can be almost identical in word order but the propositions can be entirely different based on whether the verb is in the indicative or the subjunctive. The same is true with adjective clauses.

When the intention of the speaker is to describe a hypothetical (still inexistent) person, place, or object, the subjunctive will be used in the descriptive clause introduced by **que** (called an adjective or adjectival clause because it describes something in the main clause). If the clause introduced by **que** describes something that exists, the indicative is used. Look at the following examples.

Tengo una computadora que tiene dos pantallas.	*I have a computer with two screens.*
Tenía una computadora que tenía dos pantallas.	*I used to have a computer that had two screens.*
Quiero una computadora que tenga dos pantallas.	*I want a computer that has two screens.*

The difference between the three sentences is that the computers in the first two exist (or existed) and are simply being described by the adjective clause, while the computer in the last sentence is a hypothetical one (not yet acquired).

A general rule of thumb is that when an action is hypothesized or a person, object, or place being described is hypothetical, unknown, or unspecified, the verb in the adjective clause will be in the subjunctive.

12B.18 Descripciones hipotéticas. Read the following sentences and match them with their logical endings, keeping in mind that when the verb in one of the clauses is in the subjunctive, something is being hypothesized (either an action or a person, place, or thing). Compara tus respuestas con las de un/a compañero/a.

___h___ **1.** Debemos apoyar al comercio internacional que…

___d___ **2.** Muchas personas se oponen a medidas (*measures*) económicas que…

___b___ **3.** Es importante apoyar programas de desarrollo que…

___e___ **4.** Para tener éxito, las empresas necesitan crear productos que…

___a___ **5.** Mis tíos desean encontrar un teléfono inteligente que…

___c___ **6.** La universidad espera construir más edificios donde…

___f___ **7.** Se deben inventar modos de producción industrial que…

___g___ **8.** Muchos padres piden nuevos aparatos que…

a. saque fotos con buena resolución.

b. no dañen las economías de los países latinoamericanos.

c. haya conexiones inalámbricas.

d. sólo beneficien a los países desarrollados.

e. atraigan a consumidores de muchos países.

f. consuman menos recursos naturales.

g. impidan que sus hijos vean contenido inapropiado.

h. sea justo y equitativo.

WileyPLUS Learning Space
Go to *WileyPLUS Learning Space* and review the tutorial for this grammar point.

WileyPLUS Learning Space

You will find PowerPoint presentations for use with *Estructuras clave* in *WileyPLUS Learning Space*.

ORIENTATION: If students can gain significant comfort with their receptive skills in understanding the subjunctive, they will greatly extend their Spanish. With time, and much practice, they will begin using the subjunctive appropriately themselves. However, it is premature to expect the vast majority of beginning students to use the subjunctive spontaneously with any significant degree of accuracy.

12B.18 EXTENSION ACTIVITY: After going over the answers, have students write their own endings to sentences 1–8. They should use answers a–h as models.

12B.19 TEACHING TIP:
After students have completed their columns, encourage them to move about the room interacting with as many classmates as possible in order to find someone with whom they have the most in common.

12B.19 ¿Qué opinan? Usa la segunda columna para completar las oraciones de acuerdo a tus gustos. Luego, encuentra a un/a compañero/a de clase que tenga las respuestas más parecidas a las tuyas y escribe sus respuestas en la tercera columna y luego en tu **Retrato de la clase.** Sigue el modelo.

	Yo	Mi compañero/a de clase
Vivo en una ciudad que es…	grande	muy grande
Quiero vivir en una ciudad que sea…		
Tengo amigos que son…		
Quiero tener amigos que sean…		
Tengo un celular que puede…		
Deseo tener un celular que pueda…		
Tengo un trabajo que es…		
Deseo encontrar un trabajo que sea…		

Retrato de la clase: Mi compañero/a y yo queremos vivir en una ciudad que sea pequeña con un centro comercial pequeño.

12B.20 TEACHING TIP: You may want to preface this activity by paraphrasing in Spanish what your college/university mission statement says about globalization, internationalization and/or global citizenship. You may also want to prompt students by suggesting possible responses: language requirements, study abroad opportunities, courses in international studies, major in international entrepreneurship, etc. Afterwards, have students post their lists around the classroom so that the class can circulate to look at the lists, then encourage them to discuss what the lists have/don't have in common.

12B.20 Su universidad y la globalización. En grupos de cuatro, preparen una lista de por lo menos cinco cosas que hace o debe hacer su universidad para preparar a los estudiantes para trabajar y vivir en un mundo globalizado. Compartan sus listas con la clase para ver cuáles son las ideas más comunes.

www **¡Conéctate!**

Thanks to technology, it is possible to purchase products from around the world through companies that work directly with artisans and that engage in ethical, responsible and sustainable business practices. Check out the websites of two such fair-trade companies: Tienda Oxfamintermón and AlterNativa3. In addition to exploring the kinds of products they sell, browse the websites to find out more about the companies and the artisans in Spanish-speaking countries that work with them. What products interest you? What did you learn about the concept of fair trade?

12B.21 ¿Cuánto participas tú en la economía global? Indica la frecuencia con la que haces las siguientes actividades relacionadas con la economía global. Comparte tus respuestas con la clase. ¿Cuáles son las maneras más/menos comunes en que la clase participa en la economía global?

	Con frecuencia	A veces	Nunca
Uso productos de compañías multinacionales (p. ej., iPhone, Coca-Cola).			
Voy a empresas multinacionales (p. ej., Starbucks, McDonald's).			
Compro productos de otros países.			
Busco productos de comercio justo (*fair-trade*).			
Presto atención a las noticias acerca de la economía internacional.			
Hablo del estado de la economía internacional en clase/con amigos, etc.			

12B.21 SUGGESTION: This is pre-reading activity for the *Contextos* reading. After polling students for their responses, ask students which are the most/ least common ways that the class participates in the global economy. You can also ask follow-up questions such as ¿Qué productos de compañías multinacionales usas? ¿Qué productos de comercio justo buscas? ¿En qué contextos hablas de la economía internacional?

¿En qué consiste la globalización económica?

Hoy en día, las economías nacionales no viven aisladas (*in isolation*) sino que se ven interconectadas e interdependientes a causa de un proceso que se llama la globalización económica. Este proceso, que según algunos expertos comenzó con la llegada de los europeos a las Américas en 1492, se refiere a la creación de un mercado mundial en que se eliminan todas las barreras arancelarias (*tariff*) para permitir la libre circulación del capital. Es decir, el capital ya no ocupa un lugar determinado y, gracias a la tecnología, puede trasladarse (*transfer*) rápidamente de un lugar a otro. Los principales agentes de la globalización económica son los bancos y las compañías multinacionales.

La globalización económica se basa en la idea de que el comercio mundial debe permitir el uso más eficiente de las capacidades productivas de cada país para que todos salgan beneficiados. De acuerdo

con esta lógica, cada nación exportará los productos que le resultan más competitivos; entonces, podrá usar los ingresos para importar los productos que no puede fabricar a precio bajo. Según algunos, la globalización económica puede traer más prosperidad a todos; según otros, beneficia a los ricos y perjudica a los desfavorecidos. Para estos, algunos países parecen prosperar más que otros porque las reglas generalmente son impuestas por los más ricos y poderosos (*powerful*).

Ya sea para bien o para mal, la globalización económica ha tenido y sigue teniendo un impacto grande en el mundo. Ha cambiado para siempre el terreno de juego (*playing field*) para gobiernos, empresas e inversores (*investors*) y ya no hay vuelta atrás (*there's no going back*).

Belomlinsky/Getty Images

12B.22 TEACHING TIP:
Go over answers to 1-7
with class, then ask pairs
to share and explain their
responses to 8.

12B.22 ANSWERS:
1. relacionadas; 2.
formación; 3. quitan;
4. fácilmente; 5. los
bancos; 6. se beneficien
de; 7. permanentes;
8. Answers will vary.

12B.22 Resumen de la lectura. Después de leer el texto, trabaja con un/a compañero/a para determinar cuál es la opción que mejor complete las oraciones 1-7. Después, comenten la pregunta 8. Comparen sus respuestas con las de otro grupo.

1. Las economías mundiales actuales se encuentran **separadas/relacionadas**.

2. La globalización económica se refiere a la **destrucción/formación** de un mercado mundial.

3. Por medio de la globalización económica, se **quitan/imponen** barreras arancelarias.

4. El capital debe trasladarse por el mundo **fácilmente/restrictivamente**.

5. Uno de los actores más importantes en la globalización económica son los **gobiernos/bancos**.

6. El comercio mundial intenta permitir que los países del mundo **se beneficien de/ignoren** sus capacidades productivas.

7. Los cambios asociados con la globalización económica son **permanentes/transitorios**.

8. ¿Creen que los ricos y poderosos manipulan la economía mundial sólo a beneficio de ellos mismos (*themselves*), o representa este punto de vista una simplificación de una situación muy complicada? Expliquen su respuesta.

Perspectivas

12B.23 SUGGESTION:
Encourage groups to
analyze their responses
in order to arrive at their
general conclusion and
then use their analysis
to justify the conclusion
they chose. Example:
Indicamos "los dos"
para la mayoría de las
opciones, por eso creemos
que la globalización
económica afecta de
manera similar a todos
los países.

12B.23 Las ventajas y las desventajas de la globalización económica. En grupos de tres, indiquen si estas ventajas y desventajas de la globalización económica afectan a los países desarrollados, a los países en vía de desarrollo, o a los dos. Después, indiquen su conclusión general y explíquenla a la clase.

Ventajas	Países desarrollados	Países en vía de desarrollo	Los dos
Se disminuyen los costos de producción y se pueden ofrecer productos a precios más bajos.			
Aumenta la competitividad entre los empresarios (*entrepreneurs*) y se eleva la calidad de los productos.			
Se descubren e implementan mejores tecnologías que ayudan a la producción y a la rapidez de las transacciones económicas.			
Hay mayor acceso a productos que antes no se podían obtener.			

Desventajas	Países desarrollados	Países en vía de desarrollo	Los dos
Hay más desigualdad económica en cada nación porque la globalización beneficia a las empresas grandes y poderosas.			
La globalización causa degradación del medio ambiente por la explotación de los recursos.			
Las empresas locales y nacionales tienen menos oportunidades de competir con las empresas multinacionales.			
Hay pérdida de capitales porque las empresas multinacionales pueden ir a otros países que les ofrezcan mejores ventajas en su producción.			

Conclusión general:

☐ La globalización beneficia a los países desarrollados y perjudica a los países en vía de desarrollo.

☐ La globalización perjudica a los países desarrollados y beneficia a los países en vía de desarrollo.

☐ La globalización afecta de manera similar a los países desarrollados y a los países en vía en desarrollado.

Justifiquen su respuesta:

_____

_____

_____

_____

_____

_____

_____

_____

_____

Vocabulario: Investigación B

Vocabulario esencial

Sustantivos

los audífonos	*headphones*
el comercio justo	*free trade*
el crecimiento	*growth*
el daño	*harm, damage*
la difusión	*dissemination/ spread*
el dispositivo	*device*
la occidentalización	*westernization*
las reglas	*rules*

Conjunciones

a fin de que	*in order to*
a menos que	*unless*
antes (de) que	*before*
con tal (de) que	*provided that*
a condición de que	*on the condition that*
cuando	*when*
después de que	*after*
en caso de que	*in case*
en cuanto	*as soon as*
hasta que	*until*
para que	*so that*
puesto que	*because/since*
sin que	*without*
tan pronto como	*as soon as*

Verbos

ampliar	*to widen/ broaden*
apoyar	*to support*
aumentar	*to grow/ increase*
dañar	*to harm, to hurt*
difundir	*to disseminate/ spread*
oponerse a	*to oppose*
perjudicar	*to harm*
refutar	*to rebut*
superar	*to overcome*
trasladarse	*to transfer*

Otras palabras y expresiones

aislado/a	*isolated*
caritativo/a	*charitable*
al extranjero	*abroad*

Cognados

Review the cognates in *Adelante* and the false cognates in *¡Atención!* For a complete list of cognates, see Appendix 4.

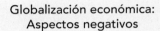

EN VIVO

Debate sobre la globalización económica. La clase se dividirá en dos grupos. Un grupo presentará los aspectos positivos de la globalización económica y el otro grupo presentará los aspectos negativos. Cada grupo se dividirá otra vez para formar dos grupos más pequeños. Durante el debate, un grupo presentará los argumentos a favor de su posición y el otro presentará argumentos que refutan (*rebut*) los argumentos iniciales del grupo opuesto. Al final, tendrán la oportunidad de resumir (*summarize*) los argumentos a favor y en contra de la globalización económica y la clase votará para determinar cuáles fueron los argumentos más convincentes.

Globalización económica: Aspectos positivos	Globalización económica: Aspectos negativos

Apoyemos el comercio justo. Un aspecto de importancia creciente en la globalización de la economía, es la internacionalización del comercio con base en las prácticas del comercio justo. Trabajas en una agencia no-gubernamental, y te han pedido que escribas un editorial que anime a los consumidores de habla hispana a apoyar a las empresas que vendan productos del comercio justo. ¿Qué argumentos vas a usar para persuadir a los lectores de que los productos del comercio justo son medios importantes de empoderamiento de artesanos/agricultores, en países en vías de desarrollo, a la vez que reducen las desigualdades económicas?

Paso 1: Haz una tormenta de ideas, para crear una lista de los beneficios económicos, sociales y culturales del comercio justo para artesanos y/o agricultores. ¿De qué manera el comercio justo promueve la sustentabilidad y reduce las desigualdades económicas? ¿De qué manera los consumidores se benefician de la compra de productos del comercio justo? También, piensa en cualquiera de los aspectos negativos del comercio justo, y qué se puede hacer para reducirlos o eliminarlos.

Paso 2: Escribe tu primer borrador.

Paso 3: Revisa tu primer borrador para asegurarte de que has presentado argumentos convincentes con detalles que los apoyen. Pregúntate si te persuadirías con tus argumentos. Incorpora más argumentos o detalles según sea necesario, para fortalecer tu caso.

Paso 4: Mira la organización de tu editorial. ¿Es coherente? ¿Fluye? Si no, haz los cambios necesarios.

Paso 5: Ahora que el contenido y la estructura de tu editorial son sólidos, revisa tu borrador enfocándote en la forma y en la exactitud. Haz las correcciones necesarias y escribe el borrador final de tu editorial.

Regular Verbs: Simple Tenses

Infinitive / Present Participle / Past Participle	Indicative					Subjunctive		Imperative (commands)
	Present	Imperfect	Preterit	Future	Conditional	Present	Imperfect	
hablar *to speak* hablando hablado	hablo hablas habla hablamos habláis hablan	hablaba hablabas hablaba hablábamos hablabais hablaban	hablé hablaste habló hablamos hablasteis hablaron	hablaré hablarás hablará hablaremos hablaréis hablarán	hablaría hablarías hablaría hablaríamos hablaríais hablarían	hable hables hable hablemos habléis hablen	hablara hablaras hablara habláramos hablarais hablaran	habla/ no hables hable hablemos hablad/ no habléis hablen
comer *to eat* comiendo comido	como comes come comemos coméis comen	comía comías comía comíamos comíais comían	comí comiste comió comimos comisteis comieron	comeré comerás comerá comeremos comeréis comerán	comería comerías comería comeríamos comeríais comerían	coma comas coma comamos comáis coman	comiera comieras comiera comiéramos comierais comieran	come/ no comas coma comamos comed/ no comáis coman
vivir *to live* viviendo vivido	vivo vives vive vivimos vivís viven	vivía vivías vivía vivíamos vivíais vivían	viví viviste vivió vivimos vivisteis vivieron	viviré vivirás vivirá viviremos viviréis vivirán	viviría vivirías viviría viviríamos viviríais vivirían	viva vivas viva vivamos viváis vivan	viviera vivieras viva viviéramos vivierais vivieran	vive/ no vivas viva vivamos vivid/ no viváis vivan

Indicative				Subjunctive	
Present Perfect	Past Perfect	Future Perfect	Conditional Perfect	Present Perfect	Past Perfect
he has ha hemos habéis han	había habías había habíamos habíais habían	habré habrás habrá habremos habréis habrán	hanbría habrías habría habríamos habríais habrían	haya hayas haya hayamos hayáis hayan	hubiera hubieras hubiera hubiéramos hubierais hubieran
hablado comido vivido	hablado comido vivido	hablado comido vivido	hablado comido vivido	hablado comido vivido	hablado comido vivido

Stem-changing -ar and -er Verbs: e → ie; o → ue:

Infinitive / Present Participle / Past Participle	Indicative Present	Indicative Imperfect	Indicative Preterit	Indicative Future	Indicative Conditional	Subjunctive Present	Subjunctive Imperfect	Imperative (commands)
pensar (ie) *to think*	pienso	pensaba	pensé	pensaré	pensaría	**piense**	pensara	
pensando	**piensas**	pensabas	pensaste	pensarás	pensarías	**pienses**	pensaras	piensa/ no pienses
pensado	**piensa**	pensaba	pensó	pensará	pensaría	**piense**	pensara	piense
	pensamos	pensábamos	pensamos	pensaremos	pensaríamos	pensemos	pensáramos	pensemos
	pensáis	pensabais	pensasteis	pensaréis	pensaríais	penséis	pensarais	pensad/ no penséis
	piensan	pensaban	pensaron	pensarán	pensarían	**piensen**	pensaran	piensen
volver (ue) *to return*	**vuelvo**	volvía	volví	volveré	volvería	**vuelva**	volviera	
volviendo vuelto	**vuelves**	volvías	volviste	volverás	volverías	**vuelvas**	volvieras	vuelve/ no vuelvas
(irreg.)	**vuelve**	volvía	volvió	volverá	volvería	**vuelva**	volviera	vuelva
	volvemos	volvíamos	volvimos	volveremos	volveríamos	volvamos	volviéramos	volvamos
	volvéis	volvíais	volvisteis	volveréis	volveríais	volváis	volvierais	volved/ no volváis
	vuelven	volvían	volvieron	volverán	volverían	**vuelvan**	volvieran	vuelvan

Other verbs of this type are:

e → ie: cerrar, despertarse, empezar, entender, nevar, pensar, perder, preferir, querer, recomendar, regar, sentarse

o → ue: acordarse de, acostarse, almorzar, costar, encontrar, jugar, mostrar, poder, recordar, resolver, sonar, volar, volver

Stem-changing -ir Verbs: e → ie, i; e → i, i; e → ue, u

Infinitive / Present Participle / Past Participle	Indicative Present	Indicative Imperfect	Indicative Preterit	Indicative Future	Indicative Conditional	Subjunctive Present	Subjunctive Imperfect	Imperative (commands)
sentir (ie, i) *to feel, to regret*	**siento**	sentía	sentí	sentiré	sentiría	**sienta**	sintiera	
sintiendo sentido	**sientes**	sentías	sentiste	sentirás	sentirías	**sientas**	sintieras	**siente**/ no sientas
	siente	sentía	**sintió**	sentirá	sentiría	**sienta**	sintiera	**sienta**
	sentimos	sentíamos	sentimos	sentiremos	sentiríamos	**sintamos**	sintiéramos	**sintamos**
	sentís	sentíais	sentisteis	sentiréis	sentiríais	**sintáis**	sintierais	sentid/ no sintáis
	sienten	sentían	**sintieron**	sentirán	sentirían	**sientan**	sintieran	**sientan**
pedir (i, i) *to ask (for)*	**pido**	pedía	pedí	pediré	pediría	**pida**	pidiera	
pidiendo	**pides**	pedías	pediste	pedirás	pedirías	**pidas**	pidieras	**pide**/ no **pidas**
pedido	**pide**	pedía	**pidió**	pedirá	pediría	**pida**	pidiera	**pida**
	pedimos	pedíamos	pedimos	pediremos	pediríamos	**pidamos**	pidiéramos	**pidamos**
	pedís	pedíais	pedisteis	pediréis	pediríais	**pidáis**	pidierais	pedid/ no **pidáis**
	piden	pedían	**pidieron**	pedirán	pedirían	**pidan**	pidieran	**pidan**

Stem-changing -ir Verbs: e → ie; i; e → i, i; e → ue, u (continued)

Infinitive Present Participle Past Participle	Indicative					Subjunctive		Imperative (commmands)
	Present	Imperfect	Preterit	Future	Conditional	Present	Imperfect	
dormir (ue, u) *to sleep* **durmiendo** dormido	**duermo** **duermes** **duerme** dormimos dormís **duermen**	dormía dormías dormía dormíamos dormíais dormían	dormí dormiste **durmió** dormimos dormisteis **durmieron**	dormiré dormirás dormirá dormiremos dormiréis dormirán	dormiría dormirías dormiría dormiríamos dormiríais dormirían	**duerma** **duermas** **duerma** **durmamos** **durmáis** **duerman**	**durmiera** **durmieras** **durmiera** **durmiéramos** **durmierais** **durmieran**	**duerme**/ no **duermas** **duerma** **durmamos** dormid/ no **durmáis** **duerman**

Other verbs of this type are:

e → ie, i: divertirse, invertir, preferir, sentirse, sugerir

e → i, i: conseguir, despedirse de, reírse, repetir, seguir, servir, vestirse

e → ue, u: morir(se)

Verbs with Spelling Changes

Infinitive Present Participle Past Participle	Indicative					Subjunctive		Imperative (commmands)
	Present	Imperfect	Preterit	Future	Conditional	Present	Imperfect	

1. c → qu: tocar (model); buscar, explicar, pescar, sacar

tocar *to play (musical instr.)*, *to touch* tocando tocado	toco tocas toca tocamos tocáis tocan	tocaba tocabas tocaba tocábamos tocabais tocaban	**toqué** tocaste tocó tocamos tocasteis tocaron	tocaré tocarás tocará tocaremos tocaréis tocarán	tocaría tocarías tocaría tocaríamos tocaríais tocarían	**toque** **toques** **toque** **toquemos** **toquéis** **toquen**	tocara tocaras tocara tocáramos tocarais tocaran	toca/ no **toques** **toque** **toquemos** tocad/ no **toquéis** **toquen**

2. z → c: abrazar; Also almorzar, cruzar, empezar (ie)

abrazar *to hug* abrazando abrazado	abrazo abrazas abraza abrazamos abrazáis abrazan	abrazaba abrazabas abrazaba abrazábamos abrazabais abrazaban	**abracé** abrazaste abrazó abrazamos abrazasteis abrazaron	abrazaré abrazarás abrazará abrazaremos abrazaréis abrazarán	abrazaría abrazarías abrazaría abrazaríamos abrazaríais abrazarían	**abrace** **abraces** **abrace** **abracemos** **abracéis** **abracen**	abrazara abrazaras abrazara abrazáramos abrazarais abrazaran	abraza/ no **abraces** **abrace** **abracemos** abrazad/ no **abracéis** **abracen**

3. g → gu: pagar; Also apagar, jugar (ue), llegar

Infinitive / Participles	Present	Imperfect	Preterite	Future	Conditional	Present Subjunctive	Imperfect Subjunctive	Commands
pagar *to pay (for)*	pago	pagaba	**pagué**	pagaré	pagaría	**pague**	pagara	
pagando	pagas	pagabas	pagaste	pagarás	pagarías	**pagues**	pagaras	paga/ no **pagues**
pagado	paga	pagaba	pagó	pagará	pagaría	**pague**	pagara	**pague**
	pagamos	pagábamos	pagamos	pagaremos	pagaríamos	**paguemos**	pagáramos	**paguemos**
	pagáis	pagabais	pagasteis	pagaréis	pagaríais	**paguéis**	pagarais	pagad/ no **paguéis**
	pagan	pagaban	pagaron	pagarán	pagarían	**paguen**	pagaran	**paguen**

4. gu → g: seguir (i, i); Also conseguir

Infinitive / Participles	Present	Imperfect	Preterite	Future	Conditional	Present Subjunctive	Imperfect Subjunctive	Commands
seguir (i, i) *to follow*	**sigo**	seguía	seguí	seguiré	seguiría	**siga**	siguiera	
siguiendo	sigues	seguías	seguiste	seguirás	seguirías	**sigas**	siguieras	sigue/ no **sigas**
seguido	sigue	seguía	siguió	seguirá	seguiría	**siga**	siguiera	**siga**
	seguimos	seguíamos	seguimos	seguiremos	seguiríamos	**sigamos**	siguiéramos	**sigamos**
	seguís	seguíais	seguisteis	seguiréis	seguiríais	**sigáis**	siguierais	seguid/ no **sigáis**
	siguen	seguían	siguieron	seguirán	seguirían	**sigan**	siguieran	**sigan**

5. g → j: recoger; Also escoger, proteger

Infinitive / Participles	Present	Imperfect	Preterite	Future	Conditional	Present Subjunctive	Imperfect Subjunctive	Commands
recoger *to pick up*	**recojo**	recogía	recogí	recogeré	recogería	**recoja**	recogiera	
recogiendo	recoges	recogías	recogiste	recogerás	recogerías	**recojas**	recogieras	recoge/ no **recojas**
recogido	recoge	recogía	recogió	recogerá	recogería	**recoja**	recogiera	**recoja**
	recogemos	recogíamos	recogimos	recogeremos	recogeríamos	**recojamos**	recogiéramos	**recojamos**
	recogéis	recogíais	recogisteis	recogeréis	recogeríais	**recojáis**	recogierais	recoged/ no **recojáis**
	recogen	recogían	recogieron	recogerán	recogerían	**recojan**	recogieran	**recojan**

6. i → y: leer; Also caer, oír. Verbs with additional i → y changes (see below): construir; Also destruir

Infinitive / Participles	Present	Imperfect	Preterite	Future	Conditional	Present Subjunctive	Imperfect Subjunctive	Commands
leer *to read*	leo	leía	leí	leeré	leería	lea	**leyera**	
leyendo	lees	leías	leíste	leerás	leerías	leas	**leyeras**	lee/ no leas
leído	lee	leía	**leyó**	leerá	leería	lea	**leyera**	lea
	leemos	leíamos	leímos	leeremos	leeríamos	leamos	**leyéramos**	leamos
	leéis	leíais	leísteis	leeréis	leeríais	leáis	**leyerais**	leed/ no leáis
	leen	leían	**leyeron**	leerán	leerían	lean	**leyeran**	lean
construir *to construct, to build*	**construyo**	construía	construí	construiré	construiría	**construya**	**construyera**	**construye**/ no **construyas**
construyendo	**construyes**	construías	construiste	construirás	construirías	**construyas**	**construyeras**	**construyas**
construido	**construye**	construía	**construyó**	construirá	construiría	**construya**	**construyera**	**construyan**
	construimos	construíamos	construimos	construiremos	construiríamos	**construyamos**	**construyéramos**	**construyamos**
	construís	construíais	construisteis	construiréis	construiríais	**construyáis**	**construyerais**	construid/ no **construyáis**
	construyen	construían	**construyeron**	construirán	construirían	**construyan**	**construyeran**	**construya**

Irregular Verbs

Infinitive Present Participle Past Participle	Indicative						Subjunctive		Imperative (commands)
	Present	Imperfect	Preterit	Future	Conditional		Present	Imperfect	

Infinitive Present Participle Past Participle	Present	Imperfect	Preterit	Future	Conditional	Present	Imperfect	Imperative (commands)
caer *to fall* **cayendo** caído	**caigo** caes cae caemos caéis caen	caía caías caía caíamos caíais caían	caí caíste **cayó** caímos caísteis **cayeron**	caeré caerás caerá caeremos caeréis caerán	caería caerías caería caeríamos caeríais caerían	caiga caigas caiga caigamos caigáis caigan	cayera cayeras cayera cayéramos cayerais cayeran	cae/ no caigas caiga caigamos caed/ no caigáis caigan
conocer *to know, to be acquainted with* conociendo conocido	conozco conoces conoce conocemos conocéis conocen	conocía conocías conocía conocíamos conocíais conocían	conocí conociste conoció conocimos conocisteis conocieron	conoceré conocerás conocerá conoceremos conoceréis conocerán	conocería conocerías conocería conoceríamos conoceríais conocerían	conozca conozcas conozca conozcamos conozcáis conozcan	conociera conocieras conociera conociéramos conocierais conocieran	conoce/ no conozcas conozca conozcamos conoced/ no conozcáis conozcan
conducir *to drive* conduciendo conducido	conduzco conduces conduce conducimos conducís conducen	conducía conducías conducía conducíamos conducíais conducían	**conduje** **condujiste** **condujo** **condujimos** **condujisteis** **condujeron**	conduciré conducirás conducirá conduciremos conduciréis conducirán	conduciría conducirías conduciría conduciríamos conduciríais conducirían	conduzca conduzcas conduzca conduzcamos conduzcáis conduzcan	condujera condujeras condujera condujéramos condujerais condujeran	conduce/ no conduzcas conduzca conduzcamos conducid/ no conduzcáis conduzcan
dar *to give* dando dado	**doy** das da damos dais dan	daba dabas daba dábamos dabais daban	**di** **diste** **dio** **dimos** **disteis** dieron	daré darás dará daremos daréis darán	daría darías daría daríamos daríais darían	dé des dé demos deis den	diera dieras diera diéramos dierais dieran	da/ no des dé demos dad/ no déis den
decir *to say, to tell* **diciendo** dicho	**digo** **dices** **dice** decimos decís **dicen**	decía decías decía decíamos decíais decían	**dije** **dijiste** **dijo** **dijimos** **dijisteis** **dijeron**	**diré** **dirás** **dirá** **diremos** **diréis** **dirán**	**diría** **dirías** **diría** **diríamos** **diríais** **dirían**	diga digas diga digamos digáis digan	dijera dijeras dijera dijéramos dijerais dijeran	di/ no digas diga digamos decid/ no digáis digan

Irregular Verbs (continued)

Infinitive / Participles	Present	Imperfect	Preterite	Future	Conditional	Present Subjunctive	Imperfect Subjunctive	Commands
estar *to be* estando estado	estoy estás está estamos estáis están	estaba estabas estaba estábamos estabais estaban	estuve estuviste estuvo estuvimos estuvisteis estuvieron	estaré estarás estará estaremos estaréis estarán	estaría estarías estaría estaríamos estaríais estarían	esté estés esté estemos estéis estén	estuviera estuvieras estuviera estuviéramos estuvierais estuvieran	estés/ no estés esté estemos estad/ no estéis estén
haber *to have* habiendo habido	he has ha hemos habéis han	había habías había habíamos habíais habían	hube hubiste hubo hubimos hubisteis hubieron	habré habrás habrá habremos habréis habrán	habría habrías habría habríamos habríais habrían	haya hayas haya hayamos hayáis hayan	hubiera hubieras hubiera hubiéramos hubierais hubieran	
hacer *to do,* *to make* haciendo hecho	hago haces hace hacemos hacéis hacen	hacía hacías hacía hacíamos hacíais hacían	hice hiciste hizo hicimos hicisteis hicieron	haré harás hará haremos haréis harán	haría harías haría haríamos haríais harían	haga hagas haga hagamos hagáis hagan	hiciera hicieras hiciera hiciéramos hicierais hicieran	haz/ no hagas haga hagamos haced/ no hagáis
ir *to go* yendo ido	voy vas va vamos vais van	iba ibas iba íbamos ibais iban	fui fuiste fue fuimos fuisteis fueron	iré irás irá iremos iréis irán	iría irías iría iríamos iríais irían	vaya vayas vaya vayamos vayáis vayan	fuera fueras fuera fuéramos fuerais fueran	ve/ no vayas vaya vayamos id/ no vayáis vayan
oír *to hear* oyendo oído	oigo oyes oye oímos oís oyen	oía oías oía oíamos oíais oían	oí oíste oyó oímos oísteis oyeron	oiré oirás oirá oiremos oiréis oirán	oiría oirías oiría oiríamos oiríais oirían	oiga oigas oiga oigamos oigáis oigan	oyera oyeras oyera oyéramos oyerais oyeran	oye/ no oigas oiga oigamos oíd/ no oigáis oigan

Infinitive Present Participle Past Participle	Indicative Present	Indicative Imperfect	Indicative Preterit	Indicative Future	Indicative Conditional	Subjunctive Present	Subjunctive Imperfect	Imperative (commands)
poder (ue) *to be able, can* podiendo podido	puedo puedes puede podemos podéis pueden	podía podías podía podíamos podíais podían	pude pudiste pudo pudimos pudisteis pudieron	podré podrás podrá podremos podréis podrán	podría podrías podría podríamos podríais podrían	pueda puedas pueda podamos podás puedan	pudiera pudieras pudiera pudiéramos pudierais pudieran	
poner *to put, to place* poniendo **puesto**	**pongo** pones pone ponemos ponéis ponen	ponía ponías ponía poníamos poníais ponían	puse pusiste puso pusimos pusisteis pusieron	pondré pondrás pondrá pondremos pondréis pondrán	pondría pondrías pondría pondríamos pondríais pondrían	ponga pongas ponga pongamos pongás pongan	pusiera pusieras pusiera pusiéramos pusierais pusieran	**pon**/ no pongas ponga pongamos poned/ no pongáis pongan
querer (ie) *to wish, to want, to love* queriendo querido	**quiero** quieres quiere queremos queréis quieren	quería querías quería queríamos queríais querían	quise quisiste quiso quisimos quisisteis quisieron	querré querrás querrá querremos querréis querrán	querría querrías querría querríamos querríais querrían	quiera quieras quiera queramos querás quieran	quisiera quisieras quisiera quisiéramos quisierais quisieran	quiere/ no quieras quiera queramos quered/ no queráis quieran
saber *to know* sabiendo sabido	**sé** sabes sabe sabemos sabéis saben	sabía sabías sabía sabíamos sabíais sabían	supe supiste supo supimos supisteis supieron	sabré sabrás sabrá sabremos sabréis sabrán	sabría sabrías sabría sabríamos sabríais sabrían	**sepa** **sepas** **sepa** **sepamos** **sepáis** **sepan**	supiera supieras supiera supiéramos supierais supieran	sabe/ no sepas sepa sepamos sabed/ no sepáis sepan
salir *to leave, to go out* saliendo salido	**salgo** sales sale salimos salís salen	salía salías salía salíamos salíais salían	salí saliste salió salimos salisteis salieron	saldré saldrás saldrá saldremos saldréis saldrán	saldría saldrías saldría saldríamos saldríais saldrían	salga salgas salga salgamos salgáis salgan	saliera salieras saliera saliéramos salierais salieran	sal/ no salgas salga salgamos salid/ no salgáis

Irregular Verbs (continued)

Infinitive	Present	Imperfect	Preterite	Future	Conditional	Present Subjunctive	Imperfect Subjunctive	Commands
ser *to be* **siendo** sido	soy eres es somos sois son	era eras era éramos erais eran	fui fuiste fue fuimos fuisteis fueron	seré serás será seremos seréis serán	sería serías sería seríamos seríais serían	sea seas sea **seamos** **seáis** sean	fuera fueras fuera fuéramos fuerais fueran	**sé**/ no seas sea seamos sed/ no seáis sean
tener *to have* teniendo tenido	**tengo** **tienes** **tiene** tenemos tenéis **tienen**	tenía tenías tenía teníamos teníais tenían	**tuve** **tuviste** **tuvo** **tuvimos** **tuvisteis** **tuvieron**	**tendré** **tendrás** **tendrá** **tendremos** **tendréis** **tendrán**	**tendría** **tendrías** **tendría** **tendríamos** **tendríais** **tendrían**	tenga tengas tenga tengamos tengáis tengan	tuviera tuvieras tuviera tuviéramos tuviérais tuvieran	**ten**/ no tengas tenga tengamos tened/ no tengáis tengan
traer *to bring* **trayendo** traído	**traigo** traes trae traemos traéis traen	traía traías traía traíamos traíais traían	**traje** **trajiste** **trajo** **trajimos** **trajisteis** **trajeron**	traeré traerás traerá traeremos traeréis traerán	traería traerías traería traeríamos traeríais traerían	traiga traigas traiga traigamos traigáis traigan	trajera trajeras trajera trajéramos trajerais trajeran	trae/ no traigas traiga traigamos traed/ no traigáis traigan
venir *to come* **viniendo** venido (also **prevenir**)	**vengo** **vienes** **viene** venimos venís **vienen**	venía venías venía veníamos veníais venían	**vine** **viniste** **vino** **vinimos** **vinisteis** **vinieron**	**vendré** **vendrás** **vendrá** **vendremos** **vendréis** **vendrán**	**vendría** **vendrías** **vendría** **vendríamos** **vendríais** **vendrían**	venga vengas venga vengamos vengáis vengan	viniera vinieras viniera viniéramos vinierais vinieran	**ven**/ no vengas venga vengamos venid/ no vengáis vengan
ver *to see* **viendo** **visto**	veo ves ve vemos veis ven	**veía** **veías** **veía** **veíamos** **veíais** **veían**	**vi** viste **vio** vimos visteis vieron	veré verás verá veremos veréis verán	vería verías vería veríamos veríais verían	vea veas vea veamos veáis vean	viera vieras viera viéramos vierais vieran	ve/ no veas vea veamos ved/ no veáis vean

A

a condición de que on the condition that 12B
a continuación following 2B
a cuadros checkered/plaid 5B
a fin de que in order to 12B
a la derecha de to the right of 3A
a la izquierda de to the left of 3A
a la vez at the same time
a menos que unless 12B
a menudo often
antes de (que) before 12B
a partir de from; starting from
a menudo often
a pesar de in spite of 1B, 5A
a propósito incidentally
a rayas striped 5B
a su vez in turn
a través de through
a veces sometimes 3B
a ver let's see
abierto/a open 3A
abogado/a m/f lawyer 3B
abrazar to hug 5B
abrigo coat 5B
abril April 3B
abrir to open 1B
abrir cuentas to open accounts 12A
abuelo/a m/f grandfather/ grandmother 1B
aburrido/a bored; boring 4A
aburrir to bore 10A
acabar to end, finish
acabar de + infinitive just + verb 7B, 11B
académico/a academic 2A
aceite m oil
acercarse to approach; to get closer 9B
aconsejar to advise 10A
acontecimiento m event
acordarse to remember 9B
acostado/a lying down 7A
acostarse to go to bed; to lie down
actuación f performance 9B
actual current 3B
actualizar to update 12A
adecuado/a sufficient 10B
adelantado/a ahead, advanced, fast (clock) 11A
además also, in addition 2B
adentro indoors; inside 11B
adiós goodbye Pre
adivinar to guess
administración de empresas f business 2B
adolescente m/f teenager 11B
adolorido/a in pain 10A

adquirir to acquire 3A
advertencia f warning 11B
aeropuerto m airport 11A
afectivo/a emotional 11B
afeitarse to shave oneself 5B
aficionado/a m/f fan 4A
afuera outdoors; outside 11B
agarrar to grab
agente de viajes m/f travel agent 11A
agosto August 3B
agricultor/a m/f farmer 3A
agua f water 3B
aguacate m avocado 5A
águila f eagle 9A
ahora now
ahora mismo right now 2A
ahorrar to save 11B
aislado/a isolated 12B
aislamiento m isolation 11B
ajedrez m chess 4B
al aire libre outdoors 4A
al azar in random order
al contrario on the contrary
al extranjero/en el extranjero abroad 12B
al fondo in the background; at the bottom
al igual que just like; just as
al lado de next to 3A
al menos at least
al mismo tiempo at the same time
alacena f cupboard 6A
alboroto m commotion 9A
alcanzar to reach
alegre happy 4A
alemán/a German
alfombra f carpet 6A
algodón m cotton 5B
alguno/a some, any
alimento m food 5A
alma f soul
almacén m store 3A
almorzar to have lunch 3B, 5A
almuerzo m lunch 5A
alquilar to rent 6A
alrededor around
alterar to upset, disturb; to alter 10B
alto/a tall 7A
alumno/a m/f student 1B
amar to love
amargado/a bitter 7A
amarillo yellow 5B
ambiental environmental 10B
ambos both 1B
amigo/a m/f friend 1A
amistad f friendship 8B
amor m love 1A

ampliar to widen, to broaden 12B
amplio/a wide, extense 7A
ancho/a wide 5B
anciano old 7A
andar to walk
andar adelantado to be fast (a clock or watch) 11A
andar atrasado to be slow (a clock or watch) 11A
andar bien/mal to do well/bad; to work/not work properly 11B
andar en bicicleta to go bike riding 1A
andino Andean 8B
anfitrión/a m/f host 7A
anillo m ring 5B
anotar to take down, write a note 1A
añadir to add 5A
año m year 3B
Año Nuevo m New Year 8B
anteojos m pl glasses 5B
antepasados m pl ancestors 8B
anterior previous
antes before 1B
antes de (que) before 6A
antiguo/a old
apagar turn off 1B
aparato m device 6A, 11B
aparato fijo m fixture 6A
aparecer to appear 9A
apellido m last name Pre
aperitivo m appetizer 5A
apoyar to support 9B, 12B
aprender to learn 1B
aprendizaje m learning
apretado/a tight fitting 5B
apretón de manos m handshake 6B
aprobar to approve
aquí here 1A
árbol m tree
archivo m file 11B
arete m earring 5B
argamasa m mortar 6A
armario m closet 6A
arrebatar to seize 11A
arriba de above
arroz m rice 5A
asegurarse to make sure
así que so/ so that
asiento m seat 2A
asignatura f academic subject 2B
asistir to attend 4A
asunto m issue 10B
atender tp attend to 6B
atletismo m track and field 4B
atraer to attract 4A
atrasado/a behind, slow (clock) 11A

audífonos *m pl* headphones 12B
aumentar to increase 3B; to grow 12B
aunque even though 5A
autobús *m* bus 3A
autopista *f* highway 11A
autorretrato self-portrait 7A
avanzado advanced 2A
avanzar to advance 3A
averiguar to find out
avión *m* airplane 11A
avisar to inform 11B
ayuda *f* help
ayudar to help 1B
azúcar *m* sugar 5A
azul blue 5B

B

bacalao *m* cod fish 5A
bachillerato *m* high school; secondary school 1B
bailar to dance 1A
baile dance 4A
bajo/a short 7A
balón *m* ball 4B
banco *m* bank 3A, 12A; bench
bancario/a banking 12A
bañarse to bathe
bañera *f* bathtub 6A
baño *m* bathroom 6A
barato/a cheap 4A
barba *f* beard 7A
barco *m* boat 11A
barrer to sweep 6A
barrio *m* neighborhood
basura *f* garbage 10B
batallar to battle 9B
batir to beat, to whisk 5A
bautismo *m* baptism 8B
bebé *m/f* baby
beber to drink 1A
bebida *f* drink 5A
béisbol *m* baseball 1A
belleza *f* beauty 5B
besar to kiss 5B
beso *m* kiss
biblioteca *f* library 2A
bicicleta *f* bycicle
bien educado well mannered
bienes raíces *m pl* real estate 6A
bienvenido/a welcome Pre
bigote *m* moustache 7A
biocombustible *m* biofuel 11A
bisnieto/a *m* great grandchild 1B
bistec *m* beef steak 5A
blanco white 5B
blando/a soft
boca *f* mouth 7A
boda *f* wedding 1B, 8B
bodega *f* corner store 3A

boleto/billete *m* ticket 11A
bolsa *f* handbag 5B
bolsillo *m* pocket 9B
bonito/a pretty
bordado embroidery 5B
borrar to erase 11B
bosque *m* forest 3B
botón *m* button
botones *m* bellhop 3A
brazo *m* arm 7A
breve brief
brincar to jump 7B
bucear to scuba dive 4B
buceo *m* scuba diving 4B
buen good 1A
buen gusto *m* good taste
buen provecho enjoy your meal 5A
buenas noches good night Pre
buenas notas good grades
buenas tardes good afternoon Pre
bueno/a good 1B
buenos días good morning, good day Pre
buenos modales *m pl* good manners 1B
bufanda *f* scarf 5B
burlarse to make fun of 5B
buscar un trabajo to look for a job 6B
búsqueda *f* search 6B

C

caballo *m* horse
cabello *m* hair 7A
cabeza *f* head 7A
cada each 3B
cadera *f* hip 7A
caerse to fall down 5B
caja *f* box 8B
cajero/a *m/f* teller 12A
cajero automático *m* automated teller machine 12A
calavera *f* skull 8B
calcetines *m pl* socks 5B
calentar to heat up 5A
calendario *m* calendar 2A
calidad *f* quality 6B
cálido/a warm 6B
caliente hot 5A
calle *f* street 3A
calvo bald 7A
cama *f* bed 6A
camarero/a *m/f* waiter/waitress 3A, 5A
camarón *m* shrimp 5A
cambiar to change
cambio *m* change
caminar to walk 1A, 11A
camino *m* path 9A
camión *m* truck 11A
camisa *f* shirt 5B

camiseta *f* t-shirt 5B
campaña *f* campaign 9B
campeón/a *m/f* champion 4B
campesino/a *m/f* peasant 10B
campo *m* field
campo *m* countryside 4A
campo de béisbol *m* baseball field 4B
caña de azúcar *f* sugar cane 11A
cancha *f* court, field (sports) 4B
canción *f* song
canoso/a gray haired 7A
cansado/a tired 3A
cantante *m/f* singer 3B
cantar to sing 1A
capa de ozono ozone layer 10B
cara *f* face 7A
carecer to lack 7B
cargar to carry; to charge (e.g. battery)
cariño *m* affection 1A
caritativo/a charitable 12B
carne *f* meat 5A
caro/a expensive 4A
carpeta *m* binder 1B
carrera *f* career; course of study 4A
carretera *f* road 11A
carro *m* car
carta *f* letter
cartera *f* wallet 12A
cartera/bolsa *f* handbag 5B
cartero/a *m/f* mail carrier 3A
casa *f* house
casado/a married 1B
casarse to marry 9A
castaño brown hair 7A
catarro *m* cold (the illness) 10A
caza *f* hunting 4B
cebolla *f* onion 5A
cejas *f pl* eyebrows 7A
célebre famous 7B
cena *f* dinner 5A
cenar to have dinner 5A
centro comercial *m* shopping mall 3A
cerca close
cercano close 1B
cereal *m* cereal 5A
cerrar to close
cerveza *f* beer 5A
cesto *m* basket 9B
chaqueta *f* jacket 5B
charlar to chat, to talk 11B
chico/a *m/f* guy/gal 1B
chifa *m* Peruvian-Chinese food 8A
chuleta de puerco/cerdo *f* pork chop 5A
cielo *m* the sky; heaven 9A
ciencias sociales *f pl* social science 3A

ciertos certain
cine *m* cinema 4A
cintura *f* waist 7A
cinturón *m* belt 5B
cita *f* appointment 6B
ciudad *f* city
ciudadano/a *m/f* citizen 12B
claro/a clear
cláusula *f* clause
cliente *m/f* client 5A
clóset *m* closet 6A
cobarde *m* coward
cobrar to charge 6B, 12A
coche *m* car
cocina *f* kitchen 6A
cocinar to cook 1A
cocinero/a *m/f* cook 3A
codicioso/a greedy 9B
código postal *m* zip code Pre
codo *m* elbow 7A
colegio *m* high school 2A
colgar to hang 6A
collar *m* necklace 5B
colocar to place
combatir to fight 1B
combustible *m* fuel 11A
comedor *m* dining room 6A
comenzar to start 2B
comer to eat 1A
comercio justo *m* fair trade 12B
cómico/a funny 1A
comida *f* food 5A
comida casera *f* home-cooked food 5A
comida rápida *f* fast food 5A
comienzo *m* start 9B
cómo how, what (interrogative) Pre
como like, as 1B
cómoda *f* dresser, commode 6A
comodidad *f* comfort
cómodo/a comfortable 7A
compañero/a de clase *m/f* classmate 2A
compañero/a de cuarto *m/f* roommate
compartir to share
competir to compete 4B
complaciente satisfying, pleasing; pleasurable 7A
componer to compose; to repair
comportamiento *m* behavior 6B
comportar to behave 6B
comprar to buy 3B
comprobar to verify 12A
comprometido/a engaged, commited 1B
compromiso *m* engagement 8A; commitment, obligation 2B
computadora *f* computer
con base en based on 2A
con frecuencia frequently

con permiso excuse me
con tal (de) que provided that 12B
condimentos *m pl* condiments 5A
conducir to drive 11A
conducta *f* behavior, conduct 6B
congestionado/a congested 10A
conjunto *m* set 4A
conmigo with me 6B, 8A
conocer to know (be familiar with) 4A
conocido/a (familiar) known 1B
conocimiento *m* knowledge
conquistar to conquer 9B
conseguir to obtain 3B
consejo *m* advice 4A
construir to build 4A
consultorio *m* (doctor's) office
contabilidad *f* accounting 2B
contador/a *m/f* accountant 3A
contaminación *f* pollution 10B
contar to count 9A
contento happy
contestar to answer
contra against
contraseña *f* password 11B
contribuir to contribute 4A
convencer to convince 10A
conveniente appropriate; suitable
conversar to chat; to converse 2A
convertir to convert
convertirse to become
copa *f* glass of wine 5A
copiar to copy 2A
corazón *m* heart 10A
corbata *f* tie 5B
corredor *m* hallway 6A
correo *m* mail 3A
correo electrónico *m* email 11B
correr to run, to go running 1A
cortar to cut 5A
corte *f* court (of law) 3A
cortina *f* curtain 6A
corto/a short 7A
cosa *f* thing 1A
cosecha *f* harvest 8B
costoso expensive 4A
costumbre *f* custom 5B, 8B
cotidiano/a common; ordinary 7A
crecer to grow 3B
crecimiento *m* growth 12B
creer to believe
crucero *m* cruise ship 11A
crucigrama *m* crossword puzzle
cuaderno *m* notebook 1B
cuadro *m* painting 6A
cuál/es which (interrog) Pre
cualquier whichever 6B, 10A
cualquiera anyone
cuando when 6B, 12B
cuándo when (interrogative)
cuánto/a/os/as how much/ many Pre

Cuaresma *f* Lent 8B
cuarto (time) *m* quarter 2B
cuarto *m* room 6A
cuarto/a fourth
cubiertos *m pl* utensils, silverware 5A
cubrir to cover
cuchara *f* spoon 5A
cuchillo *m* knife 5A
cuello *m* neck 7A
cuenta *f* check 5A
cuenta bancaria *f* bank account 12A
cuenta corriente *f* checking account 12A
cuenta de ahorros *f* savings account 12A
cuento *m* story
cuero *m* leather 5B
cuerpo *m* body 7A, 10A
cuestionar to question
cuidado *m* caution 1A
cuidar to take care of (someone) 1B
cultivar to grow 9A
cumbia *f* Cumbia music 8A
cumpleaños *m* birthday 1B, 8B
cuñado/a *m/f* brother/sister-in-law 1B
curandero/a healer 10A
currículum *m* resume 6B
cuyo/a whose 5A

D

dado *m* (for board games) die
dañar to damage; to hurt/harm 12B
daño *m* harm, damage 12B
dar to give 4A
datos *m pl* facts, data
de from; of Pre
de acuerdo a according to 6A
de dónde from where (interrogative) Pre
de esta manera in this way
de estatura mediana average height 7A
de hecho in fact
de igual manera likewise
de la misma manera in the same way
de memoria by heart 9B
de moda in style 5B
debajo de below
deber + *infinitive* should + infinitive
debido a due to
débil weak 9B, 10A
décimo tenth
decir to say, to tell 4A
declaración *f* statement 3B
dedicarse a to dedicate oneself to something (esp. professionally) 6B
dedo *m* finger 7A

dejar to leave 5A

dejar de + infinitive to stop (doing something) 7B

dejar la propina to leave a tip 5A

dejar que to allow 11B

delante de in front of 3A

deletrear to spell 1A

delgado/a slender 7A

delito m crime 3A

demasiado too; too much

demorar(se) to delay; to become delayed 11A

demostrar to demonstrate; to prove 9B

dentro de inside 3A

dependiente/a m/f clerk 3A

deporte m sport 1A

deportivo sports related 4B

depositar to deposit 12A

deprimido/a depressed 10A

derecho m law; right 2B

derechos humanos m pl human rigths 9B, 10B

desafiar to challange, to defy 10B

desagüe m drain 6A

desarrollar to develop 9A

desarrollo infantil m child development 2B

desayunar to have breakfast 5A

desayuno m breakfast 5A

descansar to rest 4A

descargar to download; to unload 11B

descifrar to decipher

desconocido/a unknown 9B

descubrir to discover 2A

desde from, since 4A, 6B

desear to wish 2A

desfile m parade 8B

desfile de modas m fashion show 5B

desgracia f misfortune, tragedy 7B

despacho m office, study 6A

despedir a to dismiss, to fire 6B

despedirse to say goodbye 5B

desperdiciar to waste 10B

desperdicio m waste 12B

despertador m alarm clock 6A

desplazar to diplace 11A

después after

después de (que) after 6A, 12B

destruir to destroy 4A

desvelarse to stay awake 8B

desventaja f disadvantage 10B

desviar to deviate 11A

detrás behind 3A

deuda f debt 12A

día del santo m Saint's day 8B

día feriado m holiday 8B

diario m daily newspaper 3A

diario/a daily 6B

días de la semana m pl days of the week 2B

dibujar to draw 1A

dibujo m drawing

diciembre December 3B

dictadura f dictatorship 3A

dientes m pl teeth 10A

diferente different 2A

difundir to disseminate, to spread 12B

difunto/a m/f dead person; deceased 1B

difusión f dissemination, spread 12B

dinero m money

dios/a m/f god/goddess 9A

dirigir(se) to direct; to head for 7B, 11A

discoteca night club 4A

discurso m speech; discourse

diseñador/a m/f designer 5B

diseñar design 3A

disfraz m costume 8B

disfrutar to enjoy 4A

dispositivo m mechanism, device 12B

distinto/a different 3B

diversión f fun 4A

divertir to entertain 4A

divertirse to have fun 4A

divorciado/a divorced 1B

documental f documentary 4A

documentar to document 3A

doler to hurt/ache 10A

dolor m pain 10A

dolor de cabeza m headache 10A

dolor de espalda m backache 10A

dolor de estómago m stomach ache 10A

dolor de garganta m sore throat 10A

domingo Sunday 2B

dónde where (interrogative) Pre

dormir to sleep 3B

dormirse to fall asleep 5B

dormitorio m bedroom 2A

ducha f shower 6A

ducharse to shower oneself 5B

dueño/a m/f owner 3A

dulces m sweets 8B

durar to last 2B

E

edad f age

edificio m building 2A

educativo educational 2B

efectivo cash (money) 11B

efecto effect 10A

eficaz effective 9B

egoísta selfish 7B

ejemplo m example

ejercicio m exercise

electrodomésticos m pl appliances 6A

elegir to choose

elegir to choose, to elect 9B

embarazada pregnant 7B

emocionante exciting

emparejar to match

empequeñecer to reduce; to shrink 11A

empezar to start

empresa company 6B

empujar to push

en in; on Pre

en cambio on the other hand 2B

en caso de que in case 12B

en contraste on the other hand

en cuanto as soon as 6A, 12B

en efectivo in cash 11B

en eso in that respect

en este momento at this moment 2A

en este punto on this point 12B

enfrente de across from, facing 3A

en línea online 12B

en lugar de instead of

en negrita bold font type

en otras palabras in other words

en punto on the dot; o'clock 2B

en realidad actually

enamorado/a in love; lover

enamorarse to fall in love

enano/a m/f dwarf 1A

encantado/a delighted to meet you Pre

encantador/a enchanting 7A

encender to turn on

encima on top of

encimera f counter top 6A

encontrar to find 4A

encontrarse to find oneself 10B

encuesta f survey, questionnaire 1A

endeudarse to get into debt 12A

enero January 3B

enfatizar to emphasize

enfermedad f illness 3A, 10A

enfermería f nursing 2B

enfermero/a m/f nurse 3A

enfermo/a sick 3A

enfocarse to focus 12A

enfoque m focus

enfrentar to face, to confront 7B

enfrente in front

enojado/a upset, angry 4A

ensalada f salad 5A

ensayo m rehearsal; essay

enseñar to teach 3A

entender to understand

entendimiento m understanding 9A

entonces then

entrada *f* ticket 4A
entre between 3A
entregar to hand in
entretener to entertain
entretenimiento *m* entertainment 4A
entrevista *f* interview 6B
enunciado *m* statement
enviar to send 11B
equipaje *m* luggage 11A
equipo *m* team 4B
equitación *f* horseback riding 4B
Érase una vez… Once upon a time… 9B
es decir that is to say
es más moreover; in addition
escalera *f* stairwell 6A
escasez *f* scarcity 10B
esclavitud *f* slavery 8A, 9B
escoba *f* broom 6A
escoger to choose
escribir to write 1A
escritor/a *m/f* writer 1B
escritorio *m* desk 6A
escritura writing
escuchar to listen to, to hear 1A
escuela preparatoria *f* high school 1B
escuela primaria *f* elementary school 1B
escuela secundaria *f* junior high 1B
escultura *f* sculpture 9A
esencialmente essentially 2B
esforzarse to make an effort 11B
esfuerzo *m* effort 11B
espacio *m* space 1A
espalda *f* back 7A
espantapájaros *m* scarecrow 9B
espantoso/a scary 7A
especialización specialty 2A
espectáculo *m* show
espejo *m* mirror 6A
espera wait 7B
esperar to wait 11B
esposo/a *m/f* husband/wife 1B
esquina *f* corner
estación *f* season 3B
estación de autobuses *f* bus station 11A
estado *m* state
estado de cuenta *m* (bank/credit card) statement 12A
estadounidense U.S. citizen 1A
estampado *m* print 5B
estante *m* shelf 6A
estar to be
estar de buen/mal humor to be in a good/bad mood
estar enamorado/a to be in love
estatura *f* height 7A

este… uh…/um…
estirar to stretch
estómago *m* stomach 10A
estrecho/a narrow 5B
estrella *f* star
estudiante *m/f* student 2A
estudiar to study 2A, 11B
estufa *f* stove 6A
examen *m* test
exigente demanding
exiliarse to go into exile 9B
éxito *m* success 9B
explicación *f* explanation
explorar to explore 2A
expuesto/a exposed 11B
extender to extend
extranjero/a *m/f* foreigner

F

facciones *f pl* features 12A
fácil easy
factura *f* bill 12A
facturar (el equipaje) to check in (luggage) 11A
facultad *f*
falda *f* skirt 5B
falta *f* lack of
familia anfitriona *f* host family 2A
familiar family related
febrero February 3B
fecha *f* date 3B
feliz happy
feo/a ugly 4A
feria *f* fair
ferrocarril *m* train, railroad 11A
festejar to celebrate; to party 4A, 8B
fiebre *f* fever 10A
fiesta *f* party 1B
fin de semana *m* weekend 2B
finalmente finally
financiero/a financial 12A
fino/a fine, thin (hair) 7A
firma *f* signature
firmar to sign 1A
flor *f* flower 6A
fondo *m* bottom; depth
franela *f* flannel 5B
frecuentemente frequently 2A
fregadero *m* sink 6A
freír to fry 5A
frente *f* forehead 7A
fresa *f* strawberry 5A
frijoles *m pl* beans 5A
frijoles verdes *m pl* green beans 5A
frío *m* cold 3B
fruta *f* fruit 5A
fuente *f* fountain 6A
fuera de outside of 3A
fuerte strong 3B

fuerza *f* strength, power 3B
fuerzas armadas *f pl* armed forces 2B
fumar to smoke
funcionamiento *m* operation 11A
fundar to found 9B
fútbol *m* soccer 1A

G

gafas *f pl* eyeglasses, sunglasses 5B
galleta *f* cookie 10A
ganar to win; to earn 4A
ganarse la vida to earn a living 6B
garganta *f* throat 10A
gastar to spend 12A
gasto *m* expense 12A
gente *f* people 1A
geografía *f* geography 3B
gerente *m/f* manager 3A
gerente de la sucursal *m/f* branch manager 12A
gesto *m* gesture 1A
gobierno *m* government
gordo/a fat 7A
gorra *f* cap 5B
grabadora *f* recorder 3A
grabar to record 4A, 11B
gramática *f* grammar
gran big, great
gran almacén *m* department store 12A
grande big
granito *m* granite 6A
gratis free
gripe *f* flu/influenza 10A
gris gray 5B
gritar to scream 4A
grueso/a thick 7A
guante *m* glove 5B
guapo/a good-looking
guardar to keep 6A
guardar cama to rest in bed 10A
guardar to put away 6A
guardia *m/f* guard 12A
guerra *f* war 7B
guía *m/f* guide 2B, 10B
guisantes *m pl* peas 5A
gusto *m* liking, taste 5A

H

hablar to speak, to talk 1A
hacer to do 3A
hacer escala to make a stop (at an airport) 11A
hacer falta to need 11B
hacer fila to wait in line 11A
hacer la tarea to do homework
hacer las maletas to pack the bags 11A

hacer negocios to do business 6B
hacer planes make plans 6B
hacer preguntas ask questions
hacer una cita make an appointment 6B
hacia towards
hambre *f* hunger
hamburguesa *f* hamburger 1A
hasta until 12B
hasta luego see you later Pre
hasta mañana see you tomorrow Pre
hasta pronto see you soon Pre
hay there is/there are 2A
hay que + *infinitive* to have to
helado *m* ice cream 5A
heredar to inherit 12A
herencia *f* heritage 8A
herida *f* wound 7B
hermanastro/a *m/f* stepbrother/stepsister 1B
hermano/a *m/f* brother/sister 1B
hervir to boil 5A
hielo *m* ice 5A
hierbas *f* herbs 10A
hijastro/a *m/f* stepchild 1B
hijo/a *m/f* son/daughter 1B
hijo/a del medio *m/f* middle child 1B
hijo/a único/a *m/f* only child 1B
himno nacional *m* national anthem
hispanohablante *m/f* Spanish-speaker
historia *f* story; history
hogar *m* home 6A
hoja de papel *f* sheet of paper
hojalata *f* tin 9B
hola hi Pre
hombre *m* man 1A
hombro *m* shoulder 7A
hora *f* time 2B
hora del día *f* time of day 2B
horario *m* schedule 2B
horno *m* oven 6A
horno (de) microondas *m* microwave oven 5A
huella digital *f* fingerprint 12A
hueso *m* bone 10A
huevo *m* egg 5A
humilde humble 1A
hundir to dunk; to sink 7B

I

ida y vuelta roundtrip 11A
idioma *m* language 2B
iglesia *f* church 3A
igual equal
igualitario/a egalitarian 10B
igualmente likewise Pre
ilimitado/a unlimited 10B

impermeable *m* raincoat 5B
implicar to entail
impresionar to impress 10A
impresora *f* printer 11B
impuestos *m pl* taxes 12A
inalámbrico/a wireless 11A
incluso even with; including
incomodidad *f* discomfort 7B
incorporarse to join 7B
inculcar instill 1B
indígena indigenous; Native American
infantil children's
influir to influence 12A
informática *f* computer science 2B
informe de crédito *m* credit report 12A
ingeniería *f* engineering 2B
ingreso *m* income 11A
inmigración *f* immigration 8A
innovador/a innovative 2A
inodoro *m* toilet 6A
instalación fija *f* fixture 6A
intercambiar to exchange 6A
intercambio *m* exchange 2A
interesar to interest 10A
intereses *m pl* interests
interminable never-ending 11A
intervenir to intervene 7B
introducir to introduce, insert
inútil useless
invertir to invest 12A
invierno *m* winter 3B
invitado/a *m/f* guest 12B
involucrar to involve
ir to go 4A
ir a pie to go by foot 11A
ir de compras to go shopping 4A
izquierda *f* left

J

jabón *m* soap
jamás never
jarabe *m* syrup 10A
jardín *m* garden 6A
jardinería *f* gardening 6A
jarra *f* pitcher 5A
jefe/a *m/f* boss; chief 6B
joven *m/f* young person 1B
joven young 7A
joya *f* jewel 3A
joyero/a *m/f* jeweler 3A
judías verdes *f* green beans 5A
juego de mesa *m* borad game
jueves Thursday 2B
jugador/a *m/f* player 4B
jugar to play (sports, games) 1A
jugo *m* juice 5A
juguete *m* toy 8B

juicio *m* trail 3A, 9B
julio July 3B
junio June 3B
juntos together
juventud *f* youth 4A

L

labio *m* lip 7A
lacio/a straight (hair) 7A
ladrillo *m* brick 6A
ladrón/a *m/f* thief 12A
lago *m* lake 3B
lana *f* wool 5B
lápiz *m* pencil 2A
largo/a long 7A
lastimarse to get hurt/injured 10A
lata *f* can 5A
lavadora *f* washing machine 6A
lavamanos *m* bathroom sink 6A
lavaplatos *m* dishwasher 6A
lavar to wash 6A
leche *f* milk 5A
lechuga *f* lettuce 5A
lectura *f* reading 4A
leer to read 4A
legado *m* legacy 9B
legumbres *f pl* legumes 5A
lejano/a faraway, far
lejos de far from 3A
leña *f* wood (for a fire) 5B
lengua *f* language
lentes *m pl* eyeglasses 5B
lento/a slow
letra *f* letter
levantamiento *m* uprising 12B
levantar to raise
levantar la mano raise your hand 2A
levantar pesas to lift weights 1A , 4B
levantarse to get up 5B
ley *f* law
libro *m* book
ligero/a light 5A
limpiar to clean 6A
listo/a (with estar) ready; (with ser) clever, smart
llamar to call 1A
llanos *m pl* plains 3B
llave *f* key
llegada *f* arrival 9A
lleno full 11A
llevar to wear; to take; to carry 5B
llevar a to take to, to lead to 11A
llevarse bien/mal to get along/not get along 4A; 12A
llorar to cry 4A
llover to rain 3B
lluvia *f* rain 3B
lograr to achieve; to be able to
luchar to fight for something 10B
luego then; after

M

lugar *m* place 2A
lugar de nacimiento *m* place of birth 1B
lujo *m* luxury
luna moon
lunes Monday 2B
luz *f* light 1B

madera *f* wood 6A
madrastra *f* stepmother 1B
madre *f* mother 1B
madrina *f* godmother 1B
maestría *f* master's degree 2A
maestro/a *m/f* teacher 3A
maíz *m* corn 5A
mal poorly, not well Pre
mal educado/a having bad manners 6B
maleta *f* suitcase 3A, 11A
malo/a bad
mandar to send 1A
mandato *m* command
manejar to drive (a vehicle) 1A, 11A
manejar to manage 12A
manera *f* way 1A, 6B
mano *f* hand 7A
mantener to maintain 3A
mantequilla *f* butter 5A
manzana *f* apple 5A
mañana tomorrow 2A
mañana *f* morning 2B
mapa *m* map 2A
mar *m* sea 1A
marca *f* brand
marcador *m* marker 2A
marcar to dial (telephone); to mark 11B
mareado/a dizzy 10A
marido *m* husband 1B
mariscos *m* *pl* seafood 5A
mármol *m* marble 6A
marrón brown 5B
martes Tuesday 2B
marzo March 3B
más more
más allá beyond 1A
más de more than 3B
más de/más que more than
más tarde later
masa de agua *f* body of water 3B
máscara *f* mask 8B
mascota *f* pet 1A
materia *f* school subject; matter
matrimonio *m* marriage 1B
mayo May 3B
mayor older 1B
me llamo … my name is … Pre
medianoche *f* midnight 2B
mediante through 1B

médico/a *m/f* doctor
medida *f* measure 12A
medio/a half 2B
medio ambiente *m* environment 9B, 10B
medio hermano/a *m/f* half brother/ half sister 1B
mediodía *m* noon 2B
mejilla *f* cheek 7A
mejor better; best
mejor dicho better said; that is to say 12B
memoria *f* memory
menor younger; youngest 1B
menos de less than 3B
menos de/menos que less/fewer than
mensaje *m* message 1A
mensual monthly 12A
mente *f* mind
mentir to lie
mercadeo *m* marketing 2B
mercancía *f* merchandise 6B
merendar to have a snack 5A
merengue *m* Merengue music 8A
merienda *f* afternoon snack 5A
mes del año *m* month of the year 3B
mesa *f* table 1B
meseta *f* plateau 3B
meta *f* goal
meter to put, place inside 12A
mezcla *f* mix, blend 8A
mezclar to mix 5A
microondas *m* microwave 6A
miedo *m* fear 3A
miembro/a *m/f* member 1B
mientras (que) while
miércoles Wednesday 2B
mirada *f* look 11A
mirar to watch, to look at 1A
mismo/a same
mitad *f* half
mito *m* myth 9B
mochila *f* backpack 2A
moda *f* fashion 5B
modelo *m/f* model
molestar to bother 4A
montaña *f* mountain 3B
montar to mount; to upload, post (a file) 11B
montar a caballo to ride horses 4B
montar en bicicleta to ride a bike 11A
morado/a purple 5B
moreno dark 7B
morir to die
mover to move (motion) 3B
mucho gusto nice to meet you Pre
mudarse to move (from one place to another) 1B
mueble *m* piece of furniture 6A

muerte *f* death 9B
muerto/a dead 1B
mujer *f* woman 1B
mundial worldwide 10B
mundo *m* world 4B
muñeca *f* doll 7A
música *f* music 1A
musulmán muslim 8B

N

nacer to be born
nada nothing 2B
nadar to swim 1A, 4B
nadie no one, nobody 2B
náhuatl *m* nahuatl (indigenous language/culture) 9A
naranja *f* orange 5B
nariz *f* nose 7A
natación *f* swimming 4B
naturaleza *f* nature
navegar por la Internet to navegate the Internet 11B
Navidad *f* Christmas 8B
necesidad *f* need
necesitar to need 2A
negocio *m* business 6B
negro/a black 5B
nieto/a *m/f* grandson/ grandaugther 1B
nieve *f* snow 3B
ningún 9B
ninguno/a none 4B
niño/a *m/f* boy/girl; child
nivel *m* level
noche *f* night 2B
Nochebuena *f* Christmas Eve 8B
Nochevieja *f* New Year's Eve 8B
nombrar to name 8B
nombre *m* name 1A
normalmente normally 2A
norteña *f* Northern Mexican music
nota *f* note; grade 1A
noticia, noticias *f, f pl* news 3A
noticiero *m* newscast 3A
noveno/a ninth
noviembre November 3B
novio/a *m/f* boyfriend/ girlfriend 3B
novio/novia *m/f* groom/bride 5B
nube *f* cloud 3B
nudo *m* knot 9A
nuera *f* daugther-in-law 1B
número *m* number 3B
nunca never 2B

O

o sea in other words 1A
obligar to force someone to do something 6B, 11B
obra (de teatro) *f* play

obra de arte *f* work of art 7A
obreros manuales manual workers 3A
observar to observe 2A
obtener to obtain 12A
occidentalización *f* westernization 12B
ocio *m* leisure 4A
octavo/a eigth
octubre October 3B
ocultar to hide 8B
oficina *f* office 3A
oficio *m* trade 3A
ofrenda *f* offering 8B
oído *m* ear (inner) 10A
oír to hear 3A
ojo *m* eye 7A
olla *f* pot 5A
oponerse to oppose 9B, 12B
oprimir to press (e.g. a button); to oppress 9B
opuesto/a opposite
oración *f* sentence 2A
oreja *f* ear (outer) 7A
oro *m* gold
oscuridad *f* darkness 7B
oscuro/a dark 5B
otoño *m* autumn 3B
otro/a *m/f* another 3B

P

pacífico peaceful
padecer to suffer (an illness)
padrastro *m* stepfather 1B
padre *m* father 1A
padrino *m* godfather 1B
padrinos godparents 8B
pagar to pay 5A
pagar a plazos to pay in installments 12A
página *f* page 2A
país *m* country Pre
paisaje *m* landscape 10B
pájaro *m* bird
palabra *f* word
pan *m* bread 5A
panadería *f* bakery 6B
panecillo *m* sweet roll 5A
panorama *m* overview
pantalla *f* screen 2A
papa *f* potato 5A
papas fritas *f pl* french fries 5A
papel *m* paper 2A; role 10A
para que so that 12B
parado/a standing up 7A
paraguas *m* umbrella 5B
parecer to appear to be
parecerse to look like, to appear 7B
pared *f* wall 6A
pareja *f* couple 1B

pariente *m* relative 1B
parque *m* park 1A
parrilla *f* grill 5A
partido *m* game, match 4A
pasado *m* past
pasaje *m* fare/ticket 11A
pasar to spend (time) 11B
pasar por la aduana to go through customs 11A
pasatiempo *m* hobby 4A
Pascua *f* Easter 8B
paso *m* step
pastel *m* cake 5A
pastelería *m* bakery 3A
pastilla *f* pill 10A
pasto *m* pasture 3B
patear to kick 5B
patinar en línea inline skating 4B
patinar sobre hielo ice skating 4B
patrimonio *m* heritage 9A
payaso *m* clown
paz *f* peace 9A
pecho *m* chest 7A
pedir to ask for 3B
pegar to hit 7A
peinarse to comb your hair 7B
pelar to peel 5A
pelear to fight
película *f* movie 4A
peligro danger 10B
peligroso/a dangerous 9B
pelirrojo/a redheaded 7A
pelo *m* hair 7A
pelota *f* ball 4B
pendiente *m* earring; pendant 5B
pensar to think 3B
peor worse; worst 3A
pequeño/a small 1B, 7A
perder to lose 4A
perdón excuse me/I'm sorry
perezoso/a lazy 3A, 11B
periódico *m* newspaper
periodismo *m* journalism 2B
periodista *m/f* journalist 3A
perjudicar to harm (not physically) 12B
permitir to allow
personaje *m* character 1B
pertenecer to belong 9A
pescado *m* fish 5A
pescar to fish 4B
peso *m* weight 10A; (currency) peso 12A
pestañas *f pl* eyelashes 7A
petróleo *m* oil 9B
picar to cut, to chop; to snack or munch on food 5A
piedra *f* stone 3A, 9A
piel *f* skin; leather 5B
pierna *f* leg 7A
pies *m* *pl* feet 7A

píldora *f* pill 10A
pimienta *f* pepper 5A
pintar to paint
piscina *f* pool 4B
piso *m* floor; apartment 6A
pista de patinaje *f* skating rink 4B
pizarra *f* blackboard/whiteboard 2A
plano/a flat 9B
planta *f* plant; floor, story (of a building) 6A
plátano *m p*laintain 5A
plato *m* dish 1A, 5A
plato principal *m* entreé 5A
playa *f* beach 3B
plaza *f* square 3A
pluma *f* pen 2A
población *f* population 3B
pobre poor 1B, 10B
pobreza *f* poverty
poder *m*; to be able to 3B
poderoso powerful 8B
poesía *f* poetry
polémico/a controversial 9B
pollo *m* chicken 5A
poner to put 3A
poner la mesa to set the table 5A
ponerse to put something on 5B
por ciento percent
por cierto by the way
por consiguiente as a result
por ejemplo for example
por esa razón for that reason
por eso for that reason; that's why
por favor please
por fin finally
por lo tanto therefore
por medio de via/by mean of/through
por otra parte on the other hand
por otro lado on the other hand
porque because 1B
posicionamiento *m* positioning 11A
postre *m* dessert 5A
potable drinkable 10A
practicar/hacer surfing to surf 4B
precio *m* price
precolombino pre-Columbian, before Christopher Columbus
pregunta *f* question 1B
prenda *f* garment 5B
preparar to prepare 2A
preposición *f* preposition
presión *f* pressure 10A
préstamo *m* loan 12A
prestar to lend 6B
prestar atención pay attention
presupuesto *m* budget 12A
pretender to pretend 10B
primavera *f* spring 3B
primero/a (primer) first

primo/a *m/f* cousin 1B
producir to produce 4A
profesorado *m* faculty 2A
profundidad *f* depth
profundo/a deep 7A
promedio *m* average
prometedor promising 11B
promover to promote 1B
pronombre *m* pronoun
pronóstico *m* forecast 3A
pronto soon
propina *f* tip 3A
propio/a own
proponer to propose 9B
propósito *m* purpose
proteger to protect
protegido protected 10B
provisto provided 5A
próximo next
prueba *f* test 1B
público *m* audience
pueblo *m* town; people
puente *m* bridge
puerta *f* door 1B
pues so/well
puesto político *m* political position 9B
puesto que since; because 12B
pulmón *m* lung 10A
punto *m* point; (punctuation) period
punto de vista *m* point of view 4A, 7B
puntualmente on time 12A

Q

que that 1A
qué what (interrogative) Pre
quechua *m* Quechua (indigenous language/culture) 9A
quedarse to stay 5B
quejarse to complain 5B
querer to want 3B
queso *m* cheese 5A
quiche *m pl* Quiché (indigenous language/culture) 9A
quien/es who
quién/es who (interrogative) 1A
quinto/a fifth
quitarse to take off 5B

R

rama *f* branch 7B
rápido fast
ratos libres *m pl* free time 6B
razonable reasonable
realizar to make happen 7B
realizar (un sueño) to fulfill (a dream) 6B
recargar to recharge 12A
receta *f* recipe 5A;

prescription 10A
recetar to prescribe 10A
rechazar reject
recibo *m* receipt 11A
reconocer recognize
reconocido/a known for
recordar to remember 9B
recorrer to cover, travel 11A
recuerdos *m pl* memories 7B
recuperar to recover
recurso *m* resource 10B
red *f* net; network 6B
redondo/a round 7A
reflexionar to reflect 3B
refutar to rebut 12B
regalar to give as a present
regalo *m* gift 5B, 8B
reglas *f pl* rules 3A
regresar to return 4A
reguetón *m* reggaeton 4A
regular so-so, okay Pre
rehacer to redo 9A
reír to laugh 4A
relajante relaxing 5A
relajarse to relax 6B
relámpago *m* lightning 3B
relato *m* story 8B
reloj *m* clock/watch 1B, 5B
remar to row 4B
remo *m* oar 4B
repaso *m* review
repetir to repeat 2A
reportaje *m* report 9B
reproductor *m* (CD, DVD, etc.) player 6A
residencia estudiantil *f* student dorm 2A
resolver to solve
respirar to breathe 10A
respuesta *f* answer
restaurante *m* restaurant 5A
resumen *m* summary
resumir to summarize 6B
retrato *m* portrait 7A
reunión *f* meeting
reunir to gather 1B
revisar review
revista *f* magazine 3A, 7B
rezar to pray 3A
riesgo *m* risk 10B
río *m* river 3B
rizado curly (hair) 7A
robo de identidad *m* identity theft 12B
rodear to surround 4A
rodilla knee 10A
rojo/a red 5B
romper to break 7B
ropa *f* clothes 5B
rosa pink 5B
rostro *m* face 7A

rubio/a blond 7A
rudo rough, rude
rueda *f* wheel 11A
ruido *m* noise 4A, 10A
ruidoso/a noisy 11B
rutinario/a ordinary

S

sábado Saturday 2B
saber to know 3B
sabor *m* taste 3A
sacar to take out 5A
saco *m* sports jacket 5B
sal *f* salt 5A
sala *f* living room 6A
saldo *m* balance 12A
salir go out; to leave 3A
salón *m* room 6A
salón de clase *m* classroom 2A
salsa *f* sauce 5A; salsa music 8A
saltar to jump 3B
salud *f* health 1B
saludable healthy 5A
saludar to greet
sangre *f* blood 10A
sano/a healthy 10A
secadora *f* dryer 6A
secar to dry
sed *f* thirst 11A
seguir to follow 4A
según according to 2A
segundo/a second
selva *f* jungle 3B, 10B
Semana Santa *f* Holy Week 8B
semanal weekly
señalar to point something out
sensible sensitive 7A
sentado/a sitting down 7A
sentarse to sit down 5B
sentido *m* sense 1A
sentido de humor *m* sense of humor 4A
sentirse to feel 5B
septiembre September 3B
ser to be 1A
serpiente *f* snake, serpent 3A, 9A
servicio de mesa *m* tableware 5A
servilleta *f* napkin 5A
servir to serve 3B
sexto/a sixth
sí mismo/a himself/herself
siempre always 2A
sierra *f* mountain range, saw 3B
siglo *m* century 9A
significado *m* meaning
significar to mean
siguiente following
silla *f* chair 2A, 6A
silla de ruedas *f* wheelchair 7B
sillón *m* armchair 6A

simpático/a nice 1A
sin without 3A
sin embargo however 3A
sin que without 12B
sincretismo *m* syncretism 8A
sino que but rather
sobre on top of
sobrepoblación overpopulation 10B
sobre todo above all, over
sobrevivir to survive
sobrino/a *m/f* nephew/niece 1B
sol *m* sun 9A
solamente only
soler *+ infinitive* to tend to/usually do something 6A
solicitante *m/f* applicant 6B
solicitar to apply (job) 6B
solicitud *f* application 6B
solidario/a supportive 12B
solo/a alone, lonely
sólo only
soltar to let go of 11B
soltero/a not married 1B
sombra *f* shadow 7B
sombrero *m* hat 5B
sonar to ring; to sound 11B
sondeo *m* survey 5B
sonido *m* sound 6A, 9A
sonreír to smile 4A
sonrisa *f* smile
sopa *f* soup 5A
sortija *f* ring 5B
suave soft 6A
subir to go up; to get on (a vehicle)
subrayar to underline
suceder to take place; occur 7B
suceso *m* event
sucursal *f* branch (bank, business, etc.) 12A
suegro/a *m/f* father/mother-in-law 1B
sueldo *m* salary 6B
suelto/a loose; loose fitting 5B, 7A
suelto/a loose fitting 5B
suficiente enough 3B
sugerencia *f* suggestion
suministros *m pl* supplies 12A
superar to overcome 12B

T

tal como such as
talla *f* size 5B
tamaño *m* size 6A
también also 2A
tampoco neither 2A
tan as
tan pronto como as soon as 6A, 12B
taquilla *f* box office 12B
tarde *f* afternoon 2B; late
tarifa *f* fee 11A

tarjeta *f* card 6B
tarjeta de crédito *f* credit card 12A
tarjeta de débito *f* debit card 12A
tarjeta de embarque *f* boarding pass 11A
taxista *m/f* taxi driver
taza *f* cup 5A
techo *m* ceiling 6A
tecla *f* key 11B
tela *f* cloth; fabric 5B, 8B
teléfono *m* telephone Pre
telenovela *f* soap opera
televisión *f* television 1A
tema *m* topic
temible frightening 8B
temporada *f* season 3A
temprano/a early
tenedor *m* fork 5A
tener to have 3A
tener en cuenta to keep in mind 10B
tener éxito to succeed 9B
tener ganas de to feel like 4A
tener lugar to take place 11A
tener que must, to have to 2A
Tengo … años. I am … years old. Pre
tenis *m* tennis 1A
tenista *m/f* tennis player 4B
tercero/a (tercer) third
terminar to finish 2A
terremoto *m* earthquake 3B
testigo *m* witness 7B
tiempo completo *m* full time 6B
tiempo libre *m* free time 2B
tiempo parcial *m* half time 6B
tienda *f* store 4A
tierra *f* land; ground 3B; **Tierra** Earth 10B
timbre *m* ring; doorbell 11B
tímido/a shy 1A
tío/a *m/f* uncle/aunt 1B
tirar to throw (away) 10B
título *m* title
título universitario *m* college degree 3A
tiza *f* chalk 2A
tobillo *m* ankle 7A
tocacompactos *m* CD player 11B
tocador *m* dressing table, dresser 6A
tocar to play (an instrument), to touch 1A
todavía still; yet
todo/a all
todos los días everyday 2A
tomar to drink (a beverage); to take 1A
tomar apuntes take notes 1A
tomate *m* tomato 5A
tonto/a not smart

torcerse to twist (part of the body) 10A
tos *f* cough 10A
trabajar to work
trabajo *m* job; work
trabajo social *m* social work 2B
traducción *f* translation 12A
traducir translate 4A
traer to bring 3A
tráfico *m* traffic 11A
tragar to swallow 10A
traje *m* suit 5B
traje de baño *m* bathing suit 5B
traje espacial *m* space suit 11B
trama *f* plot
trampa *f* fraud, trap, scam 6B
tranquilo/a calm; quiet
trasladarse to transfer 12B
tratamiento *m* treatment 10A
tratar to try; to treat (an illness or condition) 10A
tregua *f* truce 12B
triste sad 4A
tristeza *f* sadness 7B
trozo *m* piece 5A
trueno *m* thunder 3B
turnarse to take turns

U

ubicación *f* location 3B, 6A
última vez *f* last time
último/a last 2B
universidad *f* university 2A
usar to use 2A
usuario *m* user 11B
útil helpful 1B
uva *f* grape 5A

V

vaca *f* cow
vacío empty 11A
valor *m* value 1B
vaso *m* glass 5A
vecino/a *m/f* neighbor 6A
vejez *f* old age 7A
vela *f* candle 8B; sail 11A
vendedor *m/f* sales representative 6B
vender to sell 3A
venir to come 3A
venta *f* sale 6B
ventaja *f* advantage
ventana *f* window 2A
ver to see 4A
verano *m* summer 3B
verdad *f* thruth; true 2A
verdadero/a true
verde green 5B
verduras *f pl* vegetables 5A
vestido *m* dress 5B

vestido de novia *m* wedding dress 5B
vestirse to get dressed 5B
vez *f* time (instance)
viajar to travel 3B
viaje *m* journey, trip 9B
vida *f* life
videojuego *m* video game 1A, 11B
viejo/a old
viento *m* wind 3B
viernes Friday 2B
vino blanco/tinto *m* white/red wine 5A
visitar to visit 1A
Víspera de Todos los Santos *f* All Saint's Eve 8B
visto/a seen
viudo/a widowed 1B
vivir to live 1A
vivo alert, astute; alive
vocal *f* vowel

volar to fly 11A
volver to return 3B
voz *f* voice
vuelo *m* flight 11A

Y

ya que since (because) 12A
yacer to lie 11A
yerno *m* son-in-law 1B

Z

zanahoria *f* carrot 5A
zapatería *f* shoe shop/store 3A
zapatero/a *m/f* shoe seller or repairer 3A
zapato *m* shoe 5B
zapatos de tacón *m pl* high heels 5B
zoológico *m* zoo 7B

GLOSARIO: INGLÉS-ESPAÑOL

A

above arriba de
above all sobre todo
abroad al extranjero/en el extranjero 12B
according to según
accountant contador/a *m/f* 3A
accounting contabilidad *f* 2B
achieve lograr
acquire adquirir 3A
across from (facing) en frente de 3A
actually en realidad
add añadir 5A
advance avanzar 3A
advantage ventaja *f*
advertising publicidad *f* 2B
advice consejo *m* 10A
advise aconsejar 10A
affection cariño *m* 1A
after después
afternoon tarde *f* 2B
afternoon snack merienda *f* 5A
against contra
age edad *f* Pre
ahead adelantado/a 11A
airplane avión *m* 11A
airport aeropuerto *m* 11A
alarm clock despertador *m* 6B
alert vivo
alive vivo
all todo/a
All Saint's Eve Víspera de Todos los Santos *f* 8B
allow dejar que 11A; permitir 9B
alone solo/a
along with junto con 2B
also también 1A; además 2A
alter alterar
always siempre 2A
ancestors antepasados *m pl* 8B
Andean andino 8B
angry enojado/a 4A
ankle tobillo *m* 7A
another otro/a *m/f*
answer respuesta *f*; contestar
anyone cualquiera
apartment piso *m* 6A
appear aparecer 7B
appear to be parecer
appetizer aperitivo *m* 5A
apple manzana *f* 5A
appliances electrodomésticos *m pl* 6A
applicant solicitante *m/f* 6B
application solicitud *f* 6B
apply (for job) solicitar 6B
appointment cita *f* 6B

approach; get closer acercarse 9B
appropriate conveniente
April abril 3B
arm brazo *m* 7A
armchair sillón *m* 6A
armed forces fuerzas armadas *f pl* 2B
around alrededor
arrival llegada *f* 9A
as como; tan
as a result por consiguiente
as much/many tanto/a/os/as 8B
as soon as en cuanto; tan pronto como
ask for pedir 4A
ask questions hacer preguntas
astute vivo
at least al menos
at the beginning a principios
at the same time a la vez; al mismo tiempo
at this moment en este momento 2A
attend asistir 4A; atender 6B
attract atraer 4B
attract attention llamar la atención 8B
audience público *m*
August agosto 3B
aunt tía *f* 1B
automated teller machine cajero automático *m* 12A
autumn otoño *m* 3B
average promedio *m*
avocado aguacate *m* 5A

B

baby bebé *m/f* 3A
bachelor's degree licenciatura *f* 1B
back espalda *f* 7A
backache dolor de espalda *m* 10A
backpack mochila *f* 2A
bad malo/a
bakery panadería *f* 6B; pastelería *f* 3A
balance saldo *m* 12A
bald calvo 7A
ball balón *m* 4B; pelota *f* 4B
bank *m* banco 3A, 12A
bank account cuenta bancaria *f* 12A
baptism bautismo *m* 8B
baseball béisbol *m* 1A
baseball field campo de béisbol *m* 4B
based on con base en

basket cesto *m* 9B
bathe bañarse 7A
bathing suit traje de baño *m* 5B
bathroom baño *m* 6A
bathroom sink lavamanos *m* 6A
bathtub bañera *f* 6A
battle batallar 9B
be estar 2A; ser 1A
be able to poder 3B
be born nacer 1A
be fast (clock) andar adelantado 11A
be in a good/bad mood estar de buen/mal humor
be in love estar enamorado/a
be slow andar atrasado 11A
beach playa *f* 3B
beans frijoles *m pl* 5A
beard barba *f* 7A
beat (as in whisk) batir 5A
beauty belleza *f* 5B
because porque
become convertirse; pasar a ser
bed cama *f* 6A
bedroom dormitorio *m* 2A
beef steak bistec *m* 5A
beer cerveza *f* 5A
before antes 1B; antes (de) que 12B
behave comportar 6B
behavior comportamiento *m*, conducta *f* 6B
behind detrás
believe creer
bellhop botones *m* 3A
belong pertenecer 9A
below debajo de
belt cinturón *m* 5B
better said mejor dicho 12B
better; best mejor
between entre
beyond más allá 1A
bicycle bicicleta *f*
big grande
bill factura *f* 12A
binder carpeta *m* 1B
biofuel biocombustible *m* 11A
bird pájaro *m*
birthday cumpleaños *m* 1B, 8B
bitter amargado/a 7A
black negro/a 2B
blackboard/ whiteboard pizarra *f* 2A
blend mezclar 5A; mezcla *f* 8A
blond rubio/a 7A
blood sangre *f* 10A
blue azul 5B

board game juego de mesa *m*
boarding pass tarjeta de embarque 11A
boat barco *m* 11A
body cuerpo *m* 7A, 10A
body of water masa de agua *f* 3B
boil hervir 5A
bold type en negrita
bone hueso *m* 10A
book libro *m*
bore aburrir 10A
bored aburrido/a 4A
boring aburrido/a 4A
boss jefe/a *m/f* 6B
both ambos
both…and… tanto…como…
bother molestar 4A
bottom fondo *m*
box caja *f* 8B
box office taquilla *f* 12B
boy niño; chico *m* 1B
boyfriend novio *m*
branch rama *f* 7B; (bank, business) sucursal *f* 12A
branch manager gerente de la sucursal *m/f* 12A
brand marca *f*
bread pan *m* 5A
break romper 7B
breakfast desayuno *m* 5A
breathe respirar 10A
brick ladrillo *m* 6A
bride novia *f* 5B
bridge puente *m*
brief breve
bring traer
broom escoba *f* 6A
brother hermano *m* 1B
brother-in-law cuñado *m* 1B
brown marrón 5B
budget presupuesto *m* 12A
build construir 4A
building edificio *m* 2A
bus autobús *m* 3A
bus station estación de autobuses *f* 11A
business administración de empresas *f* 2B; negocio *m* 2B
but rather sino que
butter mantequilla *f* 5A
button botón *m*
buy comprar 3B
by heart de memoria 9B
by the way a propósito; por cierto

C

cake pastel *m* 5A
calendar calendario *m* 2A
call llamar 1A
calm tranquilo/a

campaign campaña *f* 9B
can lata *f* 5A
candle vela *f* 8B
cap gorra *f* 5B
car carro, coche *m*
card tarjeta *f* 6B
career carrera *f* 4A
carpet alfombra *f* 6A
carrot zanahoria *f* 5A
carry cargar 9A; llevar 5B
cash (money) efectivo 11B
caution cuidado *m* 1A
CD player tocacompactos *m* 11B
ceiling techo *m* 6A
celebrate; party festejar 4A, 8B
century siglo *m* 9A
cereal cereal *m* 5A
certain ciertos
chair silla *f* 2A, 6A
chalk tiza *f* 2A
champion campeón/a *m f* 4B
change cambio *m*; cambiar 1B
character personaje *m* 1B
charge cobrar 6B (battery) cargar 12A
charitable caritativo/a 12B
chart tabla *f*
chat conversar 2A; charlar 11B
cheap barato/a 4A
check cuenta *f* 5A
check in (luggage) facturar (el equipaje) 11A
checkered (plaid) a cuadros 5B
checking account cuenta corriente *f* 12A
cheek mejilla *f* 7A
cheese queso *m* 5A
chemist químico/a *m/pl* 4B
chemistry *f* química 2B
chess *m* ajedrez 4B
chest pecho *m* 7A; (storage) baúl *m* 4B
chicken pollo *m* 5A
chief jefe/a *m/f* 6B
child niño/a *m/f*
child development desarrollo infantil *m* 2B
children's infantil
choose elegir; escoger
Christmas Navidad *f* 8B
Christmas Eve Nochebuena *f* 8B
church iglesia *f* 3A
cinema cine *m* 4A
citizen ciudadano/a *m/f* 12B
city ciudad *f* 2A
classmate compañero/a de clase *m/f*
classroom salón de clase *m*
clause cláusula *f*
clean limpiar 6A
clear claro/a

clerk dependiente/a *m/f* 3A
clever listo/a
client cliente *m/f* 5A
clock reloj *m* 1B
close cerca; cercano
close cerrar 1B
closet armario *m* 6A; clóset *m* 6A
cloth tela *f* 5B, 8B
clothes ropa *f* 5B
cloud nube *f* 3B
clown payaso *m*
clue pista *f*
coat abrigo 5B
cobbler zapatero/a *m/f* 3A
cod fish bacalao *m* 5A
cold frío *m* 3B; (illness) catarro *m* 10A
college universidad *f* 2A
college degree título universitario *m* 4B
comb your hair peinarse 7B
come venir 3A
comfort comodidad *f*
comfortable cómodo/a 7A
command mandato *m*
commited comprometido/a 1B
common (everday) cotidiano/a 7A
commotion alboroto *m* 9A
company empresa 6B
compete competir 4B
complain quejarse 5B
compliment cumplido *m* 5B
compose componer 7B
composer compositor/a *m/f* 7B
computer computadora *f*
computer science informática *f* 2B
condiments condimentos *m pl* 5A
confront enfrentar 7B
congested congestionado/a 10A
conquer conquistar 9B
contribute contribuir 4A
controversial polémico/a 9B
convince convencer 10A
cook cocinero/a *m/f* 3A; cocinar 1A
cookie galleta *f* 10A
copy copiar 2A
corn maíz *m* 5A
corner esquina *f*
corner store bodega *f* 3A
costume disfraz *m* 8B
cotton algodón *m* 5B
cough tos *f* 10A
count contar 9A
counter top encimera *f* 6A
country país *m* Pre
countryside campo *m* 4A
couple pareja *f* 1B
court (of law) corte *f* 3A
court, field (sports) cancha *f* 4B

cousin primo/a *m/f* 1B
cover cubrir
covered cubierto/a 4B
coward cobarde *m*
credit card tarjeta de crédito *f* 12A
credit report *m* informe de crédito 12A
crime delito *m* 3A
crossword puzzle crucigrama *m*
cruise ship crucero *m* 11A
cry llorar 4A
cup taza *f* 5A
cupboard alacena *f* 6A
curly (hair) rizado 7A
current actual
currently en la actualidad 3B
curtain cortina *f* 6A
custom costumbre *f* 5B, 8B
customarily por lo común
cut cortar 5A; picar 5A

D

daily diario/a 6B
daily newspaper diario *m* 3A
damage daño *m* 12B; dañar 12B
dance baile 4A; bailar 1A
danger peligro *m* 10B
dangerous peligroso/a 9B
dark moreno/a 7B; oscuro/a 5B
darkness oscuridad *f* 7B
data datos *m pl*
date fecha *f* 3B
daughter hija *f* 1B
daugther-in-law nuera *f* 1B
days of the week días de la semana *m pl* 2B
dead muerto/a 1B
death muerte *f* 9B
debt deuda *f* 12A
debit card tarjeta de débito *f* 12A
deceased difunto/a *m/f* 1B
December diciembre 3B
decipher descifrar
dedicate oneself to something (esp. professionally) dedicarse a 6B
deep profundo/a 7A
defeat derrota *f* 10B
defy desafiar 10B
delay; become delayed demorar(se) 11A
demanding exigente
demonstrate demostrar 9B
department store gran almacén *m* 12A
deposit depositar 12A
depressed deprimido/a 10A
depth profundidad *f*
design diseñar 3A
designer diseñador/a *m/f* 5B

desk escritorio *m* 6A
dessert postre *m* 5A
destroy destruir 4A
develop desarrollar 9A
deviate desviar 11A
device aparato *m* 6A, 11B
dial (telephone) marcar 11B
dictatorship dictadura *f* 3A
die morir 7B; (games) dado *m* 2A
different distinto/a
dimwitted tonto/a
dining room comedor *m* 6A
dinner cena *f* 5A
direct dirigir(se) 7B, 11A
disadvantage desventaja *f* 4A
discomfort incomodidad *f* 7B
discover descubrir 2A
dish plato *m* 1A, 5A
dismiss (fire) despedir a 6B
displace desplazar 11A
disseminate difundir 12B
dissemination difusión 12B
divorced divorciado/a 1B
dizzy mareado/a 10A
do hacer 3A
do business hacer negocios 6B
do homework hacer la tarea
do well/bad andar bien/mal 11B
do, complete realizar 7B
doctor médico/a *m/f*
doctor's office consultorio *m*
documentary documental *f* 4A
doll muñeca *f* 7A
door puerta *f* 1B
doorbell timbre *m* 11B
download; unload descargar 11B
drain desagüe *m* 6A
draw dibujar 1A
drawing dibujo *m*
dress vestido *m* 5B
dressing table, dresser tocador, cómoda 6A
drink bebida *f* 5A
drink beber, tomar 1A
drinkable potable 10A
drive conducir 11A; manejar 1A, 11A
dryer secadora *f* 6A
due to debido a
dunk hundir 7B
dwarf enano/a *m/f* 1A

E

each cada 3A
eagle águila *f* 10A
ear (inner) oído *m* 7A
ear (outer) oreja *f* 7A
early temprano/a
earn ganar 4A
earn a living ganarse la vida 6B

earring arete/pendiente *m* 5B
earthquake terremoto *m* 3B
Easter Pascua *f* 8B
easy fácil
eat comer 1A
educational educativo 2A
effect efecto 10A
effective eficaz 9B
effort esfuerzo *m* 11B
egg huevo *m* 5A
eigth octavo/a
elbow codo *m* 7A
elderly anciano/a 7A
elementary school escuela primaria *f* 1B
email correo electrónico *m* 11B
embroidery bordado/a 5B
emerge surgir 3A
emotional afectivo/a 11B
emphasize enfatizar
empty vacío 11A
enchanting encantador/a 7A
end acabar
engaged comprometido/a 1B
engagement compromiso *m* 8B
engineering ingeniería *f* 2B
enjoy disfrutar de/gozar de 4A
enjoy your meal buen provecho 5A
enough suficiente 3B
entail implicar
entertain divertir 4A entretener
entertainment entretenimiento *m* 4A
entreé plato principal *m* 5A
environment medio ambiente *m* 9B, 10B
environmental ambiental 10B
equal igual
erase borrar 11B
essay ensayo *m*
essentially esencialmente 2B
even incluso
even though aunque
event acontecimiento *m*; suceso *m*
everyday todos los días 2A
example ejemplo *m*
exchange intercambio *m* 2A; intercambiar 6A
exciting emocionante
exercise ejercicio *m*
expense gasto *m* 12A
expensive caro/a, costoso/a 4A
explanation explicación *f*
explore explorar 2A
exposed expuesto/a 11B
extend extender
eye ojo *m* 7A
eyebrows cejas *fpl* 7A
eyeglasses lentes *m pl* 5B; anteojos *m pl* 5B
eyelashes pestañas *fpl* 7A

F

fabric tela *f* 5B, 8B
face cara *f* 7A; rostro *m* 7A
facts datos *m pl* 7A
faculty profesorado *m* 2A
fair feria *f* 7A
fall asleep dormirse 5B
fall down caerse 5B
fall in love enamorarse
familiar (known) conocido/a 1B
family related familiar 2B
famous célebre 7B
fan aficionado/a *m/f* 4A
far from lejos de 3A
farthest más lejano Pre
fare/ticket pasaje, boleto 11A
farmer agricultor/a *m/f* 3A
fashion moda *f* 5B
fashion show desfile de
  modas *m* 5B
fast rápido 2B; (clock)
  adelantado 11A
fast food comida rápida *f* 5A
fat gordo/a 7A
father padre *m* 1A
father-in-law suegro *m* 1B
fear miedo *m* 3A
features facciones *f pl* 12A
February febrero 3B
fee tarifa *f* 11A
feel sentirse 5B
feel like (doing something) tener
  ganas de 4A
feet pies *m pl* 7A
fever fiebre *f* 10A
fewer/less than menos de/
  menos que
field campo *m*
ffth quinto/a
fight pelear; luchar
file archivo *m* 11B
finally finalmente; por fin
financial financiero/a 12A
find encontrar 4A
find yourself encontrarse 10B
find out averiguar
fine (hair) fino/a 7A
finger dedo *m* 7A
fingerprint huella digital *f* 12A
finish terminar 2A
first primero/a (primer) 2A
fish pescar 4B; pescado *m* 5A
fixture instalación fija, aparato
  fijo *f* 6A
flannel franela *f* 5B
flat plano/a 9B
flight vuelo *m* 11A
floor piso *m* 6A; (story of a
  building) planta *f* 6A
flour harina *f* 5A

flower flor *f* 6A
fly volar 11A
focus enfoque *m* 6B;
  enfocarse 12A
follow seguir 4A
following a continuación 2B;
  siguiente 3A
food alimento *m* 5A;
  comida *f* 3B
for example por ejemplo
for that reason por esa razón;
  por eso
force (someone to do something)
  obligar 6B, 11B
forecast pronóstico *m* 3A
forehead frente *f* 7A
foreigner extranjero/a *m/f*
forest bosque *m* 3B
fork tenedor *m* 5A
found fundar 9B
fountain fuente *f* 6A
fourth cuarto/a
free gratis
free time ratos libres *m pl* 6B;
  tiempo libre *m* 2B
fair trade *m* comercio justo 12B
french fries papas fritas *f pl* 5A
frequently con frecuencia,
  frecuentemente 2A
Friday viernes 2B
friend amigo/a *m/f* 1A
friendship amistad *f* 8B
from de Pre; desde 6A
from where (interrog) de dónde Pre
fruit fruta *f* 5A
fry freír 5A
fuel combustible *m* 11A
fulfill (a dream) realizar (un
  sueño) 6B
full lleno/a 11A
full time tiempo completo *m* 6B
fun diversión *f* 4A
funny cómico/a 1A
furniture (piece of) mueble *m* 6A

G

game, match partido *m* 4A
garbage basura *f* 10B
garden jardín *m* 6A
gardening jardinería *f* 6A
garment prenda *f* 5B
gather reunir 1B
geography geografía *f* 3B
German alemán
gesture gesto *m* 1A
get along/not get along llevarse
  bien/mal 4A, 12A
get hurt (injured) lastimarse 10A
get in debt endeudarse 12A
get up levantarse 5B

gift regalo *m* 5B, 8B
girl niña; chica *f* 1B
girlfriend novia *f* 3B
give dar 4A; regalar
glass vaso *m* 5A
glass (of wine) copa *f* 5A
glove guante *m* 5B
go ir 4A
go bike riding andar en bicicleta 1A
go by foot ir a pie 11A
go into exile exiliarse 9B
go out; leave salir 3A
go shopping ir de compras 4A
go through customs pasar por la
  aduana 11A
go to bed; lie down acostarse
go up subir
goal meta *f*
godfather padrino *m* 1B
godmother madrina *f* 1B
godparents padrinos 8B
gold oro *m*
good buen 1A; bueno/a 1B
Good afternoon. Buenas tardes. Pre
good grades buenas notas
good manners buenos modales
  m pl 1B
good morning, good day buenos
  días Pre
good night buenas noches Pre
good taste buen gusto *m*
goodbye adiós Pre
good-looking guapo/a
government gobierno *m*;
  gubernamental
grab agarrar
grade nota *f*
grammar gramática *f*
grandaugther nieta *f* 1B
grandfather abuelo *m* 1B
grandmother abuela *f* 1B
grandson nieto *m* 1B
granite granito *m* 6A
grape uva *f* 5A
gray gris 5B
gray haired canoso/a 7A
great grandchild bisnieto/a *m* 1B
greedy codicioso/a 9B
green verde 4A, 5B
green beans judías verdes, frijoles
  verdes *m pl* 5A
greet saludar
grill parrilla *f* 5A
ground tierra *f* 3A
grow aumentar 3B; crecer 3A;
  cultivar 5A
growth crecimiento *m* 12B
guard guardia *m/f* 12A
guess adivinar
guest invitado/a *m/f* 12B

guide guía *m/f* 2B, 10B
guy/gal chico/a *m/f* 1B

H

hair cabello *m* 7A; pelo *m* 7A
half medio/a 2B; mitad *f* 3B
half brother medio hermano *m* 1B
half sister medio hermana *f* 1B
half time tiempo parcial *m* 6B
hallway corredor *m* 6A
hamburger hamburguesa *f* 1A
hand mano *f* 7A
hand in entregar
handbag cartera/bolsa *f* 5B
handshake apretón de
  manos *m* 6B
hang colgar 6A
happening suceso *m*
happy alegre; contento/a; feliz 4A
harm daño *m* 12B; dañar 12B;
  (not physically) perjudicar 12B
harvest cosecha *f* 9A
hat sombrero *m* 5B
have tener 3A
have a snack merendar 5A
have breakfast desayunar 5A
have dinner cenar 5A
have fun divertirse 4A
have lunch almorzar 3B, 5A
have to (do something) hay que
  + infinitive; tener que + infinitive 2A
having bad manners mal
  educado/a 6B
head cabeza *f* 7A
headache dolor de cabeza *m* 10A
headphones audífonos *m pl* 12B
healer curandero/a 10A
health salud *f* 1B
healthy saludable 5A; sano/a 10A
hear oír 3A
hear escuchar 1A
heart corazón *m* 10A
heat up calentar 5A
height estatura *f* 7A
help ayuda *f*
helpful útil 1B
herbs hierbas *f* 10A
here aquí 1A
heritage herencia *f* 8A;
  patrimonio *m* 9A
hi hola Pre
hide ocultar 8B
high heels zapatos de tacón
  m pl 5B
high school bachillerato *m* 1B;
  colegio *m* 1B; escuela
  preparatoria *f* 1B
highway autopista *f* 11A
himself/herself sí mismo/a
hip cadera *f* 7A

hit pegar 7A
hobby pasatiempo *m* 4A
holiday día feriado *m* 8B
Holy Week Semana Santa *f* 8B
home hogar *m* 6A
home-cooked food comida
  casera *f* 5A
homemaker ama de casa *m/f* 7A
homework tarea *f* 3B
horse caballo *m*
horseback riding equitación/montar a
  caballo *f* 4B
host anfitrión/a *m/f* 7A
host family familia anfitriona *f* 2A
hot caliente 5A
house casa *f* 1A
how (interrog) cómo Pre
how much/many cuánto/a/os/as Pre
however sin embargo
hug abrazar 5B
human rigths derechos humanos
  m pl 9B, 10B
humble humilde 1A
hunger hambre *f*
hunting caza *f* 4B
hurt daño *m* 12B; dañar 12B
husband marido *m* 1B
husband/wife esposo/a *m/f* 1B

I

I am ... years old tengo ... años Pre
I'm sorry lo siento
ice hielo *m* 5A
ice cream helado *m* 5A
identity theft robo de
  identidad *m* 12B
illness enfermedad *f* 3A, 10A
immigration inmigración *f* 8A
important relevante 3A
impress impresionar 10A
in en Pre
in addition además 2B; es más 3A
in case en caso de que
in cash en efectivo 12A
in fact de hecho
in front delante 3A; enfrente 7A
in love enamorado/a
in order that a fin de que 12B
in other words en otras palabras; es
  decir; o sea
in random order al azar
in spite of a pesar de
in style de moda 5B
in that respect en eso
in the background; at the bottom al
  fondo
in the face of ante tal + *noun* 4B
in pain adolorido/a 10A
in the same way de la misma
  manera

in this way de esta manera
in turn a su vez
incidentally a propósito
including inclusive
income ingreso *m* 11A
indigenous indígena
indoors adentro 5B
influence influir 12A
influenza gripe *f* 10A
inform avisar 11B
inherit heredar 12A
innovative innovador/a 2A
insert introducir 1A
inside adentro; dentro de 11B
instead of en lugar de
instill inculcar 1B
interest interesar 10A
interests intereses *m pl* 12A
interview entrevista *f* 6B
introduce introducir; presentar Pre
invest invertir 12A
involve involucrar
isolated aislado/a 12A
isolation aislamiento *m* 11B
issue asunto *m*
it turns out resulta que

J

jacket chaqueta *f* 5B
January enero 3B
jewel joya *f* 3A
jeweler joyero/a *m/f* 3A
job trabajo *m*
join incorporarse 7B
journalism periodismo *m* 2B
journalist periodista *m/f* 3A
journey viaje *m* 9B
juice jugo *m* 5A
July julio 3B
jump brincar 7B; saltar 3B
June junio 3B
jungle selva *f* 3B, 10B
junior high escuela
  secundaria *f* 2B
just + *verb* acabar de + infinitive
  7B, 11B
just like; just as al igual que 9A

K

keep guardar
keep in mind tener en cuenta 10B
key llave *f*; tecla *f* 11B
kick patear 5B
kiss beso *m*
kiss besar 5B
kitchen cocina *f* 6A
knee rodilla 10A
knife cuchillo *m* 5A
knot nudo *m* 9A

know saber 3B; (be familiar with) conocer 1A
knowledge conocimiento *m*
known for reconocido/a

L

lack carecer 7B
lack of falta de *f*
lake lago *m* 3B
land tierra *f* 3B
landscape paisaje *m* 10B
language idioma *m*; lengua *f*
last último/a 1B
last durar 2B
last name apellido *m* Pre
last time última vez *f* 10A
late tarde 4A
later más tarde
laugh reír 4A
law ley *f*; derecho *m* 2B
lawyer abogado/a *m/f* 3A
layover escala *f* 11A
lazy perezoso/a 3A, 11B
lead to llevar a 11A
learn aprender
learning aprendizaje *m*
leather cuero *m* 5B; piel *f* 5B
leave dejar 5A
leave a tip dejar la propina 5A
left izquierda *f* 5A; a la izquierda de 3A
leg pierna *f* 7B
legacy legado *m* 9B
legumes legumbres *f pl* 5A
leisure ocio *m* 4A
lend prestar 6B
Lent Cuaresma *f* 8B
less/fewer than menos de/menos que
let go of soltar 11B
let's see a ver
letter carta *f*; letra *f*
letter carrier cartero/a *m/f* 3A
lettuce lechuga *f* 5A
level nivel *m*
library biblioteca *f* 2A
lie mentir
life vida *f*
lift levantar
lift weights levantar pesas 1A
light ligero 5A
light luz *f* 1B
lightning relámpago *m* 3B
like gustar 1A
like como
likewise igualmente Pre; de igual manera 10B
liking, taste gusto *m* 5A
lip labio *m* 7A
listen to escuchar 1A
live vivir 1A

living room sala *f* 6A
loan préstamo *m* 12A
location *f* ubicación 3B, 6A
long largo/a 7A
look mirada *f* 11A
look like (appearence) parecerse 7B
loose suelto/a 5B, 7A
lose perder 4A
lost perdido/a 2B
love amor *m* 1A; amar
luggage equipaje *m* 11A
lunch almuerzo *m* 5A
lung pulmón *m* 10A
luxury lujo *m*
lying down acostado/a 7A

M

magazine revista *f* 4B
mail correo *m* 3A
maintain mantener 3A
major (course of study) especialización *f* 2B
make a stop/layover (at an airport) hacer escala 11A
make an appointment hacer una cita 6B
make an effort esforzarse 11B
make fun of burlarse 5B
make plans hacer planes 6B
make sound sonar 11B
make sure asegurarse
man hombre *m* 1A
manage manejar 12A
manager gerente *m/f* 3A
manual worker obrero/a manual 3A
map mapa *m* 2A
marble mármol *m* 6A
March marzo 3B
mark marcar 11B
marker marcador *m* 2A
marketing mercadeo *m* 2B
marriage matrimonio *m* 1B
married casado/a 2B
marry casarse 9A
mask máscara *f* 8B
master's degree maestría *f* 2A
match emparejar
May mayo 3B
mayor alcalde/sa *m/f* 4A
mean significar
meaning significado *m*
measure medida *f* 12A
meat carne *f* 5A
mechanism dispositivo *m* 12B
meeting reunión *f*
member miembro/a *m/f* 1B
memories recuerdos *m pl* 7B
memory (mental function) memoria *f* 10B
merchandise mercancía *f* 6B

message mensaje *m* 1A
microwave (horno de) microondas *m* 6A;
middle child hijo/a del medio *m/ f* 1B
midnight medianoche *f* 2B
milk leche *f* 5A
mind mente *f* 4B
mirror espejo *m* 6A
misfortune desgracia *f* 7B
mix mezclar 5A; mezcla *f* 8A
model modelo *m/f* 8B
Monday lunes 2A
money dinero *m*
month mes *m* 3B
monthly mensual 12A
moon luna 7A
more más
more than más de/más que
moreover es más
morning mañana *f* 2B
mortar argamasa *m* 6A
mother madre *f* 1B
mother-in-law suegra *f* 1B
mount montar; to upload, post (a file) 11B
mountain montaña *f* 3B
mountain range sierra *f* 3B
moustache bigotes *m pl* 7A
mouth boca *f* 7A
move (from one place to another) mudarse 2B
movie película *f* 4A
music música *f* 1A
muslim musulmán 8B
must + verb tener que + infinitive 2A
my name is … me llamo … Pre
myth mito *m* 9B

N

nahuatl (indigenous language/ culture) náhuatl *m* 9A
name nombre *m* 1A; nombrar 8B
napkin servilleta *f* 5A
narrow estrecho/a 5B
national anthem himno nacional *m*
nature naturaleza *f*
navigate the Internet navegar por la Internet 11B
neck cuello *m* 7A
necklace collar *m* 5B
need necesidad *f*; hacer falta 11B; necesitar
neighbor vecino/a *m/f* 6A
neighborhood barrio *m*; vecindad *f* 4B
neither tampoco
nephew sobrino *m* 1B
net; network red *f* 12B

never jamás; nunca
never-ending interminable 11A
New Year Año Nuevo *m* 8B
New Year's Eve Nochevieja *f* 9A
news noticia, noticias *f, f pl* 3A
newscast noticiero *m* 3A
newspaper periódico *m*
next próximo
next to al lado de 3A
nice simpático/a 1A
nice to meet you mucho gusto Pre
niece sobrina *f* 1B
night noche *f* 2B
ninth noveno/a
no one nadie 2B
nobody nadie 2B
noise ruido *m* 4A, 10A
noisy ruidoso/a 11B
none ninguno/a 4B
noon mediodía *m* 2A
nomally normalmente 2A
nose nariz *f* 7A
note nota *f* 1A
notebook cuaderno *m* 1B
nothing nada 2B
November noviembre 3B
now ahora
number número *m*
nurse enfermera/o *m/f* 3A
nursing enfermería *f* 2B

O

o'clock en punto 2B
oar remo *m* 4B
obligation compromiso *m* 2B
observe observar 2A
obtain conseguir 3B; obtener 12A
occupation oficio *m* 3A
occur suceder 7B
October octubre 3B
of de Pre
office oficina *f* 3A;
 despacho *m* 6A
often a menudo
oil aceite *m*; petróleo *m* 9B
old anciona/a 7A; antiguo/a; viejo/a
old age vejez *f* 7A
older mayor 1B
on en; sobre
on the condition that a condición de
 que 12B
on the contrary al contrario
on the other hand en cambio; en contraste; por otra parte; por otro lado
on this point en este punto 12B
on time puntualmente 12A
on top of encima; sobre 3A
once upon a time... érase una
 vez 9B
onion cebolla *f* 5A

online en línea 12B
only solamente; sólo
only child hijo/a único/a *m/f* 1B
open abierto/a 3A
open abrir 1B
open accounts abrir cuentas 12A
operation funcionamiento *m* 11A
oppose oponerse 9B, 12B
opposite opuesto/a
oppress oprimir 9B
orange naranja *f* 5A
ordinary rutinario/a
outdoors al aire libre 4A; afuera 5B
outside (of) fuera de 3A;
 afuera 11B
oven horno *m* 6A
overcome superar 12B
overview panorama *m*
own propio/a
owner dueño/a *m/f* 3A
ozone layer capa de ozono *f* 10B

P

pack suitcases/bags hacer las
 maletas 11A
page página *f*
pain dolor *m* 10A
painting cuadro *m* 6A
paper papel *m* 2A
parade desfile *m* 8B
park parque *m* 1A
party fiesta *f* 1B
pass (a class, an exam) aprobar
password contraseña *f* 11B
past pasado *m*
pasture pasto *m* 3B
path camino *m* 9A
pay pagar 5A
pay attention prestar atención
pay in installments pagar a
 plazos 12A
peace paz *f* 9A
peaceful pacífico
peas guisantes *m pl* 5A
peasant campesino/a *m/f* 10B
peel pelar 5A
pen pluma *f* 1B
pencil lápiz *m* 2A
pendant pendiente *m* 5B
people gente *f* 1A;
 pueblo *m* 3B
pepper pimienta *f* 5A
percent por ciento
performance actuación *f* 9B
pet mascota *f* 1A
phone call llamada *f* 6B
piece trozo *m* 5A
pill pastilla, píldora *f* 10A
pink rosa 5B
pitcher of water jarra de agua *f* 5A

place lugar *m* 2A; colocar
place of birth lugar de
 nacimiento *m* 1B
plaid a cuadros 5B
plains llanos *m pl* 3B
plaintain plátano *m* 5A
plant planta *f*
plateau meseta *f* 3B
play obra de teatro *f*
play (an instrument) tocar 1A;
 (sports, games) jugar 1A
player jugador/a *m/f* 5A
player (CD, DVD, etc.)
 reproductor *m* 6A
pleasant agradable 6B
please por favor 1B
pleasurable complaciente 7A
plot trama *f*
pocket bolsillo *m* 9B
poetry poesía *f*
point punto *m*
point of view punto de vista *m*
 4A, 7B
point something out señalar
political position puesto
 político *m* 9B
pollution contaminación *f* 10B
pool piscina *f* 4B
poor pobre 1B, 10B
poorly, not well mal Pre
population población *f* 3B
pork chop chuleta de puerco/
 cerdo *f* 5A
portrait retrato *m* 7A
positioning posicionamiento *m* 11A
pot olla *f* 5A
potato papa *f* 5A
power poder *m* 3B; fuerza *f*
powerful poderoso 8B
pray rezar 3A
pre-columbian precolombino
pregnant embarazada 7B
prepare preparar 2A
preposition preposición *f*
prescribe recetar 10A
press (apply pressure) apretar 8A;
pressure presión *f* 10A
pretend pretender 10B
pretty bonito/a
previous anterior
price precio *m*
print estampado *m* 5B
printer impresora *f* 11B
produce producir 4A
promising prometedor 11B
promote promover 6B
pronoun pronombre *m*
propose proponer 9B
protect proteger
protected protegido 10B
provided provisito 5A

provided that con tal (de) que 12B
purple morado/a 5B
purpose propósito *m*
push empujar 4A
put poner 3A; (place inside)
   meter 12A
put away guardar 6A
put something on ponerse 5B

Q

quality calidad *f* 6B
quarter (time) cuarto 2B
quechua (indigenous language/
   culture) quechua *m* 9A
question pregunta *f*; cuestionar
Quiché (indigenous language/
   culture) quiché *m pl* 9A
quiet tranquilo/a

R

railroad ferrocarril *m* 11A
rain lluvia *f* 3B; llover 3B
raincoat impermeable *m* 5B
raise your hand levantar la mano 2A
raw material materia prima *f* 11A
reach alcanzar
read leer 2A
reading lectura *f* 4A
ready listo/a
real estate bienes raíces *m pl* 6A
reasonable razonable
rebut refutar 12B
receipt recibo *m* 11A
recharge recargar 12A
recipe receta *f* 5A
recognize reconocer
record grabar 4A, 11B;
   disco *m* 4A
recorder grabadora *f* 3A
recover recuperar
red rojo/a 9A
redheaded pelirrojo/a 7A
redo rehacer 9A
reduce empequeñecer 11A
reflect reflexionar 3B
reggaeton reguetón *m* 4A
rehearsal ensayo *m*
reject rechazar
relative pariente *m* 1B
relax relajarse 6A
relaxing relajante 5A
remember acordarse 9B
remember recordar 9B
rent alquilar 6A
repeat repetir 2A
report reportaje *m* 9B
resource recurso *m* 10B
rest descansar 4A; (in bed) guardar
   cama 10A
restaurant restaurante *m* 5A

resume currículum *m* 6B
return regresar 4A; volver 3B
review repaso *m*; revisar
rice arroz *m* 5A
ride a bike montar en bicicleta 11A
right derecho *m* 2A; (loc) a la derecha de 3A
right now ahora mismo 2A
ring sortija *f* 5B; sonar 11B;
   timbre (sound) *m* 11B
risk riesgo *m* 10B
river río *m* 3B
road carretera *f* 11A
role papel *m* 10A
room cuarto *m* 6A;
   salón *m* 2A
roommate compañero/a de
   cuarto *m/f*
rough rudo
round redondo/a 7A
roundtrip ida y vuelta 11A
row remar 4B
rule norma *f* 8B
rules reglas *f pl* 3A
run correr 1A

S

sad triste 4A
sadness tristeza *f* 7B
sail vela *f* 11A
salad ensalada *f* 5A
salary sueldo *m* 6B
sale venta *f* 6B
sales representative vendedor
   m/f 6B
salt sal *f* 5A
same mismo/a
Saturday sábado 2B
sauce salsa *f* 5A
save ahorrar 11B
savings account cuenta de
   ahorros *f* 12A
say decir 4A
say goodbye despedirse 5B
scam (fraud, trap) trampa 6B
scarcity escasez *f* 10B
scarecrow espantapájaros *m* 9B
scarf bufanda *f* 5B
scary espantoso.a 7A
schedule horario *m* 2B
school subject materia *f*
school/college of a
   university facultad *f* 2A
scream gritar 4A
screen pantalla *f* 2A
scuba diving bucear; buceo *m* 4B
sculpture escultura *f* 9A
sea mar *m* 1A
seafood mariscos *m pl* 5A
search búsqueda *f* 6B

season estación *f* 3B;
   temporada *f* 3A
seat asiento *m* 2A
second segundo/a
secondary
school bachillerato *m* 1B
see ver 4A
see you later hasta luego Pre
see you soon hasta pronto Pre
see you tomorrow hasta
   mañana Pre
seen visto/a
seize arrebatar 11A
selfish egoísta 7B
self-portrait autorretrato 7A
sell vender 3A
send enviar 11B; mandar 1A, 10A
sense sentido *m* 1A
sense of humor sentido de
   humor *m* 4A
sensitive sensible 7A
sentence oración *f*
September septiembre 3B
serve servir 3B
set conjunto *m* 4A
set the table poner la mesa 5A
seventh séptimo/a
shadow sombra *f* 7B
share compartir
shave (oneself) afeitarse 5B
sheet of paper hoja de papel *f*
shelf estante *m* 6A
shirt camisa *f* 5B
shoe zapato *m* 5B
shoe seller zapatero/a *m/f* 5B
shoe shop/store zapatería *f* 5B
shopping mall centro
   comercial *m* 3A
short bajo/a 7A; corto/a 11A
short-sighted corto/a de vista 7A
shot disparo *m* 4A
should + verb deber + infinitive 4A
shoulder hombro *m* 7A
show espectáculo *m*
shower ducha *f* 6A; (bathing)
   ducharse 7A
shrimp camarón *m* 5A
shrink empequeñecer 11A
shrug your shoulders encogerse de
   hombros 7A
shy tímido/a 1A
sick enfermo/a 3A
sign firmar 1A
signature firma *f*
significant relevante 8B
silk seda *f* 6B
silverware cubiertos *m pl* 5A
since desde; (because) puesto que; ya
   que 12A
sing cantar 1A
singer cantante *m/f* 3B

single (not married) soltero/a 1B
sink hundir 7B; fregadero *m* 6A
sister hermana *f* 1B
sister-in-law cuñada *f* 1B
sit down sentarse 7A
sitting down sentado/a 7A
sixth sexto/a
size talla *f* 5B
size tamaño *m* 6A
skating (inline) patinar en línea 4B, (ice) patinar sobre hielo 4B
skating rink pista de patinaje 4B
skin piel *f* 5B
sky cielo *m* 9A
skirt falda *f* 5B
sleep dormir 3B
slender delgado/a 7A
slice rebanada *f* 5A
slow lento/a
small pequeño/a 1B 7A
smart listo/a
smile sonrisa *f*; sonreír 4A
smoke fumar
snake/serpent serpiente 3A, 9A
snow nieve *f* 3B
so that para que
so/so that así que
so/well pues
soap jabón *m*
soccer fútbol *m* 1A
social science ciencias sociales *f pl* 3A
social work trabajo social *m* 2B
socks calcetines *m pl* 5B
soft blando/a; suave 6A
solve resolver
some alguno/a/os/as
sometimes a veces 3B
son hijo *m* 1B
song canción *f*
son-in-law yerno *m* 1B
soon pronto
sore throat dolor de garganta *m* 10A
so-so regular Pre
soul alma *f*
sound sonido *m* 6A, 9A
soup sopa *f* 4B
space espacio *m* 1A
Spanish-speaker hispanohablante *m/f*
speak hablar 1A
specialty especialización 2A
speech discurso *m*
spell deletrear
spend gastar 12A
spoon cuchara *f* 5A
sport deporte *m* 1A
sports jacket saco *m* 5B
sports related deportivo 4B
spring primavera *f* 3B

square plaza *f* 3A
stairwell escalera *f* 6A
stand pararse 6B
standing up parado/a 7A
star estrella *f* 7A
start comienzo *m* 9B; comenzar 2B; empezar 2A
starting from a partir de
state estado *m*
statement declaración *f* 3B; enunciado *m*
statement (bank/credit card) estado de cuenta 12A
stay quedarse 5B
stay awake desvelarse 8B
steam vapor *m* 11A
step paso *m* 1A
stepbrother hermanastro *m* 1B
stepchild hijastro/a *m/f* 1B
stepfather padrastro *m* 1B
stepmother madrastra *f* 1B
stepsister hermanastra *f* 1B
still todavía
stomach estómago *m* 10A
stomach ache dolor de estómago *m* 10A
stop (doing something) dejar de + infinitive 7B
store almacén *m* 3A, tienda 4A
storm tormenta *f* 3A
story cuento *m*; relato *m* 8B; historia *f* 5B; (of a building) planta *f* 6A
stove estufa *f* 6A
straight (hair) lacio/a 7A
strawberry fresa *f* 5A
street calle *f* 3A
strength fuerza *f* 3B
stretch estirar
striped a rayas 5B
strong fuerte 3B
student alumno/a *m/f*; estudiante *m/f*
student dorm residencia estudiatil *f* 2A
study estudiar 11B
subject (academic) asignatura *f* 2B
succeed tener éxito 9B
success éxito *m* 9B
such as tal como
suffer (an illness) padecer
sufficient adecuado/a 10B
sugar azúcar *m* 5A
sugar cane caña de azúcar *f* 11A
suggestion sugerencia *f*
suit traje *m* 5B
suitable conveniente
suitcase maleta *f* 3A, 11A
summarize resumir
summary resumen *m*

summer verano *m* 3B
sun sol *m* 9A
Sunday domingo 2A
sunglasses gafas *f pl* 5B
supplies suministros *m pl* 12A
support apoyar 4A;
supportive solidario/a 12B
surf practicar/hacer surfing 4B
surround rodear 4A
survey encuesta *f* 1A; sondeo *m* 5B
survive sobrevivir 9A
swallow tragar 10A
sweep barrer 6A
sweet dulce 8B
sweet roll panecillo *m* 5A
swim nadar 1A, 4B
swimming natación *f* 4B
syncretism sincretismo *m* 8A
syrup (cough) jarabe *m* 10A

T

table mesa *f* 1B
tableware servicio de mesa *m* 5A
take llevar
take advantage of aprovechar 11A
take care of (someone) cuidar 2B
take down (writing) anotar 1A
take notes tomar apuntes 1A
take off (clothes) quitarse 5B
take out sacar 5A
take place tener lugar, suceder 11A
take to llevar a 11A
take turns turnarse
talk hablar 1A
tall alto/a 7A
taste sabor *m* 3A
taxes impuestos *m pl* 12A
taxi driver taxista *m/f*
teach enseñar 3A
teacher maestro/a *m/f* 3A
team equipo *m* 4B
teenager adolescente *m/f* 11B
teeth dientes *m pl* 7A
telephone teléfono *m* Pre
television televisión *f* 1A
teller cajero/a *m/f* 12A
tend to/usually + *verb* soler + *infinitive* 6A
tennis tenis *m* 1A
tennis player tenista *m/f* 4B
tenth décimo
term término *m*
test examen *m*; prueba *f*
that que 1A
that is to say es decir 1A
that's why por eso 4A
then entonces; luego
there is/there are hay 1B

therefore por lo tanto
thick grueso/a 7A
thief ladrón/a *m/f* 12A
thing cosa *f* 1A
think pensar 3B
third tercero/a (tercer)
thirst sed *f* 11A
through a través de; mediante
throw (away) tirar 3B
thruth verdad *f* 3A
thunder trueno *m* 3B
Thursday jueves 2B
ticket boleto/billete *m* 11A;
   entrada *f* 12A
tie corbata *f* 5B
tight fitting apretado/a 5B
time hora *f* 2B;
   (instance) vez *f*
time of day hora del día *f* 2B
tin hojalata *f* 9B
tip (gratuity) propina *f* 3A
tired cansado/a 3A
title título *m*
to a Pre
today hoy 3A
together juntos
toilet inodoro *m* 6A
tomar take 1A
tomato tomate *m* 5A
tomorrow mañana 2A
too; too much demasiado
topic tema *m*
touch tocar 1A; toque *m* 5B
towards hacia
town pueblo *m*
toy juguete *m* 9B
track and field atletismo *m* 4B
trade oficio *m* 3A
traffic tráfico *m* 11A
tragedy desgracia *f* 7B
trail juicio *m* 3A, 9B
traits rasgos *m pl* 5A
transfer trasladarse 12B
translate traducir 4A
translation traducción *f* 12A
travel viajar 3B
travel agent agente de viajes
   m/f 11A
treatment tratamiento *m* 10A
tree árbol *m*
throat garganta *f* 10A
trip viaje *m* 9B
truce tregua *f* 12B
truck camión *m* 11A
true verdadero/a
try tratar 3B to treat 10A
t-shirt camiseta *f* 5B
Tuesday martes 2B
turn on encender
turned off apagado/a 11B
twist (part of the body)
   torcerse 10A

U

U.S. citizen estadounidense 1A
ugly feo/a 4A
uh…/um… este… 7B
umbrella paraguas *m* 5B
uncle/aunt tío *m* 1B
underline subrayar
understand entender
understanding entendimiento *m* 9A
university universidad *f* 1B
university school or college
   facultad *f* 2A
unknown desconocido/a 9B
unless a menos que 12B
until hasta; hasta que 12B
update actualizar 12A
uprising levantamiento *m* 12B
upset alterar 10B
upset (angry) enojado/a 8A
use usar 2A
useless inútil
user usuario *m* 11B
utensils cubiertos *m pl* 5A

V

value valor *m* 1B
vegetables verduras *f pl* 5A
verify comprobar 12A
video game videojuego *m* 1A, 11B
visit visitar 1A
voice voz *f*
vowel vocal *f*

W

waist cintura *f* 7A
wait espera *f* 7B; esperar 11B
wait in line hacer fila 11A
waiter/waitress camarero/a *m/*
   f 3A, 5A
walk andar; caminar 1A, 11A
wall pared *f* 6A
wallet cartera *f* 12A
want querer 3B
war guerra *f* 7B
warm cálido/a 6B
warning advertencia *f* 11B
wash lavar 6A
washer lavaplatos *m* 6A
washing machine lavadora *f* 6A
waste desperdicio *m*;
   desperdiciar 12B
watch reloj *m* 1B, 5B (look at)
   mirar 1A
water agua *f* 3B
way manera *f* 1A
weak débil 9B, 10A
wear llevar 5B
wedding boda *f* 1B
wedding dress vestido de
   novia *m* 5B

Wednesday miércoles 2B
weekend fin de semana *m* 2B
weekly semanal
weight peso *m*
weights pesas *f pl* 1A
welcome bienvenido/a Pre
well mannered bien educado
westernization occidentalización *f* 12B
what (interrog) cómo Pre;
   qué Pre
wheel rueda *f* 11A
wheelchair silla de ruedas *f* 7B
when cuando 6B, 12B
where (interrog) dónde Pre
which (interrog) cuál/es Pre
whichever cualquier/a 6B, 10A
while mientras (que)
white blanco 5B
who (interrog) quién/es 1A
whose cuyo/a 5A
wide ancho/a 5B;
   amplio/a 7A
widen ampliar 12B
widow viudo/a 1B
win ganar 4A
wind viento *m* 3B
window ventana *f* 2A
wine vino *m* 5A
winter invierno *m* 3B
wireless inalámbrico/a 11A
wish desear 2A
with me conmigo 6B, 8A
without sin; sin que 12B
witness testigo *m* 7B
woman mujer *f* 1B
wood madera *f* 6A
wool lana *f* 5B
word palabra *f*
work trabajo *m*; trabajar
work of art obra de arte *f* 7A
world mundo *m* 4B;
   mundial 10B
worried preocupado/a 8A
worse; worst peor 3A
wound herida *f* 7B
write escribir 1A
write a note anotar 1A
writer escritor/a *m/f* 1B
writing escritura

Y

year año *m* 3B
yellow amarillo 5B
yet todavía 1B
young joven 7A
young person joven *m/f* 1B
younger; youngest menor 1B
youth juventud *f* 4A

Z

zoo zoológico *m* 7B

Investigación preliminar

celular
civil
clase
código postal
dirección electrónica
divorciado/a
estado
estudiante
expresivo/a
familia
femenino/a
formal
independiente
informal
inteligente
interesante
masculino/a
materno/a
móvil
nacionalidad
número
objetos
optimista
origen
papá
paterno/a
personal
profesión
profesor/a
relación
residencial
teléfono

Capítulo 1
Investigación 1A

acción
actividad
adaptable
agresivo/a
ambicioso/a
arrogante
asociación
atlético/a
calmado/a
colección
cómico/a
comunicar
conservador
considerado/a
contacto
contexto
copia
creativo/a
cultura
curioso/a
delicioso/a
descriptivo/a
determinado/a
diplomático/a
elefante
emocional
enemigo/a
entusiasta
equilibrado/a
estable/inestable
estudiar
estudioso/a
eterno/a

excéntrico
experiencia
explosivo
extrovertido/a
familia
famoso/a
favorito/a
físico/a
flauta
fotogénico/a
frívolo/a
fruto/a
generoso/a
gregario/a
guitarra
hamburguesa
héroe
honesto/a
humilde
idealista
imaginativo/a
indeciso/a
independiente
individualista
inestable
instrumento
inteligente
introvertido/a
investigación
irresponsable
jovial
latino/a
liberal
malévolo/a
materialista
mexicano/a
millón
modelo
mortal
musical
observar
optimista
paciente
perfeccionista
persistente
persona
personalidad
perspectiva
pesimista
piano
poema
popular
posesivo/a
práctico/a
preparar
reacción
realidad
reportero/a
reservado/a
respetuoso/a
responsable/
  irresponsable
romántico/a
serio/a
simpático/a
sincero/a
situación
sociable
superficial
talentoso/a
temperamental
tímido/a

tomate
valiente
violento/a
visionario/a

Capítulo 1
Investigación 1B

acceso
adolescencia
antónimo
artista
aventurero/a
bautismo
biológico/a
carismático/a
ceremonia religiosa
computadora
comunión
conflicto
convencional
cooperativo/a
cordial
crisis
definición
diplomático/a
divorciado/a
económico/a
educación
espiritual
esposo/a
estricto/a
estructura
estudioso/a
eventualmente
familia extendida
familia nuclear
graduación
guitarra
hispano/a
ilógico/a
impulsivo/a
infancia
información
innovador/a
instrumento
jovial
legalmente
lógico/ilógico
magnífico/a
matrimonio
mensaje
nacionalidad
necesario
obediente
obligación
organizador/a
original
paciente
papá/mamá
participar
persistente
personalidad
posibilidad
problema
profesor/a
programa
proveer
realidad
reservación
reunir
sacrificio

sinónimo
sociable
social
sociedad
talentoso
tecnología
tradicional
usar
video

Capítulo 2
Investigación 2A

académico/a
acceso
actividades
actor/actriz
administración
apartamento
área
arte
auténtico/a
autobús
avanzado/a
básico/a
biblioteca
cafetería
calendario
carreras
chino/a
clásico/a
combatir
común
comunidad
consultar
contextos
conversar
copiar
correcto/a
criterio
culturales
describir
descubrir
destino
diccionario
diferencias
diferente
difícil
director/a
distracción
división
educación
escolar
especializaciones
estudiar
evento
examen
excursiones
existe
experimentar
explicar
explorar
fatal
final
gimnasio
grupo
hospital
impacto
implícitamente
inflexibilidad
innovador
interesante

interesar
invención
investigar
invitar
laboratorio
latín
mapa
momento
música
nativo/a
necesitar
normalmente
novela
océano
ofrecer
opción
parque
participar
permiten
perspectiva
planeta
poema
preparar
privado/a
profesor/a
proyector
público/a
recibir
recurso
reducir
repetir
repetitivo
residencia
resolver
semestre
sistema
social
sociedad
socio-económico
terminar
uniforme
universidad
usar
variedad
visitar

Capítulo 2
Investigación 2B

administración
agricultura
anatomía
antropología
arquitectura
asociar
astronomía
banco
biología
carpintero
ciencias políticas
ciencias sociales
completamente
comunicación
decisión
difusión
economía
económico-
  administrativo
electricista
especial
espiritual
estadio

fabuloso/a
federal
filosofía
física
físico-matemático
frecuente
frecuentemente
general
generoso/a
geografía
gimnasio
historia
humanidades
ideal
importante
información
ingeniería
introducción
legal
literatura
matemáticas
mecánico/a
medicina
mensaje
música
obtener
organizar
paciente
plantas
positivo/a
programa
programación
psicología
químico-biológico
religión
residencia
restaurante
servicios
sistema
teatro
valiente
visual
vocación

Capítulo 3
Investigación 3A

acciones
acento
acentuación
acusado/a
administrar
admirado/a
aeropuerto
agencia
agitado/a
agricultor/a
amplio/a
animal
ansioso/a
antónimo/sinónimo
arrestar
aspecto
aterrorizado/a
autobús
autor/a
banco
beneficios
biblioteca
bilingüismo
biólogo/a
centro

COGNADOS

centro comercial
ciencias naturales
ciencias sociales
cliente
clima
clínica
columnista
comercio
completar
comprensión
comunicaciones
conductor/a
construcción
consumidor/a
contacto
contento/a
continente
controlado/a
corresponsal
corte
criminal
cristianos
cubano/a
dentista
desastre
determinado/a
difícil
diversidad
doctor/a
documentar
dominicano/a
Ecuador
ecuatoriano/a
elecciones
emocional
empleado/a
enemigo/a
estación
este
eventos
expresión
fábrica
farmacia
fiebre
frases
frontera
frustrado/a
frutas
fundamental
fútbol
futuro
general
guatemalteco/a
hemisferio
hispano/a
hondureño/a
hospital
importante
incidentes
individuo
industria
inferencia
inspirado/a
instructor
interactuar
internacionales
inventar
laboratorio
lengua
letras
líder

lingüista
mantener
manufacturera
mayoría
ministro/a
momento
motivado/a
nación
natural
naturales
nervioso
norte
noroeste
numerosos
objeto
observar
obtener
oficina
ofrecer
pacientes
panorama
parte
participar
particular
perspectiva
peruano/a
piloto
plantar
plástico
plaza
policía
posición
preocupado
preparado/a
preposicionales
problemas
productos
profesional
profesiones
psicólogo/a
psiquiatra
publicidad
puertorriqueño/a
químico/a
recepcionista
referir
refrescado
región
regional
relaciones
respetado/a
salsa
salvadoreño/a
satisfecho/a
secretario/a
sermón
significado
sitio
sociólogo/a
supermercado
suroeste
taxista
teléfono
termómetro
tranquilo/a
transporte
vocaciones

Capítulo 3
Investigación 3B
abril

agosto
Amazonas
animales
árabe
argentino/a
atención
bilingüe
brasileño/a
cafetería
capital
caracterizar
castellano
celebridad
central
cine
círculos
compañía
concentrado/a
condiciones
continente
continuar
contraste
contribución
costa
desierto
desproporcionado/a
diariamente
diciembre
diferencia
distancia
distingue
dominado/a
enero
escena
este/oeste
europeo/a
existe
expansión
expresado/a
favorito/a
febrero
filme
fragmentación
general
geográfico/a
gigantesco
golfo
graduar
grandioso/a
grupo étnico
hemisferio
húmedo/a
huracán
identidad
impresionante
incluir
independencia
independiente
indígena
interconexión
interior
inundación
isla
julio
junio
laguna
majestuoso/a
maratón
marzo
mayo
medicinal

memorable
millas
montañas
mucho/a
nación
nacionalidad
nacionalidades
naturaleza
norte/sur
noviembre
números
objeto
occidental
océano
octubre
ocurre
original
península
periferia
piano
planeta
población
presidente/a
pronóstico
rápido
recientemente
región
regionalmente
regular
repetir
resto
románticamente
rural
separado/a
septiembre
temperatura
tenis
terrible
tormenta
tornado
torrencial
total
ubicación
urbanización
urbano/a
valle
vegetación
vocabulario

Capítulo 4
Investigación 4A
actor/actriz
acuario
acusado/a
ángel
ansioso/a
antibióticos
anunciar
artista
atleta
bar
bicicleta
blogs
café
canal
caricaturas
celebrar
chatear
chocolate
ciencia ficción
club

club nocturno
comedia
cómico/a
compañía
competencia
computadora
conflicto
congregación
contacto
contento/a
contribuir
conversar
crimen
cultura
década
deportes
destruir
discoteca
distancia
distribución
documental
documentar
documentos
durante
elegante
energía
entretenimiento
evidencia
excelente
expandir
expresar
extendido/a
famoso/a
ficción
final
furioso/a
galería
género
gol
hábitat
hispana
histórico/a
horror
industria
influencia
influencias
influir
influyente
interactivo/a
interés
Internet
investigación
irritar
jazz
limitado/a
museo
músico
mutuo/a
natural
naturaleza
nocturno/a
novela
obstáculo
obvio/a
oportunidad
orden
origen
pasatiempo
persona
pop
popular

porción
positiva
presentar
preservar
presión
principalmente
programa
programación
programar
programático
progreso
provocar
publicidad
publicitario
público
radio
rápido/a
raro/a
real
reconstruir
relación
respetar
respeto
satisfacción
siesta
talentoso/a
teatro
telenovela
televisión
televisor
tradición
tragedia
vacaciones
validez
zoológico

Capítulo 4
Investigación 4B
acuático
adversidad
aficionado/a
ascendencia
asociar
astronauta
atletas
atlético/a
atletismo
básquetbol
bate
béisbol
bote
boxeo
campeón/campeona
canoa
ciclismo
clásico
competición
competir
competitivo/a
contrastar
cosmopolita
dedicación
deporte
drama
ejercicio
eléctrico/a
élite
encuentro
espectacular
esquiar
estadio

COGNADOS

excelente
existir
femenino/a
fútbol
fútbol americano
gasolina
generación
gol
guitarra
hacer camping
hockey
idea
incluir
indicar
influenciado/a
instructor/a
interesante
irónico
liga
línea
masculino/a
mencionar
mental
mínimo
momento
nacional
navegar
olimpiadas
pasión
pausa
pintando
posición
practicando
profesional
prohibir
raqueta
refrescar
representar
restaurante
reunión
rivalidad
rugby
selección
surf
surfista/a
tanque
tenis
tensión
terminar
tiempos
torneo
triunfo
uniforme
vehículo
viceversa
voleibol
yoga

Capítulo 5
Investigación 5A
adicional
adjetivo
admirado/a
anticipar
apropiado/a
banana
banquete
bares
bistec
blusa
botella

brócoli
burrito
café
carbohidrato
Caribe
cereal
chef
chile
chino/a
chocolate
cliente
comunidad
condimento
conversación
cortar
cortesía
costo
creatividad
crema
delicioso/a
describir
dieta
diferencias culturales
directo
documentos
elegante
enchilada
ensalada
entusiasmo
equilibrio
equivalente
espagueti
especial
especialidad
especializado/a
espinaca
expandir
exquisito/a
fascinar
favorito/a
fenomenal
frecuencia
fresco/a
fruta
fuerza
fundamental
gastronómico/a
gorila
hamburguesa
indicado/a
influencias locales
información
informal
inglés
ingredientes
innovador
instrucciones
italiano/a
kilo
kilómetro
limitar
límite
limón
líquido/a
lógico/a
mexicano/a
negro/a
norteamericano/a
nutritivo/a
opinión

paciencia
pasta
pizza
plato
póker
porcentaje
preferencia
preferido/a
principal
pronombre
proteína
pulpa
referirse
refrigerador
relajante
representativo/a
respetado/a
sandalia
sándwich
segmento
situar
sofisticación
sofisticado/a
sonido
sopa
supermercado
taco
té
técnica
tipo
tomate
tortilla
tradicional
tradicionalmente
tráfico
tren
tropical
unificador/a
vegetariano/a
verificar
yogur

Capítulo 5
Investigación 5B
academia
accesorios
artículo
béisbol
blusa
botas
calidad
casual
clásico/a
cliente
color
conclusión
confirmar
consistir
detallado/a
diálogo
diseñador/a
diseños
distinguido/a
elegancia
específico/a
esquiar
estilo
excéntrico/a
exceso
explicar
formal

gimnasio
imaginarse
impermeable
importancia
impresión
indígena
informal
interactuar
justificar
lentes de contacto
mercado
moderno/a
neutro
opinión
pantalón
parodia
párrafo
pieza
pijamas
preferencia
preferible
reflexivo/a
resto
sandalias
sátira
seguridad
selectivo/a
socialmente
sofisticado/a
suéter
texto
tradición
uniforme
versátil

Capítulo 6
Investigación 6A
adivinar
alarma
anticipación
apartamento
árabe
arquitectura
asociar
balcón
biografía
característica
carrera
chimenea
chino/a
clima
comentario
cómoda
concepto
condominio
construcción
corresponder
describir
determinar
doméstico/a
durante
ejercicio
elementos
época
espacio
espacioso/a
estéreo
estrés
estudio
exterior
falso/a

formación
garaje
generalización
geografía
granito
griego/a
identificar
iluminar
inalámbrico
independiente
individual
interactivo/a
lámpara
límite
maravilloso/a
mármol
mencionar
minuto
moderno/a
monólogo
oficina
opuesto/a
ordenar
organizado/a
origen
pasado
pasar
patio
planta
programa
promoción
psicología
radio
refrigerador
refugio
renovar
rentar
reproductor de mp3
residencia estudiantil
revelar
romano/a
salario
socioeconómico
sofá
televisor de plasma
válido/a
victoriano/a

Capítulo 6
Investigación 6B
abstracto/a
adaptar
ambición
artículo
atender
atractivo/a
balance
carismático/a
cliente/a
compañía
completo/a
concreto
conducta
constante
consumidor/a
contacto
contratar
contrato
convenientemente
cordial

corresponder
cortés
crucial
decidir
dedicarse a
desconectar
desorganizado/organizado
determinar
disciplinado/a
dócil
empleado/a
entrevista
espiritual
establecer
establecimiento
estrés
estricto/a
excepción
existencia
expectativa
factor
filantrópico
forzar
fragmento
frecuencia
generalización
honesto/a
impresión
indicar
inmediatamente
la agenda
la competencia
la conducta
mantener
mensaje
mental
metro
negativo/a
obligación
obligar
original
parcial
párrafo
práctico/a
preocupar
presentación
prestigioso/a
producto
propósito
proveer
puntualidad
razonable
recomendar
relativamente
representante
resultado
rudo/a
salario
sandalia
secreto
separación
suéter
superficial
tiempo completo/parcial
titulado/a
tradicionalmente
visual

Capítulo 7
Investigación 7A

abundante
abstracto/a
adjetivo
agitado/a
agresivo/a
anciano/a
ansioso/a
antena
apariencia
argentino/a
arlequín
artista
auténtico/a
brillante
cáncer
captar
catalogar
celebración
celebrado/a
central
cigarro
color
comentario
concepto
consenso
considerado/a
contexto
corpulento/a
crear
curioso/a
depender
descomposición
describir
desgracia
divino/a
elevar
emoción
en contraste
escape
espectacular
espectador/a
espiritual
estatura
estilo
exagerado/a
excepto
explorar
expresión
extraterrestre
extremista
fantasía
figura
físico/a
flexible
fotografía
frase
función
galería de arte
geométrico/a
hipnotizar
idealista
idealizar
ilustrador/a
ilustrar
imagen
impactar
impresionismo
incómodo/a

indígena
injusticia
inmenso/a
inspirado/a
inspire
instigar
interpretación
íntimo/a
jovial
malévolo/a
masa
mencionado/a
miseria
movimiento
mural
museo de arte
nicotina
nostálgico
notable
obesidad
obeso/a
ocurrir
opción
optimista
órgano
pacifista
parte
perspectiva
pesimista
proporciones
psicológico/a
público
radical
reacción
realista
reducir
reflejar
reflexionar
renombrado/a
representativo/a
romanticismo
sensual
tabaco
torso
triángulo
triste
turista
versátil

Capítulo 7
Investigación 7B

accidente
admitir
agendas políticas
alarma
anónimo
aparentemente
apreciar
armonía
arte digital
arte gráfico
artístico/a
asesino/a
aspecto
ataque
autobiográfico/a
capitalista
celebrar
cerámica
chicano/a
cirugía

colisionar
collage
comparar
comunista
conciencia social
conexión
conflicto psicológico
contemplar
cordialidad
criticar
cubismo
desesperación
detectar
diálogo
digital
emocional
entrada
entusiasmado/a
erótico/a
escultor/a
espectáculo
evocar
exhibición
existencia
expresiones faciales
expresivo/a
exteriorizar
facial
figuras
fotografía
funeral
global
grafiti
historia verdadera
horizonte
ideología
imaginario/a
impresión
infidelidad
inhumano/a
injusticia
inmediatamente
instalación
interpretación
intervenir
manifestar
masacre
mural
narrar
oponerse
originar
panorámica
perspectiva
pictórico/a
pintoresco/a
plástico/a
poliomielitis
precisión
presencia
problemático/a
profundo
provocar
punto de vista
recibir
reconocido/a
reducido/a
representar
representativo/a
resultado
revolución
sensación

simbólico/a
sociedad
soledad
sufrimiento
surreal
suspenso
técnica
tema universal
tensión
tranquilo/a
transparente
transportado/a
trascender
universal
víctima
vista panorámica

Capítulo 8
Investigación 8A

arte
artista
artístico/a
aspecto
básicamente
bicicleta
celebración
combinación
comunidad
concierto
corresponder
cortesía
culinario/a
cultura
debate
descripción
diáspora
diferente
diversidad
esencial
espacio
estructura
evento
experimentar
expresión
festivo/a
fotografía
fusión
gastronómico/a
género
geográfico/a
herencia
impacto
influencia
influir
ingrediente
ingredientes
inmigrantes
instrucción
invitación
irregular
lingüístico/a
movimiento
murales
música
nacional
ópera
origen
presencia
religioso/a
ritmo
santo/a

sincretismo
tradicional
unido/a
versión

Capítulo 8
Investigación 8B

adornar
altar
bautismo
carnaval
celebrar
cementerio
ceremonia
chocolate
ciclo
conexión
conmemoración
conmemorar
contemporáneo
continente
cooperación
crucigrama
curioso/a
decorar
Día de la
    Independencia
Día de San Patricio
Día de San Valentín
diagrama
dividir
el amor
el origen
el patriotismo
emoción
estructura
fabuloso/a
generoso/a
horroroso/a
importante
impresionante
inspirar
íntimo/a
Jánuca
maravilloso/a
máscara
mental
musulmán
ofrenda
ortodoxo/a
procesión
propósito
puro/a
Ramadán
ritual
romántico/a
simbolizar
solemne
tema
tradicionalmente
Yom Kipur

Capítulo 9
Investigación 9B

absoluto/a
actriz
administrador/a
admirable
adversarios
alergia

aparecer
atacante
atacar
autoridad
autoritario/a
benévolo
competente
conquista
consecuencia
continente
cooperación
correcto/a
criticar
cruel
década
democracia
democrático/a
destrucción
dictador
dictadura
diferencia
elegir
especial
establecer
exiliarse
explorar
fundar
fútbol
gobernado/a
gobernador/a
gobernar
gobierno
heroico/a
historia
historiador/a
histórico/a
ideal
idealista
idealizar
imperfecto/a
importancia
información
informe
intolerante
invadido/a
invadir
invasión
invención
inventar
inventor/a
liberación
liberar
libertad
libertador/a
lógico/a
macartismo
mártir
medieval
militar
modelo
negociaciones
ocurrir
oficial
oponerse
oposición
opresión
opresor/a
oprimir
permiso
permitido/a
permitir

COGNADOS

persecución
polémico/a
político/a
prisionero/a
probable
proponer
recomendar
responder
responsabilidad
resultado
revelación
revelar
suramericano/a
talento
territorio
visión
visionario/a
votación
votar
voto

Capítulo 10
Investigación 10A
abusar
acupuntura
adjetivos
afectar
alternativo/a
ampicilina
antibiótico
antioxidante
antiviral
artritis
asma
aspirina
blusa
bronquitis
cápsula
chequeo médico
científicamente
clínica
colesterol
colon
combinar
complementario/a
congestionado/a
convencional
curar
defensa
depresión
desequilibrio
desesperado/a
diabetes
diarrea
digestión
dosis
ecoturismo
efecto
eliminar
energía
equilibrio
equinacea
esterilidad
estómago
estresante
eucalipto
farmacéutico/a
fenómeno
fractura
ginko biloba
herpes

hipertensión
hormonal
inconsciente
individuo
infección
influenza
ingrediente
insecto
intestino
inyección
lavanda
líquido
masaje
medicina
medicina
  alternativa
meditación
memoria
menta
mineral
misticismo
mortal
náusea
neumonía
neutralizar
normalmente
obesidad
opción
osteoporosis
paciente
pediátrico/a
penicilina
plantas medicinales
posible
prescribir
prevenir
provocar
racismo ambiental
remedio
rutinario/a
síntoma
solución
sustancia
temperatura
terapéutico
terapia
tradición
urinaria
valor
verbo
viral

Capítulo 10
Investigación 10B
acceso
alterar
animales
área
aventura
bebé
beneficio
biodiversidad
botella
calcular
candidato/a
carbono
categoría
cereal
certificación
ciclismo
científicos

climático
combatir
conservación
conservar
contaminación
contrario/a
cultivar
definición
deforestación
deforestar/
  reforestar
desaparición
desorden
desplazar
destrucción
deteriorarse
deterioro
detrimento
discriminación
documento
ecología
ecológico/a
ecosistema
educación
eficiente
eléctrico/a
electrodoméstico/a
energía solar
erosión
especies
excesivo/a
exceso
excluir
excursión
explotación
extinción
extracción
fibras naturales
genético/a
guía
hábitat
halógeno/a
híbrido
hormonas
importancia
incandescente
información
innovador/a
intencionalmente
inventar
lámpara
marginalizar
material
negativo/a
neurológico/a
océano
paneles solares
paquete
persuadir
pesticida
planeta
poder económico
precio
producir
proteger
química/o
reciclar
reducción
reducir
relación
repercusión

residuo
rol
sorprendido/a
sostenible
sustituir
termostato
toxina
transferencia
transporte público
turismo
vegetariano/a
ventaja/desventaja
visitante

Capítulo 11
Investigación 11A
abordar
actividad
aeropuerto
agencia
agente
alternativo/a
aplicación
apreciar
asociado/a
autobús
automáticamente
avance
bicicleta
brillante
capital
colectivo
compañía
comunicar
comunidad
construcción
contribución
conveniente
copiloto
crucero
década
defender
despachador/a
diferencia
documento
eficientemente
electricidad
eléctrico
embarque
emergencia
espacio
especular
estación
estudiante
evolucionar
exacto/a
existir
exótico
expansión
expresión
facilitar
fantástico/a
favor
firma
forma
frecuencia
funcionar
gasolina
global
híbrido
hotel

idea
incorporar
intersección
intrínseco/a
inventar
itinerario
mantenimiento
máquina
mecánico/a
metro
modernización
modificar
motocicleta
mover
moverse
ocupar
oficina
opción
operación
organización
pasajero/a
pasaporte
petróleo
plataforma
porcentaje
posicionamiento
positivo/a
preferir
presente
problemático/a
procesar
provocar
próximo/a
público
rápido/a
razón
representar
reservar
satélite
secuencia
solar
solución
subterráneo
sustitución
taxi
taxista
teléfono
tráfico
transmitir
transporte
tren
urbano/a
vehículo eléctrico

Capítulo 11
Investigación 11B
actividad
adolescente
afectar
ajustar
anormal
ansiedad
anticipado/a
aproximadamente
arsenal
aumentar
batería
bilingüe
cable
canal
captar

causar
celular
chatear
cibercafé
ciberespacio
computadora
  (portátil)
conectado/a
consecuencia
consultar
consumir
contactar
control remoto
correo electrónico
creatividad
déficit
depresión
disco compacto
discutir
ejemplo
electricidad
elemento
emocional
especialista
específico/a
estadística
estratégico/a
estrés
expuesto
Facebook
facilitar
físicamente
fotocopiadora
frecuencia
funcionar
GPS
habilidad
hackear
imagen
impacto
impersonal
impresión
incrementar
indirecto/a
inmediatamente
innovador/a
Internet
interpersonal
mantener
mencionar
móvil
movimiento
música
navegar
obesidad
página
página web
perfectamente
portátil
preferido/a
proceso
profesional
programar
reclutar
región
registrar
reproductor
rivalidad
satélite
secreto
similitud

COGNADOS

situación
social
sofisticación
sonido
tableta
tecnología
teléfono
textear
texto
tridimensional
tuitear
Twiter
utilidad
verificar
videojuego

Capítulo 12
Investigación 12A
acceder
acceso
administrar

automático/a
banco
capitalismo
cheque
circunstancias
cliente/clienta
competente
controlado/a
conveniente
conversación
cooperativa de
crédito
crimen
criminal
depositar
digital
dólar
economía
estabilidad
exportación
falsificar

financiar
finanzas
fraude
frecuencia
general
guardia
idea
identidad
infraestructura
institución
interés
límite
lotería
obtener
pirámide
probable
producto
responsable
responsablemente
robar
salario

seguridad
tarjeta de crédito
tarjeta de débito
transformar

Capítulo 12
Investigación 12B
acceso
adicto/a
antiglobalizador
argumento
banda
barrera
capacidad
conectividad
conexión
configurar
conflicto
demócratas
democratización
destrucción

difusión de
  información
digital
diplomacia
discriminación
diseminación de
  culturas
dominación
expansión
  tecnológica
experto/a
generar
idéntico/a
imperialismo
imposición
instantáneo/a
interdependencia
migración
militarismo
obstáculo
oportunidad

órbita
percibir
permitir
portátil
privilegio
proceso
producir
promocional
prosperidad
punto de vista
rapidez
satelitales
sociedad equitativa
sostener
sustitución
telecomunicaciones
transmisiones
  satelitales
transmitir
video digital

ÍNDICE

ÍNDICE

ÍNDICE

ÍNDICE